연세대학교 한국어 사전 편찬실
30주년 기념 총서

1

한국어 사전의 꿈과 실현

연세대학교 언어정보연구원 엮음

연세대학교 대학출판문화원

이 총서는 2009년 정부(교육과학기술부)의 재원으로 한국연구재단의 지원을 받아 수행된 연구임.(NRF-2009-361-A00027)

발간사

1986년 10월 6일, 연세대학교 교수 290명의 공동 명의로 “새 한국어 사전 편찬 발의대회”를 갖고 〈연세대학교 한국어 사전 편찬회〉를 조직하여 20년에서 30년의 충분한 시간을 두고 지속적인 국어 사전 편찬 작업을 펴나가기로 한 지 어느새 30년의 세월이 흘렀습니다.

2017년 오늘날의 언어정보연구원은 인문한국사업단, 한국어사전편찬실, 언어관측소, 연구진흥센터 등의 산하연구센터 등을 중심으로 다양한 활동에 매진하고 있습니다. 인문한국사업단은 2009년부터 “복합지식의 창출과 소통을 위한 인문언어학”이라는 아젠다로 한국연구재단의 지원을 받아 인간을 이해하는 방식으로의 언어학이라는 새로운 담론을 창출해 내려는 시도를 꾸준히 이어 오고 있습니다. 언어관측소에서는 〈민중자서전 말뭉치〉, 〈한글대장경 말뭉치〉 등과 같이 다양한 유형의 말뭉치를 개발하는 한편, 시기적으로도 20세기 전반의 언어 현상을 살펴볼 수 있는 〈20세기 연세말뭉치〉를 양적으로나 질적으로 발전시키고 있습니다. 우리 연구원의 뿌리와 같은 한국어사전편찬실에서는 〈유의어 사전〉, 〈핸드백 용어 사전〉 등과 같은 특수 사전을 개발하고 장기 과제로 〈연세 현대 한국어 사전〉에 역량을 집중하고 있습니다. 이렇듯 우리에게 주어진 과제들을 수행하는 하루하루를 보내며 까맣게 잊고 있는 사실들이 있습니다. 평범한 하루의 일상을 보내는 언어정보연구원이라는 공간이 30년 남짓한 과거에는 꿈이나 공상에 가까운 것이었으며 오늘날 축적된 언어정보연구원의 다양한 자료와 연구 성과물들은 많은 선배들이 수많은 밤을 지새우며 이루어 놓은 과거의 유산을 자양분 삼고 있다는 것을 말입니다.

1986년 10월 한글날에 발표한 〈새 한국어 사전 편찬 발의문〉은, 1998년에 출판된 〈연세 한국어 사전〉에 실려 있습니다. 〈연세 한국어 사전 편찬 발의문〉에서는 "우리 말의 과거와 현재의 쓰임을 모두 정리하고 아울러 앞으로의 쓰임까지도 계속 수록해 나갈 수 있는 큰 사전을 편찬"해야 할 당위성을 피력하며 이 사전이 "우리 말로 쓴 글에서 직접" 모은 자료를 바탕으로 "정확한 언어학적 기술"과 "풍부한 용례"로 구성된 것이어야 함을 역설합니다. 〈연세 한국어 사전 편찬 발의문〉은 언어정보연구원이 최초에 설립된 목적을 되돌아보게 하는 이정표이자 당시에 주창했던 목표가 아직도 현재진행형임을 알려 주는 매서운 채찍이기도 합니다. 1998년에 〈연세 한국어 사전〉을 출판한 이후에도 참 많은 변화와 모색들이 있었습니다. '한국어사전편찬실'은 '언어정보개발연구원'을 거쳐서 오늘날 '언어정보연구원'이라는 명칭으로 불리고 있습니다. 언어정보연구원에서 발간한 최초의 사전학 연구 학회지인 〈사전 편찬학 연구〉는 〈언어정보와 사전 편찬〉을 거쳐 오늘날 〈언어 사실과 관점〉이라는 이름으로 발행되고 있습니다. 21세기 세종계획에 참여하였고 인문한국 사업을 수행 중에 있습니다. 많은 변화의 소용돌이 속에서도 30여 년 동안 거의 변하지 않은 뼈대는 두 가지입니다. 자료 기반의 실증적 언어 연구라는 바탕과 〈연세 현대 한국어 사전〉을 향한 꿈과 의지입니다.

올해는 언어정보연구원이 창립 30년이자 〈연세 한국어 사전〉을 출판한 지 20년이 되는 해입니다. 이를 기념하기 위해 언어정보연구원을 중심으로 그 기간 동안에 이루어 낸 학문적 성과물을 세 권의 책에 충실히 담아 보았습니다. 책 1권의 제목은 "한국어사전의 꿈과 실현"입니다. 〈연세 한국어 사전〉을 준비하는 과정에서 이루어진 여러 모색들과 사전 출판 이후의 사전에 대한 평가와 비교 분석, 그리고 〈연세 한국어 사전〉 이후에 개발된 다양한 사전들에 대한 연구들을 하나로 묶었습니다. 책 2권의 제목은 "한국어사전과 문법 연구"입니다. 〈연세 한국어 사전〉을 준비하는 과정에서 말뭉치 언어학의 방법론이 함께 발전하였습니다. 이 책을 통해서 말뭉치 언어학이 문법 연구에 미친 영향을 살펴볼 수 있을 것입니다. 책 3권의 제목은 "연세 말뭉치와 국어정보학"입니다. 사전편찬을 위한 도구적 성격의 말뭉치 개발에서 벗어나 독자적인 목적과 특성을 가진 다양한 종류의 말뭉치 개발의 방법론과 그 활용법을 담고 있습니다. 또한 말뭉치에서 다양한 언어 정보를 추출하는 방식과 〈연세 현대 한국어 사전〉을 준비하는 과정에서 시도한 연구들 역시 확인할 수 있을 것입니다.

아무리 고귀하고, 뜻깊고, 가치가 있는 일이어도 홀로는 도저히 할 수 없는 일이 있습니다. 또 아무리 노력하고 힘쓰고 애를 써도 한 사람의 생에 다 마칠 수 없는 일도 있습니다. 외솔 최현배 선생이 말씀하셨듯이, "사람은 아름다운 꽃을 좋아한다. 그러나, 그 아름다운 꽃이 피기까지에는 많은 노고가 숨어 있음을 모르는 이가 많다."고 할 그런 일이 있습니다. 그렇게 홀로는 할 수 없더라도, 자신의 생에는 다 마칠 수 없는 일임을 알고 있음에도, 그 일을 맡아서 바칠 수 있는 자신의 힘과 시간과 정성을 쏟는 사람들이 있습니다. 〈연세 한국어 사전〉도 그렇습니다.

들판에 핀 꽃 한 송이, 그 어느 것도 저절로 피어나는 법은 없습니다. 이 땅에 '말뭉치'라는 단어도 존재하지 않던 시절부터 황무지를 개척하며 말뭉치 언어학과 사전편찬학이란 결실을 이루어 내신 선배님들께 이 책을 바칩니다.

2017년 10월 24일

언어정보연구원 원장 서상규

목차

1

〈연세 한국어 사전〉 편찬 발의문과 연혁

언어정보연구원과 사전 편찬의 해적이 (1986~2017)

1. 1986년 가을, 한국어 사전 편찬회에서 연세 한국어 사전 편찬을 발의하다

1986년 10월 한글날을 기하여 290인의 연세대 교수가 공동으로 발표한, 〈새 한국어 사전 편찬 발의문〉은 다음과 같다.

〈연세 한국어 사전 편찬 발의문〉

세종대왕께서 한글을 창제하심으로써 비로소 우리 겨레가 진정한 뜻의 우리 문화를 향유하게 되었음이 새삼 감격스럽다. 문자는 한 겨레의 말을 기록, 전달, 보존할 뿐 아니라 감정과 생각을 고르고 다듬어 더 바르고 깊고 넓게 하여 주는 까닭에 겨레의 삶에 절대로 없어서는 안 될 그릇이다. 한글 덕택으로 우리 겨레가 과거와 현재는 물론 무궁한 미래에 걸쳐 자주적이고 창조적인 문화를 누리게 된 행복을 어찌 다 형언하랴!

그 동안 많은 선현들이 한글로 겨레의 감정과 생각을 정교하게 적어

왔고, 우리 말에 대한 우수한 연구 업적을 쌓아 놓았다. 특별히 우리는 한글 학회 지은 큰사전을 비롯한 우리 말 사전들을 편찬한 분들의 공적을 높이 기리는 바이다.

우리 말 한국어는 오늘날 세계 도처에 살고 있는 7천만 우리 겨레를 하나로 묶는 가장 강력한 유대이다. 2천 년대를 눈앞에 두고 있는 오늘, 우리는 우리 말의 과거와 현재의 쓰임을 모두 정리하고 아울러 앞으로의 쓰임까지도 계속 수록해 나갈 수 있는 큰 사전을 편찬해야 할 결정적 시기에 도달하여 있음을 깨닫는다. 말로써 나타낼 수 있는 겨레의 문화 전체를 하나로 집대성하는 일은 우리 겨레의 자주적, 창조적 발전에 무엇보다도 긴요한 일이다.

이 큰 일은 한두 사람이 짧은 시일 안에 쉽게 해낼 수 있는 일이 아니며, 또 그렇게 하는 것이 바람직하지도 않다. 이 일을 성공적으로 수행하려면 지금까지 여러분들의 각고 끝에 이루어진 우리 말 사전들의 모든 성과와 우리 말 연구의 업적을 발전적으로 수용하면서, 현대의 사전 편찬에 구체적으로 응용할 방법을 마련하고, 오늘날 서지학적, 문헌 정보학적 지식과 방법을 모두 동원하여 지금까지 우리 겨레가 우리 말로 쓴 글에서 직접 모든 자료를 수집하고, 가능한 한 모든 어휘에 대한 정확한 언어학적 기술과, 그 어원, 최초 사용 시기, 출전, 의미의 변천 과정 등을 풍부한 용례와 함께 제시하여야 할 것이다.

이 일은 일반 출판사의 편집 능력을 훨씬 벗어난다. 뿐만 아니라, 최대한의 자주적 창조성이 요구되는 일이므로 각 영역에서 전문적 식견을 가진 이들이 장기간 대거 참여해야 할 것이다. 또한, 방대한 자료의 신속·정확한 수집, 정리, 보존을 위하여, 그리고 정보의 원천으로서의 사전이 책으로 인쇄될 뿐 아니라 전산화될 것에 대비하여, 최신 전산

기술을 최대한 활용해야 한다.

이 밖에도 이 일을 위하여 해야 할 일들이 많이 있음을 우리는 잘 알고 있다. 그러나 앞으로 적어도 20년을 목표로, 많은 전문인들이 사명감을 가지고 지혜를 모아 합심 노력하면 마침내 세종대왕의 위업을 잇는 훌륭한 사업을 이루리라 확신한다.

한글 문화 발전의 큰 요람인 연세 대학교에 몸 담고 있는 우리는 삼가 이 일을 맡아 수행할 것을 다짐한다. 이 일에 대하여서는 이미 상당 기간 우리 사이에서 논의가 오갔고, 우선 우리 중 몇 사람이 이 일을 위한 기초 연구를 진행하고 있으니 일은 벌써 시작된 것이다.

우리는 모두 스스로 이 일에 참여하여 자발적 정신으로 이 일을 수행해 갈 터이다. 이 일에 찬동하는 국내외 여러분들의 적극 참여를 기대하면서, 1986년 10월 한글 반포 540돌날, 우리는 역사적인 연세 한국어 사전의 편찬을 발의한다.

〈연세 한국어 사전 편찬 발의인 명단〉

강규숙	강빈구	강영희	강응식	강화자	고년규	고성환	고소웅	고영석
고춘명	고홍환	김경림	김경희	김관수	김광식	김규홍	김균진	김근택
기기령	김기영	김기호	김기환	김남현	김달중	김대현	김동길	김두식
김명원	김문겸	김란수	김병수	김병옥	김봉열	김석득	김성균	김수용
김수일	김순주	김용섭	김용순	김우식	김유삼	김은애	김의숙	김인회
김장환	김정규	김정수	김정우	김종수	김주덕	김진수	김찬국	김천욱
김철구	김청묵	김학은	김헌주	김호룡	김황조	나건석	나인용	나일성
남기심	노대규	노준규	류인희	리재철	마광수	문경환	문수재	문영한
문효근	민경덕	민경배	민경찬	민옥기	박광원	박규택	박길준	박동환
박병문	박상용	박순영	박승전	박영기(수)	박영기(건)	박영순	박영식	박영신
박영재	박영필	박용문	박우서	박윤기	박인용	박재열	박준서	박진근
박태규	박한규	박형식	박홍수	방희덕	변근주	서정우	선우일남	설성경
소영일	손보기	손 한	손홍규	송만석	송 복	송 자	송종석	송준호
신봉애	신영오	신의순	신정호	심영학	심윤주	신정순	안계춘	안병영
안삼환	안영수	양승두	양용석	오가실	오두환	오세철	오영근	오영환

오인탁 오인환 우광방 유강민 유계준 유동식 유복모 유석호 유영규
유 완 유주현 윤병상 윤병희 윤복자 윤상운 윤석범 윤 선 윤 진
윤형섭 이강용 이경회 이계준 이규창 이기동 이기택 이대운 이두연
이명호 이문기 이병목 이봉국 이상배 이상섭 이상우 이상회 이석호
이선영 이성일 이성호 이순희 이승만 이신행 이양수 이연숙 이 영
이영선 이영호 이원영 이원환 이유복 이은해 이은호 이의린 이의웅
이익환 이일병 이재헌 이재형 이 정 이정석 이정한 이제민 이종민
이종성 이종영 이종우 이진무 이진성 이찬영 이충국 이태희 이한용
이홍림 이홍훈 이훈구 이희덕 이희수 임웅기 임익순 임정대 임철규
장기욱 장순복 전병재 전산초 전인초 전일동 정경태 정구현 정노팔
정명진 정상섭 정영미 정원모 정인환 정재식 정종락 정종암 정중현
정찬섭 정찬영 정평림 정현종 조명자 조성규 조신권 조영일 조웅인
조우현(철) 조우현(의) 조원철 조철현 조혜정 조희구 주영은 주충로 지 순
차일환 천무석 최규홍 최병선 최선홍 최시원 최영애 최윤철 최인준
하형강 한동관 한성신 한양순 한종철 한준상 한태동 한홍수 허 벽
현민자 현상훈 홍사석 홍재석 홍천수 홍필훈 황계정 황금찬 황애란
황원구 황의호

2. 한국어 사전 편찬회로 활동을 하다

1974년

9월 “연세 창립 100주년 기념 사업회” 분과위에서 이상섭 교수가 “국어 사전 편찬”을 건의하였으나, 이후 총장 교체로 기념 사업회가 해체되어 논의가 중단되다

1986년

1월 교수들 간에 국어 큰사전 편찬의 논의가 일기 시작하다

4월 이상섭(영문과), 최영애(중문과), 남기심(국문과), 안삼환(독문과), 홍재성(불문과) 교수 등이 성곡재단으로부

	터 연구비를 지원 받아 세계 여러 나라의 사전 편찬에 관한 조사 연구를 시작하다
	새 국어 사전 편찬 발의 운동을 본격화하다
10월 6일	연세대 교수 290명의 공동 명의로 "새 한국어 사전 편찬 발의대회"를 가지다. 〈연세대학교 한국어 사전 편찬회〉를 조직하여 20년에서 30년의 충분한 시간을 두고 지속적인 국어 사전 편찬 작업을 펴나가기로 하고 운영위원을 선출하다
10월 15일	제1차 운영위원회를 열고 운영위원장에 임정대 교수(수학과)를 선출하다
10월 27일	〈한국어 사전편찬실 소식〉 제1호를 창간하다
11월 3일	제2차 운영위원회에서 사전 편찬의 구체적 계획과 세부 지침을 학술적으로 뒷받침하기 위한 연구위원회, 전산위원회, 재정위원회 등을 차례로 발족시키기로 하고 맨 먼저 연구위원회의 발족에 합의하다
12월 3일	제3차 운영위원회에서 연구위원회가 정식으로 출범하고, 위원장에 김석득 교수(국문과)가 선출되다
12월 12일	연구위원회의 첫 사업으로 「한국어 사전 편찬을 위한 제1회 웍샵」을 장기원기념관에서 열다

1987년

3월 4일	한국어 사전 편찬회 제3차 운영·연구 위원회가 교수식당에서 열리다(18인 참석)(주)

㈜ 회의의 명칭은 기록에 적힌 대로 인용하기로 한다.

이 날 회의에서 사전 편찬회의 동인 수가 299인 되었음과 작년도 총수입이 272만 1950원임이 보고되었다. 또한 연구위원회 주관으로 이번 학기에 격주로 세미나를 가질 예정이며, 첫 세미나를 3월 18일(수) 오후 4시 10분, 문과대 교수 세미나실에서 안삼환 동인의 발표를 가질 것임이 보고되었다.

4월 1일 한국어 사전 편찬회 제4차 임원회가 교수식당에서 열리다 (참석자:18명)

이 날 회의에서 제1차 세미나를 3월 18일(수) 4시 10분 문과대 교수 세미나실에서 안삼환 동인의 그림 대사전 편찬 과정에 관한 발표로 가졌음과, 제2차 세미나를 이 날 같은 장소에서 남기심 동인의 발표로 가지게 됨이 보고되다

5월 6일 한국어 사전 편찬회 제5차 정례 임원회가 교수식당에서 열리다. 이 날, 1987년도 예산안과 사업계획안 및 장기 계획안이 심의, 통과되어 본격적인 사업의 첫발로 현대 한국어 사전의 어휘빈도를 조사하기로 하다

이날 회의에서 심의, 통과된 1987년도 사업계획과 장기 계획안은 다음과 같다

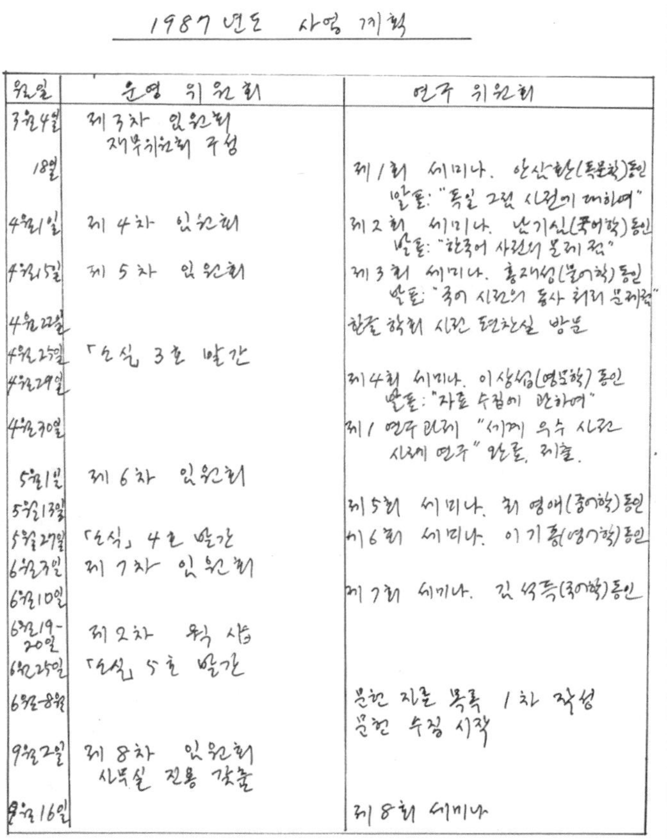

1987년도 사업 계획

월일	운영 위원회	연구 위원회
3월4일	제3차 임원회 재무위원회 구성	
18일		제1회 세미나. 안삼환(독문학) 동인 발표: "독일 그림 사전에 대하여"
4월1일	제4차 임원회	제2회 세미나. 남기심(국어학) 동인 발표: "한국어 사전의 문제점"
4월15일	제5차 임원회	제3회 세미나. 홍재성(불어학) 동인 발표: "국어 사전의 동사 처리 문제점"
4월22일		한글 학회 사전 편찬실 방문
4월25일	「소식」 3호 발간	
4월29일		제4회 세미나. 이상섭(영문학) 동인 발표: "자료 수집에 관하여"
4월30일		제1 연구 과제 "세계 우수 사전 사례 연구" 완료, 제출.
5월1일	제6차 임원회	
5월13일		제5회 세미나. 최영애(중어학) 동인
5월27일	「소식」 4호 발간	제6회 세미나. 이기용(영어학) 동인
6월3일	제7차 임원회	
6월10일		제7회 세미나. 김석득(국어학) 동인
6월19-20일	제2차 목적 사업	
6월25일	「소식」 5호 발간	
6월-8월		문헌 자료 목록 1차 작성 문헌 수집 시작
9월2일	제8차 임원회 사무실 집용 갖춤	
9월16일		제8회 세미나

1987년도 사업 계획(1)

9월 30일		제9회 세미나
10월 6일(화)	제9차 임원회 및 사전편찬회 발의 1주년 기념식 「소식」 6호 발간	
10월 14일		제10회 세미나
10월 28일		제11회 세미나
11월 4일	제10차 임원회 「소식」 7호 발간	
11월 11일		제12회 세미나
11월 25일		제13회 세미나
12월 2일	제11차 임원회	
12월 18일-19일	〈소식〉 8호 발간	제14회 세미나 겸 제3회 워크샵
1988년 1월-2월	〈소식〉 9호 발간	문헌 목록 2차 완료

1987년도 사업 계획(2)

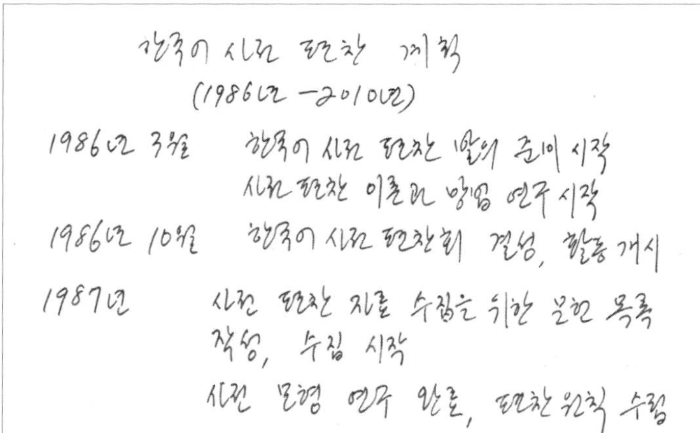

한국어 사전 편찬 계획
(1986년-2010년)

1986년 3월　한국어 사전 편찬 일의 준비 시작
사전 편찬 이론과 방법 연구 시작

1986년 10월　한국어 사전 편찬회 결성, 활동 개시

1987년　사전 편찬 자료 수집을 위한 문헌 목록 작성, 수집 시작
사전 모형 연구 완료, 편찬 원칙 수립
현대 한국어(1970년 이후) 문헌의 어휘 빈도 조사 연구 시작

1988년　위의 일 계속. 문헌 자료 수집 계속

1989년　위의 일 완료.
출판 계약
현대 한국어 부문 사전적 처리 시작

1989년-92년　1970년 이후 자료 전산 처리, 편집 완료

1992년　1950년 이후의 한국어 부문 편찬 시작

2000년　1950년-1995년 부문 편찬 완료

2010년　1950년 이전의 편찬 완료. 전체 완료.

1987년에 수립된 한국어 사전 편찬 계획(1986~2010년)의 1

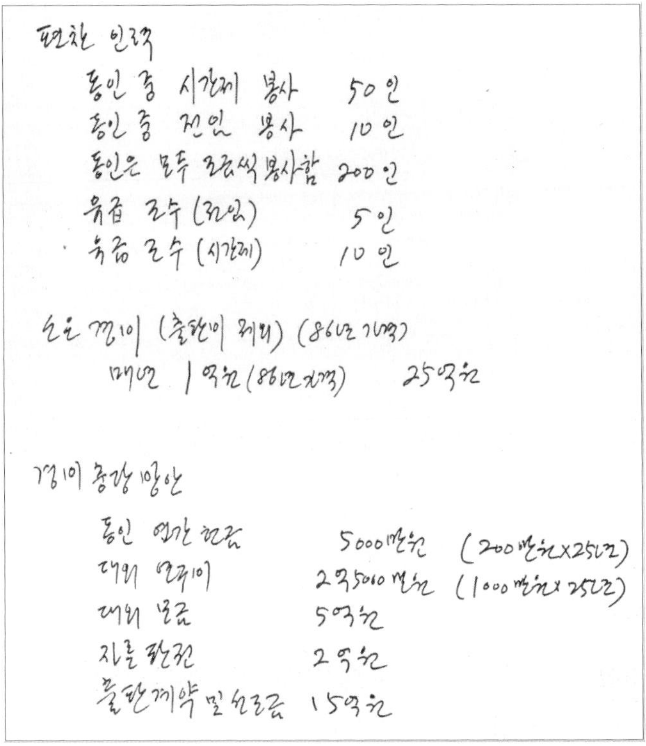

편찬 인력
동인 중 시간제 봉사 50인
동인 중 전일 봉사 10인
동인은 모두 3권씩 봉사함 200인
유급 조수 (전일) 5인
유급 조수 (시간제) 10인

소요 경비 (출판비 제외) (86년 가격)
매년 1억원 (86년 가격) 25억원

경비 충당 방안
동인 연간 헌금 5000만원 (200만원x25년)
대외 연구비 2억5000만원 (1000만원x25년)
대외 보조 50억원
자료 판권 2억원
출판계약 및 선도금 15억원

1987년에 수립된 한국어 사전 편찬 계획(1986~2010년)의 2

6월 3일	한국어 사전 편찬회 제6차 임원회가 교수식당에서 열리다
10월 6일	한국어 사전편찬회 창립 1주년 기념 모임이 오후 3시 인문관 2층 교수 세미나실에서 열리다 (기념강연: 김찬국 동인)
11월 4일	한국어 사전 편찬회 제8차 정례 임원회가 교수식당에서 열리다(참석자: 임정대, 오세철, 안삼환, 이익환, 허벽, 전병재, 최영애, 김석득, 이상섭)

이 날 회의에서 창립 1주년 기념 모임을 10월 6일(화) 3시에 갖기로 하고, 김찬국 동인에게 기념 강연을 위촉키로 하다. 가로막, 다과준비, 초청장 등의 준비는 안삼환, 최영애, 홍재성, 이상섭 등 동인이 맡았으며 모든 일이 차질없이 진행된다는 일이 보고되다. 한편, 「사전 편찬학 연구」 제1집이 곧 배부될 예정임도 보고되다.[1)]

12월 2일 한국어 사전 편찬회 제9차 정례 임원회가 교수식당에서 열리다

(참석자: 임정대, 윤석범, 윤병상, 허벽, 이익환, 안병영, 홍재성, 남기심, 이상섭)

1988년

3월 16일 한국어 사전 편찬회 제10차 정례 임원회가 교수식당에서 열리다

(참석자: 김석득, 남기심, 안삼환, 허벽, 이기동, 이상섭, 홍재성, 안병영, 송만석, 윤석범, 최영애, 이익환)

이 날 회의에서, 참가 동인 총수가 318인임이 보고되고, 「한국어 어휘 사용 빈도 기초 조사 연구」(인문과학연구소(소장 이상섭 동인) 주관으로 정찬섭 등 5인이 1천만의 예산을 확보)에 착수했음이 보고되다. 한편 송만석 동인이 「한국어 어휘 전산 처리」에 관한 연구를 진행함을

1) 이 회의록의 기록에서는 11월에 열린 회의에서 10월 행사 보고가 예정 준비 사항으로 보고되는 것으로 보아, 회의 차수와 날짜에 착오가 있었던 것으로 보인다.

보고하다

4월 국내 최초의 사전학 전문 학술지 「(새 한국어 사전편찬을 위한) 사전 편찬학 연구」를 창간하고 제1집을 발간하다

4월 6일 한국어 사전 편찬회 제11차 정례 임원회가 교수식당에서 열리다
(참석자: 안삼환, 오세철, 윤석범, 김기령, 이상섭, 전병재, 최영애, 김석득, 최정호)
이 날 회의에서 「사전 편찬학 연구」 발간 준비에 관해 보고되다

5월 "새 한국어 큰 사전이 있어야 한다."를 제목으로, 한국어 사전편찬회의 소개 책자가 만들어지다

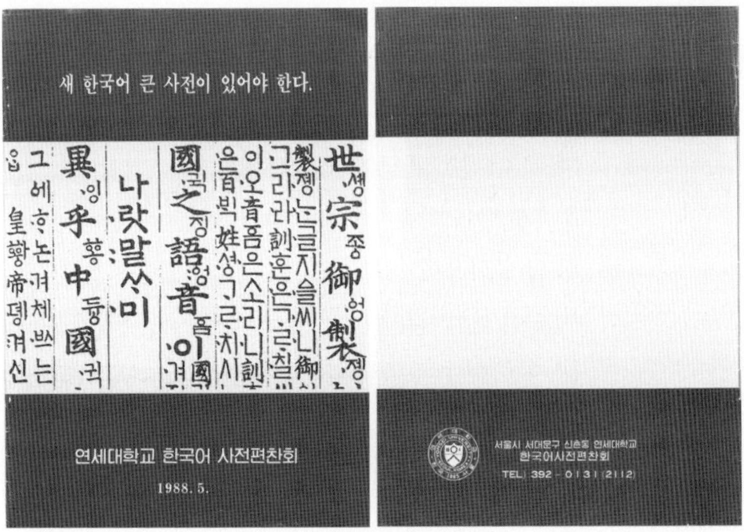

소개 책자의 앞표지와 뒷면

2. 활 동 현 황

1.「한국어 사전 편찬회 소식」발간

우리 회의 동인 전부와 우리의 동료들에게 우리 회에 관련된 사항을 알리는 이 간행물은 개학 중 매월 1회꼴로 발간된다. 현재 9호까지 나왔다. 앞으로 학술 연구 요지, 동인의 의견 등도 실을 예정이다.

2. 연구 논문집「사전 편찬학 연구」(제1집)(한신문화사, 130쪽)간행

남기심, 안삼환, 이상섭, 최영애, 홍재성 동인들이 같이 지은 이 책은 성곡재단의 도움을 받은 연구의 한 결과로서, 시중에서 판매되는 한편 모든 동인들에게 증정되었다.

3. 정기「세미나」개최

개학 중 매월 2회 개최되는 이 세미나는 현재 10회를 기록했다. 한국어사전편찬에 관련된 학술적 문제뿐 아니라 우리 회의 사업에 관련된 일반적 의견도 진지하게 다루고 있다.

4.「워샵」개최

방학 기간 중에 사전 편찬의 실제에 관련된 여러 문제를 집중적으로 다루는 워샵을 이미 3회 가졌다. 각 학문 영역의 여러 동인이 참여하고 있다.

5. 사전 편찬학 관련 문헌 수집

사전 편찬학의 전문 학술지를 중앙도서관을 통하여 구독하고 있으며, 한 외국 문화 기관의 주선으로 전문 연구 서적들을 다수 입수하였다. 수량으로는 적다고 하겠지만, 이 정도로도 국내 제일의 사전 편찬학 문헌 수집이 될 것이다.

6. 진행 중인 연구 활동

남기심, 이기동, 이익환, 홍재성 동인 및 이상복 교수(강원대)의 공동 연구 과제인「한국어 사전 모형 연구」가 마무리 되어 가고 있다. 곧 출판될 예정이다.

한편, 남기심, 박규태, 손 한, 홍만식, 오세철, 이상섭, 정찬섭, 최윤철, 최정호(대표), 홍재성 동인이 임원회와 결의에 따라「현대 한국어 어휘 빈도 조사」연구위원이 되어 수차 토의 끝에 소규모의 시험적 조사를 먼저 시행하기로 하였다.

소개 책자의 일부_1

延世大 14인 운영위원 구성 끝내

30년 계획 새 국어辭典 만든다

崔鉉培·金允經·鄭寅承등 한글학자의 脈 계승

교수 2백74명 편찬 참여

백과사전化 지양 國語 길잡이로

「조선일보」 1986년 10월 8일 · 보도」

소개 책자의 일부_2

8월 25일	「(새 한국어 사전편찬을 위한) 사전 편찬학 연구」의 판형을 바꾸어, 제1집과 제2집을 함께 탑출판사에서 발간하다
8월 26일	제4회 한국어사전 편찬 연찬회를 열다 (교수식당)
9월	"연세대학교 한국어 사전 편찬회 사업계획서"를 작성하다
10월 7일	문과대학 교수 세미나실에서 창립 2주년 기념모임이 열리다 특별강연: 「대표적 독일어 사전의 편찬원칙」(김수용 동인)

1988년 한국어 사전 편찬회의 조직

1988년 당시의 회원 수는 318인이었으며, 다음과 같이 여러 부서로 조직되어 활동을 전개하였다.

① 운영위원회 위원장: 임정대(수학), 위원: 김기령(의학), 김석득(국어학), 남기심(국어학), 박규태(전자공학), 송만석(전산학), 안병영(행정학), 안삼환(독문학), 윤석범(경제학), 윤병상(목회학), 이상섭(영문학), 전병재(사회학), 최영애(중어학), 홍재성(불어학)

② 연구위원회 위원장: 김석득(국어학), 위원: 김수용(독문학), 나건석(영문학), 남기심(국어학), 노대규(국어학), 문경환(영어학), 문효근(국어학), 손한(영어학), 안삼환(독문학), 오세철(경영학), 이기동(영어학), 이상섭(영문학), 이익환(영어학), 이일병(전산학), 이정(불어학), 장기욱(독어학), 정명진(영어학), 조철현(영어학), 최영애(중어학), 최정호(신방학), 허벽(중어학), 홍재성(불어학)

③ 재정위원회(위원장: 윤석범(경제학), 위원: 이상섭(영문학), 전병재(사회학)

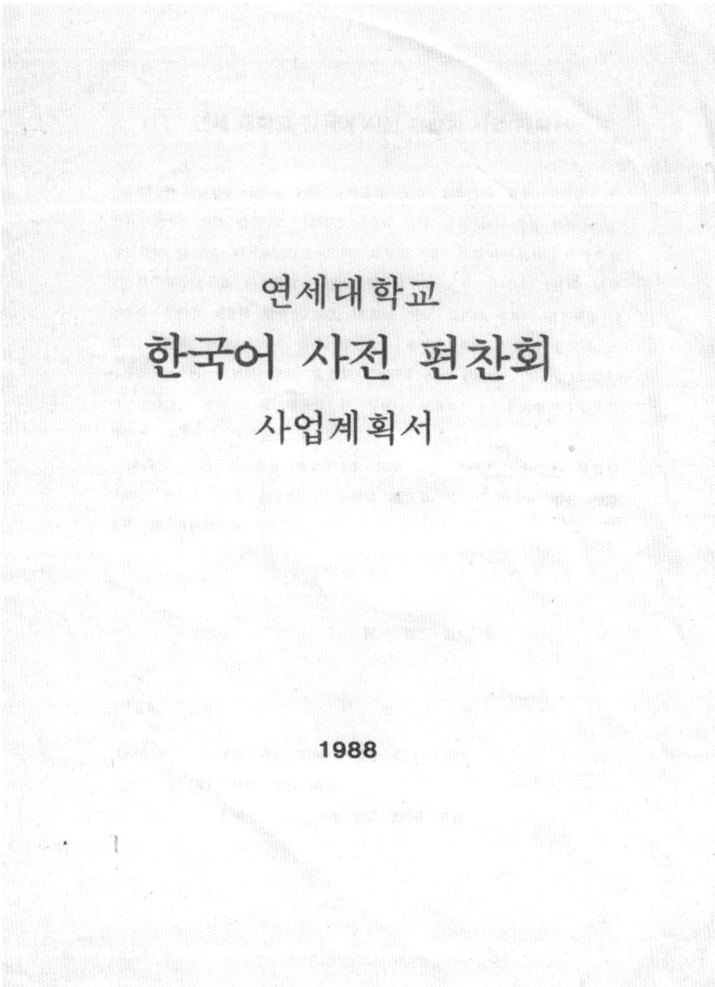
연세대학교
한국어 사전 편찬회
사업계획서
1988

연세대학교 한국어 사전 편찬회 사업계획서(1988년)의 1

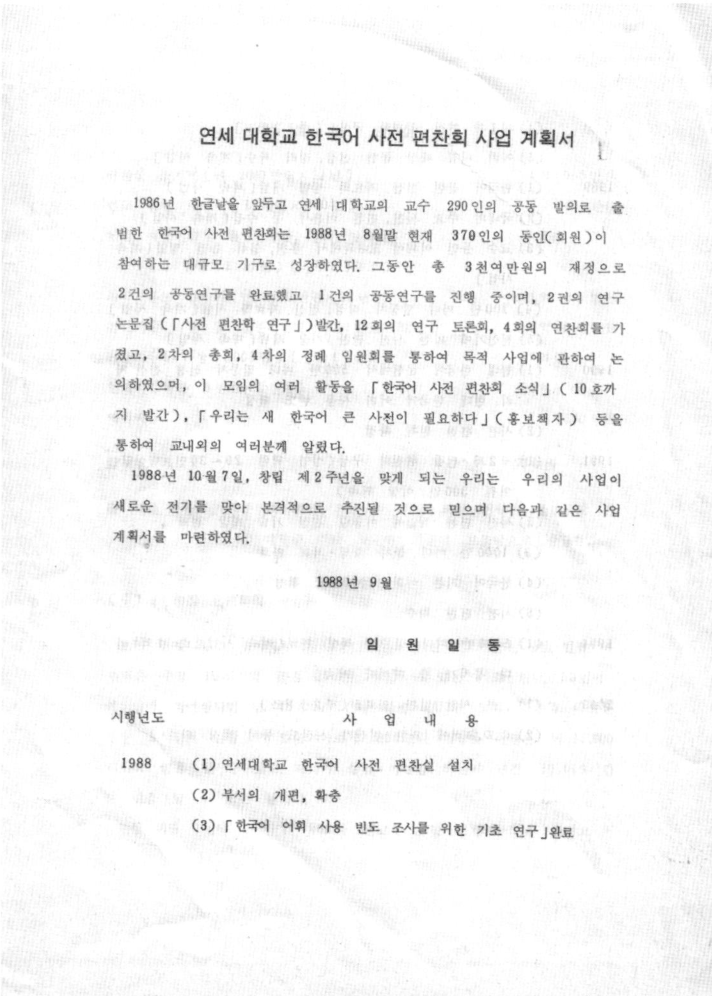

연세 대학교 한국어 사전 편찬회 사업 계획서

1986년 한글날을 앞두고 연세 대학교의 교수 290인의 공동 발의로 출범한 한국어 사전 편찬회는 1988년 8월말 현재 370인의 동인(회원)이 참여하는 대규모 기구로 성장하였다. 그동안 총 3천여만원의 재정으로 2건의 공동연구를 완료했고 1건의 공동연구를 진행 중이며, 2권의 연구 논문집(「사전 편찬학 연구」)발간, 12회의 연구 토론회, 4회의 연찬회를 가졌고, 2차의 총회, 4차의 정례 임원회를 통하여 목적 사업에 관하여 논의하였으며, 이 모임의 여러 활동을 「한국어 사전 편찬회 소식」(10호까지 발간), 「우리는 새 한국어 큰 사전이 필요하다」(홍보책자) 등을 통하여 교내외의 여러분께 알렸다.

1988년 10월 7일, 창립 제2주년을 맞게 되는 우리는 우리의 사업이 새로운 전기를 맞아 본격적으로 추진될 것으로 믿으며 다음과 같은 사업 계획서를 마련하였다.

1988년 9월

임 원 일 동

시행년도	사 업 내 용
1988	(1) 연세대학교 한국어 사전 편찬실 설치
	(2) 부서의 개편, 확충
	(3) 「한국어 어휘 사용 빈도 조사를 위한 기초 연구」완료

연세대학교 한국어 사전 편찬회 사업계획서(1988년)의 2

(4) 제1차 편집 위원회 구성〔(주1)참조〕

(5) 어휘 채집 대상 문헌 선정, 정리 착수〔계속 사업〕

1989 (1) 한국어 문헌 전산 자료화 방법 개발〔계속 사업〕

(2) 국내외 주요 사전, 편찬 이론서 등 수집〔계속 사업〕

(3) 교수 동인 이외에 교내외에서 후원, 협력 동인 영입〔계속 사업〕

(4) 100만 마디 말뭉치 작성, 전산 자료화 시험〔계속 사업〕

(5) 전산기에 의한 사전 편찬 기술 개발〔계속 사업〕

1990 (1) 현대 한국어 문헌에서 500만 마디 말뭉치 선정 전산 처리. 현대 한국어 어휘 사용 빈도 확정

(2) 사전 편찬 원칙 확정

1991 (1) 제2차 편집 위원회 구성(상임 위원 20～30인, 비상임 위원 300인 이상 위촉)

(2) 사전 편찬 작업에 이용할 전산 기술 개발 완료

(3) 1000만 마디 뭉치 작성·처리 완료

(4) 한국어 기본 어휘 3000개를 확정

(5) 사전 편찬 착수

1994 (1) 5000만 마디 말뭉치 작성 완료〔계속 사업으로 1억 마디 뭉치가 될 때까지 계속〕

2009 (1)「큰 사전」편찬 완료〔(주2)참조〕

(2) C.D.ROM에 의한 전산기 사전도 동시 제작 완료

연세대학교 한국어 사전 편찬회 사업계획서(1988년)의 3

◎ 예 산 안 ◎

편찬실 유지비(년 2000만원×22년)	4억 4000만원
연구 문헌 수집비(10만원×200건)	2000만원
어휘 채집 대상 문헌 수집, 정리, 입력비 (30만쪽×2000원)[(주3)참조]	6억원
회의·홍보·섭외비(년 500만원×22년)	1억 1000만원
전산기술 개발 및 운영비(년 3000만원×22년)	6억 6000만원
편집비(54만장×5000원)[(주4)참조]	27억원
인쇄비(쪽당 5만원×2만쪽)	10억원
예비비	1억 7000만원
합 계	**57억원**

※ 예산 충당 방법: 동인의 회비, 후원회의 성금, 외부 연구비, 출판물의 판매 이익금, 기타 교내외 기관의 보조금으로 충당함.

(주1) 편집 위원회의 구성과 작업량

모든 편집 업무 참여자는 봉사적 태도를 가진 이로 한다. 상임 편집 위원회은 주당 10시간씩 편집 업무에 바칠 수 있는 이로 한다. 30인이 이 일에 참여한다면 년 15,000시간의 일을 할 수 있다. 비상임 위원은 주당 1시간씩 일할 수 있는 이로서 300인의 비상임 위원은 년 15,000시간의 일을 할 수 있다. 따라서 상임·비상임 위원이 년간 30,000시간의 일을 할 수 있는 셈이다.

편집 위원 1인이 1시간에 200자 원고지 1장 분량의 일을 한다고 치

연세대학교 한국어 사전 편찬회 사업계획서(1988년)의 4

면, 1년에 30,000장의 원고가 작성된다. 「큰 사전」의 규모는 200자 원고지로 약 54만장이니, 이는 우리 편집진이 18년간 작업할 분량이다. 1991년에 편찬 작업을 시작한다면 2009년에 끝난다는 계산이 된다. 54만장의 원고를 1장당 5,000원씩으로 계산한다면 27억원이 된다. 이것은 원고료로 보기보다는 편집 비용으로 봄이 옳다.

중국의 한 지역 대학교수 300여인이 10년간의 작업 끝에 1987년부터 「한어사전」, 「한어자전」의 각 1권을 냈다. 전 20권으로 출간될 예정이다. 우리의 중요한 모범이 된다.

위의 계산은 전통적인 수기 방식에 의한 것이므로 전산 기술 개발에 따라 일의 분량과 소요 시일이 훨씬 줄어들 수 있다.

(주2) 우리의 「큰 사전」의 규모

신기철·신용철 지은 「새 우리말 큰 사전」(삼성출판사, 1975년)은 기존 한국어 사전중 가장 큰 것의 하나인데, 책 크기는 16×22㎝로, 2단 조판 3,856쪽으로 되어 있고, 1단에 75줄씩, 1줄에 평균 9마디씩 들어 있으니 1쪽에 1,350마디씩 들어 있는 셈이다. 그러니까 이 사전은 전체적으로 약 521만 마디로 구성되어 있다. 이 사전은 31만 낱말을 표제어로 수록하고 있다고 하니, 1표제어에 대하여 평균 17마디 (1.9줄)를 할애한 셈이다.

세계 최대의 사전의 하나인 「옥스포드 영어 사전」은 22×30㎝의 크기로 1쪽은 113줄짜리 3단으로 되어 있고 모두 16,464쪽(13권)이다. 1줄에는 평균 10마디가 들어 있으니 약 5,580만 마디로 되어 있는 사전이다. 수록 어휘가 414,825개이니 평균 125마디(12.5줄)로 낱말 1개를 취급한 셈이다. 신기철·신용철 사전의 10배쯤 되는 분량이다.

연세대학교 한국어 사전 편찬회 사업계획서(1988년)의 5

신용철·신기철 사전은 옥스포드 사전에 비하여 수록 어휘 수에 있어서는 크게 뒤지지 않는 것 같으나 (31 만대 41 만), 그 31만 마디에는 "뉴욕 센트럴 철도", "런던 교향악단" 같은 동서양의 온갖 잡다한 백과사전적 항목들이 포함되어 있으므로 실제 한국어의 어휘만 따진다면 아마 20만개쯤 될 듯하다. 실제로 백과사전 항목을 뺀 민중서림의 「민중 엣센스 국어사전」(1987) 에는 15만개가 수록되어 있다 (그것도 "러브 어페어" [Love-affair] 같은 순전한 영어 문구까지 들어 있는데도 그렇다).

우리가 계획하는 「한국어 큰 사전」은 「옥스포드 사전」처럼 백과사전적 항목은 물론 실제로 한국어 문장에서 우리말로 사용되지 않은 외국어 (한자 문구 포함) 를 모두 빼고 순전한 한국어 어휘만 30만 마디쯤을 수록하고자 한다. 이를 위하여 종국적으로는 1억 마디에 이르는 말뭉치를 작성하여 우리말 낱말을 샅샅이 찾아 내려는 것이다 [(주3) 참조].

우리의 사전은 1줄에 낱말 10마디 짜리 80줄을 2단으로 짠 총 20,000쪽의 큰 사전이 될 것으로 추정된다. 따라서 사용될 말 마디의 총수는 3,200만 마디 (10 × 80 × 2 × 20,000) 가 될 것이니 신용철·신기철 사전의 6배가량 되는 크기이나 백과사전적 항목을 제외하고 셈하면 거의 10배나 될 것이다. 그러나 오랜 문헌들이 대량으로 보존되어 있는 영어를 다루는 옥스포드 사전보다는 어휘 총수에 있어 0.73배, 전체 분량에 있어서는 0.57배에 그친다. 이러한 열세를 만회하기 위하여 우리는 어휘의 용례를 300만개쯤 인용하려 한다 (옥스포드 사전은 약 183만개의 용례를 인용했다). 이를 위하여 우리는 약 3,000만개의 유효 용례를 축적하려 한다 (옥스포드 사전은 600만개의 용례를 수집했다). 전적으로 수공에 의존했던 옥스포드 사전 편찬인들과는 달리 우리는 최선 전신 기술을

연세대학교 한국어 사전 편찬회 사업계획서(1988년)의 6

최대한 이용할 터이다.

우리가 계획하는 사전이 기존 국어사전의 10배 가량 커질 수 밖에 없는 이유는 백과사전적 항목들을 제거하고 치밀한 정의, 풍부한 용례, 자세한 문법적 설명, 발음 설명, 어원 설명, 용법 설명 등을 담게 되기 때문이다.

(**주3**) 여기에 제시된 30만쪽이라는 숫자는 한국어로 인쇄된 문헌을 일반 서적의 표준 판형인 국판으로 환산할 때 우리가 처리해야 할 문헌의 총 분량이 국판 30만쪽쯤 될 것임을 말한다. 국판 1쪽에는 평균 300마디의 낱말이 실리므로, 30만쪽이면 9,000만 마디가 된다. 우리가 목표하는 것은 1억 마디이나, 대략 9,000만 마디를 넘기면 족할 것으로 본다. 1971년부터 간행되고 있는 Trésor de la langue francaise 라는 프랑스말 큰 사전은 바로 9,000만 마디의 말뭉치를 토대로 하여 편찬되고 있다(이 사전은 1960년대의 전산기술로 자료 수집을 하였다).

각종 인쇄물에서 30만쪽의 적절한 말뭉치를 작성하여 이를 전산기에 효율적으로 입력하는 일은 아주 큰 일거리이다.

30만쪽은 국판 300쪽짜리 책 1,000권 분량이다. 타자수 1인이 1일 10쪽씩 타자할 수 있다면 1년(300일)에는 3,000쪽(10권)을 처리할 수 있다. 따라서 10인이 일하면 10년, 20인이 일하면 5년쯤 걸릴 일이다. 인건비는 년 500만원×5년=5억원, 문헌정리비를 1억원으로 잡아본다.

연세대학교 한국어 사전 편찬회 사업계획서(1988년)의 7

3. 한국어 사전 편찬실이 연세대학교 교책 연구소로 설립되다

1989년

4월 20일 연세대학교 교무위원회에서 「연세대학교 부설 한국어 사전 편찬실 규정」이 통과되어 〈한국어 사전 편찬실〉이 교책 연구소로 정식으로 발족하다

6월 1일 〈한국어 사전 편찬실〉의 초대 실장으로 이상섭 교수(영어영문학과, 1989.6.1.~1993.7.31.)가, 초대 부실장으로 이기동 교수(영어영문학과, 1989.6.1.~1990.8.31.)가 취임하다

1989년에 수행된 주요 연구 과제

과제명	연구 책임자	연구 기간	지원 기관	연구비 (만원)
현대 한국어 사전 편찬을 위한 한국어 자료의 선정과 그 전산적 처리	남기심	1989.7.~ 1991.6.	연세대학교	2,000

한국어 사전 편찬회 동인 명단의 일부(1988년)

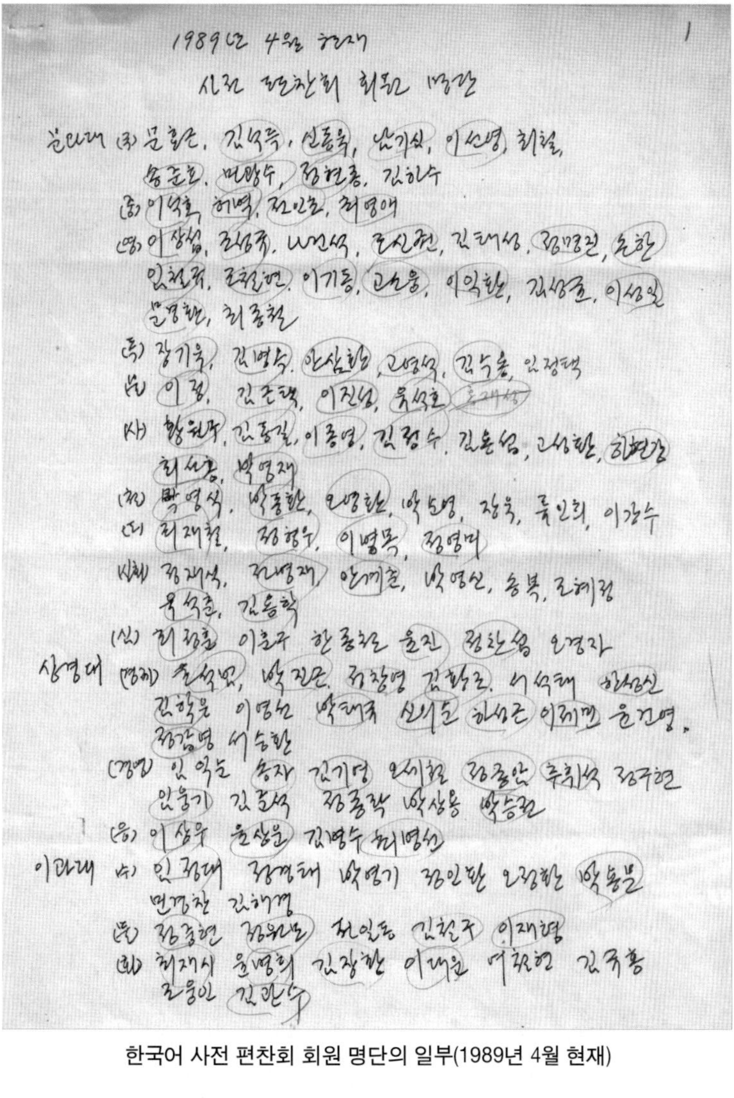

1989년 4월 현재

사전 편찬회 회원 명단

한국어 사전 편찬회 회원 명단의 일부(1989년 4월 현재)

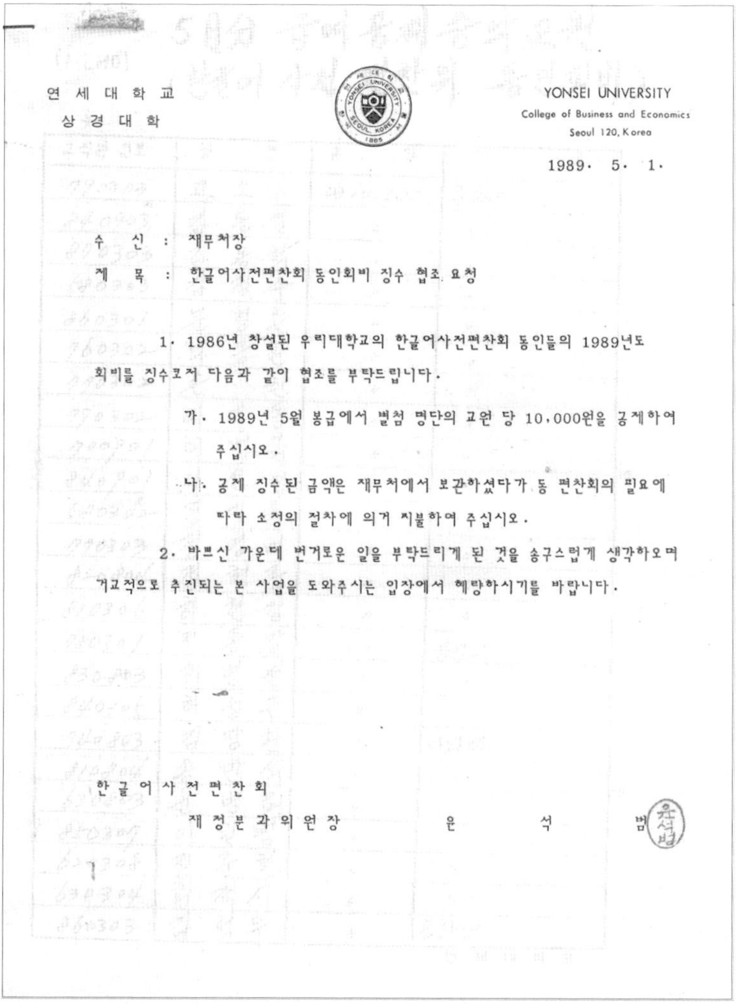

연 세 대 학 교
상 경 대 학

YONSEI UNIVERSITY
College of Business and Economics
Seoul 120, Korea

1989. 5. 1.

수 신 : 재무처장
제 목 : 한글어사전편찬회 동인회비 징수 협조 요청

1. 1986년 창설된 우리대학교의 한글어사전편찬회 동인들의 1989년도 회비를 징수코저 다음과 같이 협조를 부탁드립니다.

가. 1989년 5월 봉급에서 별첨 명단의 교원 당 10,000원을 공제하여 주십시오.

나. 공제 징수된 금액은 재무처에서 보관하셨다가 동 편찬회의 필요에 따라 소정의 절차에 의거 지불하여 주십시오.

2. 바쁘신 가운데 번거로운 일을 부탁드리게 된 것을 송구스럽게 생각하오며 거교적으로 추진되는 본 사업을 도와주시는 입장에서 혜량하시기를 바랍니다.

한 글 어 사 전 편 찬 회
재 정 분 과 위 원 장 윤 석 범

한국어 사전 편찬회 동인회비 징수 협조 요청 공문(1989년 5월 1일)

1990년

3월	연세 말뭉치1(300만 마디)이 구축되어 현대 국어 어휘 빈도 조사가 시작되다

연세 말뭉치 1 디스켓 드라이브

4월	사무실 행정직원으로 최란 선생이 부임하다 (1990.4.~2000.5.)
5월 10일	학술지 〈사전 편찬학 연구〉 제3집을 발간하다
5월 30일	1990년도 한국어 사전 편찬실 운영위원회가 열리다 이 날 회의에서 다음의 일이 보고되다 (1) 편찬실이 한경관 206호, 207호로 이전하다 (2) 편찬실 사무직원으로 최란 선생이 부임하고, 임시 조교로 김슬옹,이기황이 일하다 (3) IBM한국으로부터 컴퓨터 5조를 기증 받다 (4) 편찬실 규정(1989년 4월 27일 시행)의 개정안을 심의하고, 편찬위원, 연구원, 객원연구원을 둘 수 있도록 하다

9월 1일 한국어 사전 편찬실의 제2대 부실장으로 송만석 교수(전산학과)가 취임하다 (1990.9.1.~1993.8.31.)

10월 8일 한국어 사전 편찬회의 동인 총회를 오후 5시 교직원 식당에서 개최하다

이 날 한국어 사전 편찬실의 활동이 보고되다

(1989.9.1.~1990.10.5.)

[1] 말뭉치 모으기

<1> 100 만 마디

1. 모은 기간 : 1988 년
2. 모은 일꾼 : 20 명(영문과 학생들)

* 기타 구체적인 방법은 아래 200만 마디의 경우와 같음.

<2> 200 만 마디

1. 모은 기간 : 10일간(10.31 - 11.10)
2. 모은 일꾼 : 24명(국문과 2·3 학년)
3. 지도 : 이상섭, 남기심 선생님
4. 진 행 : 김슬옹, 이기황
5. 모은 분량; 200만 마디(하루 20만, 한 명에 8-10만)

   * 모은 기준은 정찬섭(1989) 기준에 의함.
6. 구체 방법
   1) 분담하기/분담방법 : 모을 책을 고른 다음 마디 수를 계산해서 분담
   2) 든 시간 : 10일간 매일 한 사람당 5시간 정도
   3) 도서관 이용 관계 : 이름표 달고 서고에서 직접 작업(복사기 2 대 빌림)
   4) 든 돈 : 모두 360 만원
      (1) 일꾼 삯 : 120 만원
      (2) 복사 비용 : 240,000
7. 일꾼들에게 당부한 주의 사항
   1) 자료의 높은 가치를 위하여 책임 의식을 가지고 여러 조건에 반드시 드러맞도록 한다.
   2) 복사 용지는 자료가 크건 작건 8절지(B4)만을 사용한다.
   3) 복사 상태는 무조건 좋아야 한다. (글씨를 알아 볼 수 없는 것은 무조건 다시 해 온다)

한국어 사전 편찬실 활동 보고서 중의 일부(1990년 10월 8일)

1990년 한국어 사전 편찬실 조직

(1) 실장:이상섭, 부실장:이기동(~8.31.), 송만석(9.1.~)

(2) 조교:김슬옹, 이기황, 이운규

(3) 행정직원:최란

1990년에 수행된 주요 연구 과제

과제명	연구 책임자	연구 기간	지원 기관	연구비 (만원)
사전편찬을 위한 한국어 자료의 언어학적 분석과 사전모형의 설계	이상섭	1990.4.~ 1992.3.	연세대학교	2,000

1991년

3월 18일 1991년도 한국어 사전 편찬실 운영위원회가 열리다 (참석:김기령, 안병영, 최정호, 윤병상, 이기동, 이익환, 김수용, 정찬섭, 이상섭, 남기심, 송만석, 배석:최란, 김슬옹, 장소:교수식당)

이 날 회의에서 다음의 일이 보고되다

(1) 400만 마디의 말뭉치 전산화를 끝내고 빈도 조사를 마무리 중이며, 올해 안으로 1,000만 마디 전산화를 계획 중이다

(2) 한국어 사전 편찬실의 공간으로 옛 한국어학당 건물 1층을 쓰기로 정해지다

6월 20일 THOMAS J. WATSION연구소의 로이 버드 박사의 특별 강연을 개최하다

7월 30일~31일 제1회 사전 편찬 연찬회를 개최하다 (장소:청평)

1991년 7월 30일~31일 여름연찬회
(왼쪽으로부터 송만석,남기심,이익환,문경환,이상섭 교수)

1991년 7월 30일~31일 여름연찬회

8월 30일 1991년도 2학기 한국어 사전 편찬실 운영위원회가 열리다. 이 날 회의에서 다음의 일이 보고되다

(1) 편찬실 임원진 개편이 보고되다(기간:1991~1993년) 임원진(간사):이상섭(실장), 송만석(부실장), 남기심(편찬위원장), 이기동, 이익환, 정영미, 정찬섭, 최윤철, 문경환, 김하수, 나동렬

(2) 전임연구원으로 김슬옹을 임용하다

(3) 총 600만 마디의 말뭉치 수집과 입력을 마치다

9월 30일~31일 'the Seventh annual Conference of the UW center for the OED and text research'에 이상섭, 이기동, 송만석 교수가 참석하다

(주제:Using corpora, 장소:영국 옥스포드대학)

10월 연세 말뭉치가 1천만 마디를 넘어서고 시험적인 사전 편찬이 시작되다

옛 한국어학당 건물 1층으로 이사하다

12월 2일~4일 일본 동경 EDR연구소와 대만 중앙연구원을 방문하다 (송만석, 최윤철)

12월 23일 제1회 말뭉치 연구 모임이 열리다

발표자:이원표(끝)

1991년 국어사전편찬실 조직

(1) 실장:이상섭, 부실장:이기동(~8월), 송만석(9월~)

(2) 간사:이상섭, 송만석, 남기심, 이기동, 이익환, 정영미, 정찬섭, 최윤철, 문경환, 김하수, 나동렬

(3) 연구원: 김슬옹

(4) 행정직원: 최란

1991년에 수행된 주요 연구 과제

과제명	연구 책임자	연구 기간	지원 기관	연구비 (만원)
전자사전 구현을 위한 어휘 데이터 베이스의 설계와 국어정보 분석 도구의 개발	이상섭	1991.5.~ 1992.3.	체신부	1,000
현대 국어 사전 편찬 방법론의 실험적 연구	이상섭	1991.5.~ 1993.4.	연세대학교	2,000
한국어 사전 제작을 위한 대규모 말뭉치의 구성 및 분석	이상섭	1991.7.~ 1992.6.	교육부	1,500
언어정보 축적 및 통계정보 국어 정보축적	이상섭	1991.10.~ 1991.12.	한국과학기술원	857
국어 어휘 단위의 사전적 제시를 위한 편찬학적 방법의 연구	남기심	1991.12.~ 1992.11.	학술진흥재단	1,200

1. 한국어 사전 편찬실 소식 18호

1991년 10월 9일

한국어 사전 편찬실 소식

120-749 서울시 서대문구 신촌동 134 연세대학교 한국어 사전 편찬실 361-3512,3513

옛 한국어 학당 건물로 이사 준비

연세대학교 교책 연구소 가운데 가장 활발한 연구 활동을 벌이고 있는 한국어 사전 편찬실은 10월 중으로 옛 한국어 학당 건물 1층으로 이사하게 되었다. 이 건물은 교책 연구소 전용 건물로서 2층에는 국학 연구원이, 3층에는 동서 문제 연구원이 자리잡게 된다.

편찬실은 이사와 함께 공간 문제를 완전히 해결하고 본격적으로 연구 체제를 재정립하고 편찬 작업을 시작할 예정이다.

우리말 정보화 잔치 '91 참가

국어정보학회에서 주관한 '우리말 우리글 정보화 잔치'가 지난 6월 11일(화)에서 6월 13일(목)까지 3일간 여의도 대한생명 63 빌딩 별관 2층(체리홀, 글로리아홀)에서 열렸다. 이번 행사는 우리말의 정보화와 관련된 각종 학술 발표와 관련 상품 전시회가 함께 진행되었는데, 편찬실에서는 국어정보학회의 사전분과 위원장을 맡고 있는 이상섭 실장과 남기심 발표가 학술 발표에, 연구진은 전시회에 참가하였다.

이상섭 실장은 "전산 편찬학의 개념과 한국적 실제"라는 제목의 발표에서 사전 편찬에 전산기를 적극적으로 응용하는 방법론을 소개하고 편찬실에서 구축한 말뭉치의 응용 방안을 소개했으며, 남기심 간사는 "기존 국어 사전의 언어정보적 평가"라는 발표를 통해서 편찬실에서 2년 가까운 시간과 많은 예산을 들여서 전산화한 신기철/신용철 엮은 "새 우리말 큰사전"의 분석 결과를 각종 통계 자료와 함께 제시하였다.

전시회에서는 편찬실의 말뭉치 구축과 각종 정보 추출에 대한 홍보와 옥스포드 영어 사전 및 전자 사전의 전시를 했는데, 특히 편찬실의 어휘 빈도 정보는 많은 사람들의 관심을 끌었다.

편찬회 회비 거둠

91년도 편찬회 회비를 걷고 있는 중이다. 동인 모두에게 개별 통지문이 나갔는바, 회비를 내

한국어 사전 편찬실 소식 18호(1991년 10월 9일)의 1

한국어 사전 편찬실 소식 18호 2

기로 동의 서명한 이에 한하여 봉급에서 10000원씩 공제하기로 되어 있다. 현재 약700여만원의 회비가 훗날 뜻깊게 쓰일 때를 기다려 적립되어 있다. 금년도 회비도 여기에 합쳐져 적립될 것이다.

사전 편찬에 관한 서지 목록(국내편) 작성 끝냄

사전 편찬에 대한 관심이 고조되면서 그 필요성이 강조되어 온 사전 편찬 참고 문헌 목록이 편찬실에서 작성되었다. 이 목록에는 1920년대로부터 최근까지의 사전과 사전 편찬에 관련된 글들이 연도별, 저자별로 실려 있으며 끝에는 색인어로 찾아보기를 붙였다. 이 목록은 현재 편집 중인 《사전 편찬학 연구》 4집에 실릴 예정이다.

말뭉치 구축

편찬실은 학교 도서관의 대출 빈도가 높은 책으로 구성된 100만 마디의 연세 말뭉치 (정영미 말뭉치)의 입력과 교정을 끝냈으며, 곧 이어서 출판 문화적 원칙에 따라 '80년대의 책 가운데 중요도가 높은 책들로 구성되는 600 만 마디의 연세 말뭉치 (이상섭 말뭉치)의 구축을 시작하여 현재 입력과 교정이 진행 중이다. 편찬실은 금년 안으로 1000만 마디의 말뭉치를 구성하는 것을 목표로 삼고 있으며, 내년에는 100 만 마디 이상의 입말 말뭉치를 구성할 계획이다.

외부 기관 말뭉치 협조

한국 경제 신문사(대표: 호영진)와 문학과 지성사(대표: 김병익)에서 대량의 말뭉치를 편찬실에 제공했다. 한국 경제 신문사의 말뭉치는 1989년 이후의 신문 기사로서 약 400만 마디 분량이며, 문학과 지성사의 말뭉치는 각종 단행본 및 학술지의 기사로 약 250만 마디의 분량이다. 편찬실에서는 앞으로도 계속 여러 외부 기관과의 접촉을 통해 말뭉치 협조를 의뢰할 계획이다.

로이 버드 박사 특강

IBM의 Thomas J. Watson 연구소의 연구원인 로이 버드 박사의 특강이 지난 6월 20일 전산과 대학원생들과 국문과 대학원생들이 참여한 가운데 열렸다. 버드 박사는 IBM의 어휘 데이타베이스인 CompLex의 구성 방향과 구성의 실제적인 문제로 기존의 [기읽사(기계가 읽을 수 있는 사전)]를 이용하는 방법에 대해 설명했다. 한국 IBM은 편찬실의 연구에 관심을 표명하고 상당수 기기들을 기증한 바 있다.

'91 여름 사전 편찬 연찬회 개최

'91 여름 사전 편찬 연찬회가 7월 30일부터 31일까지 청평 산장 호텔에서 열렸다. 편찬실 간사진과 초청 인사, 그리고 국문과 및 전산과의 연구 실무진과 사무진이 참석한 이번 연찬회에서는 편찬실에서 현재 진행 중인 연구 과제들의 내용을 검토하고, 편찬실의 자료의 실질적인

한국어 사전 편찬실 소식 18호(1991년 10월 9일)의 2

응용 방안과 앞으로의 연구 진행 방향에 대한 토론을 벌였다.

웍스테이션 들여 옴

처리 자료가 점차 방대해짐에 따라 대용량, 고속의 기기의 사용이 필수적이라고 판단되어 웍스테이션 한 대를 들여 왔다. 이번에 들여 온 웍스테이션은 삼보 컴퓨터에서 수입 판매하는 미국 솔본사의 제품으로 고성능의 자료 처리 환경과 프로그래밍 환경을 제공한다.

편찬실 임원진 개편

91년도 2학기 편찬회 운영위원회에서 임원진을 개편하였다. 실장은 이상섭 교수로 유임되었고 부실장은 이기동 교수에서 송만석 교수(전산학과)로 바뀌었다. 또한 최영애 교수가 간사직에서 빠지는 대신에 이익환, 문경환, 나동렬 교수가 새로이 간사로 임명되었고, 1 년간 미국 메사추세츠 대학에 하이퍼텍스트 연구차 머물렀던 최윤철 간사는 계속해서 간사직을 맡게 되었다.

이와 함께, 사전 편찬의 실무를 담당할 편찬위원회가 간사진을 중심으로 구성되었고 남기심 간사가 편찬위원장으로 임명되었다.

임원명단

실장 : 이상섭

부실장 : 송만석

간사 : 김하수, 나동열, 남기심, 문경환, 이기동, 이익환, 정영미, 정찬섭, 최윤철

편찬위원장 : 남기심

편찬위원회 : 김하수, 남기심, 문경환, 송만석, 이기동, 이상섭, 이익환

연구 인력 확충

편찬실은 1991년 9월 1일부로 김슬옹 씨를 전임 연구원으로 임명하였다. 김슬옹 씨는 지난 학기에 남기심 교수 지도로 "이른바 '품사통용어'의 사전 기술 연구 - 품사론의 재검토를 위하여" 라는 제목의 논문으로 석사 학위를 받았다.

전임 연구원의 임명과 함께 조교진도 확충하여, 현재 편찬실 조교는 국문과 대학원생 조교 3명, 학부생 조교 3명, 그리고 전산과 대학원생 9 명, 총 15 명이 되었다.

50 낱말 사전 편찬 시작

총 1000만 마디의 말뭉치 구성이 가능해지고, 가시적 연구 성과를 제시할 단계에 이른 편찬실은 사전 편찬 연찬회에서의 결정에 따라 편찬실이 현재 보유하고 있는 어휘 목록 가운데에서 50 개의 낱말을 골라 시험적으로 편찬에 착수하기로 하였다. 이를 위하여 편찬위원회가 구성되었으며 구체적 연구 활동이 시작되었다.

한국어 사전 편찬실 소식 18호(1991년 10월 9일)의 3

한국어 사전 편찬실 소식 18호 4

전화 번호 바뀜

학교 전화가 직통으로 바뀜에 편찬실의 전화 번호도 아래와 같이 바뀌었다.

사무실: 361 - 3513

연구실: 361 - 3512

연세 말뭉치란 무엇인가?

말뭉치라는 용어는 corpus라는 말의 우리말 옮김이다. 국내에서는 아직 생소한 개념이지만 외국에서는 수십년전부터 그 개념이 정립되어 있었으며, 최근에는 특히 중요시되고 있다.

"뭉치"라는 말에서 볼 수 있듯이 말뭉치란 우리가 사용하는 말을 모아 놓은 것이다. 따라서 말뭉치는 한 권의 소설일 수도 있고, 한 토막의 대화일 수도 있다. 이렇게 하나의 뭉치가 일단 성립되면, 우리는 그것으로부터 많은 정보를 얻을 수 있다. 어떤 낱말을 어떤 사람이 어떤 뜻으로 가장 많이 사용하는지, 제일 많이 쓰이는 문장 형태는 어떠한 것인지 등의 정보로부터 대화의 맥락을 이해하는데까지 말뭉치의 용도는 무한하다.

특히 최근에는 대용량의 기록 매체와 컴퓨터의 발달로 대규모의 말뭉치를 구성하고 분석하는 일이 가능해져서 말뭉치의 응용이 특히 주목받고 있다. 언어 연구에 말뭉치를 이용함으로해서 이제까지 연구자 자신의 직관과 극히 한정된 자료를 바탕으로만 가능했던 언어 연구는 살아 있는 실제 언어 자료를 바탕으로 진행될 수 있으며, 자연언어 처리 등의 첨단 분야도 많은 도움을 얻을 수 있게 된다.

연세대학교 한국어 사전 편찬실에서는 일찍이 말뭉치의 중요함을 깨닫고, 면밀한 연구 끝에 현재 1000 만 마디 (말뭉치의 규모를 이야기할 때에는 마디라는 용어를 사용한다. 마디란 흔히 어절이라고 부르는 단위로 띄어쓰기를 기준으로 보는 단위이다. 일반적으로 국판 한쪽에는 300 마디가 들어 있으므로 1000 만 마디는 쪽수로 약 33000쪽 분량이다) 의 현대 한국어 말뭉치를 구축하였으며, 그 분석 작업을 통해서 많은 자료들을 얻고 있고, 그 자료를 바탕으로 사전 편찬의 실제 작업을 시작하게 되었다. 특히 편찬실이 구축한 연세 말뭉치는 표본 선정 기준을 여러 각도로 적용한 통제된 말뭉치이다. 아래에 연세 말뭉치의 내역을 보인다.

연세 말뭉치 1

1) 다른 이름

정찬섭 말뭉치

2) 마디수

한국어 사전 편찬실 소식 18호(1991년 10월 9일)의 4

300 만 마디

3) 대상 기간

1976 년 ~1985 년(100 만), 1986 년(100 만), 1987 년(100 만)

4) 뽑은 내용/기준

전문가와 일반인을 대상으로 독서물 유형별(신문, 잡지, 문학류 등)로 독서 실태를 조사한 결과를 바탕으로 구성함.

연세 말뭉치 II

1) 다른 이름

정영미 말뭉치

2) 마디수

100만 마디

3) 대상 기간

1987년 ~1988년

4) 뽑은 내용/기준

도서 분류에 널리 사용되는 듀이 십진 분류법에 따라 한국어 문헌을 크게 10개의 범주(총류, 철학, 종교, 사회, 과학, 언어학, 순수과학, 응용과학, 예술, 문학, 역사등)로 나누어 각 주제별로 일반적이고 개괄적인 내용의 책을 대상으로 각 도서의 대출 빈도를 조사한후 가능한 한 이용률이 높은 최신 도서를 선택함.

연세 말뭉치 III

1) 다른 이름

이상섭 말뭉치

2) 마디수

600만 마디

3) 대상 기간: 1980년대

3) 뽑은 내용/기준

1980년대 각 분야, 곧 역사, 문화, 사회와 사상, 문학, 예술, 과학, 교양, 철학, 베스트셀러 등의 우수 출판물에서 뽑은 것으로 「출판저널」 50호(1989년)의 "「출판저널」이 뽑은 '1980년대의 책' 242권"을 참고로 하였음.

위의 말뭉치 이외에도 앞의 기사와 같이 외부 기관의 말뭉치 협조를 얻고 있으며, 입말 말뭉치의 구성도 계획 중이다.

한국어 사전 편찬실 소식 18호(1991년 10월 9일)의 5

한국어 사전 편찬실 소식 18호 6

말뭉치 분석 도구 개발

구성된 말뭉치를 효과적으로 이용하기 위해서는 정밀한 분석 도구들이 필요한데 이에는 전산과학의 도움이 반드시 필요하다. 편찬실은 연구 초기 단계부터 전산과와 긴밀한 관계를 유지해 왔으며, 1990년에는 전산과에 「한글 정보 처리 연구실」이 설치되어 한국어 정보 처리 및 말뭉치 응용 연구에 박차를 가하고 있다.

이 연구실을 중심으로 많은 말뭉치 분석 도구들이 개발되고 있는데, 특히 핵심이 되는 것은 형태소 해석 도구와 용례 분석 도구이다. 주지하는 바와 같이 우리말은 끝바꿈을 하는 언어이다. 따라서 끝바꿈의 유형을 판가름하고 원형을 찾아내는 작업은 우리말 분석의 가장 기초적인 작업이다. 또한 한 낱말의 쓰임새를 조사하는 용례 분석 도구도 매우 중요한데, 현재 실제 작업에 응용할 만한 수준의 도구가 개발되어 있다.

편찬실은 계속해서 말뭉치의 분석을 위한 도구 개발을 서두르고 있다.

연세대 한국어 사전 편찬실이 생기기까지의 해적이

1974년 9월 "연세 창립 100주년 기념 사업회" 분과위에서 이상섭 교수가 "국어 사전 편찬"을 건의하다. 총장 교체로 기념 사업회가 해체되어 논의가 중단되다.

1986년 1월 교수들 간에 국어 큰사전 편찬의 논의가 일기 시작하다.

1986년 4월 이상섭(영문과), 최영애(중문과), 남기심(국문과), 안삼환(독문과), 홍재성(불문과) 교수 등이 성곡재단으로부터 연구비를 지원받아 세계 여러 나라의 사전 편찬에 관한 조사 연구를 시작하다. 새 국어 사전 편찬 발의 운동을 본격화하다.

1986년 10월 6일 연세대 교수 290명의 공동 명의로 "새 한국어 사전 편찬 발의대회"를 가짐. 20~30년의 충분한 시간을 두고 지속적인 국어 사전 편찬 작업을 펴나가기로 하고 운영위원을 선출함.

1986년 10월 15일 제1차 운영위원회를 열고 운영위원장에 임정대 교수(수학과)를 선출함

1986년 10월 27일 <한국어사전편찬회 소식> 제 1 호 창간

1986년 11월 3일 제 2 차 운영위원회에서 사전편찬의 구체적 계획과 세부지침을 학술적으로 뒷받침하기 위한 연구위원회, 전산위원회, 재정위원회 등을 차례로 발족시키기로 하고 맨 먼저 연구위원회의 발족에 합의.

1986년 12월 3일 제 3 차 운영위원회에서 연구위원회 정식 출범. 위원장에 임

한국어 사전 편찬실 소식 18호(1991년 10월 9일)의 6

7 한국어 사전 편찬실 소식 18호

정대 교수(수학과) 선출.

1986년 12월 12일 연구위원회의 첫사업으로 「한국어 사전 편찬을 위한 제 1 회 웍샵」이 장기원 기념관에서 열림. 이후 십수차례 연구 발표회, 웍샵을 개최함.

1987년 5월 6일 제 5 차 임원회에서 '86, '87 사업계획안 및 장기계획안, 예산안이 통과되고 본격적 사업의 첫발로 현대 한국어 사전의 어휘빈도를 조사하기로 함.

1988년 8월 25일 사전 편찬학 연구 제 1 집 발행(탑출판사)

1988년 10월 7일 문과대학 교수 세미나실에서 창립 2 주년 기념모임이 열림. 김수용동인의 「대표적 독일어 사전의 편찬원칙」이라는 특별 강연이 있었음.

1989년 4월 20일 교무위원회에서 「연세대학교 부설 한국어 사전 편찬실 규정」이 통과되어 정식 발족을 보게 됨.

1989년 6월 1일 편찬실의 첫 실장에 이상섭 동인이 정식 취임. 편찬 작업 실무에 들어감.

한국어 사전 편찬실 소식 18호(1991년 10월 9일)의 7

1992년

1월 30일 제2회 말뭉치 연구 모임이 열리다
발표자: 남기심(만들다), 이상섭(쉽다), 문경환(어렵다), 이기동(맞다), 이원표(따르다)

2월 19일 제3회 말뭉치 연구 모임이 열리다
발표자: 이기동(가깝다, 밖), 이상섭(오다), 이익환(좋다), 이원표(끝)

2월 26일 제4회 말뭉치 연구 모임이 열리다
발표자: 남기심(싫다), 김하수(어둡다), 송만석(소리), 이기동(좀)

3월 1992년도 1학기 한국어 사전 편찬실 운영위원회가 열리다

이 날 회의에서, 편찬위원회가 다음과 같이 조직되었음이 보고되다

(1) 위원장: 남기심

(2) 위원: 이상섭, 이기동, 송만석, 이익환, 문경환, 김하수, 이원표(이상 8인)

3월 19일 제5회 말뭉치 연구 모임이 열리다

발표자: 문경환(가다)

4월 2일 제6회 말뭉치 연구 모임이 열리다

발표자: 문경환(잃다, 마음)

4월 30일 제7회 말뭉치 연구 모임이 열리다

발표자: 이상섭(어찌, 짧다, 겨우)

5월 14일 제8회 말뭉치 연구 모임이 열리다

발표자: 이원표(던지다, 봄)

5월 21일 제9회 말뭉치 연구 모임이 열리다

발표자: 김하수(일)

5월 28일 제10회 말뭉치 연구 모임이 열리다

발표자: 이상섭(무엇)

6월 4일 제11회 말뭉치 연구 모임이 열리다

발표자: 남기심(것)

6월 18일 제12회 말뭉치 연구 모임이 열리다

발표자: 이상섭(물, 물론)

8월 1일 학술지 〈사전 편찬학 연구〉 제4집을 발간하다

9월 연세 말뭉치가 1,000만 마디를 넘어서다

말뭉치를 입력하는 모습(왼쪽 위와 가운데)과
수집된 말뭉치의 사본(왼쪽 아래)과 보관함(오른쪽)

9월 3일 제13회 말뭉치 연구 모임이 열리다

발표자:남기심(-로)

9월 29일 제14회 말뭉치 연구 모임이 열리다

발표자:문경환(곳, 어느, 다시)

10월 8일 제15회 말뭉치 연구 모임이 열리다

발표자:이익환(쓰다)

10월 15일 제16회 말뭉치 연구 모임이 열리다

발표자: 김하수(빠르다)

10월 22일 제17회 말뭉치 연구 모임이 열리다

발표자: 이기동(잡다)

10월 29일 제18회 말뭉치 연구 모임이 열리다

발표자: 남기심(울다)

11월 5일 제19회 말뭉치 연구 모임이 열리다

발표자: 이원표(지니다)

11월 12일 제20회 말뭉치 연구 모임이 열리다

발표자: 이상섭(버리다)

11월 19일 제21회 말뭉치 연구 모임이 열리다

발표자: 이익환(느끼다)

11월 26일 제22회 말뭉치 연구 모임이 열리다

발표자: 김하수(찾다)

12월 3일 제23회 말뭉치 연구 모임이 열리다

발표자: 문경환(끌다)

12월 10일 제24회 말뭉치 연구 모임이 열리다

발표자: 조남신(들다)

1992년 한국어 사전 편찬실 조직

(1) 실장: 이상섭, 부실장: 송만석, 감사: 김인회

(2) 운영위원: 이상섭, 김석득, 노대규, 박규태, 안병영, 오세철, 윤병상, 윤석범, 이일병, 임정대, 전병재, 최영애, 최정호, 허벽

(3) 간사: 남기심, 김하수, 나동렬, 문경환, 이기동, 이익환, 정영미, 정찬섭, 최윤철

(4) 편찬위원: 남기심(위원장), 김하수, 문경환, 송만석, 이기동, 이상섭, 이익환, 이원표, 조남신

(5) 상임조교: 정고스란, 김양식, 장석배, 김충원, 이광호

(6) 행정직원: 최란

1992년에 수행된 주요 연구 과제

과제명	연구 책임자	연구 기간	지원 기관	연구비 (만원)
1970년대 글말뭉치와 현대 입말뭉치의 구성과 그 전산적 처리	이상섭	1992.5.~ 1994.4.	연세대학교	2,000
색인의 정확성 및 검색 효율을 높이기 위한 언론용 시소러스 제작	정영미	1992.7.~ 1993.7.	한국경제신문사	2,500
말뭉치를 바탕으로 한 현대 국어 어휘 연구	이상섭	1992.7.~ 1993.6.	대우재단	1,000

1993년

3월 18일 제25회 말뭉치 연구 모임이 열리다

발표자: 이익환(나쁘다)

한국어사전편찬실
(3513)

계	실	장

연 한 : 제 93 - 5 호 　　　　　　　　　　1993. 3 . 15.

수 신 : 편찬위원 및 간사

제 목 : '93학년도 제 1 회 말뭉치 연구모임의 일 〈정〉

지난 한해 동안 말뭉치 연구모임에 적극적인 참여와 관심을 보여주신 것에 감사드립니다. 한국어 사전 편찬실에서는 1993학년도에도 이 연구 모임을 계속 갖고자 합니다. 편찬위원님들의 계속적인 참여를 부탁드리면서, 아래와 같이 모임 일정을 알려드립니다.

아 래

1. 모이는 날 : 1993년 3월 18일 (목요일)
2. 모이는 시간 : 오후 4시
3. 모이는 곳 : 한국어 사전 편찬실 세미나실

♣ 첫 모임 이후 매주 같은 요일, 같은 시간, 같은 장소에서 모임을 가질 예정이며, 변경되는 사항은 ☎ 연락드리겠습니다.

♣ 모임이 있는 날, 참여하기 어려우신 분은 ☎ 연락 주시면 감사하겠습니다.

사전편찬위원장 남 기 심

한국어사전편찬실장 이 상 섭

말뭉치 연구 모임 일정 통지 공문(1993년 3월 15일)

3월 25일 　제26회 말뭉치 연구 모임이 열리다

발표자: 남기심(뽑다)

4월 1일	제27회 말뭉치 연구 모임이 열리다 발표자: 이상섭(가지다)
4월 8일	제28회 말뭉치 연구 모임이 열리다 발표자: 이기동(으나, 지만)
4월 15일	제29회 말뭉치 연구 모임이 열리다 발표자: 이원표(믿다)
4월 21일	새한국어사전(연세한국어사전)을 개발하여 출판키로 ㈜ 두산동아와 계약하고 5년간 10억 원의 지원이 결정되어, 「연세 한국어 사전」 편찬을 시작하다
4월 22일	제30회 말뭉치 연구 모임이 열리다 발표자: 김하수(죽다)
4월 29일	서른 한 번째 말뭉치 연구 모임이 열리다[주] (이상섭, 남기심, 이기동, 이익환, 김하수, 이원표, 조남신) 발표자: 조남신(동안, 돈)
5월 6일	서른 두 번째 말뭉치 연구 모임이 열리다 (이상섭, 남기심, 이기동, 이익환, 김하수, 이원표, 조남신) 발표자: 이익환(속)
5월 13일	서른 세 번째 말뭉치 연구 모임이 열리다 (이상섭, 남기심, 이기동, 이익환, 김하수, 이원표, 조남신) 발표자: 남기심(바람)
5월 20일	제34회 말뭉치 연구 모임이 열리다 발표자: 최윤철(Hypermedia 시스템)
5월 27일	서른 다섯 번째 말뭉치 연구 모임이 열리다

㈜ 회의 기록에 적힌 차수 표기를 그대로 인용하여 쓰기로 한다.

(이상섭, 이기동, 김하수, 이원표, 조남신)
발표자: 이기동(늘)

6월 3일 서른 여섯 번째 말뭉치 연구 모임이 열리다
(이상섭, 남기심, 이기동, 이익환, 김하수, 이원표, 조남신)
발표자: 이원표(얻다)

6월 10일 서른 일곱 번째 말뭉치 연구 모임이 열리다
(이상섭, 남기심, 이기동, 송만석, 김하수, 이원표)
발표자: 김하수(살다)

6월 17일 제38차 말뭉치 연구 모임이 열리다
발표자: 조남신(다르다)

7월 8일 제39차 말뭉치 연구 모임이 열리다
발표자: 권경일(치다), 정희정(차다)

7월 12일 제40차 말뭉치 연구 모임이 열리다
(이상섭, 남기심, 이기동, 이원표, 권경일, 김지은, 강현화, 이기황, 이재현, 이종희, 이희자, 정희정, 한송화, 김양식, 장석배, 정고스란)
발표자: 한송화(걸리다)

7월 15일 제41차 말뭉치 연구 모임이 열리다
(이상섭, 남기심, 이기동, 이익환, 김하수, 이원표, 강현화, 권경일, 김지은, 이기황, 이선희, 이재현, 이종희, 이희자, 정희정, 한송화, 김양식, 장석배, 정고스란)
발표자: 강현화, 이희자, 이종희(관용 표현의 사전적 처리에 대하여), 이재현(지키다)

7월 19일 제42차 말뭉치 연구 모임이 열리다

(남기심, 김하수, 이원표, 권경일, 김지은, 이기황, 이재현, 이종희, 이희자, 정희정, 한송화, 김양식, 장석배, 정고스란)
발표자: 김지은(모르다), 정희정(사다)

7월 26일 제43차 말뭉치 연구 모임이 열리다
(이상섭, 남기심, 이기동, 이익환, 김하수, 이원표, 강현화, 권경일, 김지은, 이기황, 이선희, 이재현, 이종희, 이희자, 정희정, 한송화, 김양식, 장석배, 정고스란)
발표자: 권경일(따르다)

8월 2일 제44차 말뭉치 연구 모임이 열리다
(이상섭, 남기심, 이기동, 이익환, 이원표, 강현화, 권경일, 김지은, 이기황, 이재현, 이희자, 정희정, 김양식, 장석배, 정고스란)
발표자: 김지은(보내다), 이재현(쓰다)

8월 7일 제45차 말뭉치 연구 모임이 열리다
(이상섭, 남기심, 이기동, 이익환, 김하수, 이원표, 강현화, 권경일, 김지은, 이기황, 이선희, 이재현, 이종희, 이희자, 정희정, 한송화, 김양식, 장석배, 정고스란)
발표자: 조은(팔다)

8월 9일 제46차 말뭉치 연구 모임이 열리다
(참석: 이상섭, 남기심, 이기동, 이익환, 김하수, 이원표, 강현화, 권경일, 김지은, 이기황, 이선희, 이재현, 이종희, 이희자, 정희정, 한송화, 김양식, 장석배, 정고스란)
발표자: 이종희(서다), 강현화(대다)

8월 16일	제47차 말뭉치 연구 모임이 열리다 (참석: 이상섭, 남기심, 이기동, 이익환, 김하수, 이원표, 강현화, 권경일, 김지은, 이기황, 이선희, 이재현, 이종희, 이희자, 정희정, 한송화, 김양식, 장석배, 정고스란) 발표자: 이희자(그래서), 정고스란(나오다)
8월 19일	제3회 한국어 사전 편찬실 연찬회가 개최되다 (장소: 알렌관) 발표자: 사전편찬에 있어서 동사의 하위분류에 대하여(정희정), 관용 표현을 보이는 용언구의 사전적 처리에 대하여(강현화), 사전 기술의 메타언어 설정 문제(이상섭), 사전 원고처리의 여러 문제들(이재현), 편찬지원 전산 환경 체제의 구축에 대하여(이기황), 태깅 정보를 통한 말뭉치 분석 방법의 간략화 및 정밀화(정고스란), 말뭉치 관리 시스템(김경서)
8월 26일	제48차 말뭉치 연구 모임이 열리다 (참석: 이상섭, 남기심, 이기동, 이익환, 김하수, 이원표, 강현화, 권경일, 김지은, 이기황, 이재현, 이종희, 이희자, 정희정, 한송화, 김양식, 장석배, 정고스란) 발표자: 조은(생기다)
8월 30일	제49차 말뭉치 연구 모임이 열리다 (참석: 이상섭, 남기심, 강현화, 권경일, 김지은, 이기황, 이선희, 이재현, 이종희, 이희자, 한송화, 김양식, 장석배, 정고스란) 발표자: 강현화(들다)
8월 31일	연세 말뭉치가 2,000만 마디를 넘어서다

구분 \ 이름	I	II	III	IV	V	VI
	정찬섭 말뭉치	정영미 말뭉치	이상섭 말뭉치	김하수 말뭉치	70년대 말뭉치	60년대말뭉치
마 디 수	300만	100만	600만	100만	1000만	1000만
대상 시기	1975-1985 1986, 1987	1987-1988	1980년대	1990년대	1970년대	1960년대
수집 기준	독서실태 조사(부분)	도서관 대출빈도 조사(부분)	분야별 우수 출판물(전체)	대중성 높은 입말(담화별)	I 기준의 부분 수정(전체)	I 기준의 부분 수정(전체)
수 집	끝 남	끝 남	끝 남	계 획 중	끝 남	약 260만마디
입 력	끝 남	끝 남	끝 남		98% 진행	258만마디 완료
교 정	끝 남	끝 남	진 행 중		계 획 중	

1993년 8월 현재 연세 말뭉치의 구축 현황(운영위원회 회의록에서)

9월 1일 한국어 사전 편찬실의 2대 실장으로 김석득 교수(국어국문학과)가(1993.9.1~1993.8.31), 3대 부실장으로 김하수 교수(국어국문학과)가 취임하다 (1993.9.1.~1998.8.31.)

9월 2일 제50차 말뭉치 연구 모임이 열리다
(참석: 이상섭, 남기심, 이기동, 김하수, 이원표, 강현화, 권경일, 김지은, 이기황, 조은, 이선희, 이종희, 이희자, 정희정, 한송화, 김양식, 장석배, 정고스란)
발표자: 한송화(싸다)

9월 6일 제51차 말뭉치 연구 모임이 열리다
(참석: 이상섭, 남기심, 김하수, 강현화, 김지은, 이기황, 이재현, 이종희, 이희자, 조은, 한송화, 김양식, 장석배)
발표자: 김지은(뛰다)

9월 9일 제52차 말뭉치 연구 모임이 열리다
(참석: 이상섭, 남기심, 이기동, 김하수, 이원표, 강현화, 권경일, 김지은, 이기황, 이선희, 이재현, 이종희, 이희자, 정희정, 조은, 한송화, 김양식, 장석배, 정고스란)
발표자: 권경일(놀다)

9월 13일 제53차 말뭉치 연구 모임이 열리다
(참석: 이상섭, 남기심, 이기동, 이익환, 김하수, 이원표, 강현화, 권경일, 김지은, 이기황, 이선희, 이재현, 이종희, 이희자, 정희정, 한송화, 김양식, 장석배, 정고스란)
발표자: 이재현(내다)

9월 16일 제54차 말뭉치 연구 모임이 열리다
(참석: 남기심, 이기동, 김하수, 이원표, 강현화, 권경일, 김지은, 이기황, 이선희, 이재현, 이종희, 이희자, 정희정, 한송화, 정고스란)
발표자: 이종희(미치다)

9월 20일 제55차 말뭉치 연구 모임이 열리다
(참석: 이상섭, 남기심, 김하수, 강현화, 권경일, 김지은, 이기황, 이선희, 이재현, 이종희, 이희자, 정희정, 조은, 한송화)
발표자: 이희자(그러니까)

9월 23일 제56차 말뭉치 연구 모임이 열리다
(참석: 이상섭, 남기심, 이기동, 이익환, 김하수, 이원표, 강현화, 권경일, 김지은, 이기황, 이선희, 이재현, 이종희, 이희자, 정희정, 한송화, 김양식, 장석배, 정고스란)
발표자: 정희정(내리다)

연세 한국어 사전 원고 보관함

10월 4일 제57차 말뭉치 연구 모임이 열리다
(참석: 이상섭, 남기심, 김하수, 강현화, 권경일, 김지은, 이기황, 이재현, 이희자, 한송화, 정고스란)
발표자: 조은(시작하다)

10월 7일 제58차 말뭉치 연구 모임이 열리다
(참석: 남기심, 이기동, 김하수, 이원표, 강현화, 권경일, 김지은, 이기황, 이선희, 이재현, 이종희, 이희자, 정희정, 한송화, 장석배, 정고스란)
발표자: 강현화(붙다/붙이다)

10월 11일 제59차 말뭉치 연구 모임이 열리다
(참석: 김하수, 강현화, 권경일, 김지은, 이기황, 이선희, 이재현, 이종희, 이희자, 한송화)
발표자: 권경일(두다)

10월 14일 제60차 말뭉치 연구 모임이 열리다
(참석: 이상섭, 남기심, 이기동, 김하수, 이원표, 강현화, 권경일, 김지은, 이기황, 조은, 이선희, 이종희, 이희자, 정희정, 한송화, 김양식, 장석배, 정고스란)
발표자: 한송화(타다)

10월 18일 제61차 말뭉치 연구 모임이 열리다
(참석: 이상섭, 남기심, 강현화, 권경일, 김지은, 이선희, 이재현, 이종희, 이희자, 한송화)
발표자: 이선희(잡다)

10월 21일 제62차 말뭉치 연구 모임이 열리다
(참석: 남기심, 이기동, 김하수, 이원표, 강현화, 권경일, 김지은, 이기황, 이선희, 이재현, 이종희, 이희자, 한송화)
발표자: 이종희(떨어지다)

10월 25일 제63차 말뭉치 연구 모임이 열리다
(참석: 이상섭, 남기심, 이기동, 이익환, 김하수, 이원표, 강현화, 권경일, 김지은, 이기황, 이선희, 이재현, 이종희, 이희자, 정희정, 한송화, 김양식, 장석배, 정고스란)
발표자: 이재현(열다)

10월 28일 제64차 말뭉치 연구 모임이 열리다
(참석: 이기동, 김하수, 이원표, 김기혁, 강현화, 권경일, 김지은, 이기황, 조은, 이선희, 이종희, 이희자, 한송화)
발표자: 이희자(그리고)

11월 1일 제65차 말뭉치 연구 모임이 열리다
(참석: 이상섭, 남기심, 김하수, 권경일, 김지은, 이선희,

이재현, 이종희, 이희자, 조은, 한송화, 정고스란)
발표자: 이종희(떨다. 털다)

11월 4일 제66차 말뭉치 연구 모임이 열리다
(참석: 이상섭, 이기동, 김하수, 강현화, 김지은, 이선희, 이재현, 이희자, 한송화)
발표자: 김지은(되다)

11월 8일 제67차 말뭉치 연구 모임이 열리다
(참석: 이상섭, 남기심, 김하수, 강현화, 권경일, 김지은, 이재성, 이재현, 이종희, 이희자, 한송화)
발표자: 강현화(뜨다)

11월 11일 제68차 말뭉치 연구 모임이 열리다
(참석: 남기심, 김하수, 이원표, 이기동, 김기혁, 강현화, 권경일, 조은, 이재성, 이재현, 이종희, 이희자, 한송화)
발표자: 권경일(놓다)

11월 15일 제69차 말뭉치 연구 모임이 열리다
(참석: 이상섭, 김하수, 강현화, 권경일, 김지은, 이기황, 이선희, 이종희, 이희자, 한송화)
발표자: 이선희(잡히다)

11월 18일 제70차 말뭉치 연구 모임이 열리다
(참석: 이상섭, 남기심, 이기동, 이익환, 김하수, 이원표, 강현화, 권경일, 김지은, 이기황, 이선희, 이재성, 이재현, 이종희, 이희자, 정희정, 한송화, 김양식, 장석배, 정고스란)
발표자: 이재현(시키다)

11월 22일 제71차 말뭉치 연구 모임이 열리다

발표자: 김지은(닦다)

11월 25일 제72차 말뭉치 연구 모임이 열리다

발표자: 조은(자다, 추다)

11월 29일 제73차 말뭉치 연구 모임이 열리다

발표자: 이희자(그리하여)

12월 2일 제74차 말뭉치 연구 모임이 열리다

발표자: 조은(같다)

12월 6일 제75차 말뭉치 연구 모임이 열리다

발표자: 한송화(오르다)

12월 9일 제76차 말뭉치 연구 모임이 열리다

발표자: 이재성(끊다/끊기다/끊이다)

12월 13일 제77차 말뭉치 연구 모임이 열리다

발표자: 강현화(흐르다)

12월 16일 제78차 말뭉치 연구 모임이 열리다

발표자: 김지은(변하다)

12월 20일 제79차 말뭉치 연구 모임이 열리다

발표자: 권경일(지나다)

12월 23일 제80차 말뭉치 연구 모임이 열리다

발표자: 이선희(듣다)

12월 27일 제81차 말뭉치 연구 모임이 열리다

발표자: 정희정(빠지다)

12월 30일 제82차 말뭉치 연구 모임이 열리다

발표자: 이재현(거두다)

1993년 한국어 사전 편찬실 조직

(1) 실장: 이상섭(~8.31.), 김석득(9.1.~), 부실장: 송만석(~8.31.), 김하수(9.1.~), 감사: 김인회

(2) 운영위원: 김석득, 이상섭, 노대규, 박규태, 안병영, 윤병상, 윤석범, 이일병, 임정대, 전병재, 최영애, 최정호, 허벽

(3) 간사: 남기심, 김하수, 나동렬, 이기동, 이익환, 정영미, 최윤철, 송만석

(4) 편찬위원: 남기심(위원장), 김하수, 이기동, 이상섭, 이익환, 이원표, 조남신

(5) 연구원: 이희자, 유현경, 강현화, 정희정, 이재현, 이기황, 조은, 이재성, 이선희, 이종희, 한송화, 김지은, 권경일

(6) 행정직원: 최란

세외 ※ 화일이름 : YH-14B 5호기 1993. 12. 2. 13

연세대학교의 부설 연구 기관으로서의 「한국어 사전 편찬실」을 설립하였다. 편찬실에서는 한국어에 관한 모든 정보를 체계적으로 세밀하게 제시한 2만 쪽 정도의 사전의 편찬을 큰 목적으로 하고 있으며, 이를 위하여 국내 최대 규모의 우리말 뭉치를 구성하고 있다. 전산 처리된 「말뭉치」에 의거한 국어 연구, 이른바 「뭉치 언어학」은 연세 대학교 한국어 사전편찬실이 국내에서는 최초로 개발한 첨단 분야이다. 우리말을 전산학적으로 분석 처리하는 방법도 다수 개발되었다. 편찬실은 큰 사전의 편찬뿐 아니라 각종 특수 사전, 국어에 관련된 각종 정보, 국어 정보 처리 전산 도구, 문법서, 전자 국어 사전 등 언어 정보 종합 시스템을 구축하려는 원대한 사업 계획을 가지고 있다.

1993년 4월, 편찬실은 동아출판사로부터 향후 5년에 걸쳐 10억원의 연구개발비를 받아 1960년대 이래의 우리말 자료를 바탕으로 한 「현대 한국어 사전」(크라운판 1800쪽 크기)을 우선 편찬하기로 하고 현재 이를 진행 중에 있다. 1993년 6월 현재 편찬실의 우리말 뭉치는 약 2000만 마디의 대규모로서 이는 약 8만 쪽의 1970년대 이후의 인쇄물을 입력 처리한 것이다. 이 뭉치에 1000만 마디를 더하여 3000만 마디 뭉치를 구성하고, 200만 마디 분량의 각종 입말(구어)을 녹취하여 「현대 한국어 사전」의 자료를 선정하며 정밀한 뜻풀이와 문법적 설명, 숙어 설명 등을 담을 이 사전은 획기적인 출판물이 될 것이다. 이는 첨단 전산 기술을 이용한 「뭉치언어학」의 방법을 도입, 응용한 결과로 가능하게 되었다.

〈조직〉

실 장 : 이상섭(편찬학)
부 실 장 : 송만석(전산학)
간 사 : 김하수(국어학), 나동렬(전산학), 남기심(국어학), ~~문경환(언어학)~~, 이기동(언어학), 이익환(언어학), 정영미(문헌정보학), 정찬섭(심리학), 최윤철(전산학)
편찬위원 : 남기심(위원장), 김하수, ~~문경환~~, 이기동, 이익환, 이상섭, 이원표, 조남신
상임연구원 : 강현화, 권경일, 김지은, 이기황, 이재현, 이희자, 정희정, 조 은, 한송화,

1. 제출일자 : 1993년 12월 15일(수)

2. 제 출 처 : 교무과

3. 원고를 정확히 교정하신 후, 작성자 및 기관장 확인란에 날인하여 주시기 바랍니다.

첨 부 : 교정자료 1부. 끝.

교 무 처 장 김 수 일

연세대학교 국문 요람 원고 교정지(1993년 12월)

1994년

1월 6일 제83차 말뭉치 연구 모임이 열리다
발표자:이희자(그러고/그러고보니/이러고저러고), 이종희(이르다)

1월 10일 제84차 말뭉치 연구 모임이 열리다
발표자:이선희(잃다), 조은(걷다)

1월 13일 제85차 말뭉치 연구 모임이 열리다
발표자:이종희(이기다), 한송화(당하다)

1월 17일 제86차 말뭉치 연구 모임이 열리다
발표자:이재성(묶다), 이기황(사전을 위한 색인방법 연구)

1월 20일 제87차 말뭉치 연구 모임이 열리다
발표자:강현화(남다)

1월 24일 제88차 말뭉치 연구 모임이 열리다
발표자:권경일(떼다)

1월 27일 제89차 말뭉치 연구 모임이 열리다
발표자:김지은(바뀌다), 이재현(지나치다)

1월 31일 제90차 말뭉치 연구 모임이 열리다
발표자:조은(길다/예쁘다), 이희자(그러면)

2월 3일 제91차 말뭉치 연구 모임이 열리다
발표자:정희정(보다)

2월 7일 제92차 말뭉치 연구 모임이 열리다
발표자:한송화(향하다), 이재성(가볍다)

2월 14일 제93차 말뭉치 연구 모임이 열리다

발표자: 강현화(돌다)

2월 18일~19일 '94년도 겨울 사전편찬연찬회를 개최하다
(참석: 한국어 사전 편찬실 실장, 부실장, 편찬위원장, 편찬위원, 연구원, 연구보조원, 전산과 사전 편찬 연구원, 사무직원, 동아출판사 관계자, 장소: 한국어 사전 편찬실 세미나실)
발표자: 「사전 모형본」을 위한 낱말 처리의 문제점 -연구원 전원(강현화), 말뭉치 연구 모임에서 제기된 제사항(정희정), '동형어/다의어/유의어'에 관하여(이익환), 풀이말(metalanguage)에 대하여(이상섭), 품사별 사전 모형에 대하여(남기심)

3월 11일 1994년도 1학기 한국어 사전 편찬실 운영위원회가 열리다
(참석: 김석득(실장), 김하수(부실장), 남기심(편찬위원장), 전병재, 허벽, 윤병상, 허벽, 이일병, 최정호, 안병영, 배석: 최란, 이선희)
이 날 회의에서 다음의 일이 논의되다
(1) 동아출판사 사전 만들기 연구 진행으로 인하여 다른 연구과제는 당분간 확대 수용하기 어렵다
(2) 현재 편찬실 조직을 다소 축소하면서 실질적인 기구를 두기로 하여, 기구개편안을 수용하다
(3) 현재 동인회의 비활성화 상태에서 소식지를 발송하고 그동안의 경과를 보고할 필요가 있어, 동인회를 활성화하기로 하다

9월 1일 한국어 사전 편찬실의 3대 실장으로 남기심 교수(국어국

문학과)가 취임하다 (1994.09.01.~1995.08.31.)

1994년 한국어 사전 편찬실 조직

(1) 실장:김석득(~8.31.), 남기심(9.1.~), 부실장:김하수

(2) 연구원:강현화, 이재현, 이희자, 이종희, 이선희, 이재성, 한송화, 권경일, 김지은, 조은, 정희정, 윤준태, 김종덕

(3) 행정직원:최란

1995년

1월 12일 제131차 말뭉치 연구 모임이 열리다(주)
(참석:강현화, 권경일, 이선희, 이재현, 이종희, 이재성, 이희자, 정희정, 한송화, 김종덕, 박석준)
발표자:전체

1월 27일 제132차 말뭉치 연구 모임이 열리다
(참석:남기심, 김하수, 강현화, 권경일, 김종덕, 이희자, 이재성, 이선희, 이재현, 정희정, 박석준, 이종희)
발표자:이선희, 이희자, 강현화

2월 9일 제133차 말뭉치 연구 모임이 열리다
(참석:강현화, 권경일, 김종덕, 이희자, 이재성, 이선희, 이재현, 정희정, 박석준, 이종희)
발표자:권경일, 이재성, 이재현

3월 23일 제134차 말뭉치 연구 모임이 열리다

(주) 제94차~130차의 기록을 찾지 못해서 생략한다.

(참석: 남기심, 김하수, 강현화, 권경일, 이선희, 이재성, 이재현, 이종희, 김지은, 이희자, 정희정, 한송화, 김종덕, 박석준)
발표자: 이선희(동사팀 전체 문제)

4월 6일 제135차 말뭉치 연구 모임이 열리다
(참석: 남기심, 김하수, 강현화, 권경일, 김종덕, 김지은, 박석준, 이선희, 이재성, 이재현, 이종희, 이희자, 정희정, 한송화)
발표자: 권경일(명사조)

4월 20일 제136차 말뭉치 연구 모임이 열리다
(참석: 남기심, 김하수, 임용기, 이희자, 강현화, 권경일, 이선희, 이재현, 이종희, 이재성, 김지은, 한송화, 정희정, 김종덕, 박석준)
발표자: 이재성(부사팀 전체 문제)

5월 4일 제137차 말뭉치 연구 모임이 열리다
(참석: 남기심, 김하수, 임용기, 서상규, 이희자, 강현화, 권경일, 이선희, 이재현, 이종희, 이재성, 김지은, 한송화, 정희정, 김종덕, 박석준)
발표자: 이희자(어미팀 전체 문제)

5월 18일 제138차 말뭉치 연구 모임이 열리다
(참석: 남기심, 김하수, 임용기, 이희자, 강현화, 권경일, 이선희, 이재현, 이종희, 이재성, 김지은, 한송화, 정희정, 김종덕, 박석준)
발표자: 강현화(동사 전체 문제)

6월 1일 제139차 말뭉치 연구 모임이 열리다
(참석: 남기심, 김하수, 임용기, 서상규, 이희자, 유현경, 권경일, 이재현, 이종희, 이재성, 김지은, 한송화, 정희정, 김종덕, 박석준)
발표자: 김종덕(명사)

6월 15일 제140차 말뭉치 연구 모임이 열리다
(참석: 남기심, 김하수, 임용기, 서상규, 이희자, 오승신, 유현경, 김종덕, 이재성, 김지은, 이종희, 한송화, 이선희, 권경일, 이재현)
발표자: 이재현

6월 29일 제141차 말뭉치 연구 모임이 열리다
(참석: 남기심, 김하수, 임용기, 서상규, 권경일, 김종덕, 김지은, 박석준, 오승신, 유현경, 이선희, 이재현, 이종희, 이희자, 한송화)
발표자: 이종희, 이희자, 한송화(조사, 어미)

7월 11일~12일 제6회 한국어 사전 편찬실 연찬회 겸 제142차 말뭉치 연구 모임을 개최하다 (장소: 청평산장호텔, 참가자: 26인)
(참석: 남기심, 김하수, 이상섭, 서상규, 권경일, 김종덕, 오승신, 유현경, 이선희, 이재현, 이희자, 이재성, 박보영, 채윤호, 이광호, 이기황, 조성출, 김희진, 장석배, 김양식, 김영준, 조태린, 이정은, 김한샘, 임영모, 안의정)
발표자: 유현경, 한송화, 이선희(동사팀)

8월 3일 제143차 말뭉치 연구 모임이 열리다
(참석: 남기심, 서상규, 권경일, 김종덕, 김지은, 박석준,

오승신, 유현경, 이선희, 이재성, 이재현, 이종희, 이희자, 정희정, 한송화)
발표자: 정희정

8월 10일 제144차 말뭉치 연구 모임이 열리다
(참석: 남기심, 김하수, 임용기, 이희자, 강현화, 권경일, 이선희, 이재현, 이종희, 이재성, 김지은, 한송화, 정희정, 김종덕, 박석준)
발표자: 박석준(부사팀 전체 문제)

8월 24일 제145차 말뭉치 연구 모임이 열리다
(참석: 남기심, 김하수, 서상규, 이희자, 권경일, 이선희, 이재현, 이종희, 이재성, 김지은, 정희정, 한송화, 김종덕, 박석준)
발표자: 이희자(어미팀 전체 문제)

9월 1일 한국어 사전 편찬실의 제4대 실장으로 이상섭 교수(영어영문학과)가 취임하다 (1995.09.01.~1999.08.31.)

9월 7일 제146차 말뭉치 연구 모임이 열리다
(참석: 남기심, 김하수, 서상규, 이상섭, 이희자, 유현경, 권경일, 이선희, 이재현, 이종희, 이재성, 김지은, 정희정, 김종덕, 박석준, 오승신)
발표자: 유현경(동사 전체 문제)

9월 21일 제147차 말뭉치 연구 모임이 열리다
(참석: 이상섭, 김하수, 서상규, 이희자, 오승신, 유현경, 권경일, 이선희, 이재현, 이종희, 이재성, 정희정, 김종덕, 박석준)

	발표자:정희정
10월 5일	제148차 말뭉치 연구 모임이 열리다 (참석:김하수, 임용기, 서상규, 이민행, 이희자, 오승신, 유현경, 권경일, 이재현, 이종희, 이재성, 정희정, 김종덕, 박석준) 발표자:이재성(부사팀 전체 문제)
10월 19일	제149차 말뭉치 연구 모임이 열리다 (참석:이상섭, 남기심, 김하수, 서상규, 이희자, 오승신, 유현경, 권경일, 이선희, 이재현, 이종희, 정희정, 김종덕, 박석준, 이은지, 김희진) 발표자:이희자(어미팀 전체 문제)
11월 2일	제150차 말뭉치 연구 모임이 열리다 (참석:이상섭, 김하수, 서상규, 이민행, 이희자, 오승신, 유현경, 권경일, 이선희, 이재현, 이종희, 이재성, 정희정, 김종덕, 박석준, 한송화) 발표자:이선희(사전 편찬 지침(동사편) -일러두기 작성을 위하여)
11월 27일	학술지 〈사전 편찬학 연구〉 제5·6집을 발간하다
12월 14일	제153차 말뭉치 연구 모임이 열리다[주] (참석:이상섭, 김하수, 서상규, 이희자, 오승신, 유현경, 정희정, 권경일, 박석준, 이재성, 이종희, 한송화, 이선희, 조민정) 발표자:이희자(어미팀 편찬 지침 문제)

㈜ 제151차~152차의 기록을 찾지 못하여 생략한다.

12월 21일 제154차 말뭉치 연구 모임이 열리다
(참석: 이상섭, 남기심, 김하수, 이희자, 오승신, 유현경, 권경일, 이종희, 이재성, 정희정, 박석준, 한송화, 조민정)
발표자: 이희자(사전 편찬 –말뭉치 처리를 위하여)

1995년 한국어 사전 편찬실 조직

(1) 실장: 남기심(~8.31.), 이상섭(9.1.~), 부실장: 김하수, 감사: 김인회
(2) 운영위원: 남기심, 김석득, 이상섭, 김하수, 안병영, 윤병상, 윤석범, 이일병, 전병재, 최정호
(3) 편찬위원: 남기심, 이상섭, 김하수
(4) 자문위원: 송만석, 최윤철, 정영미, 나동렬, 이기동, 이익환, 정찬섭
(5) 연구원: 강현화, 이재현, 이희자, 이종희, 이선희, 이재성, 권경일, 김지은, 정희정, 김종덕, 한송화, 박석준, 윤준태, 유현경, 오승신, 조민정
(6) 행정직원: 최란

1995년에 수행된 주요 연구 과제

과제명	연구 책임자	연구 기간	지원 기관	연구비 (만원)
〈새한국어사전〉 편찬 2차년도	이상섭	1995.4.~ 1996.3.	동아출판사	20,000
한국어 정보 처리 및 관련 연구	남기심	1995.3.~ 1996.2.	한글과컴퓨터	2,000
통합 사전 편찬 지원 시스템 개발에 관란 연구	남기심	1995.5.~ 1996.4.	연세대학교	1,000
말뭉치를 바탕으로 한 현대 국어 어휘의 사전적 모델 연구	남기심	1995.5.~ 1996.4.	연세대학교	1,000

1996년

1월 11일 제155차 말뭉치 연구 모임이 열리다
(참석:김하수, 이희자, 오승신, 권경일, 이종희, 이재성, 유현경, 정희정, 박석준, 한송화, 조민정)
발표자:이희자(사전 편찬 -말뭉치 처리를 위하여)

1월 25일 제156차 말뭉치 연구 모임이 열리다
(참석:김하수, 이희자, 오승신, 권경일, 이종희, 이재성, 유현경, 정희정, 박석준, 한송화, 조민정)
발표자:이희자(사전 편찬 -말뭉치 처리를 위하여)

2월 28일 제7회 한국어 사전 편찬실 연찬회를 개최하다
(장소:소리도서실, 참석:40인)

3월 7일 연세 말뭉치가 4,000만 마디를 넘어서다

말뭉치 구축 현황 (WC II 사용)

말뭉치	말뭉치 설명	파일 수	단어 수	라인 수	비 고
말뭉치 1	정찬섭 선생님 설문조사	669	2,214,684	347,057	
말뭉치 1 추가분		80	690,208	82,764	
말뭉치 2	정영미 선생님 도서관 대출 빈도	234	1,100,520	132,972	
말뭉치 3	80년대 우수 출판물 대상	500	5,971,418	664,753	
말뭉치 4	입말뭉치	93	373,939	42,905	
말뭉치 5	70년대 문헌	898	8,580,481	987,941	
말뭉치 6	60년대 문헌	557	7,226,944	926,213	
말뭉치 7-1	90년대 문헌 1차 입력분	839	9,890,236	1,285,830	
말뭉치 7-2	90년대 문헌 추가 작업분	335	3,776,648	490,030	
말뭉치 8	교과서 말뭉치	132	738,885	109,460	
전 체		4,337	40,563,963	5,069,925	

문서작성 : 96. 3. 7 임영모

1996년 3월 현재 연세 말뭉치의 구축 현황

3월 「한국어 사전 편찬실」이 주관하여 국어정보학 학과 간 협동과정의 설립을 신청하다

인문계열 7개 학과 및 자연계열 1개 학과 총 8개 학과(국어국문학과, 영어영문학과, 독어독문학과, 불어불문학과, 노어노문학과, 문헌정보학과, 심리학과, 컴퓨터과학과)가 참여하다

참여교수진: 김하수(국어국문학과), 나동렬(컴퓨터과학과), 남기심(국어국문학과), 남영광(컴퓨터과학과), 문경환(영어영문학과), 문성빈(문헌정보학과), 서상규(국어국문학과), 송만석(컴퓨터과학과), 이기동(영어영문학과), 이민행(독어독문학과), 이상섭(영어영문학과), 이익환(영어영문학과), 이정(불어불문학과), 임용기(국어국문학과), 정영미(문헌정보학과), 정찬섭(심리학과), 조남신(노어노문학과), 최윤철(컴퓨터과학과), 한광희(심리학과)

3월 7일 제157차 말뭉치 연구 모임이 열리다

(참석: 이상섭, 남기심, 김하수, 이희자, 오승신, 권경일, 이종희, 이재성, 유현경, 박석준, 한송화, 이선희, 조민정)

발표자: 이희자(사전의 발음 표시 문제에 대하여)

3월 12일 1996년도 한국어 사전 편찬실 운영위원회가 열리다

(참석: 이상섭, 김하수, 김석득, 윤석범, 김인회, 배석: 최란, 이기황)

이 날 회의에서 1995년도의 일들이 보고되다

(1) 1995년도에 총 4개 과제 24억원의 연구 과제를 수혜하다 (특기 사항: 한글과 컴퓨터와의 협력 관계 설정에

따른 연구비 지원)

(2) 말뭉치가 총 49,563,963마디에 달하였으며, 입말과 기타 추가 자료를 입력할 예정이다

(3) 말뭉치 토론회를 총 23회 개최하였으며, 연찬회를 2회 개최하다

3월 28일 제158차 말뭉치 연구 모임이 열리다
(참석: 이상섭, 남기심, 김하수, 서상규, 이희자, 오승신, 유현경, 권경일, 이선희, 이종희, 한송화, 박석준, 조민정, 이병규)
발표자: 한송화(불구 활용 및 메타 언어 문제)

4월 25일 제159차 말뭉치 연구 모임이 열리다
(참석: 이상섭, 남기심, 김하수, 서상규, 이희자, 오승신, 유현경, 권경일, 이선희, 이종희, 고영진, 이재성, 박석준, 조민정, 이병규)
발표자: 고영진(부사 목록 확정에 관한 문제)

5월 30일 제160차 말뭉치 연구 모임이 열리다
(참석: 이상섭, 남기심, 김하수, 서상규, 오승신, 유현경, 권경일, 한송화, 이선희, 이종희, 이재성, 박석준, 조민정, 이병규)
발표자: 이선희('명사+하다'류의 처리와 관련된 문제)

6월 27일 제161차 말뭉치 연구 모임이 열리다
(참석: 이상섭, 서상규, 이희자, 오승신, 유현경, 권경일, 한송화, 이선희, 이종희, 이재성, 박석준, 조민정, 이병규)
발표자: 이희자(사전 원고 처리 계획표)

8월 9일 제162차 말뭉치 연구 모임이 열리다[주]

(참석: 이상섭, 남기심, 김하수, 서상규, 오승신, 유현경, 권경일, 한송화, 이선희, 이종희, 고영진, 이재성, 박석준, 조민정, 이병규, 손현선)

발표자: 이희자(명사 목록 검토 결과)

1996년 한국어 사전 편찬실 조직

(1) 실장: 이상섭, 부실장: 김하수, 감사: 김인회

(2) 운영위원: 이상섭, 김석득, 남기심, 김하수, 안병영, 윤병상, 윤석범, 이일병, 전병재, 최정호

(3) 편찬위원: 남기심, 이상섭, 김하수, 서상규, 임용기, 문성빈, 이민행

(4) 자문위원: 송만석, 최윤철, 정영미, 나동렬, 이기동, 이익환, 정찬섭

(5) 연구원: 이희자, 오승신, 고영진, 한송화, 권경일, 김슬옹, 박석준, 유현경, 이기황, 이병규, 이선희, 이재성, 이종희, 장석배, 조민정, 이재윤

(6) 행정직원: 최란

4. 1997년, 언어정보개발연구원으로 확대 개편되다

1997년

2월 18일 대학원 국어정보학 과정 개설 기념 제9회 한국어 사전 편찬실 연찬회를 개최하다

(주제: 말뭉치와 국어 정보, 장소: 인문관 110호)

㈜ 이후의 말뭉치 연구모임의 기록을 찾지 못하여 생략한다.

제9회 한국어 사전 편찬실 연찬회 현수막

3월 “연세 한국어 대사전” 편찬 계획을 수립하고 책자를 만들다

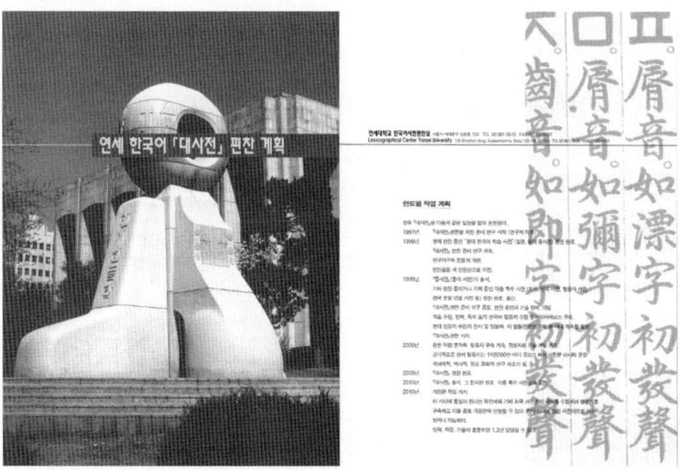

연세 한국어 대사전 편찬 계획의 앞뒤 표지(1997년, 한국어 사전 편찬실)

3월 1일 대학원에 국어정보학 협동과정(석박사 과정)을 설치하

고, 교과목으로 「말뭉치언어학원론」, 「국어형태소분석과 전산처리」를 개설하다

3월 18일 1997년도 한국어 사전 편찬실 운영위원회가 열리다 (참석: 이상섭, 남기심, 김하수, 서상규, 김인회, 전병재, 윤병상, 배석: 최란, 장석배)

이 날 회의에서, 정보화 시대를 대비하여 한국어 전반에 관한 포괄적인 연구를 진행하기 위해, 한국어 사전 편찬실의 이름을 바꾸는 문제가 논의되어, 실장과 부실장에게 위임하기로 하다

3월 26일~29일 아시아 사전 편찬학회 창립총회에 연구원을 파견하다 (주제: Corpus Linguistics and Dictionary Making in Korea, 이상섭, 서상규, 오승신, 이기황, 이재윤, 장석배, 안의정, 김한샘, 장소: 홍콩과학기술대학)

12월 27일 연구원의 명칭을 '한국어 사전 편찬실'에서 '언어정보개발연구원'으로 개정하는 데 대한 총장의 품의가 이루어지다. 이와 아울러, 대학원 국어정보학 협동과정의 활성화와 대사전 편찬, 각종 언어 자료의 구축 및 정보 처리 등 다양한 업무를 효율적으로 수행하기 위해, 연구소의 기구를 "사전편찬실, 언어정보개발실, 전산기술개발실, 국어정보학 협동과정"으로 확대 개편하다

12월 31일 학술지 〈사전 편찬학 연구〉 제7집을 발간하다

1997년 언어정보개발연구원 조직

(1) 원장: 이상섭, 부원장: 김하수

(2) 상임연구원: 남기심, 서상규, 임용기, 문성빈, 이민행

(3) 연구원: 이희자, 오승신, 유현경, 강현화, 권경일, 박석준, 이기황, 이병규, 이재성, 고석주, 심혜령, 서승현, 정희정, 장석배, 조민정, 한송화, 이재윤

(4) 행정직원: 최란

1997년에 수행된 주요 연구 과제

과제명	연구 책임자	연구 기간	지원 기관	연구비 (만원)
말뭉치에 바탕한 국어정보학적 방법의 새로운 〈한국어사전〉 편찬(5년차)	이상섭	1997.5.~1998.4.	㈜두산동아	20,000
국어 형용사의 격틀 유형 연구	유현경	1997.6.~1999.5	학술진흥재단	2,400
말뭉치 분석에 의한 자동사의 격틀 유형 분류와 기술에 대한 연구	서상규	1997.8.~1999.7.	학술진흥재단	1,600
연세 한국어 대사전 편찬을 위한 예비적 연구	이상섭	1997.10.~1999.9.	연세대학교	1,000

1998년

1월~12월 「21세기 세종계획 국어정보화 추진 중장기 계획」(문화관광부)의 국어 기초자료 구축 분과에 참여하다 (1998년부터 2007년까지 10년간)
현대국어 자료 협력책임자 이상섭(연세대)
세부과제명 : 말뭉치 구축 방법론에 대한 연구(책임자: 서상규)

2월 9일~10일 제11회 언어정보개발연구원 연찬회를 개최하다
(주제: 언어 정보의 개발과 이용, 장소: 상경관 B121호)

2월 28일	「연세 말뭉치 1-9를 대상으로 한 현대 한국어의 어휘 빈도 - 빈도 7 이상」(서상규, 상하 2권, 799쪽)이 언어정보개발연구원 내부 보고서로 이루어지다 (CLID-WP-98-02-28)
3월 5일	1998학년도 언어정보개발연구원 운영위원회가 열리다 (참석: 이상섭, 남기심, 김하수, 서상규, 김인회, 전병재, 배석: 최란, 장석배)
	이 날 회의에서 1998년 3월 1일 현재 49,468개 표제어가 작성되었음이 보고되다
3월 28일	말뭉치 기반 국어 연구 총서 1「사전식 텍스트 분석적 국어 조사의 연구」(이희자)를 간행하다
8월 2일~9일	유럽사전학회(Euralex)'98에 이상섭 원장이 참가하다 (장소: 벨기에 리에주 대학)
8월 19일	외국석학 초청 특별 강연을 개최하다 (발표자: Ronald Hausser, 장소: 상경대 337호, 참가자: 100명)
9월 1일	언어정보개발연구원의 제4대 부원장으로 서상규 교수(국어국문학과)가 취임하다 (1998.09.01.~2003.08.31.)
9월 24일	제1회 월례발표회를 개최하다 (장소: 제2인문관 401호)
10월 4일~5일	조선학회 '98 학술발표 대회에 연구원을 파견하다 (서상규(발표), 장석배, 안의정, 김한샘, 한영균)
10월 9일	「연세 한국어 사전」(초판)을 출판하다 (두산동아, 단권, 2,144쪽, 편찬위원: 남기심, 이상섭, 김하수, 서상규)
	이어서, 가칭「기초학습국어사전」 개발에 착수하다

10월 31일 제2회 월례발표회를 개최하다 (장소:제2인문관 401호)

10월 31일 말뭉치 기반 국어 연구 총서 2「국어의 동사연결 구성에 대한 연구」(강현화), 말뭉치 기반 국어 연구 총서 3「국어 형용사 연구」(유현경), 말뭉치 기반 국어 연구 총서 4「우리말 양태용언 구문 연구」(김지은)를 각각 간행하다

11월 10일 「연세 한국어 사전」 출판기념회를 열다 (동문회관)

「연세 한국어 사전」 출판 기념회 _ 1

「연세 한국어 사전」 출판 기념회 _ 2

「연세 한국어 사전」 출판 기념회

「연세 한국어 사전」 소개 포스터(두산동아 제작)

「연세 한국어 사전」 소개 책자의 일부(두산동아 제작)

11월 26일 제3회 월례발표회를 개최하다 (장소:제2인문관 305호)

12월 22일 제4회 월례발표회를 개최하다 (장소:제2인문관 302호)

12월 23일 제39회 한국백상출판문화상 사서부문 출판상을 수상하다

12월 31일 학술지 〈사전 편찬학 연구〉 제8집을 발간하다

1998년 언어정보개발연구원 조직

(1) 원장:이상섭, 부원장:김하수(~8.31), 서상규(9.1.~)

(2) 운영위원:이상섭, 남기심, 김하수, 서상규, 김인회, 전병재

(3) 상임연구원:이상섭, 남기심, 김하수, 서상규, 문성빈, 이민행, 임용기

(4) 연구교수:한영균(울산대, 1998년 2학기부터 1년간)

(5) 연구원:이희자, 유현경, 한송화, 강현화, 정희정, 이병규, 장석배, 남길임, 고석주, 심혜령, 권경일, 박석준, 서승현, 이재성, 조민정, 조은

(6) 행정직원:최란

1998년에 수행된 주요 연구 과제

과제명	연구 책임자	연구 기간	지원 기관	연구비 (만원)
말뭉치 구축 방법론에 대한 연구	서상규	1998.3.~ 1998.12.	문화관광부	2,450
현대 한국어 말뭉치 구축	이상섭	1998.3.~ 1998.12.	문화관광부	11,600
한국어 세계화 기반 구축 한국어 교육을 위한 기초 어휘 선정	서상규	1998.8.~ 1998.12.	문화관광부	3,000
한국어 세계화 기반 구축 한국어 교육을 위한 기본 문형 선정	김하수	1998.8.~ 1998.12.	문화관광부	2,000
다국어 대응 전문용어의 국어학적 분석	서상규	1998.8.~ 1998.12.	한국과학기술원	2,000
"국어정보학 개설" 의 교재 개발	이상섭	1998.9.~ 1998.12.	한국문화예술진흥원	3,000
American Heritage Dictionary	이상섭	1998.7.23~ 1998.8.14	㈜마이크로소프트	1,100
기초 학습 연세 한국어사전 편찬	이상섭	1998.12.~ 1999.11.	장은공익재단	10,000

연세한국어대사전 계획(1998년, 언어정보개발연구원)의 1

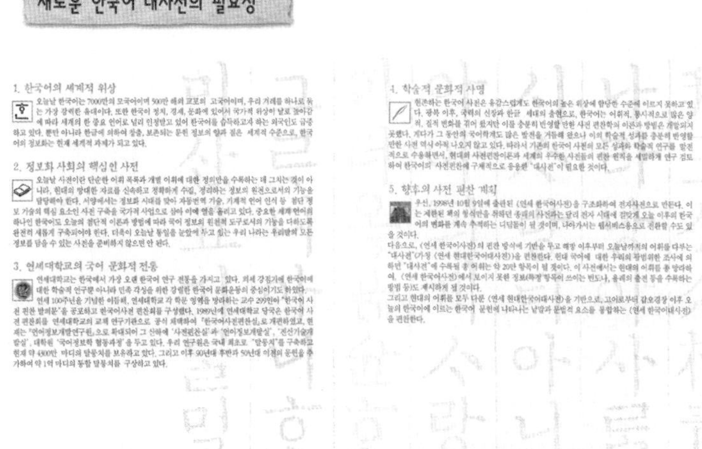

새로운 한국어 대사전의 필요성

1. 한국어의 세계적 위상

오늘날 한국어는 7000만의 모국어이며 500만 해외 교포의 고국어이며, 우리 겨레를 하나로 묶는 가장 강력한 유대이다. 또한 한국이 정치, 경제, 문화에 있어서 국가적 위상이 날로 높아감에 따라 세계의 한 중요 언어로 널리 인정받고 있어 한국어를 습득하고자 하는 외국인도 급증하고 있다. 뿐만 아니라 한글에 의하여 창출, 보존되는 문헌 정보의 양과 질은 세계적 수준으로, 한국어의 정보화는 현재 세계적 과제가 되고 있다.

2. 정보화 사회의 핵심인 사전

오늘날 사전이란 단순한 어휘 목록과 개별 어휘에 대한 정의만을 수록하는 데 그치는 것이 아니라, 현대의 방대한 자료를 신속하고 정확하게 수집, 정리하는 정보의 원천으로서의 기능을 담당해야 한다. 서양에서는 정보화 시대를 맞아 자동번역 기술, 기계적 언어 인식 등 첨단 정보 기술의 핵심 요소인 사전 구축을 국가적 사업으로 삼아 이에 열을 올리고 있다. 중요한 세계 언어의 하나인 한국어도 오늘의 첨단적 이론과 방법에 따라 국어 정보의 원천적 도구로서의 기능을 다하도록 완전히 새롭게 구축되어야 한다. 더욱이 오늘날 통일을 눈앞에 두고 있는 우리 나라는 우리말의 모든 정보를 담을 수 있는 사전을 준비하지 않으면 안 된다.

3. 연세대학교의 국어 문화적 전통

연세대학교는 한국에서 가장 오랜 한국어 연구 전통을 가지고 있다. 왜세 강점기에 한국어에 대한 학술적 연구뿐 아니라 민족 자상을 위한 강렬한 한국어 문화운동의 중심이기도 하였다. 연세 100주년을 기념한 이듬해, 연세대학교 각 학문 영역을 망라하는 교수 299인이 "한국어 사전 편찬 발의문"을 공포하고 한국어사전 편찬회를 구성했다. 1989년에 연세대학교 당국은 한국어 사전 편찬회를 연세대학교의 교책 연구기관으로 공식 채택하여 『한국어사전편찬실』로 개편하였고, 현재는 『언어정보개발연구원』으로 확대되어 그 산하에 '사전편찬실'과 '언어정보개발실', '전산기술개발실', 대학원 '국어정보학 협동과정'을 두고 있다. 우리 연구원은 국내 최초로 "말뭉치"를 구축하고 현재 약 4300만 마디의 말뭉치를 보유하고 있다. 그리고 이후 90년대 후반과 50년대 이전의 문헌을 추가하여 약 1억 마디의 통합 말뭉치를 구상하고 있다.

4. 학술적 문화적 사명

현존하는 한국어 사전은 유감스럽게도 한국어의 높은 위상에 합당한 수준에 이르지 못하고 있다. 광복 이후, 국력의 신장과 한글 세대의 출현으로, 한국어는 어휘적, 통시적으로 많은 양적, 질적 변화를 겪어 왔지만 이를 충분히 반영할 만한 사전 편찬학의 이론과 방법은 개발되지 못했다. 게다가 그 동안의 국어학계도 많은 발전을 거듭해 왔으나 이의 학술적 성과를 충분히 반영할 만한 사전 역시 아직 나오지 않고 있다. 따라서 기존의 한국어 사전의 모든 성과와 학술적 연구를 발전적으로 수용하면서, 현대의 사전편찬이론과 세계의 우수한 사전들의 편찬 원칙을 세밀하게 연구 검토하여 한국어의 사전편찬에 구체적으로 응용한 "대사전"이 필요한 것이다.

5. 향후의 사전 편찬 계획

우선, 1998년 10월 9일에 출판된 〈연세 한국어사전〉을 구조화하여 전자사전으로 만든다. 이는 제한된 책의 형식만을 취하던 종래의 사전과는 달리 전자 시대에 걸맞게 오늘 이후의 한국어의 변화를 계속 추적하는 디딤돌이 될 것이며, 나아가서는 웹서비스용으로 전환할 수도 있을 것이다.

다음으로, 〈연세 한국어사전〉의 편찬 방식에 기반을 두고 해방 이후부터 오늘날까지의 어휘를 다루는 "대사전"(가칭 〈연세 현대한국어대사전〉)을 편찬한다. 현대 국어에 대한 우리의 광범위한 조사에 의하면 "대사전"에 수록될 총 어휘는 약 20만 항목이 될 것이다. 이 사전에서는 현대의 어휘를 총 망라하여, 〈연세 한국어사전〉에서 보이지 못한 정보(특정 항목이 쓰이는 빈도나, 용례의 출전 등을 수록하는 방법 등)도 제시하게 될 것이다.

그리고 현대의 어휘를 모두 다룬 〈연세 현대한국어대사전〉을 기반으로, 고어로부터 갑오경장 이후 오늘의 한국어에 이르는 한국어 문헌에 나타나는 낱말과 문법적 요소를 통합하는 〈연세 한국어대사전〉을 편찬한다.

연세한국어대사전 계획(1998년, 언어정보개발연구원)의 2

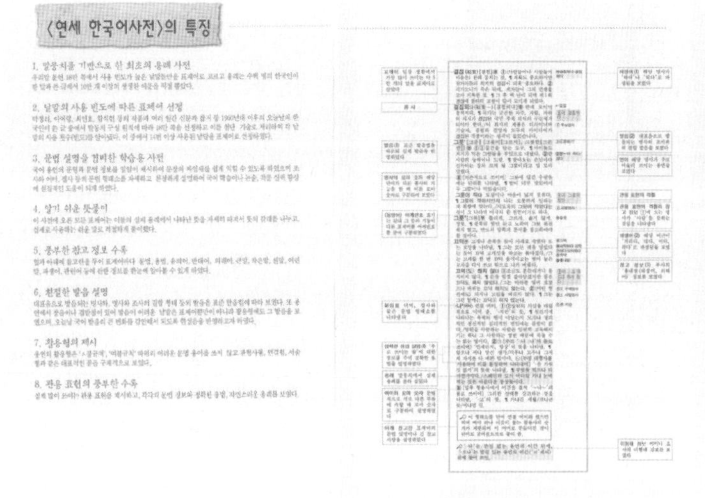

연세한국어대사전 계획(1998년, 언어정보개발연구원)의 3

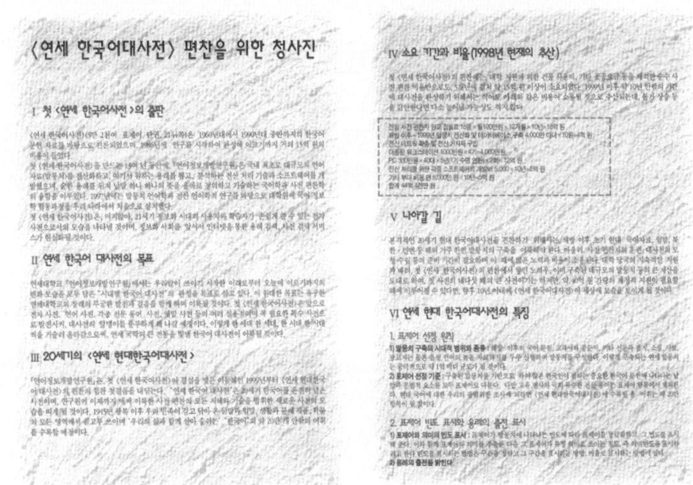

연세한국어대사전 계획(1998년, 언어정보개발연구원)의 4

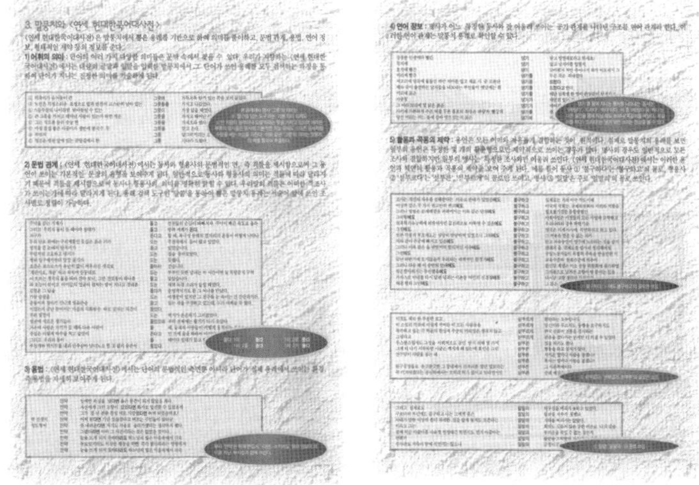

연세한국어대사전 계획(1998년, 언어정보개발연구원)의 5

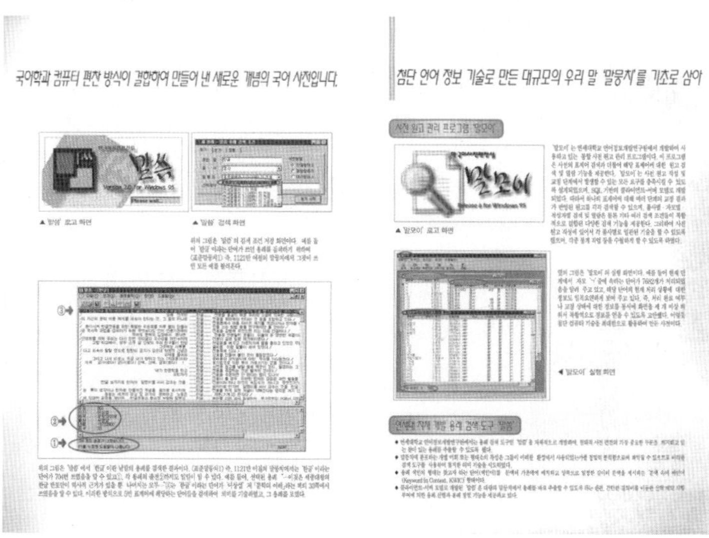

국어학과 컴퓨터 편찬 방식이 결합하여 만들어 낸 새로운 개념의 국어 사전입니다.

첨단 언어 정보 기술로 만든 대규모의 우리 말 '말뭉치'를 기초로 삼아

▲ '말씀' 로고 화면

▲ '말씀' 검색 화면

사전 원고 관리 프로그램 '말모이'

▲ '말모이' 로고 화면

◀ '말모이' 실행 화면

연세대 자체 개발 용례 검색 도구 '말씀'

연세한국어대사전 계획(1998년, 언어정보개발연구원)의 6

1999년

1월~12월	「21세기 세종계획 국어정보화 추진 중장기 계획」(문화관광부)의 국어 기초자료 구축 분과에 참여하다 (과제명:현대국어 구어 말뭉치 구축, 책임자:서상규, 공동연구원:강현화, 정희정)
1월 13일~16일	The First ASIALEX Regional Symposium에 연구원을 파견하다 (고석주(발표), 이상섭, 최란, 장소:중국 외어외무대학)
1월 17일	외국석학 초청 특별강연을 개최하다 (발표자:A.P. Cowie, 장소:제2인문관 201호, 참가자:50명)
2월 9~10일	제12회 언어정보연구개발원 연찬회를 개최하다 (주제:사전편찬의 새로운 전개와 국어정보학의 발전 방향, 장소:제2인문관 301호, 참가자:100명)
3월 2일	국어정보학 협동과정의 주임교수로 이상섭 교수(영어영문학과)가 취임하고, 운영위원회가 구성되다 (1999.3.2.~2001.3.1) 운영위원:남기심(국어국문학과, 국어학), 문성빈(문헌정보학과, 문헌정보학), 서상규(국어국문학과, 국어학), 송만석(전산학과, 컴퓨터공학), 이민행(독어독문학과, 독어학/전산언어학), 이상섭(영어영문학과, 문학/사전편찬학)
3월 2일~11월 25일	말뭉치 토론회(기초사전 사업) 총 20회를 개최하다

「기초학습 연세 한국어사전」의 시험판(1999년)의 앞뒤 표지

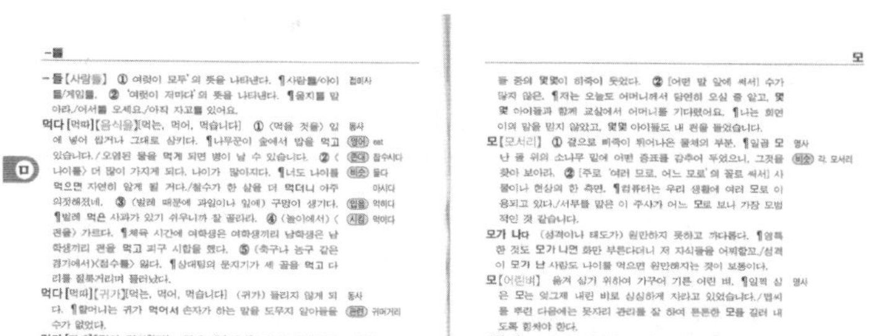

「기초학습 연세 한국어사전」의 시험판(1999년)의 일부

3월 24일 1999학년도 1학기 언어정보개발연구원 운영위원회가 열리다
(참석:이상섭, 서상규, 김인회, 전병재, 이일병, 배석:최란, 장석배)

5월 28일 학술지 〈언어 정보의 탐구〉를 창간하고 제1집을 발간하다

6월 15일 말뭉치 기반 국어 연구 총서 5 「사전식 텍스트 분석적 국어 어미의 연구」(이희자·이종희)를 간행하다

9월 1일 언어정보개발연구원의 제5대 원장으로 이상섭 교수(영어영문학과)가 취임하다 (1999.9.1.~2002.2.28.)

10월 16일 이상섭 원장이 제21회 외솔상을 수상하다

12월 31일 학술지 〈사전 편찬학 연구〉 제9집을 발간하다

1999년 언어정보개발연구원 조직

(1) 원장:이상섭, 부원장:서상규, 감사:김인회
(2) 운영위원:이상섭, 서상규, 김인회, 전병재, 이일병
(3) 상임연구원:이상섭, 남기심, 김하수, 서상규, 문성빈, 이민행, 임용기
(4) 연구원:이희자, 유현경, 한송화, 강현화, 정희정, 황선영, 이용주, 이대성, 장경준, 손지태, 김신정, 안의정, 김한샘, 고석주, 심혜령, 이병규, 장석배
(5) 행정직원:최란

1999년에 수행된 주요 연구 과제

과제명	연구 책임자	연구 기간	지원 기관	연구비 (만원)
21세기 세종 계획 현대 국어 문어 기초 말뭉치 구축	이상섭	1999.5.~ 1999.11.	문화관광부	9,923
21세기 세종 계획 현대 국어 구어 말뭉치 구축	서상규	1999.5.~ 1999.11.	문화관광부	4,370
21세기 세종 계획 국어정보화 인력 양성 (정보화 용어 길라잡이 및 국어정보학 교재 개발)	이민행	1999.4.~ 1999.11.30	문화관광부	5,000
한영 자동번역용 하위범주화 및 의미체계 사전 개발	이민행	1999.6.~ 1999.11.30	전자통신연구원	2,500
전문용어 통합정보베이스 구축을 위한 기반 조성	서상규	1999.4.26~ 1999.12.20	한국과학기술원	2,500
기초 학습 연세 한국어 사전 개발	이상섭	1999.3.~ 2000.2	연세대학교	5,000
현대 국어 관용어 사전 편찬의 연구	이상섭	1999.7.~ 2000.6.	연세대학교	2,000

2000년

1월~12월 「21세기 세종계획 국어정보화 추진 중장기 계획」(문화관광부)의 국어 기초자료 구축 분과 특수자료구축 소분과에 참여하다
(분과책임자:서상규, 세부과제책임자 :서상규,소강춘, 한영균,이상섭)

2월 11일 제13회 언어정보 연찬회를 개최하다
(주제:21세기의 사전과 국어 교육, 장소:신인문관 B05)

2월 28일 국어정보학 협동과정의 첫 석사를 배출하다 (국어정보학, 김한샘)

3월 1일 국어정보학 협동과정 주임교수로 서상규 교수(국어국문

학과)가 취임하다 (2000.3.~2003.8)

3월 16일 2000학년도 1학기 언어정보개발연구원 운영위원회가 열리다
(참석: 이상섭, 서상규, 김하수, 이민행, 박홍이, 김인회, 문유찬, 배석: 최란, 장석배, 장소: 상남경영원)
이 날 회의에서 연구부장 직책을 독립시켜 대외적 활동을 수행하게 하고, 운영위원회를 연 2회 개최하는 것이 승인되다

3월 27일 제5회 학술발표회를 개최하다
(발표1: 현대국어 연결어미의 문체특성과 문법범주, 발표2: 전문용어의 어휘적 특징 추출을 위한 방법적 연구, 발표3: 한국어 학습자의 문법 오류 분석, 발표4: 12~30개월 정상아동의 어휘발달 연구)

4월 29일 제6회 학술발표회를 개최하다

5월 22일 제7회 학술발표회를 개최하다

6월 사무실 행정직원으로 유연숙 선생이 부임하다 (2000.6~2001.4)

6월 29~30일 제14회 언어정보 연찬회를 개최하다
(주제: 말뭉치의 주석과 활용, 장소: 용인한화콘도)

8월 8일~12일 독일 스튜트가르트에서 열린 Euralex2000 국제학술대회에 연구원을 파견하다 (이희자, 손지태, 장석배, 안의정, 최준호, 김한샘, 김유미, 한영균)

8월 22일~23일 제1회 국어정보화 아카데미를 개최하고, 정보화 사회와 국어(홍윤표), 국어 정보학(한영균), 국어 말뭉치의 활용(서상규), 기계 번역(최기선), 인터넷 상의 국어 정보

처리(강승식), 국어 정보 처리 소프트웨어의 실제(김흥규), 음성 처리 기술의 응용(이용주), 국어 정보 산업(박동인) 등 8개 강좌를 개설하다

(문화관광부의 국어정보화 인력양성 – 국어정보화 아카데미 개설 국고 보조 사업, 연구책임자:이민행, 연구원:채희락,노용균, 장소:연세대 위당관)

(참가자 수 총 274명:교수 27, 강사 18, 박사과정 43, 석사과정 76, 학부생 72, 연구원 22, 교사 4, 회사원 12)

9월 6일 2000학년도 1학기 언어정보개발연구원 운영위원회가 열리다

(참석:이상섭,서상규,김인회,김하수,문유찬,이민행,전병재,남기심, 배석:유연숙,장석배, 장소:상남경영관 VIP B룸)

이 날 회의에서 "언어정보개발연구원"의 개편 및 발전 계획을 심의하고, 가칭 '한국 사전 학회'의 설립 계획서를 검토하다

9월 27일 제8회 학술발표회를 개최하다

(주제:한국어 어휘 교육)

10월 15일 말뭉치 기반 국어 연구 총서 6「한국어 명사 연구」(정희정), 말뭉치 기반 국어 연구 총서 7「현대 국어 자동사 연구」(한송화)를 각각 간행하다

10월 18일 제9회 학술발표회를 개최하다

11월 10일 제10회 학술발표회를 개최하다

11월 17일 제1회 한국어 교육 국제워크숍을 개최하다

12월 15일 제11회 학술발표회를 개최하다
(주제: 의미사전과 한국어교육)

12월 31일 학술지 〈사전 편찬학 연구〉 제10집을 발간하다

2000년 언어정보개발연구원 조직

(1) 원장: 이상섭, 부원장: 서상규, 감사: 김인회
(2) 운영위원: 김인회, 박홍이, 이희자, 유현경, 전병재, 김하수, 이민행, 이일병, 문유찬
(3) 상임연구원: 이상섭, 남기심, 김하수, 서상규, 문성빈, 이민행, 임용기
(4) 연구원: 이희자, 유현경, 이대성, 이병규, 안의정, 장석배, 손지태, 남길임, 고석주, 심혜령, 손현선, 황은하, 이은경, 김한샘, 민경모, 홍희정, 황상윤
(5) 행정직원: 최란(~2000.5), 유연숙(2000.6~)

2000년에 수행된 주요 연구 과제

과제명	연구 책임자	연구 기간	지원 기관	연구비 (만원)
기초 학습 연세 한국어 사전 개발	이상섭	2000.3~ 2000.12	장은공익재단	5,000
21세기 세종 계획 한영 병렬 말뭉치 개발	이상섭	2000.4.7.~ 2000.12.6	문화관광부	10,680
21세기 세종 계획 현개 국어 구어 전사 말뭉치 개발	서상규	2000.4.7.~ 2000.12.6	문화관광부	4,806
다국어 대응 전문용어 번역시스템 개발을 위한 전문용어의 언어학적 연구	서상규	2000.4.18~ 2000.11.17	한국과학기술원	2,500
21세기 세종 계획 국어 정보화 연구 인력 양성 사업 - 국어정보화 아카데미 개최 및 국어정보화 교재 개발	이민행	2000.4.1.~ 2000.11.30	문화관광부	5,000

2001년

1월 드림위즈와 한국브리태니커 홈페이지를 통해서「연세 한국어 사전」의 인터넷 무료 검색 서비스를 시작하다

2000년 11월 25일 잡지 〈산학연〉 기사

1월~12월 「21세기 세종계획 국어정보화 추진 중장기 계획」(문화관광부, 국립국어원)의 국어 특수자료구축 분과에 참여하다 (총괄연구책임자: 서상규, 세부과제연구책임자: 이상섭, 서상규, 소강춘, 한영균, 전상훈, 정명종)

1월 〈한국사전학회〉 창립을 주도하다

1월 국어정보학 협동과정의 전공학위와 전공 영역이 확정되다

구분	학과명	국문학위명	영문학위명
석사	국어정보학	문학석사	M. A. in Korean Informatics

석사	국어정보학	이학석사	M. S. in Korean Informatics
석사	국어정보학	공학석사	M. S. in Korean Informatics
석사	국어정보학	정보학석사	M. S. in Korean Informatics
박사	국어정보학	문학박사	Ph. D. in Korean Informatics
박사	국어정보학	이학박사	Ph. D. in Korean Informatics
박사	국어정보학	공학박사	Ph. D. in Korean Informatics
박사	국어정보학	정보학박사	Ph. D. in Korean Informatics

2월 16일 제15회 언어정보 연찬회를 개최하다 (주제:한국어교육과 사전, 장소:연세대 새천년관 강당)

2월 22일 기초사전(연세초등국어사전)을 출판키로 ㈜두산동아와 계약하다

2월 28일 국어정보학 협동과정에서 석사 1명을 배출하다 (국어정보학 조은경)

3월 1일 국어정보학 협동과정의 운영위원회가 구성되다 (남기심(국어국문학), 문성빈(문헌정보학), 서상규(국어국문학), 송만석(컴퓨터공학), 이민행(독어독문학), 이상섭(영어영문학))

4월 사무실 행정직원으로 김연희 선생이 부임하다 (2001.4~2003.2)

4월 4일 제12회 학술발표회를 개최하다 (주제:John Sinclair의 Lexical Grammar 이론과 Cobuild 사전, 장소:위당관 514호)

4월 26일 제13회 학술발표회를 개최하다 (주제1:한국어 사전 편찬 도구의 설계와 구현, 주제2:한국어 복합문 분할 방안 연구, 장소:위당관 301호)

6월 22일 제14회 학술발표회를 개최하다

(주제:기계 학습에 의한 자연언어처리, 장소:위당관409호)

7월 20일 제15회 학술발표회 겸 3차 세종전문가 초청 특강을 개최하다

(주제:어휘연구의 새로운 관점, 장소:위당관 302호)

7월 23일~27일 제2회 국어정보화 아카데미를 개최하고, 모두 14개 강좌를 개설하다

(1) 일반 입문 과정:국어 정보학의 이해(한영균,강범모), 자연 언어 처리의 응용(맹성현,최기선), 국어 형태소 분석(임희석), 구문 분석의 이해(심광섭,양재형), 말뭉치 활용의 이해(양단희,윤준태)

(2) 국어 정보학 세미나:[1] 한국어 태그세트 검토(채희락), [2] Prolog와 DCG를 이용한 한국어 구문분석(이민행), [3] 통합기반 문법(류병래), [4] XML 언어의 이해(정회경), [5] 형식언어와 복잡성 위계(최광무), [6] 주석달린 말뭉치를 활용한 한국어 문법 탐구(서상규/이기황), [7] 음성분석 도구 개관 및 응용사례(조철우), [8] 언어분석 도구의 활용(안동언)

(3) 프로그래밍 실습(노용균,권택근)

(21세기 세종계획 국어 정보화 연구 인력 양성 사업 – 제2회 국어정보화 아카데미 개최, 연구책임자:이민행, 연구원:채희락,노용균,서상규,한영균, 장소:연세대 위당관 및 종합관)

(참가자 수 총 235명:교수 30, 강사 13, 박사수료

8, 박사과정 29, 석사과정 88, 학부생 38, 연구원 14, 교사 3, 회사원 12)

8월 8일~10일 제2회 아시아 사전학회 국제학술대회를 연세대에서 연구원 주관으로 개최하다
(장소:신상대 각당헌, 참가자:250명)

제2회 아시아 사전학회 국제학술대회(2001년 8월 신상대 각당헌)

8월 13일 제16회 학술발표회 겸 국어정보학 학술강연회를 개최하다
(주제:Why Cannot a Bilingual Dictionary Be as Helpful to Users as Dictionaries Editors Would Dearly Like It to Be?, 장소:위당관 304호)

8월 31일 국어정보학 협동과정에서 석사 1명을 배출하다 (전산언어학 윤승)

9월 13일 2001학년도 2학기 언어정보개발연구원 운영위원회가 열리다
(참석자:이상섭,서상규,김인회,박홍이, 배석:이희자,

유현경, 김연희, 안의정, 장소: 알렌관 201호)

이 날 회의에서 학술지 〈사전 편찬학 연구〉를 연 2회 발간으로 늘리는 건이 운영위원 전원의 동의로 승인되다

9월 14일 제17회 학술발표회 겸 한국어세계화추진사업 전문가 초청 특강을 개최하다 (주제: 서양인의 일본어 사전 편찬에 대하여, 장소: 위당관 304호)

10월 26일 제18회 학술발표회 겸 제4차 21세기 세종계획 전문가 초청 특강을 개최하다 (주제: 통계언어학, 장소: 충남대 인문관)

11월 16일 제2회 한국어 교육 국제워크숍을 문화관광부 지원으로 개최하다

(장소: 연세대 대우관, 참가자: 160명)

12월 20일 제19회 학술발표회를 개최하다

(주제: 국어 관용표현의 연구 방법론, 장소: 위당관 305호)

12월 24일 학술지 〈사전 편찬학 연구〉 제11집 1호와 2호를 함께 발간하다

2001년 언어정보개발연구원 조직

(1) 원장: 이상섭, 부원장: 서상규, 감사: 김인회

(2) 운영위원: 김인회, 박홍이, 이희자, 유현경, 전병재, 김하수, 이민행, 이일병, 문유찬

(3) 상임연구원: 이상섭, 남기심, 김하수, 서상규, 문성빈, 이민행, 임용기

(4) 연구원: 이희자, 유현경, 장석배, 고석주, 이병규, 이대성, 남길임, 안의정, 민경모, 전영옥, 김한샘, 이은경, 홍희정, 황은하, 조은경, 황상윤,

김민성, 장유진, 송길룡

(5) 행정직원: 유연숙(~2001.4), 김연희(2001.4~)

2001년에 수행된 주요 연구 과제

과제명	연구 책임자	연구 기간	지원 기관	연구비 (만원)
21세기 세종계획 현대 국어 구어 전사 말뭉치 개발	이상섭	2001.3.20~ 2001.11.19	문화관광부	5,369
21세기 세종계획 병렬 말뭉치 개발	서상규	2001.3.20~ 2001.11.19	문화관광부	12,931
21세기 세종 계획 국어 정보화 연구 인력 양성 사업 - 제2회 국어정보화 아카데미 개최	이민행	2001.3.~ 2001.11.30	문화관광부	5,000
다국어 대응 전문용어 번역시스템 개발을 위한 전문용어의 언어학적 연구	서상규	2001.3.28~ 2001.10.31	한국과학기술원	2,500
외국인을 위한 한국어 학습자 사전 개발	서상규	2001.4.~ 2001.11	문화관광부	10,000
기초 학습 연세 한국어 사전 편찬	이상섭	2001.5.~ 2001.10.30	두산동아	10,000
제2회 한국어 교육 국제 워크숍 개최	서상규	2001.9.16~ 2001.11.16	문화관광부	5,000
음성정보기술산업지원센터 지역 협력 사이트 음성 데이터베이스 구축	이석재	2001.12.~ 2002.3	정보통신부	2,720

5. 2002년, 언어정보연구원으로 이름이 바뀌고 조직이 개편되다

2002년

1월 「연세 초등국어사전」을 발간하다
(두산동아, 3만 5천여 표제어, 편찬위원: 이상섭, 서상규, 이희자, 유현경, 고석주, 이병규)

1월~12월 「21세기 세종계획 국어정보화 추진 중장기 계획」(문화관광부, 국립국어원)의 국어 특수자료구축 분과에 참여하다 (총괄연구책임자:서상규, 세부과제연구책임자:임용기, 서상규, 이한섭, 소강춘, 한영균, 전상훈)

2월 22일 제20회 학술발표회를 개최하다

2월 28일 국어정보학 협동과정에서 석사 1명을 배출하다 (언어공학 최준호)

3월 1일 언어정보개발연구원의 6대 원장으로 이익환 교수(영어영문학과)가 취임하다 (2002.03.01.~2008.02.29.)

이익환 원장 환여회(2002년 3월 15일)

3월 27일 2002학년도 1학기 언어정보개발연구원 운영위원회가 열리다(장소:석란)

3월 30일 제21회 학술발표회를 개최하다
(주제:자연언어처리의 비즈니스 응용, 발표자:윤준태, 장소:위당관 306호)

4월 18일 제22회 학술발표회를 개최하다
(주제:Determining Generic Elements in Dialogue, 발표자:Martin Weisser, 장소:위당관 215호)

5월 9일 제23회 학술발표회 겸 21세기 세종계획(구어 구축 과제) 전문가 초청 특강을 개최하다
(주제:입말뭉치 구축을 위한 기초 연구, 발표자:김종덕, 장소:위당관 303호)

6월 19일 제24회 학술발표회를 개최하다
(주제:독어 성구론(phraseology)의 특성, 발표자:천미애, 장소:위당관 306호)

7월 학교 특성화 위원회에서 「연세 현대한국어대사전」 편찬 사업에 대한 지원이 인가되다

연세현대한국어대사전 계획(2002년, 언어정보개발연구원)의 일부 1

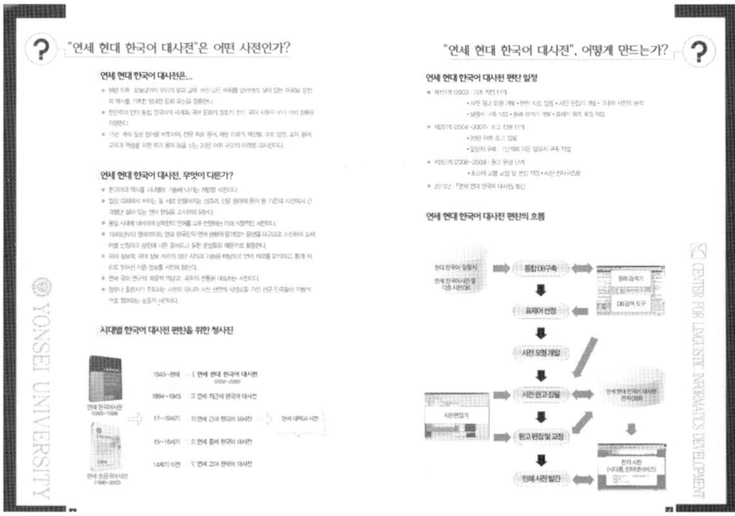

연세현대한국어대사전 계획(2002년, 언어정보개발연구원)의 일부 2

7월 16일 제25회 학술발표회를 개최하다 (주제:The Evolution of Machine Translation and Its Problem, 발표자:Fenr Zhiwei, 장소:위당관 501호)

7월 22일~26일 제3회 국어정보화 아카데미를 개최하고, 모두 19개 강좌를 개설하다

(1) 기본 강좌:국어정보학의 기초(강범모), 전산국어학의 기초(최병진), 기계번역의 이해(최승권), 정보검색의 이해(최석두,박영찬), 음성처리의 이해(이용주,한민수), 계량분석방법론(배희숙,양단희), 사전편찬입문(이희자,조남호), 말뭉치의 활용(소강춘,유석훈)

(2) 국어정보학 세미나:말뭉치를 활용한 한국어문법탐

구(서상규), 전자사전과 어휘기술(송영빈), 언어분석과 중의성(남지순), 북한의 정보처리 현황(박찬모), 한국어교육과 정보화(유석훈), 제약기반이론에서의 한국어 주요구문분석(김종복), 음석분석도구의 개관 및 응용(신지영), 텍스트 처리도구의 활용(안동언), 형태소분석과 구문분석 도구의 활용(윤준태, 심광섭)

(3) 심화 강좌:어휘의 계량과 그 응용(한영균), 형태소분석의 이론과 응용(강승식)

(21세기 세종계획 국어 정보화 연구 인력 양성 사업 – 제3회 국어정보화 아카데미 개최, 연구책임자:이민행, 연구원:서상규,한영균, 장소:연세대 위당관 및 종합관)

(참가자 수 총 184명:교수 28, 강사 9, 대학원생 89, 학부생 21, 연구원 18, 회사원 16, 교사 2, 일반인 1)

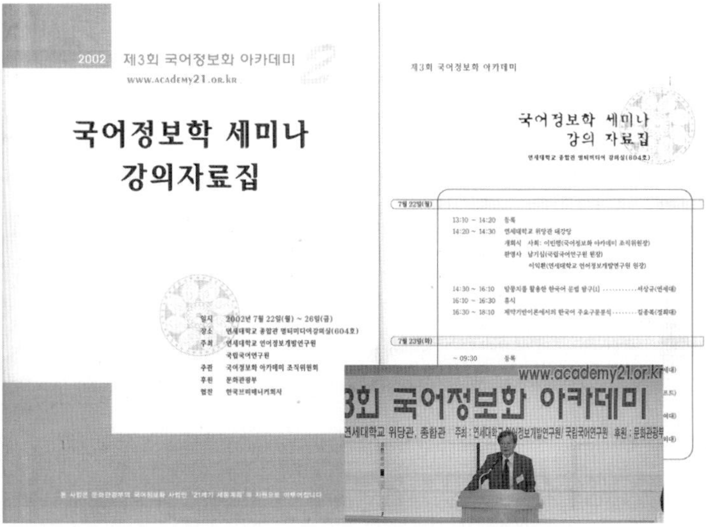

제3회 국어정보화 아카데미 자료집과 축사하는 남기심 국립국어연구원 원장

8월	연세 국학연구단의 특성화 사업의 일환으로 「연세 현대 한국어 대사전」 편찬 발간 사업이 연세대학교의 2002년 교책 사업으로 확정되다
8월 6일	제26회 학술발표회를 개최하다 (주제:한국어 형용사의 유형적 특성, 발표자:손호민, 장소:위당관 303호)
8월 23~24일	제16회 언어정보개발연구원 연찬회를 개최하다 (주제:「연세 현대 한국어 대사전」을 위한 공동 토론회, 장소:수원 라비돌리조트)
9월 25일	2002학년도 2학기 운영위원·자문위원 연석회의가 열리다 (참석:이익환, 정영미, 이기동, 문유찬, 홍윤표, 이원표, 박홍이, 임용기, 윤건영, 나동렬, 김성우, 조성배, 이일병,

배석:이희자,유현경,고석주,김연희)

이 날 회의에서 결정된 주요한 일은 다음과 같다.

(1) 연구원의 명칭 '언어정보개발연구원'(Center for Linguistic Informatics Development)을 '언어정보연구원'(언정원으로 줄임)으로 바꾸기로 하고, 영문 명칭은 여러 안을 마련해, 운영위원 및 자문위원의 의견을 수렴한 후에 결정하기로 하다

(2) 학술지 《언어정보의 탐구》 와 《사전 편찬학 연구》를 통합하기로 하고, 그 이름에 대해서는 연구원에 위임하기로 하다

(3) 『연세현대한국어대사전』 프로젝트의 실행이 결정되었음을 보고하다

9월 25일	말뭉치 기반 국어 연구 총서 9 「한국어 구어 연구(1)」(서상규·구현정 공편)를 간행하다
10월	「연세 현대한국어대사전」 1차년도 사업을 시작하다
10월 2일	제27회 학술발표회를 개최하다 (발표1:의미역과 논항구조에 대한 몇 가지 논제, 발표자:안성호 / 발표2:논항연결이론의 검토-이동동사 움직임동사구분을 중심으로, 발표자:양정석, 장소:상경관 별관 109호)
10월 8일	제28회 학술발표회를 개최하다 (주제:Using Linguistic Corpora in Compiling Dictionaries, 발표자:Gwyneth Fox, 장소:위당관 501호)
10월 9일	제29회 학술발표회를 개최하다

(주제:Polysemy and the Logic of Complex Types, James Pustejovsky, 장소:상경관 별관 109호)

11월 28일 제30회 학술발표회를 개최하다
(주제:프랑스어 동사의 의미, 통사 속성 연구와 사전 편찬, 발표자:홍재성, 장소:상경관 별관 109호)

12월 11일 제31회 학술발표회를 개최하다
(주제:독일어의 논항 구조, 발표자:오예옥, 장소:상경관 별관 109호)

2002년 언어정보개발연구원 조직

(1) 원장:이익환, 부원장:서상규, 감사:김인회

(2) 운영위원:김하수, 문유찬, 박홍이, 서상규, 윤건영, 이원표, 이익환, 이일병, 전병재, 홍윤표

(3) 상임연구원:김하수, 문성빈, 이규갑, 이민행, 이석재, 이원표, 임용기, 조남신, 홍윤표, 홍종화, 이주현

(4) 연구원:이희자, 유현경, 김선호, 김은영, 고석주, 김한샘, 남길임, 민경모, 송길룡, 안의정, 이대성, 이병규, 장석배, 전영옥, 홍희정, 박주영, 장유진, 문선영, 박선양, 최진희, 장윤자, 김정아, 곽용진, 조은경, 김수경, 서유경, 김진규, 류수현

(5) 행정직원:김연희

2002년 4월 12일 금요일의 연구원들

2002년에 수행된 주요 연구 과제

과제명	연구 책임자	연구 기간	지원 기관	연구비 (만원)
동사의 의미정보 표상 및 다중언어 데이터베이스 구축	이익환	2002.8.~ 2003.7	학술진흥재단	28,180
의미 관계에 따른 기초 어휘 체계와 교수 방안 연구	김하수	2002.8.~ 2003.7	학술진흥재단	9,080
연세 현대 한국어 대사전	이익환	2002.10.~ 2003.9	연세대 국학연구단	10,000
한국어 구어 문법 기술을 위한 기초 연구	서상규	2002.12.~ 2003.11	학술진흥재단	24,130

2003년

1월~12월 「21세기 세종계획 국어정보화 추진 중장기 계획」(문화관광부, 국립국어원)의 국어 특수자료구축 분과에 참여하

다 (총괄연구책임자: 임용기, 세부과제연구책임자: 김향희, 이석재, 이한섭, 소강춘, 임용기)

1월 13일 제32회 학술발표회를 개최하다
(주제: 러시아어 존재구문과 부분격, 발표자: 이인영, 장소: 위당관 211호)

1월 28일 제33회 학술발표회를 개최하다
(주제: 담화분석의 정의: 성격과 연구 주제, 발표자: 이원표, 장소: 상경관 별관 B104호)

2월 19일 제17회 언어정보개발연구원 연찬회를 개최하다
(주제: 「연세 현대한국어대사전」)

3월 사무실 행정직원으로 이혜옥 선생이 부임하다
(2003.3~2006.3)

3월 3일 국어정보학 협동과정의 운영위원회가 구성되다
(~2006.2.)
운영위원: 나동렬(컴퓨터과학), 문성빈(문헌정보학), 이민행(국어국문학), 이석재(영어영문학), 이익환(영어영문학), 홍윤표(국어국문학)

3월 3일 말뭉치 기반 국어 연구 총서 8 「한국어 교육과 학습 사전」 (서상규 엮음)을 간행하다

3월 15일 제34회 학술발표회를 개최하다
(주제: 대학생 구어 활동의 모습과 언어학적 특성, 발표: 김혜숙, 장소: 위당관 501호)

3월 31일 2003학년도 1학기 운영위원·자문위원 연석회의가 열리다.
(참석: 이익환, 문성빈, 문유찬, 박홍이, 임용기, 김성우,

이원표, 이현주, 배석:고석주, 이혜옥)

이 날 회의에서 결정된 주요한 일은 다음과 같다.

(1) 연구원의 명칭을 '언어정보연구원'(언정원으로 줄임)으로 바꾸고, 영문으로는 Institute of Language & Information Studies(ILIS)로 하기로 하다

언어정보개발연구원(왼쪽,2000년)과 언어정보연구원 소개 책자(오른쪽,2003년)

(2) 학술지 《언어정보의 탐구》 와 《사전 편찬학 연구》를 통합하고, 그 이름을 《언어 정보와 사전》 으로 바꾸기로 하다

(3) 연구부장(이민행)을 신설하고 센터 중심 체제로 개편하기로 하고, 사전연구센터(이익환), 언어정보연구센터

(홍윤표), 정보기술연구센터(이민행), 외국어로서의한국어교육(김하수), 전문용어연구센터(서상규), 음성분석연구센터(이석재), 지명및역사자료연구센터(임용기)를 두기로 하다

3월 31일 제35회 학술발표회를 개최하다
(주제:Postnational Perspectives for National Languages, 발표:Konrad Ehlich, 장소:위당관 216호)

4월 19일 제36회 학술발표회를 개최하다
(주제:말뭉치 주석 시스템의 모형, 발표:송길룡, 장소:위당관 501호)

7월 4일 제37회 학술발표회를 개최하다
(주제:The Mereological Approach to Aspectual Composition, 발표:Manfred Krifka, 장소:위당관 501호)

7월 21일~24일 제4회 국어정보화 아카데미를 개최하고, 모두 9개 강좌를 개설하다

(1) 기본 강좌:국어정보학의 기초(박동인), 국어정보처리 입문(박동인), 말뭉치와 텍스트처리도구의 활용(안동언)

(2) 집중 강좌:기계번역 방법론(최승권), 일한 기계번역의 이해(김태완), 영한 기계번역의 이해(여상화), 한중 기계번역의 이해(김영길), 형태소 분석의 이해(강승식), 구문분석의 이해(나동렬)

(3) 연계 강좌:말뭉치의 설계와 구축(서상규), 언어정보의 분석(서상규), 한글 받아쓰기 시스템 개발(성원

경), 음성DB구축방법과 개발현황(오승신), 음성정보학의 이해(이석재), 국어의 운율정보분석(이숙향), 인문학을 위한 음성정보처리(정민화), 국어정보학과 음성정보처리기술 응용(김재인), 사전편찬학이론(이희자), 전자사전과 어휘연구(송영빈)
(21세기 세종계획 국어 정보화 연구 인력 양성 사업 – 제4회 국어정보화 아카데미 개최, 연구책임자: 이민행, 연구원: 서상규, 한영균, 장소: 연세대 외솔관)
(참가자 수 총 299명: 교수 42, 강사 16, 대학원생 138, 학부생 19, 연구원 40, 회사원 42, 교사 0, 일반인 2)

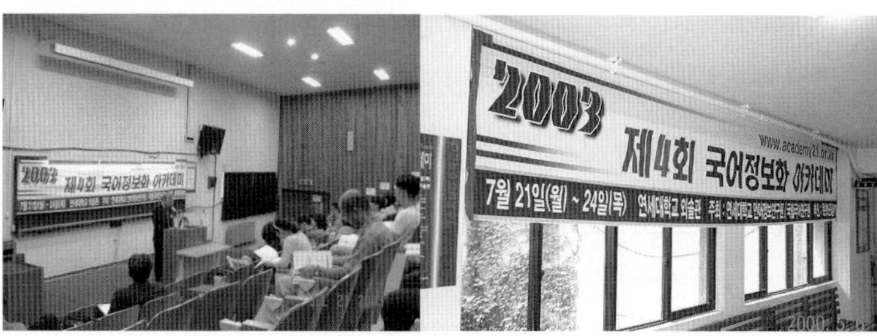

제4회 국어정보화 아카데미

8월 8일 제3회 한국어 교육 국제워크숍을 개최하다 (장소: 연세대 대우관)

제3회 한국어 교육 국제워크숍(2003년 8월 8일 연세대학교 대우관)

8월 25일 제38회 학술발표회를 개최하다
(발표1:(A)symmetiries in Multiple Feature Checking, 발표2:Quantification, Polarity, Case and Scope:Some Problems and Questions from a Crosslinguistic Perspective, 발표:George Tsoulas, 장소:위당관 501호)

9월 1일 언어정보연구원의 제5대 부원장으로 이민행 교수(독어독문학과)가 취임하다 (2003.09.01.~2007.08.31.)

9월 1일 '국어정보학 협동과정'의 명칭을, '언어정보학 협동과정'으로 개정하다

9월 29일 2003학년도 2학기 언어정보연구원 운영·자문위원회가 열리다
(참석:이익환, 이민행, 박홍이, 이기동, 이석재, 이원표,

이현주, 임용기, 위임: 홍윤표, 문유찬, 이일병, 배석: 남길임, 이혜옥)

10월 「연세 현대한국어대사전」 2차년도 사업을 시작하다

12월 25일 학술지 〈사전 편찬학 연구〉와 〈언어 정보의 탐구〉를 합쳐서, 〈언어 정보와 사전 편찬〉으로 제호를 바꾸고, 제12·13 합집을 발간하다

2003년 언어정보연구원 조직

(1) 원장: 이익환, 부원장: 서상규(~8.31), 이민행(9.1.~), 감사: 문성빈

(2) 운영위원: 문유찬, 박홍이, 서상규, 윤건영, 이민행, 이원표, 이익환, 이일병, 임용기, 홍윤표, 이석재

(3) 상임연구원: 김하수, 문성빈, 이규갑, 이민행, 이석재, 이원표, 임용기, 조남신, 홍윤표, 홍종화, 이현주

(4) 연구교수: 고석주, 전영옥, 남길임, 김수라, 노윤채, 최준기, 이선희, 김해옥, 임소영, 박동근, 서은아, 전정미

(5) 전문연구원: 김선호, 김은영, 박석준, 남혜현, 조민정

(6) 연구원: 민경모, 송길룡, 안의정, 홍희정, 김정아, 김형정, 이종희, 박주영, 박수연, 봉미경, 장유진, 양영하, 곽용진, 조은경, 진제희, 성연숙, 장윤자, 김수진

(7) 행정직원: 김연희(~2003.2), 이혜옥(2003.3~)

2003년 12월 29일

2003년에 수행된 주요 연구 과제

과제명	연구 책임자	연구 기간	지원 기관	연구비 (만원)
21세기 세종 계획 현대 국어 구어 전사 말뭉치 개발	김향희	2003.3.~ 2003.11.	문화관광부	6,749
21세기 세종 계획 한영 병렬 말뭉치 개발	이석재	2003.3.~ 2003.11.	문화관광부	14,440
21세기 세종 계획 역사 자료 말뭉치 개발	임용기	2003.3.~ 2003.11.	문화관광부	2,096
국어정보화 연구인력양성 -제4회 국어정보화 아카데미 개최-	이익환	2003.3.~ 2003.11.	문화관광부	3,000
다국적 대응 전문용어 번역시스템 개발을 위한 전문용어의 언어학적 연구	서상규	2003.3.~ 2003.11.	한국과학 기술원	1,960
동사의 의미정보 표상 및 다중언어 데이터베이스 구축	이익환	2003.8.~ 2004.7.	학술진흥재단	30,998
연세 현대 한국어 대사전	이익환	2003.10.~ 2004.9.	연세대학교	14,300
심리동사의 의미, 통사구조와 연결이론	이익환	2003.4.1.~ 2004.3.31	언어연구교육원	2,000
의미 관계에 따른 기초 어휘 체계와 교수 방안 연구	김하수	2003.8.~ 2004.7.	학술진흥재단	9,980

2004년

1월~12월 「21세기 세종계획 국어정보화 추진 중장기 계획」(문화관광부, 국립국어원)의 국어 특수자료구축 분과에 참여하다 (총괄연구책임자: 임용기, 세부과제연구책임자: 김향희, 이석재, 전형식, 소강춘, 임용기, 이원표)

2월 2일 제39회 학술발표회를 개최하다
(주제: The Semantic Representation of Quantification and Modification in Natural Language Using Feature Structures, 발표자: Harry Bunt, 장소: 위당관 415호)

2월 25일 제40회 학술발표회를 개최하다
(주제: 일본에서의 한국어 문자와 발음 교육에 대하여, 발표자: 고영진, 장소: 위당관 501호)

2월 28일 언어정보학 협동과정에서 석사 1명을 배출하다 (언어공학, 주은석)

3월 30일 말뭉치 기반 국어 연구 총서 11 「국어의 조사와 의미역」(이선희)를 간행하다

4월 「연세 현대 한국어 대사전」 사전 편집기의 1차 시연회를 갖다 (최준호 연구원)

4월 30일 제41회 학술발표회를 개최하다
(주제: 프랑스어 전자 사전의 동사 분류 체계)

5월 30일 말뭉치 기반 국어 연구 총서 13 「현대 한국어 조사의 연구 1」(고석주)를 간행하다

6월 22일 제42회 학술발표회를 개최하다

(Some Issues in Grammaticalization Theory)

7월 19일~21일 제5회 국어정보화 아카데미를 개최하고, 모두 9개 강좌를 개설하다

(1) 기본 강좌:국어정보처리 입문(이근배), 한국어 동형이의어 분별과 의미분석(옥철영), 말뭉치와 텍스트처리도구의 활용(박진호)

(2) 일반 강좌:형태소분석의 이해(강승식), 구문분석의 이해(양재형), 기계번역의 이해(최승권), 정보검색의 이해(조영환), 음성학의 이해(박한상), 음성정보처리(김회린), 사전편찬학(이희자, 남길임), 코퍼스 언어학(한영균)

(연구위원:이익환, 심광섭, 이희자,　조직위원:김덕봉, 박동인, 송영빈, 김진형,　장소:연세대 외솔관)

(참가자 수 총 218명:교수 20, 강사 7, 대학원생 132, 학부생 13, 연구원 10, 회사원 33, 교사 2, 일반인 1)

7월 28일~30일 한국언어학회와 공동으로 국제학술대회를 개최하다 (주제:최근 언어학 이론의 경향)

7월 「연세 현대한국어대사전」 사전 편집기의 2차 시연회를 개최하다(최준호 연구원)

7월 11th Euralex international congress (Lorient, France)에 참가하여, Compiling a Monolingual Dictionary as an Active DictionaryFocusing on the Procedure of Yonsei Contemporary Korean Dictionary Compiling Project라는 제목으로 논문을 발표하다 (이익환, 남길임,

	김종덕, 안의정, 이종희)
8월	언어정보학 협동과정에서 석사 1명을 배출하다 (언어공학, 김진규)
9월 15일	2004학년도 2학기 운영·자문위원회가 열리다 (참석:이익환, 이민행, 문성빈, 문유찬, 박홍이, 이석재, 이원표, 이일병, 김성우, 이기동, 조성배, 배석:이혜옥)
9월 15일	말뭉치 기반 국어 연구 총서 12「현대 국어 '이다' 구문 연구」(남길임)를 간행하다
10월	「연세 현대한국어대사전」 3차년도 사업을 시작하다
10월	원고 편집기 '말꾸러미 II'와 용례검색기 '말씀 II'를 사용하기 시작하다
10월	학교로부터「연세 현대한국어대사전」 프로젝트 관련 기부금 지원이 확정되다
12월 10일	제43회 학술발표회를 개최하다 (The International Communication System KOD – the Key to International Comprehension, 발표자:Kees Bakker, 장소:위당관 501호)
12월 14일	제44회 학술발표회를 개최하다 (Understanding Learner Differences in Korean Language Classes:Are Heritage Learners at an Advantage, 발표자:김은주, 장소:위당관 501호)

2004년 언어정보연구원 조직

(1) 원장:이익환, 부원장:이민행, 감사:문성빈

(2) 운영위원: 문유찬, 박홍이, 서상규, 윤건영, 이민행, 이원표, 이익환, 이일병, 임용기, 홍윤표, 이석재

(3) 상임연구원: 김하수, 문성빈, 이규갑, 이민행, 이석재, 이원표, 임용기, 조남신, 홍윤표, 홍종화, 이현주

(4) 연구교수: 김남돈, 남길임, 노윤채, 김해옥, 임소영, 박동근, 서은아, 전정미

(5) 전문연구원: 고석주, 김수라, 김은영, 한선혜, 전영옥, 이종희, 진제희, 김정아, 장재웅, 김선호, 박석준, 남혜현, 조민정

(6) 연구원: 민경모, 송길룡, 안의정, 홍희정, 김형정, 박수연, 봉미경, 장유진, 양영하, 성연숙, 장윤자, 김수진, 황은하, 주은석, 김종덕, 김현강

(7) 행정직원: 이혜옥

2004년 10월 29일 금요일 언어정보연구원 앞

2004년에 수행된 주요 연구 과제

과제명	연구 책임자	연구 기간	지원 기관	연구비 (만원)
21세기 세종 계획 역사 자료 말뭉치 개발	임용기	2004.4.22.~ 2004.12.21	문화관광부	12,200
21세기 세종 계획 한영 병렬 말뭉치 개발	이석재	2004.4.22.~ 2004.12.21	문화관광부	8,050
21세기 세종 계획 현대 국어 구어 전사 말뭉치	김향희	2004.4.22.~ 2004.12.21	문화관광부	5,400
21세기 세종 계획 전문용어 말뭉치 구축	이원표	2004.4.22.~ 2004.12.21	문화관광부	1,350
외국인의 한국어음성DB	이석재	2004. 6.1.~ 2004.10.30	한국산업 기술평가원	1,800
의미관계에 따른 기초 어휘	김하수	2004.8.1.~ 2005.7.31	학술진흥재단	10,407
최근세 국어문법의 연구	홍윤표	2004.9.01.~ 2005.8.31	학술진흥재단	15,948
외국어로서의 한국어 음성 코퍼스 구축	이석재	2004.9.1.~ 2005.8.31	학술진흥재단	15,915
연세 현대한국어대사전	이익환	2004.10.1.~ 2005.9.30	연세대학교	10,000

2005년

1월 21일~22일 제18회 언어정보연구원 연찬회를 개최하다 (청평 풍림콘도)

1월~12월 「21세기 세종계획 국어정보화 추진 중장기 계획」(문화관광부, 국립국어원)의 국어 특수자료구축 분과에 참여하다 (총괄연구책임자: 임용기, 세부과제연구책임자: 서상규, 한영균, 이한섭, 소강춘, 임용기, 이석재)

2월 25일 말뭉치 기반 국어 연구 총서 10 「한국어 구어 연구(2)」(서상규·구현정 공편)를 간행하다

2월 언어정보학 협동과정에서 박사 1명(국어정보학, 김한샘), 석사 1명(말뭉치언어학, 유승미)을 배출하다

5월 18일 제45회 학술발표회를 개최하다
(주제:한국어 활용어미의 형태론:형용사를 중심으로, 발표자:정고스란)

5월 23일 제46회 학술발표회를 개최하다
(주제:Event Structure and Verb Classification, 발표자:Ferenc Kiefer)

6월 25일 학술지 〈언어 정보와 사전 편찬〉 제14·15·16합집을 발간하다

7월 15일 제47회 학술발표회를 개최하다
(주제:Negotiation of Meaning in a Second Language:The role of Conversational Interactions, 발표자:Andrea Tyler)

7월 19일~21일 제6회 국어정보화 아카데미를 개최하고, 모두 19개 강좌를 개설하다

(1) 기본 강좌:국어정보처리 입문(1)(이근배), 국어정보처리 입문(2)(김한샘), 말뭉치와 텍스트처리도구의 활용(박진호)

(2) 일반 강좌(1):형태소분석의 이해(강승식), 구문분석의 이해(심광섭), 기계번역의 이해(1)(최승권), 기계번역의 이해(2)(신재균), 정보검색의 이해(조영환)

(3) 일반 강좌(2):음성정보처리 이해(박한상), 전자사전의 구축 및 활용(1)(목정수), 전자사전의 구축 및 활용(2)(임유종), 국어교육을 위한 정보처리(1)(김두루한), 국어교육을 위한 정보처리(2)(이희자), 언어

학 연구를 위한 통계처리(김덕봉)
(조직위원: 이익환, 유현경, 이민행, 강승식, 김덕봉, 박동인, 송영빈, 심광섭, 이석재, 채희락, 최승권, 홍윤표, 김한샘, 이혁화, 우창현, 장소: 연세대 외솔관)
(참가자 수 총 184명: 교수 16, 강사 14, 대학원생 89, 학부생 15, 연구원 22, 교사 0, 일반인 28)

9월 원고 편집기(말꾸러미)에 「연세 한국어사전」의 5만여 개의 원고를 등록하다

9월 28일 2005년 2학기 언어정보연구원 운영·자문위원회가 열리다 (참석: 이익환, 임용기, 이석재, 정찬섭, 박홍이, 김성우, 서상규, 문유찬, 고광윤, 이일병, 이현주)

10월 「연세 현대한국어대사전」 4차년도 사업을 시작하다

10월 4일 제48회 학술발표회를 개최하다 (주제: Handling Metaphor in Database Semantics, 발표자: Roland Hausser)

10월 10일 제49회 학술발표회를 개최하다 (주제: Language Policy in Globalization (in Vietnam, 발표자: Vu Thanh Huong)

12월 12일 「연세 초등영어사전」을 출판키로 ㈜두산동아와 계약하고, 편찬을 시작하다

2005년 언어정보연구원 조직

(1) 원장: 이익환, 부원장: 이민행, 감사: 문성빈

(2) 운영위원: 서상규, 임용기, 홍윤표, 고광윤, 이석재, 이원표, 이익환, 문

유찬, 이민행, 윤건영, 박홍이, 이일병, 김동노

(3) 상임연구원: 김하수, 문성빈, 이규갑, 이민행, 이석재, 이원표, 이현주, 임용기, 조남신, 홍윤표, 홍종화

(4) 연구교수: 김해옥, 김남돈, 김지은

(5) 전문연구원: 고석주, 김수라, 김은영, 한선혜, 남혜현, 이종희, 조민정, 진제희, 김정아, 전영옥, 김태경

(6) 연구원: 김종덕, 안의정, 김현강, 홍희정, 장유진, 박수연, 봉미경, 성연숙, 김수진, 장윤자, 양영하, 황은하, 주은석, 윤정남, 심혜령

(7) 행정직원: 이혜옥

2005년에 수행된 주요 연구 과제

과제명	연구 책임자	연구기간	지원 기관	연구비 (만원)
멜론 검색용 오류 시소러스 개발	이익환	2005.3.1~ 2005.5.31	와이더댄	2,640
21세기 세종계획 전문용어 말뭉치 개발	이석재	2005.4.14~ 2005.12.13	국립국어원	1,999
21세기 세종계획 한영병렬말뭉치	한영균	2005.4.14~ 2005.12.13	국립국어원	8,715
21세기 세종계획 구어전사말뭉치	서상규	2005.4.14~ 2005.12.13	국립국어원	7,761
21세기 세종계획 역사자료 말뭉치	임용기	2005.4.14~ 2005.12.13	국립국어원	10,622
21세기 세종계획 국어정보화 아카데미	이익환	2005.5.20~ 2005.11.19	국립국어원	1,900
최근세 국어문법의 연구	홍윤표	2005.9.1~ 2006.8.31	학술진흥재단	15,254
외국어로서의 한국어 음성 코퍼스 구축	이석재	2005.9.1~ 2006.8.31	학술진흥재단	14,225
연세 현대한국어대사전	이익환	2005.10.1~ 2006.9.30	교내	10,000
연세초등영어사전편찬	이익환	2005.12.22~ 2006.10.31	두산동아	7,000

2006년

1월 19일~20일 제19회 언어정보연구원 연찬회를 개최하다 (산정호수 한화콘도)

1월~12월 「21세기 세종계획 국어정보화 추진 중장기 계획」(문화관광부, 국립국어원)의 국어 특수자료구축 분과에 참여하다 (총괄연구책임자: 서상규, 세부과제연구책임자: 서상규, 한영균, 이한섭, 소강춘, 임용기)

3월 1일 언어정보학 협동과정의 운영위원회가 구성되다 (2006.3.~2008.2.)

운영위원: 나동렬(컴퓨터과학), 문성빈(문헌정보학), 서상규(국어국문학), 유현경(국어국문학, 2007.9.~), 이민행(독어독문학), 이석재(영어영문학), 이익환(영어영문학), 홍윤표(국어국문학, ~2007.8.)

3월 사무실 행정직원으로 최연진 선생이 부임하다 (2006.3~2007.2)

3월 29일 2006년 1학기 언어정보연구원 운영·자문위원회가 열리다. 이 회의에서 앞으로 '운영위원회'로 명칭을 통합하기로 정하다

(참석: 이익환, 이민행, 박홍이, 김성우, 김동노, 이원표, 고광윤)

6월 12일 제50회 학술발표회를 개최하다

(주제: 한국어 구문 분석 말뭉치 구성에 왜 영조응사가 중요한가?)

8월 22일~24일 제7회 국어정보화 아카데미를 개최하고, 모두 19개 강좌를 개설하다

(1) 기본 강좌:국어정보처리 입문(김한샘), 형태소 분석의 이해(강승식), 구문분석의 이해(심광섭)

(2) 심화 강좌 1 -21세기 세종계획 결과물 활용:형태소 분석 말뭉치의 활용(강범모), 구문 분석 말뭉치의 활용(홍정하), 구어 말뭉치의 활용(전영옥), 병렬 말뭉치의 활용(한영균,황은하), 전자사전의 활용(이성헌), 전문용어DB의 활용(배선미), 한민족 언어정보화의 이해(이태영,황용주), 문자코드의 이해(박종우)

(3) 심화 강좌2 - 정보검색의 이해:자동색인과 언어처리(강승식), 검색엔진 소개 및 방법론(박혁로), 정보검색 응용 분야(박혁로), 기술 동향 및 전망(정철)

(4) 심화 강좌3 - 시멘틱웹의 이해:시맨틱웹의 개요(최중민), 시멘틱 웹의 기술과 응용(최중민), 온톨로지의 이해(이경일), 온톨로지의 전망(이경일)

(21세기 세종계획 결과물 활용을 위한 교육프로그램 개발 및 평가, 연구책임자:이민행, 공동연구원:이익환, 조직위원회:이민행,조남호,김한샘,강승식,심광섭,김성묵, 장소:연세대 외솔관)

(참가자 수 총 100명:교수 9, 강사 11, 대학원생 41, 학부생 9, 연구원 9, 교사 0, 일반인 21)

8월 언어정보학 협동과정에서 석사 2명을 배출하다

(말뭉치언어학 김수경, 사전편찬학 이지혜)

9월 29일 2006년 2학기 언어정보연구원 운영위원회가 열리다 (참석: 이익환, 서상규, 정찬섭, 위임: 홍윤표, 고광윤, 이석재, 이원표, 문유찬, 이민행, 박홍이, 이일병, 김동노, 김성우, 조성배, 이현주, 문성빈)

10월 26일 「연세 초등한자사전」을 출판키로 ㈜두산동아와 계약하고, 편찬을 시작하다

10월 「연세 현대한국어대사전」 5차년도 사업을 시작하다

2006년 언어정보연구원 조직

(1) 원장: 이익환, 부원장: 이민행, 감사: 문성빈

(2) 운영위원: 서상규, 임용기, 홍윤표, 고광윤, 이석재, 이원표, 이익환, 문유찬, 이민행, 윤건영, 박홍이, 이일병, 김동노, 정찬섭, 김성우, 조성배, 이현주

(3) 상임연구원: 김하수, 문성빈, 이규갑, 이민행, 이석재, 이원표, 이현주, 임용기, 조남신, 홍윤표, 홍종화, 한영균, 유현경

(4) 연구교수: 김남돈, 김지은, 이종희, 전미경, 이주해

(5) 전문연구원: 고석주, 김수라, 김은영, 한선혜, 남혜현, 김해옥, 조민정, 진제희, 김정아, 전영옥, 김태경, 이은경

(6) 연구원: 김종덕, 안의정, 홍희정, 장유진, 박수연, 봉미경, 성연숙, 김수진, 장윤자, 양영하, 황은하, 주은석, 윤정남, 심혜령, 박유현, 이은지, 양수향

(7) 행정직원: 이혜옥(~2006.3), 최연진(2006.3~)

2006년에 수행된 주요 연구 과제

과제명	연구 책임자	연구기간	지원 기관	연구비 (만원)
문화컨텐츠 고위자 개설방안 연구	이민행	2006.5.1.~ 2006.12.31	연구처	1,000
21세기 세종 계획 결과물 보급을 위한 교육 프로그램 개발 및 평가	이민행	2006.7.19.~ 2006.11.18	국립국어원	2,000
21세기 세종 계획 역사 자료 말뭉치 개발	임용기	2005.6.28.~ 2006.12.27	국립국어원	2,925
21세기 세종 계획 한영 병렬 말뭉치 개발	한영균	2005.6.28.~ 2006.12.27	국립국어원	6,825
21세기 세종 계획 현대국어 구어전사 말뭉치 개발	서상규	2006.6.28.~ 2006.12.27	국립국어원	6,825
산학원 과학기술 정보지원 이용형태 및 니즈연구	이지연	2006.3.01.~ 2006.8.31	한국과학기술정보 연구원	2,500
연세초등한자사전	이규갑	2006.10.01.~ 2007.10.31	(주)두산동아	16,500

2007년

1월 「동아 연세 초등영어사전」을 발간하다 (2800여 표제어, 편찬위원: 이익환, 이민행, 이은경)

1월 20일 말뭉치 기반 국어 연구 총서 14 「한국어에서 상의 두 양상에 대한 고찰」(조민정)을 간행하다

1월~12월 「21세기 세종계획 국어정보화 추진 중장기 계획」(문화관광부, 국립국어원)의 국어 특수자료구축 분과에 참여하다 (총괄연구책임자: 서상규, 세부과제연구책임자: 서상규, 한영균, 이한섭, 소강춘, 임용기)

2월 23일 제20회 언어정보연구원 연찬회를 개최하다

2월	언어정보학 협동과정에서 박사 1명(사전편찬학 안의정), 석사 1명(국어정보학 최정도)을 배출하다
3월	사무실 행정직원으로 양완근 선생이 부임하다 (2007.3~2009.6)
3월 27일	2007학년도 1학기 언어정보연구원 운영위원회가 열리다 (참석:이익환, 이민행, 서상규, 고광윤, 박홍이, 김동노, 정찬섭, 김성우)
8월	원고 편찬기(말꾸러미) 새 버전을 배포하다
9월 3일	언어정보연구원의 제6대 부원장으로 유현경 교수(국어국문학과)가 취임하다 (2007.09.03.~2011.08.31.)
10월	「연세 현대한국어대사전」 6차년도 사업 시작 (~2008년 9월)
10월 18일	2007년도 2학기 언어정보연구원 운영위원회가 열리다
12월 30일	학술지 〈언어 정보와 사전 편찬〉 17·18·19·20·21집을 발간하다

2007년 언어정보연구원 조직

(1) 원장:이익환, 부원장:이민행(~9.2), 유현경(9.3.~), 감사:문성빈

(2) 운영위원:서상규, 유현경, 고광윤, 이익환, 이민행, 윤건영, 박홍이, 이일병, 김동노, 정찬섭, 김성우, 문성빈

(3) 상임연구원:김하수, 문성빈, 이규갑, 이민행, 이석재, 이원표, 이현주, 임용기, 조남신, 홍윤표, 홍종화, 한영균, 유현경

(4) 연구교수:이주해, 전미경

(5) 전문연구원:고석주, 김수라, 한선혜, 남혜현, 조민정, 진제희, 김정아, 김

태경, 김해옥, 이은경, 신진호, 안의정, 양영하, 심혜령, 전미경, 이주해

(6) 연구원: 홍희정, 장유진, 장윤자, 박수연, 성연숙, 김수진, 황은하, 주은석, 심혜령, 박유현, 이은지, 양수향, 안예리, 이지연, 김수경, 최정도, 박주영

(7) 행정직원: 최연진(~2007.2), 양완근(2007.3~)

연세대학교 언어정보연구원 2007-2학기 전체회의후 회식 (2007.9.11-진북경)

2007년에 수행된 주요 연구 과제

과제명	연구 책임자	연구기간	지원 기관	연구비 (만원)
21세기 세종계획 특수 분과 역사 자료 말뭉치 개발	임용기	2007.6.27.~ 2007.12.11	국립국어원	1,745
21세기 세종계획 특수 분과 한영 병렬 말뭉치 개발	한영균	2007.6.27.~ 2007.12.11	국립국어원	4,067
21세기 세종계획 특수 분과 현대국어 구어전사 말뭉치 개발	서상규	2007.6.27.~ 2007.11.30	국립국어원	7,188
한국교과서 영어의 영어다움에 대한 코퍼스비탕 연구	고광윤	2007.8.01.~ 2008.7.31	학술진흥재단	1,796
어휘접근적 문법교수를 위한 표현문형의 연구	강현화	2007.8.1.~ 2008.7.31	학술진흥재단	14,439

2008년

1월 25일~26일	제21회 언어정보연구원 연찬회를 개최하다 (양평 쉐르빌온천호텔)
2월	「동아 연세 초등한자사전」을 ㈜두산동아에서 발간하다
2월 1일	제51회 학술발표회를 개최하다 (언어학과 문학의 학제적 연구)
2월 19일	제52회 학술발표회를 개최하다 (Complex Predicates in German)
3월 1일	언어정보연구원의 제7대 원장으로 김하수 교수(국어국문학과)가 취임하다 (2008.03.01.~2013.09.30.)
3월 1일	언어정보학 협동과정의 주임교수로 유현경 교수(국어국문학과)가 취임하다 언어정보학 협동과정의 운영위원회가 구성되다 (2008.3.~2010.2.) 운영위원: 김하수(국어국문학), 나동렬(컴퓨터과학), 문성빈(문헌정보학), 서상규(국어국문학), 유현경(국어국문학), 이민행(독어독문학), 이석재(영어영문학), 한영균(국어국문학)
4월 16일	2008년 1학기 언어정보연구원 운영위원회가 열리다 (참석: 김하수, 유현경, 서상규, 지광신, 백태승, 정찬섭, 이상조, 문성빈)
4월 23일	제53회 학술발표회를 개최하다 (주제: 칼 뷜러의 "언어이론" 소개, 발표자: 연세대 지광신)

6월 12일	제54회 학술발표회를 개최하다 (주제:언어 능력, 어휘부 그리고 사전, 발표자:서울대 홍재성)
6월 30일	학술지 〈언어 정보와 사전 편찬〉 제22집을 발간하다
7월 23일	제22회 언어정보연구원 연찬회 겸 학술대회를 개최하다 (주제:〈연세 현대한국어사전〉, 이상적인 중사전의 개발과 편찬, 장소:종합관 301호)
8월	초등전문 포털사이트((주) 다음)에 동아연세 초등사전 검색 서비스를 시작하다
8월 21일	제55회 학술발표회를 개최하다 (주제:평양 발행 사서-편찬 목적과 특색, 발표자:구마모토대학 야노 켄이치)
8월 31일	언어정보학 협동과정에서 석사 2명을 배출하다 (국어정보학 김은영, 전산언어학 윤석)
10월	「연세 현대한국어대사전」 7차년도 사업을 시작하다 (~2009년 9월)
11월 18일	제56회 학술발표회를 개최하다 (주제:〈연세한국어사전〉과 영영학습자 사전의 비교, 발표자:국제영어대학원대학교 정영국)
12월	「연세 현대한국어대사전」 교정팀 1차 워크숍을 개최하다 (김하수, 유현경, 서상규, 한영균 교수 참석)

2008년 언어정보연구원 조직

(1) 원장:이익환(~2.28.), 김하수(3.1.~), 부원장:유현경, 감사:문성빈

(2) 운영위원: 서상규, 유현경, 고광윤, 김하수, 지광신, 백태승, 박홍이, 이일병, 김동노, 정찬섭, 이상조
(3) 상임연구원: 문성빈, 이규갑, 이민행, 이석재, 이원표, 이현주, 임용기, 조남신, 홍종화, 한영균, 강현화, 강승혜
(4) 연구교수: 전미경, 유혜령
(5) 전문연구원: 고석주, 김수라, 한선혜, 남혜현, 조민정, 진제희, 김태경, 김해옥, 이은경, 신진호, 안의정, 이주해, 양영하, 이기황, 안혁, 김한승, 박용익, 최현식, 손희연, 김현강, 배진영
(6) 연구원: 홍희정, 장유진, 박수연, 성연숙, 김수진, 황은하, 장윤자, 주은석, 박유현, 이은지, 안예리, 김수경, 최정도, 박주영, 송재영, 윤옥석, 이윤진, 김병문, 봉미경, 이수미, 홍혜란
(7) 행정직원: 양완근

2008년에 수행된 주요 연구 과제

과제명	연구 책임자	연구기간	지원 기관	연구비 (만원)
어휘접근적 문법교수를 위한 표현문형의 연구	강현화	2008.8.1.~ 2009.7.31	학술진흥재단	15,860

6. 2009년, 언어정보연구원이 인문한국(HK) 사업에 선정되다

언어정보연구원은 한국연구재단이 시행하는 '인문한국(HK)지원사업'을 위해 산하에 '인문한국사업단'을 설치하여, 2009년부터 10년 동안 총 3단계에 걸쳐 "복합지식의 창출과 소통을 위한 인문언어학"이라는

아젠다 연구활동을 수행하며, 명실공히 국내 유수의 연구기관으로 성장을 거듭하고 있다. 한국연구재단의 인문한국지원사업의 수행을 위해 설치된 인문한국사업단은 언어정보연구원의 원장이 단장직을 겸임하는 한편 교내 관련 전공의 교수진들로 구성된 공동연구원을 중심으로 세부적인 연구 과제와 각종 학술 행사 등 제도적인 바탕을 마련했다. 그리고 기존의 언어정보연구원 연구인력, 외부의 우수한 연구자들을 초빙하여 연구 역량을 강화해 나아가고 있다.

2009년

1월 8일	「연세 초등국어사전」「연세 초등영어사전」「연세 초등한자사전」의 계약을 수정하다
1월 14일	제23회 언어정보연구원 학술대회를 개최하다 (주제:언어와 컴퓨터–구어 자료의 구축과 활용, 장소:외솔관)
2월 20일	말뭉치 기반 국어 연구 총서 15 「한국어 술어명사문 문법」(이병규)을 간행하다
3월	언어정보학 협동과정에 '한국어교육정보학' 전공을 신설하다
4월 2일	제57회 학술발표회 겸 해외 석학 초청 강연회를 개최하다 (주제:치료 대화 분석의 이론과 실제, 발표:독일어연구소 Arnulf Deppermann, 장소:위당관 501호)
4월 30일	2009학년도 1학기 운영위원회가 열리다 (참석:김하수, 유현경, 서상규, 김동노, 백태승, 이상조,

	위임:문성빈,고광윤,박홍이,이일병,지광신,정찬섭, 배석:안의정)
5월 29일	제58회 학술발표회를 개최하다 (주제:대화 분석과 언어 연구, 발표자:경희대 김규현, 장소:위당관 501호)
5월 30일	말뭉치 기반 국어 연구 총서 17「국어사전에서의 구어 어휘선정과 기술방안 연구」(안의정)를 간행하다
6월	사무실 행정직원으로 정미정 선생이 부임하다 (2009.6~2017.9 현재)
6월 31일	학술지 〈언어 정보와 사전 편찬〉을 〈언어 사실과 관점〉으로 제호를 바꾸고, 제23집을 발간하다
7월 23일	제24회 언어정보연구원 학술대회를 개최하다 (주제:인문언어학의 모색 - 인문학과 언어학, 그리고 접점들, 장소:위당관 B05)
8월 30일	말뭉치 기반 국어 연구 총서 16「매체 인터뷰의 담화전략」(김현강)을 간행하다
9월 22일	제59회 학술발표회를 개최하다 (주제:자동분석을 통한 브랜드 모니터링, 발표자:다음소프트연구소장 윤준태, 장소:종합관 505호)
10월 21일	제60회 학술발표회를 개최하다 (주제:일한 병렬 시소러스의 출판 및 활용 방안, 발표자:동신대 한유석, 장소:외솔관 106호)
10월 29일	2009학년도 2학기 언어정보연구원 운영위원회가 열리다. 이 날 회의에서 '다문화연구센터'(센터장:강현화 교

수)의 설립을 추인 가결하다
(참석: 김하수, 유현경, 서상규, 지광신, 박홍이, 이일병, 백태승, 고광윤, 정찬섭, 위임: 이상조, 김동노, 배석: 강현화(편집부장), 조민정, 정미정)

11월 “복합지식의 창출과 소통을 위한 인문언어학”이라는 아젠다로 총 10년간 연구하는 ‘한국연구재단 인문한국(HK) 지원사업’에 선정되다.

(1) 사업단장: 김하수
(2) 공동연구원: 강현화, 나윤경, 박애경, 송현주, 신규탁, 유현경, 임재호, 임성모, 이승희, 조화순, 한상훈
(3) 행정직원: 나화영

11월 30일 학술지 〈언어 사실과 관점〉 제24집을 발간하다

12월 9일 제61회 학술발표회를 개최하다
(주제: 해외 한국어교육의 현황과 과제-호주를 중심으로, 발표자: 호주 UNSW 신성철, 장소: 위당관 203호)

2009년 언어정보연구원 조직

(1) 원장: 김하수, 부원장: 유현경, 감사: 문성빈
(2) 운영위원: 김하수, 서상규, 문성빈, 유현경, 고광윤, 지광신, 백태승, 박홍이, 이일병, 김동노, 정찬섭, 이상조
(3) 상임연구원: 문성빈, 이규갑, 이민행, 이석재, 이원표, 이현주, 임용기, 조남신, 홍종화, 한영균, 강현화, 강승혜, 임재호
(4) 연구교수: 유혜령
(5) 전문연구원: 김수라, 한선혜, 남혜현, 김해옥, 이주해, 신진호, 조민정,

진제희, 김태경, 이은경, 안의정, 이기황, 안혁, 박용익, 서은주, 손희연, 김현강, 배진영

(6) 연구원: 홍희정, 장유진, 성연숙, 황은하, 박유현, 안예리, 김수경, 최정도, 박주영, 윤옥석, 이윤진, 김병문, 봉미경, 이수미, 홍혜란, 김신회, 김민국, 박종후, 백해파, 박지연, 김은영

(7) 행정직원: 양완근(~2009.6), 정미정(2009.6~)

2009년 인문한국사업단 조직

(1) 사업단장: 김하수

(2) 공동연구원: 강현화, 나윤경, 박애경, 송현주, 신규탁, 유현경, 임재호, 임성모, 이승희, 조화순, 한상훈

(3) 행정직원: 나화영, 총괄연구보조원: 김신회

2009년에 수행된 주요 연구 과제

과 제 명	연구 책임자	연 구 기 간	지원기관	연구비 (만원)
병렬말뭉치 및 의미부착말뭉치 구축	유현경	2009.4.1.~ 2009.11.30	일반기업체	12,500
여성결혼이민자를 위한 한국어 3,4개발	강현화	2009.7.1.~ 2009.11.30	국립국어원	4,000
전문용어 표준화 제도 정비를 위한 정책 연구	강현화	2009.7.1.~ 2009.11.30	국립국어원	4,000
교육용 기본 어휘 선정을 위한 기초연구	서상규	2009.8.25.~ 2009.12.24	국립국어원	2,300
복합지식의 창출과 소통을 위한 인문언어학	김하수	2009.11.1.~ 2010.8.31	학술진흥재단	88,721
말뭉치에 기반한 국어 대용어 연구	이선희	2009.12.1.~ 2010.11.30	학술진흥재단	1,000

2010년

1월 22일	제25회 언어정보연구원 학술대회를 개최하다 (주제: 병렬말뭉치의 구축과 활용. 장소: 연희관 402호)
2월 1일	인문한국사업단 연구교수로 김현강(화용론) · 배진영(통사론) · 손희연(한국어교육)· 안의정(국어정보학) · 이기황(자연언어처리) · 조민정(통사론) 박사가 부임하다
3월	언어정보학 협동과정의 운영위원회가 구성되다 (2010.3.~2012.2.) 운영위원: 강현화(국어국문학, 2010.9.~), 김하수(국어국문학), 나동렬(컴퓨터과학), 문성빈(문헌정보학), 서상규(국어국문학), 유현경(국어국문학), 이민행(독어독문학), 이석재(영어영문학), 한영균(국어국문학)
4월 1일	연세대학교 언어연구교육원과 한국어학당의 외국인 학습자 말뭉치를 공동으로 구축하기로 협약을 맺고, 2010년 봄학기에서 겨울학기까지의 학습자 말뭉치를 수집 정리하다
4월 2일	제62회 학술발표회를 개최하다 (주제: 한국어교육 연구를 위한 전산학적 응용방법론, 발표자: 박종대, 장소: 종합관 604호)
4월 22일	제63회 학술발표회를 개최하다 (주제: 인터뷰에 대한 언어인류학적 고찰, 발표자: 울산과기대 최진숙, 장소: 학술정보관 620호)
5월 14일	제64회 학술발표회를 개최하다

(주제:다문화시대의 세계 시민, 벌표자:미국 미네소타대 남경아, 장소:위당관 501호)

5월 27일 2010학년도 1학기 언어정보연구원 운영위원회가 열리다. 이 날 회의에서 '인문언어학 연구센터'(센터장:김하수 교수)의 설립을 추인하다

(참석:김하수, 유현경, 서상규, 정인권, 고광윤, 위임:지광신, 김동노, 배석:강현화(편집부장), 조민정, 안의정, 정미정)

5월 30일 학술지 〈언어 사실과 관점〉 제25집을 발간하다

6월 10일 제65회 학술발표회를 개최하다

(주제:근대 초기 신문매체에 나타난 젠더, 풍속 관련 담론, 발표자:연세대 박애경, 장소:위당관 501호)

6월 10일 말뭉치 기반 국어 연구 총서 18 「일한분류어휘표」(한유석)를 간행하다

7월 2일 제26회 학술대회 언어정보연구원 학술대회를 개최하다

(주제:복합지식 창출을 위한 인문 자료 구축과 활용의 제 문제, 학술정보원 장기원 국제회의실)

9월 1일 언어정보학 협동과정의 운영위원으로 강현화 교수(국어국문학과)가 추가 위촉되다

9월 1일 인문한국사업단 연구교수로 정대성 박사(철학)가 부임하다

9월 10일 인문한국사업단 제1회 전문가 초청 워크숍을 개최하다

(주제:인문자료 구축과 활용에서 지식공유의 제 문제 -기관 연구윤리 심의와 저작권 문제를 중심으로-, 장소:

학술정보원 장기원 국제회의실)

10월 22일 2010학년도 2학기 언어정보연구원 운영위원회가 열리다 (참석: 김하수, 유현경, 서상규, 김동노, 지광신, 정인권. 위임 : 문성빈, 고광윤, 이일병, 정찬섭, 백태승, 이상조, 배석: 정미정, 조민정, 안의정)

10월 22일 제66회 학술발표회를 개최하다 (주제: 입말, 그리고 담화 중심의 언어교육 -머카씨(1988)와 킨취(1998)를 중심으로, 발표자: 경상대 김지홍, 장소: 위당관 301호)

11월 「연세 현대 한국어 사전」 온라인 사전을 개통하다

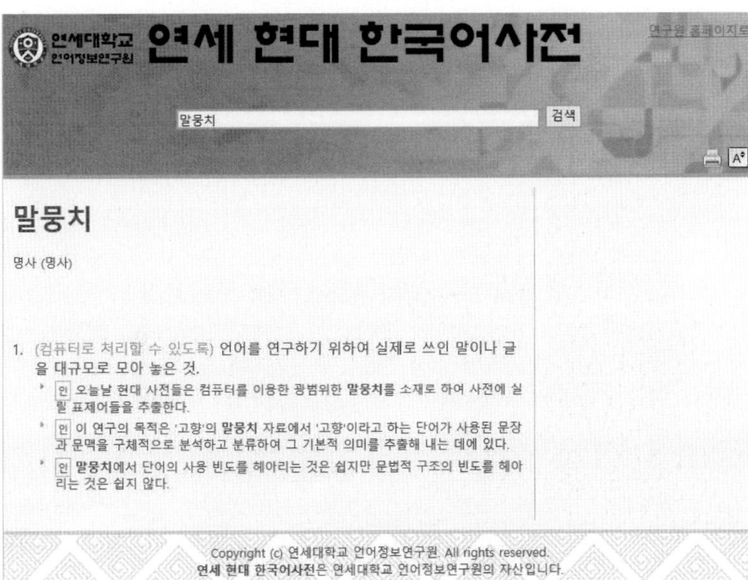

「연세 현대 한국어 사전」 온라인 사전 검색 화면

「연세 현대한국어대사전」 사전 시험제작본(2010)

「연세 현대 한국어 사전」 온라인 사전 개통 기념회(2010년 12월 21일)

11월 24일 언어정보연구원 객원교수에 대한 규정이 시행되다

11월 29일 제67회 학술발표회를 개최하다
(주제:근대 일본의 인종 개념과 국제관계, 발표자:연세대 임성모, 장소:위당관 301호)

11월 30일 학술지 〈언어 사실과 관점〉 제26집을 발간하다

12월 21일 ㈜두산동아와「연세 초등국어사전」제2판의 출판 계약을 하다

2010년 언어정보연구원 조직

(1) 원장:김하수, 부원장:유현경, 감사:문성빈

(2) 운영위원:김하수, 서상규, 문성빈, 유현경, 고광윤, 지광신, 백태승, 박홍이, 이일병, 김동노, 정찬섭, 이상조

(3) 상임연구원:문성빈, 이규갑, 이민행, 이석재, 이원표, 이현주, 임용기, 조남신, 홍종화, 한영균, 강현화, 강승혜, 임재호

(4) 연구교수:조민정, 안의정, 이기황, 손희연, 김현강, 배진영, 안혁, 정대성

(5) 전문연구원:김수라, 한선혜, 신진호, 진제희, 김태경, 이은경, 박용익, 이정은, 신자영

(6) 연구원:황은하, 안예리, 김수경, 최정도, 이윤진, 김병문, 봉미경, 이수미, 홍혜란, 김신회, 김민국, 박종후, 백해파, 송재영, 박지연, 김은영, 한승규, 이임경, 손혜옥, 정혜승, 김선영, 서세정, 이수진, 진경선, 박지순, 김선혜

(7) 행정직원:정미정

2010년 인문한국사업단 조직

(1) 사업단장: 김하수

(2) 공동연구원: 강현화, 나윤경, 박애경, 송현주, 신규탁, 유현경, 임재호, 임성모, 이승희, 조화순, 한상훈

(3) 행정직원: 나화영, 총괄연구보조원: 김신회

2010년에 수행된 주요 연구 과제

과 제 명	연구 책임자	연구기간	지원기관	연구비 (만원)
정책 및 법령 용어 순화방안 연구	강현화	2010.3.29.~ 2010.6.30	노동부	4,000
다문화가족 독서활동 지원 교재개발	강현화	2010.4.15.~ 2010.7.31	한국간행물윤리위원회	2,500
영어권 표준 한국어 교재 실태조사 및 개발 방안 연구	강승혜	2010.4.26.~ 2010.12.25	국립국어원	2,400
전문용어 자료 구축 및 정비를 위한 연구	유현경	2010.4.1.~ 2010.12.15	국립국어원	4,300
형태론적 정보를 활용한 한국 아동의 문장 이해 능력의 발달	송현주	2010.5.1.~ 2011.4.30	학술진흥재단	1,600
현대 한국어 성립기의 어휘와 문법에 관한 코퍼스 언어학적 연구	한영균	2010.5.1.~ 2011.4.30	한국연구재단	3,200
새로운 조망-러시아어의 공간의 개념과 그 문법	안혁	2010.5.1.~ 2011.4.30	한국연구재단	3,800
우즈베키스탄 고려인과 고려말에 대한 다면적 연구	한영균	2010.5.1.~ 2012.4.30	연세대학교	1,400
한국어 학습자 말뭉치 구축 설계	서상규	2010.6.3.~ 2010.11.30	국립국어원	3,000
복합지식의 창출과 소통을 위한 인문언어학	김하수	2010.9.1.~ 2011.8.31	학술진흥재단	88,721
말뭉치에 기반한 국어 대용어 연구	이선희	2010.12.1.~ 2011.11.30	학술진흥재단	1,000

2011년

1월 1일 인문한국사업단 연구교수로 손현정 박사가 부임하다

1월 21일 제27회 언어정보연구원 학술대회를 개최하다

(주제:복합지식 창출을 위한 인문 자료 구축 방안, 학술정보원 장기원국제회의실)

2월 11일 제68회 학술발표회를 개최하다
(주제:스페인어 화자를 대상으로 하는 효과적인 한국어 문화 교육을 위한 한국과 중남미 간 Intercultural Communication 이해의 중요성, 발표자:칠레 가톨릭대 민원정, 장소:위당관 501호)

2월 19일 제1회 인문언어학 국제포럼을 개최하다
(주제:한일관계 속의 인문언어학의 모색, 일본 도쿄외국어대학)

제1회 인문언어학 국제포럼(2011년 2월 19일 동경외국어대학)

2월 25일 제69회 학술발표회를 개최하다
(주제:언어유형론과 한국어 문법연구, 발표자:서울대 박진호, 장소:위당관 210호)

2월 28일 언어정보학 협동과정에서 석사 1명을 배출하다 (국어정보학 이두행)

3월 1일 인문한국사업단 교수로 구인모 박사(한국문학)가, 연구교수로 이정은 박사(화용론)가 부임하다

4월 15일 2011학년도 1학기 언어정보연구원 운영위원회가 열리다
(참석:김하수, 유현경, 서상규, 백태승, 위임:정인권, 김동노, 지광신, 김성우, 이일병, 고광윤, 문성빈, 이상조, 배석:정미정, 구인모, 안의정)

4월 29일 제70회 학술발표회를 개최하다
(주제:한일 대조 연구와 한국어 교육, 발표자:일본 도쿄외대 남윤진)

5월 13일~14일 1회 연세대학교-히토쓰바시대학 공동 학술대회를 개최하다
(주제:언어, 서사, 권력, 연세대학교 언어연구교육원 중강당)

5월 27일 제71회 학술발표회를 개최하다
(주제:국내 개념사 연구의 동향과 자료 범위 선정, 그리고 방법론, 발표자:한림대 허수)

5월 30일 학술지 〈언어 사실과 관점〉 제27집을 발간하다

5월 30일 인문언어학총서「인문언어학의 전망과 과제」(연세대 언어정보연구원 HK사업단)를 간행하다

6월 17일	제72회 학술발표회를 개최하다 (주제:에스니시티(ethnicity)의 변형을 통한 한국사회 이주노동자의 문화변용 연구, 발표자:성공회대 임선일)
7월 8일	제28회 언어정보연구원 학술대회를 개최하다 (주제:적층(積層)과 확산(擴散), 언어적 해석의 시도들, 장소:학술정보원 장기원 국제회의실)
8년 25일	제73회 학술발표회를 개최하다 (주제:웹 기반 한-일 사전에 대하여, 발표자:일본 도시샤대 유타니 유키토시)
8월 25일	말뭉치 기반 국어 연구 총서 19 「한국어 숙어 연구」(김한샘)를 간행하다
8월 31일	언어정보학 협동과정에서 석사 1명을 배출하다 (국어정보학 정철)
9월 1일	언어정보연구원의 제7대 부원장으로 이승희 교수(영어영문학과)가 취임하다 (2011.09.01.~2013.03.28)
9월 23일	인문한국사업단 제2회 전문가 초청 워크숍을 개최하다 (주제:인문 자료의 정보화와 확산을 둘러싼 문제들-정보화의 방법, 기술과 지식재산권, 장소:공학원 제1세미나실)
10월 13일	제74회 학술발표회를 개최하다 (주제:번역어의 연쇄와 언어제국주의의 정치역학, 발표자:일본 교토대, 야마무로 신이치, 장소:공학원 제1세미나실)
10월 21일	2011학년도 2학기 언어정보연구원 운영위원회가 열리다 (참석:김하수, 이승희, 정인권, 지광신, 위임:백태승, 서

상규, 김성우, 이일병, 고광윤, 문성빈, 배석: 구인모, 안의정, 정미정, 장소: 알렌관 207호)

11월 「연세 초등국어사전」 제2판을 발간하다
(3만 7천여 표제어, 편찬위원: 김하수, 유현경, 안의정, 김병문)

11월 30일 학술지 〈언어 사실과 관점〉 제28집을 발간하다

2011년 언어정보연구원 조직

(1) 원장: 김하수, 부원장: 유현경(~8.31.). 이승희(9.1.~), 감사: 문성빈
(2) 운영위원: 김하수, 서상규, 문성빈, 유현경, 고광윤, 지광신, 백태승, 박홍이, 이일병, 김동노, 정찬섭, 이상조
(3) 상임연구원: 문성빈, 이규갑, 이민행, 이석재, 이원표, 이현주, 임용기, 조남신, 홍종화, 한영균, 강현화, 강승혜, 임재호
(4) 전문연구원: 신자영, 원미진
(5) 연구원: 김수경, 이윤진, 김병문, 봉미경, 이수미, 홍혜란, 김신회, 김민국, 박종후, 백해파, 송재영, 박지연, 김은영, 한승규, 이임경, 손혜옥, 정혜승, 김선영, 서세정, 김선혜, 이수진, 강신아, 신유리, 최지현, 김진희, 윤정원, 장승혜, 전후민
(6) 행정직원: 정미정

2011년 인문한국사업단 조직

(1) 사업단장: 김하수
(2) 공동연구원: 강현화, 나윤경, 박애경, 송현주, 신규탁, 유현경, 임재호, 임성모, 이승희, 조화순, 한상훈

(3) 교수:구인모

(4) 연구교수:김현강, 배진영, 손현정, 손희연, 안의정, 이정은, 조민정, 정대성

(5) 행정직원:나화영, 총괄연구보조원:김신회(~8.31.), 김병문(9.1.~)

2011년에 수행된 주요 연구 과제

과 제 명	연구 책임자	연구기간	지원기관	연구비 (만원)
연세초등국어사전(제2판)	김하수	2011.1.1.~ 2011.8.31	두산동아	6,600
한국어 기초사전 및 다국어 대역사전	강현화	2011.1.24.~ 2011.12.23	국립국어원	96,540
근대기 한국문학과 '문학어'의 고안 -김억의 언어관을 중심으로	구인모	2011.3.1.~ 2012.2.29	연세대학교	1,000
한국어 확산 문화 프로그램 연구	강현화	2011.3.28.~ 2011.6.27	문화관광부	2,190
한국어 교수를 위한 한국어 맥락 문법 연구	강현화	2011.5.1.~ 2012.4.30	학술진흥재단	3,250
현대 러시아어의 문체체계 변동연구	남혜현	2011.5.1.~ 2012.4.30	학술진흥재단	3,211
현대 한국어 성립기의 어휘와 문법에 관한 코퍼스 언어학적 연구	한영균	2011.5.1.~ 2012.4.30	학술진흥재단	3,250
새로운 조망-러시아어 공간의 개념과 그 문법	안 혁	2011.5.1.~ 2012.4.30	한국연구재단	3,800
전문용어 표준화 제도 정착 및 활성화 방안 연구	강현화	2011.5.4.~ 2011.9.02	문화관광부	1,449
형태중심 한국어 통사론	유현경	2011.6.1.~ 2013.5.31	연세대학교	1,200
맞춤형 한국어 교재개발_프랑스어권 교재	강승혜	2011.9.01.~ 2012.2.29	교육부	21,760
복합지식의 창출과 소통을 위한 인문학	김하수	2011.9.1.~ 2012.8.31	학술진흥재단	86,592

2012년

1월 13일 제29회 학술대회를, 한림대학교 한림과학원과 공동 학술대회로 개최하다

(주제:개념과 한국의 근대, 장소:학술정보원 장기원 국제회의실)

제29회 학술대회(2012년 1월 13일 학술정보원 장기원국제회의실)

2월 16일~17일 언어정보연구원 겨울 연찬회를 열다 (장소:연세대 송도 국제캠퍼스)

2월 28일 언어정보학 협동과정에서 석사 1명을 배출하다 (국어정보학 강범일)

3월 1일 언어정보학 협동과정의 주임교수로 강현화 교수(국어국문학)가 취임하고, 언어정보학 협동과정의 운영위원회가 구성되다 (2012.3.~2014.2.)

운영위원:강현화(국어국문학), 김향희(언어병리학, 2013.3.~), 나동렬(컴퓨터과학), 문성빈(문헌정보학), 서상규(국어국문학), 유현경(국어국문학), 이민행

(독어독문학), 이석재(영어영문학), 이승희(영어영문학, ~2013.2.), 한영균(국어국문학)

4월 26일 2012학년도 1학기 언어정보연구원 운영위원회가 열리다
(참석: 김하수, 이승희, 백태승, 김성우, 송기원, 김준환, 배석: 구인모, 안의정, 정미정, 장소: 알렌관 207호)

4월 27일 제75회 학술발표회를, 한국외국어대 HK 세미오시스 연구사업단과 공동으로 개최하다
(주제: 내러티브연구의 이론과 실제, 발표자: 연세대 이정은 · 한국외대 이희원 · 서울대 정수정, 장소: 연세대 공학관 제1세미나실)

5월 15일 인문지식기반총서「구어 말뭉치 실용 안내서」(손현정, 손희연 옮김)를 간행하다

5월 17일~18일 제2회 인문학 국제학술대회를 문과대학과 3개 인문한국사업단이 공동으로 개최하다
(주제: 소통의 인문학과 서사: 이야기, 문자, 공공성, 장소: 장기원 국제회의실)

5월 21일 다면자료총서「풀어쓰는 국문론집성」(연세대 언어정보연구원 HK사업단)을 간행하다

5월 31일 학술지 〈언어 사실과 관점〉 제29집을 발간하다

8월 23일 언어정보연구원 여름 연찬회를 열다 (장소: 위당관 501호)

8월 31일 언어정보학 협동과정에서 박사 1명(말뭉치언어학 황은하), 석사 1명(언어공학 김용묵)을 배출하다

9월 인문한국(HK)지원사업 2단계 연구 활동을 시작하다

10월 19일 2012학년도 2학기 언어정보연구원 운영위원회가 열리다

(참석: 김하수, 이승희, 문성빈, 송기원, 배석: 구인모, 안의정, 정미정)

11월 30일 제76회 학술발표회를 개최하다
(주제: 『제국신문』 소재 시사논평형 시가 연구, 발표자: 연세대 박애경)

11월 30일 학술지 〈언어 사실과 관점〉 제30집을 발간하다

12월 21일 제77회 학술발표회를 개최하다
(주제: 빅 데이터의 인문언어학적 활용, 발표자: 다음소프트 이기황)

2012년 언어정보연구원 조직

(1) 원장: 김하수, 부원장: 이승희, 감사: 문성빈
(2) 운영위원: 김하수, 이승희, 서상규, 문성빈, 지광신, 백태승, 김동노, 김성우, 송기원, 김준환, 변혜란
(3) 상임연구원: 문성빈, 이규갑, 이민행, 이석재, 이원표, 이현주, 임용기, 조남신, 홍종화, 한영균, 강현화, 강승혜, 임재호
(4) 전문연구원: 신자영, 원미진, 남기심, 김병문, 이윤진
(5) 연구원: 김수경, 이윤진, 봉미경, 홍혜란, 김민국, 백해파, 송재영, 박지연, 한승규, 이임경, 손혜옥, 서세정, 김선혜, 신유리, 김진희, 윤정원, 전후민, 박진양, 주향아, 강범일, 어지혜, 서지혜, 남신혜, 유근선
(6) 행정직원: 정미정

2012년 인문한국사업단 조직

(1) 사업단장: 김하수

(2) 공동연구원: 강현화, 나윤경, 박애경, 송현주, 신규탁, 유현경, 임재호, 임성모, 이승희, 조화순, 한상훈

(3) 교수: 구인모

(4) 연구교수: 김현강, 배진영, 손현정, 손희연, 안의정, 이정은, 조민정, 정대성

(5) 행정직원: 김현애, 총괄연구보조원: 김수경

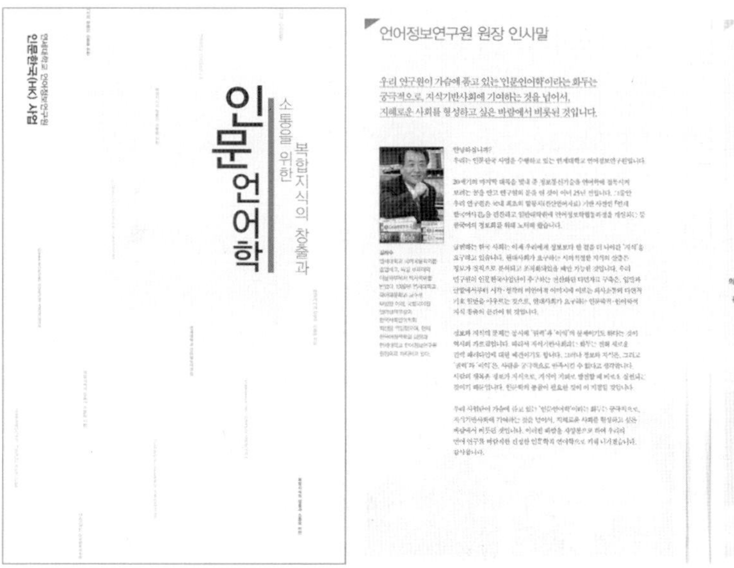

인문한국사업단 소개 책자의 일부(2012년)

2012년에 수행된 주요 연구 과제

과 제 명	연구 책임자	연구 기간	지원 기관	연구비 (만원)
한국어 기초사전 및 다국어사전 구축	강현화	2012.3.8.~ 2012.12.19	국립국어원	55,907
[제국신문] 소재 시가 연구	박애경	2012.5.1.~ 2013.4.30	교육과학기술부	2,105
한국어 교수를 위한 한국어 맥락 문법 연구-부정표현을 중심으로	강현화	2012.5.1.~ 2013.4.30	교육과학기술부	3,300
현대 한국어 성립기의 어휘와 문법에 관한 코퍼스 언어학적 연구	한영균	2012.5.1.~ 2013.4.30	교육과학기술부	3,250
한국어 어휘 교육 내용 개발(1단계)	강현화	2012.6.4.~ 2012.12.1	국립국어원	6,272
다문화가정 아동의 언어능력 향상을 위한 한글춤 교육프로그램 개발 및 효과검증	이정화	2012.7.1.~ 2013.6.30	교육과학기술부	3,400
21세기형 글쓰기 교육을 위한 융복합적 프로그램 개발 연구(2)	정희모	2012.7.1.~ 2013.1.31	한국연구재단	1,650
기업 및 시장경제 용어 개선 방안 연구	강현화	2012.8.1.~ 2012.10.20	전국경제인연합회	3,363
복합지식의 창출과 소통을 위한 인문언어학(10-4)(2단계1차년도)	김하수	2012.9.1.~ 2013.8.31	학술진흥재단	88,227

2013년

1월 25일~26일 미국 UCLA와 공동으로 국제학술대회를 LA에서 개최하다 (주제:Innovation:East Asian Perspectives, 장소:Royce Hall at UCLA)

2월 15일 제30회 언어정보연구원 학술대회를 개최하다 (주제:한국 사회의 학문적 성찰을 위한 쟁점Ⅰ:한국어교육 정체성론, 장소:위당관 B09호)

2월 28일 언어정보학 협동과정에서 박사 1명(전산언어학 곽용진), 석사 1명(한국어교육정보학 전유현)을 배출하다

3월 29일 언어정보연구원의 제8대 부원장으로 김향희 교수(언어

병리학과)가 취임하다 (2013.03.29.~2017.08.31)

4월 12일 제78회 학술발표회를 개최하다
(주제: 기억-인문 정신의 뿌리를 찾아서, 발표자: 연세대 조대호)

5월 3일~31일 인문언어학 시민강좌를 개최하다
(주제: 언어를 둘러싼 철학의 모험들)

5월 21일 2013학년도 1학기 언어정보연구원 운영위원회가 열리다
(참석: 김하수, 김향희, 조형희, 윤혜준, 안식년: 지광신, 김동노, 송기원, 배석: 구인모, 안의정, 정미정, 장소: 티원)

5월 24일 언어문화번역총서「제스처(소통을 위한 인간의 몸짓)」(김현강, 신유리, 송재영 옮김)를 간행하다

5월 31일 학술지 〈언어 사실과 관점〉 31집을 발간하다

6월 14일 제31회 언어정보연구원 학술대회를 개최하다
(주제: 인문언어학, 내러티브 탐구의 지형과 분석, 장소: 공학원 170E호)

6월 15일 말뭉치 기반 국어 연구 총서 20「한국어 구어 말뭉치 연구」(서상규, 안의정, 봉미경, 최정도, 박종후, 백해파, 송재영, 김선혜)를 간행하다

6월 20일 인문지식기반총서「말뭉치 기반 담화의 언어정보학적 탐구」(손현정, 이재윤)를 간행하다

6월 28일 인문지식기반총서「구어 문어 통합 문법 기술의 탐색」(배진영, 손혜옥, 김민국)을 간행하다

7월 1일 인문한국사업단 교수로 한송화 박사(한국어교육)가 부임하다

7월 10일	인문지식기반총서「학습자를 위한 한국어 유의어 사전」(조민정, 봉미경, 손혜옥, 전후민)을 간행하다
8월 30일	제79회 학술발표회를 개최하다 (주제: 은유는 어떻게 우리의 삶을 지배하는가?, 발표자: 전남대 나익주)
9월 4일~7일	국어정보화 아카데미를 개최하다 (주제: 언어연구에서의 코퍼스 활용 방법의 기초)
9월 30일	말뭉치 기반 국어 연구 총서 21「한국어 기본어휘 연구」(서상규)를 간행하다
9월 30일	인문지식기반총서「유학생을 위한 한국어 대학 글쓰기」(김성수, 진영복, 조민정, 김현강)를 간행하다
10월 1일	언어정보연구원의 제8대 원장 겸 제2대 인문한국사업단 단장으로 서상규 교수(국어국문학과)가 취임하다 (2013.10.01.~2018.08.31.)
10월 18일	제80회 학술발표회를 개최하다 (주제: 소쉬르Saussure 읽기 I-인간언어의 기원과 본질 그리고 시학(詩學), 발표자: 연세대 임재호)
10월 31일	울산대학교 한국어처리연구실과 자료 인프라 구성 및 운영 협력을 위한 협약을 체결하다.
11월 2일	제32회 언어정보연구원 학술대회를 한국사회언어학회와 공동으로 개최하다 (주제: 내러티브의 구성 전략과 소통, 장소: 외솔관 B02, 106호)
11월 8일~29일	인문언어학 시민강좌를 개최하다

	(주제: 언어를 향한 역사학의 모험들)
11월 30일	학술지 〈언어 사실과 관점〉 제32집을 발간하다
12월 2일	인문지식기반총서「구어 문어 통합 문법기술1: 어휘부류」(배진영, 최정도)를 간행하다
12월 20일	2013학년도 2학기 언어정보연구원 운영위원회가 열리다(참석: 서상규, 김향희, 문성빈, 지광신, 남형두, 조형희. 배석: 구인모, 한송화, 안의정, 정미정, 장소: 알렌관 207호)

2013년 언어정보연구원 조직

(1) 원장: 김하수(~9.30.), 서상규(10.1.~), 부원장: 이승희(~3.28.), 김향희(3.29.~), 감사: 문성빈

(2) 운영위원: 김하수, 김향희, 서상규, 문성빈, 지광신, 김동노, 송기원, 김준환, 변혜란, 남형두

(3) 상임연구원: 문성빈, 이규갑, 이민행, 이석재, 이원표, 조남신, 홍종화, 한영균, 강현화, 강승혜, 임재호

(4) 전문연구원: 신자영, 남기심, 이윤진, 황은하

(5) 연구원: 김수경, 봉미경, 홍혜란, 최정도, 백해파, 박지연, 김민국, 한승규, 이임경, 손혜옥, 서세정, 김선혜, 신유리, 김진희, 윤정원, 전후민, 주향아, 강범일, 어지혜, 서지혜, 남신혜, 유근선, 조미희, 주월랑, 강계림, 구슬, 이주현

(6) 행정직원: 정미정

2013년 인문한국사업단 조직

(1) 사업단장: 김하수(~9.30.), 서상규(10.1.~)

(2) 공동연구원: 강승혜, 강현화, 김하수, 나윤경, 송현주, 유현경, 임성모, 임재호, 이승희, 이일학

(3) 교수: 구인모, 한송화

(4) 연구교수: 김현강, 배진영, 손현정, 손희연, 안의정, 이정은, 조민정, 정대성

(5) 행정직원: 김현애, 총괄연구보조원: 김수경

2013년에 수행된 주요 연구 과제

과 제 명	연구 책임자	연구기간	지원기관	연구비 (만원)
한국어 어휘 교육 내용 개발(2단계)	강현화	2013.3.27.~ 2013.11.22	국립국어원	6,909
독립국가연합 동포언어 실태 조사	한영균	2013.4.16~ 2013.12.12	국립국어원	11,800
표준 국어 문법 개발 기초연구	유현경	2013.4.22.~ 2013.12.18	국립국어원	4,470
의사소통 교육 성과 진단	정희모	2013.1.18.~ 2013.11.30	한국대학교육협의회	2,000
근대 계몽기의 어휘확장과 한·중·일 삼국의 어휘 교류에 대한 연구	한영균	2013.5.1.~ 2014.4.30	한국연구재단	2,640
학문목적 한국어 학습자를 대상으로 정형화된 표현을 사용한 쓰기교육의 효과	원미진	2013.5.1.~ 2014.4.30	한국연구재단	1,188
복합지식의 창출과 소통을 위한 인문학	서상규	2013.9.1.~ 2014.8.30	한국연구재단	93,763

2014년

1월 23일 제81회 학술발표회를 개최하다

(주제: 정신분석학, 인문학 그리고 언어, 발표자: 프로이트-라캉 정신분석연구소 홍준기)

2월 26일 국어정보화아카데미를 개최하다

(주제: 말뭉치 기초 개념과 프로그램)

2월 28일	언어정보학협동과정에서 석사 1명을 배출하다 (한국어교육정보학 김경아)
3월 1일	언어정보학 협동과정의 주임교수로 한송화 교수(언어정보연구원)가 취임하고, 언어정보학 협동과정의 운영위원회가 구성되다 (2014.3.~2016.2.) 운영위원: 강현화(국어국문학), 김향희(언어병리학), 나동렬(전산학), 문성빈(문헌정보학), 서상규(국어국문학), 이민행(독어독문학), 이석재(영어영문학), 유현경(국어국문학), 한영균(국어국문학)
3월 2일	말뭉치 기반 국어 연구 총서 22 「한국어 기본어휘 의미 빈도 사전」(서상규)을 간행하다
4월 10일	해외 한국어교수자 재교육을 위한 화상강좌 프로그램(인문언어학@너머.통通-배움통)을 개최하다 (주제: 한국어 교수법, 대상: 베트남 하노이외국어대학교 한국언어문화학과)
4월 11일	제82회 학술발표회를 개최하다 (주제: 외솔의 글자 잦기 조사에서 의미의 빈도까지 -말뭉치를 통한 언어 정보의 탐색, 발표자: 연세대 서상규)
4월 12일	찾아가는 인문언어학 시민강좌를 개최하다 (주제: 한국어 학습자의 표현 능력과 소통 능력의 향상을 위하여)
4월 24일~25일	제3회 연세인문학 국제학술대회를 문과대학 및 3개 인문한국 사업단 공동으로 개최하다 (주제: 인문학과 사회공동체: 문자, 언어, 공공성, 장소:

학술정보원 장기원 국제회의실)

제3회 연세대학교 인문학 국제학술대회
(2014년 4월 25일 학술정보원 장기원 국제회의실)

4월 26일 제83회 학술발표회를 개최하다
(주제:How to identify features for classifying L2 proficiency levels using learner corpora, 발표자:일본 히토쓰바시대 토노 유키오)

4월 30일~5월 21일 찾아가는 인문언어학 시민강좌를 개최하다
(주제:논증의 글쓰기)

5월 9일~30일 찾아가는 인문언어학 시민강좌를 개최하다.
주제1:글쓰기를 위한 지식 특강:언어와 사회를 다시 생각하다
주제2:문학에서 언어를 돌아보다

5월 31일 학술지 〈언어 사실과 관점〉 제33집을 발간하다

6월 12일~20일	찾아가는 인문언어학 시민강좌를 개최하다. 주제1:소통의 언어들(장소:정독도서관) 주제2:소통의 언어들 그리고 문화(장소:서대문구 이진아기념도서관)
6월 13일	인문언어학총서「내러티브 연구의 현황과 전망」(연세대학교 언어정보연구언 지음)을 간행하다
6월 24일~7월 15일	찾아가는 인문언어학 시민강좌를 개최하다. 주제1:옛날의 요리, 요리책(장소:한국전통음식연구소, 궁중음식연구원) 주제2:언어, 이야기 그리고 철학(장소:서울정신분석포럼)
6월 30일	인문언어학총서「내러티브 연구의 실제」(연세대학교 언어정보연구원 지음)을 간행하다
7월 14일	찾아가는 인문언어학특강을 개최하다 (주제:How to Teach Korean Grammar-For Development of Communicative Competemce, 장소:캄보디아 NPIC)
7월 16일	국어정보화 아카데미를 개최하다 (주제:구어전사와 말뭉치 구축)
7월 24일	제84회 학술발표회를 개최하다 (주제:한국어 학습자 말뭉치의 구축과 응용, 발표자: 미국 웰슬리대 이선희)
7월 28일	찾아가는 인문언어학특강을 개최하다 (주제:또 다른 한국어, 외래어)

8월 11일 제85회 학술발표회를 개최하다 (주제: 핵심 어휘에 대하여-영어의 경우를 참조하여, 발표자: 미국 USC 김남길)

8월 11일 미국 USC 한국언어문화 프로젝트와 학술대회를 통한 공동연구, 연구자 및 연구 자료 교환, 현지 한국어 교수자 재교육 프로그램 공동 운영을 위한 협약을 체결하다

8월 20일 언어정보연구원 여름 연찬회를 열다 (장소: 양평 대명리조트)

8월 22일 김하수 교수 정년기념 강연 및 학술집담회를 열다 (주제: 한국 사회 언어공동체의 과거, 현재, 미래를 이야기하다, 장소: 장기원기념관 국제회의실)

김하수 교수 정년기념 강연 및 학술집담회(2014년 8월 22일)

8월 31일 언어정보학 협동과정에서 석사 1명을 배출하다 (한국어교육정보학 오혁)

9월 1일 인문한국사업단 교수로 김한샘 박사(국어정보학)가, 연구교수로 김진웅 박사(의미론) · 윤영민 박사(일본어학)

가 부임하다

9월 15일~10월 1일 찾아가는 인문언어학 시민강좌를 개최하다 (주제:성공적인 의사소통을 위한 담화 전략)

9월 22일 해외 한국어교수자 재교육을 위한 화상강좌 프로그램(인문언어학@너머.통通-배움통)을 개최하다 (주제:또 다른 한국어, 외래어)

9월 23일 국어정보화 아카데미를 개최하다 (주제:언어정보 처리의 기초)

9월 26일 제86회 학술발표회를 개최하다 (주제:한글대장경의 구성과 번역의 문제, 발표자:연세대 신규탁)

9월 「연세 초등국어사전」 제3판을 위한 콘텐츠 개발 및 기초 연구를 시작하다

10월 1일 찾아가는 인문언어학 시민강좌를 개최하다 (주제:자료로 보는 우리 언어 문화의 다면성)

10월 1일~12월 30일 인문언어학 교양강좌 프로그램(인문언어학@너머.통通-지식통)을 제작하여 유튜브, 페이스북, 사업단 홈페이지를 통해 공개하다 (주제:근대의 조선인, 제 말소리를 쓰기 시작하다 외 3편)

10월 10일~31일 찾아가는 인문언어학 시민강좌를 개최하다 (주제:청소년을 위한 내러티브 특강)

10월 13일 제87회 학술발표회를 개최하다 (주제:담화론과 문법론-일본어와 한국어를 비추다, 발표

자:일본 메이지학원대 김진아)

10월 16일~30일 국어정보화 아카데미를 개최하다
(주제:인문언어학과 컴퓨터 프로그래밍)

10월 30일 찾아가는 인문언어학 시민강좌를 개최하다
(주제:바람직한 연구 문화 확립 및 실천을 위한 연구윤리 특강)

11월 1일 한국언어문화교육학회와 공동으로 학술대회를 개최하다
(주제:한국어교육학의 연구방법론 탐색:담화와 화용–이론과 실제, 장소:외솔관, 언어연구교육원)

11월 3일~12월 14일 국어정보화 아카데미 온라인 강좌 프로그램(인문언어학@너머.통通–정보통)을 제작하여 유튜브, 페이스북, 사업단 홈페이지를 통해 공개하다
(주제:말뭉치 처리를 위한 텍스트에디터 사용 방법)

11월 5일~12일 찾아가는 인문언어학 시민강좌를 개최하다
(주제1:시인의 언어, 리듬, 혼 / 주제2:국가란 무엇인가?)

11월 7일~28일 찾아가는 인문언어학 시민강좌를 개최하다
(주제:청소년을 위한 내러티브 특강)

11월 22일 제88회 학술발표회를 개최하다
(주제:언어 연구와 문법–무엇을 위한 언어 연구인가?, 발표자:남기심)

11월 27일 찾아가는 인문언어학 시민강좌를 개최하다
(주제:성공적인 의사소통을 위한 담화 전략)

11월 29일~12월 6일 국어정보화 아카데미를 개최하다
(주제1:인문정보학의 필요성 / 주제2:인문정보학의 실제)

11월 30일 학술지 〈언어 사실과 관점〉 제34집을 발간하다

12월 6일 제89회 학술발표회를 개최하다
(주제: 언어 연구와 인문적 소양, 발표자: 연세대 김석득)

제89회 학술발표회(2014년 12월 6일)

12월 30일 인문지식기반총서「구어 문어 통합 문법기술2: 명사와 명사구(전2권)」(배진영, 최정도)를 간행하다

12월 30일~
2015년 4월 3일 국어정보화아카데미 온라인 강좌 프로그램(인문언어학@너머.통通-지식통)을 제작하여 유튜브, 페이스북, 사업단 홈페이지를 통해 공개하다 (주제: 글잡이 사용 방법)

2014년 언어정보연구원 조직

(1) 원장: 서상규, 부원장: 김향희, 감사: 문성빈

(2) 운영위원: 서상규, 김향희, 문성빈, 지광신, 김동노, 송기원, 조형희, 변혜란, 남형두

(3) 상임연구원: 문성빈, 이규갑, 이민행, 이석재, 이원표, 조남신, 홍종화, 한영균, 강현화, 강승혜, 임재호

(4) 전문연구원: 남기심, 이윤진, 황은하

(5) 연구원: 김수경, 봉미경, 홍혜란, 최정도, 백해파, 김민국, 이임경, 손혜옥, 서세정, 김선혜, 신유리, 김진희, 윤정원, 전후민, 주향아, 강범일, 서지혜, 남신혜, 유근선, 조미희, 강계림, 이주현, 공나형

(6) 행정직원: 정미정

2014년 인문한국사업단 조직

(1) 사업단장: 서상규

(2) 공동연구원: 강승혜, 강현화, 김영희, 나윤경, 송현주, 유현경, 임성모, 임재호, 이승희, 이일학

(3) 교수: 구인모, 한송화, 김한샘

(4) 연구교수: 김현강, 안의정, 정대성, 김진웅, 윤영민

(5) 행정직원: 김민경, 총괄연구보조원: 김수경

2014년에 수행된 주요 연구 과제

과 제 명	연구 책임자	연구기간	지원 기관	연구비 (만원)
표준 국어 문법 개발	유현경	2014.4.22.~ 2014.12.18	국립국어원	7,745
한국어교육 어휘 내용 개발(3단계)	강현화	2014.4.23.~ 2015.1.2	국립국어원	7,790
한국어 교재와 코퍼스의 분석을 통한 교육용 복합어 선정 연구	강현화	2014.5.1.~ 2015.4.30	한국연구재단	1,139
근대 계몽기의 어휘 확장과 한·중·일 삼국의 어휘 교류에 관한 연구	한영균	2014.5.1.~ 2015.4.30	한국연구재단	2,640
재미 동포 언어 실태 조사	원미진	2014.5.23.~ 2014.12.19	국립국어원	16,700
복합지식의 창출과 소통을 위한 인문언어학	서상규	2014.9.1.~ 2015.8.31	한국연구재단	91,278
TOPIK 어휘 목록 개발 및 활용 방안 연구	강현화	2014.10.31.~ 2014.12.30	국립국제교육원	3,600

2015년

1월 6일 제90회 학술발표회를 개최하다

(주제:언어 연구와 정보, 복합 지식, 발표자:연세대 홍윤표)

제90회 학술발표회(2015년 1월 6일 위당관)

1월 6일 언어정보연구원 겨울 연찬회를 열다 (장소:상남경영관)

1월 14일~2월 13일 찾아가는 인문언어학 시민강좌를 개최하다
(주제:언어와 철학 아카데미)

2월 6일 제33회 언어정보연구원 학술대회를 개최하다
(주제:인문언어학 이론 정립과 복합지식의 창출, 장소:외솔관 526호)

2월 13일~14일 제1회 USC-YONSEI 합동 심포지엄 및 워크숍을 개최하다
(주제:Humanistic Linguistics & Korean Language Education, 장소:USC Taper Hall of Humanities)

2월 27일 국어정보화 아카데미를 개최하다
(주제:한글정보화 특강)

2월 28일 언어정보학 협동과정에서 박사 1명을 배출하다 (한국어교육정보학 장석배)

3월 10일 찾아가는 인문언어학 시민강좌를 개최하다
(주제:성공적인 의사소통을 위한 담화 전략)

3월 20일~4월 17일 찾아가는 인문언어학 시민강좌를 개최하다
(주제:철학적으로 사유하기)

4월 3일 해외 한국어교수자 재교육을 위한 화상강좌 프로그램(인문언어학@너머.통通-배움통)을 개최하다
(주제:한국어의 존대법, 대상:베트남 하노이외국어대학교 한국언어문화학과)

4월 7일 2015학년도 1학기 언어정보연구원 운영위원회가 열리다
(참석:서상규, 김향희, 문성빈, 지광신, 변혜란, 조형희, 배석:한송화, 구인모, 김한샘, 정미정)

4월 29일 제91회 학술발표회를 개최하다
(주제: 언어 연구와 한국어교육, 인문적 소통, 발표자: 백봉자)

제91회 학술발표회(2015년 4월 29일 한국어학당 중강당)

4월 30일 인문언어학총서「인문정신의 탐색과 인문언어학」(연세대학교 언어정보연구원 지음), 언어문화번역총서「언어, 의미 그리고 철학」(정대성 옮김)을 각각 간행하다

5월 7일 인문언어학총서「언어학에서 인문언어학으로」(연세대학교 언어정보연구원 지음)를 간행하다

5월 7일 국어정보화 아카데미를 개최하다
(주제: 언어와 문화의 접촉-병렬말뭉치의 구축과 활용)

5월 14일 인문언어학총서「언어 정보와 인문언어학」(연세대학교 언어정보연구원 지음)을 간행하다

5월 21일 다면자료총서「다면자료와 비언어적 소통」(연세대학교

언어정보연구원 HK사업단 지음)을 간행하다

5월 23일 제92회 학술발표회를 개최하다

(주제: 언어존재론에서 한국어와 한국어 교육을 비추다-인문언어학을 위하여, 발표자: 일본 메이지학원대 노마 히데키)

5월 28일 언어문화번역총서 「정치담화분석」(김현강 옮김)을 간행하다

5월 31일 학술지 〈언어 사실과 관점〉 제35집을 발간하다

7월 15일 언어정보연구원 여름 국어정보화아카데미를 개최하다

언어정보학 협동과정 창립 20년 맞이 국어정보화 아카데미(2015년 7월 15일)

7월 23일~24일 베트남 다낭외국어대학교 한국어학과와 공동 심포지엄을 개최하다

(주제: 한국어 교육 교수법과 언어자료의 활용, 장소: 다낭

외국어대학교)

8월 5일~6일 한중일 국제심포지엄을 개최하다
(주제:19세기말 한중일 삼국의 언어접촉과 교류 전파–〈근대〉의 어휘와 문법 용어를 다시 묻다, 장소:문과대 100주년기념홀)

2014년 한중일 국제 심포지엄(2015년 8월 6일 문과대 100주년기념홀)

8월 7일 「핸드백 용어 사전」을 개발하여 출판하기로 ㈜시몬느와 계약하다

8월 10일 제34회 언어정보연구원 학술대회를 개최하다
(주제:Multiplicity of Language and Korean Language Education, 장소:문과대 100주년기념홀)

9월 인문한국(HK)지원사업 3단계 연구 활동을 시작하다

9월 25일 제93회 학술발표회를 개최하다

(주제:동아시아의 언어와 어휘, 발표자:이화여대 송영빈)

10월 6일 국립한글박물관 기획전시 프로그램을 공동으로 기획하고 개최하다

(주제:디지털 세상의 새 이름_코드명 D55C AE00, 장소: 국립한글박물관, 전시 기간:2015.10.06.~2016.1.31.)

언어정보연구원을 재현한 모습(2015년 10월~2016년 1월 한글박물관)

10월 6일~11월 9일 인문언어학 교양강좌 프로그램(인문언어학@너머.통通-지식통)을 제작하여 유튜브, 페이스북, 사업단 홈페이지를 통해 공개하다

(주제:"최초의 우리말 빈도 조사는, 언제?" 외 14편)

10월 15일 말뭉치 기반 국어 연구 총서 25「한국어 구어 빈도 사전

1 (잦기순)」(서상규)을 간행하다

10월 20일 2015학년도 2학기 언어정보연구원 운영위원회가 열리다 (참석: 서상규, 김향희, 지광신, 송기원, 배석: 한송화, 구인모, 김한샘, 정미정, 장소: 마리)

10월 26일~11월 28일 국어정보화아카데미 온라인 강좌 프로그램(인문언어학@너머.통通-정보통)을 제작하여 유튜브, 페이스북, 사업단 홈페이지를 통해 공개하다 (주제: "범죄 사건의 이름, 그 의미" 외 4편)

10월 30일 제94회 학술발표회를 개최하다 (주제: 중국의 한국학 교육과 연구의 현황과 전망, 발표자: 중국 북경대 왕단)

10월 31일 한국언어문화교육학회와 공동으로 학술대회를 개최하다 (주제: 한국 언어 · 문화 교육 이론의 최신 동향-양적 연구 방법의 이론과 실제, 장소: 위당관)

11월 11일 국어정보화 아카데미를 개최하다 (주제: 국어 정보학의 기초, 강연자: 김한샘 외, 장소: 성균관대 퇴계인문관)

11월 20일 말뭉치 기반 국어 연구 총서 26 「한국어 구어 빈도 사전 2 (가나다순)」(서상규)을 간행하다

11월 30일 제95회 학술발표회를 개최하다 (주제: 2-3세 아동을 대상으로 한 말지각 검사 자극 개발, 발표자: 우송대 장선아)

11월 30일 학술지 〈언어 사실과 관점〉 제36집을 발간하다

12월 11일 제96회 학술발표회를 개최하다

	(주제:두 개의 구조:야콥슨 언어학의 시학과 라캉, 발표자:연세대 임재호)
12월 22일	제97회 학술발표회를 개최하다 (주제:한국어 교육과정에 대한 일고찰, 발표자:배재대 박석준)
12월 30일	「연세 초등국어사전」 제3판 개정을 하기로 ㈜동아출판과 계약하다

2015년 언어정보연구원 조직

(1) 원장:서상규, 부원장:김향희, 감사:문성빈
(2) 운영위원:서상규, 김향희, 문성빈, 지광신, 김동노, 송기원, 조형희, 변혜란, 남형두
(3) 상임연구원:문성빈, 이규갑, 이민행, 이석재, 이원표, 조남신, 홍종화, 한영균, 강현화, 강승혜, 임재호, 김현철
(4) 전문연구원:남기심, 이윤진, 백해파
(5) 연구원:김수경, 봉미경, 홍혜란, 송재영, 손혜옥, 김선혜, 강범일, 유근선, 강계림, 이주현, 성연숙, 최지명, 김희재, 장경희
(6) 행정직원:정미정

2015년 인문한국사업단 조직

(1) 사업단장:서상규
(2) 공동연구원:강현화, 김향희, 나윤경, 송현주, 신규탁, 유현경, 임성모, 임재호, 이승희
(3) 교수:구인모, 한송화, 김한샘

(4) 연구교수: 김현강, 안의정, 정대성, 김진웅, 윤영민

(5) 행정직원: 이수미, 총괄연구보조원: 김수경

2015년에 수행된 주요 연구 과제

과 제 명	연구 책임자	연구 기간	지원 기관	연구비 (만원)
2015년 표준 국어 문법 개발	유현경	2015.3.20.~ 2015.12.15	국립국어원	8,250
초등 교과서 어휘의 계량적 분석	김한샘	2015.4.20.~ 2015.11.30	한국교육과정평가원	3,200
2015년 한국어 학습자 말뭉치 기초 연구 및 구축사업	강현화	2015.4.28.~ 2016.4.30	국립국어원	17,600
근대 계몽기의 어휘 확장과 한·중·일 삼국의 어휘 교류에 관한 연구	한영균	2015.5.1.~ 2016.4.30	한국연구재단	2,640
의존(성)명사가 포함된 한국어 표현 문형 연구	강현화	2015.5.1.~ 2016.4.30	한국연구재단	1,139
한국어교육 어휘 내용 개발(4단계)	한송화	2015.5.11.~ 2015.11.30	국립국어원	6,350
핸드백 용어 사전 연구	서상규	2015.7.1.~ 2017.1.31	㈜시몬느	6,598
복합지식의 창출과 소통을 위한 인문언어학	서상규	2015.9.1.~ 2016.8.31	한국연구재단	92,772
한국어 수준별 교과보조 교재 개발 연구	강현화	2015.10.19.~ 2016.1.30	국가평생교육진흥원	5,815
연세초등국어사전 제3판 개정	서상규	2015.11.26.~ 2016.11.25	㈜동이출판	5,500

2016년

1월 「연세 우리말 큰사전」의 형식 교정을 완료하고, 가편집본(총9,332쪽)을 10권으로 분책하여 보관본을 인쇄하다

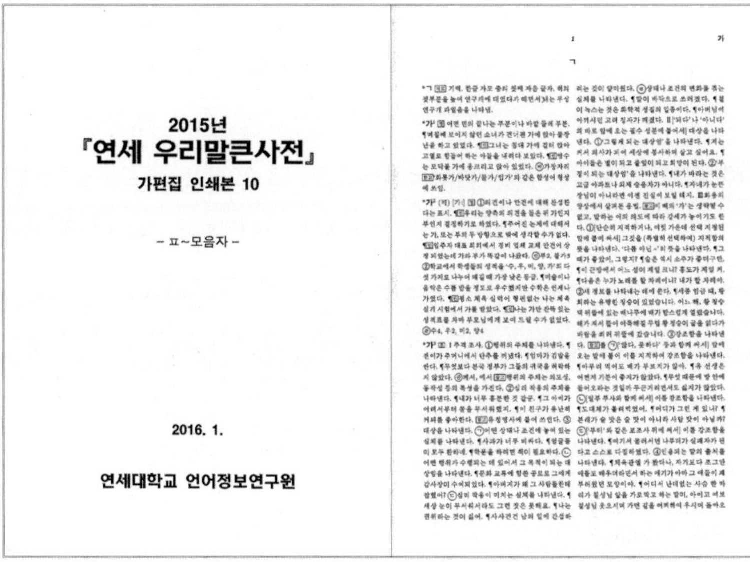

「연세 우리말큰사전」의 가편집본의 일부

1월 13일 국어사학회와 공동으로 학술대회를 개최하다 (주제:조선시대 어휘 자료집의 종합적 검토, 장소:문과대 백주년기념홀)

1월 19일 제35회 언어정보연구원 학술대회를 개최하다 (주제:언어현장의 다면성과 구어의 복합지식, 장소:문과대 백주년기념홀)

1월 20일 제98회 학술발표회를 개최하다 (주제:중국에서의 조선어 정보화 현황과 앞으로의 과제, 발표자:중국 연변대 노성화)

1월 27일 언어정보연구원 신년하례식 겸 연찬회를 열다 (장소:상남경영관)

1월 29일~30일 제2회 USC-YONSEI 공동 심포지엄을 LA에서 개최하다 (주제:Language and Culture Education Society Language and Culture Education in a Multilingual and Multicultural Society, 장소:University of Southern California)

2월 「연세 초등국어사전」 제3판 교정을 시작하다 (편찬회의 15회 개최, 편찬위원:남기심,서상규,한송화,봉미경,구인모)

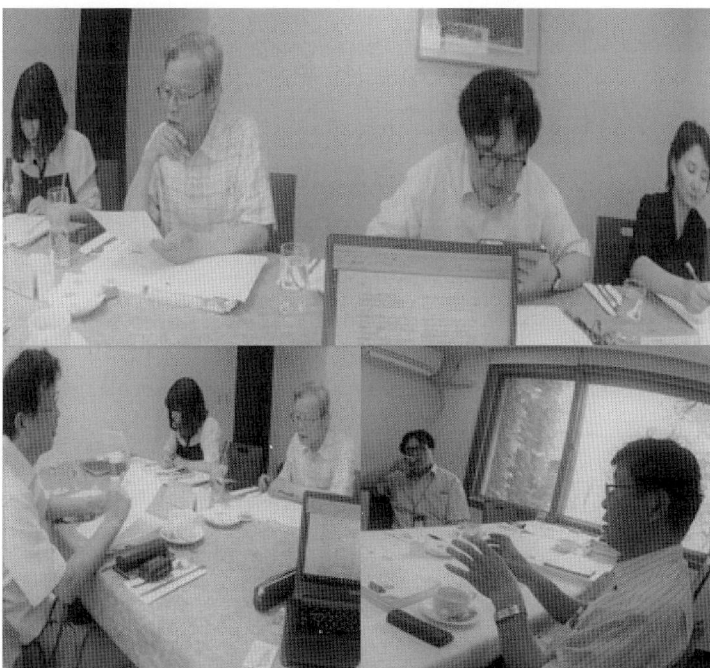

「연세 초등국어사전」 제3판 교정(2016년 2월~8월)

2월 20일	말뭉치 기반 국어 연구 총서 27 「한국어 기본명사 연어 빈도 사전」(한영균)을 간행하다
2월 28일	학술지 〈언어 사실과 관점〉 제37집(영문판, Language Facts and Perspectives)을 발간하다
3월 1일	언어정보학 협동과정 주임교수로 한송화 교수가 취임하고, 운영위원회가 구성되다 (2016.3.~2018.2.) 운영위원: 강현화(국어국문학), 김향희(언어병리학), 나동렬(전산학), 문성빈(문헌정보학), 서상규(국어국문학), 이민행(독어독문학), 이석재(영어영문학), 유현경(국어국문학), 한영균(국어국문학)
3월 16일	제99회 학술발표회를 개최하다 (주제: The Classification of Modality Involving the Irrealis -(u)l in the Korean Modal System, 발표자: USC 김남길)
3월 17일~5월 29일	국립한글박물관 기획전시를 위한 연구 용역을 수행하다 (주제: 슬기롭게 사이좋게-초등 교과서 속 한글 이야기, 장소: 국립한글박물관, 연구 책임자: 김한샘, 전시 기간: 2015.10.06~2016.1.31)
3월 19일	제37회 언어정보연구원 학술대회를 대한작문학회와 공동으로 개최하다 (주제: 국제화 시대 대학작문연구의 이론적 성과와 과제: 지역 현황에 대한 거시적 관점, 장소: 위당관 201호)
3월	「연세 한국어유의어사전」(가칭) 개발을 시작하다
4월 6일	2016학년도 1학기 언어정보연구원 운영위원회가 열리다

(참석:서상규, 김향희, 강현화, 김현철, 문성빈, 유현경, 홍종화, 한송화, 배석:구인모, 김한샘, 정미정, 이수미)

4월 23일~5월 7일 국어정보화 아카데미를 개최하다
(주제:Text, Corpus and Technology)

4월 29일 제100회 학술발표회를 개최하다
(주제:The Interpragmatics of Tu/vous in Korean Learners of French, 발표자:타이완 국립가오슝대 Darcy Sperlich · 연세대 임재호)

5월 18일 제101회 학술발표회를 개최하다
(주제:학습용 기본 명사 연어 빈도 사전, 발표자:연세대 한영균)

5월 26일~7월 21일 국어정보화 아카데미를 개최하다
(주제:학습자 언어 자료 구축의 실제 외)

5월 30일 인문언어학과 복합지식총서「언어의 현장성과 복합지식」(연세대학교 언어정보연구원 지음), 「근대기 동아시아의 언어교섭」(연세대학교 언어정보연구원 지음)을 각각 간행하다

5월 31일 학술지 〈언어 사실과 관점〉 제38집을 발간하다

7월 1일 베트남 국립다낭외국어대학교와 학술대회를 통한 공동 연구, 연구자 및 연구 자료 교환, 현지 한국어 교수자 재교육 프로그램 공동 운영을 위한 협약을 체결하다

7월 11일 언어정보연구원 여름 연찬회와 제102회 학술발표회를 함께 개최하다
(주제:A Frequency Dictionary of Korean의 편찬, 발표

자:미국 웰슬리대 장석배, 장소:상남경영관)

7월 28일 제103회 학술발표회를 개최하다
(주제:중국에서의 민족어 연구, 발표자:중국 중앙민족대 태평무・중국 복단대 강은국・중국 연변대 최희수・연세대 홍윤표・전북대 이태영・전주대 소강춘, 장소:백양누리 헬리녹스홀)

제103회 학술발표회(2016년 7월 28일 백양누리 헬리녹스홀)

8월 12일~13일 제38회 학술대회를 한중 공동 국제학술대회로 하여, 중국 연변대학 조선어문자정보화기지와 공동으로 개최하다
(주제:한국어, 말뭉치 그리고 복합지식, 장소:연변대학교)

제38회 학술대회(2016년 8월 12일 연변대학)

8월 18일~19일 세종대왕기념사업회, 한국선학회와 공동으로 훈민정음 반포 570돌 기념 국제학술대회를 개최하다 (주제:불교와 한글, 한국어, 장소:국립한글박물관 강당, 문과대 100주년기념홀)

훈민정음 반포 570돌 기념 국제학술대회
(2016년 8월 18일 국립한글박물관 강당)

훈민정음 반포 570돌 기념 국제학술대회
(2016년 8월 19일 문과대 100주년기념홀)

8월 20일 제39회 학술대회를 한국어의미학회와 공동으로 개최하다 (주제:말뭉치 기반 의미연구, 장소:외솔관 110호)

8월 25일 찾아가는 인문언어학 시민강좌를 개최하다 (주제:알파고 시대 인문학과 국어생활, 장소:서울문영여고)

8월 31일 언어정보학 협동과정에서 박사 1명(국어정보학 김은영), 석사 3명(말뭉치언어학 박제이, 유성희, 한국어교육정보학 이소희)을 배출하다

9월 전자사전 편집시스템 TLex를 도입하여 「연세 초등국어사전」의 전자사전화를 시작하다

9월 16일 제99회 학술발표회를 개최하다 (주제:The classification of modality involving the irrealis-(u)l in the Korean modal system, 발표자:USC대학 김남길)

10월 9일 언어정보연구원 홈페이지를 통한 말뭉치 검색 서비스를

시작하다

연세 말뭉치 용례 검색 시스템(https://ilis.yonsei.ac.kr/corpus)

연세 말뭉치 용례 검색 시스템의 '연세 20세기 한국어 말뭉치'의 검색 결과

11월 9일	2016학년도 2학기 언어정보연구원 운영위원회가 열리다 (참석:서상규, 김향희, 강현화, 김현철, 지광신, 한송화, 구인모, 김한샘, 정미정, 이경미, 위임:유현경)
11월 26일	일본 히토쓰바시대학, 연세대학교 언어연구교육원, 연세대학교 근대한국학연구소와 공동으로 국제심포지엄을 개최하다 (주제:'국어'의 사상과 실제, 장소:문과대 100주년기념홀, 위당관 416호)

국제학술심포지엄(2016년 11월 문과대 100주년기념홀)

11월 28일	국어정보화 아카데미를 개최하다 (주제:말뭉치 기반 한국어 어휘 교육)
11월 30일	학술지 〈언어 사실과 관점〉 제39집을 발간하다
12월 2일	제40회 언어정보연구원 학술대회를 개최하다 (주제:한국어 언어 자원의 구축과 활용, 장소:문과대 100

주년기념홀)

12월 16일 제4회 USC-YONSEI 공동 심포지엄을 개최하다 (주제:Communication and Complex Knowledge, 장소:문과대 100주년기념홀)

제4회 USC-YONSEI 공동 심포지엄(2016년 12월 문과대 100주년기념홀)

2016년 언어정보연구원 조직

(1) 원장:서상규, 부원장:김향희, 감사:문성빈

(2) 운영위원:서상규, 김향희, 문성빈, 지광신, 홍종화, 유현경, 강현화, 김현철, 한송화, 신규탁

(3) 상임연구원:문성빈, 이민행, 이석재, 이원표, 조남신, 홍종화, 한영균, 강현화, 강승혜, 임재호, 김현철

(4) 전문연구원:남기심, 백해파, 봉미경, 홍혜란

(5) 연구원:김수경, 송재영, 손혜옥, 김선혜, 강범일, 강계림, 성연숙, 최지명, 김희재, 장경희, 이찬영, 유천연

(6) 행정직원: 정미정

2016년 인문한국사업단 조직

(1) 사업단장: 서상규

(2) 공동연구원: 강현화, 김향희, 나윤경, 송현주, 신규탁, 유현경, 임성모, 임재호, 이승희

(3) 교수: 구인모, 한송화, 김한샘

(4) 연구교수: 김현강, 안의정, 정대성, 김진웅, 윤영민

(5) 행정직원: 이수미, 총괄연구보조원: 성연숙

2016년에 수행된 주요 연구 과제

과 제 명	연구 책임자	연구 기간	지원 기관	연구비 (만원)
2016년 표준 국어 문법 개발	유현경	2016.3.2.~ 2016.11.27	문화체육관광부	8,280
슬기롭게 사이좋게-초등교과서 속 한글이양기 특별전 말뭉치 기반 전시 연계 콘텐츠 개발	김한샘	2016.3.24.~ 2016.5.22	국립한글박물관	1,900
국어어휘 정리를 위한 언어 자원 구축 활용 기초연구	김한샘	2016.4.1.~ 2016.12.10	국립국어원	11,600
2016년 한국어 학습자 말뭉치 연구 및 구축사업	강현화	2016.4.18.~ 2016.12.16	국립국어원	24,350
의존(성)명사가 포함된 한국어 표현 문형연구	강현화	2016.5.1.~ 2017.4.30	한국연구재단	1,139
제3차 한국어능력시험 말하기 평가 개발 정책연구	원미진	2016.6.7.~ 2016.12.30	국립국제교육원	3,000
핸드백용어 실물 사전 편찬	서상규	2016.8.1.~ 2017.9.29	㈜시몬느	6,758
복합지식의 창출과 소통을 위한 인문언어학	서상규	2016.9.1.~ 2017.8.31	한국연구재단	88,654
교과용도서 소재 표준화 대상 어휘의 어휘 정보 분석	김한샘	2016.10.1.~ 2016.11.30	중앙교육평가원	2,200
범국민 언어문화개선에 관한 전문가 조사	조태린	2016.12.23.~ 2017.3.22	문화체육관광부	1,800

2017년

1월 10일	「연세 초등 국어 사전」 제3판을 발간하다 (동아출판, 3만 9천여 표제어, 편찬위원:서상규,남기심,한송화,봉미경,구인모)
1월 12일	언어정보연구원 신년하례식 겸 연찬회를 열다 (장소:상남경영관)
2월 3일	제104회 학술발표회를 개최하다 (주제:다문화 다언어 사회에서의 언어와 의사소통, 발표자:대구대 김화수)
2월 15일	인문언어학과 복합지식총서「최현배의 〈우리말본〉 연구 1」(서상규)를 간행하다
2월 20일	말뭉치 기반 국어 연구 총서 28 「한일대역 한국어기본어휘 의미빈도 사전」(서상규·오오이 히데아키)을 간행하다
2월 28일	학술지 〈언어 사실과 관점〉 제40집(영문판)을 발간하다
2월 28일	언어정보학 협동과정에서 박사 1명(말뭉치언어학 유승미), 석사 2명(전산언어학 성지민, 방진우)을 배출하다
3월 1일	인문한국사업단 교수로 김태은 박사(중국어학)가 부임하다
3월 24일~25일	2017 국제심포지엄을 개최하다 (주제:근대 동아시아의 언어 접촉과 교류 전파, 장소:백양누리 헬리녹스홀, 곽정환홀)
4월 7일~8일	제5회 USC-YONSEI 공동 심포지엄을 개최하다 (주제:The Analysis of Language Structure and the

	Learning and Teaching of Korean, 장소:University of Southern California)
4월 26일	2017학년도 1학기 운영위원회가 열리다 (참석자:서상규, 김향희, 문성빈, 유현경, 김현철, 한송화, 구인모, 김한샘)
4월 26일	제105회 학술발표회를 개최하다 (주제:한국어 의미 정보 처리, 발표자:울산대 옥철영)
4월 27일~6월 22일	국어정보화 아카데미를 개최하다 (주제:한국어 학습자 말뭉치 연구와 자료 수집하기)
5월	전자사전 편집시스템 TLex를 도입하여「연세 한국어사전」과「연세 현대한국어대사전」의 전사사전화를 시작하다
5월 18일~6월 1일	인문언어학아카데미를 개최하다 (주제:다언어, 다문화 사회와 이주여성 등)
5월 23일	찾아가는 인문언어학 시민강좌의 내용을 엄선한 연속 동영상강좌(인문언어학@너머.통通-배움통)를 제작하여 유튜브, 페이스북, 사업단 홈페이지를 통해 공개하다 (주제:시와 가요의 이상, 시인의 현실)
5월 26일	제106회 학술발표회를 개최하다 (주제:멀티미디어를 이용한 제2언어 교수 · 학습, 발표자:안양대 송지현)
5월 30일	학술지 〈언어 사실과 관점〉 제41집을 발간하다
5월 30일	인문언어학과 복합지식총서「불교와 한글, 한국어」(서상규 엮음)를 간행하다
6월 10일	인문언어학과 복합지식총서「의사소통의 다면성과 복합

지식」(서상규, 김남길 엮음), 「언어 현장의 다면성과 구어의 복합지식」(서상규 엮음)을 각각 간행하다

6월 22일~7월 13일 국어정보화 아카데미를 개최하다
(주제: 한국어 학습자 말뭉치 오류 주석하기)

6월 24일~25일 중국 중앙민족대학과 공동으로 한중 국제학술대회를 개최하다
(주제: Language Education of East Asia and Informatization, 장소: Conference Hall 1203, Wenhua Building, Minzu University of China)

한중 국제학술대회(2017년 6월 중국 중앙민족대학)

6월 26일~30일 국어정보화 아카데미를 개최하다
(주제: 언어처리를 위한 프로그래밍 기초)

7월 3일~8월 31일 2017년 여름 국어정보화 아카데미를 개최하다
(주제: 한국어 사전 편찬의 기초와 실제, 학부생 인턴

연구원 15명 수료)

7월 6일~7일 언어정보연구원 여름 연찬회를 열다 (장소:속초 대명리조트)

7월 27일 국어정보화 아카데미를 개최하다 (주제:한국어 학습자 말뭉치 활용하기)

8월 23일~25일 찾아가는 인문언어학 시민강좌를 개최하다 (주제:4차 산업혁명시대 인문학과 국어생활, 장소:서울 문영여고)

8월 「연세 한국어사전」의 전자책화를 마치다

9월 1일 언어정보연구원의 제9대 부원장으로 조태린 교수(국어국문학과)가 취임하다 (2017.9.1.~2019.08.31.)

김향희 부원장 환송회 겸 조태린 부원장 환영회(2017년 9월 13일)

9월 4일 「핸드백 용어 사전」(언어정보연구원 서상규, 김한샘, 김

수경)을 시몬느 액세서리 컬렉션과 공동으로 간행하다 (614쪽, 커뮤니케이션북스)

11월 8일 한국어 사전 편찬실 창립 30주년 기념 학술 대회와 기념식이 열리다

2017년 언어정보연구원 조직

(1) 원장: 서상규, 부원장: 김향희(~8.31.), 조태린(9.1.~), 감사: 문성빈
(2) 운영위원: 서상규, 김향희, 문성빈, 지광신, 홍종화, 유현경, 강현화, 김현철, 한송화, 신규탁
(3) 상임연구원: 문성빈, 이민행, 이석재, 이원표, 조남신, 홍종화, 한영균, 강현화, 강승혜, 임재호, 김현철
(4) 학술연구교수: 안의정
(5) 전문연구원: 남기심, 봉미경, 홍혜란, 안의정, 김현강, 정대성, 홍승아, 박경우, 김종덕
(6) 연구원: 김수경, 김선혜, 강범일, 최지명, 성연숙, 김희재, 이찬영, 장경희, 유천연, 배미연, 이진, 이창봉, 김미경
(7) 행정직원: 정미정

2017년 인문한국사업단 조직

(1) 사업단장: 서상규
(2) 공동연구원: 강현화, 김향희, 나윤경, 송현주, 신규탁, 유현경, 임성모, 임재호, 이승희
(3) 교수: 구인모, 한송화, 김한샘, 김태은
(4) 연구교수: 김진웅, 윤영민

(5) 행정직원:이주안, 총괄연구보조원:성연숙(~8.31.), 백준영(9.1.~)

2017년에 수행된 주요 연구 과제

과 제 명	연구 책임자	연구 기간	지원 기관	연구비 (만원)
2017년 한국어 학습자 말뭉치 연구 및 구축사업	강현화	2017.3.16.~ 2017.12.15	국립국어원	25,300
2017년 표준 국어문법 개발	유현경	2017.4.1.~ 2017.11.30	국립국어원	4,794
표준국어대사전 보완을 위한 표제어 정비 연구	김한샘	2017.4.26.~ 2017.12.10	문화체육관광부	12,800
말하기/쓰기 평가와 챗봇을 이용한 1:1 언어학습 튜터링 기술 개발	김한샘	2017.5.1.~ 2017.12.31	과학기술정보통신부	7,292
한국어와 터키어의 표현구조 연구	조은숙	2017.5.1.~ 2018.4.30	한국연구재단	2,545
제4차 한국어능력시험 말하기평가 개발 정책연구	원미진	2017.6.1.~ 2017.11.30	국립국제교육원	3,000
한국어 문체 형성사의 한 횡면_ 일제강점기 신문 사설의 문체	한영균	2017.7.1.~ 2018.6.30	한국연구재단	2,545
말뭉치 기반 어휘 평가 기제 구축을 위한 연구	안의정	2017.7.1.~ 2018.6.30	한국연구재단	4,000
한글과 사전의 현황과 전망분석	강현화	2017.8.28.~ 2017.12.15	국립한글박물관	6,320

2

〈연세 한국어 사전〉의 설계와 방법론적 기반의 확립

2.1

말뭉치를 바탕으로 한 한국어 사전 편찬의 설계와 실제

전산 편찬학의 개념과 한국적 실제

이상섭

Computational Lexicography란 용어는 1980년대 중반부터 널리 쓰이기 시작한 것 같다. 이를 우리말로 "전산 편찬학"이라 불러 본다.[1)]

이 연구 영역은 두 분야로 크게 나눌 수 있는데, 하나는 자연 언어 처리, 기계 번역 등, 언어공학에 쓰일 "기계가 읽을 수 있는 사전"의 제작을 말하고, 또 하나는 전산 기술을 이용한 일반 사전의 편찬을 가리킨다. 즉 앞 것은 기계를 위한 사전을, 뒷 것은 사람을 위한 사전을 편찬함을 가리킨다고 할 수 있으니 둘은 실상 서로 대단히 다른 일거리들이다.

그런데, 언어공학자들이 절실히 필요로 하고 있는 '기계가 읽을 수 있는 사전(machine readable dictionary, MRD, 우리말로는 '기읽사'로 줄이자)은 정작 아무 정보공학자들도 편찬하겠다고 나서지 못하고 있다. 전산 과학적으로 사무 자동화 프로그램을 짜듯, 한 언어의 사전을 기계가 읽고 이해할 수 있는 형태로 쉽게 짜낼 능력이 아직은 아무에게도 없는 것이다. 사전 편찬이라는 고역을 전산과학자들이 떠맡을 리도 없다.

1) 이 용어가 이제는 "전산 기술을 이용한 사전 편찬 방법" 일체를 가리킨다는 사실은 최근 출간된 T. Magay and J. Zigany, eds., BudaLEX '88 proceedings(Budapest : Akademial Kiado, 1990)에서 전산 기술과 사전 편찬의 관계를 논한 논문들을 한데 묶어 "Computational Lexicography"라는 제목을 붙인 것으로도 알 수 있다. ZuriLEX'86 proceedings(Zurich, 1988)에서는 "The role of the computer in lexicography"라 했었다.

따라서 사람을 위해 출판된 일반 사전을 언어 공학적으로 이용하는 방안을 강구하는 수밖에 없다.[2)] 그렇다고 해서 많이 팔리는 아무 사전이나, 예컨대 〈이희승 국어 사전〉을 손쉽게 '기읽사'로 전환하여 이용할 수 있는 것도 아니다. 요즈음 서양 언어 공학계에서 MRD라고 하면 으레 기존 일반 사용을 일관된 부호로 입력하여 이를 기계적으로 실행케 하는 일련의 명령을 담은 테입이다. 1970년대부터 사전 출판업자들이 종래의 수공업 내지 기계적인 조판 방식(활판 인쇄)을 지양하고 전산 사식 방식을 채택함에 따라 그러한 책을 찍기 위한 테입들이 생기기 시작했다.

그러니까 여기서 말하는 '기계'란 번역 기계나 자연 언어 처리 장치 같은 놀라운 틀이 아니라 훨씬 비천한 인쇄 출력 틀인 것이다. 고등한 목적을 위하여 저급한 자원을 재활용하는 셈인데, 이왕이면 재활용하기에 보다 쉽고 효용성이 높은 것을 골라야 할 것이다. 국내에서는 곧 간행될 한글학회의 새 큰사전이 기계적 출력에 의하여 인쇄될 것이라는 바, 과연 우리 언어공학자들이 이용할 마음이 들 만한 '기읽사'인지는 아직 알 수 없을 뿐더러 정작 그런 데에 관심이나 있는지도 모르겠다.

세계적으로 유명한 '기읽사'는 1986년에 제작된 〈옥스포드 영어 사전〉(12권)의 시디롬(CR-ROM)이나, 이는 인쇄 출력용 테입이 아니고 기존 사전을 입력한 것이며, 아마 가장 유명한 것은 〈옥스포드 영어 사전〉 제2판(20권)의 자성(magnetic) 테입일 것이다. 이 놀라운 '기읽사'는 19세기의 문헌학적 원칙에 의거하여 편찬된 것으로서, 자연 언어 처리보다는 고급 인문학적 지식 제공에 훨씬 더 어울린다.[3)]

---

2) '기읽사' 연구는 언어공학과 사전 편찬과 같은 데에만 유용한 것이 아니라, 더 근본적으로는 인간 지식에 대한 새로운 연구가 될 수 있다. "사전의 조직에 관한 연구는 인간의 지식과 문화의 조직에 관한 정보를 제공할 것이다."라고 Barbara Ann Kipfer는, Workbook on Leexicography (University of Exeter, 1984) 169쪽에서 말한다.

언어 정보 공학자에게는 언어 교육학적 원칙에 의거하여 언어 학습자를 위하여 편찬한 사전이 더 유용할 것이다. 바로 이런 종류의 사전으로 유명한 것이 〈롱맨 현대 영어 사전〉(Longman Dictionary of Contemporary English, 약칭 LDOCE, 1978)인 바, 그 출력 테입이 오늘날 영미의 많은 언어공학자들에게 큰 사랑을 받고 있는 '기읽사'가 되어 있다. 이 사전이 특별한 효용성을 지니는 이유를 아래에 열거해 본다.

1. 일반 출판사의 사전은 회사 소속의 편집진이 기존 사전들의 형식과 내용을 대체로 답습하는 데 반하여 이 사전 편찬에는 대학의 언어학자들이 적극 참여했다는 사실이 매우 중요하다. 대개의 경우, 저명한 학자들은 감수자라는 명의를 빌려 주든가, 실제로 참여한다 해도 어원, 발음, 전문 용어 등 특수 분야에만 관여할 뿐이다. 그러나 이 사전 편찬에는 로벗 일슨, 존 에이토, 재닛 휫컷, 델라 서머즈(Robert Ilson, John Avto, Janet Whitcut, Della Summers) 같은 이름난 편찬학자, 언어학자들이 직접 참여했다. 이처럼 이 사전은 학술적 이론이 튼튼한 기초가 되어 있어, 다른 유명한 사전들, 예컨대 〈웹스터 대학 사전 Webster's Collegiate Dictionary〉과는 크게 대조가 된다.[4)]

2. 이 사전은 대부분의 외말 사전(monolingual dictionary)이 그렇듯, 상당한 교육을 받은 모국어 사용자를 상대로 한 것이 아니라 영어를 모국어로 하지 않는 사람의 영어 학습을 위한 사전으로 의도된 것이다. 그러니 만큼 사용자의 필요를 이론적으로, 실제적으로 면밀히 검토한

---

3) 〈옥스포드 사전〉에 대하여서는 필자의 "옥스포드 영어 사전의 편찬 원칙과 형성 과정", 〈사전 편찬학 연구〉1〈서울: 탑 출판사, 1988), 96-136쪽을 참고할 수 있다.

4) 편집주간 Paul Proctor는 이렇게 말하고 있다. "〈롱맨 사전〉은 영미의 사전 편찬학의 최고, 최선의 원칙들을 결합했다. 여러 면에서 이 사전은 현대 언어학이 발견한 바를 이용하여 종래의 사전보다 더 충실하고 정밀하게 언어를 기술하였으므로 가히 혁명적이라 하겠다." 서론, viii.

결과를 반영하고 있다. 실상 어느 정도 교육을 받은 자국인을 위한 사전에 "사람", "먹다", "이", "곱다" 등같이, 설명이 지극히 어렵지만 자국인이라면 누구나 다 알고 있는, 따라서 사전에서 구태여 찾아보지도 않을, 낱말들이 가장 중요하며 또 배우기도 어려운 것들이다. 〈롱맨 사전〉은 바로 그런 낱말들에 대한 설명에 면밀한 주의를 기울인다.5)

3. 외국인의 영어 학습을 돕기 위한 획기적인 방법으로서, 이 사전의 편찬자들은 어휘의 뜻매김, 뜻풀이, 예문에 약 2000마디의 기초 어휘만을 사용하였다. 즉 아무리 '어려운' 낱말이라도 기초 어휘 2000마디에 속한 낱말로 모두 설명한 것이다. 이것은 '쉬운' 낱말을 오히려 '어려운' 낱말로 설명하기 일쑤인 일반 사전들의 관행을 지양한 것이다. 외국어를 배우고자 하는 사람에게 외말 사전이 갖는 큰 어려움을 이 방법은 많이 경감시킨다. 이것은 외국어 학습의 실효성뿐 아니라, 어떤 언어 정보라도 제한된 어휘만 가지고서 설명할 수 있음을 실증한 것으로, 의미론적으로 큰 의의를 가진다.6)

---

5) 이 사전이 사용자, 특히 외국인 학습자의 필요를 적극 참조하여 편찬됐다는 사실을 편찬 고문이었던 저명한 언어학자인 Randolph Quirk은 서문에서 이렇게 논평한다. "사전 편찬의 핵심은 사용자의 필요를 민감하게 미리 예상하는 것이고, 그리고는, 말할 것도 없이, 그런 필요를 충족시킬 최선의 방법을 고안하는 일이다. 사용자가 주로 영어를 외국어로 하는 사람들인 경우, 일은 훨씬 까다로워진다. 사용자의 능력, 나이, 민족 배경, 그밖의 변수들이 엄청난 문제들을 야기시킬 것이기 때문이다." 이런 문제는 종래의 편찬자들이 봉착하던 것과는 아주 다르다.

6) 이 사실에 대한 Quirk의 말은 이렇다. "편찬자들은 명쾌한 뜻매김 어휘를 개발하였는바, 이는 두 면에서 사용자에게 도움을 줄 것이다. 첫째로, 약 2000 개의 낱말만 알면 사전의 모든 낱말의 뜻매김을 이해할 수 있다는 것이고, 둘째로, 뜻매김 어휘의 철저한 사용으로 말미암아 새롭고도 중요한 의미 분석을 낳은 경우가 허다하다는 것이다." 이 말의 마지막 부분에 특히 유의할 필요가 있다. '뜻매김 어휘'로 의미를 기술하는 과정에서 의미의 구조에 대한 새로운 지식을 얻는다는 것이다. 바로 여기서 언어공학적 의의뿐 아니라 인지과학적 중요성을 가진다는 것을 쉽게 짐작할 수 있다. Proctor는 이것이 이 사전의 제일 두드러진 장점이라고 내세운다. "이 사전의 극히 중요한 이 특징이야말로 언어 학습자를 위한 도구로서 다른 어떤 선례보다 이 사전을 돋보이게 한다. 2000 낱말은 영어의 여러 가지 빈도표와 교육용 어휘 목록을 철저히 연구하여 고른 것이고, 특히 Michael West의 *A General Service List of English*

4. 어휘의 수집에 있어서, 이 사전은 런던 대학의 "영어 쓰임새 조사(Survery of English Uasge)"라는 현대 영어 자료 모음을 이용하였는데, 이는 오랜 기간에 걸쳐서 영어의 용법상 조금이라도 새로운 양상이 나타나는 것을 기록한 자료이다. 즉 대규모의 실제 언어 자료에서 영어의 핵심적 어휘를 뽑아, 그것들의 핵심적 의미를 중점적으로 다루었다. 종래의 상업적 사전들처럼 전통적으로 사전에 으레 오르는 낱말들을 우선 싣는 관행에서 벗어난 것이다.[7)]

5. 종래의 사전은 어휘의 뜻매김과 풀이에 주력하고, 문법적 설명에는 극히 소홀하다. 기껏 전통적인 문법에 따른 품사와 불규칙 굴절을 간략히 알려 줄 뿐이다. 〈롱맨 사전〉은 어휘에 관한 기본적 문법 정보를 간명하게 제시한다. 그러기 위해 여러 가지 부호를 체계적으로 사용한다. 동사의 경우 종래에는 자동사, 타동사의 구별만 표시했는데, 이 사전에서는 일곱 유형으로 나누어 다룬다. 형용사도 일곱 가지로 나누고 있다. 명사는 열한 가지나 된다. 문법 정보와 의미 정보가 합쳐져 있는 셈이다. 실상 그 둘은 이론적으로나 분리되는 것이다. 어떤 언어에서나 초창기에는 '어려운'

Words(Longman, 1953, reprinted 1977)를 참조한 것이다. 나아가, 엄격한 원칙을 세워서 그 2000 낱말의 가장 '핵심적'인 뜻과 쉽게 이해할 수 있는 파생어들만 사용되도록 단속하였다." "……제한된 어휘를 사용한 결과, 가장 기초적인 편찬 원칙의 하나를 성취하였으니, 곧 뜻매김은 어느 경우에나 그것이 기술하는 낱말보다 더 단순한 낱말로 씌어졌다는 것이다." (viii–ix) 여기 언급된 Michael West의 책은 수백만 마디의 영어 문헌에서 빈도순으로 뽑은 2000 낱말 하나 하나의 의미의 빈도를 보여주는 특수한 사전이다. 이 획기적 저작은 그 후 영국의 교과서 집필에 필수적 참고서가 되었다.

7) Survey of English Usage at University College London은 지속적이고도 광범위한 현대영어 조사 자료이다. 당시에는 Quirk이, 현재에는 저명한 편찬학자인 Robert Ilson이 주장하고 있다. 이 자료는 특히 미세한 문법적 변화 등 통사론적 정보를 잘 제공한다. 문법과 의미 정보의 결합을 위한 사전적 방법을 Quirk은 이렇게 찬양한다. "언어 연구, 현대 언어학 이론, 영어 교육의 전문 지식을 결합하여 또 하나의 특징을 낳았으니, 곧 면밀한 문법 부호 체계이다. 이 방법은 사용자에게 부담스럽지 않고 경제적으로 낱말의 표준 통사적 용법에 대한 많은 정보를 제공한다. 그리하여 사전 항목들은 문법과 의미의 접속 양상을 가치롭게 보여준다."

말의 뜻을 풀이한 것이 사전이었으나, 뜻풀이는 낱말의 쓰임에 대한 설명이 되기에는 크게 모자란다는 것이 언어 학습자가 절실히 경험하는 사실이다.

6. 대부분의 낱말들은 단독적으로 쓰이는 것이 아니라 앞과 뒤에 관습적으로 따라다니는 다른 낱말들과 함께 쓰인다. 이른바 '연쇄 구조'(collocation)라는 것이다. 〈롱맨 사전〉은 바로 낱말들의 연쇄 구조 정보를 되도록 자세히 제공하려고 노력했다. 숙어, 관용구 등은 외국인 학습자에게 가장 어려운 사항들이나, 자국인들에게는 완전히 자연스러워서 보통 외말 사전에서 소홀히 하곤 한다.8)

7. 낱말에 따라 사회 계층적으로, 지역적으로, 학술적으로, 그밖에 여러 가지로 특수한 뜻을 가지는 경우가 적지 않다. 〈롱맨 사전〉은 그러한 특수 의미의 정보를 표시하기 위해 상당히 세밀한 의미 영역 표시 꼬리 달기(emantic field labeling)를 했다. 의미 영역 표시 역시 중요한 의미 정보인 것이다. 종래의 사전에서도 이를 표시하지만 자세하지도 일관되지도 못하다.

〈롱맨 사전〉은 실제 편찬 과정에서 1970년대의 전산 기술의 도움을 많이 받은 것은 아니다. 다만 어휘에 대한 설명에서 기초 2000 낱말의 범위를 벗어나는 낱말이 사용되지 않았는지 검색하고 인쇄하기 위해 원고를 전산 사식 체제로 전환한 것인데 이것이 바로 '기읽사'가 된 것이다. 본래 언어공학적 목적에서가 아니라 인쇄를 위해서 제작한 것이므로 많은 전산적 재처리가 필요하지만, 위에 열거한 바와 같이 특징으로

8) Proctor는 이 점에 대하여 이렇게 말한다. "어느 일반 사전도 일찍이 영어 낱말들이, 서로 느슨하게 연결되든가 또는 고정된 어구로 나타나든가 하여 함께 쓰이는 현상을, 이처럼 철저히 기술한 적이 없을 것이다." 성구, 격언, 특수 어구, 동사구, 합성어, 파생어 등을 망라해서 다룬다고 한다. 이런 연쇄 구조를 철저히 다룬 영어 외말 사전의 선구는 1930년대에 일본에서 활약한 A. S. Hornby가 자의 경험을 살려 편찬한 Oxford Advanced Learner's Dictionary(OALD, 1947)일 것이다. 1989년에 A. P. Cowie가 개정 4판을 낸 이 사전은 LDOCE와 이 점에서 경쟁 관계에 있다.

인하여 전산 편찬학적 중요성을 가진다.

자연 언어 처리 학자 보구레입(Bran Boguraev)과 그의 공동 연구자들은 〈롱맨 사전〉의 전산 편찬학적 심층 분석을 통하여 그것이 각종 언어고학에 이용되기 위하여서는 어떤 문제가 해결되어야 하는지를 밝히고 있다.[9)]

첫째로, 〈롱맨 사전〉의 '기읽사'를 온라인 데이터베이스화하는 문제가 만만치 않다. 인쇄를 위한 조판 출력 테입을 여러 가지 언어공학적 목적에 알맞게 데이터베이스화하는 일은 수월하지 않다. 인쇄물에 익숙한 사람의 시각적 인지에 적합하도록 고안된 것을 전산기의 연산적 기능에 맞도록 다시 구축해야 하는 것이다.

둘째로, 사전의 문법 정보 부호 체계의 전산 편찬학적 전용이 어렵다. 낱말들의 통사적 성질을 〈롱맨 사전〉은 매우 체계적으로 제시했지만, 주로 런던 대학 계열의 언어학 이론에 근거한 것이므로 문제가 없지 않으며 철저히 분석적이고 일관되기도 어렵다. 문법 부호 체계에 내포된 정보를 추출하여 문법의 기계적 분석에 전용하는 일은 어려우나 가능하다. 이를 기초로 하여 기계가 진짜 읽을 수 있는 사전을 설계해 볼 수 있을 것이다.

셋째로, 사전 뜻매김의 분석. 〈롱맨 사전〉은 2000여 마디의 기초 어휘로 모든 올림말에 대한 설명을 하고 있으므로, 이 방법을 이용하여 어떤 새로운 낱말의 뜻이라도 나타낼 수 있는 방법을 모색하자는 것이다. 물론 선결 조건이 많지만 현 단계에서는 이 방향으로의 개발이 가장 전망이 좋다. 뜻매김, 뜻풀이의 언어의 분석을 통하여 그것의 유형화가 필요하다. 궁극적으로 의미 데이터베이스를 구축하려는 것이다. 이에는 제한된 분량의 핵심적 낱말들에 문법부호를 부여하는 작업이 선행된다.

9) Bran Boguraev and Ted Briscoe. eds. Computatonal Lexicography for Natural Language Processing, London 무하루 종일 New York : Longamn. 1989.

이는 전산 의미론의 영역이기도 하다.

기존 '기윎사'를 이용하여 자연 언어 처리에 자동적으로 쓰일 수 있는 기계사전을 구현하는 데에는 위에 열거한 큰 일거리들이 가로막고 있다. 실상 연구 개발의 시작 단계에 머무르고 있는 셈이다.

그런데, 이만한 정도의 연구도 〈롱맨 사전〉 같은 좋은 사전이 주어져 있으므로 가능하다. 그런 사전이 없는 우리 나라의 경우에는 전산편찬학 논의는 외국의 연구 동향이나 알아 보는 데에 그치는 수밖에 없다. 다만 연세 대학교 한국어 사전 편찬실이 수년 전부터 〈롱맨 사전〉보다도 더 성가가 높은 〈코빌드 사전〉의 편찬 방법을 응용하여 본격적인 현대 국어 사전을 기획하여 오고 있음은 널리 알려져 있다. 현 단계의 우리 나라에는 전산 편찬학이라고 하면 언어 공학적 목적에 쓰일 기계 사전이 아니라 전산 기술을 최대한 이용한 사전 편찬의 논의일 수밖에 없다. 금년도의 계획대로 1000만 마디의 국어 자료가 입력, 정리되면 실제 편찬 작업에 들어가게 되는 바, 우리가 현재 응용하고 있는 전산 편찬학적 방법은,

1. 대규모 국어 자료의 입력 : 이는 가장 초보적 전산 작업이다.

2. 입력된 자료의 분석 처리 : 형태소 및 어휘 단위의 기계적 분석은 국내에서 여러 학자가 시도하고 있는데, 우리의 도구는 국내 최대 규모인 신용철, 신기철의 〈새우리말 큰 사전〉(약 4000쪽, 1990년 개정판)의 올림말, 문법 정보, 어원, 파생어 일체를 입력한 우리 나름의 '기윎사'(?)와 자연어 300만 마디 뭉치 국어 자료를 기반으로 하여 숱한 시행착오를 거쳐 개발한 것이므로 정확도가 매우 높다고 자부한다.

3. 오늘 현재 입력 정리된 약 500만 마디의 자료에서 자소, 음절, 기초 어휘의 빈도 및 그 문맥 색인(KWIC)을 당장 추출할 수 있다.

4. 그 밖에 말뭉치 교정, 검색 등 각종 관리 도구들이 개발되고 있다.

우리는 〈롱맨 사전〉의 '기읽사'가 명백히 가지고 있는 장단점을 충분히 고려하여 언어 공학에 필수 불가결한 본격 '기읽사'를 인쇄 과정의 부산물이 아닌 목표 생산물의 하나로 기획할 것인 바, 그러기 위하여서 우리의 새 사전은 앞서 열거한 〈롱맨 사전〉의 편찬 원칙을 다음과 같이 더욱 강화할 것이다.

1. 새 사전은 지금까지 축적되어 온 국어학과 일반 언어학의 연구 성과를 적절히 수용하여 일관된 원칙하에 편찬될 것이다. 이론의 일관된 적용은 전산화를 이용하게 해 줄 수 있다.

2. 새 사전은 우리 국민의 국어 문화를 높임에 목적을 두나, 세계적 언어의 하나인 한국어를 배우는 외국인에게 실제적 도움을 주도록 제작하려는 것이다. 실상 어린이, 청소년들도 외국인과 마찬가지로 국어를 배우는 과정에 있으므로 기본적 학습을 위한 사전은 그들에게도 필요하다.

앞으로 개발된다는 '지능형' 전산기도 일종의 "외국인"이므로 외국인 학습자의 필요를 충분히 고려한 사전을 통하여 우리말을 "배우게" 될 것이다.

3. 새 사전 역시 뜻매김, 뜻풀이, 예문 등에 기초 어휘 2000 내지 3000 마디를 쓸 터이다. 이처럼 제한된 도구로 거의 무제한의 일을 해내게 한다는 것은 어렵겠지만 〈롱맨〉, 〈코빌드〉가 한 일이며, 이는 지식 기반, 하이퍼텍스트 등 언어공학의 또 다른 과제를 위해 필요한 작업도 된다.

4. 잘 알려진 대로, 우리는 연세 말뭉치 I II III… 등을 계속 축적하고 있다. 이 뭉치들은 모두 현재의 우리말을 대표한다고 판단되는 문헌에서 뽑아 입력, 정리한 것이다. 기존 국어 사전에 올라 있는 낱말과 연세 말뭉치 I (300만 마디)에 나타나는 낱말과 대조해 보니, 서로 겹치는 것이 40%에 불과하다. 이 사실은 우리 말뭉치가 편벽되어서가 아니라

기존 사전의 올림말 수집 원칙에 문제가 있음을 반증한다고 보아야 한다. 낱말의 뜻과 문법 정보도 말뭉치가 뒷받침하는 한에서만 다루게 된다.

5. 어휘 단위의 의미 정보와 문법 정보를 결합하여 제시하지 않는 한, 언어 정보 도구로서의 현대적 사전의 구실을 하기에 아주 부적합하다. 동사를 타동사/자동사로만 구분하는 것은 거의 쓸모가 없는 낡은 관습일 뿐이다. 우리는 대규모 말뭉치가 제공하는 자료에 따라 각 품사의 유형을 세분하고 각각 그 쓰임의 규칙을 간명하게 표시하되 특히 그 전산 편찬학적 효율성을 고려할 것이다. 이 과정에서 아마도 우리의 전통적인 품사의 개념이 얼마쯤 수정될지도 모른다.

6. 새 사전은 낱말들의 연쇄 구조(어구, 관용구, 숙어)를 세밀하게 다룰 것이다. 실상, 문법 정보의 아주 큰 부분이 이 과정에서 주어지게 된다. 외국인에게 특히 긴요한 부분이다. 우리가 외국어를 배우면서 가장 힘들어 하는 부분이기도 하다. 일반적으로 모든 낱말은 그 앞과 뒤에 올 수 있는 낱말이나 형태소가 규칙적으로 한정된다. 기존 사전들은 이 점에 대해서 거의 완전히 침묵한다.

7. 한 낱말이나, 또는 한 낱말의 어떤 뜻이 특정한 영역에 속한 것임을 밝히는 것은 사전의 또 다른 정보 제공 기능이다. 학술 용어, 방언, 입말, 상소리 등, 그의 사용의 영역을 표시하는 꼬리 달기는 모든 사전의 관행이다. 오늘날 한국의 학계는 선진국 수준에 도달하여 있으므로 뜻꼬리 달기는 과거 어느 때보다도 면밀하게 할 수 있을 것이다.[10] 이런 점에서도 새 사전은 전문적 식견이 높은 이들, 주로 대학 교수나 연구자들이 직접

---

10) 의미 영역 꼬리는 사용자에게 낱말의 사용 문맥을 알려 주는 통상적인 기능 이외에, 유의어사전(thesaurus)의 편찬을 거의 자동적으로 할 수 있게 해 줄 것이다. 전자 사전은 어휘 사전(낱말사전)과 유의어 사전(뜻 사전)의 구별을 없앨 수 있다. 다만 이에는 철저한 의미 영역 배분 원칙을 지키는 일이 선행되어야 한다.

참여하여 편찬을 도와야 하는데, 연세대 한국어 사전 편찬회는 370여 교수가 참여하고 있고 또 앞으로 다른 많은 분의 참여가 기대된다.

새 사전은 서양의 전산편찬학의 개념과 실제를 예의 검토하여 적어도 〈롱맨〉이나 〈코빌드〉에 맞먹으면서도 그들의 결함을 회피하고, 언어공학적 작업을 동시에 진행함으로써 그들에 앞서는 일반 및 전자 사전이 될 전망이다. 그러지 않을 것이라면 이런 일을 벌일 필요가 없을 것이다. 세계 7대 기술국을 꿈꾸는 나라의 7000만이나 되는 사람들에게 매일 정보 소통에 사용되는 우리말이 〈롱맨 사전〉쯤의 '기읽사'도 없어서 되겠는가! (1991. 6)

* 이 글은 아래의 논문을 이 책의 기획과 형식에 따라 수정한 것임을 밝힌다.
이상섭(1992), 전산 편찬학의 개념과 한국적 실제, 『사전 편찬학 연구』 4, 연세대학교 언어정보개발연구원, 7-17.

새로운 사전 편찬의 개념과 그 실제

-『연세 한국어 사전』을 중심으로

남기심·이희자

1. 새로운 사전 편찬의 개념

새롭게 편찬되는 국어 사전은 기존의 사전 편찬 연구와 전산 기술의 발전에 힘입어, 뜻풀이, 표제어 선정, 용례의 추출, 편집 면 등 여러 면에서 좀더 합리적이고 효율적이며 과학적인 방식으로 편찬되어야 할 것이다.

국어 사전을 찾는 기본 목적이 그 뜻풀이를 보기 위한 것임은 두말할 나위가 없다. 뜻풀이를 함에 있어서 가장 중요한 것은 뜻풀이에 사용된 말들이 해당 표제어보다 어렵거나 순환론적 지시에 머물면 안 된다는 사실이다. 그러므로 새로 쓰게 될 국어 사전에서는 이러한 점에 특히 유의해야 할 것이며, 이에 더 나아가 일정한 수의 실제 용례를 일일이 검토하여 이에 근거하여 그 단어가 쓰이는 실질적인 용법을 기술해야 할 것이다. 종래에는 국어 사전을 찾는 목적이 모르는 한자를 확인한다든가 인명이나 지명 따위의 고유명사나, 전문 용어 따위를 찾는 데 있기도 했다. 그래서 각 사전들이 경쟁적으로 표제어 불리기 식의 편찬 태도를 취했는데, 이는 올바른 언어 생활을 위한 국어 사전의 이용 태도에 맞지 않는다. 국어 생활을 올바로 하는 데에 필요한 기본적인 어휘가 조사되어 이를 바탕으로 표제어가 선정되어 풀이되어야 하겠다. 표제어에 대한 뜻풀이에 이어 그 다음으로 주요한 정보로 제시되어야 할 것에 용례가 있다. 적절한 용례는 해당 표제어의 뜻을 이해시키는 데에도 도움이 되고, 해당 표제어를 바르게 사용하는 예를 보여 주는 의미에서도 매우 중요하다. 용례는 작례가 아닌, 실제 생활에서 쓰인 예를 제시하여 실제의 언어 생활과 밀접한 관계가 있음을 보여 주어야 할 것이다. 사전에 기록되는 정보를 좀더 효율적으로 전달하기 위한 방법을 모색하는 일도 현대 국어 사전의 편찬에서 시도해야 할 또 하나의 과제일 것이다. 전자 사전의 형태로 출판하여 검색이 용이하게 하거나 자료의 활용도를 높이거나 할 수 있고, 기존의 개념대로의 사전 형태를 취할 때에도 참고 정보나 관련 정보 따위를 좀더 일목요연하게 나타낼 수 있도록 하면 좋을 것이다.

최근 유럽에서는 최신 전산 기술의 발달로 실제로 쓰인 말을 일정한 원칙에 따라 대량으로 수집하여 자연 언어 사용의 실제를 통계적으로 다루는 방법인 'corpus linguistics'(국어 번역: 뭉치 언어학)[1]에 기대어 새로운 사전 편찬의 방법론을 도입하여 사전을 편찬하고 있다[2]. 이러한 '뭉치 언어학'에서는 우선 대규모의 'corpus'(국어 번역: 말뭉치)를 구축하여 그에 바탕하여 각종 빈도를 측정하는 기본 작업으로부터, 빈도에 의거한 표제어의 선정 작업, 어휘의 의미 빈도에 의거한 의미 항목의 배열, 특정 어휘의 연어 구성 색출 등 기존의 방식으로는 상상조차 할

1) 'corpus linguistics'를 국내에서는 '뭉치 언어학'으로, 'corpus'는 '말뭉치'로 번역하여 사용하고 있다. 이상섭 1989.

2) COBUILD English Language Dictionary(1987), Longman Dictionary of English Language and Culture (1992).

수 없었던 제반 통계학적 사실이나 언어 사용의 습관 등에 대한 정보를 얻어 내고 있다.

이러한 사전 편찬의 원칙과 방법론을 도입한 새로운 한국어 사전의 편찬이 절실히 요구되는 가운데, 이번에 연세대학교 언어정보개발연구원에서 『연세 한국어 사전』을 편찬하였다. 다음에서는 이 사전을 중심으로 그 편찬 방침과 말뭉치에 근거한 원고 작성의 내용, 편찬 체제의 순서에 따른 제반 사항에 대해 간략하게 서술하고자 한다.

2. 새로운 사전 편찬의 실제

연세대학교 언어정보개발연구원에서는 철저히 말뭉치에 근거한 사전 편찬을 목적으로, 1960년 이후의 오늘날의 우리말의 실제 상황을 알아보기 위하여 4,300만 마디(tokens) 크기의 '연세 말뭉치'[3]를 구축하여 이를 현대 국어 사전의 편찬 자료로 삼았다. 또한 용례 검색 도구인 '말씀'을 자체적으로 개발하여, 현대적 사전 편찬의 가장 중요한 부분을 차지하고 있는 살아 있는 용례를 추출할 수 있도록 했다. 말뭉치에 분포하는 개별 어휘 또는 형태소의 특성은 그들이 어떠한 환경에서

---

3) 연세대학교 언어정보개발연구원(한국어 사전 편찬실)은 1987년 말뭉치 구축에 관한 기초 연구를 시작으로 1997년 현재 약 4,300만 마디의 말뭉치를 구축하였다. 1997년 현재 '연세 말뭉치'는 I에서 IV로 구성되어 있는데, 9개의 시대별 말뭉치(2개의 균형말뭉치 포함)와 2개의 표준 말뭉치가 그것이다. 이 말뭉치는 『연세 한국어 사전』의 편찬을 위해, 현대 한국어의 어휘 빈도 조사 및 용법, 의미의 분석을 위한 용례 추출용 데이터로 활용되고 있다. 이 중 특히 2개의 '표준말뭉치'는, 9개의 균형 및 시대별 말뭉치를 토대로 하여, 언어 정보 추출의 효율성을 극대화하기 위해, 시대 및 장르, 언어적 성격 등을 고려한 비율로 재구성한 것으로 표준말뭉치A가 약 1,160만 어절이고, 표준말뭉치B가 약 1,788만 어절이다.

사용되었는가를 정밀히 분석함으로써 파악될 수 있으므로 이러한 검색 도구를 사용하여 철저한 의미 기술을 시도하였다. 용례 색인의 형태는 찾고자 하는 단어(색인어)를 문맥의 가운데에 배치하고 양쪽으로 일정한 길이의 문맥을 제시하는 '문맥 속의 색인어(Keyword in Context: KWIC)' 형태이다. 클라이언트-서버 모델로 개발된 '말씀'은 대량의 말뭉치에서 용례를 바로 추출할 수 있도록 하는 한편, 간단한 질의어를 이용한 선택 제약 사항 부여에 의한 용례 선별과 용례 정렬 기능을 제공하고 있다. 그 외에도 통합 사전 원고 관리 프로그램인 '말모이'[4]를 개발하여 좀더 과학적이고 효율적으로 사전 원고를 작성하고 관리하도록 하였다.

2.1. 『연세 한국어 사전』의 편찬 방침

『연세 한국어 사전』의 편찬 방침은 첫째로, 언어 사전으로서의 어휘 사전 편찬을 목표로 현대 국어 학습을 위한 사전이 되도록 하였다. 그리하여 국어 어휘의 발음, 형태, 통사적 현상과 같은 문법적 사실을 동시에 기술하고자 했다. 국어 사전은 사전 이용자들에게 정확하고 올바른 언어생활을 제시하는 규범적 성격을 본질로 한다. 실제 언어 사용에 있어서

4) '말모이'는 연세대학교 언어정보개발연구원에서 개발하여 사용하고 있는 통합 사전 원고 관리 프로그램이다. 이 프로그램은 사전의 표제어 검색과 더불어 해당 표제어에 대한 원고 검색 및 열람 기능을 제공한다. '말모이'는 사전 원고 작성 및 교정 단계에서 발생할 수 있는 모든 요구를 충족시킬 수 있도록 설계되었으며, SQL 기반의 클라이언트-서버 모델로 개발되었다. 따라서 하나의 표제어에 대해 여러 단계의 교정 결과가 반영된 원고를 각각 검색할 수 있으며, 품사별·자모별·작성자별 검색 및 열람은 물론 기타 여러 검색 조건들이 복합적으로 결합된 다양한 검색 기능을 제공한다. 그리하여 사전 원고 작성에 있어서 각 품사별로 일관된 기술을 할 수 있도록 했으며, 각종 통계 작업 등을 수월하게 할 수 있도록 하였다.

문법과 어휘가 결부되어 작용할진대, 올바른 언어 생활의 제시를 위해서는 이러한 언어 사용의 현실이 사전에 반영되어 문법과 어휘가 동시에 다루어진 사전 편찬이 이루어져야 할 것이다. 이러한 원칙 아래 단권 사전으로 편찬된 이 사전은 종래의 백과 사전적 기술 태도를 지양하고 순수 언어 사전으로 기능할 수 있도록 편찬되었다. 둘째로, 표제어의 뜻풀이는 그것이 실제로 사용된 문장에서 일일이 조사하여 그 의미 갈래를 세우고, 사전의 사용자가 읽어서 쉽게 이해할 수 있는 말로 풀이하였다. 셋째로, 어휘의 사용 빈도수에 의거하여 표제어를 선정하였다. '연세 말뭉치'(4,400만 어절, 보통 책으로 약 18만 쪽의 분량)에서 원칙적으로 출현 빈도 14 이상의 단어 및 문법 형태소 5만여[5] 개를 가려내어 기술했다. 이러한 표제어의 수는 의미, 문법, 용례 따위를 취급한 단권 사전이 수용할 수 있는 일반적인 표제어 숫자와도 일치하는 것이다.[6] 넷째로, 모든 용례는 '연세 말뭉치'에서 실생활에 직접 쓰이는 용례를 선별하여 수록하였다.

2.2. 말뭉치에 근거한 원고 작성의 실제

『연세 한국어 사전』은 철저히 말뭉치에서 뽑은 용례를 기반으로 하여 의미를 풀이하고, 문법 관계, 용법, 연어 정보, 형태적인 제약 등의 정보를 주었다. 다음은 '문맥 속의 색인어(Keyword in Context: KWIC)' 형태로 용례를 제시해 주는 '말씀'을 사용한 용례 분석의 실례이다.

---

5) 일반적으로 한 사전의 표제어 숫자를 말할 때 부표제어도 포함된다. 정확히 말하여 이 사전의 표제어 숫자는 49,180개이다(부표제어 제외).

6) 이는 케임브리지, 옥스퍼드, 코빌드, 롱맨 등 이름난 외국의 단권 사전들의 표제어 수와도 비슷한 숫자이다(『연세 한국어 사전』 '머리말'에서).

▪말뭉치에서 뽑은 일정 수의 용례를 일일이 검토하여 어휘의 의미를 기술하였다. 단어의 여러 가지 다양한 의미들은 그 단어가 쓰인 문맥 속에서 찾아 낼 수 있다. 다음의 용례에서 명사 '그릇'의 의미는 '물건을 담는 도구'라는 기본 의미 외에도 '한 사람의 능력이나 도량'이라는 뜻으로도 쓰이며, 의존 명사처럼 수량을 세는 단위로도 쓰임을 알 수 있다. 그 각각의 쓰임을 ⓐⓑⓒ 따위와 같은 분류 기호를 사용하여 말뭉치에 일일이 표시하여 그 의미 빈도를 추정해 낼 수 있으며 각 의미 항목에 해당하는 적절한 용례도 추출해 낼 수 있다.[7]

ⓐ	음식들이 큰 ___그릇에___	가득가득 담겨 있다.
ⓐ	노인은 밥과 반찬이 남아 있는 ___그릇들을___	가지고 나갔었다.
ⓑ	스물두살의 나이라면 받아들일 수 있는 ___그릇이___	가장 넓을 때였다.
ⓑ	날 때부터 작은 ___그릇을 ___	가지고 태어난 사람도 있다.
ⓒ	그는 식모를 불러 숭늉 한 ___그릇을___	가져오라 했다.
ⓒ	몸집 좋은 아줌마가 쟁반에 콩국수 두 ___그릇을___	갖고 온다.
ⓐ	부엌에서 ___그릇___	부딪는 소리가 났다.
ⓐ	음식 찌꺼기가 조금 묻은 ___그릇부터___	씻고,
ⓒ	나는 이날 곰탕 두 ___그릇___	값을 지출했다.
ⓒ	영진은 병원 앞에 있는 곰탕집에서 한 ___그릇___	사다가 드렸다.

▪'말씀'은 대량의 말뭉치에서 용례를 바로 추출할 수 있도록 하는 한편, 간단한 질의어를 이용한 선택 제약 사항 부여에 의한 용례 선별과 용례 정렬 기능을 제공하고 있다. 이러한 기능을 이용하여 말뭉치 용례를 서술어 앞에 쓰인 조사별로 정렬하여 동사와 형용사의 격틀을 추출해 낼 수 있다. 그리하여 각 용언이 쓰이는 기본적인 문장의 유형을 보여주었다. 동사와 형용사의 의미는 격틀에 따라 달라지므로 격틀을 제시함으로써 이들의 의미를 정확히 밝힐 수 있다.

---

7) 아래의 예들은 『연세 한국어 대사전 계획』(유인물, 1998: 언어정보개발연구원 편)에서 따온 것들이다.

"돌다"의 격틀: 1이 돌다
1이 2로 돌다
1이 2를 돌다
1에 2가 돌다

왼쪽 문맥	표제어	오른쪽 문맥
주낙을 감는 기계가	돌고	선원들의 손길이 바빠지자,
우리의 몸이 돌 때마다 침대가 돌고 방과 세계가	돈다	.
지구가	돈다고	할 때,
구리제품인 듯싶은 붉은 기가	도는	주전자
멍석을 깐 논에서 탈곡기가	돌고	있었습니다.
무덤처럼 고요하고 냉기가	도는	집을 둘러보았다.
혜영의 말엔 냉기가	돌았다	.
병원 입구에서부터 당장 살기가	도는	듯했다.
요즘은 코스모스가 유난히 많이 어우러진 샛길로	돌아서	걷습니다.
'계란이요, 계란'하고 외치며 산동네로	도는	부부인 듯한 남녀
그는 조금 비틀거리며 울타리 뒤로	돌았다	.
골짜기를	돌아	안으로 들어가자
산모퉁이 하나를	돌고	말았습니다.
경내를	도는	새벽 독경 소리
김현은 그 탑을	돌다가	한 처녀를 만났다.
가끔 순찰을	도는	야경꾼이 있지만
준동이와 정아가 신나게 얼음판을	돌고	있는 것을 구경하고 있는데
마을의 석화밭을 따로 갖자는 의견이	돌았다	.
워낙에 불경기라서 어디 자금이	돌아야지	?
푸른 빛깔이	도는	벽지
얼굴에 새로운 생기들이	돌았으며	부락 전체에는 활기가
또 한 차례의 바람이	돌며	희도의 머리를 날렸다.
중섭은 술맛이	돈다고	술을 따라서 마신다
우리의 몸이	돌	때마다 침대가 돌고
남녀노소 할 것 없이 술잔이	돌았다	.

■ 대량의 용례를 검토해 봄으로써 해당 표제어의 정확한 용법을 밝혀 낼 수 있다. 단어의 뜻풀이뿐만 아니라 그 단어가 실제 용례에서 쓰이는 환경, 즉 용법을 자세히 보여 줄 수 있다. 예를 들어 부사 '만약'은 뒤에 반드시 '-다면, -ㄹ지라도' 등의 양보의 의미를 지닌 부사절과 함께 쓰인다는 정보를 아래와 같은 말뭉치 용례를 통하여 확인할 수 있다.

왼쪽 문맥	표제어	오른쪽 문맥
	만약	일에만 욕심을 냈**다면** 옳은 물건이 되지 않았을 게다.

	___**만약**___	자신에게 그런 고향이 없었**다면** 화가로 입신할 수 있었을까?
	___**만약**___	그가 칠 년 전쯤 칠십 세로 사망했**다면** 어찌 되었을까요?
박 선생이	___**만약**___	어찌 된**다면** 가만 있잖겠다고 벼르는 주민들이 많더군.
성도형이	___**만약**___	못 내려온**다면** 자기도 서울로 올라가겠다는 생각까지 했다.
	___**만약**___	그랬더**라면** 아마 그 사건은 없었을 것이다.
	___**만약**___	눈을 뜨게 되지 못하**더라도** 하느님의 빛은 마음속에서 더욱
	___**만약**___	동료**일지라도** 이상한 행동을 하면 즉각 발사하라는 명령까지

■ 어떠한 명사가 어느 특정한 동사와 잘 어울려 쓰일 때 이러한 정보를 말뭉치 용례로 확인할 수 있다. '댕기'를 몸에 지니는 행위를 나타내는 동사는 '(매)달다', '드리다', '하다'이다. 이중 '(매)달다'와 '하다'는 다른 물건을 몸에 지닐 때도 쓰이나('목걸이를 매달다, 목걸이를 하다') '드리다'는 '댕기'와만 쓰이는 것을 확인할 수 있다.

창창한 인생에다 빨간	___댕기___	달고 빌빌대 보라고 하세요!
꼭지에	___댕기___	달고 남치마를 입혔지.
호적에 빨간	___댕기___	달아 봤자 저만 죽어나지.
새로 사 준 모본단	___**댕기를**___	**드렸다.**
그런 부인들이 흰	___**댕기를**___	**드렸다고** 한다.
머리에 붉은	___댕기를___	매단 남학생 한 명이
자줏빛	___댕기가___	매달려 있는 긴 머릿결
머리 꼬리에 붉은	___댕기가___	매어져 있다.

■ 용언의 활용꼴과 체언의 곡용꼴의 제약을 밝혀낼 수 있다. 용언은 모든 어미와 자유롭게 결합하는 것이 원칙이나, 실제로 말뭉치의 용례를 보면 일부의 용언은 특정한 몇 개의 활용형으로만 제약적으로 쓰이는 경우가 많다. 명사의 경우도 일반적으로 명사는 모든 조사와 결합하여 쓰이지만 일부 명사는 특정 조사와만 어울려 쓰인다. 이러한 제약상을 말뭉치를 통하여 밝혀낼 수 있다. 예를 들어 동사 '불구하다'는 '불구하고'의 꼴로만, 형용사 '선부르다'는 '선부른', '선부르게'의 꼴로만 쓰이고, 명사 '일말'은 '일말의'의 꼴로 쓰인다.

㉮ **불구하다**: '~에도 불구하고'의 꼴로만 쓰임.

이상과 같은 권고에도	___불구하고___	미국의 국회는
이와 같은 단점에도	___불구하고___	필요불가결한 통합 방법인 것이다.
그러함에도	___불구하고___	사회사업은
그럼에도	___불구하고___	영국은 이제 아사에 직면하려고
곤궁에 빠지고 있음에도	___불구하고___	만고 자유농민이 영주에 노속하는
합리적인 이유에도	___불구하고___	재래의 읍, 면 제도를 쉽사리 정리
이승만의 반대에도	___불구하고___	한민당 계열은
그는 부인했음에도	___불구하고___	그의 몫으로 남겨진 고향이
여윈 딸의 고민에도	___불구하고___	그 많은 돈을 마을에 보태다니

㉮ **섣부르다**: '섣부르게, 섣부른'의 꼴로만 쓰임.

이것도 책의 한 부분만 보고	___섣부르게___	판단하는 오류입니다.
이 소설의 막판에 끼여든 이 모든 사람들을	___섣부르게___	당신이라 부르지도
그렇다고	___섣부르게___	권총을 썼다가는
그것을 사회적으로 공인 받기 위해	___섣부른___	짓을 하기도 했다.
효인은 그런	___섣부른___	행동을 하고 싶지가 않다.
선무당이 사람을 잡는데	___섣부른___	지식은 얼마나 사람을 잡겠나?
그들은	___섣부른___	승패 예상은 피했다.

㉮ **일말**: '일말의 ~'의 꼴로만 쓰임.

그리고 실제로도	___일말의___	의구심을 버리지 못하고 있었다.
나는 그에게 품은	___일말의___	혐의를 지우지 못했다.
좀더 자세한 것을 알게 될지도 모른다는	___일말의___	기대를 버리지는 않았다.
이윽고 그는	___일말의___	회의도 깃들지 않은 강한 어조로
연지 아줌마는	___일말의___	부러움을 속일 수 없는 것인지
수사관도 지숙이 말에 석연치는 않으나	___일말의___	긍정이 간다는 표정이었다.

3. 『연세 한국어 사전』의 편찬 체제

이 사전의 편찬 체제는 다음의 차례를 따른다. 아래에서는 '표제어', '어깨번호(동형어)', '한자(어원)', '발음', '활용형', '품사', '뜻풀이', '용례', '참고란'의 순서로 살펴보겠다.

표제어(어깨번호)(한자)[발음] [활용형] 품사-뜻풀이-용례
1 2 3 4 5 6 7 8
'옆 참고란'-'아래 참고란'
9 10

3.1. 표제어

3.1.1. 표제어의 수록 범위

이 사전은 '연세 말뭉치'에서 원칙적으로 빈도 14 이상의 낱말 5만여 개(부표제어 포함)를 다루었다. 이렇게 하여 선정된 표제어들은 18만 쪽 분량의 텍스트를 95% 해독 가능하게 하는 기본 어휘들이다.

흔히 쓰이는 비표준어는 '표준어 규정'(문교부 고시 제88-2: 1988. 1. 19.)과 '표준어 모음 2'(1990. 9.)에 근거하여 빈도수에 따라 선별하여 수록하였다. 한자어 중에서 특히 순화의 대상으로 되어 있는 '일본어투 생활 용어'는 '국어 순화 용어 자료집'에 근거하여 표시하였다.

3.1.2. 표제어의 배열

■ 자모의 순서는 다음의 차례를 따른다.

초성: ㄱㄲㄴㄷㄸㄹㅁㅂㅃㅅㅆㅇㅈㅉㅊㅋㅌㅍㅎ (19 개)
중성: ㅏㅐㅑㅒㅓㅔㅕㅖㅗㅘㅙㅚㅛㅜㅝㅞㅟㅠㅡㅢㅣ(21 개)
종성: ㄱㄲㄳㄴㄵㄶㄷㄹㄺㄻㄼㄽㄾㄿㅀㅁㅂㅄㅅㅆㅇㅈㅊㅋㅌㅍㅎ (27 개)

■ 자모의 순서에 따른 표제어의 배열은 ㄱ 줄 다음에 이어 ㄲ 줄을 따로 배열하는 방식을 취하였다.

㉮ 가, 각, 까, 깎…

■표제어의 배열은 자모의 순서에 따르되, 한 품사 안에서는 고유어, 한자어, 외래어의 순으로 배열하고, 그 안에서는 빈도수에 따라 배열하였다.

도[1] 명 풀이…
도[2](度)[도:]명 풀이…
도[3](道)[도:]명 풀이…
도[4](道)[도:]명 풀이…
도[5] 명 풀이… | ㉾이탈리아어 'do'에서 온 말

■동형어의 배열은 품사의 배열 순서에 따른다. (참고: 2장의 어깨번호)

3.1.3. 표제어의 구성

■한 단어 한 표제어의 원칙 아래 표제어를 수록하였다. 자립적 단어가 아닌 것은 문법적 관계를 나타내는 어미나, 어근에 뜻을 더해 주는 접사, 형태적으로는 분석할 수 없으나 두 단어의 결합체인 준꼴, 단어나 구 형성에 쓰이는 형성소를 표제어로 올렸다. 표제어가 단어인 경우에는 그에 대한 품사를 약물을 사용하여 나타냈으며, 접사, 어미, 준꼴, 형성소는 각각 약물 (접두), (접미), (어미), (준꼴), (형성)으로 문법 범주를 표시하였다.

■두 개 이상의 명사로 이루어진 관용 표현 따위는 해당 명사의 부표제어로 수록하였다. 즉, '사회 사업', '비행기를 태우다' 등과 같이 두 단어 이상이 늘 붙어 쓰이면서 관용적 의미를 지니게 된 것은 앞 명사에 딸린 부표제어로 다루되, 표제어보다 한 칸 들여 쓰고 활자 크기도 달리하였다.

사회(社會)[명] 풀이…
사회 사업(社會事業) 풀이…
비행기(飛行機)[명] 풀이…
비행기를 태우다 풀이…

■ 고유명사는 표제어로 삼지 않았다.

■ 이 사전은 현대 국어를 대상으로 하나, 옛말 중에서도 아직 널리 쓰이고 있는 '암행어사', '왕', '원님'과 같은 말은 표제어로 삼았다.

■ '고진감래', '어부지리' 등의 고사성어는 빈도수에 따라 표제어로 올렸으나 속담은 올리지 않았다.

■ 파생어의 처리: 첫째로 동작성이나 상태성이 있는 명사에 '-하다', '-되다'가 붙어 동사나 형용사로 쓰이는 말들을 빈도수에 근거하여 독립된 표제어로 삼아 풀이하고, 해당 명사에서 파생어 정보를 주고, 파생된 동사에서는 해당 명사로 가 보라(☞)고 하였다. 둘째로, 명사에 '-시키다', '-당하다'가 붙어 동사로 쓰이는 말들을 빈도수에 근거하여 독립된 표제어로 삼아 풀이하였다. 셋째로, 어떤 부사에 '-거리다, -대다, -이다, -하다'가 붙어 파생되어 쓰이는 말들을 빈도수에 근거하여 독립된 표제어로 삼아 풀이하고, 해당 부사에서 파생어 정보를 주었다.

검증[명] 풀이… **검증되다**[동] ☞검증	㉶검증되다·검증하다
끄덕 [부] 풀이… **끄덕거리다**[동] ☞끄덕	㉶끄덕거리다·끄덕이다·끄덕하다

3.1.4. 표제어의 처리 방식

■ 용언의 표기 방식: 용언의 기본형이 표제어로 올랐을 경우에 기본형

을 나타내는 어미 '-다'는 그 자리에 다양한 어미가 붙어 쓰일 수 있음을 나타내기 위하여 이를 작은 글자로 표시하였다.

> ㉾ **먹**다, **아름답**다, **이**다

■ 붙임표의 사용 원칙: 붙임표(-)는 접두사, 접미사, 어미의 표시에 사용하였다. 일반적으로 기존 사전에는 표제어의 형태 경계를 나타내는 데에도 붙임표가 사용되는데 이 사전에서는 그러한 경계 표시를 하지 않았다.[8]

■ '순간'과 같이 의미가 유사하나 서로 다른 품사로 사용되는 것은 동형어로 나누어 풀이하였다.

> **순간**(瞬間)명 풀이…
> **순간**(瞬間)부 풀이…

3.1.5. 표제어의 표기법

■ 한글 표기 및 맞춤법은 '한글 맞춤법'(문교부 고시 제88-1: 1988. 1. 19.)에 따랐다.

■ 외래어 표기는 '외래어 표기법'(문교부 고시 제85-11: 1986. 1. 7.)에 따랐다.

3.1.6. 대표 형태 정하기

이 사전에서는 사용자들의 편의를 위하여 대표형을 다음과 같이 정하여 표제어로 처리하였다.

---

8) 표제어는 곧바로 쓰기에 반영되는 것으로 보아, 형태 경계 표시를 표제어에 표시하지 않았는데 이러한 정보가 필요하다면 '옆 참고란' 등에서 해당 표제어에 대한 형태 정보를 줄 수 있을 것이다.

■ 조음소의 유무에 따른 변이 형태들은, 조음소가 없는 꼴을 대표 형태로 하여 풀이를 하고, 대표 형태의 예문을 보여 주었다. 조음소가 들어가 있는 꼴에서는 한두 개 정도의 용례를 보여 주고, 대표 형태로 '가 보라'(☞)고 하였다.

> **-ㄴ지**(어미) 풀이…
>
> 참고: '-ㄴ지'는 받침 없는 형용사나 '이다'의 어간 뒤에, '-은지'는 받침 있는 형용사의 어간 뒤에 쓰임.
>
> **-은지**(어미) ☞'-ㄴ지'.

■ 양성·음성 모음에 따른 변이형태들은 양성의 것을 대표 형태로 하였다.

> -아라(-어라), -아서(-어서), -아(-어)

■ 앞말의 받침 유무에 따른 변이 형태는 받침 없는 말 뒤에 쓰이는 꼴을 대표 형태로 하였으며{는(은), 를(을)…}, '이니, 이며, 이랑…' 등은 '이-'가 있는 꼴을 대표 형태로 하였다. 단 인용의 '라고'는 '이라고'의 꼴로 쓰이는 일이 드물기 때문에 '라고'를 대표형으로 하였다.

3.1.7. 관용 표현의 처리[9]

모든 '관용 표현'은 부표제어 다음에 부표제어와 같은 크기로 가나다순으로 배열하였다.

관용 표현은 그것을 이루고 있는 구성 단어 중 첫 단어와 중심 단어 아래에서 설명하였다. 단, 중심 단어가 둘 이상일 경우에는 앞선 중심 단어에서 설명하였다. 동사의 관용 표현을 보여 줄 필요가 있을 때에는

9) 참고: 이희자 1994.

뒷단어에서 보여 준 것도 있다.

- ■ '비행기를 태우다'는 '비행기'와 '태우다'에서 각각 '비행기를 태우다'를 보여 주고, '비행기'에서 이에 대한 설명을 하고, '태우다'에서는 '비행기'로 '가 보라(☞)'고 하였다.
- ■ '변죽을 울리다'와 같이 제한된 꼴로만 쓰이는 것들은 '변죽'을 가표제어로 세우고 "'변죽을 울리다'와 같은 관용 표현에 쓰임"이라는 설명과 함께 부표제어로 설정하여 설명하였다.
- ■ '별꼴'과 같이 다른 꼴로도 쓰이고 주로 결합하여 쓰이는 꼴이 있는 것들은 그러한 정보를 의미 항목 내에서 설명하였다.
  (예: "주로 '별꼴을 다 보다'의 꼴로 쓰이어").
- ■ '대 놓고'류는 뒷단어인 '놓다'에서 설명했다.

3.1.8. 속어의 처리

속된말은 뜻풀이 난에서 '무엇의 속된말', '무엇을 속되게 이르는 말'이라고 하되, '무엇'에 해당하는 것이 문장 단위이거나 이에 준할 만큼 길 때에는 '[속된말로] (풀이)…'의 형식을 따랐고 경우에 따라 '무엇을 속되게 이르는 말'이라고 하기도 했다.

대가리㉮ '머리'의 속된말.
까다㉯ [속된말로] '남의 결함을 들추어 비난하다.
공순이㉮ '공장에서 일하는 여자 근로자'를 속되게 이르는 말.

3.1.9. 준꼴의 처리[10)]

문법적인 지위가 다른 두 개의 단위가 문법적으로는 하나의 단위가

10) 참고: 이희자 1997.

아니나 형태적으로 하나의 단위처럼 줄어들어 쓰이는 것을 '준꼴'이라고 하였다.

(ㄱ) 나는 고향을 가진 친구들이 제일 부럽단다.
(ㄴ) *나는 고향을 가진 사람들이 제일 부럽다고 한다.
(ㄷ) 철수는 커서 변호사가 되겠단다.
(ㄹ) 철수는 커서 변호사가 되겠다고 한다.
(ㅁ) 태양 빛을 먹지 않고 사는 게 있습니까?
(ㅂ) 게 섰거라.

예문(ㄱ)에 쓰인 '-단다'는 종결 어미로서, (ㄴ)과 같이 '-다고 한다'로 되지 않는다. 그러나 (ㄷ)의 '-단다'는 다른 사람에게 들은 말을 인용하여 나타내는 '-다고 한다'가 줄어든 말로 (ㄹ)처럼 쓸 수 있다. 그러므로, (ㄱ)의 '-단다'는 종결 어미로, (ㄷ)의 '-단다'는 '-다고 한다'가 줄어든 꼴이라고 하여 이를 약물로 (준꼴)이라고 하였다. 마찬가지로 (ㅁ)의 '게'는 명사 '것'과 조사 '이'가 결합하여 줄어든 말이고, (ㅂ)은 부사 '거기'의 준말이다.

-단다(어미) 종결 어미.
-단다(준꼴) '-다고 한다'가 줄어든 말.
게㉮ 풀이…
게(준꼴) '것이'가 줄어든 말.

3.1.10. 형성소의 처리[11)]

홀로는 쓰이지 못하고 새로운 낱말이나 구를 만드는 데에만 쓰이는 것을 '형성소'라고 하였다. 예를 들어, 기존의 사전에서는 '간이'를 명사로 처리하였는데, 이 단어는 실제로 홀로 쓰이지 못하고, '간이역'과 같은 새로운 낱말을 만들거나, '간이 식당, 간이 막사' 등과 같이 구를 이루는

11) 참고: 남기심/이희자 1995.

데에만 쓰이므로 명사라고 할 수 없다. 이처럼 낱말 형성이나 구 형성에만 쓰이는 것을 형성소라고 하였다. 형성소가 구 결합에 쓰일 때에는 관형어의 기능을 하므로 그 뜻풀이도 관형사적으로 하였다.

간이(簡易)(형성)(정규 시설이 아니라) 어떤 시설의 기능이나 목적을 위한 기본적인 요소만을 간단하게 갖춘. ⓔ 간이 주점/간이 식당.

3.2. 어깨번호(동형어)

■ 동형어의 배열은 품사의 배열 순서에 따르되, '준꼴'은 해당 품사 뒤에 배열하며, 단어와 접사, 어미, 준꼴은 어깨번호를 붙여 배열하였다. 어깨번호를 매기는 순서는 다음과 같다.

명사, 의존명사, (준꼴), 형성소, 대명사, (준꼴), 수사, 동사, 형용사, 부사, 관형사, 감탄사, 조사, 어미, (준꼴), 접두사, 접미사.

제[1](祭)[명] 풀이…성황당에 제를 올린다.
제[2][의] 풀이… 한약 한 제.
제[3][대] 풀이… 예서 펄떡, 제서 펄떡.
제[4][대] 풀이… 제가 할게요.
제[5](준꼴) 풀이… 제 곁.
제[6](준꼴) 풀이… 그 애는 제 오빠한데 대든다.
제[7](준꼴) 풀이… 잠시 옥살이를 할 제.
제[8][관] 풀이…제 현상.
제-[9](접두) 풀이… 국보 제1호.
-제[10](低)(접미) 풀이… 내각제.

■ 소속 품사가 다른 동형어가 여럿 있는 경우에 의미상 상호 관련이 있는 동형어를 모아서 배열하였다.

각각[1](刻刻)명 풀이…
각각[2](各各)명 풀이…
각각[3](各各)부 풀이…

3.3. 한자어의 표시

■한자어는 표제어 바로 뒤에 해당 한자를 밝혀 적는 한국 사전의 오랜 관행을 따랐다. 이는 한자가 국어 문장에서 직접 또는 괄호 안에 쓰이는 일이 있음을 보이기 위함이다.

결혼(結婚)명 풀이…

■기본 표제어에 한자가 두 가지로 있을 경우에 부표제어의 한자 표시는 기본 한자 또는 자주 사용되는 한자만 보여 주되 붙여서 보여 주었다.

난방(煖房·暖房)명 풀이…
난방 장치(煖房裝置) 풀이…

■한자어의 오늘날의 발음이 해당 한자의 음과 많이 다를 경우에는 한자를 표제어 뒤에 보이지 않고 옆 참고란에서 다음과 같이 보였다.

가난명 풀이…	참'간난(艱難)'에서 온 말

■한자어가 고유어의 요소와 어울려 한 단어를 이루었을 때에는 고유어 부분을 (—)로 표시하였다.

감행하다(敢行—) 풀이…
감하다(減—) 풀이…

3.4. 발음의 표시

■ 발음은 원칙적으로 '표준어 규정'(문교부 고시 제88-2: 1988. 1. 19.)의 '표준 발음법'을 따랐다.

■ 발음은 한자 정보 다음에 [ ] 안에 제시하고, 장음도 발음난에 표시하였다.

사과(謝過)[사:과]

■ 장음을 표시해 주되, 오늘날 우리말의 장단음의 구별이 사실상 소멸해 가고 있음을 고려하여, 심리적 장음과 더불어 일부 단어에 한해서 장·단음에 변화가 있음을 보이는 뜻에서 (:)을 사용하여 표시하기도 하였다.

고소하다[고소(:)하다]

■ 소리의 동화나 첨가가 일어난 것은 표시해 주되, 규칙적인 경음화나 격음화, 연음은 따로 표시하지 않았다. 단 장음을 표시해야 하는 경우에는 연음, 경음화, 격음화, 구개음화 등 모든 음운 현상을 적용하여 표기하였다.

난폭하다(亂暴—)[난:포카다]

계속되다(繼續—)[계:속뙤다]

■ 겹받침을 가진 말이나 대표음으로 발음되는 말이 어떤 조사와 결합하여 쓰일 때 그 변이음을 보이기 위해, 조사 '이', '만'과의 결합꼴을 보이고 그 발음을 표시하였다. 단, 조사 '이'가 붙어서 구개음화가 될 경우에는 '을'과의 결합꼴도 보여 주었다.

값[갑] [값이[갑씨], 값만[감만]]

밭[받] [밭이[바치], 밭을[바틀], 밭만[반만]]

■ 용언의 경우 활용꼴에 따라 장·단음이 변하는 경우나 겹받침으로 끝나 그 발음이 어려운 것은 활용꼴 각각에 발음을 함께 보여 주었고, 축약형에서만 장·단음이 변할 경우에는 그것만 발음을 표기해 주었다. 이 때 연음, 경음화, 격음화, 구개음화 등 모든 음운 현상을 적용하여 표기하였다.

길다[길:다](긴[긴:], 길어[기러], 깁니다[김:니다])
엷다[열:따](엷은[열:븐], 엷어[열:버], 엷습니다[열:씀니다])
밝다[박따](밝은[발근], 밝아[발가], 밝고[발꼬], 밝습니다[박씀니다])
놓다[노타](놓는, 놓아(놔)[놔:], 놓습니다)

■ 사잇소리 다음의 'ㄱ, ㄷ, ㅂ, ㅅ, ㅈ'가 된소리가 되는 것을 표시하되, 사잇소리가 [ㄷ]으로 나타나는 것은 표시하지 않았다.

냇가[내:까] 풀이…
깃발[기빨] 풀이…

■ 한 단어 내에서 'ㄷ, ㅅ, ㅈ, ㅎ'가 [ㄷ]으로 나타나는 것은 표시하였다.

맡붙다[만뿐따] 풀이…
밧줄[받쭐] 풀이…

■ 외래어와 부표제어는 발음을 표시하지 않았다.

3.5. 활용형 표시

■ '불규칙 용언'이라는 표시 대신에 용언의 대표적 활용형을 보여 줌으

로써 이의 불규칙성을 보여 주었다.

■ 용언의 활용형은 표제어 뒤에 [ ] 에 넣어 표기하되 그 순서는 관형형, 연결형, 종결형의 순으로 하였다. 관형형은 동사와 형용사를 가르는 기준으로 작용하므로 보였고, 연결형은 모음 앞에서의 불규칙성이, 종결형은 자음 앞에서의 불규칙성이 드러나므로 보였다.

가다동 [가는, 가, 갑니다] 풀이…
길다형 [긴, 길어, 깁니다] 풀이…

■ 쓰임이 제약되는 활용형이 있을 때는 쓰이는 꼴만을 보여 주고, 참고란에 그 사실을 밝혔다.

섣부르다 [섣부른, 섣부르게] 동 [주로 '섣부른, 섣부르게'의 꼴로 쓰이어] 풀이…	참서술형은 쓰이지 않음.

■ '명사+하다/되다/시키다/당하다'는 명사가 표제어로 올라 있을 때는 활용형을 보여 주지 않았다.

■ '명사+하다/되다/시키다/당하다/대다/이다/거리다'는 연결형에서 줄어든 꼴을 보여 줄 때 그 어근을 생략하였다.

공부하다동 [공부하는, 공부하여(해), 공부합니다]
출렁이다동 [출렁이는, 출렁이어(여), 갑니다]

■ '거라', '너라' 변칙과 같이 어미가 바뀌는 것들은 어미에서, 변이를 보이는 몇 개 동사들을 예로 들어서 설명하였다.

3.6. 품사

모든 표제어는 품사 또는 문법 범주를 반드시 표시하는 것을 원칙으로 하였다. 품사 체계와 용어는 원칙적으로 맞춤법 통일안과 통일 학교 문법 체계(1985)를 따랐다. 이 사전에는 9품사와 의존명사, 그 밖에 형성소, 보조 동사, 보조 형용사, 어미, 준꼴, 접두사, 접미사 7개의 문법 범주를 표시했다[12].

명사, 대명사, 수사, 동사, 형용사, 부사, 관형사, 감탄사, 조사, 의존명사, 형성소, 보조 동사, 보조 형용사, 어미, 준꼴, 접두사, 접미사

3.7. 풀이의 체계

가능한 한 평이한 말로 뜻풀이를 하였다. 뜻풀이에 한자를 사용하지 않았다. 뜻풀이를 할 때 동사는 동사의 꼴로, 형용사는 형용사의 꼴로 뜻풀이를 하는 등, 각 품사에 맞는 풀이 방식을 취하였다. 단, 활용꼴이 굳어진 것은 로마 숫자로 갈라 굳어진 꼴로 쓰인다는 정보를 주고 굳어진 꼴로 뜻풀이를 하였다.

뜻풀이에서 뜻의 갈래를 표시하는 방식은 다음과 같다.

---

12) 이 사전의 근본 취지를 살린 각각의 품사 및 문법 형태소에 대한 자세한 연구는 『말뭉치 기반 국어 연구 총서』와 박사 학위 논문과 『사전 편찬학 연구』 8집에 담겨 있다. 이희자/이종희 1998: 『텍스트 분석적 국어 조사의 연구』, 『말뭉치 기반 국어 연구 총서』 1, 강현화 1998: 『국어의 동사연결 구성에 대한 연구』, 『총서』 2, 유현경 1998: 『국어 형용사 연구』, 『총서』 3, 김지은 1998: 『우리말 양태용언 구문 연구』, 『총서』 4, 이희자/이종희 1999: 『텍스트 분석적 국어 어미의 연구』, 『총서』 5, 한송화 1997: 『국어 자동사의 연구』, 연세대 박사학위 논문, 정희정 1997: 『국어 명사의 연구』, 연세대 박사학위 논문.

3.7.1. **일반적인 경우:** 로마 숫자는 원칙적으로 격틀이 다르거나 문법적인 부류가 다를 때 사용하고, 동그라미 속의 숫자는 그 외의 의미 분류에 사용되고, 동그라미 속의 글자는 의미를 더 세분하여야 할 필요가 있거나 용법상의 차이점 등을 보일 때에 사용하였다.

3.7.2. **동사의 경우:** 사용자의 편의를 위해서 되도록 기본 격틀에 가까운 문장으로 풀이를 하였다. 뜻풀이의 하위 분류의 순서는 통사 구조를 가장 우선으로 하여 다음과 같이 하였다.

Ⅰ → 격틀에 의한 분류
① → 로마 숫자 Ⅰ의 구조를 가진 것들로서 의미에 따른 분류
㉠㉡ → 용례에 따라 의미를 보다 세분하여야 할 경우에 사용되는 분류
② → 로마 숫자 Ⅰ의 구조를 가진 것들로서 의미에 따른 분류
Ⅱ → 격틀에 의한 분류
Ⅲ → 격틀에 의한 분류

3.7.3. **명사의 경우:** 한 낱말이 자립적으로도 쓰이고, 의존적으로도 쓰이는 경우에는 로마 숫자로 구별하였다. 이 때 비자립적인 쓰임을 보이는 것을 기술할 때, [의존적으로 쓰이어]라는 정보를 준다. 또한 명사가 부사적 혹은 관형사적으로 쓰일 때도 로마 숫자로 구분하여 그 앞에 [부사적으로 쓰이어], [관형사적으로 쓰이어]라는 정보를 주어 대별하였다.

그릇명 Ⅰ 풀이…
Ⅱ [의존적으로 쓰이어] 풀이…
내일명 Ⅰ 풀이…
Ⅱ [부사적으로 쓰이어] 풀이…

3.7.4. **어미나 조사의 경우:** 문법적으로 서로 다른 부류에 속할 때 로마 숫자를 사용하여 이를 대별하여 설명하였다.

-게(어미)
Ⅰ 종속적 연결 어미
Ⅱ 보조적 연결 어미
Ⅲ [동사 '여기다, 보다' 앞에 쓰이어]
Ⅳ 부사적 기능을 나타냄
Ⅴ 종결 어미처럼 쓰임

3.7.5. 뜻풀이에서 [ ] 이 괄호는 통사적 제약이나 문법적 설명, 보충 설명 등에 사용하고, ( ) 이 괄호는 순전히 뜻풀이에 해당하는 내용을 구별하고자 할 때나, 표제어나 말뜻의 갈래가 어떤 특수한 분야나 또는 시기에 국한될 때에 사용하였다. 또한 용언의 뜻풀이에서 그 용언이 쓰인 전형적인 문맥을 보이기 위하여 괄호 안에 넣어 설명하였다.

아무리㉮ ['-아도, -지만, -ㄴ들' 등의 앞에 쓰이어] 풀이…
-다5 [주로 신문, 교과서 등의 글말에 쓰이어] 풀이…
녹(祿)㉰ (옛날에) 풀이…
시제㉰ (문법에서) 풀이…
늘다㉯①(다른 것이 더해져 수효나 분량, 부피, 무게 등이) 많아지다.

3.7.6. 뜻풀이의 배열 순서는 격틀이 같을 경우 기본 의미부터 배열하되 기본 의미가 명확하지 않을 때는 빈도순에 따랐다.

3.7.7. 동물이나 식물 등을 나타내는 명사의 뜻풀이의 경우 생물학적 정의와 기능적 정의를 절충하는 입장을 취하며 전문적인 생물학적 정의는 피하였다.

3.7.8. 주로 입말로 쓰이면 옆 참고란에서 '입말', '입말투'라는 정보를 주었다.

3.7.9. 색채어의 뜻풀이는 비유를 통해 기본 의미를 설명하는 방식을 취하였다.

> **노랗다**형 개나리꽃의 색으로…

3.7.10. 화용적인 정보는 개별 단어의 상황에 따라 괄호 안에 넣거나, 참고란에서 설명하거나, 뜻풀이 난에서 직접 써 주었다.

> **사모님**명 '윗사람이나 존경할 만한 사람의 부인'을 높여 이르는 말.
> **촌놈**명 [얕잡아 이르는 말로] 시골에서 사는 사람.

3.8. 용례 제시

■ 용례는 말뭉치에서 골라서 인용하되, 고유명사를 바꾸거나 해당 어휘가 잘 드러나도록 적당한 길이로 자르거나 한 것이 있다.

■ 수량을 나타내는 의존명사와 같은 것은 그 쓰임을 보이는 구 단위만 보이되, 필요한 경우에는 문장으로 용례를 보여 주었다.

> 예집 두 **채**. / 자반고등어 두 **손**을 시장에서 샀다.

■ 접사는 예가 되는 단어만 보여 주고 문장은 보여 주지 않았다.

■ 모든 용례에 나오는 영어나 기호는, 이 사전이 한국어 사전이니만큼 이러한 것들을 한국어로 어떻게 읽는지가 중요한 정보가 되므로 한국어로 읽어서 써 주었다. 즉, '㎝', 'g', 't' 따위는 '센티미터', '그램', '톤'이라고 쓰고, '%'는 '퍼센트', 'TV'는 '티브이' 또는 '텔레비전'이라고 썼다.

3.9. '옆 참고란'의 사용

사전에 표시되는 참고 정보들을 일목요연하고 관련성 있게 보여 주기 위하여 '옆 참고란'을 두어 설명하였다. '옆 참고란'에 오는 정보들은 다음과 같은 차례로 나열하였다.

외래어의 원어 정보, '가 봐라(☞)', 준말, 유의어, 반의어, 큰말, 작은 말, 센말, 여린말, 파생어, 관련어, 참고, 연어, 삽화. 격틀, 격틀의 논항의 참고 정보

3.9.1. **외래어의 원어 정보:** 현재 고교 교육 과정에 포함되어 있는 외국어 중 영어, 일어, 독일어, 프랑스어, 스페인어는 그 국적을 표시하고 그 나라 문자로 표기하고 그 밖의 언어는 로마자로 표기하였다. 약물로 (영)(일)(독)(프)(스)(러)를 사용하여 표시하였다.

모델	(영)model
아르바이트	(독)Arbeit
샹송	(프)chanson
우동	(일)うとん
플라멩코	(스)flamenco
인텔리겐치아	(러)Intelligentsia

일본식 영어는 일본어로 국적을 표시하고, 원어도 일본어로 밝혔다. 예를 들어 '콘센트'는 영어의 'concentric plug'가 일본어에서 줄어 쓰이는 말이므로 영어라 할 수 없다. 따라서 이 경우는 일본어라는 정보를 주었다.

콘센트명 풀이…	(일) コンセント

외래어 중에서 '컴퓨터'와 같이 '전산기'라는 우리말로 바뀌어 가는

것도 표제어로 선정하여, 우리말이 '전산기'라는 것을 유의어로 설명하였다. 그러나, '빵', '구두'처럼 원어의 흔적을 찾을 수 없는 외래어는 그 국적과 원어를 밝히지 않았다.

3.9.2. 가 보라(☞): 흔히 쓰이는 비표준어나, 잘못된 말, 참고란에 언급된 단어 중에서 표제어에 포함되지 않는 것들을 가표제어로 다루어 해당 단어로 '가 보라'는 뜻의 (☞) 표시를 붙였다.

-웁니다(어미) '-습니다'의 잘못. **일찌기**부 '일찍이'의 잘못.	☞ -습니다 ☞ 일찍이

3.9.3. 용언의 경우 옆 참고란에 기술된 사항은 다음과 같다.

■ 격틀을 보여 주고 논항의 참고 정보에 대해 설명하였다. 또한 용언은 격틀에 따라 의미가 달라지는데, 어떤 경우에는 격틀이 달라지는데도 의미의 차이를 보이지 않는다. 이럴 때, 그에 대한 정보를 참고에서 설명하였다.

맺다[맫따] [맺는,맺어,맺습니다] 동**1** ①(실이나 노끈 따위로 매듭을) 만들다.¶그는 매듭을 굳게 맺었다.②(나무나 꽃 등이) 열매, 꽃망울 따위를 이루다.¶좋은 나무가 좋은 열매를 맺는다.③어떤 일이나 이야기 등을 마무리 짓거나 어떤 결과를 낳다.¶박 원장은 그렇게 서둘러 얘기를 맺었다. **2** ①다른 사람과 관계, 약속 따위를 성립시키다.㉠(관계, 인연 따위를) 이루다	**1** 1이 2를 맺다 ①2매듭… ②2열매, 꽃망울… 참'1에 2가 ―'로도 쓰임 ③1끝, 결말, 이야기… **2** 1이 2와 3을 맺다 ①㉠3관계, 인연…

■ 동사의 능동·주동 꼴의 단어에 피동·사동 꼴의 정보를 참고 정보로 주었다.

남기다[동] 풀이…	㉿'남다'의 사동형
잡히다[동] 풀이…	㉿'잡다'의 피동형

■ 쓰임이 제약되는 활용형에 대해 참고 정보로 설명하였다.

빼박다[빼박는, 빼박아][동]	㉿현재 서술형으로 쓰이지 않음.

3.9.4. 준말[13]:

■ 의미 변화가 일어나지 않은 본디말과 준말의 쌍이 있는 것은 주로 본디말에서 다루고 옆 참고란에서 그 준말을 표시하고, 준말에서는 뜻풀이에서 '무엇의 준말'이라고 하고 한두 개의 용례를 보이고 옆 참고란에서 본디말로 '가 보라(☞)'는 지시를 하였다.

디디다[동] 풀이… **딛다**[동] '디디다'의 준말. ☞디디다	㉾딛다

■ 준말이 더 자주 쓰이면 준말에서 설명하고 옆 참고란에 본디말과의 관계를 밝히고, 그것의 본디말에서는 뜻풀이 난에서 준말로 가 보라고 하였다.

-건마는(어미) ☞ -건만 **-건만**(어미) 풀이…	㉿'-건마는'의 준말

13) 참고: 이희자 1997.

3.9.5. 유의어

벗명 풀이…	㊒친구, 동무

3.9.6. 반의어: 의미 항목에 따른 반의어 관계를 표시할 수 있다. 예를 들어 부사 '덜'의 경우에 의미 항목 2의 반의어가 '더'임을 한눈에 알 수 있다.

덜부 ①완전한 정도에 채 이르지 못하여.¶덜 깨다. ②일정한 상태가 정도에 미치지 못하게.¶덜 피로하다.	②㊥더

3.9.7. 큰말, 작은말, 센말, 여린말: 큰말과 작은말, 센말과 여린말 모두 기본 어휘 5만 개의 안에 들면 표제어로 올리되, 표제어에서 그 관계에 대한 정보를 주었다.

발딱부 풀이…	(큰)벌떡 (센)빨딱

3.9.8. 파생 정보

■ 어떤 명사가 '-되다'나 '-하다'와 결합하여 쓰이면 해당 명사에서 파생 정보를 주고, 해당 동사에서는 그 명사로 '가 보라'(☞)고 하고, '하다' 파생 동사가 '~(을) 하다'로 쓰일 때는 그러한 정보를 참고로 주었다.

검증명 풀이… **검증하다**동 풀이…	㉭검증되다·검증하다 ☞검증 ㊟검증(을) 하다

■ 어떤 부사가 '-거리다, -대다, -이다, -하다'로 파생되면 해당 부사에서 파생어 정보를 주었다.

끄덕㊄ 풀이…	㉺끄덕거리다·끄덕이다·끄덕하다

3.9.9. **관련어**: 표제어와 의미적으로 관련이 있는 것들을 관련어로 제시하였다. '관'이라는 약물로 나타냈다.

■ '진지'와 '밥'과 같이 높임말이나 낮춤말, 그리고 예사말의 관계를 보이는 낱말들.

■ '어머니'와 '엄마'처럼 가리키는 사용 계층이 다르거나 감정적인 의미가 서로 다른 낱말들.

■ '마마'와 '폐하, 전하'와 같이 유의어나 반의어 관계에 있는 것은 아니지만 의미적으로 관계가 있는 낱말들.

■ '머리채'와 '머리'처럼 '머리채'를 설명할 때 '머리'를 사용해야 하는 낱말들.

■ '매달다'와 '달다'처럼 '달다'의 한 의미가 '매달다'와 유의어인 관계가 있는 낱말들.

진지㊔ 풀이…	㉿밥
어머니㊔ 풀이…	㉿엄마
머리채㊔ 풀이…	㉿머리

'진지'와 '밥', '어머니'와 '엄마', '마마'와 '폐하'와 같은 짝을 각기 표제어로 올리고 그 둘 사이의 관계를 관련어로 표시하고, '머리채'와 '머리'와 같은 경우는 '머리채'에서만 '머리'를 관련어로 적고, '등심'과 '등심살'은

기본 어휘 5만 개 안에 드는 '등심'만 표제어로 올리고 '등심살'을 관련어로 제시했으며, 준말과 본디말의 관계를 보이는 낱말은 준말에서 관련어로 본디말을 표시하였다. 그리고, '매달다'와 '달다'의 경우는 '매달다'에서 '달다'를 관련어로 표시하였다.

3.9.10. **참고 정보**: 한 표제어에 대한 설명은 뜻풀이에 국한되지 않는다. 그 표제어와 관련된 제반 참고 사항을 '참'이라는 약물을 사용하여 설명하였다.

■ 함께 잘 어울려 쓰이는 요소와 그렇지 않은 요소들이 어떤 것인가를 설명하였다. 예를 들면 '개성적'이라는 명사는 주로 조사 '으로', '이다'와 어울려 쓰이므로 이 정보를 참고로 주었다. 용언을 수식하는 부사가 특정 용언과 함께 잘 쓰일 경우에도 이에 대한 정보를 주었다. 한 예로 '여간'은 주로 '않다, 못하다, 없다' 등 부정적인 의미의 말과 함께 쓰인다는 정보를 참고로 주었다. 용언의 경우도 특정 부사와 잘 쓰이는 경우가 있으면 이를 참고 정보로 주었다. '대팻날이 나가다'의 '나가다'는 주로 '잘'이나 '안'과 함께 쓰이므로 이러한 정보를 참고로 주었다. '-아서'는 시간의 앞뒤 순서를 나타낼 때는 앞절과 뒷절에 같은 주어가 쓰여야 하며, 앞에 쓰인 서술어는 동사이어야 한다는 제약이 있다. 이렇게 의미에 따라 제약을 보인다는 사실을 참고 정보로 주었다.

개성적명 풀이… **여간**부 풀이… **나가다**동 풀이… **-아서**(어미) 풀이…	참주로 '으로, 이다'와 함께 쓰임 참주로 부정하는 말과 어울려 쓰임 참주로 '잘·안' 등의 부사와 함께.. 참앞뒷절이 동일 주어이고 서술어는 동작동사이어야 함

■ 수 단위를 나타내는 의존명사에서 '1마'는 '91.44센티미터'라는 정보도 참고에서 제시하였다.

마㉥ 풀이…	㊟ 1마는 91.44센티미터

■ '자동 판매기'와 '자판기'의 관계와 같이 하나는 두 개의 단어로 이루어졌고 다른 하나는 한 개의 단어로 이루어져 서로 관련을 가진 두 말의 관계를 참고로 보여 주었다.

자판기명 풀이…	㊟ '자동 판매기'를 줄여 이르는 말

■ 어떠한 외래어나 외국어가 '어디에서 온 말'이거나 '상표를 나타내는 말' 등 참고 사항이 있으면 이를 표시하였다.

바바리명 풀이… **애드벌룬**명 풀이… **피자**명 풀이…	㊟상표 'Burberry'에서 온 말 ㊟영어 'ad'와 'balloon'을 붙여 만든 말 ㊟이탈리아어 'Pizza'에서 온 말.

■ 세는 단위로 특수 어휘를 사용하는 경우 그 정보를 주었다.

책명 풀이…	㊟ 세는 단위: 권

■ 맞춤법에 어긋난 형태를 보여 줄 필요가 있을 때는 (×)표를 하여 옆 참고란에서 보여 주었다.

-습니다(어미) 풀이… **일찍이**부 풀이…	㊟-읍니다(×) ㊟일찌기(×)

■ 조사를 설명할 때, 주격 조사인지 부사격 조사인지에 대한 정보, 부사 중에서 흉내말인지에 관한 정보도 참고로 설명하였다.

■ 표제어가 쓰이는 상황에 대한 정보를 설명하였다. '그 아이'의 준꼴인 '걔'는 입말에서 주로 쓴다는 정보를, 어미 '-나니라'는 성서와 글말에 주로 쓰인다는 정보를, 어미에서는 화계에 따라 주로 쓰이는 연령층에 대한 정보를 주었다.

3.9.11. **연어 정보**: 어떤 명사가 어느 특정한 동사와 잘 어울려 쓰이는 공기 관계의 쓰임의 정보를 '연'이라는 약물로 나타냈다. 예를 들어 '눈'은 '닫다'의 의미로 '감다'를, '열다'의 의미로 '뜨다'를 쓰는데 '입'은 '닫다'의 의미로 '다물다'를, '열다'의 의미로 '열다'를 쓴다. 이러한 관계를 '연'으로 표시했다. 또한 '구미'는 '당기다', '돋우다'와 흔히 쓰이므로 '~가 당기다', '~를 돋우다'를 '연'으로 표시하였다. 이처럼 명사에 따라 그것과 함께 쓰이는 동사가 다를 경우 이러한 정보를 약물 '연'으로 표시하여 설명하였다.

구미명 풀이… **눈**명 풀이… **입**명 풀이…	~가 당기다· ~를 돋우다 ~을 감다/뜨다 ~을 다물다

3.9.12 **삽화**: 뜻풀이의 내용을 더 잘 이해할 수 있도록 하기 위하여 일부 명사들에 대하여 '옆 참고란'에 삽화를 보여 주었다.

3.10. '아래 참고란'의 사용

■ '아래 참고란'은 네모 상자를 사용하여 설명하였는데 표제어의 문법

사항에 관한 설명이나 유의어와의 비교 설명 등 긴 설명을 필요로 하는 사항이 있을 경우에는 아래 참고란을 사용하였다.

-가(접미사) 풀이…

참고: '-가'는 성 뒤에 붙여 쓰고, '-님'은 성명 뒤에 띄어 쓰고, '씨, 군, 양'은 성과, 이름과, 성명 뒤에서 띄어 씀.

-ㄹ게(어미) 풀이…

참고: '-ㄹ게'는 1인칭의 주어하고만 쓰임. ㉠네가 맛있는 걸 사 줄게.(×)/그가 맛있는 것 사 줄게.(×)

■ 어미나 조사의 이형태의 설명에는 네모상자 없이 참고 표시를 사용하여 뜻풀이 바로 뒤에서 설명하되, 로마 숫자가 있을 때에는 행을 달리하여 설명하였다.

-아(어미) 풀이…

참고: '-아'는 모음 'ㅏ,ㅗ'로 끝난 용언 어간 뒤에 '-어'는 그 이외의 모음으로 끝난 용언 어간 뒤에, '-여'는 '하다'의 어간 뒤에 쓰임. '-야'는 '이다, 아니다'의 어간 뒤에 쓰임.

3.11. 문법 용어 풀이

이 사전에서 사용하고 있는 문법 용어들을 사전 사용자의 이해를 돕기 위하여 일러두기에 이어 '문법 용어 풀이' 난에서 따로 설명하였다.

가표제어, 격틀, 격틀의 참고 정보, 공기 관계, 관용 표현, 말뭉치, 사람명사, 장소명사, 절, 준꼴, 형성소… (73개)

참고문헌

강현화(1998), 『국어의 동사연결 구성에 대한 연구』, 한국문화사.

김지은(1998), 『우리말 양태용언 구문 연구』, 한국문화사.

남기심(1988), "국어 사전의 현황과 그 편찬 방식에 대하여," 『사전 편찬학 연구』 1-1, 연세대학교 언어정보개발연구원, 7-34.

남기심(1989), "국어 사전의 자모의 차례와 표제어의 배열순에 관하여," 『사전 편찬학 연구』 2-1, 연세대학교 언어정보개발연구원, 7-23.

남기심 · 이희자(1995), "표제어와 그 품사 분류의 문제점", 『해방 50주년, 세계 속의 한국학』, 인하대학교 한국학연구소.

심재기(1989), "좋은 우리말 사전을 만들기 위한 예비적 고찰", 『애산학보』 7, 애산학회, 1-25.

안삼환(1988), "독일 「그림 사전」 의 편찬 과정과 특성", 『사전 편찬학 연구』 1-1, 연세대학교 언어정보개발연구원, 137-152.

양단희(1992), "한국어 전자사전 원형의 설계 및 구현", 『사전 편찬학 연구』 4-1, 연세대학교 언어정보개발연구원, 18-62.

유현경(1998), 『국어 형용사 연구』, 한국문화사.

이기동(1989), "사전 뜻풀이의 검토", 『사전 편찬학 연구』 2-1, 연세대학교 언어정보개발연구원, 93-122.

이기동(1995), "낱말 풀이에 관련된 몇 가지 문제", 『사전 편찬학 연구』 5-1, 연세대학교 언어정보개발연구원, 61-133.

이상복(1989), "국어 사전 편찬과 문법형태소의 처리", 『사전 편찬학 연구』 2-1, 연세대학교 언어정보개발연구원, 63-122.

이상섭(1988), "『옥스포드 영어 사전』의 편찬 원칙과 형성 과정", 『사전 편찬학 연구』 1-1, 연세대학교 언어정보개발연구원, 96-136.

이상섭(1989), "뭉치 언어학적으로 본 사전 편찬의 실제 문제", 『사전 편찬학 연구』 2-1, 연세대학교 언어정보개발연구원, 162-193.

이상섭(1990), "낱말 빈도를 추정하기 위한 말뭉치 자료 수집의 실제", 『사전 편찬학 연구』 3-1, 연세대학교 언어정보개발연구원, 70-76.

이상섭(1990), "뭉치언어학 : 사전 편찬의 필수적 개념", 『사전 편찬학 연구』 3-1,

연세대학교 언어정보개발연구원, 173-184.
이상섭(1990), “현대 사전편찬학의 이론과 실제”, 『사전 편찬학 연구』 3-1, 연세대학교 언어정보개발연구원, 77-117.
이상섭(1992), “전산 편찬학의 개념과 한국적 실제”, 『사전 편찬학 연구』 4-1, 연세대학교 언어정보개발연구원, 7-17.
이상섭(1995), “말뭉치: 그 개념과 구현”, 『사전 편찬학 연구』 5 · 6집, 연세대학교 언어정보개발연구원.
이상섭(1995), “뭉치 언어학의 기본 전제”, 『사전 편찬학 연구』 5-1, 연세대학교 언어정보개발연구원, 29-60.
이상섭(1997), “Corpus Linguistics and Dictionary Making in Korea”, 『사전 편찬학 연구』 7-1, 연세대학교 언어정보개발연구원, 7-17.
이익환(1989), “어휘의 의미 변천과 사전”, 『사전 편찬학 연구』 2, 연세대학교 언어정보개발연구원, 123-161.
이희자(1994), “현대 국어 관용구의 결합 관계 고찰”, 『한국정보과학회 언어공학연구회 학술발표 논문집』 10, 한국정보과학회 언어공학연구회, 333-352.
이희자(1996), “어미 및 어미형태류의 하위 범주 문제”, 『국어학』 28, 국어학회, 335-393.
이희자(1996), “어미형태류의 동음이의 및 다의성 처리 문제”, 『국어 문법의 탐구 III』, 태학사.
이희자(1997), “‘준말’과 ‘준 꼴’과 ‘줄인 꼴’”, 『사전 편찬학 연구』 7-1, 연세대학교 언어정보개발연구원, 19-42.
이희자 · 이종희(1998), 『(사전식) 텍스트 분석적 국어 조사의 연구』, 한국문화사.
이희자 · 이종희(1999), 『(사전식) 텍스트 분석적 국어 어미의 연구』, 한국문화사.
정찬섭 · 이상섭 · 남기심 · 한종철 · 최영주(1990), “우리말 낱말 빈도 조사 표본의 선정 기준”, 『사전 편찬학 연구』 3-1, 연세대학교 언어정보개발연구원, 7-69.
정희정(1997), “국어 명사의 연구”, 연세대학교 대학원 박사학위 논문.
최영애(1988), “중국 사전의 사적 고찰”, 『사전 편찬학 연구』 1-1, 연세대학교 언어정보개발연구원, 65-95.
한송화(1997), “국어 자동사의 연구”, 연세대학교 대학원 박사학위 논문.
홍재성(1986), “한국어 사전 편찬과 문법 문제”, 『국어생활』 7, 국어연구소, 58-81.

홍재성(1988) "현대 한국어 사전과 자동사/타동사 용법의 구분", 『사전 편찬학 연구』 1-1, 연세대학교 언어정보개발연구원, 35-64.

홍재성(1989), "한국어 사전에서의 동사 항목의 기술과 통사 정보", 『사전 편찬학 연구』 2-1, 연세대학교 언어정보개발연구원, 24-62.

홍재성(1990), "한국어 자동사/타동사 구문의 구별과 사전", 『사전 편찬학 연구』 3-1, 연세대학교 언어정보개발연구원, 118-172.

Lutzeier, P. R.(1995), 『Lexikologie』 Ein Arbeitsbuch, Stauffenburg Verlag.

Schwarze, C. and Wunderlich, D.(Hrsg.)(1985), 『Handbuch der Lexikologie』, Athenäum.

〈사전 및 자료〉

이희승(1989), 『국어대사전』, 민중서림.

김민수 · 고영근 · 임홍빈 · 이승재(1991), 『국어대사전 : 금성판』, 금성출판사.

국어연구소(1997), 『국어 어문 규정집』, 대한교과서 주식회사.

신기철 · 신용철(1989), 『새 우리말 큰사전』, 삼성출판사.

한글학회(1991), 『우리말 큰사전 : 온면 천연색판』, 어문각.

연세대학교 언어정보개발연구원(1998), 『연세 한국어 사전』, 두산동아.

과학백과사전출판사(1981), 『현대조선말사전』, 과학백과사전출판사.

Sinclair, J.(1987), 『COBUILD English Language Dictionary』, Collins.

Summers, D.(1992), 『Longman Dictionary of English Language and Culture』, Longman.

* 이 글은 아래의 논문을 이 책의 기획과 형식에 따라 수정한 것임을 밝힌다.
남기심·이희자(1997), 새로운 사전 편찬의 개념과 실제-『연세 한국어 사전』을 중심으로-, 『사전 편찬학 연구』 8-1, 연세대학교 언어정보개발연구원, 33-66.

사전의 뜻풀이에 대한 소견

-『연세 한국어 사전』과 기존 국어 사전들과의 비교를 겸하여

이상섭

1. 뜻매김의 철학적 의미

논리학에서 말하는 "정의(定義)"를 우리는 "뜻매김"이라고 하자.

뜻매김과 뜻풀이는 다르다. 뜻매김은 한 특정 담론에서 사용하는 어떤 관념의 적용을 그 담론의 전개에 논리적으로 필요한 범위에 한정하는 것을 이른다. 생물학에서 "사람"은 "영장류의 일종"으로 우선 뜻매김될 것이다. 이 뜻매김에서 "사람이 사람 구실을 해야 사람답지" 따위의 일상생활의 담론에서 쓰이는 "사람"의 뜻은 제외된다. 신학적, 심리학적, 경제학적 담론에서의 의미도 대체로 제외될 것이다. 뜻매김은 이처럼 특정한 담론의 일관성을 위해서 그 일관성을 저해할 요소들을 제외하는 일정한 선을 긋는 일이다. 서양어에서 뜻매김을 definition이라고 하는데 이는 "-로부터", "-로부터 아래(안)쪽으로"를 뜻하는 라틴어 전치사 de와 "끝내다"를 뜻하는 라틴어 동사 finir의 명사형을 붙여 만든 말이다. 그러니까 어원적으로 이 말은 어떤 범위의 안쪽에서 끝을 내어 그 밖으로 나가지 않게 하는 것, 어떤 한계 안에 머물게 하는 것을 뜻했다. 중세 라틴어에서 이 용어를 어떤 낱말의 뜻의 한계를 정하는 것이라는 의미로 쓰기 시작했다. 한계란 본시 윤리적 내지 법률적 개념으로서 분명하고도 엄격하게 지켜져야 하는 것이다.

서양 논리학의 비조인 아리스토텔레스는 뜻매김을 "한 사물의 본질에 대한 진술"이라고 하고 그 중에는 "한 사물의 이름의 뜻" 또는 "그에 동등한 명칭적 공식"도 포함된다고 했다.[1] 한편 "사물의 존재의 원인을 나타내는 공식"도 뜻매김이 될 수 있다고 한다. 이 경우에는 뜻매김은 사물의 존재를 증명하는 형식이 된다. 요약하면 뜻매김이란 1) 본질에 대한 증명할 수 없는 진술, 2) 본질에 대한 삼단논법의 하나로 문법적 형식에서 증명과 다른 것, 3) 본질을 제시하는 증명의 결론 부분 등이다. 아리스토텔레스는 증명과 정의(뜻매김)의 관계를 길게 설명하는데 지금 우리에게는 중요하지 않다.

다음으로 그는 한 사물이 내포하는 여러 요소들을 구분함으로써 뜻매김하는 법을 말한다.[2] 이는 널리 알려진 대로 한 사물이 속하는 종(genus)을 말하고 나서 그 종에 속하는 다른 사물들과 구별되는 특수성(differentiae)을 말하는 형식이다. 특수성에 따른 구분이야말로 이 형태의 뜻매김의 기본적 방법이다. 이러한 뜻매김에서는 필요한 요소들을 빠짐없이 언급하고 또한 올바른 순서로 정리해야 한다.

아리스토텔레스 이래 서양 철학에서는 뜻매김에 대하여 오랜 논란이 있어 왔다. 전통적으로 뜻매김에 대한 논의는 크게 본질론, 처방론, 언어론으로 나누어 볼 수 있다.[3]

---

1) *Posterior Analytics* II, 10. Richard McKeon, ed. *Introduction to Aristotle* (New York: The Modern Library, 1947), 87-88.

2) 앞 책 13.

3) 뜻매김의 철학적 논의에 대해서는 Paul Edward, ed., *The Encyclopaedia of*

본질론(essentialism)은 뜻매김이 사물의 본질을 드러내는 것이라는 주장이다. 앞에서 보았듯이 아리스토텔레스가 이에 속한다. 그의 스승 플라톤도 물론이다. 그러나 서양 철학사에서 잘 알려져 있다시피 사물의 본질에 대한 그 두 사람의 견해는 서로 달랐다. 이 문제는 여기서 우리가 논할 필요가 없다. 중세 스콜라 철학에서는 뜻매김이란 본질, 즉 불변의 형식의 세계에 대한 철학적 직관이라고 했다. 근대 서양 철학은 중세 철학을 부정했지만 심성적 인식론과 관념론은 서로 다른 세계관을 표방하면서도 뜻매김의 본질주의에서는 합치했다고 볼 수 있다. 그들에게 뜻매김이란 진실 또는 허위로 판별될 수 있는 주장을 담고 있는 진술이었다. (진술statement이란 본질적으로 참이나 거짓을 말할 수밖에 없다.) 즉 뜻매김이란 진술의 일종이다. 그러므로 뜻매김이 일반적인 진술과는 어떻게, 왜 다른지를 말할 수는 없다. 그래서 그들은 부득이 비유라는 비논리적, 비본질적 수사법을 사용하여 뜻매김의 특수성을 설명해야 하는 난관에 빠진다는 것이 그들에 대한 치명적 비판이다. 본질주의 논리에서 비유는 허위이기 때문이다.

처방론, 또는 규정주의는 우선 뜻매김을 진술의 일종으로 보지 않음으로써 본질주의의 난관을 피하고자 한다. 이 입장에는 크게 두 가지가 있다. 하나는 유명론(nominalism)으로서 뜻매김이란 사물에게 이름을 배당하기 위한 의미론적 규칙이라고 설명한다. 다른 하나는 형식주의(formalism)로서 일련의 상징(또는 기호)들을 축약하기 위한 통사론적 규칙이라고 주장한다. 두 입장 다 근대의 과학 사상의 산물로서 지식의 객관성을 부정하고 있다. 그 중에서 영국 경험주의 태두들인 베이컨(Francis Bacon)과 홉즈(Thomas Hobbes)는 뜻매김이란 특정한 지식을

Philosophy (New York: Macmullan, 1967)를 참고한다.

전달하는 진술이 아니라 애매모호한 말을 분명하게 하든가 불필요한 군더더기들을 잘라내는 기능을 가지는 것으로 보았다. 그래서 베이컨은 전통적인 편견을 벗어난 참 지식에 대한 연구를 뜻매김으로 시작하곤 했다. 홉즈에게 있어서는 뜻매김이란 특정한 이름을 특정 대상의 기호로 사용하기 위한 통상적인 결정을 나타낼 뿐이다. 이들 유명론자들에게는 뜻매김이란 주로 의미의 명확성을 기하기 위한 장치였다고 하겠다.

이에 비하여 데카르트(René Descartes)와 파스칼(Blaise Pascal)의 형식론에서는 뜻매김은 연역적 사고의 한 방법의 구실을 하였다. 예컨대 파스칼은 이름의 뜻매김이란 "완전히 이해할 수 있는 말로 명확히 표시된 사물들에 이름을 덧붙이는 것"에 지나지 않는다고 주장했다. 역시 뜻매김이 지식을 전달하는 것이 아님을 천명한 것이다. 이들의 후예인 논리실증주의자들에 의하면 "뜻매김이란 한 담론에 새로 도입되는 기호, 또는 기호들의 조합이 이미 의미가 정해진 다른 기호나 기호들의 조합과 꼭 같은 의미로 사용된다는 선언"(A.N. Whitehead)이다.

그러나 뜻매김을 단지 한 특정 담론에서 일정한 역할을 배당 받은 편리한 기호로만 보기에는 현실적인 문제가 따른다. 그래서 언어주의가 대두한다. 존 스튜엇 밀(John Stuart Mill)은 뜻매김을 가리켜, 한 낱말의 뜻을 선언하는 명제, 다시 말하면 한 사회에서 통용되는 대로의 뜻이거나 말하는이나 글쓰는이가 그 낱말에 부가하고자 하는 뜻이라고 말한다. 즉 뜻매김은 기존의 뜻에 새로운 정보를 더하는 것이 아닌 순전한 언어적 명제일 뿐이다.

이러한 언어적 견해는 뜻매김과 정보의 관계를 단절시킨다기보다는 오히려 그 둘의 관계를 복잡하게 만든다는 문제가 생긴다. 뜻풀이는 한 낱말의 일반적 용법, 또는 "한 낱말의 용법에 대한 단순한 보고"일

뿐 아니라 그 적용 범위에 대한 설명적 기능도 있다는 사실이 대두하는 것이다. 즉 새로운 정보를 제공하지 않는 단순한 보고인 반면에 또한 새 정보를 제공하는 것이기도 하다는 것이다.

이리하여 순전한 본질론이나 처방론이나 언어론이나 단독으로는 문제를 해결할 수 없으므로 그것들의 적절한 부분들을 종합한 이론이 바람직하게 된다. 이를 "실용적 문맥론"이라고 이름해도 될 것이다. 한 뜻매김이 잘되고 못되고의 평가는 우선 그 뜻매김의 요점이 무엇인가, 또는 그 목적이 무엇인가를 확인해야 하는 일이며, 이를 위해서는 그 뜻매김을 필요로 하는 담론의 상황을 알아야 한다. 우리가 말을 사용하는 목적은 우리의 감정을 나타내든가 사물을 가리키든가, 어떤 행동을 하도록 자극하든가, 추리를 하든가, 기억을 하든가 등등을 하기 위함이다. 어떤 특정한 목적을 달성하는 데에 어떤 말이나 표현이 효과적이지 않다고 느끼든가 그 효과를 확신할 수 없을 때에 우리는 이른바 "뜻매김(정의)"을 필요로 하는 것이다.

뜻매김은 말의 한 사용법이므로 말다운 말이 되게 위하여 우선 사용하는 말이 무엇을 가기키고, 여러 말이 제대로 이어져서 확실한 문장을 이루고, 문장들이 모여서 한 담론을 이루게 하는 규칙을 지켜야 한다. 이를 전제한 경우, 한 뜻매김이 올바른 것인가를 판단하는 실용적인 기준은 무엇인가? 서양에서는 아리스토텔레스가 그의 『화제』에서 말한 다음의 여섯 규칙을 아직도 쓸 만하다고 여기는 모양이다. 올바른 뜻매김은,

1. 그 사물의 우연한 성질이 아니라 본질이나 기본적 성질을 제시해야 한다.
2. 그 사물이 속한 종류(genus)와 그 자체의 특수성(differentiae)을 제시해야 한다.

3. 동의어(synonym)로 뜻매김해서는 안 된다.
4. 간결해야 한다.
5. 비유로 해서는 안 된다.
6. 부정이나 상관적 개념으로 해서는 안 된다. (즉 북은 남의 반대라든가, 아내를 남편의 배우자 따위로 하면 안 된다는 것.)

위의 규칙 1은 근본적으로 본질론의 관점에서만 옳은 것이다. 물론 아직까지도 이를 부분적으로라도 따르는 사람은 많다. 특히 처방론, 언어론을 따르면서도 이런 본질론을 부분적으로 수용하기도 한다.

규칙 2는 아리스토텔레스 철학의 출발점이자 기본이 된 생물학적 분류의 방식을 따를 때에만 옳다. 모든 사물이 종과 개별적 특이성으로 구분되는 것은 아니다. 더욱이 뜻매김의 목적이 무엇이냐에 따라 그런 구별이 필요하지 않을 경우도 많다.

규칙 3은 실제에 있어 한 낱말을 다른 한 낱말로 뜻매김하지 말라는 말에 불과하다. 그러나 카메라를 사진기라고 하는 것은 과연 틀린 것인가? 삼각형은 세모꼴이라고 할 수 없는가? 더욱이 노인은 늙은이라고 하면 안 되는가? 늙은 사람이라고 두 말로 하면 되는가? 뜻매김은 몇 마디의 말로 이루어져야 하는가? 이처럼 이 규칙은 많은 문제가 뒤따른다.

규칙 4는 바로 규칙 3과 서로 충돌한다. 가장 간결한 뜻매김은 물론 동의어이다. 그런데 이 규칙은 동의어를 금하고 있다. 간결성의 규칙은 뜻매김이 동의어에 가까울수록 좋다는 말인 것이다.

일반적으로 말해서, 규칙 3은 이해하기 어려운 낱말을 그만큼, 또는 그보다도 더 어려운 다른 낱말로 대치하는 것을 금지하는 것이고, 규칙 4는 너무 긴 뜻매김은 이해나 기억을 어렵게 할 수도 있음을 경계하는 것이라고 할 수 있다. 이처럼 실용적으로 생각할 때 그 두 규칙을 동시에 살릴 수 있다.

규칙 5는 수학이나 과학을 철학적 담론의 이상적 형태로 보는 서양 철학의 오랜 전통을 반영하는 것이다. 플라톤이 철학적 이해의 철저를 기하기 위해 문학을 배격한 사실은 잘 알려져 있다. 그러나 실용적, 문맥적으로는 비유는 뜻풀이에 매우 효과적이다. 게다가 비유적인 낱말의 뜻을 매김할 때에는 또다른 비유를 쓰는 것밖에 다른 도리가 없을 수도 있다.

규칙 6은 오히려 수학에서는 반드시 필요한 종류의 뜻매김을 금지하고 있다. 즉 −a를 a의 부정이라고 매김하는 것이 가장 정확한 수학적 매김 방법이다. 따라서 부정직을 정직의 반대, 또는 정직하지 않음이라고 정의하는 것은 상식적으로 정확하다. 다만 정직의 뜻을 모르는 사람에게 정직하지 않음이라는 뜻매김은 무의미하다. 다시 말하면 실용성, 문맥을 참조해야 한다.

논리학에서 뜻매김을 필요로 하는 말을 definiendum, 뜻매김하는 말을 definiens라고 하는데 그 둘 사이를 등호(= 표시)가 연결시켜 준다는 것이 전통적인 생각이었지만, 이제 실용적, 문맥적 상황을 고려에 넣어 생각한다면 그러한 뜻의 상동 관계를 확인, 보장한다는 의미의 뜻매김이란 거의 존재하지 않는다고 하겠다. 게다가 그것이 실질적인 도움이 되는 상황도 매우 적다고 하겠다. 낱말의 사용의 환경, 실례, 돋보이는 성질들 따위를 나열, 설명하는 것이 definiendum과 definiens의 형식적 상동 관계를 보여주는 형태의 뜻매김보다 유용한 경우가 훨씬 많다.

이상에서 우리는 서양 철학에서 문제가 되어온 뜻매김의 문제를 살펴보았는바, 우리는 서양 철학계에서도 결국 뜻매김의 실용적, 문맥적 기능에 귀착하는 것을 보았다. 언어 사전은 철학적, 논리학적 철저에 연연하지 않고 바로 그 실용적, 문맥적 뜻매김의 관점을 채택한다. 그쯤 되면 그것을 "뜻매김"이라 하지 않고 "뜻풀이"라고 해야 할 것 같다.

2. 사전의 뜻풀이

맨 앞에서 우리는 뜻매김과 뜻풀이가 다르다고 했다.

이제 우리는 철학에서 말하는 말뜻의 "매김"의 관점에서 벗어나 온갖 실제적인 방법에 의한 뜻의 설명, 즉 풀이에 주안하고자 한다. 뜻에 대한 실제적 설명을 우리는 뜻매김과 구별하여 뜻풀이라 한다. 사전은 논리적 뜻매김보다는 실용적 뜻풀이를 제공하는 도구이다. 한 사전에서 어떤 낱말의 뜻풀이가 논리적 뜻매김의 꼴을 가졌다고 해도 그것 역시 뜻매김으로보다는 뜻풀이로 간주해 주어야 사전 대접을 하는 것이 된다. 서양말에는 우리의 뜻풀이에 해당되는 말이 없어 늘 혼란이 생긴다. 논리학의 용어가 그대로 사전편찬의 용어로 전용되는 바람에 그런 혼란이 생기는 것이다. 뜻풀이는 낱말의 논리적, 담론적 적용범위를 엄격하게 제한한다는 의미의 de-fini-tion이 아니라 한계를 편하게 막연히 또는 간접적으로 암시하는 해설이요 설명이다.

뜻풀이에는 언어 사전식과 백과 사전식이 있다. 언어 사전식의 뜻풀이는 대체로 짧다. 무엇보다도 언어 사전은 좁은 공간에서 아주 많은 낱말들의 뜻풀이를 해야 하는 까닭이며, 언어 사전의 목적은 주로 낱말 자체의 뜻에 관한 설명인 까닭이다. 백과 사전은 사물, 사실에 대한 지식을 전달하기 위한 도구이므로 보다 긴 설명이 필요하다. 언어 사전과 백과 사전을 구별하는 것은 사용 목적의 차이에 못지 않게 편찬의 편의(책의 크기, 설명 방식의 통일 따위)를 위한 것이기도 하다. 실제로 언어 사전에 백과 사전의 요소를 가미한 사전은 흔하다. 그리고 아무리 언어 사전이라고 하여도 백과 사전식의 사물, 사실에 대한 지식 전달의 측면을 배제할 수는 없다. 언어 사전은 논리적, 철학적 순수성을 이상으로 삼지 않는다. 실제의 언어란 구체적인 문화의 산물이며 문화의 한 부분인 까닭이다. 그러나 여기서는 논의의 편의상 언어 사전을 백과 사전과 구별하여 다루며, 아래에서는 구태여 언어 사전이라고 하지 않고 그냥 사전이라고 하겠다.

사전의 뜻풀이에 대한 실질적인 문제에 대해서는 톰 매카더의 견해를 따르고자 한다.[4)]

2.1. 참조의 틀

뜻풀이는 사람의 구체적 경험에 관련된다. 에스키모에게는 눈의 여러 종류에 따라 그 각각을 뜻하는 서로 다른 낱말들이 있는 반면에 그것들 전부를 한꺼번에 나타내는 낱말은 없다고 한다. 즉 우리의 "눈"에 해당되는 말이 없다는 것이다. 그들에게 눈은 구체적으로 서로 엄격히 구별되는 각각의 특수한 종류가 있을 뿐이다. 이상한 사실 같지만, 한국인에게는 서양인이 가진 rice에 해당하는 낱말이 없음을 상기하면 금방 이해가 될 것이다. 서양의 rice는 우리에게는 완전히 다른 낱말들인 쌀, 밥, 벼를 한꺼번에 아울러 나타내는 낱말이다. 그래서 그들은 I sell rice, I eat rice, I plant rice라고, rice라는 한 낱말 가지고 팔고, 먹고,

4) 사전의 뜻풀이에 관한 다음의 논의는 Thomas McArthur, ed., *Oxford Comparnion to the English Language*(Oxford UP, 1991)의 "Definition" 항목을 참고한다.

심기까지 할 수 있다. 우리는 먹을 때는 밥, 팔 때는 쌀, 심을 때는 벼라고 한다. 그 셋을 한데 아우르는 말은 우리에게 없다. 필요하지 않아서 생기지 않았다. 쌀을 주식으로 하는 우리에게 그 셋은 완전히 구별되는 사물들인 까닭이다. 그러므로 우리가 쌀을 뜻풀이하는 것과 서양 사람들이 rice를 뜻풀이하는 것은 서로 아주 다른 일이 된다. 이처럼 두 문화 사이의 차이는 대체로 분명하다. 그러나, 한 사회 안에서도 각자의 교육적, 직업적, 지역적 배경에 따라 참조의 틀이 경우에 따라서는 아주 달라지기도 한다. 사전 편찬자는 뜻풀이를 알고자 하는 사람이 누구인가를 추정하여 참조의 틀을 정하여야 하지만 사전 사용자가 속한 문화적 배경을 미리 정확히 추정하기란 어려운 노릇이다. "평균적 사용자"라는 개념은 말하기처럼 상정하기가 쉽지 않다. 이는 사전 편찬에서 뜻풀이를 맡은 사람의 큰 고민거리이다.

2.2. 뜻이 아주 명백한 낱말의 풀이

이른바 쉬운 낱말일수록 뜻풀이가 더 어렵다. 그래서 서양에서 초창기에는 고양이를 그냥 "잘 알려진 짐승"이라고만 풀이하고 만 사전도 있었다고 한다. 예컨대 "집"은 그런 쉬운 낱말 중의 하나이다. 그런데 집이라는 물건은 한없이 많은 꼴을 하고 있다. 집을 만드는 재료도 많고 많으며 땅 위에 세운 것뿐 아니라 공중에 매어 단 것도 있다. 그런 여러 양상을 모두 포괄하는 뜻풀이를 해낸다는 것은 불가능할지 모른다. 게다가 바둑 용어로서의 "집"과 같은 특수한 뜻도 가지고 있다. 그러나 어쨌든 사전에서 집의 기본적인 뜻을 빼놓을 수는 없다. 모어가 한국어인 사람이라면 거의 찾아보지 않을 것이라고 짐작하여 대강 해 버릴 수도 없는 것이,

한국어는 이제는 세계어의 하나로 국외에서도 교포를 포함하여 수백만의 세계인이 배우는 말인 까닭이다. 한국어의 수준이 어느 정도에 도달한 사람이면 모르는 낱말의 뜻을 사전에서 읽어서 알아들을 수 있게 풀이를 해야 한다. 그리고 한국인 중에서도 적지 않은 수가 단지 낱말의 뜻풀이가 재미있어서 사전을 뒤지기도 한다는 사실을 늘 염두에 두어야 한다. 우리 나라가 문화 선진국이 되어가면서 아마 차차 그런 사람이 늘어날 것이다.

2.3. 순환적 뜻풀이

사전이란 말로 말을 설명하는 책이다. 설명되는 말(definiendum)과 설명하는 말(definiens)이 서로 다른 종류의 말은 아니다. 다만 설명하는 말이 설명되는 말보다 조금이라도 더 쉬워야 한다는 약속 비슷한 것이 있다. 그래서 영국의 〈롱맨 영어 사전〉이나 〈켐브리지 국제 영어 사전〉 같은 사전은 뜻풀이에 사용되는 낱말을 기초 영어 어휘 2,000개에 한정하기도 했다. 이른바 "뜻풀이용 어휘"(defining vocabulary)라는 것이다. 영국 학자 옥든(C.K. Ogden)은 영어 기초 어휘 850개로 된 "기초 영어"(Basic English)를 개발하여 영어 성경을 옮기기도 했다. 그 정도의 어휘로 영어로 표현할 수 없는 내용은 없음을 보이려 한 것이다. 그러나 2,000 낱말이나 850 낱말은 뜻풀이가 전혀 필요 없는 특수 낱말, 즉 모든 사람이 배우지 않고도 알아볼 수 있는 낱말은 아니다. 그것들도 어떻게 해서든 뜻풀이가 되어야 한다. 그래서 결국은 수 백, 또는 수 천 개의 낱말은 서로 순환적 뜻풀이(circular definition)를 하는 상황에 이르게 된다. 속된 말로 "뺑뺑이 돌리기"이다. 편찬자는 되도록 순환의

원을 크게 그려야 할 것이다. 즉 한참 쉬운 낱말들을 이용하여 빙빙 돌린 끝에 처음의 낱말로 돌아오게 하는 것이다. 그렇게 빙 둘러 가는 동안 어떤 지점에서 사용자가 뜻을 알아차리게 되기를 기대하는 것인데, 실제로 대개는 뜻을 알아내게 된다.

그러나 너무 안이하게 미리부터 빵빵이 돌리는 것은 사용자에게 좌절감을 안겨 준다. 우리 사전[5]도 가끔 이와 같은 악을 저지르고 있다. 예컨대 "요망스럽다"는 "망령되고 요사스럽다"로 풀이되는데 하나의 낱말이 "망령되다"와 "요사스럽다"라는 두 마디의 아주 어려운 낱말로 대치되었을 뿐 아니라 "요사스럽다"라는 말은 다시 "간사하고 요망스럽다"로 풀이되어 있다. 결과적으로 "요망"은 일종의 "요사"요, "요사"는 일종의 "요망"이라는 악성 순환 논리를 바로 같은 쪽 안에서 벌이고 있는 것이다. 사용자는 "요망"의 뜻을 알려고 했다가 "요사"라는 꼭같이 어려운 말에 부딪쳐서 "요사"의 뜻을 찾아보니 다시 "요망"으로 가라는 극단의 불친절을 겪게 된다.[6] "요망스럽다"는 "(제 욕심을 채우려는 마음을 몰래 감춘 채) 말과 행동을 그럴듯하게 꾸며 홀리려고 든다"로, "요사스럽다"는 "제 욕심을 채우려는 마음을 몰래 감춘 채) 말과 행동을 간사하게 꾸민다"로, 더 쉽게 풀이했어야 옳다.

2.4. 동의어 또는 풀어 쓰기에 의한 뜻풀이

아리스토텔레스는 동의어로 뜻매김하지 말라고 하였는데 실제로 사전

5) 여기와 아래에서 "우리 사전"이라 함은 연세대학교 언어정보개발연구원 편 『연세 한국어 사전』 1판 1쇄(두산동아, 1998)를 가리킨다.

6) 사실을 말하자면 『연세 한국어 사전』의 이 부분의 집필자는 급한 나머지 기존 사전들을 한껏 참고한 것이다. 뜻풀이 편찬 책임자인 이상섭이 채 보지 못하고 넘긴 불찰의 결과이다. 3쇄(1999)에서 적어도 이 부분은 수정했다.

에서는 뜻풀이의 방법으로 아주 애용되고 있다. “인간”은 아주 간단히 “사람”으로, 1:1 대응 관계를 말하고 마는 것이다. 우리말에는 한자어가 아주 많은데 한자의 훈(뜻)을 붙이는 형태의 뜻풀이도 많다. 서양에서도 라틴어에서 온 말을 그런 식으로 간단히 옮겨 놓은 뜻풀이가 적지 않다. 이렇게 뜻을 풀어 쓰는 방식도 일종의 동의어에 의한 뜻풀이라 할 수 있다. 많은 경우에 이와 같은 동의어에 의한 뜻풀이가 아주 적절하고도 충분할 수도 있다. 예컨대 “노인(老人)”을 “늙은 사람”이라고 단순히 한자 뜻을 풀어 써도 괜찮은 풀이가 된다.

그러나 이론상 진정한 동의어란 존재하지 않는다는 사실은 둘째 치고, 단순히 한자나 라틴어 어근의 뜻을 바꾸어 놓는다고 해서 언제나 바른 뜻풀이가 되지는 않는다. 예컨대 기존 사전에서 “단도(短刀)”를 “짤막한 칼”이라고 풀이했는데 짤막한 칼에는 주머니칼, 식칼 따위도 포함되지만 이들을 “단도”라고 하지는 않는다. 한자의 훈은 “짧을 단”, “칼 도”이니 그대로 옮겨 적으면 “짧은 칼”이 되지만 “단도”는 예사스런 짧은 칼이 아니라 “무기로 쓰이는” 짧은 칼이다.

2.4. 종과 특이성에 의한 뜻풀이

아주 전통적인 아리스토텔레스 방식이다. 식물이나 동물 이름을 뜻풀이할 경우에 잘 이용된다. 각 생물은 모두 어떤 종에 속하며 다시 그 자체의 특이성을 가짐으로써 다른 생물들과 구별되는 것이 보통이다.

기존 사전에서 “개”는 “개과의 동물”이라고 우선 풀이하는 것이 관행이 되어 있다. (“개과”가 무엇인지는 다시 알아보아야겠지만.) 그 다음에 “개”의 특이성인 “사람을 잘 따라, 예부터 가축으로 기름...”이라는 설명이 붙는다. 또는 생물학의 기술 방법과는 달리 "사람을 잘 따라서 귀염을 받고 냄새를 잘 맡고 귀가 매우 밝아 도둑을 쫓거나 사냥을 돕는 집짐승"으로 뜻풀이가 되기도 하는데 (우리 사전) 이 경우에는 개가 "집짐승"(종) 중의 하나이며 "사람을 잘 따라서 귀염을 받는" 고양이와는 달리 "냄새를 잘 맡고 귀가 매우 밝아 도둑을 쫓고 사냥을 돕는 짐승"으로 특이점을 말하여 그것이 어떤 짐승인지를 알아내게 한다. (이 뜻풀이에 "멍멍 하고 짖는다"는 특이성의 정보가 첨가된다면 더 좋을 뻔했다.)

생물 아닌 일반적 사물이나 사실도 그러한 종–특이성의 분류가 가능한 듯하다. 그러나 앞에서 보았듯이 생물학의 방법이 모든 사물의 설명에 유효하지는 않다는 사실을 염두에 두어야 한다. 특히 추상명사들이 그렇다. 이를테면 "존재"는 어떤 종에 속하며 그 특이성은 무엇인가? 억지로 만들 수는 있겠지만 그래서 무슨 이익이 있겠는가?

2.5. 뜻풀이를 생략하는 방식

영어 사전에서는 한 형용사 낱말을 뜻풀이하고 나서, 접미사 -ly를 붙이면 부사가 된다는 표시만 하고 그 부사 낱말의 뜻풀이는 생략하는 것이 관행이다. 마찬가지로 접두사 co-, re-, un-, under- 따위를 올려 설명하고는 대개는 그것들과 합하여 생기는 낱말들은 따로 일일이 올리지 않는다. 책장 아래쪽에 그렇게 해서 생긴 낱말들의 목록을 주기도 한다.

우리말 사전에서는 접미사, 접두사를 모두 뜻풀이를 하고 또 그런 접사가 붙어서 된 낱말들을 올림말로 하여 뜻풀이를 하는 것이 보통이다. 이를테면, 접두사 "대(大)-"는 "대농지(=큰 농지)", "대만두(=큰 만두)",

"대평원(=큰 평원)", "대혁명(=큰 혁명)" 따위를 다 올려 풀이한다. (귀중한 공간을 차지하며 올림말의 수를 늘이는 기능이 주된 기능인 듯하다.) 아마도 용언 접미사 "-되다", "-하다"가 붙어 낱말을 이룬다는 정보를 난외에 주고 빈도가 낮을 경우에는 따로 올리지 않은 것은 우리 사전의 특징인 듯하다. 서양에서는 그처럼 따로 올려 뜻풀이를 하지 않는 낱말까지도 전체 올림말의 수에 넣어 계산한다. 어떤 경우에는 그런 낱말이 공칭 올림말의 수의 절반이 되기도 한다고 한다. 그러므로 올림말이 15만이라고 선전하는 서양 단권 사전에는 실상 완전하게 뜻풀이가 된 낱말은 그 절반 정도의 수밖에 안 될 수도 있다. 어쨌거나 우리는 뜻풀이를 생략할 수 있는 방법을 더 고안하는 것이 필요하다.

3. 『연세 한국어 사전』과 기존 사전의 뜻풀이의 비교

이상에서 서양 사전의 실용적 뜻풀이 방법들을 고찰했다. 우리 사전에서는 그런 방법들을 우리 나름으로 적당히 고쳐 썼으며 또한 우리 나라의 전통적 방식도 모두 버리지 않고 알맞게 바꾸어 쓰기도 했다.

우리는 모든 올림말의 실제 용례를 우리 말뭉치에서 골라 넣었다. 이것은 서양의 유명한 기초 어휘 사전, 학습 사전들과도 다른 점이다. 서양의 학습 사전에서는 기초 어휘나 특수한 명사들에 대해서는 용례를 제시하지 않는다. 그러나 우리는 아무리 단순한 올림말이라도 그 말이 쓰이는 전형적 환경을 알려 주는 것이 그 말의 뜻풀이의 한 부분이 된다고 믿고 반드시 적절한 용례를 골라서 보이는 것이다.

아래에서 우리 사전의 뜻풀이의 예를 들고 두 가지의 기존 사전들과 비교하여 우리 사전의 뜻풀이의 특징을 드러내고자 한다.

먼저 명사의 뜻풀이 예를 보인다. 다음은 우리 사전에서 "광목(廣木)"이라는 낱말을 다룬 올림이다.

흰 무명실로 좀 거칠게 짠 폭이 넓은 천.

#나는 만 원을 가지고 광목 한 통과 마포 두 필을 사 들고 버스를 탔다.

광목은 오늘날의 젊은 층에서는 거의 쓰지 않는 낱말이다. 서양의 방적기가 먼저 일본에 도입되면서 처음으로 수공업을 대치한 직물은 농가에서 부녀자들이 솜을 자아 만든 실을 베틀에 올려 짜던 무명이었다. 무명은 생활에 널리 쓰이는 기본적인 감이었다. 기계로 솜에서 실을 더 가늘고 고르게 뽑아 가지고 방적기로 더 촘촘하고 넓게 짠 천이 바로 광목이었는데 지금은 별로 쓰이지 않고 많이 직조하지도 않는다. "광"은 넓다는 뜻이고 "목"은 아마 목면의 준말로 목화(木花)의 실과 그 실로 짠 천을 뜻한다. 요즘은 주로 면, 또는 코튼(cotton)이라고 한다. 따라서 "광목"은 오늘의 젊은 층의 한국인이 잘 모르는 낱말이므로 정확하고 쉽게 풀이해 줄 만한 낱말이다. 한국인이 여간해서는 뜻풀이를 찾아보지 않을 쉬운 낱말이 아닌 것이다.

그런데 기존 사전1은 같은 말을 다음과 같이 풀이하고 있다.

무명실로 당목보다 좀 거칠게 짠 폭이 넓은 베. 왜포(倭布)

이 풀이에는 두 가지의 문제가 있다. 우선 "당목"은 "광목"보다도 빈도가 훨씬 낮은 말로서, 그 뜻을 이 사전에서 찾아보니 "되게 드린 무명실로 폭이 넓고 바닥이 곱게 짠 피륙의 한 가지. 당목면(唐木綿). 서양목. 생목. 양목"이다. "광목"의 풀이를 찾아보던 사람은 "당목면"과 맞닥뜨려 더 쩔쩔매다가 포기하게 생겼다. 게다가 "되게 드린"이 무슨 말인가? 이 천은 이상하게도 바닥과 꼭대기가 있나? 동의어 — 유의어로서 주어진 "당목면", "서양목", "생목", "양목" 따위는 더더구나 알 수 없는 말이니 도움이 될 까닭이 없다. "왜포"도 마찬가지이다.

다음으로 "광목"이 일종의 "베"라고 되어 있는데 아주 틀린 풀이이다. 베는 고려 말기에 문익점이 원나라에서 그 씨를 가져와서(1363년) 재배되기 시작한 목화보다 훨씬 오래 전부터, 원시 시대부터, 한국인이 쓰던, 삼실로 짠 천이다. 더 나아가 식물의 부드럽고 질긴 껍질이나 줄기 같은 자연 섬유로 짠 천을 모두 베라고 했음 직하다. 그런데 이 사전에서 베를 삼실이나 무명실·명주실 따위로 짠 천이라고 풀이하고 있으니 물론 틀렸다. 신라가 망한 뒤에 마의태자(麻衣太子)가 입고 금강산으로 갔다는 베옷은 무명옷도 비단옷도 아니고 그냥 삼실로 짠 베옷, 보통 사람의 옷이었다. 우리 사전은 이 점을 명확히 하여 용례에서도 광목과 마포(베)가 서로 다른 천임을 알려주고 있다.

기존 사전2에는 다음과 같이 되어 있다.

무명실로 서양목(西洋木)처럼 나비를 넓게 짠 피륙. *~ 두 필. x왜목. 왜포

물론 "서양목" 운운은 틀렸다. "당목"보다도 빈도가 낮은 말이다. 우리도 "나비"라는 우리말을 쓰고는 싶었지만 교과서에나 간혹 쓰이고 실제로는 별로 쓰이지 않아 일상 생활에서 훨씬 자주 쓰이는 "폭"이라는 말을 썼다.

"피륙"이란 말도 마찬가지이다. 사전의 뜻풀이가, 부활시키고픈 고유어를 선전하기 위한 장소로 삼는 일은 아주 삼가서 할 일일 것이다. "왜목"은 일본어이니 쓰지 말아야 한다는 것 같고, 그래도 "왜포"는 동의어라고 하고 있다. "왜목"이든 "왜포"든 지금 안 쓰는 말이다.

이 사전에서는 아주 짧지만 "광목 두 필"이라는 예문을 제시한다. 실제로 쓰인 글에서 따온 것이 아니라 편찬자가 당장에 지어낸 것인 듯하다. 실제 사용의 예, 즉 "용례"가 아니다. 광목은 주로 필로 거래되던 감이었다. 우리 사전은 이런 종류의 천의 뭉치를 세는 단위가 통, 또는 필임을 알려 준다. 그리고 광목 한 통과 마포 두 필의 값이 겨우 1만 원이니 꽤 옛날 이야기라는 사실을 암시한다. 즉 광목은 좀 예전에 쓰이던 낱말임을 넌지시 알려 준다.

위에서 보듯, 사전1, 2가 다 광목이 흰 천이라는 사실을 암시하고 있지 않다. 검거나 누르거나 푸른 물을 들이지 않은 다목적의 흰 감이 광목이었다. 우리 사전은 이 천이 흰 무명실로 짠 것임을 밝히고 있다.

다음은 "곰"에 대한 우리 사전의 다룸이다.

> 힘이 세고 좀 느리게 움직이며 털이 길고 거친, 북쪽 지방에 사는 큰 산짐승 ¶그 종족은 벌레도 먹고, 심지어는 곰의 발바닥 같은 것도 먹는다. 2 힘은 세지만 미련한 사람 ¶말 그대로 녀석은 미련하기가 곰이었다.

동물 모양 장난감을 가지고 노는 어린아이도 잘 아는 이런 짐승을 어떻게 풀이할까? 확실한 것은 동물학 사전이나 백과 사전의 흉내를 내는 것은 바람직하지 않다는 사실이다. 외국인이 뜻풀이를 읽고 그게 bear, Bär, ours, 熊이로구나 하고 알아차릴 수 있게 풀이하는 것이

옳을 것이다. 곰은 가축은 아니며, 산에 사는 털이 긴, 큰 짐승이며, 노루나 사슴과는 달리 느리고 힘이 세며, 사자나 원숭이 같은 열대 지방 동물이 아니라는 사실 따위를 알려 주는 것으로 됨 직하다. 용례에서 곰의 발바닥이 언급되니 쪽발이 아닌 짐승이며, 고기를 먹기 위한 사냥감이 아니라는 뜻도 암시되고 있다. 물론 더 길게 설명할 수도 있으리라. 겨울에는 동면을 하며, 북극 지방에 사는 놈은 털이 희고 헤엄을 잘 치고 물고기를 잡아 먹는다는 등. 그러나 한없이 길게 얘기할 수는 없는 노릇이다. (그런데 북쪽 지방이란 정보는 별로 필요한 것 같지 않고, 몸이 뚱뚱하다라는 정보가 들어 있다면 더 좋을 뻔했다.)

기존 사전1에서는 이렇게 설명되고 있다.

> 1 곰과의 동물을 통틀어 이르는 말. 2 곰과의 동물. 몸길이 1-3m. 몸이 뚱뚱하며 네 다리는 짧음. 온몸이 긴 털로 덮여 있고, 눈은 작으며 귀는 짧고 둥긂. 몸 빛깔은 흑색. 나무에 잘 오르고 굴을 잘 파며 헤엄도 잘 침. 산속에 살며 겨울에는 동굴 속에서 겨울잠을 잠. 온 세계에 분포함. 3 '미련한 사람'을 농조로 이르는 말.

이것은 전형적인 백과사전적 풀이이다. 더 정확히 말하자면 백과사전의 설명을 토막 쳐서 요약한 것이다. 우리 사전은 되도록 우리 "말"의 사전이 되고자 하므로 하나의 뜻풀이 속에 필요한 내용을 다 담아내려고 했다. 다시 말하면 관련 지식들의 항목을 나열하는 방식을 되도록 피했다. 일반 언어 사전에서 자연사(또는 박물학)에 관련된 항목을 다룰 때 피해야 할 것의 하나가 "과", "속" 따위에의 언급으로 풀이를 대신하는 일이라고 우리는 확신한다. 그러므로 곰을 "곰과의 동물을 통틀어 이르는 말"이라고 풀이하든가 그냥 "곰과의 동물"이라고 풀이하는 것은 하나마나 한 짓이니 우선 불필요하고 아무 뜻도 알려주지 않으니 틀렸다고 믿는다. "곰과"가 무엇인지는 이 사전에 올라 있지 않으니 더더욱 무의미하다. 그 다음에 길게 지식의 토막들을 늘어 놓는 방식을 우리는 좋게 보지 않아 피했다. 그 토막 지식 자체도 불명확, 부정확하다. 몸길이가 1-3m라는 말은 우리가 아는 대로의 곰에 대한 묘사이기보다는 동물학적 설명일 것이다. 다 자란 엄지이면서도 몸길이가 1m밖에 안 되는 곰도 있는 모양인데 이는 특수한 동물학적 지식이고 일반 언어생활적 지식과는 거리가 아주 멀다. 우리에게 곰은 큰 산짐승이다. 털 빛깔이 흑색(검정?)이라 했는데 헤엄치는 곰은 주로 흰색이다. 곰의 눈이 작다는 말은 곰을 알아보게 해 주는 특징인가? 개의 눈보다 특별히 작은가? 곰은 과연 전 세계에 분포하는가? 오스트렐리아에 곰이 있다는 말을 들어보지 못했다. 동물의 왕국인 아프리카에서 곰과 사자가 싸우는 영화를 본 기억도 없다. 틀린 정보임에 틀림없다.

곰은 물론 우리말에서 "미련한 녀석"이란 비유적인 뜻으로 자주 쓰인다. 그러나 미련하면서도 힘이 세어야 "곰" 축에 들 수 있다. 대체로 미련한 노약자를 곰이라고는 하지 않는다.

기존 사전2는 "곰"을 다음과 같이 다룬다.

> 1. 곰과에 딸린 짐승의 통틀어 일컬음. 2 (Ursus thibetanus ussricus)곰과에 딸린 짐승. 산림에 사는데, 털 빛은 새까맣고 가슴에 반달 같은 흰 무늬가 있음. 행동은 둔하나 나무에 잘 올라가며 땅을 잘 팜. 겨울에는 굴 속에서 겨울잠을 자고 2월경 1~2마리의 새끼를 낳음. 수명 20년 가량. 주로 밤에 나다니며 나무 뿌리, 어린 싹, 개미, 물고기 따위를 먹음. 쓸개는

웅담(熊膽)이라 하여 소화(消化), 해독(解毒)의 약제로 귀히 쓰고, 모피는 방석 등에 이용함. 반달가슴곰. 3 미련한 사람을 조롱하여 일컫는 말. 4[은] 경찰관. 경찰 5 [은] 형사 6 요강.

이 사전은 "큰" 사전이므로 백과 사전적 지식을 충분히 요약하여 제공하고자 한다. 다만, 이 곰은 한국과 인접 지역에 서식하는 곰이지 북미나 북극 지역에 사는 곰에 대한 설명은 아니다. 백과 사전이나 동물 사전처럼 라틴어로 된 곰의 학명을 알려주고 있으며, 웅담에 대한 정보를 준다. 놀랍게도 곰의 은어적 의미가 경찰, 형사, 요강이라는 정보도 올라 있다. 그러나 이런 은어적 의미가 정말로 쓰이는지는 확실하지 않다. 이래서 실지 용례가 필요한 것이다. 큰 사전이라면 반드시 확인된 용례를 보여야 한다.

다음은 "알거지"에 대한 우리 사전의 뜻풀이이다.

[얕잡아 이르는 말로] 갑자기 모든 재산을 잃어버린 사람. ¶이번 일로 소작을 부쳐 먹던 사람들은 그야말로 알거지 신세가 되었지요.

기존 사전1에서는 이 말을 다음과 같이 풀이한다.

돈 한 푼 없이 거지꼴이 된 사람

돈이 한 푼도 없으면 거지꼴이 된 사람이 아니라 진짜 거지이다. "돈 한 푼 없다"는 말은 비유적 표현으로서 과장의 수사법이지 진짜 거지를 나타내는 말로는 별로 안 쓰이며 거지꼴이라는 낱말은 알거지라는 낱말보다 빈도가 좀 낮으니 더 어려운 말이며 더욱이 "거지꼴이 되다"는 "본시 거지가 아닌데 형편이 거지나 다름없이 되다"라는 좀 특수한 뜻을 나타내는 관용구이다. (그러나 이 사전에는 "거지꼴"을 "(거지와 같은) 너절하고 지저분한 몰골"로 풀이하고 있다. 알거지가 다 진짜 거지 몰골을 하는 것은 아니다.) 그러므로 이 뜻풀이는 알거지를 더 알기 어렵게 한다고 하겠다. 앞에서 아리스토텔레스의 뜻매김의 규칙 중 비유를 피하라는 것이 있었는데 뜻풀이에서는 비유를 사용하는 것이 하등 문제될 것이 없지만 이 경우에는 뜻풀이를 더 어렵게 하는 것 같다.

기존 사전2는 아주 간단하게 "알짜 거지"라고만 풀이하고 만다. 다시 말하면 "알거지"는 "알짜 거지"의 줄임이란 뜻이다. 이 사전에 "알짜"는 "조금도 모자람이 없이 표본이 되는 것, 진짜"이라고 뜻풀이되어 있으니 "알거지"는 거지의 완전한 표본이 되는 셈이다. 틀린 풀이이다.

"알거지"는 "직업적인 진짜 거지"는 아니다. 진짜 거지나 다름없는 형편에 처한 사람을 가리키는 말이며 전에는 그런 형편이 아니었는데 어떤 사고나 실수로 말미암아 그렇게 된 사람을 대체로 경멸해서 하는 말이다.

다음은 우리 사전에서 "공리주의(功利主義)"라는 추상명사를 다룬 것이다.

> 1 자기의 물질적 이익을 추구하는 사고 방식 ¶경제적 합리주의와 공리주의는 가족과 친족 관계에 영향을 미쳐 사랑과 협동에 기반한 온정적 유대를 약화시켰다. 2 (윤리학에서) 각각의 개인이 자신의 이익과 행복을 추구하면 결국 사회 전체의 행복도 아울러 증진된다고 보는 학설 ¶공리주의가 윤리학의 문제를 일종의 사회 문제로 간주한 것은 윤리학 본래의 면목을 새롭게 한 것이었다.

기존 사전1에는 다음과 같이 되어 있다.

1 자신의 이익만을 추구하는 주의 2 쾌락, 행복, 이익 따위를 가치의 기준, 도덕의 기초 또는 인생의 지상 목표로 삼는 학설. 공리설. 실리주의

이 풀이는 공리주의에 대한 이데올로기적 반감을 가지고 쓴 것이 틀림없다. 공리주의는 개인적 태도이든 윤리학적 주장이든 악성 이기주의와 다름없다는 생각이다. 그런 뜻이 물론 있다. 산업혁명이 가져온 극단적 이기주의를 공리주의의 악영향으로 돌리는 것이 19세기의 일부 보수파가 퍼뜨린 사상적 유행이었는데 그런 나쁜 뜻이 세상에 유포되어 한국에도 이른 것이다. 일인들이 영어 utilitarianism을 번역할 때 아마 그런 부정적인 면을 부각시키는 "功利"(물질적 이익을 공략하다)라는 한자를 골라 썼던 모양이다. 그러나 윤리학적 학설로서는 다른 윤리학설들과 마찬가지로 좋은 뜻의 윤리적 이념이라는 것을 몰라서는 안 된다. 공리주의는 쾌락주의나 이기주의와는 전혀 다르다. 영국의 벤섬(Jeremy Bentham)이나 존 스튜엇 밀 같은 대표적 공리주의자들이 극단적 이기주의자였다는 말인가? 그들은 귀족주의적 영국 사회의 불합리한 제도를 개혁하여 경제적 부가 골고루 분배되는 구조를 만드는데 크게 공헌한 사상가들이었다. 벤섬(벤담은 일본식 발음에서 온 것)은 최대다수의 최대행복은 일반 대중의 고른 경제적 부에서 우선 시작된다고 보았고 그것을 가로막는 일체의 전통, 관습, 제도에 반대했다. 특히 밀은 합리적 자유주의, 민주주의, 여권주의의 선구자로 잘 알려져 있다. 위기에 처한 20세기를 살렸다는 경제학자 케인즈(J.M. Keynes)는 그의 먼 후계였다. 그러므로 우리 사전의 뜻풀이가 좀더 제대로 된 것이라고 하겠다. 우리 사전의 용례를

보아도 알 수 있는 사실이다.

기존 사전2에는 다음과 같이 되어 있다.

((윤리)) (utilitarianism) 1 공리.효용을 일체의 가치의 원리로 보는 사고방식. 2 벤담(Bentham, J.). 밀(Mill, J.S.)들이 제창한 사고방식. 공리나 최대행복 원리[최대 다수의 사람들에게 최대의 행복을 가져오는 일]를 도덕의 기초로 하여, 그것에 적합한 행위일수록 바른 것이라고 함. 공리설(功利說), 실리주의(實利主義).

이 뜻풀이는 적어도 윤리학적 이론으로서의 공리주의의 뜻을 말하려고 한다. 그러나 뜻풀이 자체는 알아듣기 꽤 어렵게 되어 있다.

앞에서 우리는 언어 사전과 백과 사전의 차이에 대하여 조금 논급했지만, 여기서 보듯 언어 사전에서도 정확하고도 간략한 백과 사전적 정보를 제공해야 함을 알 수 있다. 그러나 벤섬, 밀 같은 외국의 인명까지 언어 사전에서 들먹일 필요는 없을 것이다. 사전2는 큰사전을 자처하므로 좀 더 백과 사전적 성격을 띄우고자 한 듯하다.

다음으로 용언의 뜻풀이를 보기로 한다. 우리 사전의 "거두다"의 뜻풀이는 다음과 같다.

1 (익은 곡식이나 열매를) 모아 들이다. ¶어느 해 호열자가 번져 누렇게 익은 벼를 놓고도 거두어 들일 사람이 없었답니다./벼를 거두고 난 넓은 들에는 비닐로 만든 집이 많이 있었습니다. 2 (널리거나 흩어져 있는 것을) 한데 모으다. ¶그들은 말과 무기들까지도 거두어 마을로 돌아왔다./식사가

진행되면 비워진 그릇은 바로 거둬 간다. 3(죽은 시체를) 수습하다. ¶집에서나 죽었으면 시신이나 거두지./왜병들까지도 송 부사의 시체를 거두어 고이 묻어 주었습니다. 4 기르거나 보살피다. ¶지선 스님은 그 아이들을 정성스럽게 거두고 있었다. /그는 올 데 갈 데 없는 불쌍한 노인들을 거두고 있지요. 5 어떤 좋은 결과나 성과를 얻다. ¶노래를 하면 작업이 더 잘 되며, 노래를 통해서 서로 단결하는 효과도 거두게 된다고 한다./선수 생활을 끝마치는 마당에 유종의 미를 거두어야죠. 6 (말, 웃음 등을) 끝내거나 그만두다 ¶미실은 이미 반 시간 가까이나 눈물을 못 거두고 있었다./그것만으로 아내에 대한 모독이 된다고 느껴 얼른 그런 생각을 거두어 버렸다. /윤호는 이으려던 말을 거두고 황급히 허리를 굽혔다.

숨을 거두다 → 숨

"거두다"는 연세 어휘 빈도표에 의하면 1,612번째이니까 빈도가 상당히 높은 동사이지만 전체 올림의 길이가 비교적 짧아서 여기 인용했다. 그러나 뜻의 갈래를 6으로 나눠야 할 만큼 풀이는 꽤 복잡하다. "숨을 거두다"는 숙어로 다뤄지고 있으나 그것까지 합하면 7갈래나 된다. 한국 아동이나 외국인에게는 좀 어려운 낱말일 듯하다. 대학생들도 이 말을 잘 몰라 농활 나가면서 "가을 농활 갑시다. *봄 농활에 심은 것 걷으러"라고 쓴 가로막을 휘두르는 것을 보았다.

이 올림을 이렇게 전부 인용하고 다시금 자세히 살펴보니 "3 (죽은 시체를) 수습하다"라는 풀이는 조금 더 보탤 데가 있는 것 같다. 사고를 당하여 가족 친지 없이 죽었거나 보살핌을 받지 못하는 시체를 올바르게 장례를 치를 수 있게 잘 정돈하다라고 고쳐 풀이하면 좋겠다. "수습하다"라는 말도 좀 어렵다.

"기르거나 보살피다"라는 풀이도 조금 모자라게 느껴진다. 제 살붙이를 당연히 기르거나 보살피는 것을 거둔다고 하지는 않는다. 용례를 보아도 알 수 있다. 그러므로 다음 개정판에서는 "(부양이 필요한 아랫사람이나 어려운 사람을 책임을 지고) 기르거나 보살피다"라고 해야 좀 나아질 수 있겠다. 어쨌든 말뭉치가 제공하는 많은 용례들을 분석하여 위의 7가지로 나누어 다룬 것이다.

그런데 기존 사전 1은 다음과 같이 다루고 있다.

1 [널리거나 흩어져 있는 것을] 모아들이다. 벼를 --./빌려 준 돈을 -- 기르거나 가꾸거나 하여 뒤를 보살피다. 자식들을 거두어 먹이다./돼지를 잘 --. 3 어떤 결과 성과 따위를 얻거나 올리다. 많은 성과를 --. 4[몸이나 신변의 일을] 손질하고 보살피다. 집안일을 알뜰히 --. 5 하던 일을 그만두기로 하고 정리하다. 객지 살림을 거두어 고향으로 내려갔다. 6 [숨.말.웃음.생각 따위를] 멈추어 끝내거나 그만두다. 끝내 숨을 --./웃음을 거두고 정색을 하다. 떠나시겠다는 말씀만은 거두어 주십시오. 1, 5, 6 ㊟ 걷다

이 올림도 상당히 분석적이어서 뜻의 갈래를 6이나 되게 했다. 그러나 큰 말뭉치를 다룬 우리의 감각에 비추어 볼 때 "돼지를 잘 거두다"라는 예문은 어색하다. "집안일을 알뜰히 거두다"란 예문도 마찬가지이다. 이들 용례 아닌 예문들은 풀이에 알맞게 지어낸 것이므로 어딘가 적절하지 않은 데가 있다는 느낌을 주며 동시에 뜻풀이 자체에 다소 문제가 있음을 암시한다. 우리 말뭉치에서는 "거두다"란 말이 "몸이나 신변의 일을 손질하고 보살피다"라는 뜻으로 쓰인 예를 찾을 수 없었다. 확실한 용례를 찾지 못하면 우리 사전에는 오르지 못한다.

그런데 아주 큰 문제는 위의 1, 5, 6으로 뜻풀이가 되는 "거두다"는 "걷다"로 줄일 수 있다는, 즉 이 세 경우에는 "거두다"와 "걷다"가 동의어라는 말이라는 해석이다. 다시 말하면, "벼를 거두다"와 "벼를 걷다"라는 말이 같은 뜻이라는 말이다. 정말인가? "벼를 거둔다"는 "추수한다"는 말이지만 "벼를 걷는다"라는 말은 햇볕에 "널리 펴 널어 말리던 벼를 다시 모아 놓는다"는 말이다. 이 경우에 "거두다"와 "걷다"는 서로 다른 말임이 분명하다. (농활 대학생의 오류가 이 사전에서 말미암은 것이었는지?) 빌려준 돈을 (다시) 거두는 것은 말이 되는 듯하나 빌려준 돈을 걷는다는 말은 어색하다. 세금을 걷고 의연금을 걷는 것은 되는 말이지만, 이 경우에 "걷다"는 "거두다"의 준말이 아니라 동의어라고 보는 것이 옳다. 이에 대해서는 우리 사전이 "걷다"를 다루면서 밝히고 있다. 5의 뜻이 "걷다"의 뜻과 같다는 말도 이상하다. "살림을 거두어 멀리 이사를 갔다"를 "살림을 걷어 멀리 이사를 갔다"라고 할 수 있는가? ("살림을 거두다"라는 말 자체가 좀 예스런 표현이기도 하다. 현대 말뭉치에 거의 나타나지 않는다) 6의 뜻이 "걷다"로 표현될 수 있다는 말도 안 될 성싶다. "아버님께서 숨을 거두셨다" 대신에 "아버님께서 숨을 걷으셨다"고 하지는 않을 것이다. "웃음을 걷고 정색을 했다"고 할 수 있는가? 아무리 우수하다고 해도 편찬자의 머리 속에 든 개인적 말뭉치가 크지 못함을 증명한다.

기존 사전2에는 다음과 같이 되어 있다.

1 흩어진 것이나 널려 있는 것을 모아들이다. ㊟ 걷다. *널었던 빨래를 ~. 2 가꾸거나 기르거나 하여 치다꺼리를 하여 뒤를 잘 보살펴 주다. *아우를 잘 ~ 3[주로 몸이나 또는 살림살이 따위에 관한 일을] 잘 보살피다 *아침을 먹은 후 집안을 거두고 나니 10시였다. 4[숨이나 말(분부. 명령)이나 웃음이

나 생각 따위를] 멈추어 그치거나 그만두다. *숨을 ~. 제발 분부를 [명령을] 거두셔요. 웃음을 거둔 긴장한 표정. 5 [승리나 성과 따위를] 얻다. ㉾ 걷다. *전국 체육 대회에서 우리 도가 승리를 거두었다. 6 [벌이어 놓거나 차려 놓은 것을]하지 않으려고 정리하다 *그는 살림을 거두어 외국으로 유학길을 떠났다.

이는 기존 사전1과 비슷한 원칙으로 풀이한 것이다. 예문들도 풀이에 알맞게 만든 것들이다. 그런데 뜻풀이 2는 유독 길게 한 것인데 긴 만큼 뜻이 잘 살아나는 것 같지는 않다. "가꾸거나 기르거나 하여"를 생략했으면 더 좋을 것 같다. 아우를 "가꾸어서" 치닥거리를 하는 것이 아우를 거두는 짓은 아닐 것이다. 이 사전에서도 1과 5의 뜻이 "걷다"의 줄임이라고 하고 있다. 줄에 널었던 빨래는 거두는 것이기보다는 걷는 것인 듯싶다. 어쨌든 오늘날의 잘 쓴 글에서는 대체로 빨래를 걷는다고 하지 거둔다고 하지 않는다. 즉 "걷다"는 "거두다"의 준말(다시 말하면 동의어)이 아니다. 마찬가지로 "승리를 거두다"이지 "승리를 걷다"라고 할 수 없을 것 같다. "거두다"와 "걷다"는 확실히 관련어들이다. 각기 여러 다른 뜻들을 가지고 있으므로 그 중에는 서로 동의어가 되는 경우도 있다. 그러나 서로 다른 낱말로 다루어야 할 경우가 훨씬 더 많다. 그러므로 사전은 오히려 그 두 낱말의 차이를 국어 교육 차원에서 잘 알려 주어야 한다.

4. 맺는 말

우리 사전이 기존 사전들에 비하여 비할 바 없이 우수하다는 말을 하려고 이 글을 쓴 것은 아니다. 뜻풀이는 모든 사전의 핵심인데, 사전에 대한 논의에서 기이하게도 이 핵심보다는 어떤 낱말이 올라 있고 안 올라 있고가 오히려 더 중요한 듯이 논란이 되는 것이 사실이다. 심지어 자연언어 처리나 정보학 등에서는 뜻풀이가 없는 올림말(표제어)의 나열만을 가리켜 "사전"이라고 하는 것이 관행이다. 그래서 올림말의 수에 그토록이나 연연하는 것이다. 그것만이 자유 경쟁의 대상이 되는 까닭이다.

아마도 뜻풀이에 대해서는 사전 편찬자들끼리 서로 주고 받는 것이 많으니까 서로 말하지 말자고 은연중에 작정했는지도 모른다. 서양에서도 뜻풀이 자체보다는 역시 올림말과 올림말의 제시 방식 따위를 자주 논의, 논란의 대상으로 삼는 경향이 있는 것을 보면 거기서도 뜻풀이에 관해서는 서로 공개적으로 공방을 벌이지 않기로 신사 협정을 맺은 모양이다.

그러나 사전의 뜻풀이야말로 사전의 존재 이유가 아닌가? 대다수 사전 사용자들에게 가장 주요한 봉사는 올바른 뜻풀이를 제공하는 것이다. 한자의 꼴, 맞춤법, 품사, 발음과 활용꼴 따위를 보여 주는 일은 부차적 봉사임을 누가 부정할 것인가! 앞으로의 주요 논의에는 반드시 뜻풀이를 더 바로, 더 친절하게 하는 일에 대한 것이 포함되어야 한다고 믿는다.

* 이 글은 아래의 논문을 이 책의 기획과 형식에 따라 수정한 것임을 밝힌다.
이상섭(1997), 사전의 뜻풀이에 대한 소견-『연세 한국어 사전』과 기존 국어 사전들과의 비교를 겸하여, 『사전 편찬학 연구』 8-1, 연세대학교 언어정보개발연구원, 7-32.

언어 연구의 도구로서의 컴퓨터

- 국어정보학과 사전편찬학의 응용

서상규

1. 머리말

정보화 사회에서 언어 정보 처리의 중요성이 증대되면서, 특히 언어 정보처리의 핵심이라 할 수 있는 어휘 정보의 통합체로서의 사전의 의미가 새롭게 부각되고 있다. 이러한 새로운 개념의 사전의 편찬 과정을 통하여, 우리는 대규모의 연구 기반 조성하고, 언어 정보를 축적함과 동시에 언어 정보의 전산 처리를 위한 기반 기술 개발, 관련 분야 연구 활동 통합한 국어정보학과 사전편찬학의 이론을 정립해 나갈 수 있을 것이다.

연세대학교 언어정보개발연구원[1]에서는 1986년부터 한국어 대사전의 편찬을 위해[2], 현대 한국어의 대규모 말뭉치(corpus)[3] 구축과 그

---

1) 1998년 3월, '한국어 사전 편찬실'에서 '언어정보개발연구원'으로 기구가 개편되었으며, 한국어 사전 편찬실은 언어정보개발실, 전산기술개발실, 대학원 국어정보학 협동과정과 함께, 이 연구원의 한 부서로 운영되고 있었다. 이후 2003년 4월에 '언어정보연구원'으로 명칭이 바뀌었다.

2) 1986년 한글날에 발표된 "연세한국어사전 편찬 발의문"에서 표방하고 있는 궁극적인 목표로서의 대사전은 "우리말의 과거와 현재의 쓰임을 모두 정리하고 아울러 앞으로의 쓰임까지도 계속 수록해 나갈 수 있는 큰사전"이다.

이용 방법에 관한 연구를 지속적으로 수행해 왔다. 1987년 연세 말뭉치1(약 300만 마디[4]))의 구축을 시작으로 연세 말뭉치9까지의 말뭉치가 구축되어 활용되고 있다.

이 글에서는, 현대 한국어 학습용 사전인 "연세 한국어사전"[5]의 편찬 과정에서 이루어진, 말뭉치의 구축과 그 이용 방법의 하나로서의 낱말 빈도 조사의 방법론과 그 응용의 실제, 사전 편찬 환경의 구축 등을 중심으로 살펴보기로 한다.

2. 통합적 사전 편찬 시스템의 구축[6]

언어정보개발연구원에서 수행해 온 "연세 한국어사전"의 편찬 사업을

---

3) corpus(또는 이의 집합체로서의 corpora)에 대한 용어로서는 '말뭉치' 외에도 '말모둠'이 사용되는 경우가 있으며, 자연언어처리 분야에서는 '코퍼스'로 사용되기도 한다.

4) 이는 띄어쓰기를 구분자로 하여 말뭉치 자료의 양을 나타내는 단위로, 일반적인 '어절'과 거의 같은 개념으로 볼 수 있다. 그러나 실제 자료에서는 규범으로서의 띄어쓰기의 규정을 완전히 적용한 예는 보기 드물며, 또한 일관된 원칙으로 통일하기에도 어려움이 있다. 따라서, 이 때의 '마디'란 실제 언어 자료에서 '띄어쓰기'로 되어 있는 낱낱의 단위를 일컫는다.

5) 초기에는 1989-1991년에 이루어진 "현대 한국어 사전 편찬을 위한 한국어 자료의 선정과 그 전산적 처리에 관한 연구"(이상섭, 남기심, 정찬섭, 이익환, 최윤철 공동연구, 연세대학교 학술연구비 보고서, 1991.6.)의 제1차 어휘 빈도 조사 결과에 의한 올림말을 1차 자료로 하고, 신기철·신용철의 "새우리말 큰사전"(1983, 3차 수정증보판)의 올림말 목록, 동아출판사의 "새국어사전"(1994)의 올림말 목록을 대조하여 사전 편찬이 이루어졌다. 이 단계에서는 실제의 말뭉치에서의 용례 추출 결과(빈도와 쓰임)를 토대로 하여, 이희승의 "국어대사전"(1983), 한글학회의 "우리말 큰사전"(1992), 금성출판사의 "국어대사전"(1991), 사회과학원 언어학연구소의 "조선말대사전"(1992) 등의 해당 올림말의 처리 여부를 참조하여 올림말 선택에 이용하다가, 1996-1997년에 이루어진 연세 말뭉치 전체를 대상으로 한 낱말의 제2차 어휘 빈도 조사(서상규) 결과, 빈도 14 이상으로 나타난 낱말을 중심으로 약 5만 2천여 올림말을 확정하였다.

6) 2절의 내용 중, 사전 편찬 환경과 말꾸러미에 관한 기술 내용의 상당 부분은 채윤호(1997)의 도움을 받았음을 밝혀 둔다.

통해서, 원시적인 사전 편찬 환경 구축에서 출발하여 오늘에 이르기까지, 숱한 시행착오를 겪고 급변하는 기술에 적응하면서 우리는 소중한 경험을 얻었다고 할 수 있는데, "연세 한국어사전"을 만들면서 깨닫게 된 가장 큰 사실은 현대적인 사전을 만드는 데 있어서 사전 원고를 쓰는 사람 외에도 갖추어야 할 필수적인 것이 한둘이 아니라는 점이다.

2.1. 사전과 말뭉치

말뭉치를 언어 연구에 이용하려는 것은 오래 전부터 시도되어 왔지만, 컴퓨터 기술의 발전에 힘입어 가치 있는 것으로 평가되기 시작한 것은 비교적 최근의 일이다. 대량의 말뭉치를 저장할 수 있는 용량의 기억 장치와 이를 가공하고 처리할 수 있는 빠른 프로세서를 지닌 시스템을 개인이 소유할 수 있게 되었기 때문에, 언어 연구에서도 말뭉치를 이용하여 많은 아이디어를 실험할 수 있게 되었다. 사전을 만드는 작업에 말뭉치를 이용하여 살아 있는 말이 반영된 새로운 사전을 만들려는 것도 그런 생각 중의 하나이다.

사전 편찬을 위한 통합적 시스템을 구상함에 있어서 말뭉치가 무게 중심을 차지함은 물론이다. 아울러 말뭉치를 체계적으로 구축하고, 효율적으로 보관하며, 다양한 용도로 이용 가능한 형태로 가공하며, 여러 사람이 말뭉치를 이용할 수 있는 서비스를 구현하는 일 등이 수반된다.

2.2. 용례 검색 시스템

사전을 만드는 과정에서 사전 원고 작성자는 말뭉치로부터 살아 있는 풍부한 용례를 추출해서 볼 수 있기를 원한다. 따라서 말뭉치에서 다양한 형태의 용례를 풍부하게 보여 줄 수 있는 용례 검색 시스템이 요구된다. 사전 편찬을 위한 용례 검색 시스템은 대용량의 말뭉치를 다수의 사용자가 고속으로 검색하게 되므로 필연적으로 색인을 이용한 검색 시스템이 효과적이다.

사전의 편찬에 참가할 다수의 사용자를 위한 용례 서비스 부분과 그것의 짝이 되는 클라이언트 프로그램 혹은 그에 상응하는 사용자 인터페이스를 만드는 일도 중요한 덩어리이다. 언어정보개발연구원의 용례 검색 시스템인 '말씀'은 초기에 유닉스 환경에서 개발되어 개선되어 왔다. 그러나 대부분의 사전 원고 작성자는 유닉스 환경에 익숙하지 않았으므로 상당한 불편이 있었다. 결국 도스에서 윈도우 시대로 넘어오면서 윈도우 환경에 익숙해진 사용자들을 위해, 말씀 서버에 윈도우 3.1에서 작동하는 클라이언트 프로그램을 만들었으며, 윈도우95가 나온 뒤에는 서버와 클라이언트를 대폭 개량한 '말씀2'로 발전하게 된다.[7)]

용례 검색 시스템은 문법정보가 추가된, '꼬리(주석) 달린 말뭉치'(tagged corpus)가 있다면 더욱 좋은 품질의 결과를 얻어낼 수 있다.[8)] 단순히 찾는 말의 패턴을 가지고 검색을 수행하는 것이 아니라, 문법 정보를 가지고 형태를 결과로 얻어내는 일이 가능하게 된다. 이 부분에서 결정적인 역할을 하는 것은 형태소 분석기와 주석 시스템이 된다. 주석 시스템은 꼬리 달린 말뭉치를 구축하는 경우에만 유용하겠지만, 형태소 분석기는 어떤 경우에도 말뭉치를 분석하는 데 있어서 필수적인 도구이다. 용례 검색 시스템에서

7) 검색의 조건으로는 '찾는 말, 품사, 말뭉치, 선택 제약' 등의 조건을 정하여 서로 다른 여러 가지 방법에 의해 용례를 검색할 수 있도록 구성되어 있다. 용례는 가나다순으로 배열되어 KWIC 형태로도, 전체 문장의 형태로도 얻어 볼 수 있도록 되어 있다. 또한 추출된 특정 용례를 선택하면 해당 용례의 출전을 표시하여 준다.

추출된 용례가 얼마나 질의에 부합하는 결과를 내느냐 하는 것은 형태소 분석기의 성능과 직결된다.

경험을 통해 볼 때, 사전 편찬 과정에서 이러한 구성 요소들이 유기적으로 결합된 용례 검색 시스템을 운용하는 데는 두 가지 모델이 필요하다. 첫째는 사전 원고 작성자는 필요에 따라 대화형으로 용례를 검색할 수 있기를 원하기 때문에 그에 걸맞는 클라이언트/서버형의 대화형 모델이며, 둘째는 필요한 용례에 관한 목록이 정해져 있어서 일괄 처리 형태로 용례를 뽑아 보는 모델이며, 언어정보개발연구원에서는 이 두 모델을 적절히 섞어서 운용하는 것으로 상당한 생산성 향상을 꾀할 수 있었다.

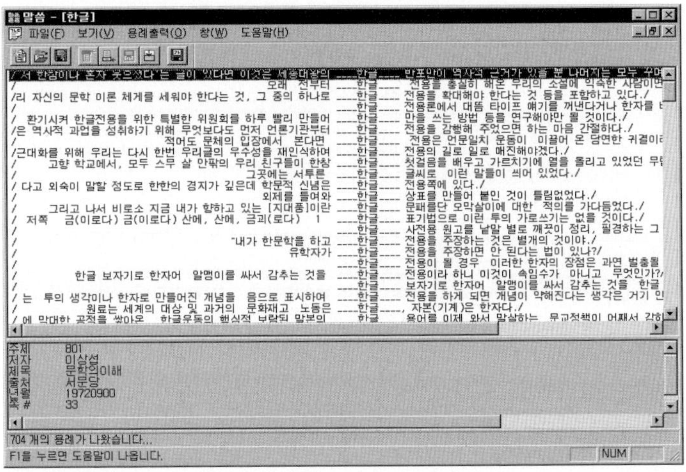

8) 1989-1991년의 제1차 낱말 빈도 조사, 서상규의 1997-1998년 제2차 낱말 빈도 조사에 이어, 1998년 11월 현재 제3차 낱말 빈도 조사가 거의 마무리 단계에 있는데(서상규, 이기황 공동), 여기서는 KTS(카이스트 개발)와 HAM(한성대 강승식 교수 개발)를 병렬적으로 사용하여 태깅한 결과에서 낱말 빈도를 추출하려고 시도하고 있다. 그러나 실제로는 태그 셋의 불일치와 사전 미등록어의 처리에서 상당한 오류가 발생하고 있으며, 결과적으로 이러한 실험에서도 역시 사람에 의한 후처리와 교정 작업이 필요한 것으로 판명되었다. 이 실험의 결과물로서 일단은 입말뭉치를 제외한 연세 말뭉치 전체에 대한 "꼬리 붙은 말뭉치"를 얻을 수 있었다.

2.3. 사전 편집 시스템

컴퓨터에서의 문서 작성 작업이라면 자연스레 워드프로세서를 떠올리게 될 것이며, 실상 사전 원고를 만드는 일을 가장 단순한 단계에서 생각해 보면 여느 문서 작성 작업과 크게 다르지 않다. 실제로 초기 한국어 사전 편찬실에서도 그렇게 했다.9) 그러나 아무리 사용자에게 익숙한 도구라 하더라도 사전 원고를 작성하는 도구가 워드프로세서일 경우 몇 가지 문제가 생긴다.

(1) 원고 형식의 통일의 어려움

원고 작성자들의 문서 작성시의 버릇이 천차만별인 데다, 원고 자체의 내용에 집중하므로, 원고의 구조를 나타내는 정보의 통일에 무관심하기 쉽다.10)

(2) 원고 버전 관리의 문제점

사전 원고를 작성하는 도구는 버전 관리 기능이 있어야 한다. 다른 사람이, 혹은 자신이 작성한 원고라 할지라도 시간이 지나면 생각이 바뀔 수 있고, 초기의 원고가 마음에 들지 않아 변경하는 경우도 있지만, 거꾸로 이미 수정한 원고의 수정되기 전 상태로 돌리거나 참조해야 할 경우가 있기 때문이다.

---

9) 사전 원고를 워드프로세서를 사용하여 작성할 경우, 원고 작성자에게 가장 친숙한 도구라는 점과, 조합형 한글을 사용할 수 있다는 장점이 있는 한편, 사전 원고를 표준화하고 구조화하기 어려울 뿐 아니라, 이미 작성된 원고를 참조·관리하기 어렵다.

10) 언어정보개발연구원의 경우에도, 아무리 숙달되고 전문적인 사전 원고 작성자라 하여도, 사전 원고의 형식 통일의 중요성을 '사전 정보의 구조화'라는 관점에서 이해하는 데에는 매우 오랜 시간이 걸렸으며, 이것은 사전 출판 마지막 단계까지 계속되었다.

(3) 다중 사용자 환경과 상호 참조

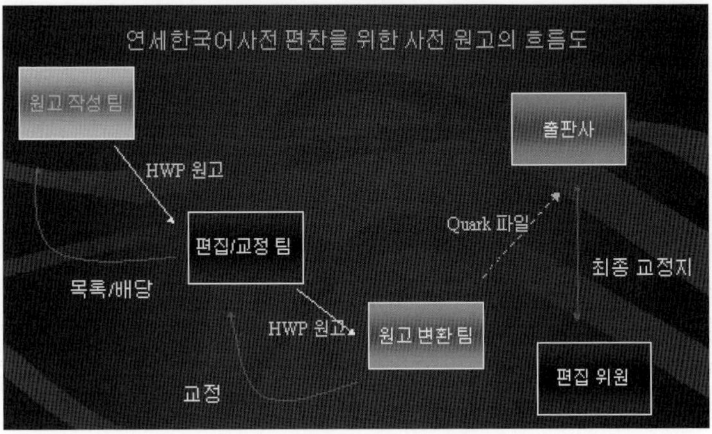

〈그림 1〉 사전 원고의 흐름과 형식

사전 원고를 작성하는 사람은 한 사람이 아니므로 클라이언트/서버적인 모델에 기반을 둔 다중 사용자 환경을 고려해야 할 필요가 있다. 개개의 사전 원고들도 형식이 있지만 그 사전 원고들이 모여서 사전의 형태가 되었을 때도 형식이 있고, 상호간에 연관 관계가 있으며, 사전 원고가 워드프로세서의 문서일 경우 상호 참조와 수정이 쉽지 않다.

또한, 엄청난 노력을 들여 만들어진 사전은 다양한 다시 재사용될 수 있는 자원의 형태로서 유지될 수 있어야 하며, CD-ROM과 같은 매체나 온라인 사전의 형태 혹은 컴포넌트의 형태 등으로 얼마든지 변신이 가능해야 한다. 그러므로 작성된 사전원고의 내용을 구조적으로 저장하고, 다른 형태로 변형이 가능하도록 하기 위해 이런 편집 시스템이 필요한 것이다.

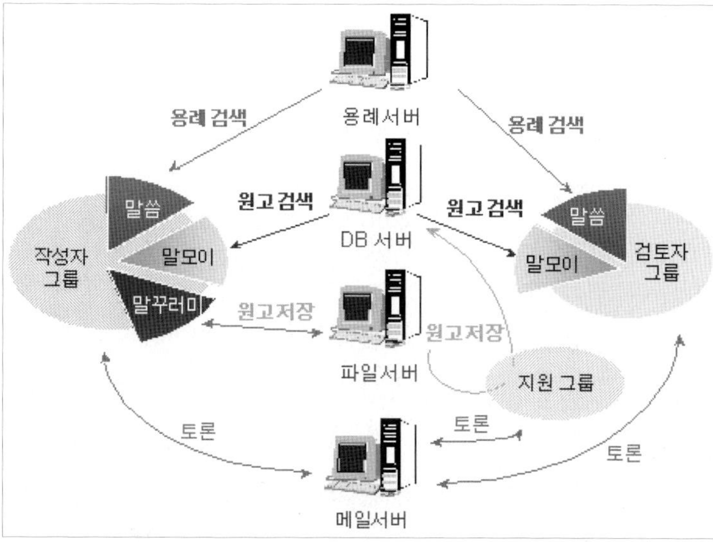

〈그림 2〉 '말꾸러미'에 의한 사전 편찬 환경의 구성

이런 요소들을 한데 모아 유기적으로 결합하면 클라이언트/서버 데이터베이스 응용프로그램의 모양새와 흡사하게 보인다. 언어정보개발연구원에서는 1994년경부터 미래지향적인 편찬 환경을 계획, 기술적인 어려움을 극복하며, 이후 급변하는 기술을 실험하고 적용하면서 예의 아이디어에 근접한 사전 편찬 시스템인 '말꾸러미'의 설계에 이르렀으나, 성공하지는 못하였다.[11]

---

11) '말꾸러미'는, 사전 원고의 작성과 교정 도구로서 사용되고 있는 워드프로세서 '혼글'을 대체할 계획으로 구상된 것으로, 텍스트 형식 또는 HTML이나 SGML로의 변환뿐 아니라 DTP에 바로 응용할 수 있도록 사전 원고를 구조화하려는 시도였다. 그러나 실제로는 사전 원고 구조의 복잡성에다가, 원고 형식의 통일성 확보의 어려움 등에 따른 문제점으로 인해, 결국 사전 출판 단계까지도 '말꾸러미'는 실현되지 못하였으며, 원고의 변환을 위한 파서(Dic parser) 개발과 실험이 중단되면서 '말꾸러미' 계획도 중단되었다. 구체적인 사전 항목 구조의 분석 결과는 이 글의 끄트머리의 〈붙임〉을 참조 바람.

2.4. 사전 편찬을 위한 통합 환경

지금까지 살펴본 여러 요소들을 결합하고 덧붙여서 현재의 컴퓨터와 네트웍에 관련된 기술을 환경으로서 묶어 하나의 거대한 통합 환경으로 만들어 내기 위해서는. 사전 원고 작성자들이 필요한 용례를 검색하고, 필요한 자료를 내부 혹은 인터넷을 통해 외부에서 참조하며, 다른 사람이 작성중인 원고를 열람하면서 사전 원고를 작성할 수 있는 통합된 소프트웨어, 사전 원고의 흐름과 품질을 관리하는 상위 편찬자, 모든 원고가 통합되어 저장되는 데이터베이스와 용례 검색 엔진 등이 필요하다. 이밖에도 작성되어 모아진 "원고 관리 프로그램"(말모이), 출판을 위한 파일 형식 변환기, 자동 분석 및 전자사전화 등의 각종 용도로의 활용을 위한 "사전 원고의 구조화" 등이 필수적이다.

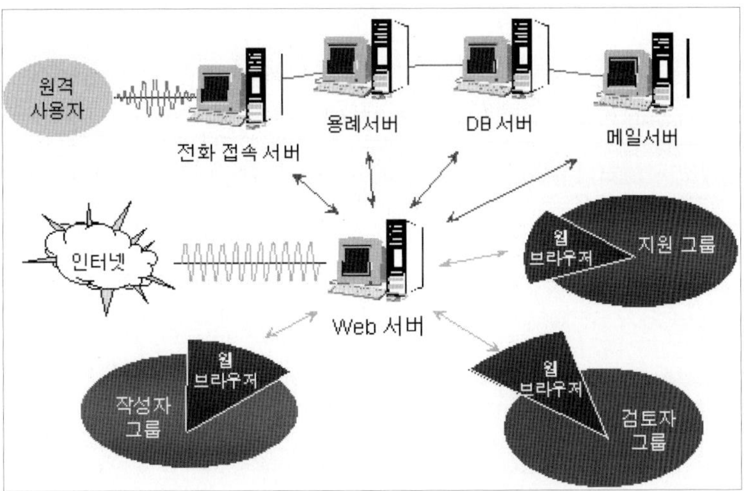

〈그림 3〉 사전 편찬을 위한 통합 환경의 구성

3. "연세 말뭉치"(The Yonsei Corpora)의 구성과 그 용용[12]

연세대학교 언어정보개발연구원의 말뭉치(이하, '연세 말뭉치'로 부름)는 1998년 2월 현재 약 4,200만(자세히는 4,264만 4,891) 마디가 구축되어 있다.[13] 이 "연세 말뭉치"는 1998년 현재, 모두 9개의 시대별 말뭉치(2개의 균형 말뭉치 포함)와, 이를 재구성한 2개의 표준말뭉치[14]로 구성되어 있다.[15]

12) 이하의 내용은, 지난 10월 17-18일에 걸쳐 한글학회와 한글재단 공동 주최로 열린 "전국 국어학 학술대회"에서 발표한 내용을 토대로 요약한 것이다. 자세한 내용은 대회의 발표집 또는 '한글' 1998년 겨울호를 참조 바란다.

13) 문화관광부의 지원으로 1998년부터 시작된 "세종21세기 국어정보화 기반구축 사업"의 일환인 현대 국어 기초 자료 구축 사업에 언어정보개발연구원이 공동으로 참가하여 구축하고 있는 "세종 말뭉치"(가칭)는 아직 작업이 진행중이므로 연세 말뭉치에 통합되지 않고 있다. 1차년도 세종 말뭉치에서 언어정보개발연구원이 구축하여 TEI(Text Encoding Initiative) 지침에 따라 표준화한 구축한 말뭉치는 전체 825만 어절이며, 이 가운데 새로이 구축한 말뭉치는 약 357만 5천 어절로, 약 43%에 해당한다.

14) '표준말뭉치'로 불리는 2개의 말뭉치(표준말뭉치A: 1,160만 401마디, 표준말뭉치B: 1,788만 7,556마디)는 9개의 균형 및 시대별 말뭉치를 토대로 하여, 특히 저빈도 낱말의 용례 추출의 효율성을 극대화하기 위해, 주제와 분야, 시대 및 장르, 언어적 성격 등을 고려한 비율로 재구성한 것이다.

15) 한국어의 표준적인 말뭉치 구성에 관한 명확한 구성 방법과 비율 등에 대해서는, 사용 목적과 방법에 따라서 달라질 수 있으며, 대체적으로 100만~300만 마디 내외의 각종 실험적인 말뭉치가 구성되곤 한다. 정찬섭 외(1990)나 남윤진(1997) 등이 바로 그러한 예이며, 『조선어빈도수사전』(1993)에서도 약 100만 마디의 규모를 분석의 대상으로 삼고 있다.
1998년 11월 현재도 "한국어 교육 말뭉치"(약 100만 마디), "낱말 의미 빈도 조사를 위한 말뭉치"(약 100만 마디), "인용구 사전 편찬을 위한 말뭉치"(규모 미정) 등 특수 목적을 위한 각종 말뭉치가 구성되어 실험되고 있다.

〈표 1〉 '연세 말뭉치'의 구성

말뭉치의 종류	말뭉치의 이름	마디수	어절의 수
균형 말뭉치	연세말뭉치1 (정찬섭 말뭉치)	2,881,175	529,758
	연세말뭉치2 (정영미 말뭉치)	1,107,363	193,192
시대별 말뭉치	연세 말뭉치3 (1980년대)	5,906,524	801232
	연세 말뭉치4 (1990년대 입말뭉치)	759,092	
	연세 말뭉치5 (1970년대)	8,624,458	1,090,072
	연세 말뭉치6 (1960년대)	7,259,140	995,841
	연세 말뭉치7 (1990년대)	13,709,421	1,338,695
	연세 말뭉치8 (교과서)	898,512	137,144
	연세 말뭉치9 (아동 도서)	1,499,206	187,769

시대별 말뭉치는, 1960~1990년대까지의, 현대 한국어의 글말을 중심으로 구성되어 있으며, 현재 입말(구어)과 버금 입말(준구어) 자료가 추가되고 있다.16) 이 말뭉치들은 한국어 사전의 편찬, 현대 한국어의 낱말 빈도 조사 및 용법, 의미의 분석을 위한 용례 추출용의 자료로 활용되고 있다.17)

'연세 말뭉치4'를 제외한18) "시대별 말뭉치"(말뭉치 3, 5-9)는 각 10년

---

16) 여기서 '입말'이라 함은, 아무런 특별한 제약이나 통제 없이 이루어진 담화를 주로 녹취나 녹화 자료를 전사함으로써 얻어낸 자료를, '버금입말'(준구어)은 희곡이나 시나리오, 뉴스 따위의 본래 미리 작성된 스크립트를 바탕으로 하여 이루어진 발화를 모은 자료이며, 엄밀히 말하자면 이를 다시 녹취 또는 녹화된 자료와의 대조를 통하여 교정함으로써 얻어지게 된다.

17) 아래 표의 '마디수'는 해당 말뭉치의 모든 표본에서 추출된 마디수 전체의 합을, '어절수'는 각 말뭉치에서 추출된 '각기 다른 어절'의 유형의 수를 나타낸다. 입말뭉치(연세 말뭉치4)를 제외한 연세 말뭉치의 4,188만 5,799마디의 자료에서 확인된 '각기 다른 어절'의 수는 328만 6,799개로 나타났다.

18) 위 표의 어절 수는 오정선·장석배(1998)에 의한 "연세 말뭉치에 대한 어절 빈도 연구"(1998.4.-6., 언어정보개발연구원 내부 연구비 지원에 의한 연구 결과 보고서, 미간)의 결과에 의거한다. 이 조사에서는 입말뭉치를 제외한 연세 말뭉치 전체에 대한 어절 빈도가 추출되어 있다.

간의 주요 출판물을 모은 것으로, 앞서 언급한 균형 말뭉치와 마찬가지로 각 분야를 모두 포괄하도록 종합적으로 구성하는 것을 목표로 하고 있다. 다만, 전체적인 구성으로 볼 때 '살아 있는 현대 한국어'를 추출하기 위해, 소설 등의 문학 작품의 비중이 상대적으로 매우 높다는 특성이 있다.

(1) 연세 말뭉치1(정찬섭 말뭉치)[19]

연세 말뭉치 중 가장 이르게 구축된 말뭉치로, '현대 한국인의 독서 실태'에 관한 설문 조사에 의해 구축된 말뭉치이다. 표본의 대표성을 확보하기 위하여, 일반인들에게 어떤 유형의 글이 얼마나 널리, 그리고 많이 읽히는지를 조사하는 방법을 취하였는데, 표본 선정 기준을 마련하기 위해 전문가 조사와 일반인 조사를 함께 실시하였다.[20]

(2) 연세 말뭉치2(정영미 말뭉치)

도서 대출 빈도에 따른 균형 잡힌 말뭉치를 구성할 목적으로 주제별 선정 기준을 사용하였다. 이 방법은 문헌정보학적 방법을 응용한 것으로, 가능한 모든 주제 분야의 낱말이 망라되도록 하기 위하여 듀이 십진 분류법(Dewey Decimal Classification)을 이용하여 한국어 문헌을 크게 열 가지 대범주(총류, 철학, 종교, 사회, 과학, 언어학, 순수과학, 응용과

---

19) 당초 300만 마디를 목표로 1987년에 구축되었는데, 구축 과정에서 발생한 전자 파일 유실의 문제로 인해, 원 말뭉치1은 221만 7천여 마디가 되었고, 1991년에 66만 3천 마디의 말뭉치를 보완하여, 현재는 약 288만 마디 규모로 구성되어 있다.

20) '전문가 조사'에서는 교과서의 배제 또는 표집 비율 조정, 문제 번역물의 표집과 관계된 문제, 독서물의 유목 분류 문제에 대한 조사가 이루어졌으며, '일반인 조사'에서는 전문가 연구의 결과를 토대로 독서물 유목을 작성하여 독서물 유목별 독서량을 조사하였다. 자세한 것은, 정찬섭 외(1990:7-70)를 참조 바람.

학, 예술, 문학, 역사 등의 분야)로 나누어 수집하였다.[21] 또한 도서의 대출 빈도는 각 낱말의 인지도를 간접적으로 나타낸다는 전제 아래, 주로 1987-1988년의 도서를 대상으로 대출 빈도가 높은 자료를 중심으로 하여, 234개의 표본을 선정하여 1990년~1991년에 걸쳐 구축하였다.

(3) 연세 말뭉치3(이상섭 말뭉치, 1980년대 우수 출판물)

사람들이 많이 접하는 문헌이 각 낱말의 인지도를 간접적으로 반영한다고 보고 "출판 저널"의 우수 출판물 목록에서 1980년대 도서를 중심으로 표본을 선정하여, 1991년에 구축되었다.

(4) 연세 말뭉치4(김하수 말뭉치1, 입말뭉치)

앞서 수집한 말뭉치 자료가 모두 글말 중심의 자료라는 문제점을 보완하기 위해 구축하기 시작한 말뭉치로, 현재도 지속적으로 확충되고 있다. 입말은 자료의 선정, 수집, 전사의 과정에 고도의 전문성이 요구되어 구축 시간이 상당히 길어지게 된다. 자료의 수집은 실제 사용된 입말을 녹음하여 전사하는 '순수 입말'과, 입말의 특성이 잘 나타나는 희곡, 방송 대본, 시나리오 따위를 중심으로 수집하는 '버금 입말'(준구어)로 나누어 진행되고 있다.[22]

---

21) 주제별로 보면 총류(7.8%), 철학(9.9%), 종교(10.7%), 사회과학(12.8%), 언어(5.7%), 순수과학(11%), 응용과학(11.7%), 예술(8.1%), 문학(11.2%), 역사(11.3%) 등으로 구성되어 있다.

22) '연세말뭉치4'(입말뭉치)는 대화(26%), 강연(24%), 상담(14%), 희곡·대본(13%), DJ 방송(13%), 토론(8%), 회의(2%) 등의 내용으로 구성되어 있다. 다른 글말뭉치와는 달리, 여기에는 발화참여자의 나이, 성별, 직업에 대한 정보, 발화참여자의 수와 발화의 성격, 전사자 정보, 녹음 시간 정보 등이 덧붙여져 있다.

(5) 연세 말뭉치5(1970년대 출판물)

1970년대 문헌을 대상으로 하여, 신문(10%)[23], 소설·수필(50%)[24], 일반서적(35%)[25], 교과서(5%)[26] 등의 문헌 자료를 수집함으로써 구축되었다.

(6) 연세 말뭉치6(1960년대 출판물)

현대 우리말의 모습이 제대로 반영되기 시작한 것은 해방 이후로 볼 수 있다. 가능한 한 해방 이후의 우리말의 모습을 제대로 반영한 말뭉치 구축을 위해, 1980년대 이전을 10년 단위로 거슬러 올라가면서 말뭉치를 구축하기 시작하였으며, 현재 약 720만 마디가 구축되어 있다.

(7) 연세 말뭉치7(1990년대 출판물)

사람들의 말글살이에 가장 큰 영향을 미치는 것은 역시 당시의 언어 자료이다. 또한 1990년대도 중반기에 접어듦으로써 1990년대의 언어 자료들이 현대 한국인의 말글살이의 가장 중요한 부분이 되었다는 판단에 따라 자료의 수집을 시작하였으며, 1994년부터 1995년에 걸쳐 구축되었다.

위에 소개한 연세 말뭉치5, 6, 7은 거의 같은 구성 방법에 의해 구축되어

23) 동아일보, 조선일보, 중앙일보, 한국일보 등의 신문을 1971년부터 1980년에 이르는 기간을 격년씩, 즉 동아/조선은 홀수 연도, 중앙/한국은 짝수 연도를 대상으로 하고, 각각의 신문은 한 달에 하루만을 무작위로 추출하되, 달과 해가 거듭될 때에 날짜는 하루씩 미루어 겹치지 않도록 하였다.

24) 모두 52권의 소설 작품집과, 13권의 수필집으로 구성되어 있다.

25) 역사, 기술, 사회과학 분야에서 모두 74권의 책으로 구성되어 있다.

26) 1975년의 국민학교 교과서로, 국어 6개 학년 전과정, 쓰기 6개 학년 전과정, 실과 4학년~6학년, 바른생활 6개 학년 전과정, 국사 5,6학년, 자연 6개 학년 전과정, 체육 4학년~6학년 등을 입력, 구축하였다.

있는데, 주제별로 본다면 총류, 철학, 종교, 사회과학, 예술, 문학, 역사학 등의 표본으로 구성되어 있으며, 전반적으로 볼 때 '문학, 사회과학'의 분야가 압도적으로 다수를 차지한다.

(8) 연세 말뭉치8(한영균 말뭉치, 교과서 말뭉치)

교과서는 학습자에게 가장 큰 영향을 주는 언어 자료이며 거의 모든 한국인들이 교과서의 영향을 받았다는 것은 분명한 사실이다. 물론 연세 말뭉치 1과 5에서 일부 교과서 자료가 수집되었으나 다른 자료들에 비해 상대적으로 부족한 분량이었다는 판단 아래, 교과서를 대상으로 한 말뭉치를 따로 구축하기로 하였다. 대상 자료로는 국민학교에서 고등학교에 이르는 교과서 중 국어과와 사회과를 중심으로 하였으며, 국민학교의 경우 거의 전 과목이 수집 대상이 되었다.[27)]

(9) 연세 말뭉치9(김하수 말뭉치2, 아동 도서 말뭉치)

아동 도서는 순우리말의 사용 빈도가 높고 상대적으로 외래어의 사용이 적으며 문장도 비교적 우리말의 구조에 맞게 사용되고 있다. 또한 한국어 말글살이의 한 부분을 아동들이 차지하고 있으므로 아동들을 대상으로 하는 언어 자료가 말뭉치의 일부가 되는 것은 당연한 일이라고 판단, 아동 교육용 도서 중에서 적합한 자료를 선정하여, 1996년에 구축하였다.

"연세 말뭉치"는, 궁극적으로 "시대별 한국어 대사전"의 편찬과 언어

27) 이 말뭉치는 본래 울산대학교의 한영균 교수가 수집, 구축한 교과서 말뭉치를 제공받아 이를 토대로, 최신 교육 과정의 교과서를 별도로 언어정보개발연구원에서 추가함으로써 구성된 것이다. 이 자리를 빌어, 귀중한 자료를 제공해 준 한영균 교수에게 고마움을 표한다.

정보 개발 및 처리를 위한 것으로, "연세 말뭉치" 전체가, 현대 한국어 글말에 대한 "대규모의 표준적이고 균형적인 말뭉치" 구축해 나가기 위한 중간 산물이라고 할 수 있다.

4. 낱말 빈도의 계량적 분석

낱말의 빈도란, "언어체계를 구성하고있는 요소들의 통계적특성과 언어사용에서 출현하는 언어현상의 확률적특성을 구체적인 수자로 밝힌"(조선어 빈도수 사전, 2쪽) 것이라 할 수 있다. 이러한 빈도로 대표되는 통계적인 사실을 밝히는 목적은, 기계 번역이나, (자동) 사전 편찬 분야에서만이 아니라, (한)국어 교육이나, 문법 연구 등 각 관련 분야에서 활용될 수 있는 밑바탕의 재료를 제공하는 동시에, 그 통계적인 특성을 통하여 한국어의 양상을 더 깊이 이해할 수 있도록 한다는 의미도 아울러 지닌다. 이를 위해서는, 낱말 빈도뿐만 아니라, 글자 빈도, 음절 빈도, 어절 빈도, 문형 빈도 등의 여러 측면에서의 고찰이 가능하다.[28][29]

이 조사에서 사용된 빈도 추출의 단위는 복합적이다. '낱말'을 무엇으로 정의하느냐에 따라 분석의 단위가 달라지게 되는데, 여기에서는 씨갈래(품사)의 체계에 따른 각 낱말을 추출하는 것을 원칙으로 하되, '씨끝'도

---

28) 본격적인 빈도 조사로는, 문교부의 "우리말에 쓰인 글자의 잦기 조사"(1955), "우리말 말수 사용의 잦기 조사"(1956)를 시작으로 하여, 문영호(1993)의 "조선어빈도수사전"(과학백과사전출판사)의 낱말, 토, 글자의 빈도, 김흥규·강범모(1997)의 "한글 사용빈도의 분석"(고려대학교 민족문화연구소)에서의 자모와 음절 사용빈도 조사 결과나, 임칠성·水野俊平·北山一雄(1997)의 "한국어 계량연구"(전남대학교 출판부) 등의 실제 말뭉치 조사에 의한 결과가 나와 있다.

29) 2000년대 이후의 빈도 조사에 대해서는 서상규(2017)에서 소상히 다루고 있다.

분석의 대상으로 삼았으며, 안맺음씨끝과 씨끝(맺음씨끝)으로 갈라서 분석하였다.[30)]

아울러, 조어법 수준의 단위로는 극히 일부의 가지(앞·뒷가지)와 결합, 준말은 불충분하게 분석되었으므로 주된 논의의 대상으로 삼지는 않는다.[31)]

---

30) 사실상은 토씨나 씨끝의 연결형을 가능한 한, 통합형을 낱낱의 하나로 삼았지만, 도움토씨 따위는 따로이 분석하는 것을 원칙으로 삼았다. 이 부분은 앞으로 표본별로 토씨와 씨끝만의 빈도를 추출하는 과정에서 좀더 면밀히 다루어져야 할 것이다.

31) 낱말의 분석 단위의 결정의 원칙은 다소 통일되지 않은 면이 없지 않다. 이에 대해서는 추후 상세한 논의를 별도로 할 예정이지만, 몇 가지 세부적인 원칙을 소개하면 다음과 같다.

〈임자씨〉

① 합성임자씨나 복합임자씨는 하나로 다룬다. (예) '국민교육헌장, 윗사람
그러나 사실상 컴퓨터에 의한 자동 분석에 의존할 수밖에 없는 이번 조사에서는 말뭉치에서 띄어쓰였을 경우에는 빈도가 각각의 구성 요소로 흩어질 수밖에 없다는 문제를 안고 있다.

② 하나의 형태가 둘 이상의 씨갈래에 속할 때에는, 자동분석에 따른 결과를 수용한다.
(예) 오늘(이름씨/어찌씨), 가구(이름씨/매인이름씨)

③ 이름씨는 일반이름씨(→이름씨)와 고유이름씨로 갈라 통계를 내었다.

④ "-왕, -산, -강/이름+이가, -이는. -이도/-도, -시, -군, -면, -읍,-구,-리/성 +씨"는 통합형을 '고유이름씨'로 한다.

〈풀이씨〉

① '말뿌리(어근)+파생뒷가지'의 구성은 분석하지 않음. (예) 공부하다, 공부시키다, 참되다, 사랑스럽다 따위.

② 풀이씨는 '움직씨, 그림씨, 잡음씨, 도움풀이씨'로 갈랐다.

③ 합성풀이씨나, 띄어쓰지 않은 두 풀이씨의 결합은 가르지 않고, 하나로 다룬다.

④ '풀이씨 어간+어 지다'는 분석하지 않음. 형용사/동사+어(어미)+지(보조동사)

⑤ 풀이씨의 꼴바꿈(활용) 가운데 굳어진 것은 될 수 있는 대로 하나로 봄. (예) 그러나(어찌씨)

⑥ 잡음씨의 형태는, 실제로 나타난 형태로 표시함.(게다-〉 거+ㅣ다)

〈씨끝과 토씨〉

① 씨끝의 복합형은, 더 분석하지 않고, 그대로 싣는 것을 원칙으로 한다. 그러나 이러한 원칙을 일관성 있게 조사의 처음부터 끝까지 유지하기란 그리 쉬운 일은 아니다. (예) 고서/고서는/고서도/고서라도

② 씨끝은, 2가지 범주를 구분하여 표시한다. (맺음씨끝(→씨끝)/안맺음씨끝)

③ 토씨는 자리/도움/특수 토시의 표시를 하지 않음.

④ 토씨의 결합에서는, 같은 범주의 결합시에는 결합형을 별개로 취급하며('엔, 엘' 따위), 씨끝과 토씨의 결합은, 가능하면 통합형으로 제시한다.

그러나 이 조사에서는 약 4,200만 마디의 대규모의 말뭉치를 분석의 대상으로 삼았으므로 자연히 프로그램에 의한 자동 분석에 의존할 수밖에 없으며, 결과적으로 같은 씨갈래의 같은 꼴의 낱말의 중의성(동음이의어의 구별)은 해소되지 않았다. 다시 말해 여기서 다루는 낱말의 목록에서 이름씨인 '성'에는 '姓, 城, 性' 따위의 구별이 없이 하나로 통합되어 있다.[32]

4.1. 낱말수의 통계적 분포

4,200여만 어절 규모의 연세 말뭉치를 분석하여 얻어낸 '각기 다른 낱말수'는 아래의 표에 보듯이 모두 46만 2,095개이다.

〈표 2〉 연세 말뭉치의 낱말수와 빈도의 분포

빈도 구간	낱말수	낱말수 비율	낱말수 비율(누적)	구간별 빈도수 합	빈도의 비율	빈도 사용률(누적)	평균 빈도
1만 이상	488	0.11%	0.11%	30,505,836	67.6%	67.6%	62511.7
9,999-1,000	3,015	0.65%	0.76%	8,532,818	18.9%	86.4%	2830.0
999-100	13,874	3.00%	3.76%	4,190,766	9.3%	95.7%	302.0
99-10	38,076	8.24%	12.00%	1,273,594	2.8%	98.5%	33.4
9-1	406,642	88.00%	100%	655,027	1.5%	100%	1.6
합계	462,095	100%		45,158,041	100%		97.7

〈표기의 차이와 입말체〉

① 순수하게 말뭉치의 오류(글자가 틀린 것)가 명백할 경우에는 이를 고쳐서 바른 낱말 형태의 빈도에 합산한다. 차레->차례, 책꽂이->책꽂이

② 그러나, '조금, 쪼끔' 따위와 같이, 닿소리나 홀소리 교체에 의한 의미, 말빛의 변화가 있다고 판단되는 경우에는, 이를 다른 것으로 다룬다.

③ 맞춤법의 불일치는 그대로 살린다. 예컨대 '햇님/해님'을 다른 것으로 취한다.

④ 입말체의 형태는 따로 센다.(으루, 루, -구)

32) 이외에도 띄어쓰기에 의한 단위 식별 문제나 합성어/복합어의 분석 한계 문제는 여전히 남는다. 예를 들어, '학습 기간'과 '학습기간'을 같은 것으로 다루어야 할 것인지 다른 것으로 보아야 할 것인지의 문제, '뛰어넘어들어가다'와 같은 예를 몇 개의 낱말 단위로 보아야 하는가 하는 문제들이 그러하다.

각 낱말의 빈도를 모두 합한 전체 빈도의 합은 4,515만 8,041로 나타난다. 분석 대상의 말뭉치의 마디수가 4,264만 4,891개라는 것과 비교해 본다면, 낱말의 수가 전체 마디의 수보다 늘어난 셈인데, 이것은 주로 문법적 형태소인 '씨끝', 일부의 '앞·뒷가지'를 따로 분석해 낸 것, 형태소의 자동 분석에서의 오분석(미등록어의 미처리 포함), 말뭉치 입력의 오류(글자, 띄어쓰기 등), 기타 고유 이름씨 등 기계에서의 자동 분석에서 제대로 처리할 수 없는 오류들에 의한 것이다.[33)]

이러한 오류를 바로잡고 통계의 정밀도를 높이기 위해서, 자동 분석의 정확도를 높이는 방법과 사람의 손에 의한 오류 교정의 두 가지 방법이 있을 수 있을 것이다. 이 조사에서는 후자의 방법을 택하여, 높은 빈도의 낱말로부터 낮은 빈도로 내려가면서 낱말 빈도 목록의 오류 교정 작업을 수행하기로 하였는데, 이것은 사람이 빈도 조사의 결과(목록)를 보면서 잘못된 정보를 일일이 제거해 나가는 일을 뜻한다.

33) 이 글에서 분석의 대상으로 삼은 빈도 분석은 몇 가지 점에서 『조선어 빈도수 사전』(1990)의 빈도 분석과 다른 점이 있다. 첫째, 규모상으로 통제된 소규모의 말뭉치에서 알 수 있는 사실을, 대규모의 말뭉치에서도 동일하게 나타나는가를 확인하기 위한 목적에서 이루어졌다. 다시 말해 '확률'로 예측되는 사실을 실제로 검증해 보려는 데에 큰 목적이 있는 것이다. 둘째, 기계적이든 수작업에 의하든 간에, 말뭉치에 미리 씨갈래나 의미 분석 정보를 붙인 후에 분석한 것이 아니라, 일반적인 형태소 분석기의 기법을 이용한 자동 분석에 근거하므로, '동형어(동음이의어)'의 구분이 되지 않는다는 단점이 있다. 셋째로, 여기에 소개하는 분석의 자료는 다시 자동 분석의 도구에 반영되어 분석의 정확도를 향상시키는 데에 이용될 목적을 가진다는 것이다. 즉, 잘못된 분석의 해결이나 중의성을 해소하기 위한 토대 자료를 얻어 내기 위한 목적도 아울러 지닌다.

1	빈도	원표제항	원품사	교정표제항	교정품사	추가1	추1품사	추가	추2품
2	13	힛틀러는	이름씨	힛틀러	고유이름씨	는	토씨		
11	13	흑석동	이름씨	흑석동	고유이름씨				
13	13	휘호를	이름씨	휘호	이름씨	를	토씨		
14	13	휘둥그레졌다	이름씨	휘둥그레지	움직씨	었	안맺음씨끝	다	씨끝
15	13	휘둥그래	이름씨	휘둥그렇	그림씨	어	씨끝		
16	13	휘감긴	이름씨	휘감기	움직씨	ㄴ	씨끝		
18	13	훈이를	이름씨	훈이	고유이름씨	를	토씨		
19	13	후취로	이름씨	후취	이름씨	로	토씨		
20	13	후진국가의	이름씨	후진국가	이름씨	의	토씨		
21	13	후속하	그림씨	후속하	움직씨				
24	13	후레드의	이름씨	후레드	고유이름씨	의	토씨		
25	13	효진스님에게	이름씨	효진	고유이름씨	스님	이름씨	에게	토씨
26	13	효인이가	이름씨	효인	고유이름씨	이	뒷가지	가	토씨
28	13	효소왕	이름씨	효소왕	고유이름씨				
29	13	효성을	이름씨	효성	이름씨	을	토씨		
33	13	회부된	이름씨	회부되	움직씨	ㄴ	씨끝		
56	13	호칭하는	이름씨	호칭하	움직씨	는	전성어미		
61	13	호르륵	이름씨	호르륵	어찌씨				
62	13	혜정이의	이름씨	혜정	고유이름씨	이	체언접미사	의	조사
63	13	혜정언니가	이름씨	혜정	고유이름씨	언니	명사	가	조사
64	13	혜인이와	이름씨	혜인	고유이름씨	이	체언접미사	와	조사
65	13	혜심에게	이름씨	혜심	고유이름씨	에게	조사		
66	13	혜심	이름씨	혜심	고유이름씨				
67	13	혜선을	이름씨	혜선	고유이름씨	을	조사		
69	13	형우가	이름씨	형우	고유이름씨	가	조사		
75	13	현충사	이름씨	현충사	고유이름씨				
78	13	현숙이가	이름씨	현숙	고유이름씨	이	체언접미사	가	조사
79	13	헬멧들의	이름씨	헬멧	이름씨	들	체언접미사	의	조사
81	13	허정에게	이름씨	허정	고유이름씨	에게	조사		
82	13	허정승의	이름씨	허	고유이름씨	정승	명사	의	조사
88	13	허맹수씨	이름씨	허맹수	고유이름씨	씨	체언접미사		
89	13	허니깨	이름씨	허	움직씨	니깨	연결어미		
90	13	허는군이요	이름씨	허	움직씨	는군이	종결어미		
92	13	향숙이와	이름씨	향숙	고유이름씨	이	체언접미사	와	조사
93	13	향로봉	이름씨	향로봉	고유이름씨				
95	13	행복스런	이름씨	행복스럽	그림씨	은	전성어미		

〈그림 4〉 빈도 목록 수정의 예

〈그림4〉는 실제의 자동 분석에서 나타난 잘못을 수정한 예이다. 이러한 오류의 유형은 매우 다양한데, 그림에서의 '원표제항'과 '원품사항'은 각각 오류를 포함한 목록이 들어 있고, 이를 어떤 방식으로 수정했는가를 보인 것이다.

이 일을 통해서 우리는 빈도 7까지에 해당하는 71,158개의 빈도 목록을 수정하였고, 그 결과 모두 64,666개의 낱말 목록을 얻을 수 있었다. 다시 말해, 이 과정에서만 6,492개의 오류를 제거한 셈이다. 빈도 7 이상의 자료 중에 약 9.12%의 오류가 포함되어 있었다는 것이기도 하다. 이제부터 분석하게 될 64,666개의, 빈도 7이상의 낱말 빈도의 분석은, 이러한 잘못을 모두 제거하고 수정한 결과로 얻어진 것이다.[34)]

4.2. 빈도 구간에 따른 낱말수와 빈도수의 증가율

한편, 빈도 구간별로 낱말수와 빈도수의 분포를 살펴보면 매우 흥미로운 사실을 발견하게 된다.

---

34) 한편, 여기에서 언급하지 않을 빈도 6 이하의 최저 빈도 구간을 포함한 낱말수와 빈도수의 분포는 다음의 표와 같다.

빈도 구간 \ 항목		낱말수의 합	낱말수의 비율	빈도수의 합	빈도수의 비율
빈도7이상		64,666	14.0%	44,575,821	98.7%
빈도 6		6,078	1.3%	36,468	0.1%
빈도 5		7,947	1.7%	39,735	0.1%
빈도 4		11,717	2.5%	46,868	0.1%
빈도 3		19,854	4.3%	59,562	0.1%
빈도 2		47,754	10.3%	95,508	0.2%
빈도 1		304,079	65.8%	304,079	0.7%
합계	빈도 1-6	397,429	86.0%	582,220	1.3%
	모두 합해	462,095	100%	45,158,041	100%

표에서 알 수 있듯, 빈도 6 이하 구간의 낱말수는 전체 낱말수의 무려 86%에 이른다. 그러나 이들의 빈도를 다 합하더라도 전체 빈도수(사용률)는 단지 1.3%에 그친다. 특히 빈도 1의 구간에 전체의 65%가 넘는 30만 이상의 낱말이 속해 있는데, 이들은 대부분은 자동 분석의 실패일 가능성이 매우 크다.

구체적으로 예를 들자면, "힝힝거린다, 힝힝거리는미친, 힝힝거리는, 힝힝거리게, 힝하고, 힝케만을, 힝을, 힛포크라테스의, 힛포크라테스는, 힛포크라테스의, 힛틀러, 힛트러의, 힛트가, 힛타이트인, 힛타이트, 힛치콕이, 힛치관리차관보의, 힛치가, 힛지요, 힛잖여, 힛으먼, 힛으닌게, 힛으니, 힛었는디, 힀어요" 따위들이 모두 '이름씨'로 처리되어 있다. 여기에서도 우리는 자동 분석에서 인식하지 못한 풀이씨나, 고유이름씨, 말뭉치의 오류, 입말이나 방언 형태 등이 그 주된 원인임을 관찰할 수 있다.

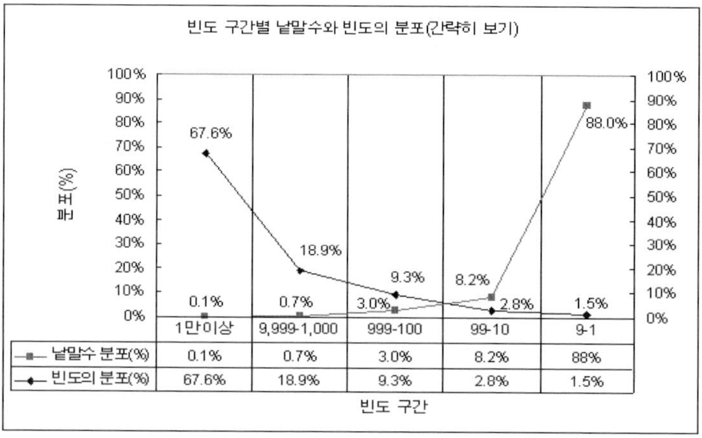

〈그림 5〉 빈도 구간별 낱말수와 빈도의 분포

〈그림 5〉의 '낱말수 분포'는 각 빈도 구간에 속한 낱말의 수가 전체(46만 2,095개 낱말)에서 차지하는 비율을 나타내며, '빈도의 분포'는 각 빈도 구간에 속한 낱말들의 빈도 전체를 합한 빈도수가, 전체의 사용 빈도수(4,515만 8,034회)에서 차지하는 비율을 나타내고 있다. 두 개의 그래프는 평균 빈도인 97.7에서 서로 교차하고 있다.

두 개의 그래프가 교차하는 지점은, 높은 빈도의 낱말과 낮은 빈도의 낱말을 가르는 가장 단순하고도 명확한 기준으로 보인다. 다시 말해, 빈도 1만 이상의 최고 빈도 구간을 보면, 낱말수로는 전체 46만여 개 중의 단 0.1% 정도에 불과하면서도 이들의 빈도 총합은 전체의 무려 67.6%나 차지하는 데 반해, 빈도 9~1 구간은 이와 정반대의 모습을 보인다. 즉, 이 최저 빈도 구간의 낱말수는 전체 낱말수의 무려 88%를 차지하면서도, 실제 이들 모든 낱말의 빈도를 다 합해도 전체의 고작 1.5%에 불과한 것이다.

이 평균 빈도 97.7에 가장 가까운 빈도 구간으로서 빈도 100 이상의 높은 빈도 구간을 대상으로 하여 초점을 맞추어 본다면, 단지 3.76%에 불과한 낱말수의 빈도만으로도 사실상 말뭉치 자료 전체의 95.7%를 대변할 수 있다고 볼 수 있다.[35)]

〈표 3〉 높은 빈도 낱말과 낮은 빈도 낱말의 분포

빈도	낱말수	낱말수의 비율	빈도의 합	빈도의 비율
100이상	17,377	3.8%	43,229,420	95.7%
99이하	444,718	96.2%	1,928,621	4.3%
합 계	462,095	100%	45,158,041	100%

이러한 사실을 통해서 우리는, 빈도 100 이상의 높은 빈도 구간의 낱말이 전체의 3.8%인 17,378개에 불과한데도 이들의 빈도 총합은 전체의 무려 95.7%에 달한다는 것을 볼 수 있다. 낮은 빈도의 낱말의 경우는 이와 반대로, 수에서는 전체의 96.2%에 해당하는 낱말들이 차지하는 빈도의 총합은 고작 4.3%에 불과하다. 이 사실은 우리가 어떤 특정한 목적 아래 낱말의 목록을 추출하는 데에 있어서, 단순히 모든 낱말을 대상으로 하는 것이 소모적이고 비경제적일 수도 있다는 사실을 암시한다. 다시 말해, 전체의 약 3.8%의 낱말 분석만으로도 전체 자료의 95.7%를 설명할 수 있는 것이다.

---

35) 물론, 어떤 목적으로 이러한 통계 결과를 이용하느냐에 따라서 초점이 달리 놓일 수도 있다. 예를 들어, 이 글에서와는 달리, 프로그램에 의한 말뭉치의 자동 형태 분석 도구의 개선에 목적이 있다면, 오히려 낮은 빈도 구간의 낱말들에 초점을 두고 관찰하는 것이 더 효율적일 수도 있기 때문이다. 왜냐 하면, 이들 구간에는 매우 많은 "자동 분석으로 처리하기 어려운 오류와 중의성"을 지닌 결과가 모여 있기 때문이다. 실제로, 필자가 수작업에 의해, 오분석이나 과분석, 또는 추정 분석어를 관찰하는 과정에서도, 빈도 7 근처에 이르러서는 오류율이 급증함을 경험할 수 있었다. 특히 4,200여만 어절의 분석 자료에서 빈도가 1이나 2 등의 낮은 빈도로 나타난다는 것은, 거의 기계적인 자동 처리가 불가능하거나 현재의 기술로서는 다 다루어내기 어려운 것들이 대부분일 것이기 때문이다. 예컨대, 방언이나 입말, 고유이름씨 따위의 미등록어에 대한 추정 분석 등이 주종을 이룬다.

4.3. 낱말수의 분포

이미 앞서서 살펴본 바와 같이, 우리는 전체 평균인 97.7보다도 훨씬 아래의 빈도 7까지 오류 수정 작업을 거침으로써 한층 신뢰성 있는 자료를 얻을 수 있었다. 빈도 오류의 수정 작업을 빈도 7까지로 한 것은 실제로 작업을 진행하는 과정에서 오류의 출현 비율이 상대적으로 급증하기 시작하는 지점이라는 데에 있었다. 이것은 매우 경험적인 결론으로써, 이제까지보다 더 큰 노력과 시간을 필요로 하겠지만[36], 향후 빈도 6 이하의 자료의 수정이 완전히 이루어지게 된다면, 전체 낱말수는 훨씬 더 급격한 수준으로 줄어들 것으로 예상된다. 그러나 이것은 본 연구의 목적 달성에 크게 영향을 끼치지 않는 것으로 판단된다.

이러한 작업의 결과로 얻어진, 빈도 7 이상의 낱말의 분포는 다음과 같다.

〈표 4〉 빈도 7 이상의 낱말의 분포

항목 / 빈도구간	낱말의 갈래	낱말수	낱말수 비율 (상대빈도)	빈도수의 합	빈도수 비율 (상대빈도)
빈도 7 이상	일반 낱말	61,158	13.23%	25,004,367	55.37%
	씨끝/토씨	1,672	0.36%	18,898,919	41.85%
	그밖	1,836	0.40%	672,535	1.49%
합계		64,666	13.99%	44,575,821	98.71%

위의 표에 나타난 바와 같이, 최고 빈도어로부터 빈도 7에 해당하는

36) 연세 말뭉치와 같은 대규모의 말뭉치의 빈도 결과를 수작업으로 수정한다는 것은 거의 불가능에 가깝다. 즉 빈도 6 이하에 속하는 약 40만여 개의 항목을 일일이 사람이 확인하며 수정하는 일이기 때문이다. 오히려, 말뭉치에 대한 품사 정보 등의 자동 꼬리붙이기(태깅)의 정확도 향상이나, 규모가 작은 말뭉치의 빈도 결과에 바탕을 둔 확률적인 처리가 오히려 더 현실적이다.

낱말의 수는 전체의 약 14%에 불과함에도 이들이 차지하는 빈도 총합은 전체의 무려 98.8%에 해당한다. 이를 보여 주는 또 하나의 추세는 이미 앞에서 살펴본 〈표2〉의 가장 오른쪽에 있는 '평균 빈도'와 낱말수와의 상관 관계인데, 낱말수는 각 구간에서 급격히 증가하는 데 대해 평균 빈도는 반비례한다. 즉, 1만 이상의 낱말들 전체의 평균 빈도가 62,511인데 비해, 이하 구간에서는 급격히 평균 빈도가 줄어들고, 이 표에는 나타나지 않은 빈도 6 이하에서는 낱말의 수가 급격히 증가하는 반면, 평균 빈도는 급격히 줄어들게 되는 것이다.

4.4. 씨갈래별 분포

먼저 최고 빈도 구간이라 할 수 있는 빈도 1만 이상의 488개의 낱말들의 씨갈래별 낱말수와 그 비율의 구성은 다음과 같다.[37]

〈표 5〉 빈도수 1만 이상의 씨갈래별 분포

씨갈래	낱말수	비율	씨갈래	낱말수	비율
이름씨	149	30.5%	잡음씨	3	0.6%
고유이름씨	3	0.6%	도움풀이씨	17	3.5%
매인이름씨	31	6.4%	어찌씨	38	7.8%
대이름씨	19	3.9%	씨끝	68	13.9%
셈씨	6	1.2%	안맺음씨끝	6	1.2%
매김씨	14	2.9%	뒷가지	6	1.2%
움직씨	79	16.2%	토씨	38	7.8%
그림씨	11	2.3%	전체	488	100%

37) 이 자료에서는 잡음씨가 "이다(977,775), ㅣ다(14,110), 아니다(102,336), 아이다(62), 앙이다(58)" 등의 모두 다섯 가지의 형태로 구분되어 올라 있다.

그런데 이 구간에 속하는 488개의 낱말 중, 토씨(38개)와 씨끝(68개)/(6개), 뒷가지(6개)의 118개의 낱말을 제외한 나머지의 일반 낱말은 모두 370개로 낱말의 수로는 일반 낱말이 3배 이상이지만, 그 빈도수의 합(사용률)은 반대로 문법적 형태(토씨, 씨끝류)가 18,466,782로, 일반 낱말의 빈도수의 합은 12,039,054로 나타나, 대조를 이룬다. 결국 일반 낱말과 문법적인 형태는 통계 처리상 별도로 처리하는 것이 오히려 낱말의 분포적 성질을 이해하는 데에 도움이 될 것으로 보인다. 이는 이들 문법적 형태의 경우에는 그 수효가 제한되어 있을 뿐더러, 사용의 빈도는 그밖의 일반 낱말들과는 비교가 안될 만큼 크기 때문이다.

다음의 두 개의 〈그림 6, 7〉은, 빈도 7 이상의 64,666개의 낱말들 전체에 대한 씨갈래별 낱말수와 빈도수의 분포를 나타낸다.

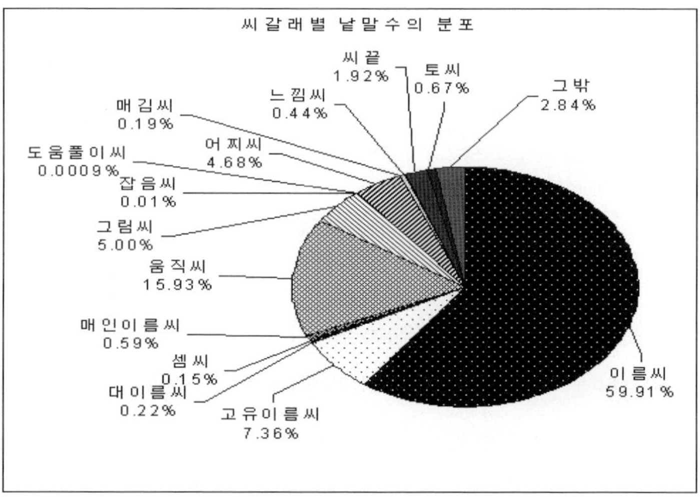

〈그림 6〉 씨갈래별 낱말수의 분포

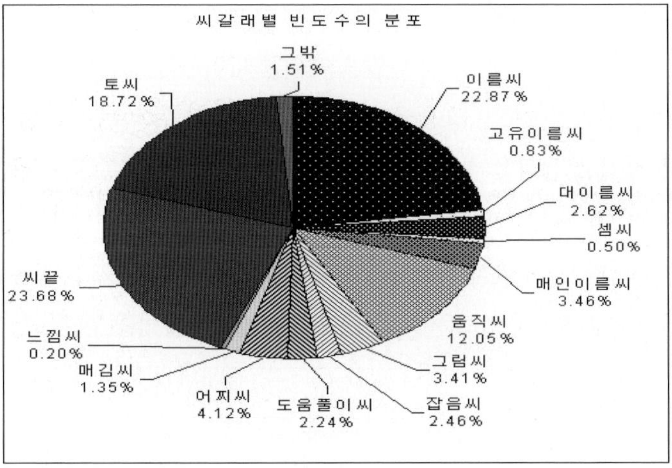

〈그림 7〉 씨갈래별 빈도수의 분포

빈도 1만 이상의 최고 빈도 구간에서의 씨갈래별 분포〈표5〉와 비교해 볼 때, 낱말수에서는 임자씨 중, 이름씨와 고유 이름씨의 비율이 매우 크게 늘어난다. 이에 비해 다른 씨갈래의 낱말들은 대체로 전체 낱말수에서 차지하는 비율이 줄어들고 있다. 특히, 워낙에 소속 낱말수가 한정되어 있는 문법적 형태인 '토씨'와 '씨끝'의 낱말수 비율은 급격하게 줄어들게 된다. 이 사실은 빈도 7 구간 이하의 최저 빈도 구간에 이르면 거의 대부분이 '이름씨'로 채워질 가능성을 시사한다고 볼 수 있다.

이와 같은 조사 결과를, 이제까지 이루어진 몇 가지의 빈도 조사 결과와 비추어 보건대, 조사 규모의 대소의 차이는 있으나, 대체적으로 엇비슷한 그래프 모양을 나타낸다는 사실을 알 수 있다. 다만, 주로 교과서를 대상으로 한 조사 결과에서 특히 움직씨와 매김씨의 비율이 다소 높게 나타난다는 특징을 보인다는 점에서 특이한데, 이는 교과서 문장 구성의 특성, 즉 문체론적 성격과 관련이 있거나 교과서 편찬시의 낱말 사용의

제어가 잘못되었을 가능성이 있다.

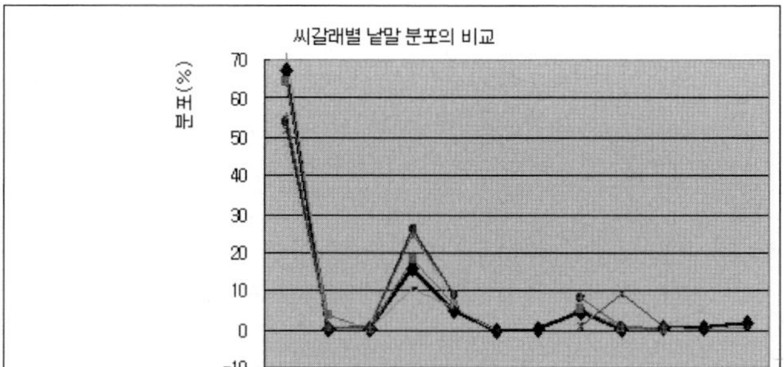

	이름씨	대이름씨	셈씨	움직씨	그림씨	잡음씨	어찌씨	매김씨	느낌씨	토씨	씨끝
연세말뭉치(64,666낱말)	67.3	0.2	0.2	15.9	5.0	0.01	4.7	0.2	0.4	0.7	1.9
조선어빈도수사전(39,369낱말)	64.6	3.7	0.4	18.2	6.7		5.5	0.6	0.2		
한글학회 소사전(1960)(64,355낱말)	71.7	0.1	0.1	10.6	5.6	0.01	8.6	0.2	0.5	0.2	0.8
박붕배(5,642낱말)	48.5	0.8	1.7	25.0	7.1		1.6	8.8	0.9	5.5	
안승덕외(14,633낱말)	51.7	0.7	0.9	26.3	9.3		0.9	9.2	1.0		
서정국(중2-2, 4,353낱말)	53.9	0.8	0.6	25.9	9.1		8.2	0.9	0.6		
노용만(1985,중1 교과서)	55.3	0.5	0.6	24.9	9.2		8.0	0.9	0.6		

씨갈래

〈그림 8〉 씨갈래별 낱말 분포의 비교

5. 가장 높은 빈도의 낱말 일람[38)]

아래에, 이번 조사에서 가장 높은 빈도를 나타낸 100개의 낱말과, 씨갈래, 빈도수, 누적 빈도수, 사용률, 누적 사용률을 제시한다.[39)]

---

38) 이 자료는 "연세 말뭉치 1-9를 대상으로 한 현대 한국어의 어휘 빈도"(서상규, 1998.2. 연세대학교 언어정보개발연구원 내부 보고서 CLID-WP-98-02-28, 미간)에 근거한다.

39) 여기서의 '사용률'은 해당 올림말의 빈도수가 조사 결과 전체 빈도량에서 차지하는 비율을 뜻한다. 자료에서 보듯이 500개의 최상위 빈도의 낱말들의 빈도를 다 합하면(누적사용률), 조사 대상 전체 빈도의 무려 67% 이상을 차지한다.

순위	올림말	씨갈래	빈도수	누적빈도수	사용률	누적사용률
1	를	토씨	1,729,667	1,729,667	3.830253%	3.830253%
2	가	토씨	1,415,850	3,145,517	3.135322%	6.965575%
3	은	씨끝	1,345,485	4,491,002	2.979503%	9.945077%
4	었	안맺음씨끝	1,298,833	5,789,835	2.876194%	12.821271%
5	다	씨끝	1,157,761	6,947,596	2.563798%	15.385070%
6	는	토씨	1,142,681	8,090,277	2.530404%	17.915474%
7	의	토씨	989,277	9,079,554	2.190700%	20.106173%
8	이	잡음씨	977,775	10,057,329	2.165229%	22.271402%
9	어	씨끝	972,246	11,029,575	2.152985%	24.424388%
10	고	씨끝	759,097	11,788,672	1.680979%	26.105366%
11	에	토씨	748,804	12,537,476	1.658185%	27.763552%
12	는	씨끝	731,909	13,269,385	1.620772%	29.384324%
13	을	씨끝	509,217	13,778,602	1.127633%	30.511957%
14	하	움직씨	506,485	14,285,087	1.121583%	31.633540%
15	것	매인이름씨	496,684	14,781,771	1.099879%	32.733420%
16	로	토씨	478,004	15,259,775	1.058514%	33.791933%
17	있	도움풀이씨	456,384	15,716,159	1.010637%	34.802570%
18	그	대이름씨	405,215	16,121,374	0.897326%	35.699897%
19	들	뒷가지	328,444	16,449,818	0.727321%	36.427218%
20	와	토씨	286,123	16,735,941	0.633604%	37.060822%
21	도	토씨	267,509	17,003,450	0.592384%	37.653206%
22	게	씨끝	238,886	17,242,336	0.529000%	38.182205%
23	지	씨끝	237,762	17,480,098	0.526511%	38.708716%
24	에서	토씨	208,739	17,688,837	0.462241%	39.170957%
25	기	씨끝	193,573	17,882,410	0.428657%	39.599614%
26	없	그림씨	180,527	18,062,937	0.399767%	39.999381%
27	어서	씨끝	169,409	18,232,346	0.375147%	40.374528%
28	되	움직씨	166,949	18,399,295	0.369699%	40.744228%
29	는다	씨끝	156,378	18,555,673	0.346290%	41.090518%
30	수	매인이름씨	148,135	18,703,808	0.328037%	41.418555%
31	보	움직씨	145,582	18,849,390	0.322383%	41.740938%
32	습니다	씨끝	144,016	18,993,406	0.318916%	42.059854%
33	나	대이름씨	137,244	19,130,650	0.303919%	42.363773%
34	면	씨끝	136,886	19,267,536	0.303127%	42.666900%
35	사람	이름씨	134,868	19,402,404	0.298658%	42.965557%
36	않	도움풀이씨	130,481	19,532,885	0.288943%	43.254500%
37	며	씨끝	129,679	19,662,564	0.287167%	43.541667%
38	있	그림씨	127,228	19,789,792	0.281739%	43.823407%
39	이	매김씨	124,826	19,914,618	0.276420%	44.099827%
40	아니	잡음씨	102,336	20,016,954	0.226617%	44.326445%
41	던	씨끝	101,943	20,118,897	0.225747%	44.552192%
42	일	이름씨	99,858	20,218,755	0.221130%	44.773322%
43	말	이름씨	96,304	20,315,059	0.213260%	44.986582%
44	같	그림씨	90,935	20,405,994	0.201371%	45.187952%
45	우리	대이름씨	90,045	20,496,039	0.199400%	45.387352%
46	나	씨끝	83,473	20,579,512	0.184846%	45.572198%
47	그렇	그림씨	81,105	20,660,617	0.179603%	45.751801%
48	음	씨끝	77,624	20,738,241	0.171894%	45.923695%
49	가	움직씨	75,320	20,813,561	0.166792%	46.090487%
50	어야	씨끝	75,254	20,888,815	0.166646%	46.257133%
51	에는	토씨	73,564	20,962,379	0.162903%	46.420036%
52	한	매김씨	73,296	21,035,675	0.162310%	46.582346%
53	적	뒷가지	72,449	21,108,124	0.160434%	46.742781%

54	지만	씨끝	71,852	21,179,976	0.159112%	46.901893%
55	오	움직씨	71,775	21,251,751	0.158942%	47.060835%
56	에게	토씨	70,819	21,322,570	0.156825%	47.217659%
57	어요	씨끝	68,770	21,391,340	0.152287%	47.369947%
58	그것	대이름씨	67,895	21,459,235	0.150350%	47.520297%
59	그러나	어찌씨	67,427	21,526,662	0.149313%	47.669610%
60	알	움직씨	66,535	21,593,197	0.147338%	47.816948%
61	겠	안맺음씨끝	66,113	21,659,310	0.146404%	47.963352%
62	다는	씨끝	64,793	21,724,103	0.143481%	48.106832%
63	내	매김씨	62,611	21,786,714	0.138649%	48.245481%
64	만	토씨	61,993	21,848,707	0.137280%	48.382761%
65	ㄴ	씨끝	59,374	21,908,081	0.131480%	48.514241%
66	들	움직씨	58,141	21,966,222	0.128750%	48.642991%
67	그리고	어찌씨	57,683	22,023,905	0.127736%	48.770727%
68	때	이름씨	55,417	22,079,322	0.122718%	48.893445%
69	니	씨끝	54,629	22,133,951	0.120973%	49.014418%
70	면서	씨끝	53,208	22,187,159	0.117826%	49.132244%
71	말하	움직씨	53,041	22,240,200	0.117456%	49.249701%
72	대하	움직씨	52,735	22,292,935	0.116779%	49.366479%
73	다고	씨끝	52,721	22,345,656	0.116748%	49.483227%
74	때문	매인이름씨	52,266	22,397,922	0.115740%	49.598967%
75	는데	씨끝	52,110	22,450,032	0.115395%	49.714362%
76	내	대이름씨	52,091	22,502,123	0.115353%	49.829715%
77	이	대이름씨	51,904	22,554,027	0.114939%	49.944653%
78	자	씨끝	51,513	22,605,540	0.114073%	50.058726%
79	내	이름씨	50,648	22,656,188	0.112157%	50.170883%
80	하	도움풀이씨	50,397	22,706,585	0.111601%	50.282485%
81	속	이름씨	50,298	22,756,883	0.111382%	50.393867%
82	이	뒷가지	49,852	22,806,735	0.110395%	50.504261%
83	집	이름씨	49,294	22,856,029	0.109159%	50.613420%
84	시	안맺음씨끝	48,926	22,904,955	0.108344%	50.721764%
85	수	이름씨	48,343	22,953,298	0.107053%	50.828817%
86	처럼	토씨	47,538	23,000,836	0.105270%	50.934087%
87	모르	움직씨	47,150	23,047,986	0.104411%	51.038498%
88	년	매인이름씨	46,062	23,094,048	0.102002%	51.140500%
89	위하	움직씨	45,949	23,139,997	0.101752%	51.242252%
90	생각하	움직씨	45,238	23,185,235	0.100177%	51.342429%
91	또	어찌씨	45,002	23,230,237	0.099654%	51.442083%
92	주	도움풀이씨	44,536	23,274,773	0.098623%	51.540706%
93	주	움직씨	44,342	23,319,115	0.098193%	51.638899%
94	까지	토씨	44,084	23,363,199	0.097622%	51.736520%
95	라	씨끝	43,501	23,406,700	0.096331%	51.832851%
96	소리	이름씨	41,609	23,448,309	0.092141%	51.924992%
97	때	매인이름씨	41,106	23,489,415	0.091027%	52.016019%
98	제	매김씨	40,342	23,529,757	0.089335%	52.105354%
99	라고	씨끝	40,260	23,570,017	0.089154%	52.194507%
100	눈	이름씨	39,309	23,609,326	0.087048%	52.281555%

위의 자료에서도 볼 수 있듯이, 최상위 빈도의 낱말 100개(전체 낱말수의 0.02%)의 누적 빈도수는 무려 2,360만을 넘어선다. 이는 전체 빈도수의

무려 52.2%에 해당하는데, 이는 역시 씨끝과 토씨 등의 최상위 빈도에 속할 확률이 높은 문법적 형태소를 일반적인 낱말과 함께 처리하였기 때문일 것이다.

6. 맺음말

앞에서 우리는, 종래와는 달리, 대규모의 언어 자료(말뭉치)와 사전 편찬을 위한 전산 환경의 구축에 의한, 사전 편찬 방식의 모델을 살펴보았다. 이러한 방식은 앞으로 좀더 효율적인 환경으로의 개선을 통해서, 역사주의적인 원칙에 입각한 대사전의 편찬에 응용될 것이다. 또한 여기에서 파생된 부산물로서의 각종 말뭉치 분석 자료는 사전의 편찬만이 아니라, 국어 교육, 외국어로서의 한국어 교육, 말뭉치언어학, 국어정보학 등 관련 영역에서 더욱 적극적인 활용이 기대된다.

참고문헌

강범모(1998), "빈도와 언어기술", 『언어정보의 개발과 이용(연세대학교 언어정보개발연구원 제11회 언어정보 연찬회)』, 연세대학교 언어정보개발연구원.

강승식(1995), "상대적 출현빈도를 이용한 조사/어미 사전의 구성", 『한국정보과학회 언어공학연구회 학술발표 논문집』 1995-10, 한국정보과학회 언어공학연구회, 188-194.

국립국어연구원(1993), 『컴퓨터를 이용한 국어 자료 분석에 대한 기초적 연구』, 국립국어연구원.

국립국어연구원(1997), 『어휘 조사 단위에 대한 연구 : 일본 국립국어연구소의 각종 어휘 조사 단위를 중심으로』, 국립국어연구원.
권종성(1994), 『조선어 정보처리』, 과학백과사전종합출판사. (1996, 한국문화사)
김경서 · 김대철 · 정강석 · 송만석(1991), "말뭉치를 이용한 형태소 분석 단계에서의 중의성 해결에 관한 연구", 『한국정보과학회 언어공학연구회 학술발표 논문집』 1991-10, 한국정보과학회 언어공학연구회, 36-43.
김명순(1986), "한국어 어휘와 품사의 빈도에 관한 연구 : 외국어로서의 한국어 교재를 중심으로", 연세대학교 교육대학원 석사학위 논문.
김영채(1986), "한국어 어휘빈도 조사", 『한국심리학회지』 5-3, 한국심리학회, 217-285.
김종학(1995), "한국어의 기초어휘 연구", 중앙대학교 대학원 석사학위 논문.
김흥규 · 강범모(1996), "고려대학교 한국어 말모둠1: 설계 및 구성", 『한국어학』 3, 한국어학회, 233-258.
김희진(1990), "중학교 교육용 어휘에 대한 연구", 『국어교육』 71, 한국국어교육연구회, 349-409.
남윤진(1997), "현대국어의 조사에 대한 계량언어학적 연구", 서울대학교 대학원 박사학위 논문.
노용만(1985), "중학교 교과서의 어휘조사 연구", 영남대학교 교육대학원 석사학위 논문.
문교부(1955), 『우리말에 쓰인 글자의 잦기 조사 : 文子 頻度 調査』, 문교부.
문교부(1956), 『우리말 말수 사용의 잦기 조사』, 문교부.
문영호 · 권종성 · 리정용 · 최병수 · 박애순 · 김길연 · 서춘희 · 리근용 · 주향숙(1993), 『조선어빈도수사전』, 과학백과사전종합출판사. (1994년 한국문화사 영인 발간)
박민규(1989), "어휘 조사의 전산 처리", 『국어생활』 16, 국어연구소, 134-147.
박붕배(1975), "초등교육에 있어서 우리말 기본 학습 어휘에 관한 조사 연구", 『서울교대논문집』 8, 서울교육대학교, 25-166.
박영환 · 윤준태 · 송만석(1991), "말뭉치에 근거한 한국어 사전 표제어 구성", 『한국정보과학회 언어공학연구회 학술발표 논문집』 1991-10, 한국정보과학회 언어공학연구회, 58-65.
서상규(1998ㄱ), "연세 말뭉치 1-9를 대상으로 한 현대 한국어의 어휘 빈도(상·하)",

『연세대학교 언어정보개발연구원 내부 보고서(CLID-WP-98-02-28)』, 연세대학교 언어정보개발연구원.

서상규(1998ㄴ), “말뭉치(corpus) 分析에 基盤을 둔 韓國語辭典의 編纂”, 『제49회 조선학회 대회 발표 논문』, 일본 텐리.

서상규(1998ㄷ), “말뭉치 분석에 기반을 둔 낱말 빈도의 조사와 그 응용 - ‘연세 말뭉치’를 중심으로”, 『한글』 242, 한글학회, 225-270.

서상규(2014), 『한국어 기본어휘 의미빈도 사전』, 한국문화사.

서상규(2015), 『한국어 구어 빈도 사전 1(잦기순)』, 한국문화사.

서상규(2015), 『한국어 구어 빈도 사전 2(가나다순)』, 한국문화사.

서상규(2017), “한국어 빈도 조사와 말뭉치의 주석”, 『한글』 316, 한글학회, 151-178.

서정국(1969), “국민학교 '국어1' 어휘의 통계분석적 연구”, 『홍익공전 논문집1』.

서정국(1975-78), “중학교 국어 교과에 쓰인 어휘의 조사 연구(1-4)”, 『강릉교대 논문집』 7,8,9,10.

水野俊平(1993), “현대 한국어 어휘 구성의 계량적 고찰”, 전남대학교 대학원 석사학위 논문.

시스템공학연구소(1985), 『어휘 조사 전산처리에 관한 연구』, 한국과학기술원.

신인성(1972), “국어의 어휘연구를 위한 통계언어학의 원리와 방법”, 『어학연구』 8-1, 서울대학교 언어교육원, 123-146.

안승덕 · 김재윤(1975), “국민학교 국어 교과서의 어휘 조사 연구”, 『청주교대 논문집』 11, 청주교육대학교, 125-181.

이상섭(1990), “낱말 빈도를 추정하기 위한 말뭉치 자료 수집의 실제”, 『사전 편찬학 연구』 3-1, 연세대학교 언어정보개발연구원, 70-76.

이상섭(1996), “뭉치 언어학의 기본 전제”, 『사전 편찬학 연구』 5-1, 연세대학교 언어정보개발연구원, 29-60.

이상섭 · 이기동 · 남기심 · 정찬섭 · 이익환 · 최윤철(1991), “현대 한국어 사전 편찬을 위한 한국어 자료의 선정과 그 전산적 처리에 관한 연구”, 『1989년도 연세대학교 학술연구비 보고서』, 연세대학교 한국어사전편찬실.

이상억(1986), “계량언어학: 어휘부의 음운 · 형태 · 의미론적 구조”, 『언어』 11-2, 한국언어학회, 323-339.

이상억(1989), "국어 어휘 목록의 형태, 음운론적 구조 연구 -계량언어학적 표준 조사-", 『어학연구』 25-1, 서울대학교 어학연구소, 1-18.
이상억(1990), "국어 어휘부의 계량언어학적 연구", 『기곡 강신항 선생 화갑 기념 논문집』, 기곡 강신항 선생 화가 기념 논문집 간행 위원회, 331-346.
이응백(1969), 『국민학교 국어교과서 편찬을 위한 학습 기본어휘 설정에 관한 연구』, 서울대학교.
이응백(1972), "국민학교 학습용 기본어휘", 『국어교육』 18, 한국국어교육연구회, 551-563.
이응백(1975), "국민학교 입문기 학습용 기본어휘 조사 연구", 『국어교육』 32, 한국국어교육연구회, 183-246.
이응백(1987), "신문 · 잡지에 한자로 표기된 한자어실태 조사연구", 『국어연구소 연구보고서』 1, 국어연구소, 321-486.
이충우(1994), 『한국어 교육용어휘 연구』, 국학자료원.
임광규(1981), 『국민학교 국어 교과서 낱말 잦기 조사』, 한글학회.
임지룡(1989), "국어의 기초어휘에 대한 연구", 『국어교육연구』 23, 경북대학교 국어교육 연구회.
임칠성 · 水野俊平 · 北山一雄(1997), 『한국어 계량 연구』, 전남대학교 출판부.
장석배(1998), "연세말뭉치의 어절 빈도 연구", 『언어정보의 개발과 이용(연세대학교 언어정보개발연구원 제11회 언어 정보 연찬회)』, 연세대학교 언어정보개발연구원.
정광 · 국립국어연구원(1996), 『국어 어휘 데이터베이스 구축에 대한 연구』, 국립국어연구원.
정영미(1993), "국어 어휘의 통계적 특성과 이의 응용", 『인문과학』 69-70, 연세대학교 인문학연구원, 437-443.
정우상(1987), "국민학교 교과서 어휘 연구", 『국어연구소 연구보고서』 1, 국어연구소, 651-872.
정인상(1991), "국어자료의 전산처리 방안에 대한 연구", 서울대학교 대학원 박사학위 논문.
정찬섭(1989), "한국어 어휘뭉치의 표본 선정 기준", 『한국정보과학회 언어공학연구회 학술발표 논문집』 1989-10, 한국정보과학회 언어공학연구회, 257-263.

정찬섭 · 이상섭 · 남기심 · 한종철 · 최영주(1990), 우리말 낱말 빈도 조사 표본의 선정기준, 『사전 편찬학 연구』 3-1, 연세대학교 언어정보개발연구원, 7-69.

조남호(1990), "국어 어휘의 수집과 정리", 『국어생활』 22, 국어연구소, 93-107.

채윤호(1997), "사전 편찬의 현재와 미래", 『연세대학교 언어정보개발연구원 겨울 연찬회 발표 자료』, 연세대학교 언어정보개발연구원.

한국과학기술정보센터(1980), 『한글, 한자 잦기 조사일람표 : 잦기순, 가나다순』, 한국과학기술정보센터.

한영균 · 유동석(1993), 『컴퓨터를 이용한 국어 자료 분석에 대한 기초적 연구』, 국립국어연구원.

* 이 글은 아래의 논문을 이 책의 기획과 형식에 따라 수정한 것임을 밝힌다.
서상규(1999), 언어 연구의 도구로서의 컴퓨터-국어정보학과 사전편찬의 응용-, 『언어 정보의 탐구』 1, 연세대학교 언어정보개발연구원, 242-276.

〈붙임〉 '말꾸러미'의 개발을 위한 사전 항목 구조 분석표

사전 항목 구조

여러개 나올 수 있는 것
동일한 패턴 생략
최초 자동 생성
미확정

편찬사항	작성자							
	작성일							
	교정자							
	교정 단계							
	편찬 참고사항	개별 표제어의 문제점	번호매긴 문장	문장번호				
				문장				
		기타	번호매긴 문장	문장번호				
				문장				
		참고 관련어	번호매긴 문장	문장번호				
				문장				
사전내용	표제어							
	동형어번호							
	한자							
	발음							
	어원	원어국가						
		원어표기						
	표제어 유형 (부표제어/ 굳은말/ 가표제어)							
	연결어							
	품사							
	활용형							
	참고 사항							
	관련어	파생어	관련 표제어	표제어 또는 부표제어				
				동형어 번호				
		반의어	관련 표제어					
		유의어	관련 표제어					
		큰말	관련 표제어					
		작은말	관련 표제어					
		준말	관련 표제어					
		센말	관련 표제어					
		여린말	관련 표제어					
		관련어" (기타 관련어)	관련 표제어					
		참고 표제어	관련 표제어					
	풀이	큰풀이번호 (Rome)	격틀	격틀번호	격틀 내용			
					논항 참고사항			
			참고사항					
			관련어					
			연결어					
			뜻풀이					
			가운데 풀이	가운데 풀이 번호 (Bold)	격틀	격틀 번호	격틀 내용	
							논항 참고사항	
					참고사항			
					관련어			
					연결어			
					뜻풀이			
					예문	예문번호	예문 문장	
					작은 풀이	작은풀이번호 (Round)	격틀	격틀번호	격틀내용
									논항 참고사항
							참고사항	
							관련어	
							연결어	
							뜻풀이	
							예문	예문번호	예문문장
	추가 설명(아래 참고 등)							

사전 편찬 도구 『말꾸러미』의 구성과 기능

최준호

1. 들어가는 말

사전을 만들기 위해서는 일정한 과정을 거쳐야 한다. 즉, 사전의 기획에서 시작하여 말뭉치를 구축하고 표제어를 선정한 후 사전 원고를 작성하고 검토하는 일련의 과정을 말한다. 그리고 최종 완성된 원고를 편집하여 출판하게 된다. 이렇게 단순화하여 표현하면 과정이 그리 복잡한 것 같아 보이지 않지만, 사실 사전 편찬 작업은 수십 명의 인력이 몇 년 혹은 몇 십 년 동안 잡업을 해야 완성할 수 있는 방대한 작업이다. 그 중에서도 사전 원고 작성 과정은 많은 양의 언어 자료를 조사해야 하고 또 많은 원고를 생산해내는 과정이므로 이를 관리하는 것이 커다란 문제가 아닐 수 없다. 그리고 PC의 폭발적인 보급으로 인해, 종이사전을 펼치는 것보다 컴퓨터로 검색을 더 많이 하는 요즘 데이터를 구조화하는 작업 또한 염두에 두고 작업해야 한다.

이러한 이유로 오늘날 사전을 만드는 과정에서 컴퓨터의 정보 저장, 가공의 기능을 사용하는 것을 필수 사항이 되었다. 특히 사전 원고의 작성과 저장, 검색의 기능을 통합한 시스템을 만들어 작업하려고 한다.

소위 '사전 편찬 도구'란 단순히 사전 원고를 작성하는 워드프로세서의 기능에서 벗어나, 기획된 사전 편찬 프로젝트에 맞도록 설계되어, 사전 원고의 작성과 저장, 검색, 표제어 목록의 관리 등을 지원하는 전산 시스템을 말한다. 사전 편찬 도구는 사전 편찬 과정의 전산화를 통하여 보다 쉽고 빠르게 작업할 수 있도록 도와주는 것뿐만 아니라, 어휘 데이터베이스를 통해 원고 작성에 필요한 다양한 정보를 원고 작성자에게 제공해 줌으로써 보다 알찬 내용의 원고를 작성할 수 있도록 도와주는 것을 목적으로 한다. 또한 이를 통해 구축한 어휘 데이터베이스는 최소한의 가공을 거쳐 여러 형태의 사전으로 출판할 수 있게 된다.

이 글에서는 연세대학교 언어정보개발연구원의『연세한국어사전』을 모델로 하여 만든 사전 편한 도구인『말꾸러미』를 가지고 사전 편찬도구의 구조와 기능을 살펴보도록 한다.

2. 사전 편찬 도구의 구성 요소

『말꾸러미』는 어휘 데이터베이스와 편집기 두 부분으로 이루어져있다. 이번 장에서는 각 부분이 사전 편찬 도구에서 어떤 역할을 하고, 또 어떻게 구현되었는가를 살펴보도록 한다.

2.1. 어휘 데이터베이스

어휘 데이터베이스는 사전에 등재될 표제어를 엔티티(entity)로 하고 미시구조, 편찬 참고 자료 등을 속성(attribute)으로 갖는 데이터베이스이

다. 한마디로 사전 원고를 파일 형태가 아닌 데이터베이스 형태로 저장하는 것을 말한다.[1)]

사실 사전 편찬을 위한 완벽한 어휘 데이터베이스에는 말뭉치가 포함되어야 하지만 『말꾸러미』의 어휘 데이터베이스는 사전만을 포함한다. 말뭉치와 용례 검색기까지 모두 하나의 도구에서 구현하면 좀 더 효율적인 원고 작성을 할 수 있겠지만, 본 시스템에서는 그러지 못하였다.

어휘 데이터베이스를 구축하면 얻을 수 있는 이점을 다음과 같다.

첫째로 원고 작성에 도움을 줄 수 있다. 사전 원고 작성자는 사전을 작성할 때 올림말과 관련된 다른 표제어를 어휘 데이터베이스에서 쉽게 찾을 수 있다. 또 올림말뿐 아니라 풀이와 예문에서도 검색이 가능하여 원고 작성자에게 많은 정보를 줄 수 있다. 그리고, 『말꾸러미』의 경우 원고의 교정본을 모두 저장하기 때문에 원고를 수정해 나가는 과정을 한눈에 볼 수 있게 해 준다.

둘째로 원고 관리를 쉽게 해 준다. 사전 원고 관리자는 십여 명 혹은 수십 명의 원고 작성자의 원고를 오랜 기간에 걸쳐 관리해야 한다. 이것이 종이 형태의 원고나, 컴퓨터상의 파일로 저장되어 있다면 이를 관리하는 데 많은 노력을 들여야 한다. 결국 이러한 노력을 줄이기 위해서는 데이터베이스에 저장하는 방법이 가장 좋다.

셋째로 다른 형태의 자료로 쉽게 변환할 수 있게 해 준다. 컴퓨터와 인터넷의 보급으로 사전의 독자들은 종이 사전뿐 아니라 컴퓨터에서도 사전을 검색하길 원한다. 결국 사전을 데이터베이스에 저장하고 이를 독자

1) 넓은 의미에서 본다면 파일 시스템도 데이터베이스로 볼 수 있다. 하지만, 여기서 말하는 어휘 데이터베이스는 검색을 전제로 하는 것이기 때문에 파일단위로 저장하는 사전 원고는 어휘 데이터베이스라고 말하지 않는다.

들에게 제공해야 한다. 만일 사전 원고가 데이터베이스에 저장되어 있지 않다면 원고를 SGML형태로 변환해야 하고 이를 데이터베이스에 입력하는 별도의 과정을 거쳐야 한다. 어휘 데이터베이스는 비록 독자가 사용하게 될 사전 데이터베이스와 다른 구조를 갖고 있을지라도 이미 데이터베이스에 입력되어 있는 형태이기 때문에 쉽게 변환할 수 있게 된다.

그렇다면 어휘 데이터베이스를 실제로 어떻게 설계하고 구축하였는지를 살펴보도록 하자.

어휘 데이터베이스는 일반적인 데이터베이스와 마찬가지로 관계형 데이터베이스(Relational Database)로 구현한다. 이 글에서는 일반적으로 데이터베이스를 설계할 때 어떻게 엔티티를 정의하고 그 관계를 뽑아 테이블을 설계하는지에 대해서는 얘기하지 않을 것이다. 다만 사전을 어휘 데이터베이스로 만들 때 생각해야 할 특수한 범들에 관해 논의해 보기로 한다.

첫째로 사전의 내용을 오류 없이, 효율적으로 담을 수 있어야 한다. 그러기 위해서는 사전의 구조를 파악하고 이에 맞도록 데이터베이스를 설계해야 한다. 사전의 엔트리를 얼마나 세분화해서 데이터베이스에 입력하느냐는 입력의 편의성과 사전 데이터의 일관성 유지라는 상반된 조건에서 사전 원고 작성자와 관리자가 선택해야 할 사항이다. 예를 들어 표제어의 원어정보를 입력한다고 가정해 보자. 만일 데이터베이스에 원어정보를 입력하는 필드를 텍스트 필드 하나로 정해 놓는다면 사전 원고 작성자는 원어 국가와 원어를 하나의 필드에 입력하게 될 것이다. 그러나 원어 정보를 원어 국가와 원어 두 개의 필드로 나눈다면 원어 국가별로 검색하기가 쉬워질 것이다. (반면에 사전원고 작성자를 키보드 혹은 마우스 조작을 더 해야 할 것이다.) 나아가서 원어 국가 테이블을 따로 만들고 그 아이디만 참조하게 한다면 사전 편찬자가 원어 국가 정보를 입력할 때 일본, 일어, 일본어, 등으로 잘못 표기하는 일을 막을 수 있을 것이다.

둘째로 최종적으로 보여 질 사전 항목 이외에 어떠한 정보를 넣을 것인가를 고려해야 한다. 원고의 처리 여부, 원고를 작성한 사람과 작성일 등은 쉽게 생각할 수 있는 관리 정보이다. 그리고, 거시구조적인 측면에서 정렬에 대한 정보 역시 들어 있어야 한다. 그렇지 않다면 검색 혹은 정렬하였을 때 "-"로 시작하는 어미, 조사 등이 모두 앞으로 나올 것이고, 부표제어 역시 제 자리를 찾지 못할 것이다.

셋째로 데이터베이스의 구조가 유연해야 한다. 사전 편찬은 오랜 시간이 걸리는 작업이고 편찬 기간 동안에 사전의 세부적인 구조가 바뀔 수도 있다. 데이터베이스는 이러한 변경 사항을 반영할 수 있어야 한다.

넷째로 될 수 있으면 데이터베이스의 관계 구조가 간단해야 한다. 어휘 데이터베이스는 다른 형태의 기계 가독형 자료로 변환될 것이다. 따라서 쉽게 자료를 변환하기 위해서는 데이터베이스의 구조가 간단하여야 한다.

그러면 실제로 『말꾸러미』의 데이터베이스는 어떻게 구현하였는지 살펴보자. 『말꾸러미』는 표제어 라인(entry line)[2]과 풀이 부분을 나누어 저장한다. 표제어 라인과 풀이를 다른 테이블에 저장하는 것은 한 표제어에 대하여 한 개의 값만 갖는 엔트리만을 하나의 테이블로 묶어 그렇지 않은 엔트리를 입력할 때 저장 공간의 낭비를 없앨 수 있게 하였다.

그리고, 풀이 부분 역시 풀이의 갈래, 예문 등을 별도의 테이블에 저장하도록 해 준다. 『연세한국어사전』은 격틀이 다르거나 문법적인 부류가 다를 때 가장 큰 풀이 갈래로 나누고, 그 외의 의미 분류를 나눌

---

2) 표제어 라인(entry line)이란 올림말과 발음, 문법 정보 등과 같이 정의 이전에 기재된 내용을 담은 부분을 말한다.

때 중간 풀이 갈래로 나눈다. 중간 풀이 갈래로 나뉜 상태에서 의미를 더 세분화할 필요가 있거나 용법상의 차이가 있을 경우는 작은 풀이 갈래로 나누고 있다. 『말꾸러미』의 어휘 데이터베이스는 『연세한국어사전』의 이러한 구조를 그대로 저장할 수 있도록 하였다.

또, 표제어 유형, 품사, 원어 국가, 관련어의 관련 유형 등을 별도의 테이블로 관리하여 데이터의 무결성을 유지하면서 데이터를 추가할 수 있도록 하였다.

다음 그림은 『말꾸러미』의 어휘 데이터베이스의 구조를 다이어그램으로 표시한 것이다.

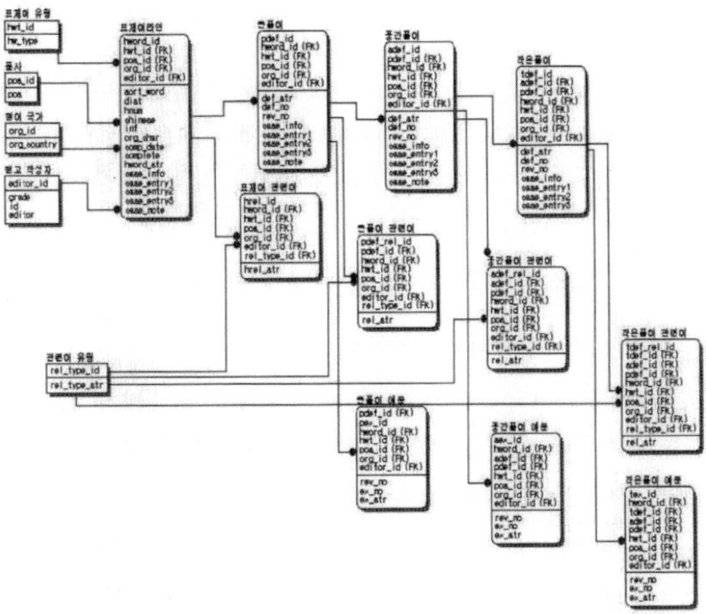

〈그림 1〉『말꾸러미』의 어휘 데이터베이스 구조

하나의 표제어는 '표제어라인' 테이블의 레코드와 이를 외래 키로 하는 풀이, 예문, 관련어들의 세트로 저장된다.

원래 이상적인 관계형 데이터베이스는 키 테이블을 중심으로 하는 별 모양의 구조여야 하지만 그렇게 하지는 못하였다. 그 이유는 표제어 테이블이 키 테이블이 되어야 하지만, 중간 풀이계층의 관점에서는 큰 풀이계층이 키 테이블이 되어야 하고 작은 풀이계층의 관점에서는 중간 풀이계층이 키 테이블이 되기 때문이다. 이렇게 테이블 구조가 복잡해지면 입력, 수정, 검색, 쿼리(query)가 복잡해지기는 하나 사전의 내용을 손실 없이 그대로 구조화하여 데이터베이스에 입력할 수 있게 된다.

그 밖의 기술적인 면을 살펴보면 『말꾸러미』는 공개형 데이터베이스인 MySQL을 사용하였다. MySQL은 관계형 데이터베이스를 지원하며, 쿼리 언어로는 SQL(structured query language)을 사용하는 DBMS이다. MySQL은 리눅스와 윈도 기반의 OS에서 모두 구동할 수 있는 DBMS이므로 사전 편찬 규모에 따라 데이터베이스 서버를 따로 두거나 PC에 설치하거나 자유롭게 선택할 수 있다.

MySQL을 사용하는 데 있어서 다른 RDBMS와는 달리 제약사항이 몇 가지 있다. 그 중 대표적인 것으로는 외래 키(foreign key)를 사용할 수 없다는 것을 들 수 있다. 따라서 참조 무결성[3]을 DBMS 자체에서 구현할 수는 없으므로, 외래 키 무결성을 유지하기 위한 함수를 클라이언트 프로그램에 장치하였다. 이는 프로그램 작성하는 데 능률을 떨어뜨리지만 MySQL이 공개 DBMS이면서 빠른 속도를 보여주는 장점 때문에 이를

3) 예를 들어 표제어 테이블에서 하나의 레코드를 삭제하였다고 가정해 보자. MySQL이 외래어 제한사항(foreign key constraint)을 지원하지 않기 때문에 그 표제어에 해당하는 키를 참조하는 레코드들이 다른 테이블에 그대로 남아 있을 것이다. 이럴 때 참조 무결성이 깨어졌다고 한다.

선택하였다. 실제로 별다른 데이터베이스 튜닝 작업을 하지 않은 상태에서 표제어, 부표제어 약 5만 3천 항목의 『연세한국어사전』의 예문을 대상으로 문자열 검색을 했을 때 8초 정도의 검색속도를 보여주었다.[4)]

2.2. 사전 편집기

사전 편집 도구는 어휘 데이터베이스와 사전 원고 작성자, 사전 원고 관리자를 연결해주는 요소이다. 사용자는 사전 편집 도구를 이용하여 어휘 데이터베이스를 검색, 입력, 수정, 삭제를 하게 된다. 그리고, 『말꾸러미』에서는 약간의 원고 관리도구의 역할도 할 수 있게 되어 있다.

이 절에서는 『말꾸러미』의 사전 편집기를 구현할 때 어떠한 사항을 고려하였는지 살펴보겠다.

첫째로 사전 편집기는 사전 원고 작성자가 원하는 정보를 제공해야 한다. 『말꾸러미』는 앞에서 잠깐 언급한 것처럼 말뭉치 용례검색기를 통합해서 보여주지는 않는다. 하지만 기존에 작성한 원고를 다양한 방법으로 보여줌으로써 사전 원고 작성을 도와줄 수 있다. 먼저 작성 한 원고를 수정할 때 단순히 기존의 원고를 덮어 씌우는 것이 아니라 모든 수정 원고를 검토할 수 있게 하였다. 다음 그림은 하나의 원고에서 여러 검토 단계의 원고를 제공하는 것을 보여준다.

4) 이는 윈도 2000이 설치된 펜티엄 4 1.7G 시스템에서 실험한 결과이다. 같은 사양이라도 리눅스용 MySQL의 경우 더 빠른 검색 속도를 보여준다.

〈그림 2〉 원고의 단계별 검토 구현

그리고 기존에 작성한 원고를 다양한 형태로 검색할 수 있게 하였다. 사전 원고 작성자는 표제어, 풀이, 예문에서 원하는 문자열을 검색할 수 있다. 이러한 원고 검색 기능을 통해 파생 관계의 표제어, 유의어 또는 반의어 관계의 표제어 등을 보다 쉽고 일관성 있게 작성할 수 있을 것이다. 그리고, 미약하지만 풀이와 예문의 어휘통제를 가능하게 한다. 다음 그림은 원고의 검색 옵션이다.

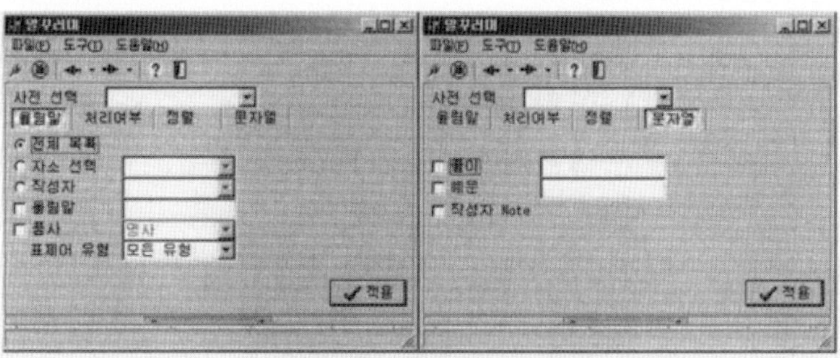

〈그림 3〉 다양한 원고 검색 옵션

그림 3의 왼쪽 검색 옵션을 살펴보면 자소, 작성자, 올림말, 품사,

표제어 유형을 조건으로 원고를 검색할 수 있음을 알 수 있다. 예를 들어 올림말을 '공부*'를 넣어 검색하면 '공부', '공부방', '공부시키다', '공부하다' 등의 원고를 검색할 수 있다. 그림 3의 오른쪽 검색 옵션을 보면 풀이와 예문에 포함된 문자열을 이용하여 검색할 수 있다. 다음 표는 『연세한국어사전』을 사용하여 구축한 어휘 데이터베이스에서 각각 풀이와 예문에 '학교'라는 문자열을 포함한 올림말 목록의 일부이다.

풀이에 '학교'를 포함한 원고
'가', '가창', '강당', '강사', '강의록', '강좌', '개교', '개교하다', '개학', '개학하다', '검정 고시', '겨울 방학', '결석', '결석하다', '고교', '고등 학교', '고등 학생', '고입', '고졸', '고학', '고학생', '공고', '공교육', '공납금', '공립', '공사', '공일', '과', '-과', '과외', '관립', '관학', '교가', '교감', '교과', '교과목', '교과서', '교내', '교대', '교련', '교명', '교명', '교모', '교목', '교무', '교무처', '교문', '교복', '교부', '교부되다', '교부하다', '교사', '교사', '교생', '교생 실습', '교습', '교습하다', '교시', '교실', '교안', '교외', '교우', '교원', '교육장', '교육청', '교의', '교장', '교장실', '교정', '교주', '교지', '교직원', '교직자', '교칙', '교편을 잡다', '교훈', '국립', '국립학교', '국어', '근신', '글짓기', '급우', '기숙사', '기하', '나오다', '남녀 공학', '납부금', '내신', '넣다', '농고', '담임', '담임하다', '대선배', '대학', '대학교', '대학원', '도덕', '도화', '독학', '동교' ....

예문에 '학교'를 포함한 원고
'가르치다', '가리다', '가산점', '가정 통신', '가정 환경', '가정교사', '간주하다', '간판을 걸다', '감동시키다', '감지덕지하다', '강담', '강도', '강의하다', '강평', '같아지다', '개강', '개강하다', '개개', '개관하다', '개교', '개교하다', '개신교', '개편되다', '개학하다', '거부당하다', '걸레질', '~ 할 것 없이', '-게', '게양하다', '-게요', '견습하다', '견학', '견학하다', '결강', '결석하다', '결성되다', '결속하다', '결승전', '경감되다', '경력', '경로', '경리과', '경쟁력', '계시다', '고', '고되다', '고등 학교', '고문', '고아원', '고용원', '고통스럽다', '곤두박질', '골라잡다', '골목대장', '공고문', '공립', '과밀', '과정', '과정', '~ 관계로', '관공서', '관내', '관립', '관북', '관비', '광통신', '괘념하다', '교과 과정', '교단에 서다', '교명', '교시', '교안', '교외', '교우', '교육되다', '교주', '교훈', '-구나', '구비', '국가 공무원', '국립', '국민 학교', '군력', '궐기', '귀중', ...

쉽게 예상할 수 있겠지만 풀이에서 특정 문자열로 검색한 올림말들이 좀 더 의미 있는 도메인을 형성하는 것을 볼 수 있다.

둘째로 사전 원고 편집기는 원고의 입력과 수정이 쉬워야 한다. 사실 이 부분이 원고 편집기를 만드는 데 가장 큰 문제점 중 하나이다. 많은 사전 원고 작성자는 사전 항목의 구분을 입력 폼에 의한 것이 아니라 워드프로세서처럼 하나의 편집 창에서 일정한 문자열 기호를 사용하여 원고를 써 나가는 방법을 선호한다. 워드 프로세서의 편집기능(cut & paste)에 익숙하여 다른 방법의 사전 원고 입력을 입히는 것을 좋아하지 않는 것 같다. 하지만, 원고 입력 폼을 사용하지 않으면 어휘 데이터베이스에 자료를 입력할 때 오류가 발생하기 쉬워진다. 입력 폼을 사용하지 않는다면 사전 원고 작성자가 작성한 원고를 어휘 데이터베이스에서 인식할 수 있는 파서(parser)를 개발해야 하는데, 원고의 유형이 유한하지 않거나 매우 다양하기 때문에 쉽게 파서를 만들기 어렵다. 이러한 이유에서 『말꾸러미』는 원고를 입력하기 위해 입력 폼에 입력하는 방식을 사용한다. 표제어 라인의 경우 입력폼의 형식이 고정되어 있어 필요한 정보를 입력하면 되고, 풀이의 경우는 풀이, 예문 추가 메뉴를 이용하여 입력 폼을 생성한 다음 입력을 하게 된다. 그림 4는 기본적인 편집 창의 모습이다.

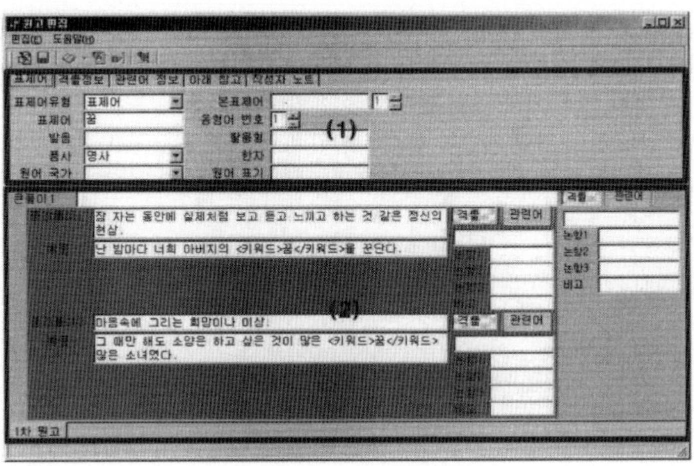

〈그림 4〉 편집 창 화면

기본적인 생각은 가급적 직관적인 인터페이스를 사용하여 새로운 도구를 배우는 데 어려움을 느끼지 않게 하자는 것이다. 그림 4의 (1)번 영역은 표제어 라인에 해당하는 정보 혹은 표제어 전체에 관련된 정보를 적는 영역이다. 탭 컨트롤을 사용한 이유는 한정된 공간에 많은 정보를 넣고 빠르게 확인할 수 있게 하기 위해서이다. 만일 각각의 항목을 입력하기 위해 다이얼로그 박스를 사용한다면 능률이 크게 떨어질 것이다. 첫 번째 탭인 표제어 탭에는 사전의 표제어 라인에 해당하는 정보를 입력한다. 격틀 정보, 관련어 정보 탭은 표제어 전체에 해당하는 격틀 정보 혹은 관련어를 입력하는 탭이다. 아래 참고 탭은 표제어의 문법 사항 등 긴 내용의 설명을 입력하는 탭이다. 마지막 작성자 노트 탭은 원고 작성자가 원고를 작성하면서 생긴 문제점 등 주석을 입력하는 탭이다.

이렇게 (1)번 영역이 하나의 표제어에 대해서 유한한 개수의 입력 폼을 갖는 반면 (2)번 영역은 하나의 표제어에 대하여 몇 개의 입력 폼을 갖게 될지 알 수 없는 풀이 영역이다. 그렇기 때문에 (1)번 영역과 같이 미리 입력 폼을 만들어 놓고 입력하는 것이 아니라, 풀이 혹은 예문을 추가할 때마다 동적으로 입력 폼을 생성하고 그 폼에 원고를 입력하는 방식을 택하였다.

원고 작성자는 풀이를 추가하기 위해 제일 먼저 "원고 편집"버튼을 누르게 된다. 그러면 새 탭이 열리면서 원고를 편집할 수 있는 상태가 된다.

〈그림 5〉 원고 편집 버튼

이렇게 하는 것은 어휘 데이터베이스를 설명할 때 언급한 바와 같이 원고를 수정할 때에 바로 고치는 것이 아니고 새로 원고를 복사한 후 이를 수정함으로써 원고를 수정해 나간 과정을 저장해 놓기 위해서이다. 〈그림 5〉를 보면 가장 왼쪽에 있는 원고 편집 버튼을 누르기 전에는 다른 편집 도구 버튼을 사용할 수 없음을 알 수 있다.

〈그림 6〉 편집 도구 버튼이 활성화된 메뉴

그림 6은 '원고 편집' 버튼을 눌러 다른 편집 도구 버튼이 활성화된 상태의 그림이다. 활성화된 메뉴 왼쪽부터 각각 '저장', '풀이 추가', '예문 추가', '관련어 추가', '풀이 삭제' 버튼이다. 이 상태에서 풀이와 예문을 추가하여 원고를 작성하면 된다. 그림 7은 큰 풀이 갈래, 중간 풀이 갈래, 작은 풀이 갈래의 풀이와 예문을 각각 하나씩 추가한 화면이다.

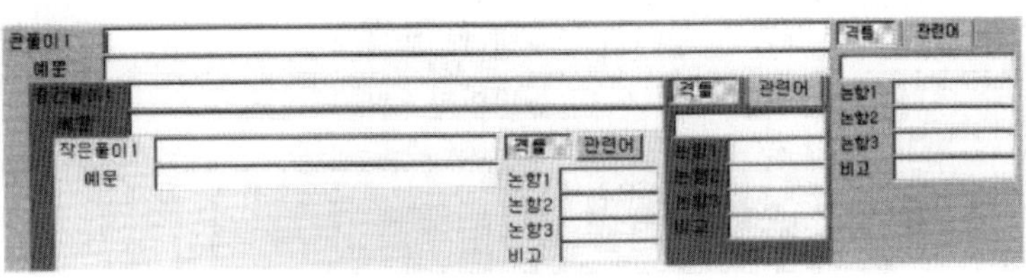

〈그림 7〉 각 풀이갈래의 풀이와 예문을 추가한 모습

입력 폼이 이러한 모양을 갖는 이유는 첫째로 각 풀이 갈래의 구분을 눈으로 보여주기 위해서이다. 특히 격틀 정보와 관련어의 경우 어떤 풀이 갈래의 격틀 혹은 관련어인지 명확하게 보여줄 수 있다. 또한 이러한 풀이 갈래를 단계로써 화면에 보여줌으로 해서 입력의 오류를 없앨 수 있다. 예를 들어 중간 풀이 갈래가 없는데 작은 풀이 갈래가 나타난다든가 하는 유형의 오류를 입력 단계에서 막을 수 있다.

셋째로 원고를 다른 형태의 자료로 저장할 수 있어야 한다. 현재 『말꾸러미』는 표제어 목록을 텍스트 파일로 저장하는 기능과 원고를 프린트하는 기능, 프린트하기 전에 원고를 텍스트로 변환하는 기능을 갖고 있다. 앞으로 여러 원고를 한번에 인쇄하는 배치 인쇄 기능과 원고의 텍스트 파일 저장 기능을 보강할 예정이다.

넷째로 원고 관리 기능을 가지고 있어야 한다. 사실 원고 관리 기능은 편집기의 기능이 아니고 사전 원고 편찬 도구의 또 다른 부분이다. 하지만 『말꾸러미』에서 가능한 원고 관리 기능이 그렇게 많지 않아 함께 설명하기로 한다.

먼저 『말꾸러미』에서는 표제어 목록과 원고 처리 여부를 확인해 볼 수 있다. 이 기능을 이용하면 현재 처리되어 있지 않은 원고의 현황을 쉽게 볼 수 있다. 그리고, 관리자가 예정된 원고 작성자를 표제어와 함께 지정해 놓는다면 원고 작성자별로 표제어 처리 상황을 관리할 수도 있다. 그밖에 처리해야 할 표제어를 추가할 수 있다. 만일 추가하려는 표제어가 전체 목록에 있다면 대신에 동형어 번호를 추가할 수 있다. 그림 8은 표제어를 추가할 때 전체 목록을 검색하고 동형어를 추가하라는 메시지가 나온 장면이다.

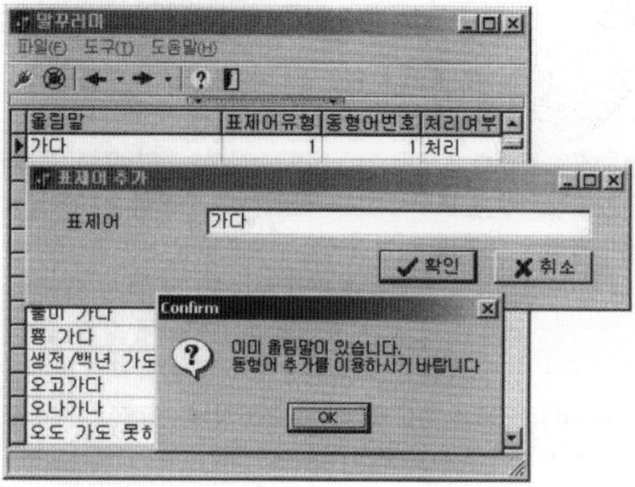

〈그림 8〉 표제어 추가 화면

덧붙여 설명하면 원고 관리 기능은 아니지만 별도의 사용자 관리도구가 있어서 등급에 따라 관리자, 원고 작성자, 원고 검토자 세 등급의 사용자를 추가할 수 있다. 이 등급은 원고의 수정 등 여러 가지 권한을 조절하여 적용할 때 사용된다.

기술적인 면을 살펴보면 『말꾸러미』의 원고 편집기는 볼랜드사의 델파이를 사용하여 만들었고, 데이터베이스와 연동되는 부분은 ODBC(open database connectivity)를 사용하지 않고 FSF(free software foundation)의 zeos 라이브러리를 사용하였다. MySQL 역시 ODBS 드라이버를 제공하고 있지만, zeos에서 제공하는 라이브러리가 보다 빠른 데이터 전송 속도를 보여준다.

3. 맺음말

지금까지 언어정보개발연구원의 『연세한국어사전』을 모델로 하여 개발한 사전편찬도구 『말꾸러미』가 어떻게 구성 되어 있는가, 어떤 점들을 염두에 두고 설계하고 개발하였는가를 살펴보았다. 『말꾸러미』는 RDBMS인 MySQL로 어휘 데이터베이스를 구성하고, 델파이로 작성한 윈도용 클라이언트 프로그램으로 이루어진, 클라이언트/서버구조를 가진 시스템이다. 사전 원고 작성자는 원고 편집기를 이용하여 원고를 작성하면 어휘 데이터베이스에 입력되고 이를 검색하여 다른 원고를 작성하는 데 참고할 수 있다.

이 시스템은 모델로 한 『연세한국어사전』이 완성된 이후에 구현이 되었고, 실제적인 사전 편찬 작업을 수행해 보지는 못하였다. 사전 편찬 도구에 말뭉치 용례 검색기가 빠져 있는 것도 이러한 이유 때문일지 모르겠다. 하지만, 진행되는 사전 프로젝트에 맞추어 프로그램의 기능을 좀 더 추가하고 수정한다면 실제 사전 편찬 작업에 도움을 줄 수 있는 원고 편찬 도구가 될 것이다.

참고문헌

서상규(1999), "언어 연구의 도구로서의 컴퓨터 -국어정보학과 사전편찬학의 응용", 『언어 정보의 탐구 1』, 연세대학교 언어정보개발연구원, 271-310.

서상규 · 한영균(1999), 『국어정보학 입문 : 인문학과 컴퓨터』, 태학사.

석상기 · 김기룡(공역)(1993), 『데이타베이스 시스템』, 길중당.

연세대학교 언어정보개발연구원(1998), 『연세 한국어 사전』, 두산동아.

이상섭(1990), "현대 사전편찬학의 이론과 실제", 『사전 편찬학 연구』 3-1, 연세대학교 언어정보개발연구원, 77-117.

이상섭(1992), "전산 편찬학의 개념과 한국적 실제", 『사전 편찬학 연구』 4-1, 연세대학교 언어정보개발연구원, 7-17.

최준호(2002), "한국어 사전 편찬 도구의 설계와 구현", 연세대학교 대학원 석사학위 논문.

한영균(1999), 『전자 말뭉치를 이용한 사전 편찬론』, 문화관광부.

허정수(2001), 『MySQL advanced class』, 베스트북.

* 이 글은 아래의 논문을 이 책의 기획과 형식에 따라 수정한 것임을 밝힌다.
최준호(2003), 사전 편찬 도구 『말꾸러미』의 구성과 기능, 『사전 편찬학 연구』 13, 연세대학교 언어정보개발연구원, 113-129.

말뭉치 기반 사전 편찬의 동향과 지향 방향

- 최근 30년간의 사전편찬 방법론을 중심으로

남길임

1. 서론

개화기나 일제 강점기, 광복 직후의 사전 편찬 사업[1)]에서도 그러했듯이, 지난 30년간의 국어사전 편찬 역시 국어학, 언어학 연구의 흐름, 시대적·사회적 상황과 매우 밀접한 관계를 가지며 발전해 왔다. 국어사전은 지난 30년간 발전·변화되어 온 국어학 연구의 가시적인 결과물 중 가장 중요한 부분이라고 할 수 있으며, 반대로, 우리는 지난 30년 동안 집필되고 편찬되어 온 국어사전을 살펴봄으로써 국어학 연구와 연구 방법론의 변화를 읽을 수 있다. 특히, 표제어의 구성과 배열, 사전이 담고 있는 미시적 정보, 부텍스트인 일러두기, 부록 등을 살펴봄으로써 우리는 그 당시의 국어사전관, 사전학(lexicography)의 발전 과정뿐만 아니라 당시 국어학 연구의 동향과 성과를 살펴볼 수 있다.

1) 이 연구는 최근 30년간의 사전편찬사를 중심으로 논의를 진행할 것이나 이 시기 이전, 즉 개화기나 광복 전후의 국어사전 편찬과 관련된 사항은 필요에 따라 2장에서 간략히 언급하기로 한다. 국어사전의 역사적 발자취 및 변천 과정과 관련된 상세한 사항은 조재수(1996), 이병근(2000)을 참조하라.

이 글은 지난 30년간 편찬된 국어사전을 살펴보고 그간의 사전편찬 사업의 업적을 정리하고 향후 발전 방향을 제시하는 데 그 목적이 있다. 지난 30년간(1970년대 중반~현재)은 전통적 방법에 의한 다양한 사전 편찬의 성과와 1990년을 전후하여 컴퓨터를 활용한 말뭉치(corpus)[2) 기반 국어사전 편찬이 본격적으로 시작되어 결실을 맺은 시기로, 국내에서 사전편찬과 관련한 논문들이 활발하게 나오기 시작했으며 사전편찬학이 학문으로서 자리잡게 된 시기이기도 하다.

이 기간 동안의 사전편찬사를 논하기 위해서 여러 기준이 있겠으나, 이 글에서는 사전 편찬 방법론의 변화와 발전을 중심으로 지난 30년간의 사전편찬사를 살펴볼 것이다. 이와 같이 사전 편찬 방법론의 변화를 논의의 기준으로 삼는 것은 1990년 전후 컴퓨터와 말뭉치 언어학(corpus linguistics)의 등장과 활성화가 사전관, 사전학에 대한 새로운 탐구, 사전의 질적 내용의 변화와 밀접한 관계를 가지기 때문이다.

여기서 '사전편찬 방법론'의 변화와 발전이란 크게 두 가지의 의미를 포괄하는 것으로, 하나는 사전 편찬의 근거 자료(source)[3)]의 형태와 활용 방법의 변화이고, 다른 하나는 이러한 자료를 활용하기 위한 편찬 도구의 변화 및 발전과 관련된 것이다.

---

2) 말뭉치(corpus)는 언어의 본질적인 모습을 총체적으로 드러내 보여 줄 수 있는, 전산화된 언어 자료의 집합이다. 컴퓨터의 발달과 더불어 말뭉치의 구축, 말뭉치 언어학(corpus linguistics)의 발달은 사전 편찬, 사전편찬학의 발달과 밀접한 관계가 있으며, 1990년대를 전후판 국내 국어 사전 편찬에 획기적인 전기를 마련하게 되었다. 현재 국어 사전 편찬은 여러 유형의 말뭉치를 활용하는 방법이 주류를 이루고 있다. 말뭉치의 구축 및 유형에 대한 자세한 사항은 서상규·한영균(1999), 강범모(1995) 참조. 영어 말뭉치에 대해서는 Chursh & Mercer(1993), Liberman & Godfrey(1993) 참조.

3) "Whether the predominant source is another dictionary, a citation file, or a corpus makes an enormous difference in the time required to do a dictionary," Sidney I. Landau(2001:346).

더 구체적으로 말하면 전자는 새로운 사전을 편찬하기 위해, 어떤 자료를 대상으로, 어떤 방법론을 통해 어휘를 추출하고 뜻풀이, 예문 등의 정보 항목을 구성하느냐의 문제와 관련되는데, 이러한 근거 자료로는 기존 사전이나 어휘집, 전자화된 텍스트로서의 말뭉치, 각종 어휘 데이터베이스 등을 들 수 있다. 한편 후자는 각종 자료를 활용하여 사전을 집필, 제작하는 과정에 활용되는 도구로서 전통적으로 카드를 활용하여 일일이 수작업을 하는 방식에서부터 컴퓨터를 활용하는 방법, 가장 최근에는 사전의 용도와 목적에 맞는 용례 검색 프로그램 및 온라인 편집 프로그램을 제작, 활용하는 방법까지 다양하다.

사전편찬 방법론을 중심으로 지난 30년간의 사전편찬사를 살펴보면 이 시기는 사전 편찬의 근거 자료(source)로서 말뭉치를 활용하고 제작 도구로서 컴퓨터를 활용하기 시작한 1990년 전후를 기점으로 구분이 된다. 이 시기는 말뭉치 구축과 컴퓨터의 발달로 사전 제작 환경에 엄청난 변화를 가지고 온 시기로, 이러한 방법론의 변화는 곧바로 표제어를 비롯한 사전 어휘 항목 기술 등 국어사전의 질적 발전 및 변화, 궁극적으로는 국어사전관에 대한 변화로 이어진다. 따라서 이 글에서는 1990년대 전후를 기점으로 최근 30년간의 사전편찬사를 말뭉치 활용 이전 시기와 말뭉치 활용 이후 시기로 구분하여 논의할 것이다.

'말뭉치와 컴퓨터의 활용'이라는 사전 편찬 방법론을 기준으로 사전편찬사를 살펴보는 것은 다음과 같은 의의가 있다. 첫째, 말뭉치와 컴퓨터의 활용이라는 사전편찬의 방법론의 변화는 국어사전의 질적 변화 및 발전과 깊은 관련이 있다. 둘째, 실제 언어 자료인 말뭉치를 기반으로 한 사전 편찬은 규범사전과 기술사전, 백과사전적 국어사전과 언어사전으로서의 국어사전 등, 사전에 대한 다양한 인식을 가능하게 함으로써, 즉 국어사전의 정체성과 사전관의 확립으로 이어졌다. 또한 말뭉치를 활용한 국어 어휘 기술은 기존의 직관에 근거한 국어 문법 연구를 보완하는, 말뭉치 언어학에 기반한 국어 연구로 나아갔다.

아래에서는 최근 30년간의 사전편찬사를 2.1 말뭉치 활용 이전 시기(1970년대 중반~1990년대 중반), 2.2 말뭉치 활용 이후 시기(1990년 중반 ~ 현재)로 구분하여 살펴보기로 한다.

2. 최근 30년간 사전편찬학의 동향

조재수(1996)에서는 간단한 어휘집에서 시작하여 종합적인 큰사전으로의 우리나라 사전 형태의 발전 단계를 한자 학습을 위한 자전이나 실학 시대의 유해류에서 시작하여 19세기 서양 선교사에 의한 대역 사전 편찬, 등의 과도기적 단계와 진정한 우리말 뜻풀이 사전의 발전 단계 등 몇 가지 단계로 구분하여 논의하고 있다. 이러한 사전 편찬의 단계를 살펴보면, 사전의 형태나 내용들이 당시의 시대적 배경과 사회적 요구 조건에 따라 변천되어 왔음을 알 수 있다.

이 연구의 주요 연구 대상인 최근 30년간의 논의에 앞서 1970년대 중반 이전에 출간된 사전들을 언급하지 않을 수 없다. 최초로 출간된 우리말 사전인 〈조선어사전〉문세영(1938/1939)과 당시 가장 큰 규모의 종합적인 국어사전으로 이후 국어사전의 기반이 된 조선어학회의 〈큰사전〉(1957), 〈국어대사전〉이희승(1961) 등은 이후 사전 편찬 작업에 길잡이가 되었으며, 최근의 사전 출판물에 그 연구의 흔적들이 계승되어 오고 있다. 이들은 보유판, 수정·증보판, 중·소사전 형태로 우리말 사전 편찬 작업에 큰 영향을 미친 사전이다. 이 시기에 북한에서도 〈조선말소사전〉(1956), 〈조선말사전〉(1962) 등이 편찬되었다.[4)]

해방을 전후한 시기에 민족 지성들이 국어를 우리 민족 문화의 토대로 생각하고 언어의 정리와 통일에 대한 방편으로 국어사전 편찬 사업을 이룩하였다면, 이 이후의 시기는 이러한 기존 사전의 업적을 바탕으로 다양한 형태의 사전들을 편찬하고, 출판계와 학계 등 다양한 분야에서 실용적 목적을 강조한 대사전류(표제어 20만 어휘 이상)를 편찬한 시기라고 할 수 있다. 요약하면, 최근 30년간의 사전 편찬은 궁극적으로 변화하는 시대의 요구에 부응하고 언어 연구의 흐름을 반영하면서 '실용성'과 '다양성'을 추구해 온 것으로 정리할 수 있다. 단, 이러한 '실용성'과 '다양성'을 위한 구체적 장치들과 특성은 물론 양 시기에 따라 구분하여 달리 논의되어야 한다.

우선 '실용성'의 측면에서 살펴보면, 말뭉치 활용 이전 시기(1970년대 중반~1990년대 중반)에는 사전 편찬이 학습, 교육, 백과사전적 기능 등 주로 참조에 유용한 사전 편찬이 강조된 것으로 보인다. 학습과 참조 기능은 어느 사회나 시대를 막론하고 사전의 기본 기능으로 평가되는 것이지만, 이 시기의 사전들이 주로 20만 이상의 표제어를 대상으로 하고 있으며, 대부분 전문용어 및 고유명사를 실었다는 점, 또 '일러두기'에 국어사전의 백과사전적 기능을 강조하고 있는 점, 백과사전적 뜻풀이 등이 이 시기의 국어사전의 특징이다.[5)]

---

4) 최근 30년 이전의 사전 편찬의 흐름과 역사적 의의는 조재수(1996) 참조.

5) 국어사전에 '실용적 편익'을 위하여 전문용어, 고유명사 등을 등재한 것은 훨씬 이전의 〈조선어사전〉(1938), 〈큰사전〉(1957)에서도 찾아볼 수 있다. 그럼에도 불구하고 1970년대 중반~1990년대 사전 표제어 구성과 일러두기를 살펴보면, 당시 대사전에 대한 개념이 대부분 백과사전적 구성을 지향했고 사전에 따라 범위의 차이는 있지만 전문용어와 학술용어, 고유명사, 외래어 등을 비중 있게 싣고 있음을 알 수 있다. 아래의

반면에, 말뭉치 활용 이후 시기(1990년대 중반 ~ 현재)에서의 '실용성' 개념에는 이러한 참조 기능과 더불어 말뭉치 기반 언어 사전으로서의 기능과 전산, 정보 처리의 개념을 강조하는 언어 데이터베이스로서의 기능이 부가된다. 이 시기의 사전들은 대부분 컴퓨터를 활용하여 집필되었으며 결과물인 사전은 전자 자료 형태로 구조화되어 이후 사전 작업 또는 인쇄사전의 온라인 서비스나 기계번역 등 자연언어처리(natural language processing) 등에 활용되도록 하였다. 현재 이 시기에 나온 〈표준국어대사전〉, 〈연세한국어사전〉 등이 온라인으로 서비스되고 있으며, 문광부와 국립국어원-'21세기 세종계획'의 〈전자사전〉 등은 자연언어처리를 위한 데이터베이스 구축을 목적으로 개발되고 있다.

'다양성'의 개념 역시 위의 '실용성'의 개념이 사전 구조 및 형태, 표제어 유형, 사용자 대상 등과 관련하여 구체화된 것으로, 시대적, 학문적 흐름과 요구에 따라 실현된 것이다. 역시 말뭉치 활용 이전 시기는 방언사전, 속담사전, 이두사전 등 다양한 표제어 유형의 사전들이 제작, 시도되었으며, 말뭉치 활용 이후 시기는 이전 시기의 특성과 더불어 사용자 대상의 다양성, 컴퓨터의 등장에 따른, 목적의 다양성 등을 그 특징으로 하여 구분된다. '다양성'과 관련된 논의는 아래 각 장에서 구체적인 예와 함께 상세히 다루기로 한다.

그 일러두기 중 몇 가지를 보인 것이다.
"이 사전은 우리말 사전이면서 백과사전이나 여러 전문 사전의 구실을 겸할 수 있도록 엮은 큰사전이다.",-〈새 우리말 큰사전〉(1991) 일러두기
"국어사전은 한 국가와 민족이 저장하고 있는 모든 낱말을 빠짐없이 담아야 한다."-〈국어대사전〉(1991) 일러두기

3. 편찬 방법론에 따른 최근 30년간 사전편찬

3.1. 말뭉치 활용 이전 시기(1970년대 중반~1990년대 중반)

사전 편찬의 근거 자료(source)와 제작 도구를 기준으로 최근 30년의 사전 편찬사를 구분함에 있어 1970년대 중반부터 1990년대 중반까지는 편찬자들이 기존 사전의 표제어를 중심으로 카드 등을 활용하고, 수작업을 통해 표제어를 수집하고 집필했던 시기이다. 새 표제어를 수집하기 위해서 고전, 현대의 문학 작품들에서 새 어휘를 찾았는데, 이는 현재 컴퓨터를 활용하여 말뭉치에서 어휘 목록을 수집하는 형식과 달리 대부분 수작업으로 이루어졌다.[6)]

이 시기는 학계와 출판업계 등 다양한 분야에서 표제어 20만이 넘는 대사전 편찬이 활발하게 이루어졌다. 아래는 이 기간 동안의 대표적 업적들과 그 특성을 제시한 것이다.

〈표 1〉 말뭉치 활용 이전 시기에 출판된 국어사전의 특성

사전	연도/편저자	표제어 수,특성	특성
〈새 우리말 큰사전〉	1974/1984 신기철,신용철	31만 표제어/ 일반어 외에 전문용어 및 외래어 다수 있음.	백과사전적 특성("낱말은 무엇이나 다 찾아볼 수 있어야 한다") 조선말사전(1962)의 내용 참조함.
수정증보판 〈국어대사전〉	1982/1994 이희승 편저	42만 표제어/ 고유명사, 등 전문 용어,한자어(일부 일본 한자어) 및 북한말 모음(부록).	〈국어대사전〉(1961)의 수정증보판. 백과사전이나 각종 전문사전의 역할을 병행할 수 있도록 엮음.

6) 이와 같이 어휘와 예문을 수작업으로 수집하는 방식은 서양의 경우도 마찬가지였다. 새뮤얼 존슨도 문학작품으로부터 예를 인용하였고, 19세기 옥스퍼드 사전 편찬에 있어서도 단어 사용의 예시를 위해 인용 메모를 활용하였다. 이와 같이 인용 자료를 모으는 것은 수세기 동안 계속된 일인데, 이후 등장한 말뭉치가 사전학자들과 어휘부에 관심을 가지는 다른 언어학자들의 언어를 바라보는 방법을 바꾸어 놓았다고 할 수 있다. McEney & Wilson(1996)

사전	연도/편저자	표제어 수,특성	특성
〈동아 새국어사전〉	1990/1994 이기문 감수	15만 표제어	1988〈한글맞춤법〉, 〈표준어규정〉을 가장 먼저 적용.
〈금성판 국어대사전〉	1991 김민수 외	40만여 표제어/ 모든 계층의 언어, 중세국어에서 현대국어까지 반영. 인명, 지명 등 고유명사 포함, 북한말.	백과사전적 특성 ("국어사전은 한 국가와 민족이 저장하고 있는 모든 낱말을 빠짐없이 담아야 한다"), 어원 정보 다수 실음.
〈우리말 큰사전〉	1992/ 한글학회	43만 표제어/ 현대말3권(방언, 문화어 등), 옛말/이두1권	〈큰사전〉(1957)의 보유편 언어사전으로서의 성격을 고려하여 고유명사를 가려 넣은 사전. 〈한글맞춤법〉(1988)에 맞지 않는 표제어 등재.
〈조선말대사전〉	1992/ 사회과학원 언어학연구소	33만 표제어/ 고유어, 한자어, 외래어, 사회정치용어 등	규범사전(통제사전)'7)의 성격과 '참고사전'의 성격을 겸한 사전. 우리말 최초로 빈도 활용〈조선어빈도수사전〉(104만 어절 대상)의 빈도 정보.

또한, 이 시기에는 위의 대사전류 외에 아래와 같이 남북한에서 다양한 형태의 사전이 편찬되기도 했다.

(1) 방언 사전: 〈방언사전〉(김병제), 과학·백과사전출판사, 평양, 1980.

(2) 옛말 사전: 〈이두사전〉(장지영, 장세경), 1976./〈이조어 사전〉(유창돈), 연세대학교 출판부, 1977.

(3) 속담 사전: 〈우리말 속담 큰사전〉(송재선), 1983./ 엄병섭, 정순기 외: 〈조선속담〉, 과학·백과사전출판사, 평양, 1984.

(4) 기타: 〈우리말 역순 사전〉(유재원), 1985./〈말본사전〉(박종국), 1980/〈조선 동의어 사전〉, 사회과학출판사, 평양, 1991.

---

7) 통제사전: 규범화한 문화어를 다루어 언어 사용을 규범화하고 통제하는 사전. 참조사전: 시간적, 공간적으로 제한없이 여러 층의 어휘를 다루어서 모르는 단어의 뜻을 찾아보게 하는 사전.(김수경:1965)

위와 같이 이 시기에 편찬된 국어사전의 특성을 살펴보면, 우선, 표제어의 규모 면에서 이 시기는 전반적으로 대사전의 편찬이 활발하게 이루어진 시기이며, 이전 초판에 대규모로 표제어를 추가하고 수정, 증보판, 수정, 증보판 형태의 출판도 활발하게 진행된 시기라고 할 수 있다. 예로, 46만 표제어로 구성된 〈국어대사전〉(1982/1994)는 초판 23만 표제어 〈국어대사전〉(1961)을 수정, 증보한 것이며, 43만여 표제어의 〈우리말 큰사전〉(1992)에서는 16만여 표제어인 〈큰사전〉(1957)의 '보유편(補遺篇)'임을 명시하고 있다. 이러한 대규모 사전 편찬 사업은 이전의 민족 문화 운동의 일환으로서의 국어 사전 편찬의 업적을 계승하고, 시대적 요구에 따라 백과사전적 기능을 담당할 만한 국어사전의 필요성에서 나온 것이라 할 수 있다.

또한, 표제어 구성의 거시 구조와 뜻풀이, 용례 등의 사전 미시 구조적 측면에서도, 이 시기는 새로운 형태의 구성들이 다양하게 시도되었다. 예로, 〈우리말 큰사전〉에서 남한 사전으로서는 최초로 '명사/부사+하다' 형태를 표제어로 등재한 점[8], 각 사전편찬자의 문법관에 따라 품사의 명칭을 비롯한 문법 체계를 달리 제시한 점, 〈조선말대사전〉(1992)에서 부분적으로 빈도 정보를 활용한 점 등은 이후 사전 편찬에 많은 영향을 미쳤으며, 현대의 사전편찬에서도 계승되고 있는 부분들이다.[9]

---

8) 북한사전 중 〈조선말사전〉(1962)에서 적용되었던 것이다.

9) "상업적인 사전은 모두 어느 정도의 기존 사전에 근거하고 있다"(Sidney I. Landau, 2001)의 설명을 굳이 참조하지 않더라도 사전의 목적과 효용 가치 상 사전 편찬 작업의 시작은 기존 사전을 검토하는 것에서부터 시작한다. 컴퓨터와 말뭉치를 통해 대부분의 정보를 얻어 표제어를 기술하게 된 현재에도 기존 사전의 표제어 구성과 정보 처리 방식을 일부 수정하거나, 완전히 버리거나 전격 수용하거나 하는 방식으로 참조하고 있다.

3.2. 말뭉치 활용 이후 시기(1990년대 중반 ~ 현재)

말뭉치를 활용한 사전 편찬의 의의는 기존의 사전 편찬 방식과 달리 사전 표제어 목록 선정이나 뜻풀이 등의 제 일차적 근거를 실제 언어 생활에 쓰이는 다양한 유형의 텍스트에서 찾는다는 데 있다. 이전의 사전 편찬이 기존 사전 및 편찬자가 일일이 문학 텍스트 등을 읽으면서 찾아낸 어휘 사용 양상에 근거해서 이루어진 반면, 1980년대 후반 컴퓨터와 말뭉치의 등장은 대량의 언어 데이터베이스로서의 말뭉치를 가공해 얻은 어휘 자료를 토대로 한 사전 편찬을 가능하게 했다.10) '사전'을 표제어의 구성과 관련한 거시구조와 하나의 표제어를 구성하는 하위 정보 항목의 구성인 미시구조의 체계로 파악할 때, '컴퓨터'와 '말뭉치'라는 사전 편찬 도구의 변화는 사전의 실질적 내용인 거시구조와 미시구조 모두에 지대한 영향을 미쳤다.

사전 편찬에 말뭉치를 활용한다는 것은 여러 방면에서의 활용이 있을 수 있는데, 거시구조와 미시구조 전반적인 체제 및 내용 구성을 말뭉치에 의하는 방법과, 거시 구조는 기존의 사전 목록들을 따르고 부분적으로 미시구조의 기술에서 말뭉치를 참조하는 방법, 등 여러 가지가 있을 수 있다. 이 시기에 편찬된 사전으로는 최초의 말뭉치 기반 사전인 〈연세한국어사전〉(1998), 국립국어연구원의 〈표준국어대사전〉(1999), 학습자 말뭉치를 활용한 〈연세 초등국어사전〉(2002), 등이 있으며 이들은 부분적으

10) 국외의 경우, 1960년대 100만 어절 규모로 구축된 브라운 말뭉치(Brown corpus)를 시작으로 하여, 언어 연구, 언어 교육, 사전 편찬 등 각종 목적에 따라 다양한 말뭉치들이 구축되어 왔으며, 국내에서도 연세대학교가 1988년 사전 편찬을 목적으로 '연세 한국어 말뭉치'를 구축한 것을 시작으로 '고려대학교 한국어 말모둠', '세종 말뭉치' 등 학계와 기관별로 말뭉치 구축이 진행되고 있다. 국내외 말뭉치 구축 현황은 서상규·한영균(1999)를 참조.

로 또는 전체적으로 말뭉치에 기반한 사전들이다. 한편, 고려대학교 민족문화연구원에서도 천만 어절 말뭉치에 기반한 〈민연 국어사전〉(가칭, 출판 예정)을 준비 중에 있으며, 연세대학교 언어정보연구원에서 1억 어절 균형 말뭉치 구축 및 구성(1945~2005)을 통한 20만 표제어의 〈연세현대한국어대사전〉(가칭, 2009년 출판 예정)을 기획, 편찬하고 있다. 또한 문화관광부 한국어세계화 재단의 〈외국인을 위한 한국어 학습사전〉(서상규 외: 2004)은 외국인을 위한 국내 학습 사전 최초로, 한국어 교재 말뭉치 등 학습자 말뭉치를 활용하였다. 이와 같은 말뭉치와 컴퓨터를 활용하여 대량의 어휘 정보를 데이터베이스화 하여 사전을 제작하는 말뭉치 기반 사전 편찬 작업은 현재 대부분의 사전 편찬 작업에 응용되고 있다.

지금까지의 말뭉치 기반 사전의 표제어 구성 및 말뭉치 활용 양상, 특성을 출판 순에 따라 표로 보이면 다음과 같다.

〈표 2〉 말뭉치 활용 이후 시기에 출판된 국어사전의 특성

사전류	표제어	말뭉치	특성
〈연세한국어사전〉 :1998 출판/인쇄 및 온라인	1960-1995년 한국어 어휘 5만	연세 한국어 말뭉치 1~9 9종 4300만(장르별, 시대별 균형 말뭉치)	국내 최초의 말뭉치 기반 언어사전 용례검색기 '말씀' 활용
〈표준국어대사전〉 :1999 출판/인쇄 및 CD롬, 온라인	50만 표제어	문학작품, 신문, 잡지, 등 말뭉치 활용 용례 제시.	규범 사전 지향 최대 규모의 국어사전
〈연세초등국어사전〉 :2002 출판	초등 교육용 기초 어휘 3만 5000개	기초 학습용 말뭉치(초등 교과서 말뭉치 포함-품사 표시 말뭉치)	중요 어휘 선정(6,7차교육 과정 반영) 및 뜻풀이 어휘 통제
〈외국인을 위한 한국어 학습 사전〉 인쇄사전 및 전자사전(CD롬) :2004년 출판, 수정판 2005 출판 예정	한국어 교육용 기본 어휘 5000개	표준 말뭉치 (standard/reference corpus) 학습자 말뭉치 (Learner's/error corpus) 참조 말뭉치(reference corpus)	어휘 통제 및 중요 어휘 선정

지난 10여 년간 사전 편찬에 있어서 컴퓨터와 말뭉치의 도입은 국내 사전의 질적 성장, 말뭉치 언어학의 발달 등을 가져왔으며, 현재의 사전 편찬은 단지 모르는 어휘의 뜻을 참조하기 위한 사전을 개발하는 것을 넘어서서, 맞춤법 검사기, 형태소 분석기, 기계 번역(machine translation) 시스템 등에 활용 가능한, 필수적인 언어 데이터베이스로 개발, 활용되고 있다. 말뭉치와 컴퓨터의 활용은 국어사전뿐만 아니라 국어학, 국어정보학, 자연언어처리 분야에도 파급 효과를 가져왔다.

"말뭉치는 현대 사전학에서 신뢰성의 시금석처럼 언급되고 있다"는 McEney & Wilson(1996)의 견해를 빌지 않더라고 우리는 이미 많은 연구들과 말뭉치 기반 사전들을 통해서 말뭉치가 사전편찬에 미친 영향력이 막대하다는 것을 알 수 있다. 그러나 인터넷에 떠돌아다니는 모든 자료, 매일같이 수십 통씩 쏟아지는 메일들이 모두 훌륭한 언어 자료인 것은 아니듯이, 모든 말뭉치가 국어 어휘의 사용 양상을 균형있고 다양하게 대변하는 것은 아니다. 따라서 말뭉치 기반 사전을 편찬하기 위해서는 말뭉치의 규모뿐만 아니라 균형성, 다양성을 갖춘 말뭉치를 구축하는 일, 또한 이러한 말뭉치로부터 정확하고 효과적으로 언어 정보를 추출하는, 언어학자의 판단력, 직관 등이 요구된다.

4. 말뭉치 활용 사전 편찬의 효용성 및 지향 방향

사전 편찬에 있어서 말뭉치를 활용한다는 것은 더 많은 자료를 더 빨리 찾고 기술할 수 있다는 단순한 물리적인 가치를 넘어서, 어휘, 의미, 문법, 화용 정보 등 모든 언어학적 층위에서 더 많은 자료를 통해 더 정확한 기술을 할 수 있다는 것을 뜻한다. 말뭉치를 통한 사전 기술은 대량의 언어 자료에 대한 양적 분석이 질적 분석과 어떤 관련성을 가지는지를 한눈에 보여주는 가장 전형적인 예라 할 수 있다.

사전편찬학에 컴퓨터가 활용되었을 경우 다음과 같은 세 단계의 발전 단계를 거친다고 할 때[11], 현재 국내 사전은 (2)의 단계에 와 있다고 할 수 있다.

(1) 컴퓨터 보조(종이) 사전편찬학(computer-assisted lexicography)
(2) 기존 종이 사전을 전자 매체로 전환하기
(3) 전자 환경을 고려해서 새로 고안해 낸 전자 사전들

즉, 지난 1990년대 말부터 출판된, 〈연세한국어사전〉〈표준국어대사전〉 등을 비롯한 몇 가지 유형의 사전들은 기본적으로 말뭉치를 활용하고 편집 시스템을 활용한 (1)의 단계를 거쳐 (2)의 검색 환경으로 그 영역을 넓혀 왔다. 하지만 컴퓨터와 말뭉치를 활용하여 많은 자료로부터 정확한 기술을 한다는 것과 그 결과들을 새로운 전자 환경(온라인, 시디롬, PED 등)에 맞게 구현한다는 것은 별개의 문제이다. 현재 국내 사전학은 그 정보의 매체가 컴퓨터를 활용한 것으로 확장되었다 하더라도 표제항의 구성이나 정보 내용이 전자 매체를 고려해 설계되지 않았다는 것을 인정해야 한다. 이러한 인식은 말뭉치, 컴퓨터를 활용한 향후 사전편찬의 방향을 암시해 준다.

이 장에서는 말뭉치를 기반으로 한 사전 편찬의 효용성에 대해서 살펴보고 향후 말뭉치 활용 사전의 지향 방향에 대해 살펴보기로 한다.

---

11) Cerquiglini의 견해로 Schryver(2003:143)에서 재인용.

4.1. 거시구조의 측면

거시 구조적 측면에서 말뭉치 활용 사전 편찬은 "① 사전 편찬을 위한 대규모의 균형 말뭉치 구축 및 구성→ ② 말뭉치로부터 어휘 빈도 자료 추출 → ③ ②의 결과로부터 표제어 목록 선정"의 절차를 통해 이루어지는데, 이와 같이 말뭉치를 통해 얻은 표제어 목록은 기존 사전 표제어 목록 없는 신조어나 구어, 생활 어휘들이 포함되어 있다는 점에서 실질적인 참조 기능을 강화시킨 사전 편찬을 가능하게 한다.

아래의 예들은 최근에 연세 한국어 말뭉치 4300만 어절을 포함한 약 1억 어절 말뭉치를 토대로 빈도를 조사한 결과 추출된 새로운 어휘들로, 기존의 사전에서는 찾아볼 수 없는 것들이다.

○ 기존 사전에 수록되지 않은 새로운 형태의 어휘

예) 비밀번호, 무통장(/무통장입금), 깡통계좌, 주차난, 비역사적, 쇼핑몰, 즈믄둥이…

○ 기존 사전에 수록되지 않은 한자어 동형어류

예1) 가투

ㄱ. 나는 네가 <u>가투</u>를 하든 농성을 하든 아니면 무엇을 하든…

ㄴ. 문득 네가 <u>가투</u>에 나섰다는 말을 듣고…

예2) 고삼

ㄱ. <u>고삼</u>이 된 지로 어느덧 반년이 지났다.

ㄴ. 고삼병; <u>고삼</u> 담임, <u>고삼</u> 엄마…[12)]

12) 기존 사전에서의 '가투, 고삼'의 처리는 아래와 같이 있으나, 말뭉치의 검색 결과 '가투, 고삼'은 동형어로 처리되어야 할 것이다. 특히, 말뭉치의 용례가 아래 기존 사전에서의 것보다 위에서 제시한 것이 월등하게 많이 보인다는 점에서, 위의 '가투, 고삼'이 우선적으로 기술되어야 한다.

기존 사전에서 위와 같은 어휘가 표제어로 등재되지 않았던 이유는 이들이 신조어여서 사전 편찬 당시의 말뭉치 구성에서 등장하지 않았을 가능성도 있고, 부분적으로는 저빈도 어휘여서 빈도 중심의 표제어 선정 작업에서 제외되었을 가능성도 있다. 대표적인 예로, '즈믄둥이'는 2000년에 들어서 등장한 어휘로 1990년대에 출판된 사전에서 등장할 수 없었으며, '비역사적, 주차난' 등은 연세 말뭉치 4300만 어절 빈도 결과인 〈현대 한국어 어휘 빈도〉(서상규: 1998)에 의하면 빈도 10 이하의 어휘들로 빈도 13이상의 어휘들을 중심으로 표제어를 구성한 〈연세한국어사전〉에서는 등재 대상이 되지 못했다.

한편, 상대적으로 표제어 규모가 큰 〈표준국어대사전〉, 〈우리말큰사전〉 등에서도 이러한 어휘를 표제어로 등재하지 않은 것은 기본적으로 말뭉치를 기반으로 표제어 선정을 하지 않은 까닭에 있다. '가투를 나서다, 고삼 엄마' 등에서 등장하는 '가투, 고삼'의 동형어 한자어 어휘들이 누락된 것은 이들 사전에서의 표제어 선정 작업이 말뭉치나 실제 언어 현상을 반영하기보다는 기존 사전의 표제어 자료를 중심으로 했다는 것을 말해주고 있다.

언어는 계속 변화하며, 모국어 화자의 머릿속에 있는 어휘 체계는 신생, 성장, 사멸의 과정을 겪는 어휘들의 유기적 구조체이다. 따라서 특정한 시대의 현실 언어를 지속적으로 사전 기술에 반영하기 위해서는 시대별 말뭉치의 구축이 필수적으로 요구되며, 시대적 흐름에 따른 언어 변화를 반영하는 말뭉치를 보완적으로 구축하는 작업, 즉 모니터링 말뭉치

가투(歌鬪) 명 시조나 노래를 적은 놀이딱지. 또는 그것을 가지고 하는 놀이.
고삼(苦蔘) 명 콩과의 여러해살이풀. 높이는 80~100이며, 여름에 나비 모양의 엷은 노란색 꽃이 총상 꽃차례로 줄기와 가지 끝에 핀다.... 〈표준국어대사전〉(1999)

의 구축이 필요하다.

4.2. 미시구조적 측면

말뭉치를 통한 어휘 기술은 직관에 의한 어휘 기술과 달리, 실제 언중들의 언어 사용 양상을 분석함으로써 거시구조 뿐만 아니라 뜻풀이, 문법 정보, 연어 등 관련 어휘 정보 등을 실증적이고 구체적으로 기술할 수 있다. 말뭉치에 기반한 사전 편찬은 국어사전이 백과사전의 일종이 아닌, 언어사전 즉, 한 언어의 모국어 화자가 가지고 있는 어휘 지식의 총체를 체계적이고 종합적으로 보여줄 수 있는 사전을 지향한다.

말뭉치 기반 어휘 기술의 장점을 어휘·의미, 통사, 형태, 등의 순으로 제시하면 다음과 같다.

우선, 어휘 · 의미적 측면에서는 어휘의 실제 쓰임을 반영하여 어휘를 기술하고 의미의 중요도 등을 고려하여 뜻풀이를 배열할 수 있으며, 실제 자료를 토대로 숙어, 연어, 상투 표현을 추출하고 기술할 수 있다. 또한, 유사 어휘 부류의 의미를 변별하고 유사 어휘 부류의 연어 관계 등 어휘 관계를 세밀하게 기술할 수 있다. 아래의 예는 〈외국인을 위한 한국어 학습 사전〉(서상규 외: 2004)에서의 참고 상자의 예로 말뭉치의 예를 통해 유사 어휘 부류인 '뚜껑, 덮개, 마개'의 의미 차이와 어휘 통합 관계의 정보를 추출하여 기술한 것이다.

〈'뚜껑', '덮개', '마개'의 다른 점〉

'뚜껑'은 안에 빈 공간을 가진 그릇의 입구를 덮는 물건을 가리키는데, 처음 물건이 만들어질 때부터 그 물건의 일부로 함께 만들어지는 것이 보통이다. '덮개'는 '자동차 덮개'와 같이 앞에 빈 공간이 있느냐 없느냐와 관계없이 쓴다. 한편, 어떤 물체 입구의 속으로 들어가 입구를 막는 물건을 '마개'라고 한다. 이러한 의미 차이 때문에 '뚜껑', '덮개', '마개'는 각각 아래와 같은 동사와 함께 쓰인다.

냄비 뚜껑을 {열다↔닫다}
자동차 덮개를 {덮다↔걷다}
술병의 마개를 {따다↔막다}

둘째, 실제 말뭉치 문장에 나타난 어휘의 형태·통사 정보를 분석함으로써 어휘의 실제 쓰임에 기반하여 품사 분류 및 기술을 할 수 있으며, 활용형 제약, 조사 결합 제약 등 특정 어휘의 문법 제약을 발견하여 기술에 반영할 수 있다.

셋째, 사전 편찬에서 대량의 말뭉치를 활용할 때의 최대의 장점은 실제 빈도와 사용 범위를 고려하여 표제어를 선정하고, 중요 어휘, 기본 어휘, 교육용 기초 어휘 등의 목록을 추출할 수 있다는 것이다. 실제로, 〈외국인을 위한 한국어 학습 사전〉(서상규 외 2004)의 중요 어휘 표시 목록은 말뭉치 어휘 빈도 목록의 공통 중요 어휘, 한국어 교재의 공통 중요 어휘, 기타 기본 어휘 목록 및 기존 사전의 목록, 등을 토대로 구성되었다. 한편, 이러한 기본 어휘 목록은 학습용 사전의 경우에 뜻풀이의 어휘 통제 자료로 활용되기도 한다. 대표적 예로, 〈Longman Dictionary of Contemporary English〉에서는 표제어 전체 4만 어휘를 기술하기 위한 뜻풀이 어휘를

2천 단어로 한정하고 있으며, 2천 단어 외의 단어가 뜻풀이에 쓰일 경우, 해당 단어를 대문자로 표시하고 바로 옆에 간단하게 설명을 넣어 두는 방식을 취하고 있다. 물론 이 설명에 사용되는 단어는 2천 단어에 있는 어휘로 한다. 아래는 이 사전의 표제항, 'White'의 예이다.

> **White** the part of an egg surrounding the YORK(=yellow part), white is colourness, but white after cooking.〈Longman Dictionary Contemporary English〉

국내의 사전의 경우 이와 같이 체계적으로 뜻풀이 통제를 명시한 사전은 없으며 대부분 되도록 쉬운 말로 풀이한다는 원칙만을 제시하고 있다.

아래 〈외국인을 위한 한국어 학습 사전〉(서상규:2004)의 경우는 뜻풀이 통제 어휘를 제시하지는 않았지만 뜻풀이에 어려운 어휘가 나왔을 경우에는 참고 정보에서 해당 어휘를 따로 쉽게 풀어 기술해 주고 있는 경우이다.

> **동서(東西)** 명 1. 동쪽과 서쪽. ¶한반도는 동서로 좁고, 남북으로 긴 지형이다. 2. 동양과 서양.¶ 동서의 문화적 차이는 어떤 것이 있을까요? 3. (예전에) 자유주의 진영 국가와 공산주의 진영 국가.¶ 동서간 이념의 대립이 거의 없어졌다. 참. 1. 진영: 정치적, 경제적, 사회적인 생각에 따라 구분되는 영역. 2. 주로 '동서 냉전, 동서 진영, 동서 관계, 동서 문제...'와 같이 명사 앞에 쓴다.

이뿐만 아니라 말뭉치를 활용함으로써 우리는 구어, 문어, 속어, 비어,

은어 등 단어의 사용역(register) 정보, 담화, 화용 정보 등 언어 사용상의 정보를 구체적으로 제시할 수 있는데, 이러한 정보는 어휘의 표현적 지식(productive knowledge)을 향상시킬 수 있는 정보로 활용될 수 있다.

4.3. 말뭉치 언어학과 사전: 모니터 말뭉치(open-ended monitor corpus)와 언어 직관

말뭉치 기반 사전 편찬은 위와 같은 장점에도 불구하고 '말뭉치'가 현실 언어를 균형적이고 대표적으로 나타내도록 구성되어야 한다는 점, 자료의 신뢰성과 가공의 정확성 등이 보장되어야만 하며 분석 과정에서 오류를 최소화해야 한다는 점 등을 고려하지 않았을 경우에는 신뢰할 수 없는 결과를 도출할 위험이 있다. 이러한 이유로 자료를 근거로 한 계량적 연구, 질적 연구에서는 연구자 또는 사전 편찬자의 역할, 언어학적 직관이 매우 중요하다. 사전편찬자, 언어학자의 직관은 편찬하고자 하는 사전의 성격이 규범적이든지 기술적이든지를 막론하고 말뭉치를 기반으로 하는 언어 분석이 대량의 언어 자료를 바탕으로 한다는 점에서 필수적인 것이다.[13]

또한 사전 편찬 과정에서 지속적으로 말뭉치의 대표성과 균형성을 점검하고, 장기간의 사전 편찬 작업 동안의 언어 변화의 양상까지 포함하

13) 말뭉치는 항상 균질적이고 바른 언어 사용만을 담고 있는 것은 아니다. 말뭉치는 살아있는 언어 현실 그 자체로 오용이나 비속어적 표현, 창작자의 실수 등이 섞여 있게 마련이다. 특히 사전이 기술사전이 아닌 규범 사전이나 학습자를 위한 학습 사전을 지향할 경우, 말뭉치에서 이러한 오류들을 구분해서 바른 언어 표현을 구분해서 실을 수 있어야 하며, 잦은 오용 사례들에 대해서는 정보를 줄 수 있어야 한다.

기 위해서는, 말뭉치의 보완 작업이 지속적으로 이루어져야 한다. 즉 "조정 가능한 모니터 말뭉치"(open-ended monitor corpus)[14]의 개념이 필요한데, 이는 장기간 사전 작업 동안의 신어의 수집, 새 의미의 보완 기술, 용법 등의 기술을 위해서이다. McEney & Wilson(1996)에 의하면 모니터 말뭉치의 주요 장점은 첫째, 텍스트 시기(the age of the texts)의 측면에서, 정태적이지 않고 새로운 텍스트를 포함할 수 있는 열린 가능성, 둘째, 말뭉치 범위(the scope)에 있어서는 더 넓은 사용 범위에서의 예를 분석할 수 있는 가능성 등을 들 수 있다.

실제로 경험적으로 말뭉치의 대표성과 균형성에 대한 문제는 표제어 선정의 단계에서뿐만 아니라 사전의 표제어 기술 단계에서도 부딪히게 되는 경우가 많은데, 이러한 경우, 말뭉치의 보완적 구축 및 재구성은 어휘 집필 단계에서도 필요하다.

따라서 사전 편찬에서 말뭉치에 대한 구축 및 평가는 전체 사전 편찬 기간 동안 지속적으로 이루어지는 것이 바람직하다.

5. 결론을 대신하여: 향후 사전 편찬의 지향 방향

위에서는 주로 컴퓨터와 말뭉치 언어학의 발달과 국내 사전 편찬의 전개 과정의 관련성을 중심으로 최근 30년간의 국어사전 편찬사를 살펴보았다. 컴퓨터와 말뭉치 언어학의 발달로 최근 30년간의 국어사전 편찬은

14) 코빌드 사전 팀에서는 모니터 말뭉치(open-ended monitor corpus)의 개념을 사전 작업에 있어서 매우 중요한 개념으로 활용하고 있는데, '말뭉치(corpora)"라는 용어보다는 열린 집합으로서의 '텍스트의 수집(collection of texts)'이라는 용어를 사용하고 있다. 모니터 말뭉치(open-ended monitor corpus)의 개념 및 활용 범위, 사용 예에 대해서는 McEney & Wilson(1996) 참조.

변화하는 시대의 요구에 부응하고 언어 연구의 흐름을 반영하면서 '실용성'과 '다양성'을 추구해 왔으며, 특히 컴퓨터의 발달과 말뭉치의 등장은 사전 편찬 방법론의 측면에서 자연언어처리를 위한 각종 언어 데이터베이스 구축의 필요성과 활용 가능성을 제시했다는 점에서 사전 편찬의 새로운 지평을 열었다.

우리는 변화하는 국내 사전 사용자 집단, 사전 매체, 현재 국내에서 진행되고 있는 각종 말뭉치 구축 프로젝트 및 음운, 형태, 통사, 화용 층위의 말뭉치 주석에 대한 논의 및 주석 말뭉치의 활용 방안 등을 고려함으로써, 향후 국내 사전 편찬의 발전 방향을 짐작할 수 있다. 향후 국내 사전학의 발전 방향은 (1) 사용자 집단과 사용 목적, (2) 사전 정보 제공 매체, (3) 한국어 정보 처리의 활용의 기준에 따라 다음과 같은 전망과 지향 방향을 가질 수 있다.

첫째, 사용자의 용도와 목적에 맞는 정보의 특성을 고려한 사전이 요구되는데, 범용적 목적과 일반 언중들을 대상으로 한 백과사전적 국어사전에서 벗어나 구체적 사용자와 용도를 고려한 전문적 사전을 편찬할 필요가 있다.

대표적인 예로, 외국인 학습자를 위한 '외국인을 위한 한국어 학습 사전', 초·중등 학생의 국어 어휘 이해 및 표현 능력 향상을 위한 '연령대별 국어 학습 사전', 상급 학습자용 사전, 오용 사전, 신조어 사전, 관용구 사전, 동사 활용 사전 등을 들 수 있다.

특히, 외국인을 위한 학습사전은 지금까지 단일어 학습 사전에서 영역을 확장하여 언어권별 다중어 사전(multilingual dictionary)의 개발을 고려해 볼 수 있다. 말뭉치의 활용이 단일 언어 사전(monolingual dictionary) 편찬에 미친 영향을 고려해 볼 때, 향후 국내 사전학계에서는 병렬 말뭉치(parallel corpus)의 활용 방법론, 다중언어 검색 도구 등을 개발함으로써 다중어 사전 편찬에 매우 유용하게 활용할 수 있을 것이다.

둘째, 사용자의 사전 정보 검색 환경의 변화를 고려할 때, 지금까지의 인쇄사전, CD–롬, 온라인 사전뿐만 아니라 PED(personal electronic dictionary)가 활발하게 사용됨에 따라 매체 환경을 고려한 사전의 거시, 미시 구조의 구성에 대한 논의가 필요할 것이다. 전자 환경에서 사전을 이용할 수 있다는 것은 지면의 제한성에서 벗어난다는 것이며, 하이퍼링크 및 팝업 기능, 시·청각, 동영상 기능을 동시에 활용할 수 있는 등 부가적인 기능을 활용할 수 있다는 장점이 있다. 따라서 향후 이러한 장점을 살린 사전의 기술 내용을 개발하는 것이 필요하다.

또한 품사 주석, 구문 주석, 화용 주석 등이 어느 정도의 궤도에 올랐을 경우, 기계 번역과 같은 고난이도의 컴퓨터에 의한 '자연 언어처리'를 가능하게 하는 정확하고 치밀한 언어 지식을 제공하는 사전의 개발이 가능할 것이다. 이러한 사전은 자연 언어의 분석 및 처리를 위한 소프트웨어 개발, 시소러스 개발 및 정보 검색(IR) 기술 등에 활용될 수 있으며, 여러 가지 형태소 재활용이 가능하도록 개발되어야 한다. 자연언어처리 시스템에서 정보의 근거 자료인 사전 정보가 취약하면 실용적인 시스템을 구현하기가 어렵다는 점에서 자연언어처리에 유용한 국어 정보 데이터베이스 구축은 향후 국내 사전학 관련 분야에서 담당해야 할 과제라 할 것이다.

참고문헌

남기심(1988), “국어 사전의 현황과 그 편찬 방식에 대하여”, 『사전 편찬학 연구』 1-1, 연세대학교 언어정보개발연구원, 7-34.

남기심 · 안삼환 · 이상섭 · 최영애 · 홍재성(1987), “기존 국어 사전의 반성과 대표적 외국 사전의 사례 연구: 새 한국어 사전 편찬을 위하여”, 『성곡논총』 18, 성곡언론문화재단, 827-951.

남길임(1997), “‘감정명사’의 설정과 그 사전적 처리에 대하여”, 『사전 편찬학 연구』 8-1, 연세대학교 언어정보개발연구원, 249-269.

남길임(2004), “사전편찬학(2)-말뭉치 기반 의미 기술 방법론”, 『제5회 국어정보화 아카데미 자료집』, 국어정보화 아카데미.

서상규(1998), “말뭉치 분석에 기반을 둔 낱말 빈도의 조사와 그 응용 -‘연세 말뭉치’를 중심으로”, 『한글』 242, 한글학회, 225-270.

서상규 · 한영균(1999), 『국어정보학 입문 : 인문학과 컴퓨터』, 태학사.

서상규 · 백봉자 · 강현화 · 김홍범 · 남길임 · 유현경 · 정희정 · 한송화(2006), 『(외국인을 위한) 한국어 학습사전』, 신원프라임.

신현숙 · 김미형 · 임소영 · 임예원(1999), 『(의미로 분류한) 현대 한국어 학습사전』, 한국문화사.

이병근(2000), 『한국어 사전의 역사와 방향』, 태학사.

이상섭(1990), “낱말 빈도를 추정하기 위한 말뭉치 자료 수집의 실제”, 『사전 편찬학 연구』 3-1, 연세대학교 언어정보개발연구원, 70-76.

이상섭(1995), “뭉치 언어학의 기본 전제”, 『사전 편찬학 연구』 5-1, 연세대학교 언어정보개발연구원, 29-60.

이상섭(1997), “Corpus Linguistics and Dictionary Making in Korea”, 『사전 편찬학 연구』 7-1, 연세대학교 언어정보개발연구원, 7-17.

이희자 · 남길임(2003), “국어 사전과 ‘사전 문법’ : 사전 문법학의 정립을 위하여”, 『한국사전학』 1, 한국사전학회, 89-110.

조재수(1984), 『국어사전 편찬론』, 과학사.

조재수(1999), “국어사전 변천”, 『독립신문 100돌 기념 한국 신문 방송 말글 변천사』, 한국프레스센터 한국 교열기자회.

최준호(2002), "한국어 사전 편찬 도구의 설계와 구현", 연세대학교 대학원 석사학위 논문.

홍재성(1990), "사전과 이데올로기", 『한국어 사전학의 과제와 전망(서울대 인문과학 연구소 학술회의 요약집)』, 서울대학교 인문과학 연구소.

홍재성(1995), "어휘 함수에 의한 한국어 어휘 기술과 사전편찬", 『(제2회 한국학 국제학술대회) 해방 50주년, 세계 속의 한국학』, 인하대학교 한국학연구소.

Church, K. W. and Mercer, R. L.(1993), "Introduction to the Special Issue on Computational Linguistics Using Large Corpora", Computational Linguistics - Special issue on using large corpora: Ⅰ, The MIT Press Cambridge, 1-24.

Haan de P. and Hout van R.(1986), "Statistics and Corpus Analysis", Corpus Linguistics II, Amsterdam: Rodopi B. V.

Gilles-Maurice de S.(2003), "Lexicograpers' Dreams in the Electronic-dictionary age", *International Journal of Lexicography* 16-2, Oxford University Press, 143-199.

Landau, I. S.(2001), *Dictionaries: The Art and Craft of Lexicography 2nd edition*, Cambridge University Press.

Leech, G. and Fligelstion, S.(1992), "Computers and Corpus Analysis", *Computers and Written Texts*, Oxford: Basil Blackwell.

McEnery, T. and Wilson, A.(1996), *Corpus Linguistics*, Edinburgh University Press.

Sinclair, J. M.(1987), *Looking Up: An Account of the COBUILD Project in Lexical Computing and the Debelopment of the Collins COBUILD English Language Dictionary*, Collins ELT, London and Glasgow.

〈사전류〉

이희승(1989), 『국어대사전』, 민중서림.

김민수 · 고영근 · 임홍빈 · 이승재(1991), 『국어대사전 : 금성판』, 금성출판사.

신기철 · 신용철(1989), 『새 우리말 큰사전』, 삼성출판사.

연세대학교 언어정보개발연구원(1998), 『연세 한국어 사전』, 두산동아.

연세대학교 언어정보개발연구원(2001), 『연세초등국어사전』, 두산동아.
한글학회(1991), 『우리말 큰사전 : 온면 천연색판』, 어문각.
사회과학출판사(1992), 『조선말대사전』, 사회과학출판사.
과학백과사전종합출판사(1993), 『조선어빈도수사전』, 과학백과사전종합출판사.
국립국어원(1999), 『표준국어대사전』, 두산동아.
과학백과사전출판사(1981), 『현대조선말사전』, 과학백과사전출판사.
Cambridge University Press(2001), 『Cambridge Learner's Dictionary』, Cambridge University Press.
Sinclair, J.(1987), 『COBUILD English Language Dictionary』, Collins.
Harper Collins Publishers(1996), 『Collins Cobuild Learner's Dictionary』, Harper Collins Publishers.
Summers, D.(1992), 『Longman Dictionary of English Language and Culture』, Longman.
Procter, P.(1978), 『Longman Dictionary of Contemporary English』, Longman.
McArthur, T.(1981), 『Longman Lexicon of Contemporary English』, Longman.

* 이 글은 아래의 논문을 이 책의 기획과 형식에 따라 수정한 것임을 밝힌다.
남길임(2005), 말뭉치 기반 사전 편찬의 동향과 지향 방향 -최근 30년간의 사전편찬 방법론을 중심으로-, 『한말연구』 16, 한말연구학회, 75-98.

2.2
〈연세 한국어 사전〉을 보는 눈

축사

〈연세 한국어 사전〉 출판을 축하합니다

허웅(한글학회 이사장)

우리가 나라를 잃었을 때, 나라가 없을 때, 그때 우리나라 모든 지식인들이 두 가지 걱정이 있었습니다. 하나는, 소위, 우리가 그래도 문화 민족이라고 확신을 하고 있는데, 자기 나라 말을 자기 나라 말로 풀이한 사전이 하나도 없다, 그게 나라 잃었을 그 무렵에 대단히 걱정되었던 것 같습니다. 한쪽으로는 대단히 부끄럽게 생각했겠죠. 그리고 또 하나가 걱정거리는, 그때 일본이 우리말을 없애려고 했을 때, 이대로 갔다가는 우리가 사전도 된 것이 없고, 이랬다가는 우리말이 점점 죽어 버려 가고, 나중에는 잘못 가면, 말을 잃은 민족 같은 이런 운명에 이르지 않을까, 그런 염려를 많이 했던 것 같습니다.

그래서 1920년대에, 여기는 290명의 교수들이 모여서 일을 시작했는데, 그때도 수백 명의 우리나라의 우리 지식인들이 모여서, 우선 우리가 없어져 가는 말을 지키기 위해서는 사전부터 급히 만들어야겠다, 이런 발기를 하고 사전 만들기를 시작을 했습니다.

그러나 그때, 돈도 없고 (중간 잘림) 무척 힘에 겨운 일이었는데 그것만 해도, 사전이 이까지 나와 마치게 되었습니다. 그래서 지난한 고생 끝에

1942년경에는 원고가 완성이 거의 되고, 그 당시의 일본 총독부에 출판 허가도 받고, 그런 출판 허가를 맡을 때는 많은 게 삭제가 됐죠. 그러던 무렵, 42년 10월 달에 한글학회 수난 사건이 일어나고 말았습니다. 그래서 그게 중단되어 버렸어요.

그렇게 해방될 때까지, 그 사전은 원고가 도대체 어디 가 있는지 잘 모르고 있었습니다. 근데 다행히도 해방이 되고 난 뒤에 그 사전 원고를 찾고, 이래서 다시 일을 시작해서 사전을 만들어낸 것, 그것이 해방 뒤였습니다.

그때 여섯 권짜리 책이, 17만 어휘까지 그 사전에 실려, 그때로서는 획기적인 그런 사전이었습니다. 우리가 자료를 모으고, 그리고 우리가 해설을 붙이고, 우리 손으로 된 그런 사전으로서는 그때는 아주 획기적인 사전이었습니다. 그래서 온 민족의 축복을 받았습니다.

그런 뒤, 한글학회는 그것을 다시 손질하는 그런 연을 전혀 가지지를 못했습니다. 그것은 제일 큰 원인이, 예전에 일을 해 온 사람들은 전부 대학 교수로 나갔고, 그리고 돈이 없었을 때예요. 그래서 그것을 다시 손질해서 좋은 사전으로 만들 생각은 있었지만, 도저히 그 손질에 대한 엄두를 못 냈습니다.

그런데 그 뒤에 많은 사전들이 나왔습니다. 그 많은 사전들은, 어떤 형태였느냐 하면 질적으로는 하나도 나아가는 점이 없으면서, 양적으로만 불려 나갔습니다. 양적으로 불리는 방법은, 우리의 고유한 어휘의 수를 불리는 게 아니라, 주로 사람이름 땅이름 뭐 이런 것을 가지고 사전의 배를 채워 나갔습니다. 그래서 그걸 가지고, 결국은, 한글학회는 죽자고 고생을 해 놨더니만, 그걸 베껴 가지고 돈벌이 하는 사람은 다른 데 있었습니다. 그러고 보면, 심지어는 어떤 말까지 있냐하면 굿모닝, 굿바이까지 있는 그런 사전이 있습니다. 그리고 또 일본의 조그마한 그 땅이름, 뭐 이른바 도쿄라든지 오사카라든지 그런 거는 사전에 실릴 수도 있지요. 그런데 일본의 쪼그마한 그런 시가, 어째 우리 국어사전에 실려 있느냐는 겁니다. 그런데 그런 것까지 실어 가지고, 양을 부풀려서 그래서 돈을 벌고, 그런 게 그 뒤의 사전계의 모습입니다. 우리는, 우리가 그것을 다시 할 만한 힘이 없기 때문에 좀 획기적인, 말하자면 양적으로가 아니라 질적으로 좋은 사전이 나오기를 학수고대하고 있었습니다. 그러나 그 뒤에 나온 게 전부 다가 다 그런 것으로 돼 나온 것이죠.

그런데 이번에, 연세대학에서 근 10여 년 전부터 일을 시작해 가지고, 그때 이상섭 선생님이 와서 저한테도 사전 만들 말씀을 하시고 난 뒤에, 야, 참 어려운 일이 되겠다, 이런 생각을 했는데, 만일 시중 사전처럼 그런 사전이 나온다면 그것은 안 하는 게 낫고, 그러나 대학에서 적어도 한 290명의 대학 교수가 뜻을 모은다면, 이거는 뭔가 획기적인 사전이 될 수 있지 않을까 이런 기대도 인제 가졌었습니다.

그런데 오늘 이런 잔치를 할 수 있기까지에는, 여기에는 여기 계신 많은 선생님들이, 그야말로 희생적인 그런 노력을 한 걸로 알고 있습니다. 이 사전의 내용은 지금까지 한글학회 사전이 나오고 난 뒤에 근 반세기, 근 반세기 동안에 아무런 질적인 비약을 못했다가, 오늘에야 비로소 그런 질적인 비약을 한 사전을 만난 것 같습니다. 다른 뭐 사전계에 비하면 대단히 늦은 감이 있긴 합니다만, 시중 사전, 거기에서는 더 바라는 것 없습니다. 이런 기회가 많이 없어서 앞으로 더 좋은 사전이 나오기를 기대하기는 어렵습니다.

연세대학에서는 앞으로 지금까지 기울이신 노력을 그걸 그대로 계속하셔서, 제 생각으로는 앞으로 한 50년 뒤에, 또다시 이런 모임이 생겨났으면

하는 생각이 듭니다. 사전, 그게 50년, 100년 정도는 이어가야 하는 겁니다. 사전은. 그러니 다시 50년 뒤에, 이런 모임이 만들어질 수 있도록 이 자리에서 간절히 부탁드립니다. 지금까지 노고에 대해서, 국민의 한 사람으로서, 감사히 말씀을 올립니다. 고맙습니다.

이것은, 1998년 11월 10일 늦은 저녁에 연세대학교 동문회관에서 언어정보개발연구원에서 개최한 연세한국어사전 출판 기념회에서 허웅 선생님께서 하신 축사의 말씀을 받아적은 것입니다.

한국어 사전 편찬 작업의 회고와 반성

- 연세대학교 한국어 사전 편찬 작업을 중심으로

박형익

1. 머리말

우리의 초기 백과사전으로는 『의방유취(醫方類聚)』(1445), 『대동운부군옥(大東韻府群玉)』(권문해, 필사본, 1589), 『지봉유설(芝峯類說)』(이수광, 1614), 『유원총보(類苑叢寶)』(김육, 1643) 등이 있다. 그리고 국내의 초기 대역 어휘집(또는 소사전)인 『역어지남(譯語指南)』(김자정 외, 1478) 등과 국내 최초의 두 언어 사전인 『프랑스어-한국어 사전』(다블뤼, 1850?; 페롱, 1869)등이 있다. 또 양장본으로 발행된 최초의 한국어 단일어 사전으로는 『보통학교 조선어사전』(심의린, 1925)이 있다. 따라서 우리의 백과사전은 약 660년의 역사를 가지고 있고, 두 언어 사전은 약 140년의 역사를 가지고 있으며, 한국어 단일어 사전은 약 80년의 역사를 가지고 있다고 말할 수 있다. 그리고 한국어 단일어 사전은 백과사전이나 두 언어 사전 등 다른 종류의 한국 사전의 편찬 역사보다 또 외국의 단일어 사전의 편찬 역사보다 훨씬 짧다는 사실을 알 수 있다

이 글에서는 우리 사전 편찬의 역사 특히 그리 길지 않은 한국어 단일어

사전 편찬의 역사의 흐름 속에서 새로운 언어 사전을 편찬할 때에 실제로 고려해야 할 점을 생각하면서 『연세 한국어 사전』(1998)[1]에 뒤이어 2002년 9월부터 준비하여 2010년에 완성할 예정인 『연세 현대 한국어 사전』(가칭)[2]의 편찬 작업에 참여하는 사람들 모두에게 도움이 될 만한 사항에 관해 비판적인 관점에서 간략하게 이야기해보고자 한다. 다만 지면의 한계로 사전의 성격, 사전의 구체적인 제작 방법, 사전의 발행 후의 작업 등에 관한 사항들은 여기에서 논의하지 않았다.

2. 연세대학교의 사전 편찬의 전통과 편찬자의 자세

『연세 현대』의 편찬 적업에 참가하는 사람들에게 제일 먼저 필요한 것은 "한국어 연구와 한글 문화 운동의 큰 요람"인 연세대학교의 학문적 전통, 즉 연세대학교의 한국어 사전 편찬의 역사와 전통을 올바르게 이해하여 『연세 현대』편찬자 또는 집필자로서의 자긍심과 『연세 현대』 편찬 작업에 적극적으로 참여하는 열정을 가지는 일이라고 생각한다. 힘들고 어렵고 지루하기도 하고, 때로는 가끔 재미가 있기도 한 『연세 현대』 편찬 작업에 참가하고 있다는 사실이 자기 자신에게 어떤 정신적인 가치와 보람을 가지게 하는가를 인식하고 있는 것이 좋은 사전을 펴내기 위해서 매우 중요하고 꼭 필요한 일이라고 생각한다. 물론 한국 언어 사전의 역사는 연세대학교의 사전 편찬의 전통이나 학풍과 깊은 관련을

---

* 이 글은 2008년 7월 23일에 개최된 연세대학교 언어정보연구원 제22회 학술대회에서 특강한 내용을 수정하고 보완한 것이다.

1) 앞으로 『연세』로 쓰기로 한다.

2) 앞으로는 『연세 현대』로 쓰기로 한다.

맺고 있기 때문에 사전 편찬자뿐만 아니라 언어학자, 한국어학자, 사전학자는 물론 일반 언어 대중들 모두가 알고 있어야 할 중요한 일 중의 하나임이 분명하다. 이러한 점에서 연세대학교의 사전 편찬의 전통을 살펴보는 것은 매우 의의가 크다고 하겠다.

첫째, 연희대학교 전신인 연희전문학교의 설립자인 언더우드(Underwood, H. G., 1859~1916)는 헐버트(Hulbert, H. B.)와 게일(Gale, J. S.)의 도움을 받아 1890년에 『한영ᄌᆞ뎐: A Concise Dictionary of the Korean Language in two parts Korean-English & English-Korean』을 펴냈다.[3] 이 두 언어 사전[4]은 한국어-영어사전(198쪽)과 영어-한국어 사전으로 한국 사전 편찬의 역사에서 차지하는 위상은 매우 중요하다. 이 사전은 한국 사람은 물론이고 외국 사람들이 한국어를 공부할 때에 아주 긴요하게 사용되었다. 독립협회 기관지이자 우리나라 최초의 한글 신문인 『독립신문』의 1호(1896년 4월 7일)부터 40호(건양 원년 7월 14일)까지 3면에 『한영ᄌᆞ뎐』의 광고를 냄으로써 독립신문사의 재정에 도움을 주었다. 이 사전 편찬에 참여했던 게일은 언더우드의 사전 편찬 작업을 이어 받아 『한영ᄌᆞ뎐』(1897, 830쪽, 표제항 35,000개), 『한영ᄌᆞ뎐』(1911, 1154쪽, 표제항 50,000개), 『한영대자전』(1931, 1781쪽, 표제항 82,000개)을 펴냈다.[5] 따라서 우리나라의 한국어-영어 사전과 영어-한국어 사전의 편찬 역사의 뿌리는 연희전문학교의 설립자 언더우드의 사전과 그의 사전 편찬의 협조자였던 게일의

3) 언더우드는 '원두우(元杜尤)'라는 이름을 사용했으며, 게일은 '기일(奇일(一)'이라는 이름을 사용하였다.
4) 두 언어 사전은 '이중어 사전', '두 개 언어 사전', '두개어 사전'이라고도 하는데, '두' 대신에 '이'를 써서 '이개어 사전'이나 '이언어 사전'으로 부르는 사람도 있다.
5) 네이버나 다음의 백과사전 등에서는 게일의 『한영대자전』을 최초의 영어 사전으로 잘못 소개하고 있다.

사전에서 찾을 수 있다.

둘째, 연희대학교 총장 대리를 역임한 한결 김윤경(1894~1969), 연세대학교 초대 부총장과 총장 서리를 역임한 외솔 최현배(1894~1970), 연희전문학교 교수였던 환산 이윤재(1888~1943), 연희전문 문과 출신인 건재 정인승(1897~1986)과 석인 정태진(1903~1952)등 연세대 출신과 연세대 교수들이 조선어 사전 편찬회와 조선어학회(한글학회)에서 주된 임무를 맡으면서 『큰 사전』을 편찬할 때에 중요한 역할을 했다는 사실이다.[6)]

김윤경은 조선어연구회 창립에 참여했으며, 조선어 사전 편찬 위원회의 준비위원이었다. 그는 조선어학회 사건으로 검거되었으며, 광복 이후에 조선어학회 상무이사를 지냈고, 록펠러 재단에 『큰 사전』편찬의 협조를 요청하기 위해 재단의 인문사업과장 파스(Faths, C.)를 만나는 모임에 최현배, 이강래, 김선기, 정태진, 최창식 등과 함께 참석하였다.

최현배는 조선어학회 후신인 한글학회의 상무이사와 이사장을 역임하였다. 외솔은 조선어 사전 편찬회의 발기인, 준비위원, 집행위원으로

---

6) 1957년에 초판이 발행된 『큰 사전』 6의 끝에 있는 최현배가 쓴 "큰 사전의 완성을 보고서"에는 『큰 사전』의 작업에 참여한 사람들을 소개하고 있는데, 그 내용의 일부를 인용하면 다음과 같다. "이러한 거친 세파 속에서 이 편찬 사무에 관여한 여러 사람들 가운데 천우의 건재로써 가장 오랫 동안 중심적으로 각고 면려하여 오늘의 성과를 이룬 이는 정 인승 님이요, 일제 때로부터 오늘까지 한결같이 일한 이는 권 승욱 님이요, 해방 후로부터 오늘까지 편찬에 힘쓴 이는 이 강로 님이요, 주장 사전 사무를 맡아본 이는 유 제한 님이다. 오늘의 성과는 이미 저승으로 간 이 윤재, 한 징, 이 중화, 정 태진 네 분의 글자 그대로의 헌신의 적공과 정 인승, 권 승욱, 이 강로, 유 제한 네 분의 꾸준한 노력과, 이밖에 각 분야 전문어의 뜻매김에 직접 간접으로 관여하여 준 50여 전문가의 고마운 협력과, 및 편찬과 교정에 종사한 여러분의 성스러운 협력의 결정이라 할 것이며, 맨처음 발기회에서 위임된 상임 위원의 한 사람으로서 사전 편찬 사업과 그 원고로 더불어 끝까지 운명을 같이 하다가 마침내 완성을 보게 된 나 스스로의 기쁨도 비길 데 없다."

활동하였는데, 사전 편찬에 필요한 기초 작업인 한글 맞춤법 통일안(1933) 제정과 표준말 모음(1936) 작업에 주도적으로 활동하였으며, 외래어 표기법 통일안(1940) 등을 마련하는 데에도 자신의 안을 제안하여 도움을 주었다. 외솔은 사전 편찬의 기초 작업뿐만 아니라 조선어 사전 편찬회의 초기부터 『큰 사전』 6권이 모두 발행되기까지 중심적인 역할을 맡았다. 우리나라에서 한국어 사전 편찬 작업은 1910년 10월 설립한 조선 광문회에서 주시경이 중심이 되어 김두봉, 이규영, 권덕규 등이 『말모이』 작업한 것이 처음인데, 이 작업은 주시경(1876~1914)의 죽음과 김두봉의 상하이 망명으로 중단되고 말았다.[7] 『말모이』는 1913년 9월에 주시경, 김두봉, 이규영 등이 1911년부터 원고를 카드에 집필하기 시작했고, 그 원고의 제1책 영본은 1914년 3월경에 붓글씨로 정서하기 시작했으며, 『말모이』는 1916년에 조선광문회에서 『사전』으로 개고하다가 끝내 완성하지 못했다.(김민수, 1983)[8] 카드는 1919년 3·1운동 이후에 대부분 분실되었으며, 일부 남은 것이 1927년 1월에 설립된 계명구락부로 넘어갔다. 계명구락부에서 박승빈, 최남선(전문 어휘), 정인보(한문 어휘), 변영로(외래어 어휘), 임규(용언 어휘), 양건식(신어 어휘), 이윤재(고어 어휘, 주해), 한징(주해), 심우섭(간사)등이 약 1년 동안 사전 작업을 하였는데, 연이은 편찬원의 사퇴로 진척이 잘 되지 않았다. 박승빈의 노력에 의하여 임규의 계속적인 집필과 몇 사람의 협조로 조선총독부의 『조선어사전』의 어휘를

7) 이윤재는 김두봉이 약 10만 어휘를 수집하여 작업한 사전 원고를 얻기 위해 상하이로 가서 김두봉을 만났으나 그의 사전 원고는 얻지 못했다. 이밖에도 이상춘(약 9만 어휘를 수집)과 권덕규 등이 개인적으로 사전 작업을 하고 있었는데, 이상춘은 그의 원고를 1929년경에 조선어학회에 기증하였다. 이상춘이 기증한 『조선어자전』이라는 제목으로 된 6권(원고지 1,759매 분량)의 원고는 현재 한글학회에 보관되어 있다.

8) 『사전』은 『조선말본』(김두봉,1916)의 판권지 뒷면에 신문관에서 출판할 책의 광고로 실려 있는데, 이 『사전』은 발행되지 못했으며, 필사본 원고의 일부가 육당문고에 남아 있었다고 하나 현재 찾아볼 수 없다.

모아 뜻풀이를 하여 가던 중에 철자법과 표준어 등의 기초 작업의 불비와 경비의 어려움으로 1934년경에 사전 편찬 작업이 중단되었다(한글학회 50돌 기념사업회, 1971: 261-262)[9]. 당시 연희전문 교수였던 위당 정인보(1893~1950)와 이윤재도 계명구락부의 사전 편찬 작업에 참여했었는데, 사전 편찬 작업은 계명구락부에서 1년 정도 계속되다가 또다시 중단되었다. 그러다가 1929년 10월 31일(음력 9월 29일)에 4번째 한글 창제 기념식에서 조선어 사전 편찬회가 창립되고 편찬 작업이 착수되었다.[10] 여러 가지 어려움을 겪으면서 드디어 1947년 10월 9일 한글날에 『조선말 큰 사전』 1권을 조선어학회의 이름으로 을유문화사에서 펴냈다. 이 사전은 B5판, 본문 3,672쪽, 기타 132쪽, 전체 3,804쪽에 표제항 164,125개가 수록되었다. 1949년 5월 5일에는 『조선 말 큰 사전』 2권, 1950년 6월 1일에 『큰 사전』 3권, 1957년 8월 30일에 『큰 사전』 4권, 1957년 6월 30일에 『큰 사전』 5권, 1957년 10월 9일에 『큰 사전』 6권을 발행하였다. 3권부터는 한글학회에서 지은 『큰 사전』으로 발행하였다. 이 『큰 사전』의 편찬부터 집행위원으로 참가했던 최현배는 28년 동안의 『큰 사전』 작업을 마무리하고, 한글학회 이사장(1949~1951년, 1953~1970

---

9) 계명구락부의 카드 일부가 육당문고에 남아 있었다고 하나 현재 찾아볼 수 없다.

10) 사전편찬회의 집행위원은 최현배와 이윤재를 비롯하여 신명균, 이극로, 이중화 5명이었다. 이극로, 이윤재, 한징, 이용기, 김선기, 정인승, 권승욱, 유제한, 이강로, 김민수는 편찬원으로 참가하였다. 그리고 이극로, 이윤재, 정인승, 한징, 이중화, 권승욱, 권덕규, 정태진은 전임 집필위원으로 활동하였다. 교정은 한종수, 이승화, 정재도가 맡았다. 1936년 4월 1일 편찬위원을 새롭게 구성하였다. 주무 위원은 정인승이었고, 위원은 이극로, 이윤재, 한징, 이중화였으며, 나중에 권승욱, 권덕규, 정태진을 증원하였다. 매주 조선어학회에 와서 사전 편찬 사업의 방법, 진도 등에 대하여 관심이 특별한 사람은 조선어학회 간사였던 최현배, 이희승, 이윤재였다(이석린, 1993: 31). 1945년 광복 이후에는 편찬원 겸 간사장은 이극로였고, 편찬 주무 겸 간사는 정인승이었으며, 편찬원 겸 간사는 김병제, 이중화, 정태진, 권승욱이었고, 편찬원은 한갑수, 김원표, 안석제, 이강로였다(이강로, 1993: 49).

년)으로 재임하고 있으면서 『중 사전』(1958, 1760쪽), 『소사전』(1960, 1310쪽), 『새한글사전』(1965, 1286쪽), 『고치고 더한 쉬운말 사전』(1967, 801쪽) 등을 펴냈다.[11] 외솔은 1967년부터 1970년 죽음을 맞이할 때까지 『큰 사전』의 보완을 위해 카드를 만들었는데, 한글학회에서는 외솔의 뜻을 받들어 『우리말 큰 사전』(1992) 1~4권을 펴냈다(김석득, 2000: 121). 이후에도 『새 한글 사전』(1973), 『한국 땅이름 큰 사전(상·중·하)』(1991) 등을 펴냈다.

이윤재는 조선어학회 간사와 조선어 사전 편찬위원회의 편찬위원으로 활동하다가 조선어학회 사건으로 옥사하였다. 문세영은 이윤재의 집에서 숙식을 같이 하며 이윤재의 지도를 받아가며 함께 사전 카드 작업을 하였는데 혼자의 이름으로 『조선말사전』(1938, 조선어사전간행회)을 펴냈다. 이 사전 원고의 절반 이상은 이윤재가 작성한 것이라고 한다(이희승, 1992: 11).[12] 이윤재의 사위인 김병제는 장인의 유고를 가지고 『표준 조선말 사전』(1947: 908, 아문각; 1948-12-15 재판, 1949-03-25 삼판, 1950-02-15 사판, 1952-07-05 5판, 1954-09-20 10판)을 펴냈다. 그밖에 이윤재의 지음으로 『콘사이스 표준 한글 사전』(1953, 1955, 1956,

---

11) 외솔은 6·25 때 사전 원고를 자신의 혜화동 집의 마당에다 독을 묻고 보관하였다고 한다. 그리고 피난에 대비해서 유제한과 원고의 부본을 만들어 1부는 유제한의 천안 집에 숨기고, 1부는 부산 동래의 추월영 집에 보관하였다고 한다(『나라사랑』, 77: 16-18).

12) 이희승(1992: 11)에서는 "물질적인 사례는 그만두고라도 두 사람의 공저라 하여 성명 3자만을 넣어주었던들, 그렇지 않으면 서문이나 범례에 한 마디 치사라도 아끼지 말았던들, 환산은 만족하게 여겼을 것이다"라고 하였다. 그러나 이희승의 이런 설명은 문세영(1938)을 읽어 보지도 않고 추측하여 쓴 것으로 옳지 않다. 문세영(1938)의 "지은이 말슴"에는 이희승의 주장과는 다르게 "끝으로 이 책을 만들 때 편찬의 체계로부터 교정에 이르기까지 애써 주신 환산 이윤재님의 지도와 교정에 책임을 져주신 효창 한징님과 운향 홍달수님과 해성 이현규님과 송석 최창하님 네 분의 열렬한 동정과 또 이 책을 발행하는 물자를 담당한 모은 노익형님의 두터운 뜻과 대동인쇄소 여러분의 수고"를 고마워하는 "한 마디 치사"가 있다.

대동문화사)도 나왔다.

셋째, 이밖에도 연세대 교수들이 펴낸 사전으로는 장지영(1887~1976)의 『이두 사전』(1976, 정음사), 유창돈(1918~1966)의 『이조어사전』(1964, 연세대학교 출판부) 등이 있으며, 연세대의 7대 총장이었던 이우주(1918~2007) 교수는 우리나라에서 처음으로 『영한 의학 사전』(1956, 을유문화사)을 펴내기도 하였다. 그리고 1998년 10월 9일 연세대 언어정보개발연구원에서 한국 최초로 말뭉치를 활용하여 편찬한 사전인 『연세』를 펴냈다.

이처럼 우리 사전 편찬의 역사에서 중요한 위상을 차지하는 사전들을 펴낸 연세인의 사전 편찬의 훌륭한 전통은 두 언어 사전, 현대 한국어 사전, 이조어 사전, 전문용어 사전 등 다양한 언어 사전에 걸쳐 그 뿌리를 내리고 있음을 알 수 있다. 연세인의 이러한 사전 편찬의 자랑스러운 전통은 국내의 다른 어느 대학에서도 찾아볼 수 없으므로 연세대의 사전 편찬 작업에 참여하고 있는 모든 사람들이 한국어 사전 편찬의 역사에서 찾은 자부심을 가지는 마음가짐은 아주 중요하다고 생각한다. "사전 제작에는 명석한 두뇌와 독창성은 필요하지 않다. 그러나 고도의 지성과 기술의 습득, 그리고 격무를 마다하지 않는 희생정신이 요구된다"는 랜도우(Landau, S. I., 1984)의 말처럼 사전 작업을 하고 있는 자신의 일이 한국 사전 편찬의 역사의 흐름 속에서 어떤 가치를 가지고 있는지를 아는 것은 사전을 편찬하기 위한 여러 가지 어려운 단계에서 가장 먼저 해야 할 즐겁고 뜻있는 일이다.

3. 왜 사전을 만드나?

우리는 왜 사전을 만들려고 하는 것일까? 사전의 편찬 목표, 목적, 동기는 보통 사전의 머리말이나 범례에서 설명하는데, 사전마다 편찬 시기와 시대 상황이 달라 조금씩 다른 편찬 목표, 목적, 동기 등을 설명하고 있다. 몇몇 사전들의 머리말을 통해 편찬 목표, 목적, 동기를 살펴보면 다음과 같다.

심의린(1925)에서는 글을 쓰는 방법이 각각 다르고 또 모르는 사람도 적지 않아 초등학교 때부터 확실한 말과 글을 똑바로 배워야 하므로 초등학교 교사와 학생이 다 함께 사용할 수 있는 사전을 만든다고 하였다.

문세영(1938)의 "지은이 말슴"에서는 말을 하는 데에 앞잡이가 되고 글을 닦는 데에 가장 요긴한 곳집이 되는 사전이 하나도 없는 것이 겨레의 치욕이라서 『조선어사전』을 펴냈다고 하였다.

『조선 말 큰 사전』(1947)에서는 "제 말의 사전을 가지지 못한 것은 민족의 커다란 수치일 뿐만 아니라, 민족 자체의 문화 향상을 꾀할 수 없음을 절실히 깨달아, 이 수치를 씻고자, 우리 문화 향상의 밑천을 장만하고자" 사전을 편찬한다고 하였다. 또 "조상의 끼친 문화재를 모아 보존하여, 저 일본의 포학한 동화 정책에 소멸됨을 면하게 하여 자손만대에 전하고자" 사전편찬을 시작하였다고 하였다.

『표준』의 머리말에서는 어문 규정을 구체화함으로써 국민의 국어 생활에 표준을 제공하고, 우리 민족의 언어적 동질성을 회복하고 유지하는 토대를 마련하고, 기존의 국어사전의 내용을 보완하는 것을 내세우고 있다.[13]

---

13) 앞으로 『표준국어대사전』(1999, 국립국어연구원)을 『표준』으로 줄여 쓰기로 한다.

그럼 『연세』를 만든 목표와 목적은 무엇일까? 『연세』의 머리말을 살펴보자. "우리 세대에 이르러 겨레의 역량의 급격한 신장과 더불어 생긴 말의 엄청난 변화를 기존 목록에 대한 단순한 덧붙임으로 다 담아낼 수 없다는 것은 이미 오래 전부터 분명했다. 우리 말은 새로운 목록이 필요하며, 목록 작성의 방법도 달라져야 한다는 의식이 대두하였다. 기존 목록은 7천만의 겨레가 쓰고 있는 우리 말의 생기 넘치는 멋진 집을 옹색한 초가나 폐가처럼 보이게 할 위험마저 있었다. 그리하여 완전히 새로운 국어사전의 편찬이 필요하다는 생각이 팽배했다." 이러한 새 사전의 편찬은 일반 출판사의 편집 기능을 훨씬 뛰어넘는 학술적이고 기술적인 일이라서 한국어 연구와 한글 문화 운동의 큰 요람인 연세대학교의 일일 수밖에 없다는 생각으로 한국어 사전 편찬회를 구성하고 『연세』를 만들었다.

또 다른 사전에서는 찾아볼 수 없는 『연세』 뒤표지의 안쪽에 실려 있는 '연세 한국어 사전 편찬 발의문'에는 사전 편찬의 동기와 목표가 설명되어 있다. "우리 말의 과거와 현재의 쓰임을 모두 정리하고 아울러 앞으로의 쓰임까지도 계속 수록해 나갈 수 있는 겨레의 문화 전체를 하나로 집대성하는 일은 우리 겨레의 자주적, 창조적 발전에 무엇보다도 긴요한 일이다. 그리고 우리 겨레가 우리 말로 쓴 글에서 직접 모든 자료를 수집하고 가능한 한 모든 어휘에 대한 정확한 언어학적 기술과 그 어원, 최초의 사용 시기, 출전, 의미의 변천 과정 등을 풍부한 용례와 함께 제시하여야 한다. 그런데 이런 작업은 우리의 일반 출판사의 편집 능력을 벗어나므로 1986년 10월 한글 반포 540돌날 역사적인 연세 한국어 사전의 편찬을 발의하였다"는 것이다.

이처럼 『연세』에서는 다른 국어 사전과는 다르게 사전 편찬 작업의 동기, 과정, 목적 등이 비교적 자세하게 설명이 되어 있다. 언어의 변화 결과를 반영하고, 새로운 사전 편찬 방법을 적용하여 정확한 언어학적 기술, 어원, 최초의 사용 시기, 출전, 의미 변천 과정, 용례 등을 제시한다는 것이다. 『연세 한국』의 주된 편찬 목표, 목적, 동기는 『연세』의 그것들과 크게 다르지 않다고 생각하지만, 『연세』에서 제시한 여러 사항들이 만족할 만한 상태로 사전이 편찬되었는지, 또 앞으로 이런 계획한 사항들을 점진적으로 실천하기 위한 방안을 마련하기 위한 노력은 충분하였는지 진지하게 되돌아보아야 할 것이다. 그리고 『연세』의 머리말뿐만 아니라 지금까지 널리 사용되었거나 중요한 국어 사전들의 머리말과 외국의 언어 사전의 머리말의 내용을 신중하게 검토한 다음 편찬위원들의 모든 역량을 모다 신중하고도 치밀하게 그리고 진솔하게 머리말을 작성해야 할 것이다.

일반적으로 언어 사전의 독자는 다수의 언어 대중이고, 또 사전 자체가 어느 정도의 규범성도 지니고 있기 때문에 머리말의 내용뿐만 아니라 문장 형식에도 각별한 주의를 기울여야 하는데, 특히 어문 규정에 맞춰서 작성해야 할 것이다.14) 여기서 잠깐 『연세』 머리말의 띄어쓰기의 구체적인 예를 들어 보기로 하자. 『연세』의 머리말에서는 『표준』과 다르게 띄어 쓴 경우를 찾아볼 수 있다. 앞에서 인용한 "우리 말"과 "한글 문화"가 그런 경우에 속한다. 『연세』에서는 표제항 '우리글, 우리말'은 수록되어 있지 않다. 표제항 '우리 나라'는 띄어 썼는데, 다의어로 처리하여 Ⅰ에서는 품사 정보는 제시하지 않고, Ⅱ에서는 "관형사적으로 쓰이어"라고 처리하였다. 그런데 『표준』에서는 '우리글, 우리말, 우리나라'로 붙여 각각 명사

14) 어문 규정에 어긋나는 경우는 별도로 설명을 해주어야 사전 사용자가 혼란을 일으키지 않는다.

로 처리하여 표제어로 등재하였다. 그리고 초중고 교과서에서는 '우리 가락, 우리 가족, 우리 것, 우리 겨레, 우리 결, 우리 고장, 우리 교실, 우리 국민, 우리 글자, 우리 나라, 우리 이름, 우리 누나, 우리 동네, 우리 딸, 우리 땅, 우리 마을, 우리 몸, 우리 문화, 우리 민족, 우리 밀. 우리 반, 우리 사이, 우리 손, 우리 시, 우리 아가, 우리 아기, 우리 아버지, 우리 애, 우리 어머니, 우리 엄마, 우리 음식, 우리 이웃, 우리 조상, 우리 주위, 우리 집, 우리 집안, 우리 쪽, 우리 팀, 우리 편, 우리 학교, 우리 힘'으로 띄어 썼다. 그런데 '우리 나라 꽃/우리 나라꽃, 우리 측/ 우리측, 우리 말과 글/ 우리말, 우리말쓰기' 등은 띄어 쓴 경우도 있고 붙여 쓴 경우도 있다. 교과서에는 '우리 나라'로 띄어 썼고, '우리글'로 붙여 썼으며, '우리말/ 우리말'로 붙여 썼기도 하고 띄어 썼기도 했다. 그리고 『연세』의 '머리말'에서 '한글 문화'로 띄어 썼는데, 『연세』에서는 '한글문화'를 명사로 처리하여 붙여 썼다. 이런 경우에 표제항의 띄어쓰기와 품사를 어떻게 처리할 것인지 분명하게 그 방법을 결정해야 하고, 결정한 방법을 편찬위원과 집필자 모두에게 알려 표제항을 표기할 때에나 미시 정보를 기술할 때에 일괄적으로 적용하여 사전 사용자에게 혼란을 주지 않도록 해야 할 것이다.15)

4. 누가 사전을 만드나?

사전 편찬 작업을 실제로 실천하기 이전에 사전 편찬자는 우선 자신이

15) '고등학교, 고등학생, 국어사전, 초등학교, 초등학생' 등도 이것과 같은 부류인데 보다 정확한 조사가 필요하다.

어떤 사전을 편찬할 수 있는지를 냉정하게 판단해야 한다. 사전 편찬자는 사전을 편찬할 수 있는 내적 능력과 외적 환경을 스스로 객관적으로 평가해야 한다. 사전 편찬자 자신의 사전 편찬에 관한 전문적인 지식뿐만 아니라 사전 편찬에 필요한 경제력이나 인력 등의 적절한 조건을 갖추어야 할 것이다. 편찬자나 편찬에 참가하는 사람들의 전문적인 지식이 사전의 품질을 결정하는 중요한 조건이 된다. 사전 편찬자는 언어학의 연구 결과를 훌륭하게 담을 수도 있고, 엉터리로 담을 수도 있다. 사전 편찬자의 자질에 따라 좋은 사전이 나오기도 하고, 나쁜 사전이 나오기도 한다.

개인이 펴낸 사전으로는 『보통학교 조선어사전』(심의린, 1925, 이문당), 『조선어사전』(문세영, 1938, 조선어사전간행회), 『학생조선어사전』(이영철, 1946, 을유문화사), 『표준 조선말 사전』(이윤재, 1947, 아문각), 『한글조선말사전』(노영호, 1948, 동명사), 『현대 학생 우리말 사전』(유열, 1950, 현대사), 『표준국어사전』(신기철·신용철, 1958, 을유문화사), 『새 사전』(홍웅선·김민수, 1959, 대한 교과서주식회사), 『국어 대사전』(이희승, 1961, 민중서관) 등이 있다.

1940년대에는 국민 계몽의 차원에서 조선어학회에서 『조선 말 큰 사전』을 펴내기 시작하였다.16) 한글 학회는 1950년대에서 1960년대에

16) 심의린(1925)에는 6,106개의 표제어가 수록되어 있고, 문세영의 『수정 증보 조선어사전』(1949)에는 약 93,600개의 표제어가 수록되어 있으며, 『큰 사전』에는 약 164,125개의 표제어가 수록되어 있다. 조선총독부에서 1920년에 발행한 『조선어사전』에는 58,639개의 표제어가 수록되어 있는데, 이 사전의 원고는 조선어-조선어-일본어 사전이었음에도 불구하고 조선어-일본어 사전으로 바꾸어 출판하였다. 이 사전의 원고와 '말모이(1911~1913?)' 등 출판되지 못한 것과 신문 기사로 연재된 '사전연구초(1910)', 계명구락부의 조선어사전 카드(1932) 등은 여기서 다루지 않기로 한다. 또 신어가 수록되어 있는 척독류[『증보 최신 척독』(1912) 등], 관용 표현 사전[『언문쥬히 보통문즈집』(1914), 『조선속담』(1922) 등], 전문용어 사전[『최신 백과신사전』(1927) 등], 표제자 용례인 한자어를 뜻풀이해 놓은 자전 [『모범선화사전』(1928) 등]과 척독류[『청년 실용 모범 서한문』(1939) 등], 한자 어휘집 [『행용한문어투』(1939)

걸쳐 『소사전』과 『중사전』도 펴냈으며, 국어국문학회에서도 『국어 새 사전』(1958)을 펴냈다,

그리고 출판사 편집부에서 펴낸 사전으로는 포켓용 소사전인 『조선어 사전』(1947년 재판, 삼문사) 등이 있는데, 1970년대에 들어서서는 출판사 편집국에서 비교적 지명도가 높은 몇몇 학자의 감수라는 명칭을 붙여 한국어 사전을 펴냈다.17)

그러다가 1980년대부터 지금까지는 주로 출판사의 연구소나 편집국, 대학교 부속 연구 기관, 정부 연구 기관에서 국어 사전을 펴냈다. 출판사의 연구소나 편집국에서 펴낸 것으로 판수를 거듭하여 발행한 국어 사전으로는 운평어문연구소에서 펴낸 『뉴에이스 국어사전』(1987), 『콘사이스 국어사전』(1988), 『금성판 국어대사전』(1991), 『DESK 국어사전』(1997) 등이 있다. 그리고 동아출판사 편집국에서 펴낸 『동아 새 국어사전』(1989), 두산동아 사서편집국에서 펴낸 『동아 참국어사전』(1995), 『동아 메이트 국어사전』(1996) 등이 있다. 대학의 연구 기관에서 펴낸 것으로는 『연세 한국어 사전』(연세대 언어정보개발연구원, 1998)이 있는데, 이 사전은 2005년에는 9쇄를, 2008년에는 중쇄본을 발행하였다. 그리고 정부 연구 기관인 국립국어연구원에서 펴낸 백과사전적 혼합형 언어 사전인 『표준국어대사전』(1999)이 있다.

이처럼 한국어 사전의 편찬자는 교사, 교수, 일반인 등의 개인, 학회, 사전편찬위원회, 출판사 편집부(편집국, 사서부, 사서국 등)와 연구소(운

등], 외래어 사전[『간이외래어사전』(1934) 등], 고유명사 사전[『성경고유명사사전』(1937) 등], 방언집[『제주도방언집』(1947) 등]도 논의하지 않기로 한다.

17) 민중서림 편집국에서 이희승 감수로 『엣센스 국어사전』 초판을 1974년 11월 20일에 발행했고, 2001년에 5판, 2005년에 5판 6쇄(2,855쪽, 약 15만 개 어휘 수록)를 발행했다. 또 『실용국어사전』이 1997년 2월 20일에 초판이 나온 후로, 2003년에는 2판, 2005년에는 2판 3쇄가 발행되었다.

평어문연구소), 대학 부속 연구 기관(연세대 언어정보개발연구원), 국가 부속 연구 기관(국립국어연구원) 등으로 다양하다.

그런데 한국어 사전의 편찬자들은 축적된 정보를 서로 교환하거나 출판이나 편집 과정에 협력하는 등의 모습은 찾아보기 힘들다. 실제로 사전 편찬 전문인이 참여하여 발행한 사전은 찾아보기 어려울 뿐만 아니라, 사전 편찬 전문인과 출판사 사이의 협력관계가 구축되어 있지 않다. 좋은 한국어 사전을 편찬하기 위해서는 한국어의 연구가 충실하게 이루어지고 그 결과를 사전에 지속적으로 반영할 수 있는 편찬 시스템이 필요하다. 특히 출판사의 사서부, 편집부, 연구소 등의 이름으로 출판하는 방법에서 탈피하는 전향적인 자세가 필요하다.

사전의 크기에 따라 다르지만, 일반적으로 개인 혼자 또는 몇몇이 힘을 합쳐 특수 언어 사전이 아닌 일반 언어 사전을 편찬하기 위해 원고를 직접 집필하는 경우는 사전에서 기술된 내용이 일관성, 통일성이 있으나 제작 기간이 너무 오래 걸려 비효율적이다.

불행하게도 우리는 현재 사전을 편찬하는 데에 필요한 사전 편찬 전문인이 절대적으로 부족하다. 교육 기관에서 사전 편찬 전문인을 양성하는 제도나 장치도 마련되어 있지 않고, 출판사의 사전 편찬 전문 인력도 부족한 상황에 있다. 연구원이나 출판사에서 이미 발행된 사전들의 내용을 요령껏 재편집하여 판수를 거듭하여 출판하는 치졸한 방법은 개선해야 할 것이다.

정부 차원 즉 정부 출연 연구소나 학회에서는 사전 편찬자나 출판사가 좋은 사전을 편찬할 수 있도록 도와주는 작업을 하는 것이 필요한데, 상업적 사전보다는 지역어 사전, 고어 사전 등 이윤을 고려하지 않는 학문적 사전을 펴내어 언어 사전을 편찬하는 작업이나 논문을 작성하는 데에 도움을 주어야 한다. 사전 편찬자나 출판사에서 좋은 한국어 사전을 펴내기 위해 미리 조사되고 연구되어야 할 작업, 개인이나 출판사에서 수행하기 어려운 가장 기초적인 작업이나 기반적인 작업(예를 들면 세대별, 지역별 성별 발음 조사, 외래어 조사, 신어 조사 등의 대규모 언어 기초 조사 작업과 음성 언어 말뭉치와 세기별 문자 언어 말뭉치 구축 작업 등)을 인기를 얻을 수 있는 유행적인 일회성 작업이나 성과를 알릴 수 있는 생색내기 작업보다 먼저 수행해야 하고 또 지속적으로 실행해야 함을 담당자들은 깨닫고 제도를 개선해야 할 것이다.

디지털 형태의 전자 사전이나 웹 사전에서는 주로 종이 사전의 명칭과 콘텐츠를 그대로 옮겨 사용하는 경우가 많고, 온라인 백과사전인 위키피디아(Wikipedia)에서는 네티즌이 자발적으로 사전을 편집하는데, 2% 정도만 운영자 측에서 편집한다고 한다.

사전 편찬 작업은 힘이 드는 지속적인 작업이고 희생정신이 요구되므로 편찬에 참가하는 모든 사람들의 이름이 반드시 구체적으로 소개되는 것이 바람직하다. 편찬자나 편찬에 도움을 준 사람들을 소개하는 데에 인색할 필요도 없고, 종이를 절약할 필요도 없다. 감수자나 이상한 유령 단체 비슷한 인상을 주는 연구소 이름을 겉표지에 굵고 진한 큰 글자체로 내세우는 우스운 방법과 유사한 출판사의 잘못된 거짓 편찬 행위는 반드시 없어져야 한다. 편찬자와 편찬과정을 누구나 알 수 있도록 명확하게 구체적으로 사전의 '일러두기' 앞에 반드시 제시해야 할 것이다.[18] 편찬자, 편찬 과정, 편찬 방법, 증보 과정 등의 내용이 분명하면 분명할수록

18) 2001년에 발행된 코린스 코빌드 영어 사전(Collins COBUILD English Dictionary for Advanced Learners) 3판에 소개된 편찬팀은 초판부터 3판까지 각각 다른 팀원으로 구성되어 있음을 머리말 다음에 1면을 할애하여 소개하였다.

좋은 사전이 만들어진다는 것은 우리 모두가 잘 알고 있다.

『연세』의 편찬자들은 머리말의 문장 속에 소개되어 있으며, 편찬 발의문과 발의인은 편찬 발의문과 함께 찾아보기 쉽게 큰 활자로 별지에 표시한 반면에 편찬 작업에 실제로 참여하여 수고한 연구원들은 머리말의 문장 속에 단순하게 나열한 궁색한 방법은 『연세 현대』에서는 개선되어야 할 점이다. 그리고 겉표지의 속지에는 판권지로 오해할 수 있는 형식의 공간에 편저자를 나타내는 "편저"로 "연세대학교 언어정보개발연구원"을 표시하였다. 또 원장, 부원장, 편찬 위원, 편찬 위원장, 편집인, 편집 책임, 편집 진행, data conversion, 교정·수정, 삽화, 표지 디자인의 담당자의 이름이 제시되어 있다. 뒤표지 속지의 판권지에는 "엮은이"로 "연세대학교 언어정보개발연구원"을 표시하여 앞의 "편저"라는 용어와 달리 표시하였다. 편찬자를 표시하는 이와 같은 일관성이 없는 방법은 개선되어야 할 것이다.

5. 누구를 위한 사전인가?

사전 기획자 또는 사전 편찬 책임자는 사전의 독자 즉 사전 이용자가 누구인가를 염두에 두어야 한다. 그리고 어떤 성격을 지닌 사전을 만들 것인지를 결정하고, 그러한 사전을 만들기 위해서 필요한 제작기간, 인원, 소요 경비 등을 계산한다.

사전 편찬자는 자신의 내적 능력과 외적 환경을 감안하여 어떤 사전을 편찬할 것인지를 결정해야 한다. 그런 다음 사전 편찬자는 사전의 원고를 집필하는 사람들과 출판사 편집진들에게 사전의 종류나 사전의 성격,

특징 등을 설명해 주어야 한다. 그래서 사전 편찬에 참여하는 모든 사람들이 앞으로 편찬할 사전이 어떤 사전인지 분명하게 이해하고 있어야 할 것이다.

따라서 사전 편찬 책임자는 자신의 사전 편찬 능력의 한계뿐만 아니라 사전의 종류에 관한 지식을 필수적으로 갖추어야 하며, 자신들이 만들고자 하는 사전이 어떤 특징을 지닌 사전인지를 사전 편찬 작업이 종료될 때까지 집필자나 편찬자들에게 기억할 것을 당부해야 할 것이다.

『연세 현대』의 편찬 지침의 일부 내용에 따르면 앞으로 나올 『연세 현대』가 지향하는 사전의 성격을 알 수 있는데, 『연세 현대』는 고등학생, 대학생, 일반인을 위한 사전으로 제작된다고 한다. 『연세』의 머리말에 따르면 『연세』는 "세계어의 하나인 한국어를 7천만 우리 겨레뿐 아니라 세계 도처에서 배우고자 하는 모든 사람의 '학습'에 실질적 도움이 되게끔 겨냥한 것이다"라고 사전 사용자를 구체적으로 제시하지 않고 한국어를 사용하고 배우는 모든 사람들을 위한 사전이라는 추상적인 표현을 사용하였다. 『연세 현대』에서의 조금 구체적으로 표현하였는데, 사전에 수록될 표제항의 수와 사전의 크기를 감안하여 주된 사전 사용자를 제시하여야 할 것이다. 특히 고등학생과 대학생은 '특정인'이므로 '특정인'과 '일반인' 모두를 위한 것이 되므로 이 둘의 차이를 구분하여 별도로 표현하는 것이 좋을 것이다.

『연세』는 빈도가 비교적 높은 표제어들만 선정하여 모어 화자인 사전 이용자가 모르는 어려운 단어들을 찾아보는 데에는 이용할 수 없다. 즉 "1960년대 이후에 쓰여진 우리 말 문헌의 18만 쪽에서 고유 명사를 제외하고 14번 이상 나타나는 낱말 5만 개를 이 사전에서 다루고 있다"고 머리말에서 설명하였다. 『연세』는 표제어의 수를 기준으로 보면 초등학생용 사전의 수준인데, 사전의 외형적 크기나 내용의 기술 방법에 있어서 초등학생이 이용하기에는 적당하지 않다.[19)]

『연세 현대』에서는 약 12만 개 내외의 표제어를 수록하므로 표제어의 수량만 따지면 고등학생용 사전으로 적합하다. 따라서 만약 대부분의 사전 이용자가 고등학생이라고 한다면 고등학생이 이용하는 사전을 만드는 데에 적합한 말뭉치를 구축하여 활용하는 것이 바람직하다. 학습 사전으로 만들 것인지 아니면 다른 성격을 지닌 사전을 만들 것인지도 결정해야 한다. 이런 결정을 하려면 사전 편찬 책임자는 사전학에 관한 상당한 지식을 갖추고 있어야 함은 말할 필요도 없다. 사전 사용자가 불명확하면 할수록 그 사전은 성격이 애매모호한 것으로 제작되는 것은 분명하다. 고등학생만이 이용하는 사전을 제작한다 하여도 초등학생이나 중학생 또는 대학생이나 일반 성인들도 사전을 이용할 수 있다. 사전 이용자는 사전을 구입하기 이전이나 도서관, 인터넷 등에서 어떤 사전을 이용하는 데에 제한을 받지 않는다. 이용자는 사전을 마음대로 선택할 수 있는 반면에 사전은 사전의 성격에 따라 사용자의 요구를 충족시켜 줄 수도 있고 그렇지 않을 수도 있다. 이런 경우 만약 사용자가 만족하지 못한다면 그 사전은 그 사용자에게는 적당하지 않은 사전인 것이다. 따라서 사전 편찬자가 사전 사용자를 분명하게 설정하지 않으면 편찬 방법과는 관계없이 편찬의 목적이 불분명한 사전을 제작하게 되는 것이다.

19) 그래서인지 『연세초등 국어사전』이 별도로 출판되었는데, 이 사전도 표제어 선정에 적지 않은 실수를 범하고 있다. '갯버들, 쫑알쫑알, 싸릿골, 콩쥐팥쥐' 등 초등학교 교과서에 쓰인 낱말은 수록하지 않고 교과서에 나오지 않은 어려운 '라이트, 랜, 뉴스캐스터, 딜레마' 등의 외래어와 '방화, 국수주의, 감수, 말소'등의 한자어는 표제어로 선정하였다. 교과서에 수록되어 있는 고유명사는 2,300여 개인데, '나폴리, 남빙양, 발칸 반도' 등의 지명과 '코트디부아르, 파푸아뉴기니' 등의 국가명의 경우도 마찬가지이다(홍성순, 2006: 12-24). 일러두기에는 교과서에 있는 국가명들을 골라 실었다고 하나 실제는 그렇지 않다.

사전 이용자를 분명하게 설정하는 것은 편찬 목적을 명확하게 설정하는 것과 더불어 사전 편찬 기획의 중요한 과정이다. 『연세 현대』처럼 "사전 이용자의 요구를 최대한 수용하는 사전이다"라고 해도 사전의 독자층이 불분명하면 사전 사용자의 요구를 최대한 수용하는 것이 아닌 사전 편찬자의 잘못된 의도에 의해 이상야릇한 사전이 제작되는 어리석음을 저지를 확률이 높다.

6. 맺음말

우리는 백과사전 등 다른 종류의 사전이나 외국에 비해 한국어 사전의 편찬 역사가 길지 못하다. 그러나 우리는 최근 약 80년 정도의 짧은 기간에 여러 가지 국어 사전들을 펴냈다. 수량 면에서는 만족하고도 남지만 질적인 면에서는 그렇지 못하다. 여기에서는 원고의 분량 제한으로 몇몇 국어사전을 선택해 간략하게 살펴보았는데 다음과 같은 사실을 확인할 수 있었다.

『조선어사전』(문세영)은 1938년 초판이 발행된 이후 1950년대까지 사전 사용자들의 인기를 누렸음을 알 수 있었다. 어려운 상황 속에 한 번에 모두 발행되지 못하고 1957년에야 비로소 권6까지 완간된 『큰 사전』(한글학회)은 발행 기간과 6권의 분량 때문에 일반 사전 사용자에게 큰 호응을 얻지 못했다. 이윤재의 『표준 조선말 사전』은 1947년에 초판이 출판된 후부터 1950년대 초반까지 10판을 발행하였다. 1958년에 초판이 발행된 『표준국어사전』(신기철·신용철)은 1957년에 완간된 『큰 사전』과는 달리 사용자가 많아 1980년대까지 수정 증보판이 발행되었다. 이희승의 『국어대사전』(1961 초판)은 1970년대 초반부터 1980년대 초반까지 가장 널리 사용된 국어 사전이었다. 이 두 국어 사전과 더불어 1990년대에 들어서면서 『금성판 국어대사전』(운평어문연구소, 1991), 『우리말 큰 사전』(한글학회, 1992), 『표준』 등 언어 대사전이라고 하기에는 양과 질이 많이 부족한 백과사전적인 성격을 지닌 국어 사전이 '대사전'이라는 이름을 달고 경쟁적으로 발행되었다. 그런데 이 사전들은 일반 사전 사용자들이 저렴하게 구입하여 편리하게 이용할 수 있는 것은 아니었다. 그래서 일반 사전 사용자는 부피가 큰 사전보다는 내용이 새로우면서도 수록한 어휘의 수나 사전의 크기도 적당한 『엣센스 국어사전』(민중서림 편집국, 1974~2005, 5판 6쇄, 2855쪽, 약 15만 어휘 수록), 『뉴에이스 국어사전』(금성출판사 사전팀, 1987~2004, 4판 3쇄, 2536쪽, 약 18만 어휘 수록), 『동아 새국어사전』(두산동아 사서편집국, 1990~2005, 5판 2쇄, 2836쪽) 등과 같은 탁상용 중사전을 더 많이 구입하였다. 『연세』도 2008년 1월 10일에 중쇄본으로 발행되어 판수를 거듭하고 있지만, 탁상용 중사전에 어울리는 많은 어휘를 새롭게 보태고 미시 정보를 보다 정확하게 기술한 『연세 현대』가 나온다면 다른 국어 사전들과는 질적으로나 판매량으로나 경쟁 상대가 되지 않으리라 믿는다.

지금까지 출판된 대부분의 국어 사전은 표제항의 무분별한 선정, 표제항 배열의 모호성, 문법 정보의 부정확성과 비통일성, 외래어와 신어의 무분별한 선정, 정의 정보의 정확성과 참신성의 결여, 어원 정보와 예문 정보의 부족, 화용 정보의 결여, 사전 편찬의 무계획성으로 빚어진 경쟁적 발행, 사전 편찬 전문가의 부족, 사전 편찬자의 언어학 및 사전학에 관한 지식 부족 등의 많은 문제점들을 안고 있다. 앞으로 우리는 한국어를 더욱 정밀하게 연구하여 그 연구 결과를 체계적으로 기술하고, 사전 편찬 작업을 담당할 전문 인력을 양성하고, 사전 편찬 작업의 과정을 보다 과학화하면서 동시에 통계적이고도 기계적인 방법을 보완하는 방법을 찾아 좋은 사전을 펴내도록 노력해야 할 것이다.

각종 언어 사전과 백과사전은 사전학 전문가가 편집의 책임을 맡아 사전 편찬과 관련된 업무의 전문가 도움을 얻어 제작하는 것이 바람직할 것이다. 편찬하고자 하는 사전의 종류에 적합한 표제항을 엄정하게 선정하여 여러 미시 정보를 편찬 목적에 어울리게 보다 정확하고 적절하게 기술하여야 하기 때문이다. 그리하여 한국어의 모든 어휘를 수록한 진정한 한국어 대사전의 편찬 작업을 착수해야하며, 사용자의 편의를 우선적으로 고려한 여러 종류의 한국어 사전도 정기적으로 새롭게 제작하여야 할 것이다. 그리고 언어는 시간의 흐름에 따라 변하므로 사전에 수록한 정보를 지속적으로 보완하거나 새롭게 수정해야 한다는 점을 고려하여, 종이 사전과 컴퓨터, 휴대폰, 전자수첩 등에서 사용할 수 있는 전자 사전을 저렴하게 제작하여 널리 보급하고, 인터넷에서 편리하게 검색할 수 있는 온라인 사전을 구축하여 누구나 편리하고 쉽게 활용할 수 있도록 해야 할 것이다. 그리고 우리의 국가경쟁력이나 개인 소득 그리고 우리의 문화 수준이나 지식 수준에 어울리지 않는 부끄럽고 이상한 엉터리 사전을 더 이상 편찬하지 말고 세계 어디에 내어놓아도 자랑할 수 있는 사전을 만들어야 할 것이다.

참고문헌

강현화(2003), “한국어학습사전의 가표제어 선정에 관한 논의”, 『언어 사실과 관점』

12, 연세대학교 언어정보연구원, 157-179.

김민수(1983), "『말모이』의 편찬(編纂)에 대하여", 『동양학』 13, 단국대학교 동양학연구소, 21-54.

김석득 · 국립국어원(1995), 『한결 김윤경 선생의 학문과 인간』, 국립국어연구원.

김석득(2000), 『(외솔) 최현배 학문과 사상』, 연세대학교.

김윤경 · 국립국어원(1992), 『한메 이윤재 선생 기념 문집』, 국립국어연구원.

박형익 · 김하수 · 신지영 · 이현복 · 임홍빈(2008), 『한국 어문 규정의 이해』, 태학사.

박형익(2004ㄱ), 『한국의 사전과 사전학』, 월인.

박형익(2004ㄴ), "한국어 사전 편찬의 역사", 『제20회 한말연구학회 전국학술대회 특강 발표문』, 한말연구학회.

박형익(2005ㄱ), 『신어사전의 분석』, 한국문화사.

박형익(2005ㄴ), 『(심의린 편찬) 보통학교 조선어사전』, 태학사.

박형익(2005ㄷ), "한국어 사전의 역사", 『말과 글』 108, 한국어문교열기자협회.

박형익(2006), "기존 국어사전과 '겨레말큰사전'", 『겨레말큰사전 편찬을 위한 전문가 초청회의 발표집』, 겨레말 큰사전 남북공동편찬사업회.

박형익(2007), 『(언문주해) 보통문자집』, 박이정.

서상규(2002), "한국어 말뭉치의 구축과 과제", 『한국어와 정보화』, 태학사, 255-292.

서상규(2008), "한국어 특수 말뭉치의 구축 현황과 그 특징 : 21세기 세종계획의 성과를 중심으로", 『한국사전학』 12, 한국사전학회, 41-60.

서정미 · 박형익(2008), "국어사전의 편찬 현황: 초중고 학생을 위한 국어사전을 중심으로", 『한말연구』 22, 한말연구학회, 145-166.

외솔회 편집부 편(1991), "한글에 한평생 외솔 최현배", 『나라사랑』 77, 외솔회, 5-35.

이강로(1993), "동운 이 중화 스승", 『얼음장 밑에도 물은 흘러 : '조선어 학회 수난' 50돌 기념 글모이』, 한글학회, 44-57.

이석린(1993), "화동 시절의 이런 일 저런 일", 『얼음장 밑에서도 물은 흘러 : '조선어 학회 수난' 50돌 기념 글모이』, 한글학회, 20-32.

이윤재(1936), "조선어 사전 편찬은 어떻게 진행되는가", 『한글』 4-2, 한글학회,

573-575.

이익환 · 안의정(2007), "『연세 현대한국어사전』 편찬 프로젝트", 『한국사전학』 9, 한국사전학회, 7-22.

이희승(1992), "인간 이윤재", 『한메 이윤재 선생 기념 문집』, 국립국어연구원, 9-14.

일기자(1929), "조선어사전편찬회 방문기", 『신생』 2(12), 신생사.

조선어학회(1947), 『조선 말 큰 사전 1』, 을유문화사.

최경봉(2005), 『우리말의 탄생 : 최초의 국어사전 만들기 50년의 역사』, 책과 함께.

최호철(2008), "'사전'이란 단어와 '사전학, 사전편찬학'이란 용어에 대하여", 『우리어문연구』 30, 우리어문학회, 87-116.

한글학회 50돌 기념 사업회(1971), 『한글학회 50년사』, 한글학회.

한글학회 편(1993), 『얼음장 밑에서도 물은 흘러: '조선어 학회 수난' 50돌 기념 글모이』, 한글학회.

한말연구학회 편(1997), 『건재 정인승 전집 6: 국어운동사』, 박이정.

홍성순(2006), "초등학교 국어사전 편찬을 위한 기초 연구", 경기대학교 대학원 박사학위 논문.

홍종선(2008), "국어 사전 편찬의 역사(1)", 『우리어문연구』 30, 우리어문학회, 117-143.

* 이 글은 아래의 논문을 이 책의 기획과 형식에 따라 수정한 것임을 밝힌다.
박형익(2009), 한국어 사전 편찬 작업의 회고와 반성-연세대학교 한국어 사전 편찬 작업을 중심으로-, 『한국사전학』 13, 한국사전학회, 7-29.

〈연세한국어사전〉에 대한 평가

고영근

언어사전에는 한 나라의 말을 다른 나라의 말로 풀이하는 “대역사전”과, 같은 나라말로 풀이하는 “단일어사전”의 두 가지가 있다. 한국에서는 대역사전이 전통시대로부터 오늘에 이르기까지 여러 형태로 편찬이 시도되어 왔으나 단일어사전은 그 역사가 길지 않다. 한국어가 공용성을 띠기 시작하던 19세기말부터 편찬의 필요성이 인정되어 우여곡절(迂餘曲折)을 거듭하던 끝에 1957년에 〈큰사전〉이란 이름으로 그 전모가 얼굴을 내밀었다. 그 이후 한국어사전이 남북을 가리지 않고 수집 종류가 간행되었으나 대부분 백과사전(百科事典)을 겸한 사전이 대중을 이루어 왔다. 사실 일반사람들은 궁금한 문제가 생기면 사전을 찾게 되는데 이런 요구를 충족시킨다는 점에서는 백과사전을 겸한 사전이 현실적으로 쓰임새도 많고 사전편찬가들도 그러한 방면의 편찬을 추진하지 않을 수 없다.

그러나 한편 눈을 딴 데로 돌리면 백과사전식 사전보다는 순수한 언어사전이 필요한 경우도 적지 않다. 초등학교에서부터 대학과정에 이르기까지 한국어와 한국문화를 가르치거나 배우는 경우는 순수한 언어사전이 절대적으로 요구된다. 그리고 외국사람이 한국어를 공부할 때도 언어사전은 필수의 도구가 된다. 문필가들이 글을 쓰거나 일반사람들이 편지, 인사장 등의 길고 짧은 글을 쓸 때에도 단일어사전은 반드시 갖추고 있어야 한다. 필자는 외국에 머물 때 비서의 타자기 옆에 조그만 자기 나라의 언어사전을 비치해 두던 것을 기억한다. 이렇게 백과사전식 한국어사전이 필요할 때도 있고 단일어사전이 필요할 경우도 있다.

1998년에 간행된 〈연세한국어사전〉은 언어사전을 표방하였다는 점에서 한국사전의 역사를 바꾸어 놓은 쾌거(快擧)라고 말할 수 있다. 연세대학교는 1986년에 290인의 교수의 이름으로 사전편찬을 발의하여 10여 년 동안 기관지 〈사전 편찬학 연구〉를 내면서 기초연구를 수행해 오고 있다. 이제 그 한 결실로 〈연세한국어사전〉을 세상에 내 놓았다. 이 사전은 1960년대 이후에 쓰여진 문헌에서 뽑은 연세말뭉치 18만 쪽에서 14회 이상 나타나는 낱말 5만 개를 골라 표제어로 삼았다. 사실 지금까지의 한국어단일사전은 표제어 부풀리기에만 열중한 나머지 빈도수는 거의 고려하지 않았다. 한국어사전을 편찬하는 데 있어서는 전 시대와 전 공간을 포괄하는 종합사전을 기획할 수도 있고, 15세기나 20세기와 같은 시대별이나, 제주도, 경상도 방언사전과 같이 공간별 사전을 생각할 수도 있다. 그러나 특히 모국어교육이나 한국어 교육에 임하거나 실무에 종사하는 사람들에게는 〈연세한국어사전〉과 같은 사전이 큰 역할을 할 수 있다. 〈연세한국어사전〉은 빈도수에 따른 표제어의 선정과 함께 적지 않은 특징을 지니고 있다.

우선 문법체계와 문법용어, 맞춤법, 표준어, 외래어 표기는 모두 문교부의 고등학교 〈문법〉, 표준어 및 외래어 표기법을 따랐다. 사실 지난 몇 년 동안에 발간된 사전 가운데는 대한민국의 공식 문법체계와 언어규범을 따르지 않아 현실적으로 외면당하는 일이 없지 않았음을 볼 때 연세사전의 이번 조처는 다른 사전이 따라야 할 모범을 보였다고 할 만하다.

둘째로 뜻풀이에 있어서 기존의 사전을 넘어선 부분이 많다. 우선

평이한 말로 뜻풀이를 시도하였다. 같은 말이 중복되고 어려운 말을 피하였다는 뜻이다. 사실 언어사전에서 가장 어려운 것이 뜻풀이다. 빈도수에 근거한 외국어사전을 보면 누구든지 읽고 이해할 수 있는 쉬운 말로 풀이를 해 놓고 있다. 사실 한국의 전통적인 사전 가운데는 일본어 사전의 뜻풀이를 참고하는 나머지 한국어의 어휘체계를 존중하지 않은 뜻풀이가 적지 않다. 한글학회의 〈큰사전〉도 일본어 사전에 너무 기대었다는 평가가 나온다는 사실을 잊어서는 안된다. 연세사전은 이런 면을 탈피하려고 노력한 자취를 군데군데서 엿볼 수 있다. 이런 일은 하루아침에 이루어질 수 없다. 사전편찬을 위하여 한 평생을 바치겠다는 사명감을 가진 사람만이 해 낼 수 있다. 한국학계에도 사전편찬 전문가가 배출되어야 한다.

셋째로 문법적인 정보가 매우 자세하고 체계적이다. 동사는 격틀을 자세히 밝혔다. "격틀"이란 한 동사에 이끌리는 명사의 격관계를 가리킨다. 이를테면 '가다'란 동사는 '명사+에/명사+로 가다'(철수가 학교에/학교로 가다), '명사+를 가다'(철수가 구경을 가다) 등 몇 가지 격틀을 보이는데 이런 점을 해당 동사의 표제어 옆에 적어 두었다. 연세사전은 목적어를 기준으로 삼아 자동사와 타동사를 구별하던 종전의 방식을 벗어나 개별동사의 격틀을 보이는 과감한 조처를 취하였다. 사전이 문법과 조화를 이루었다고 말할 수 있다. 개별동사의 격틀의 제시는 한국어의 문법구조에 미숙한 재외교포나 외국인들에게 한국어를 올바로 습득시키는 데 크게 기여할 것으로 보인다. 이러한 방식의 사전편찬이 한국에서는 처음 시도되는 만큼 앞으로 활발한 논의가 전개되어야 할 것이다. 또 연세사전은 개별동사의 활용형을 충실하게 제시하고 있다. 이를테면 '빼박다'는 평서형으로는 사용되지 않고 '빼박는, 빼박아'처럼 몇 개의 제한된 활용형만 취한다고 예시하였다. 이런 방식의 태도 역시 이전에는 보기가 어려웠다.

넷째로 명사의 경우 자립적으로 쓰이는 일이 있고 의존적으로 쓰이는 경우가 있는데 연세사전은 이점을 비교적 분명하게 처리하였다. 이를테면 '판'에 대하여 자립적인 용법을 먼저 보이고 '목구멍에 풀칠하기에도 어려운 판에.....'와 같이 의존적으로 쓰이는 용법을 들었다. 명사 가운데는 의존명사로 보아도 좋은 것이 있는가 하면 의존명사로 보기에는 아직 이른 임시적 의존명사가 적지 않다. 이런 명사에 대하여 연세사전은 앞의 '판'과 같이 '의존적으로 쓰이어'라는 정보를 주어 자립적 용법과 구별하였다. 그리고 명사에 대하여 조사의 붙음이 제약을 받는 경우에는 오른쪽의 빈자리에 그런 사실을 밝혀 운용에 도움이 되도록 하였다. 이를테면 '절대적'은 '으로'와 '이다'의 두 조사만 취한다는 설명이 그러하다.

다섯째로 한국어에는 주로 입말에 쓰이는 말씨가 있는가 하면 글말에 쓰이는 말씨가 있다. "글말"(흔히 文語)이라 하면 지문이나 이와 비슷한 상황에 쓰이는 말씨를 가리키고 "입말"(흔히 口語)이라 하면 전형적인 대화나 이와 비슷한 상황에 쓰이는 말씨를 가리킨다. 이를테면 부사격의 '에게'는 글말에 비교적 잘 어울리고 '한테'는 입말에 사용하는 것이 자연스럽다. 두 말씨를 구별할 필요가 없다고 하여 글말의 상황에서도 입말투를 권장하는 사람이 없지 않으나 현실적으로 구별하여 사용되는 만큼 사전에 이런 표시를 해 주는 것이 옳다고 생각한다.

여섯째로 발음표시도 이전의 사전이 미치지 못한 특징을 많이 보이고 있다. 장단음의 표시를 비롯하여 활용형에 따른 발음변화의 양상, 된소리 표기가 것이다. 둘째음절 이하의 장음은 현실적으로 발음되지 않기 때문에 반영할 필요가 없으며, 같은 장음을 가지고 있다고 하더라도 활용형에 따라 단음으로 실현되는 일이 있기 때문에 사전에서 하나하나 표시해 주지 않으면 많은 혼란을 가져 온다. 또 된소리도 지역과 사람에 따라 변동의 폭이 큰 만큼 사전에서 발음을 규제해 놓지 않으면 어디에다 표준을 두어야 할지 예측하기 어렵다. 종전의 사전에는 사이소리 다음의 평음이 된소리가 될 때에는 '냇가[내까/낻까]로 적는 일이 없지 않았는데 연세사전에서 [내까] 로 통일한 것은 올바른 처리라 생각한다. 한국어에서는 말 가운데의 된소리는 장음으로 발음되기 때문에 굳이 ㅅ 받침의 발음을 밝힐 필요가 없다고 생각한다.

일곱째로 연세사전의 문법적 처리로서 두드러진 것은 "형성소"를 두고 있다는 점이다. "형성소"란 홀로는 쓰이지 못하고 새로운 낱말이나 구를 만드는 데만 쓰이는 단어형성요소를 가리킨다. 이를테면 '간이(簡易)'란 말은 기존의 사전에서 명사로 처리하였으나 조사가 붙어 '간이가, 간이를' 처럼 형태변화를 보이는 일이 없기 때문에 형성소란 이름을 붙이었다. 한국어에는 겉으로는 명사인 것 같으면서도 실제로는 명사의 기능을 하지 않는 요소들이 많다. '견실하다, 화려하다'에 보이는 '견실(堅實), 화려(華麗)'는 명사인 것 같으면서도 격조사가 붙는 일이 없기 때문에 불규칙적 어근 내지 어원적 어근이라는 범주 밑에 처리하고 있는데, 앞의 '간이'도 비슷한 성격을 띠고 있다. '정부'는 명백한 명사이나 그 앞에 접두사 '반(反)'이 붙은 '반정부'는 명사 앞에만 쓰인다. 이런 문제들이 종합적으로 처리되지 않은 상황에서 형성소를 설정하는 것이 어느 정도 일반성을 띨 수 있을지 궁금하다.

여덟째로 연세사전은 사전에서 사용된 문법용어를 풀이하였다. 대체로 학교문법에서 사용되는 용어를 중심으로 내용을 설명하고 예를 들었다. "논항, 이동명사" 등은 학교문법에는 없는 용어이다. 이왕 학교문법을 지키는 마당이라면 전문성을 띤 용어는 보편적인 용어로 바꾸는 것이 국민의 사전을 지향하는 데 도움이 되지 않았을까 한다.

아홉째로 연세사전은 낱말 하나하나에 대하여 살아 있는 예문을 주고 있다. 사실 한국의 사전은 90년대에 들어오면서 용례를 넣은 사전이 나오기 시작하였는데 그것도 모든 어휘에 걸치지 못하였다. 그런데 연세사전은 모든 어휘에 걸쳐 용례를 주고 있으니 한국어 사전의 위상을 한층 더 높였다고 평가된다. 그러나 '사람'처럼 빈도수가 높은 명사에까지 용례를 주는 것이 어느 정도 실효성이 있는지 생각해 볼 문제이다.

연세사전에는 학교문법을 따르지 않았거나 용어가 일관되게 사용되지 않은 것이 더러 보인다. 문법용어에서 "존댓말"은 학교문법에서 "높임말"로 정하고 있는 이상 고칠 필요가 있다. 학교문법에서는 "평서문"이 도입되어 있는 이상, "서술형"이 아닌 "평서형"으로 보조를 맞추는 것이 옳다. '님'의 풀이를 보면 '사장님, 과장님'과 같이 보통명사에 붙는 예만 나와 있다. 국어순화론자 가운데는 글말에서 '이님, 이석구님'과 같이 고유명사에 '님'을 사용하는 일이 있고 요즈음 공공기관에서 사람을 부를 때 '이복동님'과 같이 '님'을 붙여 쓰는 것이 보편화되어 가고 있는데 그에 대한 뜻풀이가 보이지 않는다. 말뭉치에 그런 예가 없어서 빠뜨렸다면 이는 고유명사에 '님'을 붙이는 것이 한국인의 언어직관에 맞지 않다는 사실을 반증하는 셈이 되니 다시 한번 말뭉치를 검토해 볼 필요가 있다.

〈연세한국어사전〉은 말뭉치에 나타나는 빈도수를 기반으로 하여 엮어 낸 한국 최초의 한국어 단일언어사전이다. 언어사전이라고 함은 백과사전적인 어휘를 배제하고 쉬운 한국어로 뜻풀이를 하였다는 뜻이다. 이런 특징을 지니고 있는 만큼 연세사전은 국민교육을 담당하고 있는 초등학교 교사와 중등학교 국어교사들이 우선적으로 갖추어야 할 것이고 한국어를 학습하는 재외교포나 외국인들 또한 책상 머리에 두고 참고해야 할 서적이라고 생각한다. 각종 보고서를 작성하는 대학생이나 문필에 종사하는 사람들을 비롯하여 글을 많이 읽고 짓는 일반성인들도 이 사전을 이용하면 올바른 한국어의 구사능력을 기를 수 있다고 생각한다.

* 이 글은 아래의 논문을 이 책의 기획과 형식에 따라 수정한 것임을 밝힌다.
고영근(1999), 〈연세한국어사전〉에 대한 평가, 『사전 편찬학 연구』 9, 연세대학교 언어정보개발연구원, 7-12.

일본인 연구자가 본 『연세한국어사전』

內山政春(우치야마 마사하루)

1. 서론

일본과 북한의 현대 한국어 연구의 특징이 언어 자료의 활용에 있다면 한국의 그것은 연구자가 임의로 만든 소위 작례에 의해 진행된다는 것이 최근까지의 경향이었다고 해도 좋을 것이다. 모어화자가 아닌 일본인 연구자에 위한 연구가 언어 자료에 의존할 수밖에 없는 것은 당연한 일이지만 남북한의 이 대조적인 양상은 소련 언어학의 영향하에 있던 북한과 생성문법으로 대표되는 미국 언어학의 영향을 받아 온 한국과의 차이라고 바꿔 말할 수 있을 것이다. 그러나 언어 자료에 기초한 언어학 곧 말뭉치 언어학의 세계적 유행에 따라 한국에서도 현재 대규모 말뭉치 구축 작업이 대학이나 연구소 등 몇 개 공적 기관에서 진행되고 있다. 연세대학교의 말뭉치 구축 프로젝트야말로 그 효시라 할 수 있을 것이다.

연세 말뭉치를 이용한 연구 성과는 이미 연구서로 몇 권이 출판된 바 있지만 이 글에서 논하는 『연세 한국어 사전』은 널리 일반인을 대상으로 한 것인만큼 말뭉치의 성과물로서 의의가 크고 여러 각도에서 비평받아 마땅할 것이다.

이 글은 제목으로 알 수 있듯이 일본인 연구자에게 곧 한국어를 외국어로 학습하고 연구하는 사람에게 이 사전이 어떤 역할을 해 줄 수 있는가를 살펴보는 것을 목적으로 한다. 물론 이 사전은 '국어 사전'이다. 그러나 이 사전 머리말에는 '이 사전은 세계어의 하나인 한국어를 7천만 우리 겨레뿐 아니라 세계 도처에서 배우고자 하는 모든 사람의 '학습'에 실질적 도움이 되게끔 겨냥한 것이다.'라고 언급되어 있어 외국인의 이용도 염두에 두었음을 엿볼 수 있다. 이것이 필자가 이 사전을 감히 고찰 대상으로 삼는 이유이기도 하다.

이 글은 원래 이 사전에 대한 서평으로 일본어로 쓰여진 것이다.[1] 이번에 한국어로 번역함에 있어서는 전체 구성은 그대로 두면서도 부분적으로 가필 · 수정을 하였음을 밝혀 둔다. 또 외국인의 입장에서 쓰여진 이 글은 이 사전을 '국어 사전'으로 접하는 한국인과는 관점이 다를 수 있을 것이다.

2. 전반적 특징

이 사전의 본질이 그 편집에 말뭉치를 사용한 데 있다는 것은 두말할 나위가 없다. 그 결과 이 사전은 특필할 만한 다음 두 가지 특징을 가지게 되었다.

첫째는 표제어를 빈도수라는 객관적 기준에 의해 선정하였다는 점이다. 사전을 그 편집 방침으로 두 가지로 나눈다면 수록 어휘수를 늘리는 것을 지향하는 사전과 어휘수보다는 항목 설명을 중시하는 사전으로 구별된다. 후자는 어휘수가 한정되는만큼 수록 어휘의 채택 기준이 전자에

1) 內山政春(1999).

비해 어려워질 수밖에 없다. 이 사전은 물론 후자에 속하는데 대규모 말뭉치를 이용함으로써 학습 사전으로 표준적인 약 5만개의 어휘를 과학적으로 골라내는 데 성공하고 있다. 그 결과로 여기에는 '사전에는 기재되어 있음에도 불구하고 거의 실제로는 사용되는 일이 없는'[2] 어휘를 최대한 배제시킬 수 있게 되어 학습 사전으로서의 가치를 높이고 있다.

둘째는 모든 표제어에 예문이 제시되었다는 점이다. 그것도 예문은 원칙적으로 언어 자료에서 수집된 문장을 사용하였다. 이것 역시 한국어 사전으로서 획기적인 일이다.[3] 실제로는 '고유명사를 바꾸거나 적당한 길이로 자르거나 한 것이 있다'고 하지만 이것은 학습 사전으로서 오히려 적절한 배려인 것으로 생각된다.

학습 사전이 원래 갖추어야 할 이 두 가지 조건을 충족시킨 한국어 사전은 이것이 처음이라고 할 수 있다. 그 점만 해도 이 사전은 한국어 사전의 역사를 장식할 만한 훌륭한 사전이라 하겠다.

3. 수록된 표제어

언어를 설명한 '辭典'에는 사항을 설명한 '事典'과 달리 고유명사를 수록하지 말아야 한다는 것이 원칙이다. 이 사전은 고유명사를 수록하지 않았다는 것을 밝히고 있어서 이 점에서 한국에서 처음으로 출현한 사전학적 이론에 충실한 사전이라 할 수 있을 것이다. 실제로는 '서울'처럼 그 경계가 애매한 단어가 표제어로 되어 있는 예도 있지만 원칙은 지켜지고

2) 野間秀樹(1990:9) 참조.

3) 이 글에서 '한국어 사전'이란 한국어의 표제어를 한국어로 설명한 '국어 사전'을 가리킨다.

있다고 할 수 있다.

이 사전은 적어도 표제어 선정과 예문 제시에 있어 모든 것을 백지 상태에서 만들어 냈다. 그 결과로 종래 사전에서 볼 수 없었던 표제어가 적잖이 수록되어 있다.

가령 다음과 같은 합성 용언 곧 '건네오다', '길어오다', '잡아오다', '옮겨오다', '끝내주다', '빌려주다', '끌어모으다', '굶어죽다' 등은 이 사전에서 처음으로 표제어로 수록되었다. '굴러내리다', '불러세우다' 등은 지금까지 북한 사전에만 수록되어 있었다.[4)]

일상 생활에서 많이 쓰임에도 불구하고 수록되어 있지 않았던 표제어로 '원화', '엔화' 등이 있다. '프림'은 원래 상표이지만 이미 보통명사가 되었으므로 표제어로 수록된 것은 당연한 일이라 하겠다.[5)]

문법적인 형태를 많이 수록한 것도 평가할 만하다. 외국인 학습자에게 아주 어려운 것이 '-단다'와 같이 두 개 어미가 형태적으로 하나의 단위처럼 쓰이는 것들이다. 용언 복합형[6)]이라고도 불리는 이들 형태를 이 사전에서는 많이 수록하였다. 이 사전에 수록된 '-냐거늘', '-냐게', '-냐기에', '-냐길래', '-냐니까', '-냐더니', '-냐면', '-냔들' 등은 문법적인 형태를 폭넓게 수록한 것으로 알려진 학습용 한일 사전 『코스모스 조화 사전』(앞으로 『코스모스』라고 함)에도 찾을 수 없는 형태들이다. 『코스모스』에만 있고 이 사전에 없는 형태도 있지만 『코스모스』가 작례를 제시하고 있는 것을 감안하면 종합적으로 보아 이 사전을 더 믿을 수 있는 것으로 평가할 수 있다.

또 영어의 숙어에 해당하는 두 개 이상의 단어로 된 형태도 적극적으로 수록하였

---

4) 이들 합성 용언은 최근에 출판된 『표준 국어 대사전』에서도 표제어로 수록되어 있지 않다.

5) '원화'는 『표준 국어 대사전』에서 표제어로 수록되었다.

6) 菅野裕臣(1988:1025-1031) 참조.

다. '-ㄹ 것이다', '-ㄹ 테니까', '~면 ~ㄹ 수록', '~면 몰라도', '~면 ~었지' 등을 표제어(부표제어)로 수록한 것은 한국어 사전으로서는 처음일 것이다.

앞에서 말한 것처럼 이 사전이 대규모 말뭉치를 사용한 어휘 빈도 조사를 근거로 수록 어휘를 객관적으로 선정한 것은 높이 평가할 일이다. 그러면서도 엄밀하게 말하면 문제가 없는 것은 아니다.

첫째는 무엇을 근거로 단어로 인정하는가 하는 문제이다. 가령 '걸리다'에 '중계가 끝나자 시청자의 전화가 걸려 왔다'라는 예문이 제시되는 반면 '걸려오다'가 따로 표제어로 수록되어 있다. 원문의 띄어쓰기 단위를 그대로 단어의 인정 기준으로 삼은 결과이다. 다만 한국어의 단어 인정 기준은 일본어의 그것과 마찬가지로 해결되지 못한 점이 남아 있어 이 사전의 문제라고 할 수는 없을 것이다.

둘째는 어휘의 체계성에 관한 문제이다. 한국어의 고유어 숫자는 '하나'~'열', '스물'~'아흔'이 있는데 그것에 대응하는 한자어 숫자 '일'~'십', '이십'~'구십' 중에서 유독 '팔십'만은 수록되어 있지 않다. 가령 빈도수가 기준에 미달하더라도 이런 경우는 체계성을 중시하여 '팔십'도 수록하는 것이 좋지 않을까 하는 것이 필자의 생각이다. '일월'~'십이월' 중에서 '십일월'과 '십이월'이 빠져 있는 것도 같은 경우이다.

4. 표제어의 표시

4.1. 발음의 표시

한국어의 정서법에 있어서 철자와 발음의 차이는 규칙적(=자동적 또는 의무적)인 교체를 반영한 것과 그 이외의 불규칙한 것으로 나눌 수 있다.

이 사전의 발음 표시 방침은 모어화자를 대상으로 하는 한국어 사전으로서 일반적인 것이라 할 수 있다. 즉 '소리의 동화나 첨가가 일어난 것은 표시해 주되, 규칙적인 경음화나 격음화, 연음은 따로 표시하지 않았다'는 것으로 후자만을 발음 표시의 대상으로 하고 있음을 알 수 있다.

그러나 비음화는 규칙적인 교체임에도 불구하고 발음 표시가 제시된다. 가령 '입문'은 『국어 대사전』(앞으로 『국어』라고 함)에서는 아무런 발음 표시가 없지만 이 사전에서는 /임문/처럼 표시된다. 이것은 『금성판 국어 대사전』(앞으로 『금성』이라고 함)에서 이미 실행된 바 있지만 평가할 만한 일이라 하겠다. 그러나 북한에서는 그밖에 격음화에 대해서도 가령 '착하다'가 /-카-/가 되는 것처럼 발음 표시를 하고 있다.[7)] 이 사전은 비모어화자도 사용 대상으로 하는만큼 규칙적인 교체를 포함한 발음 표시를 해도 좋지 않았을까 하는 생각이 든다.

명사에 조사가 결합하면서 음운 교체를 일으킬 경우 그것을 표시하였다. 가령 '낫'에는 단독으로 발음될 경우의 /낟/ 외에도 '낫이', '낫만'의 /나시/, /난만/이라는 발음이 표시되어 있다. 이것 역시 이미 『코스모스』에 전례가 있지만 비모어화자에게 유익한 정보라고 할 수 있다.

이 사전은 한국에서 발행된 지금까지의 한국어 사전과 마찬가지로 모음의 장단을 구별하는데 종래의 것과는 달리 장모음을 가진 표제어를 철자와 발음이 다른 것으로 처리한 것이 특징적이다. 가령 단모음을 가진 '전자(前者)'에는 발음 표시가 없는데 장모음을 가진 '전자(電子)'는 /전:자/처럼 표시되어 있다.

또한 '외래어와 부표제어는 발음을 표시하지 않았다'라는 방침('장르',

---

7) 『금성』은 이를 /차카-/라고 표기한다. 『금성』은 발음이나 활용형의 표시에 관해 북한 사전을 많이 참고한 것으로 보인다.

'로마자', '수학 여행'에 /장느/, /로마짜/, /수항녀행/이라는 발음이 제시되어 있지 않다)은 앞으로 개선이 요망될 것이다.

4.2. 한자어의 한자 표기

다른 한국어 사전에서도 마찬가지지만, 한국의 통화 단위인 '원'은 '圓'의 한자음임이 명백한데도 한자가 표시되어 있지 않다. 그러나 실제로는 한자로 표기되는 일이 없으므로 현실 표기법의 반영이라는 의미에서는 타당하다고 할 수 있다. '한방'의 한자 표기에 '韓方'이 채용된 것도 같은 경우이다. 곧 사전의 한자 표기에는 어원을 제시한다는 측면과 현실의 국한 혼용문에 있어서의 한자 표기를 제시한다는 측면이 있다고 할 수 있다.

어원을 감안할 경우 원래 한자음에서 떨어져 읽히는 단어를 어떻게 처리하는가가 문제가 된다. 가령 '차례'가 '次第'에서 유래된다고 되어 있으면서 '退字'에서 온 '퇴짜'에는 정보가 없다. 어디까지를 한자어에서 유래된 단어로 간주하는지는 이론적으로 해결 불가능한 일이겠지만 실용적인 면을 감안할 때 어휘 습득의 실마리로서 되도록 한자를 표시하는 방침을 취하는 것이 비모어화자에게 유익할 것이다.

한자어에 대한 '일본식 용법'이라는 표시도 이용자에게 도움이 된다. 일본식 용법 여부를 '국어 순화 용어 자료집'에 근거하였다는 것인데 이것을 일종의 어원 표시로 간주한다면 적어도 일본 고유어를 한국 한자음으로 읽는 '조립'이나 '취급' 같은 표제어에는 순화 대상 여부에 상관없이 정보가 있었으면 하는 생각이 든다.

4.3. 외래어의 원어 표시

외래어의 어원을 어떻게 사전에 반영시키는가는 의미의 변화를 고려해야 하므로 어려운 문제가 되는데, 직접의 차용 언어를 제시하는 방법과 거기서 소급할 수 있는 언어를 표시하는 방법이 있을 수 있다. '파자마'나 '사우나탕'을 영어로 한 것은 전자의 예이며 '아르바이트'의 독일어, '빵'의 포르투갈어, '사우나'의 핀란드어라는 표기는 후자의 예이다. 현대 한국어의 외래어 중에는 원래 서양어 기원인 것이 일본어를 경유하여 도입된 예도 상당히 많은 것으로 보이며 (검증하기는 어렵지만) 위에서 예로 든 단어도 일본어에서 들어왔을 가능성이 있다. '메리야스'나 '고로케'에는 스페인어, 프랑스어라는 정보와 함께 일본식 용법이라고 적혀져 있다.

4.4. 파생어의 표시

명사를 동사로 만드는 '-하다', '-되다', '-시키다', '-당하다' 등의 접미사는 명사에 따라 결합이 가능한 것과 불가능한 것이 있어 이것을 올바르게 파악하는 것은 특히 외국인 학습자에게 큰 부담이 되는 일이다. 그런 의미에서 이들 접미사를 표제어로 삼은 것은 높이 평가할 만한 일이다. 특히 '-시키다', '-당하다'를 표제어로 올린 것은 한국어 사전으로서 처음일 것이다.

이 사전은 빈도수에 근거하여 이들 형태를 독립된 표제어로 수록하여 해당 명사에 파생어 정보를 주었다. 가령 '건설하다'와 '건설되다'는 독립된 표제어로 수록되고 '건설'의 참고란에는 양자가 파생어로 제시되어 있다. 접미사로 파생된 용언을 부표제어로 하지 않고 독립된 표제어로 삼은 것은 사소한 일일지도 모르지만 평가할 일이다. 복합어든 파생어든 일단 그것이 형성되면 '단어'로서 단일어와 똑같은 자격을 가지기 때문이다.[8] 그것은 앞에서 말한 복합 용언의 경우도 마찬가지다.

파생어 표시가 표제어로 수록되어 있지 않은 단어까지를 대상으로 하고 있는 것은 좋은 일이다. 가령 '전래'의 파생어는 표제어로서는 '전래되다'뿐인데 '전래'의 참고란에는 '전래하다'라는 정보도 주어져 있다. 다만 그것은 '-하다', '-되다'에 한정되고 '-시키다', '-당하다'는 대상으로 되어 있지 않다. 즉 '참석'의 파생어로서는 '참석하다'와 '참석시키다'가 표제어로 올라 있지만 '참석'의 참고란에는 전자만이 파생어로 표시되어 있다.

이들 용언은 대부분 명사와 접미사 사이에 조사가 삽입될 수 있을 것으로 보이는데 이 사전에서는 '-하다'의 경우에만 조사가 삽입된 형태를 참고란에 표시하였다. '운전'의 예문 '이 트럭을 운전을 할 때는'은 '운전하다'에 조사가 삽입된 형태로 보아야 할 것이므로 '운전하다'의 예문으로 제시되어야 할 것이다. '수술'의 예문 '유교적 교육 체제의 결과로 인한 문제를 수술을 하기 위해서' 역시 '수술하다'에서 다루어져야 할 것이다.

위와 같은 유형의 것으로 '결론짓다', '결말짓다', '고장나다' 등이 있다. 이들 역시 독립된 표제어로 올라 있다. 특히 '고장나다'를 표제어로 삼은 것은 한국어 사전으로서 이 사전이 처음일 것이다.

종래 사전에서 동사로 처리되던 '황폐하다'를 형용사로, 형용사로 되어 있던 '만족하다'를 동사로 인정한 것, 또 '당황하다'에 동사와 형용사의 양자를 인정한 것 등은 실제 언어 자료의 분석 없이는 불가능하였을 것이다.

---

8) 亀井孝 외(1996:1131)에서는 '무의식적인 언어 사용에 있어서는 복합어는 전체로서 하나의 비분석적인 단위이며 단순한 단어와 같은 자격을 가지는 것이다. (원문 일본어)' 라고 언급하고 있다.

4.5. 활용형의 표시

용언의 활용형 역시 한국어를 배우는 외국인에게 어렵게 느껴지는 것 중의 하나이다. 그것을 더 어렵게 하는 것이 소위 불규칙 용언의 존재라고 할 수 있다. 불규칙 용언을 사전에 반영시키는 방법에 있어서 한국과 북한은 전통적으로 서로 다른 방법을 취해 왔다.

한국에서는 단지 표제어 다음에 불규칙 용언임을 기호로 표시하는 방법이 지배적이었다. 권말 부록 등에서 용언 활용 일람표를 제시함으로써 그 활용 체계 이해에 도움을 주려고 하는 경우도 있었다.

한편 북한에서는 표제어 다음에 모음으로 시작하는 연결어미를 보여 줌으로써 어간의 변이 형태를 나타내는 방법을 써 왔다. 『조선말 사전』(앞으로 『조선』이라고 함)이나 『조선말 대사전』에서 가령 ㅂ변격은 '덥다(더우니, 더워)', ㄷ변격은 '묻다(물으니, 물어)'처럼 표시된다. 최근 들어 한국에서도 『새 우리말 큰사전』(앞으로 『우리』라고 함)을 시작으로 『금성』 등이 이 방법을 받아들였다.

그런데 이 사전은 아직까지 없었던 새로운 표시 방식을 도입하였다. 먼저 범례의 설명을 보면 다음과 같다.

1. '불규칙 용언'이라는 표시 대신에 용언의 대표적 활용형을 보여 줌으로써 이의 불규칙성을 보여 주었다.
2. 용언의 활용형은 표제어 뒤 [ ]에 넣어 표기하되, 그 순서는 관형사형, 연결형, 종결형의 순으로 하였다.

대표적인 활용형을 제시한다는 점에서는 북한 방식과 동일하다. 여기서 ㄷ변격, ㅂ변격, ㅅ변격의 동사, 형용사를 예로 들어 이 사전의 방식과 북한 방식이 어떻게 다른가를 살펴보기로 하겠다. 왼쪽은 이 사전의 활용형이며, 오른쪽은 북한 방식의 활용형이다. 다만 ㄷ변격 형용사는 존재하지 않으므로 생략하였다.

불규칙 형용사

덥다 [더운, 더워, 덥습니다]	덥다 (더우니, 더워)
낫다 [나은, 나아, 낫습니다]	낫다 (나으니, 나아)

불규칙 동사

듣다 [듣는, 들어, 듣습니다]	듣다 (들으니, 들어)
돕다 [돕는, 도와, 돕습니다]	돕다 (도우니, 도와)
짓다 [짓는, 지어, 짓습니다]	짓다 (지으니, 지어)

이 사전이 대표적인 활용형을 관형사형, 연결형, 종결형으로 한 이유는 남기심 · 이희자(1998:51)에서 '관형형은 동사와 형용사를 가르는 기준으로 작용하므로 보였고, 연결형은 모음 앞에서의 불규칙성이, 종결형은 자음 앞에서의 불규칙성이 드러나므로 보였다.'라고 설명되어 있다. 한송화(1998:138)에도 유사한 언급이 있다.

그러면 『조선』을 비롯한 북한 사전과 그 방법을 받아들인 『우리』나 『금성』 등이 '-니'와 '-아'를 대표적 활용형으로 삼은 이유는 무엇일까? 그것을 살펴보기 위해서는 먼저 다음과 같은 지식이 전제가 된다.

한국어의 어미 및 선어말어미는 어간과 어미 및 선어말어미와의 결합 방식의 차이에 따라 다음과 같은 세 가지로 나눌 수 있다는 것은 이미 잘 알려진 사실이다.

(1) 어간이 모음으로 끝나는가 자음으로 끝나는가에 따라 그 모습을 달리하는 것, '-면', '-ㄹ' 등. 자음으로 끝나는 어간 뒤에서는 조음소 '으'가 삽입된다.
(2) 어간이 양성 모음으로 끝나는가 음성 모음으로 끝나는가에 따라 그 모습을 달리하는 것, '-아서', '-았-' 등. 음성 모음 뒤에서는 '아'가 '어'로 나타난다.
(3) 변이 형태를 가지지 않는 것. '-고', '-지', '-는' 등.

북한 사전에 제시되어 있는 '-니'는 (1)에 속하고 '-아'는 (2)에 속한다. 표제어로 제시되는 '-다'는 (3)에 속하므로 북한 방식은 가능한 모든 활용형을 제시하고 있는 셈이다.

그러면 이 사전의 방식은 어떤가. 먼저 형용사의 경우를 살펴보면 관형사형 '-ㄴ'은 (1)에, 연결형 '-아'는 (2)에, 종결형 '-습니다'는 (3)에 속하므로 북한 방식과 마찬가지로 가능한 모든 활용형을 형성하기에 충분한 조건이 갖추어져 있다. 그러나 동사의 경우 문제가 생긴다. 왜냐하면 관형사형으로 제시되어 있는 '-는'은 (3)에 속하는 유형으로 변이 형태를 가지지 않기 때문이다. 곧 동사의 경우 (3)에 속하는 어미가 '-는'과 '-습니다'의 두 가지 제시되어 있는 반면 (1)에 속하는 어미, 곧 경우에 따라서 조음소 '으'가 삽입되는 유형이 결여되어 있는 것이다.

이것은 규칙 동사의 경우 별 문제가 되지 않는다. 가령 '먹다'의 경우 활용형은 [먹는, 먹어, 먹습니다]로 되어 있지만 (1)에 속하는 '-면'을 이 사전에서 찾아보면 "-면'은 받침 없는 용언의 어간 뒤에, '-으면'은 받침 있는 용언의 어간 뒤에 쓰임'이라고 설명되어 있으므로 '먹으면'이라는 형태를 만들어 낼 수 있다. 그러나 '돕다'는 어떤가. '-면'이나 '-으면'에는 불규칙 용언에 관한 정보가 없으므로 '도우면'이라는 형태를 만들어 내기는 불가능하다. 불규칙 용언임을 표시한 종래의 사전은 사전에 활용표가 주어져 있으면 활용형을 만들어 낼 수 있지만 이 사전에는 활용표가 없다. 조심스럽게 관찰하면 '돕다'에는 '도와'라는 활용형이 제시되어 있으므로 불규칙 용언임은 알 수 있지만 활용표가 없는 이 사전만 가지고는 '돕다'의 어간과 연결어미 '-면'이 어떻게 결합되는지를 알 길이 없는 것이다.[9]

모어화자인 본국인 이용자에게 활용형은 자명한 사실일 것이다. 또 외국인 학습자라 할지라도 한국어 사전을 이용할 만한 수준에 도달해 있으면 이러한 활용형은 당연히 습득하고 있을 것이니 실제로 문제가 되는 일은 없겠다. 그렇다고 해서 불규칙 동사의 활용형이 명시되어 있지 않는 영어 사전을 생각해 볼 수 있을까? 사전에 용언(=어휘)과 어미(=문법)를 함께 수록하는 것이 과연 타당한가 하는 문제에 대해서는 논란의 여지가 있겠지만[10] 이 사전이 양자를 수록하는 이상 이용자가 다른 자료를 일체 참조함이 없이 활용형을 만들어 내기에 필요하고 충분한 정보가 주어져야 할 것이다.

앞에서 언급하였듯이 동사 관형형에 '-는'을 사용한 것은 동사와 형용사를 구별하기 위해서이다. 그러나 동사와 형용사의 구별은 품사를 표시함으

9) 일본의 한국어학에서는 조음소 '으'와 양성 · 음성으로 모습을 달리하는 '아/어'를 어간으로 포함시키는 방법이 사용되고 있다. 가령 '먹다'는 '먹-', '먹으-', '먹어-'의 세 가지 형태를 가지게 되어 각각 제Ⅰ어기, 제Ⅱ어기, 제Ⅲ어기라고 부른다. 이 방법을 취함으로써 거의 모든 어미 및 선어말어미는 형태를 하나로 통일시킬 수 있게 되며 특히 ㅂ변격 용언 등에서 어간과 어미의 경계가 애매해져 버리는 현상을 막을 수 있게 된다. 어기에 대해서는 菅野裕臣(1997)을 참조할 것.

10) 菅野裕臣(1995:18)에서는 '필자는 일본이나 한국의 국어 사전과 같이 어휘뿐만 아니라 접사나 어미까지 포함한, 이른바 문법서를 겸한 사전이라는 형식에는 찬성하지 않는다. (원문 일본어)'라고 언급하고 있다.

로써 밝혀져 있으므로 굳이 관형사형에 '-는'을 사용해서 구별할 필요는 없다고 필자는 본다.

활용형으로 관형사형을 제시한다면 동사에는 '-는'이 아니라 (1)에 속하는 과거 관형사형 '-ㄴ'을 제시하면 어떨까 하는 것이 필자의 생각이다.

한국어의 불규칙 용언을 외국인이 정확하게 파악하기 위한 관건은 어떤 용언이 규칙 용언인가 불규칙 용언인가를 기억하는 것이므로 불규칙 용언이라는 표시는 그것을 직관적으로 인식하기 위해 필요하다고 본다. 북한 방식은 불규칙 용언에만 활용형을 제시하였으므로 활용형 정보가 있다는 것으로 불규칙 용언임을 금방 알 수 있다. 그러나 이 사전은 모든 용언에 활용형을 제시해 놓았기 때문에 불규칙 활용이라는 표시는 이용자에게 많은 도움을 주게 될 것이다.

5. 표제어의 의미 설명

5.1. 예문의 제시

앞에서 말한 것처럼 이 사전은 한국어 사전으로서 처음으로 모든 표제어에 예문을 제시하였다. '불그죽죽하다'의 예문 '물의 빛깔이 불그죽죽하게 느껴졌으나 그것은 녹슨 수도꼭지에서 나는 녹내 때문이었을 것이다.'를 보면 예문이 표제어의 의미와 용법을 이해하는 데 얼마나 도움이 되는가를 알 수가 있으며 '한글'의 예문 '한글은 오랜 역사를 지닌 말이며'를 통해 '한글'에는 실제로는 '언어'라는 의미도 있음을 알 수 있는 것이다.

5.2. 문형의 제시

문형의 제시도 이 사전의 특징의 하나이다. 모든 용언에 그 격틀을 표시하면서 공기할 수 있는 명사가 한정되는 경우 그것에 대해서도 언급을 하였다. 이미 『현대 한국어 동사 구문 사전』이 이 사전의 편자의 한 분인 홍재성 교수 등에 의해 출판되었지만 일반 사전에서 이러한 시도가 행해진 것은 특필할 만한 일이다.

'만들다'를 예로 들면 '[1]이 [2]를 만들다'와 '[1]이 [2]를 [3]으로/[절]만들다'([절]은 '-게' 또는 '-도록'을 포함하는 종속절을 가리킴)의 두 개 문형이 제시되고 전자는 [1], [2]에 어떤 명사가 오는가에 따라서 하위 분류가 되어 있다. '어둡다'는 '모르다'라는 의미로 쓰일 경우 '[1]이 [2]에 어둡다'처럼 '-에'격을 요구하고 그 외의 의미로는 '[1]이 어둡다'처럼 주격만이 필수 성분이라는 것을 밝히고 있다. 또 '유명하다'는 '[1]이 ([2]로) 유명하다'처럼 제시되어 괄호 속이 수의 성분이라는 것을 알 수 있다(괄호가 어떠한 의미를 가지는지 설명되어 있지 않지만 상식적으로 이것을 수의 성분으로 해석한다).

그런데 이 사전에서는 자동사와 타동사가 같은 형태를 취하는 '움직이다'와 같은 동사도 그 자동·타동의 차이는 '[1]이 움직이다'와 '[1]이 [2]를 움직이다'처럼 '만들다'의 문형의 차이와 동일한 차원에서 처리되어 있다. 곧 자동사와 타동사를 구별하지 않았다. 이 사전은 그 이유로서 구분의 기준이 불투명한 경우가 많고 사전에 따라 구분이 다른 경우가 많다는 것, 용언은 어떤 격틀을 가지고 어떤 성분과 결합하는지를 알아야 정확한 의미를 파악할 수 있다는 것을 들어 자동·타동의 구별 대신 용언이 취할 수 있는 격을 표시하였다고 한다. 동일 차원에 속하는 격 중에서 대격만을 특별한 것으로 보아서는 안 된다는 이유일 것이다. 이것은 평가할 만한 일이다.

약간의 문제점을 들어 본다. '속다'의 문형은 '[1]이 [2]에 속다'로 되어 있다. 그러나 예문에 '거짓말에 속아서' 외에 '남자에게 속고 있다'도 제시되어 있는만큼 '[1]이 [2]에게 속다'라는 문형도 필요한 것이다. 또 '가다'에는 '영철이에게 간다'처럼 [2]가 유정명사인 '[1]이 [2]에게 가다'라는 문형이 있을 것으로 보이며 '택하다'는 '[1]이 [2]를 ([3]으로) 택하다'와 같이 구격이 수의 성분으로 제시되어 있는데도 '선택하다'는 '[1]이 [2]를 선택하다'로 되어 있다. '선택하다'나 '택하다'는 '이 사전으로 선택한다/택한다'라는 문장도 가능한 것으로 보인다.

이와 관련하여 문형을 제시한다면 그 문형에 맞는 예문이 제시되어야 할 것이다. '외면당하다'의 문형은 '[1]이 [2]에게 외면당하다'로 되어 있지만 제시된 세 개 예문 중에서 그 문형을 취하는 것은 하나도 없고 그 중 두 개는 '[1]이 [2]로부터 외면당하다'이다. 다만 이것은 예문보다는 제시된 문형의 문제라 해야 할 것이다.

5.3. 어휘적 의미의 설명

말뭉치를 통해 얻어진 정보는 문법적 의미뿐만 아니라 어휘적 의미를 기술하는 데까지 충분히 참고되어야 함은 물론이다. 구체적인 예로 이 사전에서 '문방구'라는 단어를 찾아보기로 하자. 거기에는 다음과 같은 두 예문이 제시되어 있다.

> '막내 아들이 연필이며, 지우개며 이런 저런 문방구들을 몽땅 사들고 와서는 어제부터 열심히 공부하겠다고 말하는 모습이 무척 귀엽고도 대견스러웠다.'

'아침에 볼펜 사느라고 문방구에 들렀는데, 그 때 나와서도 돈을 확인했어.'

곧 '문방구'에는 '도구'라는 의미와 그것을 '파는 곳'이라는 의미의 두 가지가 있음을 예문을 통해 알 수 있다. 이 사전에서는 다음과 같이 이 두 가지 의미가 부족함 없이 잘 설명되어 있다.

① (종이, 자, 연필, 지우개 따위의) 공부를 하거나 사무를 보는 데에 필요한 도구. ②(종이, 자, 연필, 지우개 따위의) 공부를 하거나 사무를 보는 데에 필요한 도구들을 파는 가게.

그런데 종래의 사전에서는 ②의 의미가 기술되어 있지 않았다.

『국어』 붓 · 종이 · 먹 · 벼루 · 펜 · 잉크 · 연필 등 문방에 필요한 기구. 문구. 문방 제구.
『우리』 학용품과 사무용품을 통틀어 이르는 말. 문방 제구.
『금성』 글을 쓰거나 사무를 보는 데 필요한 기구. 문방 제구.
『한글』 학용품과 사무용품 따위를 통틀어 일컫는 말. 문방제구.[11]

위에서 알 수 있듯이 '문방구'에 '가게'의 의미가 있음은 이 사전이 한국어 사전으로서는 처음으로 밝힌 셈이다. 사전 편집에 용례 수집이 얼마나 중요한가를 잘 보여 주는 단적인 예라 하겠다.

위와 반대로 사전에는 실제로 쓰이지 않을 것으로 보이는 용법이 실려 있는 예가 있다. '라면'을 여러 사전에서 어떻게 설명하고 있는가를 살펴보

11) 『한글』=『우리말 큰사전』.

면 다음과 같다.

『국어』 ①중국 음식의 한 가지. 밀가루에 달걀 · 소금을 넣고 반죽하여 국수 가락처럼 만들어, 이것을 삶아 간장 같은 맛이 나는 국에 말아서 먹음. ②인스턴트 라면.
『우리』 ①'라멘'을 인스탄트 식품으로 개발한 국수. ⇨라멘.
『금성』 ①밀가루를 주재료로 한 중국식 국수의 하나. ②중국식 국수를 개량하여 조리(調理)하기 쉽도록 인스턴트 식품으로 만든 건면(乾麪).
『한글』 ①중국식 국수의 한 가지. 밀가루에 계란, 소금을 넣고 국수 가락처럼 만들어 삶아서 간장과 국물을 부어 먹는다. ②국수를 증기로 익히고 기름에 튀겨 말린 즉석 식품. 가루 수프를 따로 넣으며, 굳기름이 많아 열량이 높다.

위 사전들은 『우리』를 제외하고 '라면'에 두 가지 의미가 있는 것으로 기술하였다.12) 그런데 한국어의 '라면'에 ①의 의미로 쓰이는 일이 있는지 극히 의심스럽다. 과연 이 사전에서는 다음과 같이 설명하고 있다.

말린 양념과 고명과 함께 금방 끓여서 먹을 수 있는, 튀겨서 말린 국수.

이것이 현대 한국어로서의 '라면'의 의미에 맞는 설명이라 하겠다.

그런데 이 사전 중에는 아깝게도 의미 설명이 불충분한 것으로 보이는 예도 없지는 않은 것 같다. 예를 들면 다음과 같은 것들이다.

'게임'은 '①운동경기. ②여러 사람이 함께 하는 놀이.'라고 설명되어

12) 『우리』의 의미 설명은 비교적 현실을 반영한 것으로 되어 있지만 현대 한국어에 '라멘'이란 단어가 정말로 존재하는지 의심스럽다. '라멘'의 의미 설명은 다른 사전의 '라면①'과 유사하다.

있다. 그러나 게임은 혼자 할 수도 있으니 ②의 '여러 사람이 함께'라는 말은 없어야 할 것으로 생각된다. '피아니스트'는 '피아노를 연주하는 사람.'이라고 아주 간단하게 설명되어 있지만 '전문가로서' 또는 '직업으로서'라는 정보가 없으면 피아노를 연주하는 모든 사람이 피아니스트가 되어 버린다. '기차'를 '증기의 힘이나 디젤 기름의 힘으로 움직이는 기관으로 철도 위로 밀거나 끄는 차.'로 한 것은 전기의 힘으로 움직일 수도 있다는 사실을 무시해 버린 결과이며, '모음'의 '사람이 목청을 울려 내는 소리.'라는 설명과 '유성음'의 '목청을 울려서 내는 소리.'라는 설명은 거의 같다. 물론 이들이 이 사전의 전형적인 예라고 할 수는 없지만 용례의 제시에 기대어 의미 설명을 소홀히 한 면이 없지 않은 것 같다.

또한 '다다미방'의 설명에 표제어에 없는 '다다미'가 쓰인다는 것도 학습 사전으로서는 개선이 요망될 것이다.

6. 결론

지금까지 단편적이나마 이 사전이 갖는 특징이라 할 수 있는 부분을 개관해 보았다. 다시 언급하겠지만 이 사전은 종래 백과 사전적 성격이 짙었던 한국의 한국어 사전을 언어 사전이 원래 갖추어야 할 모습으로 끌어올렸다는 점에서 쾌거라 할 만한 존재이다. 현재까지 한국의 한국어 사전의 인습처럼 되어 왔던 고어의 수록을 일체 하지 않았다는 것도 평가할 일이다. 의미 설명이 비교적 쉬운 한국어로 쓰여져 있다는 면에서도 외국인 학습자가 이용하는 한국어 사전으로서의 조건을 충분히 갖추고 있다.

사소한 일까지 따지면 불만이 없는 것은 아니다. 앞뒤가 안 맞는 기술이 보이는 것은 유감스러운 일이다. 범례와 본문의 기술에 모순이 있거나 참고란에 제시된 단어가 표제어에 없다는 예가 더러 보인다. 이 사전은 처음으로 시도된 부분이 많아 피할 수 없는 면도 있었겠지만 그것을 감안하더라도 오류가 눈에 띄는 것 같은 느낌이다.

또 비모어화자의 입장에서는 단계별 중요 단어에 대한 정보가 주어졌으면 한다. 이 사전에 올라 있는 표제어의 빈도수는 자료로서 존재하므로 그 정보가 이 사전에 주어지면 학습 사전으로서의 가치를 한층 더 높일 것이다.

또한 사소한 일이지만 참고 문헌을 주요한 것만이라도 제시해 주었으면 한다.

이 사전의 편집 모체인 연세대학교 언어정보개발연구원의 전신인 연세대학교 한국어 사전 편찬회가 발족한 1986년 당시, 말뭉치를 이용한 사전 편집은 세계적으로 보아도 아직 요람기에 있었다고 할 수 있다.[13) 그것도 사전 편집이 업적으로 평가되기 어려운 상황이었으면서도 이론적 기반을 쌓아올려 드디어 출판하기에 이르렀다. 그 노력과 역량에 진심으로 경의를 표하고 싶다. 자칫하면 일본의 한국어학에는 한국 본국의 연구 성과를 경시하는 풍조가 없지 않지만 이 『연세 한국어 사전』은 그 인식을 바로잡게 하는 데 큰 공헌을 할 것이다.

참고문헌

남기심 · 이희자(1998), "새로운 사전 편찬의 개념과 실제 : 『연세 한국어 사전』을 중심으로", 『사전 편찬학 연구』 8-1, 연세대학교 언어정보개발연구원,

13) 齊藤俊雄 외(1998) 참조.

33-66.
한송화(1998), "동사의 사전적 처리의 제문제", 『사전 편찬학 연구』 8-1, 연세대학교 언어정보개발연구원, 105-144.
홍재성 · 김원근 · 김현권 · 류시종 · 박만규 · 박진호 · 심봉섭 · 안근종 · 우순조 · 임준서(1997), 『현대 한국어 동사 구문 사전』, 두산동아.
菅野裕臣(1988), "文法概說", 『コスモス朝和辭典』, 白水社.
菅野裕臣(1995), "朝鮮語語彙のクラスをめぐって", 『朝鮮文化研究』 2, 東京大學文學部朝鮮文化研究室.
菅野裕臣(1997), "朝鮮語の語基について", 『日本語と外国語との對照研究 Ⅳ 日本語と朝鮮語』 (下卷), 國立國語研究所.
龜井孝 외(1996), 『言語學大辭典』 6, 三省堂.
內山政春(1999), "『延世韓國語辭典』", 『朝鮮學報』 172, 朝鮮學會.
野間秀樹(1990), "朝鮮語の名詞分類 -語彙論 · 文法論のために-", 『朝鮮學報』 135, 朝鮮學會.
齊藤俊雄 외(1998), 『英語コーパス言語學』, 研究社出版.

〈참고 사전류〉
이희승 편(1994), 『국어 대사전(제3판)』, 민중서림.
김민수 · 고영근 · 임홍빈 · 이승재(1991), 『국어대사전 : 금성판』, 금성출판사.
신기철 · 신용철(1986), 『새 우리말 큰사전(제7차 수정 증보판)』, 삼성출판사.
연세대학교 언어정보개발연구원(1998), 『연세 한국어 사전』, 두산동아.
한글학회(1991), 『우리말 큰사전 : 온면 천연색판』, 어문각.
사회과학출판사(1992), 『조선말대사전』, 사회과학출판사.
조선 민주주의 인민공화국 과학원 언어 문학 연구소 사전 연구실(1960~1962), 『조선말 사전』, 과학원출판사.
국립국어원(1999), 『표준국어대사전』, 두산동아.
菅野裕臣 외(1991), 『コスモス朝和辭典(第2版)』, 白水社.

* 이 글은 아래의 논문을 이 책의 기획과 형식에 따라 수정한 것임을 밝힌다.
우치야마 마사하루(1999), 일본인 연구자가 본 『연세한국어사전』, 『사전 편찬학 연구』 9, 57-75.

말뭉치를 이용한 사전 편찬에서의 몇 문제에 대하여

최정도

1. 서론

사전을 편찬하면서 말뭉치(Corpus)를 이용하는 것은 이제 매우 보편화되어 있다. 사전 편찬에 있어 말뭉치와 컴퓨터를 불가결한 요소라 언급한 한영균(2007:9)에 따르면, 1980년대 후반부터 국내외를 막론하고, 사전을 만드는 일은 그 이전과는 전혀 다른 과정을 밟게 되었고 컴퓨터와 코퍼스를 활용하지 않고 사전을 만든다는 것은 상상하기 어렵게 된 것이라고 하였다. 또한 이러한 문제는 사전 개발에 컴퓨터를 활용하게 되었다는 것이 단순히 사전의 원고를 집필하고 관리하는 것을 의미하는 것이 아니라 사전의 항목 기술에 필요한 제반 언어 정보를 코퍼스와 언어 자료 처리 도구를 이용해서 추출해 내고 그 결과를 분석·정리하는 데에서 시작한다고 강조한 바 있다.

잘 알려진 바와 같이 『연세 한국어사전』(1998)은 국내 최초로 말뭉치를 이용하여 객관적인 빈도를 기준으로 표제어가 선정되고, 각 항목이 말뭉치에서 나타나는 용법을 중심으로 기술된 사전이다. 이후 『표준 국어 대사전』(1999)[1], 『고려대 한국어대사전』(2009), 『(미간)연세 현대

1) 다만 『표준 국어 대사전』은 그 편찬지침에서도 밝히고 있듯이 말뭉치 활용이 용례

한국어사전』, 『(미간)겨레말큰사전』 등은 현실에서 사용되는 한국어의 모습을 반영하고자 말뭉치를 활용한 결과물들이라 할 수 있다.[2)]

이러한 언어정보의 총체인 사전을 편찬하기 위해서는 각 편찬 기관, 단체마다 내부적으로 빈도와 용례를 확인하기 위한 말뭉치가 필요하다. 이 말뭉치는 직접 구축할 수도 있고 이미 만들어져서 사용이 가능한 것을 이용할 수도 있다. 실제 『연세』를 편찬하기 위해 연세대학교 사전 편찬실(현, 언어정보연구원)에서는 4,300만 어절 규모의 말뭉치를 직접 구축하여 사전 편찬에 활용하였다.[3)] 그러나 말뭉치 구축에 비용, 시간, 노력이 상당히 소요된다는 현실적인 문제도 있거니와 '21세기 세종계획'을 통해서 구축된 상당량의 말뭉치가 배포되어 있기 때문에 사전을 편찬함에 있어서 말뭉치 구축에 대한 사항은 더 이상 큰 화제가 되지 못하고 있는 듯하다.[4)] 그리고 국내에서 여러 기관을 통해 대략 1억 어절을 넘어 2억 어절에 가까운 정도의 규모로 말뭉치가 구축되어 있다 보니[5)], 현 시점에서는 시급히 많은 양의 자료를 확보해야 했던 이전과는 달리 이미 구축된 자료의 질적인 문제를 고민해야 할 시기가 되었다. 양이 늘어나는 만큼 연구자가

제시에 초점이 맞추어져 있기 때문에, 제시된 다른 사전들과는 말뭉치를 이용한 목적이 다르다. 『표준 국어 대사전』은 말뭉치 인용 용례의 출전을 명확히 밝힘으로써 인용된 용례와 작성된 용례를 구분할 수 있도록 했다.

2) 앞으로 『연세 한국어사전』(1998)은 『연세』로 『표준 국어 대사전』(1999)은 『표준』으로 『고려대 한국어대사전』(2009)은 『고려대』로 줄여서 나타낸다.

3) 사전 편찬이 목적이었는지는 확실하지 않으나 고려대학교에서도 '한국어 말모둠 1(KOREA-1 CORPUS)'가 구축된 바 있다.

4) 과문의 탓인지는 모르겠으나 필자는 일부 특수 말뭉치(학습자 말뭉치, 교과서 말뭉치 등)를 제외하고서는 국내에서 세종 말뭉치 이후 일반 말뭉치(범용 말뭉치)가 구축되고 있다는 소식을 접해 보지 못했다. 이후 언급하겠으나 『고려대 한국어대사전』(2009), 『(미간)연세 현대한국어사전』에서도 『연세 한국어사전』(1998)처럼 사전 편찬을 목적으로 말뭉치를 별도로 구축하지는 않았다.

5) 국내의 대표적인 대규모 말뭉치인 연세 말뭉치(약 4천3백만 어절), 카이스트 말뭉치(약 7천만 어절), 세종 말뭉치(약 6천만 어절)만을 합하여도 대략 1억 7천만 어절 규모의 말뭉치(원시 말뭉치)가 구축되어 있다.(이는 공통되는 목록을 추려내지 않은 수치이다.)

확인해야 할 것들이 많아진 것이 오히려 어려운 문제가 되는 상황을 맞게 된 것이다. 특히나 국가가 주도한 사업인 '21세기 세종계획'의 일환으로 말뭉치가 상당량으로 구축된 이후[6]로는 말뭉치 구축(기존 말뭉치의 보완이나 새로운 말뭉치의 확보)에 대한 논의가 사그라지고 만 듯이 보인다.

이에 국내 대부분의 학교, 연구기관, 연구자가 언어자료로 사용하고 있을 것으로 예상되는 '세종 말뭉치'[7]를 다시금 분석해 보고, 이를 사전 편찬에 활용할 때 걸림돌이 될 몇 문제를 제시하고 문제가 있다면 이를 보완하기 위한 방안에 대해서 언급하는 것이 이 논의의 목적이다. 이 논의는 단순히 '21세기 세종 계획'의 결과물인 '세종 말뭉치'에 문제가 있기에 그것을 문제 삼아 비판하고자 하는 것이 아니라, 현재 우리가 사전을 편찬하면서 주로 사용하고 있는 말뭉치('세종 말뭉치'[8])의 현황을 분석하는 데에 초점이 맞추어져 있다.[9]

---

6) 2007년 9월에 '최종 성과물'이 일반에 배포되었으며, 그 수정본이 2009년 12월과 2010년 12월에 다시 배포되었다. 말뭉치의 경우에는 그 내용물이 조금씩 차이가 나기 때문에 비교하여 확인할 필요가 있다.

7) 이 논의는 단순히 '21세기 세종 계획'의 결과물인 '세종 말뭉치'에 문제가 있어서 그것을 문제 삼아 비판하는 것이 아니라, 사전을 편찬함에 있어 우리가 사용하는 말뭉치가 이러하다는 점에 초점을 맞추고 있기 때문에 다른 오해가 없기를 바란다.

8) 세종 말뭉치는 사전 편찬이 목적이었던 '연세 말뭉치'와는 달리 그 목적이 '범용'이기 때문에 논의하기에 적절치 않다는 의견이 존재할 수 있다. 연세 말뭉치는 이상섭(1990)에서 살펴볼 수 있듯이 그 기획과 구성이 사전 편찬을 목적으로 한다. 하지만 그 말뭉치를 들여다보면 그 내용은 사전 편찬을 위한 어떤 특수한 말뭉치가 아니다. 기획과 구성이 사전 편찬을 목적으로 된 것이지, 그 말뭉치의 내용은 일반 말뭉치와 다름이 없다. 이에 세종 말뭉치나 카이스트 말뭉치의 경우 사전 편찬을 목적으로 만들어진 말뭉치는 아니기에 그 구성에 문제는 발생하겠으나, 그 내용은 사전 편찬에서도 능히 사용될 수 있는 말뭉치이다. 문제는 그러한 말뭉치가 현재 이 시점에 사전 편찬에 사용되고 있는 주된 말뭉치라는 점에 있다.

9) 왜냐하면 『고려대』가 명확히 밝히고 있지는 않으나 사전을 편찬할 때 사용한 것이 '세종 말뭉치'이고, 필자가 알기로 『(미간)겨레말큰사전』에서 사용하는 말뭉치에도 '세종 말뭉치'가 흡수되어 있으며, 연세대학교 언어정보연구원에서 편찬하고 있는 사전에서 사용하고 있는 말뭉치에도 '세종 말뭉치'가 포함되어 있기 때문이다. 단, 연세대학교 언어정보연구원에서 편찬하고 있는 사전에서는 이전 '연세 말뭉치(4,300만

현재 우리가 사용하고 있는 대표적인 자료(말뭉치)의 문제점을 지적하면서, 사전 편찬과 관련된 논의를 진행할 것이다.

2. 왜 말뭉치인가?

특정 언어에 나타나는 현실 언어의 양상을 있는 그대로 사전에 반영하기 위해서라면, 언어 정보의 보고라고 할 수 있는 말뭉치를 사용하는 것이 도움이 될 것이다. 실제 알고 있는 어휘의 용법을 정확하게 파악할 수 있고, 말의 변화로 인해 용법이 바뀌어 가고 있을 경우 직관에 의한 부정확한 정보보다는 신뢰할 수 있는 객관성을 보장해 준다.

그리고 일상생활에서 자주 사용하고는 있지만 사전에 등재되어 있지 않은 목록을 추가하는 데에도 도움을 준다. 이는 다른 사전과의 표제어 목록 비교나 일상생활에서의 뛰어난 통찰력을 통해 보완할 수도 있지만, 말뭉치를 이용하는 것이 더 많은 도움이 된다. 빈도와 관련한 사용 양상에 대해서는 직관으로는 파악이 불가능하고 오직 말뭉치를 이용해서만이 가능하다. 그리고 신어의 목록 추가에도 말뭉치의 이용이 효과적이라 하겠다.

언어 연구(여기서는 사전 편찬)에 있어서 말뭉치를 이용했다 함은 빈도, 용법(문형 정보, 활용 정보, 발음 정보 등) 용례 등의 정보를 활용하는 것으로 이해된다. 이때 무엇보다 중요한 것이 빈도이다.[10] 어떤 어휘의

어절, 원시 말뭉치)'도 함께 사용하고 있다.

10) '한국 사전학회 제16차 전국학술대회'에서 고려대 김일환 선생님께서 지적해 주셨듯이, 빈도 이외에도 연어와 같은 정보들이 중요하게 작용될 것이다. 그러나 여기서 빈도가 중요하다 함은 문법 정보와 같은 다른 사항들이 덜 중요하다는 의미는 아니라 '빈도'라는 정보가 언어 처리에 있어 아주 기본적인 정보가 된다는 것과 이 논의의 초점이 '빈도'에 맞추어져 있음을 강조하는 것이다.

단순 사용 빈도, 의미빈도 등은 특히 말뭉치를 이용한 사전 편찬에서 표제어의 선정 여부, 표제항의 구성 방법 등에 큰 영향을 미치는 요소들이기 때문이다. 아래는 사전을 편찬함에 있어 '빈도'를 중요한 정보로 다룬 실제 사례들인데, 빈도가 어떻게 이용되는지를 보여준다.

(1) 기초학습 연세 한국어사전, "16쪽"

> **1. 표제어**
> **1.1. 표제어의 수록 범위**
> 6차 개정 초등 학교 교과서 전학년 전과목을 전산화하여 〈기초 학습용 말뭉치〉를 구축하고 이에 근거하여 한 번이라도 쓰인 단어이면 모두 표제어로 삼았다. 그 외에도 빈도에 근거하여 중요한 단어들을 선별하여 싣는다.

(2) 연세 한국어 사전, "일러두기"

> **표제어**
> **Ⅰ 표제어의 수록 범위**
> 1. '연세 말뭉치'에서 사용 빈도가 14번 이상인 약 5만 개의 단어 및 문법 형태소를 표제어로 삼았다.
> Ⅱ 표제어의 배열
> 2. 표제어의 배열: 자모의 순서에 따르되, 한 품사 안에서는 고유어, 한자어, 외래어의 순으로 배열하고, 그 안에서는 빈도수에 따라 배열하였다.

> **풀이의 체계**
> **Ⅰ 뜻풀이**
> **4. 뜻풀이에서 뜻의 갈래를 표시하는 방식은 다음과 같다.**
> ②동사의 경우: 사용자의 편의를 위해서 되도록 기본 격틀에 가까운 문장으로 풀이를 하였다. 뜻풀이의 하위 분류의 순서는 통사 구조를 가장 우선으로 하였고, 격틀이 같을 경우 기본 의미부터 배열하되 기본 의미가 명확하지 않을 때는 사용 빈도순에 따랐다.

(3) 고려대 한국어대사전, "일러두기"

> **표제어**
> **1. 수록 범위**
> 1) 현대 한국어의 어휘를 수록하였다. 고려대 민족문화연구원에서 구축한 한국어 어휘 데이터베이스에서 가려 뽑은 어휘 약 39만 개를 표제어로 삼았다.[11)]
> **3. 배열순서**
> ③어휘 형태소는 사용 빈도가 높은 순으로 배열하였다.

11) 도원영(2003:87)에서는 표제어 선정을 위해 사용한 1차 자료(말뭉치)로 고려대학교 민족문화연구원 전자텍스트연구소에서 구축한 '한국어 말모둠 1'(1,000만 어절)을 사용하고, 2차 자료로 '한자 말모둠'('한국어 말모둠 1'에 포함되지 않은 1,200만 어절 규모의 말뭉치)을 사용했다고 되어 있으나, 편찬된 사전의 일러두기에서는 한국어 어휘 데이터베이스(약 1억 어절-실제 일러두기에는 '1억 어절'이라는 수가 명시되어 있지 않고, 사전이 편찬될 즈음에 홍보된 자료에 1억 어절이라는 문구가 보인다)를 사용했다고 되어 있다. 이후 도원영(2010)의 각주 5)에서 "1994년부터 2005년까지는 기본적으로 천만 어절 규모인 한국어 말모둠 1(Korea Corpus 1)에서 표제어의 용례를 추출하여 수작업을 통해 용례 속에 나타난 의미를 확인, 분류하고 정리하여 사전에 기술하였다. 2006년부터는 천사백만 어절 규모의 형태 분석 말뭉치를, 2008년부터는 천오백만 어절 규모의 형태 의미 분석 말뭉치를 사용하였다."라고 밝히고 있다. 결국 보고된 것으로 판단하자면『고려대』는 1,500 어절 규모의 말뭉치 이상은 사용하지 않은 것으로 파악할 수 있다. 현재 이 말뭉치는 '고려대학교 민족문화연구원'의 홈페이지에서 자체 용례검색기를 통해 검색이 제공되고 있다. http://db.koreanstudies.re.kr/sjriks/corpusFrame.jsp

뜻풀이 2. 제시 방법 1) 하나의 표제어에 뜻풀이가 여러 개 있는 경우에는 사용 빈도가 높은 의미를 앞에 배열하였다.[12]

『연세』와 『고려대』는 표제어 배열에서 기존의 사전들과 차별된다. 즉, 동형태의 어휘를 배열하는 기준을 사용 빈도에 두고 있는 것인데 이는 홍종선(2000)과 도원영(2000, 2003)에서 지적했듯이 현실 언어에서의 사용 양상(중요도)을 반영한 것이기도 하거니와 사용자의 입장에 선 방식이라 할 수 있다. 예를 들어 보이자면 '힝'이라는 표제어가 『표준』에는 아래와 같은 방식으로 배열되어 있다.

(4) 『표준』에서의 표제어 '힝'(『표준』의 어깨번호를 그대로 제시)

힝01「부」코를 아주 세게 풀거나 콧김을 부는 소리. 힝02「감」아니꼬워 비웃는 콧소리. 힝03「명」『방』 형01(兄)의 방언(경남).

『표준』은 말뭉치에서 추출한 언어 정보를 활용하지 않은 표제어 배열 방식을 택하고 있는데[13], 이를 위해 시험적으로 실제 세종(말뭉치)의 원시 말뭉치(약 6천만 어절)에서 '힝'이라는 검색어(keyword)로 검색해

12) 뜻풀이의 경우 기본의미를 우선해서 제시하지 않고, 갈래뜻(의미)의 빈도순으로 뜻풀이를 제시하고 있다.
13) 국립국어원(2000:16~21)에 따르면 『표준』의 표제어 배열 방식('주표제어의 동음이의어 배열 순서')은 '[고유어]→ [한자어]→ [외래어] / [표준어]→ [북한어]→ [방언]→ [오표기]'순이다.

보았다. 아래는 그 결과이다.

(5) '힝'의 용례검색 결과

표제어	뜻풀이	빈도
힝01	「부」코를 아주 세게 풀거나 콧김을 부는 소리.	4
힝02	「감」아니꼬워 비웃는 콧소리.	10
힝03	「명」『방』 형01(兄)의 방언(경남).	0

(6) 힝01의 용례14)

치맛자락을 걷어 _**힝**_하고 코를 푸는데 콧물은 눈물과 엇비슷한 것, 청승궂다.
억쇠는 코를 _**힝!**_하고 풀더니 옷섶에 손을 문지르며 가버렸다.
엄지손가락으로 코를 _**힝**_풀어 그 옆 전봇대 허리에 쓱 문댈 때에는 … (후략)
정씨가, … (중략) … 돌아왔다고 울먹이며, 물코를 _**힝**_들이켰다.

(7) 힝02의 용례

_**힝**_어임없다!"
이리는 _**힝**_콧소리를 한 번 내고 "자넨 팔자가 좋구먼.
"내가 네 놈들 구경감이 될 것 같으냐, _**힝!"**_
_**힝,**_니가 기운 좀 세다고…… 한 팔로 나를 웃에미에다 날릴 것 같으냐?
_**힝,**_거름더미만한 섬 셋뿐이여.
_**힝,**_지들도 낯짝이 있지. 어떻게 벌건 대낮에 호텔에 가노?
_**힝,**_임마, 웃기지 마.
흥, 어디 섬사람들 편역들어 못하게 막아줄 줄 알고, _**힝,**_두고 봐라."
네놈들 맘보가 그렇게 곱다 그거냐, _**힝."**_
_**힝**_……금전·현금…… [일본]

14) 문맥색인은 키워드(keyword)를 도드라지게 하기 위해 '_키워드_'의 형식으로 나타내었다.

'세종 말뭉치'[15]에서 '힝'의 전체 빈도는 14인데 '힝01'은 4번, '힝02'는 10번 나타나고, '힝03'은 대상 말뭉치에서 나타나지 않았다.[16] 이러한 빈도 정보를 반영하여 표제어를 재배열하면 아래와 같다.

(8) 표제어 '힝'(『표준』)의 빈도 결과의 의한 재배열

표제어 (『표준』)	재배열 (빈도순)	뜻풀이	빈도
힝02	힝01	「감」아니꼬워 비웃는 콧소리.	10
힝01	힝02	「부」코를 아주 세게 풀거나 콧김을 부는 소리.	4
힝03	힝03	「명」『방』 형01(兄)의 방언(경남).	0[17]

15) 이 검색에서 사용한 말뭉치는 2007년도 수정판 '세종 말뭉치' 중에 '원시 말뭉치', 2,109개의 표본이다.

16) 『고려대』에서는 『표준』과 달리 아래에 보인 것처럼 '방언'을 동형어 1로 삼았는데 '세종 말뭉치'에서 검색이 되지 않은 것으로 검증이 필요한 부분이라 하겠다. 경험적으로 보아도 '방언'의 빈도가 높을 것으로는 예상되지 않는다.(다만, (3)에서는 확인할 수 없는 부분이었지만, 『고려대』의 세부 지침에 '품사별' 어휘 배열에 대한 규정이 있다면 아래 순서에서 방언 '명사'인 '힝1'이 먼저 제시될 것으로 예측된다. 그러나 용례 확인이 되지 않았다는 데에는 변함이 없다.)

– 『고려대』에서의 표제어 '힝'(『고려대』의 어깨번호를 그대로 제시) –

힝1「명」《방》 '형1(兄)'의 방언(경상). 힝2「부」코를 아주 세게 푸는 소리를 나타내는 말. 힝3「감」남의 행동이나 말 따위가 아니꼬워 코웃음을 치면서 비웃을 때 내는 말.

'고려대 민족문화연구원'에서 제공하고 있는 검색기에서는 1,500만 어절 규모의 형태 의미 분석 말뭉치를 검색해 볼 수 있는데, 이 말뭉치는 『고려대』 편찬의 토대가 되는 말뭉치이다. 아래의 결과는 이 말뭉치에서 '힝'을 검색해 본 결과이다. 여기서는 '힝1(고려대)'의 용례를 확인할 수 없다.

검색어	빈도	용례
▶힝 (MAG, 부사)	5	한바탕 야료를 치고 나더니 술이 모자란다면서 _**힝하니**_ 나가드군.」 나는 꿈 속 같이 _**힝한**_ 정신으로, 정열에 사모친 그들의 노래와 춤에 싫... 놀라서 물으니까 형태는 _**'힝'하고**_ 그냥 웃을 뿐이다. "어때?" 하고 부루도꾸는 포켓 속에서 양담배를 꺼내 뵈면서 _'힝'_ 웃었다. "어때?" 하고 부루도꾸는 포켓 속에서 양담배를 꺼내 뵈면서 _'힝'_ 웃었다.
▶힝 (IC, 감탄사)	2	"_힝,_ 지들도 낯짝이 있지. "_힝,_ 임마, 웃기지 마.

이렇게 실제 언어생활에서 사용자에게 가장 많이 노출되어 있는–즉, 빈도가 높은–어휘(표제어)를 우선 배열함으로써 사전을 이용하는 이가 손쉽게 찾아볼 수 있도록 구성하는 데 유용하다.

또 말뭉치에서 추출해낸 빈도 정보는 뜻풀이의 순서를 정하는 데에도 그대로 적용된다. 『고려대』는 『연세』에서 한 걸음 더 나아가 뜻풀이 방식에서도 사용 빈도를 적극적으로 고려하여, 다의어의 경우 여러 의미 중 고빈도의 의미를 앞서 배치하였다.

『금성』	**두태**豆太「명」 ①콩과 팥. ②『생』 '콩팥' 의 군두목.
『우리말』	**두태**군두목.豆太. (이) =태두01.
『표준』	**두태**荳太「명」「1」콩과 팥을 아울러 이르는 말. ¶ 쌀과 좁쌀을 서너 말 사고 {두태랑} 밥밑까지 구했으니 한동안 양식은 넉넉하다.≪이기영, 신개지≫§ 「2」『의』 콩팥02 을 한자의 뜻을 빌려 쓴 말.
『고려대』	**두태**[곡豆太] 명❶콩과 팥을 아울러 이르는 말. ¶흔히 시골에서는 논둑에 두태를 심어 놓고 벼를 벨 즈음에 수확한다. ②「생물」한자의 뜻과 무관하게 음과 훈을 취하여 물건의 이름을 적는 방식으로 콩팥1을 이르는 말.

위 표에서 다른 사전은 표제어의 여러 의미를 '기본 의미'에서 '주변 의미'순으로 제시한 것인데, 『고려대』는 사용 빈도를 우선 고려하여 가장 높은 빈도로 나타나는 의미를 까만색 원('❶')으로 표시하여 제시하였다. 이러한 것 역시 말뭉치가 없이는 얻을 수 없는 정보이다. 이처럼 말뭉치는 사전을 편찬하기 위해 반드시 필요한 개념으로 자리 잡게 되었다.

그러나 이렇게 말뭉치에 나타난 빈도를 이용할 때는 유용한 점도 있지만 어려운 점도 함께 발생한다. 표제어 선정의 경우 표제어의 항목수가

17) 사전의 성격, 규모에 따라 '힝03'은 표제어로 선정하지 않을 수도 있을 것이다.

적을 경우(항목수 10만 이하의 사전)에는 문제가 발생할 가능성이 적다. 말뭉치에서의 표제어를 선정하는 과정을 가늠하기 위해 실제 말뭉치에서 형태 빈도를 살펴보았다.

(9) 세종 형태분석 말뭉치(1,200만)에서의 형태 빈도

빈도9 이상 : 약 49,000여 개
빈도3 이상 : 약 96,000여 개
빈도1 이상 : 약 250,000여 개(전체)

위는 세종 말뭉치 2009년도 수정판의 형태분석 말뭉치(약 1,200만 어절)[18]에서 형태 빈도를 구한 결과인데, 전체 형태의 유형 빈도는 약 25만이다.[19] 빈도9를 기준으로 하면 대략 5만 개 정도의 표제어를 선정할 수 있고, 빈도3을 기준으로 하면 대략 10만 정도의 표제어를 선정할 수 있다. 따라서 표제어의 항목수가 상대적으로 적은 사전에서는 현실 언어에서 자주 사용되는 것으로 조사되는(고빈도 혹은 특정 빈도 이상의)

18) 이 형태 빈도를 구하기 위해 사용한 말뭉치는 2009년도 수정판 '세종 말뭉치'에 포함되어 있는 문어 '형태 분석 말뭉치'로 그 표본은 369개이다. 2007년 배포판과 2009년 수정판, 2010년 수정판을 비교해 본 결과 2009년 수정판의 형태 분석 말뭉치의 표본이 가장 많아서(유형 빈도의 최대치를 확인하기 위하여) 2009년도 수정판의 것을 사용하여 검증하였다.

	2007	2009	2010
원시 말뭉치	2,109	1,916	1,294
형태분석 말뭉치	301	369	279
형태의미분석 말뭉치	339	345	256

19) 이 수치로 유추해 보자면 표제어 수가 약 50만인 『표준』과 약 39만 개인 『고려대』와 같은 대사전을 편찬하기 위해서는 형태분석 말뭉치의 경우 그 양이 더 늘어나야 할 것이라고 판단할 수 있다.

항목 위주로 등재하면 될 것이다.[20] 이럴 경우 표제어 선정 수에 크게 구애 받지 않고 실제 자주 쓰이는 어휘들이 포함하게 된다. 표제어가 약 5만인 『연세』나 '학습자 사전' 등이 그 대표적인 예가 될 것이다. 그런데 표제어의 항목수가 늘어날 경우(중사전, 대사전)에는 박동근(2005:60)에서 지적한 대로 "대사전은 원칙적으로 국어의 모든 어휘를 망라하여 수록하는 것을 목표로" 하기 때문에 실제 사용되는 단어와 함께 사용자들이 잘 알지 못하는 어휘, 심지어 난생처음 접하게 되는 어휘들도 대폭 수용된다.[21] 이때 말뭉치가 표제어의 각 항목을 채우는 정보를 확인할 수 있을 만큼 충분히 용례를 보여줄 수 있어야 하는데, 그렇지 못할 경우 즉 표제어 선정 대상이 되는 어휘가 말뭉치에서 극저빈도로 나타나거나 빈도가 0일 때 문제가 발생한다. 이것은 표제어 자체의 문제이거나 말뭉치의 문제일 수 있는데, 표제어 자체의 문제는 잘 쓰이지 않는 어휘이거나, 김광해(1993), 박동근(2011)에서 지적한 것처럼 '유령어'일 가능성이 높다는 것이고, 말뭉치의 문제는 말뭉치의 규모가 작든가 특정 시기에 편중되게 구축되어서 용례를 확인하기에 말뭉치가 적합하지 않다는 것을 의미한다.

이 저빈도어의 문제는 말뭉치와 관련된 부분이 크기 때문에 3장에서 말뭉치와 관련된 문제점들에 대해서 논의를 이어가고자 한다.

20) 위의 결과는 형태분석 말뭉치의 빈도를 그대로 보인 것인데 실제 사전 편찬에 이용하기 위해서는 편찬자가 일일이 목록을 확인하는 과정이 필요하다. 여기서는 대략적인 것을 가늠해 보기 위한 것이므로 거친 정보(배포된 '세종 말뭉치' 자체의 내부 오류가 포함되어 있음)를 그대로 제시하였다.

21) 물론 전문어, 고유명사 등의 백과사전적인 항목 등이 대폭 수용될 것이다. 이 논의에서 초점을 맞춘 것은 일반어이다.

3. 말뭉치를 이용한 사전 편찬의 문제

유현경·남길임(2008:46)에서 제시된 것처럼 표제어 선정의 기초 자료는 "(1) 기존 사전의 표제어, (2) 기타 교육용 어휘 목록 등과 같은 어휘 목록, (3) 말뭉치를 통해 추출된 어휘 빈도 목록 등을 활용"하는 방법을 통해 얻을 수 있고, 선정된 표제어에 포함되는 여러 언어 정보는 말뭉치에서 추출한 용례를 통해서 얻어진다. 다만 말뭉치를 이용하지 않은 사전이라면 기존의 사전 편찬 방법을 답습할 가능성이 크며, 위의 방법 중 (1)과 (2)에 전적으로 의존하게 된다. 그런데 앞서 언급했듯이 말뭉치 없이 사전을 편찬하는 것이 상상하기 힘들게 된 현 시점에서 기존의 사전이 아닌 '말뭉치를 이용한' 사전이라면 이전 사전과는 분명히 차별성을 띠어야 할 것이다. 말뭉치를 이용했기에 표제어를 선정할 수 있고, 표제어와 뜻풀이를 빈도순으로 배열할 수 있으며, 각 항목의 문법 정보를 직관이 아닌 실제 언어 현상에서 추출하여 제시할 수 있기 때문이다. 그러기 위해서는 언어 정보를 추출하기 위한 기초 자료인 '말뭉치'를 대규모로 구축하고 그 대상을 한정해야 할 필요가 있다.[22] 그런데 편찬하려는 사전이 대사전 정도의 규모가 되면 기존의 대사전에는 표제어로 선정되어 있으나, 말뭉치의 한계(문제)로 인하여 극저빈도로 나타나거나 누락되는 어휘들이 존재하게 된다. 즉, 용례를 확인하지 못하는 문제가 발생한다.

여기서는 이러한 문제가 일차적으로 말뭉치의 성격에서 기인하는 것으로 파악하고, 각 단체·기관에서 사전 편찬에 사용하고 있는 '세종 말뭉치'를 사전학적인 관점에서 다시금 분석해 본다. 아울러 말뭉치에 기반한

22) 한정되지 않은 자료에서 추출된 '빈도'는 그 의미가 바래지기 때문이다.

사전과 여타 사전에서 저빈도어를 어떻게 처리하였는지를 실제 말뭉치에서 검색한 결과를 토대로 하여 검토해 보고자 한다.

3.1. 말뭉치 구성의 문제

'세종 말뭉치'는 국가 말뭉치로서 그 성격은 '범용/일반 말뭉치'를 지향한다. 따라서 사전 편찬을 목적으로 구축된 '연세 말뭉치'와는 그 성격이 판이하게 다르다. 따라서 여기서 '세종 말뭉치'를 다루는 것이 다소 논의에 맞지 않다고 여길 수 있으나, 주목해야 할 것은 현재 한국에서 사전을 편찬하게 위해 주로 사용되고 있는 대표적인 말뭉치가 '세종 말뭉치'라는 점에 있다. 범용 말뭉치라 해서 사전 편찬에 사용할 수 없다는 것은 아니다. '연세 말뭉치'도 초기 기획 목적과 구성이 사전 편찬에 적합한 것이지, 그 내용이 사전 편찬에 이용될 수 있는 특수한 무엇은 아니기 때문이다. 따라서 내용면에서는 세종 말뭉치도 충분히 사전 편찬의 기초 자료로 활용할 수 있다. 다만 그 말뭉치의 구성이 어떠하냐가 관건이 되는 것이다. 이에 사전 편찬을 목표로 했을 때 세종 말뭉치의 적합성을 살펴보고자 한다.

아래는 국내에서 대규모로 구축된 대표적인 말뭉치를 아래에 소개한 것이다.

(10) 국내에서 구축된 말뭉치의 현황[23)]

구축기관	말뭉치	양	형태	비고	일반인의 접근도
고려대	고려대 말모둠	약 1,000만	원시	세종 자료와 겹칠 것으로 예상	접근 불가
	한국어 데이터베이스	약 1억	원시, 형태분석, 형태의미분석, 구문분석	세종 자료와 겹칠 것으로 예상	접근 불가
국립국어원	국립국어 연구원	약 6,700만	원시	일부 자료(국어사 자료)를 제외하고는 세종으로 편입. 1999년 이전 자료.	접근 불가
	세종말뭉치	1억 이상	원시, 형태분석, 형태의미분석, 구문분석	2004년까지의 자료, 그 이후 없음.	접근 가능
연세대	연세말뭉치	약 4,300만	원시	1999년 이전 자료	접근 불가
한국과학 기술원	KAIST 말뭉치	약 7,150만	원시	일부 자료 세종에 편입. 1997년 이전 자료	접근 가능
		(단위:어절)			

(10)에서 실제 일반 연구자들이 접해 볼 수 있는 자료는 ③과 ⑤이다.

23) 서상규·한영균(1999:241~270)과 문화관광부(1998:341~445)를 참조하였으며, 여기서 '비고'와 '일반인의 접근도'는 필자가 판단한 것이다. 익명의 심사자 한 분께서 이러한 현황은 참고 자료로서 제시할 것이 아니라 면밀한 검토하여 객관적으로 제시해야 한다고 지적하셨는데 타당한 지적이다. 이들 말뭉치의 상당 부분이 세종 말뭉치로 편입되었기 때문에 같은 말뭉치를 두고서 별개의 말뭉치로 취급하는 우를 범할 수 있기 때문이다. 하지만 '일반인의 접근도'에서도 확인할 수 있듯이 필자도 현재 접근할 수 없는 자료들이 존재하고, 해당 말뭉치의 현황을 확인할 수 있는 목록이나 백서 등도 접할 수 없는 실정이기에 각 말뭉치의 어떠한 목록의 자료가 얼마만큼의 양으로 겹치는지 확인하기가 어렵다. 실제 일반에 공개되어 있는 '21세기 세종계획 백서'(2007)에도 35쪽에 '통합후처리 7,500만 어절', 167쪽에 '<후처리>: 위의 합계에 포함하지 않음'이라고만 되어 있을 뿐 그 자세한 내용은 수록되어 있지 않다. 심사자께서는 인터뷰를 통해서라도 확인해야 한다고 하셨지만 필자도 그 취지는 이해하나 현실적으로 위의 말뭉치를 모두 확보하지 않는 이상 정확한 확인은 요원한 일이다. 하지만 심사자께서 지적한 내용은 앞으로의 말뭉치를 이용한 연구를 위해서 반드시 해결되어야 하는 문제이기 때문에 후고를 통해서 면밀하게 밝히고자 한다.

다만 ③의 경우는 말뭉치 전체가 원시 말뭉치인 데다가, 구축된 자료의 성격이 말뭉치가 구축된 시점으로 인하여 모두 1997년 이전 자료들이라는 한계가 있다.[24] ⑤는 2007년에 '21세기 세종계획'이 마무리되면서 최종성과물로 배포되어 일반인들이 사용할 수 있는 말뭉치인데 말뭉치의 전체 총량은 1억 어절이 넘는다.[25] 그러나 그 중 순수하게 현대 국어의 양상을 살필 수 있는, 즉 용례 검색을 할 수 있는 자료는 문어와 구어를 포함하여 1억 어절이 되지 않는다. 그 중에서도 원시 말뭉치에 더 많은(상위의) 정보가 포함된 형태분석 말뭉치, 형태의미분석 말뭉치, 구문분석 말뭉치를 제외한 나머지 자료[26]는 문어 원시 말뭉치를 기준으로 할 때 2,171개의 표본, 약 63,628,546 어절로 보고되고 있다.[27] 언어 연구(사전 편찬

---

24) 여기서 KAIST 말뭉치의 자료가 1997년 이전 자료라는 것이 말뭉치 그 자체로는 문제가 되지 않는다. 다만 이러한 자료를 이용하여 무엇을 하느냐가 초점이 되는데, 자료의 시기가 중요하게 작용하는 연구 과제에서는 문제가 된다는 것이다. 이는 세종 말뭉치에도 똑같이 적용되는 것이다.

25) 위 (10)의 모든 자료를 합하면 4억 어절에 육박하는 것으로 보인다. 그러나 이 말뭉치들은 서로 같은 자료를 공유하고 있는 것들이 있으므로, 공통된 자료가 빠지고, 국립국어연구원의 '국어사 말뭉치'가 빠진다면 약 1억 어절이 넘는다. 하지만 이것도 어디까지나 추정일 뿐이다. 서로들 간의 목록이 확인되어 정확한 목록 선별 작업이 시행되어, 전체 말뭉치의 목록 작성과 어절수의 측정이 이루어져야 할 것이다.

26) 기본적으로 원시 말뭉치를 바탕으로 형태분석 말뭉치가 구축되며 다시 이를 바탕으로 형태의미분석 말뭉치가 만들어지고 다시 형태의미분석 말뭉치를 바탕으로 구문분석 말뭉치가 만들어지기 때문에, 상위의 언어 정보가 부가된 말뭉치를 모두 제외한다면 원시 말뭉치의 양이 실제 전체 문어의 양이라 할 것이다.

27) 2007년에 배포된 세종말뭉치의 DVD 안에 포함되어 있는 문어 자료의 목록을 살펴보면 위에서 제시한 바와 같이 2,171개의 파일, 총 63,628,546이라 되어 있으나, 그 목록과 실제 배포된(DVD에 포함되어 있는) 파일을 비교해 본 결과 62개 파일 2,535,976 어절이 빠져 있었다. 이는 저작권 등과 관련된 배포상의 문제로 판단된다. 그래서 실제로는 2,109개 파일 61,092,570 어절임을 확인하였다. 이 중에는 '21세기 세종계획 국어 특수자료 분과'에서 구축한 '구어 말뭉치' 외의 구어(준구어)가 포함되어 있음을 확인했는데, 379개의 파일 3,091,282 어절이었다. 따라서 엄격한 의미에서의 문어 자료는 1,730 파일, 58,001,288 어절이다. 이 논의에서는 목록에 있는 자료를 바탕으로 하기 때문에 준구어 자료를 포함하였다. 그 결과 구어 말뭉치를 제외한 대상 자료는 총 2,109개 파일 61,092,570 어절이다.

포함)에 있어서는 보다 많은 정보(높은 층위의 정보)가 포함된 자료를 사용하는 것이 사용자 편의를 위해서나 정확한 정보 추출을 위해서 필요하다. 특히나 동형태를 구분하고 다의어를 풀이해야 하는 사전 편찬의 입장에서는 적어도 형태분석 이상의 정보가 부착된 말뭉치가 필수적이라 하겠으나 현실적으로 국내의 여건은 형태분석 말뭉치 약 1,200만 어절을 사용할 수 있는 데 그친다.[28] 따라서 이 연구에서는 가용할 수 있는 최대 자료인 문어 원시 말뭉치를 대상으로 해서 그 구성을 검토하고자 한다.[29] 실제 연구 대상이 된 자료는 각주에서 밝힌 대로 2,109개 파일 61,092,570 어절이다.

사전 편찬에 이용되는 말뭉치라면 먼저 '균형성'과 '대표성'이 감안되어야 할 것이다. 먼저 균형성에 대해서 살펴보아야 할 것인데, 임유종(2005:128)에서 "세부 유형의 선정은 물론이고 구성 비율 역시 정확히 어떤 의미에서의 균형성을 확보하고 있는 것인지 또는 실제로 균형성을 확보한 것인지 불명확하다는 것이다. 사실 말뭉치의 균형성은 고려해야 할 사항이 많기 때문에 실제로 균형성의 개념이 무엇인가 하는 점조차도 모호하다. 연구 목적에 따라 텍스트 유형이 달라질 수도 있을 것이다."라고 지적한 것처럼 구축된 말뭉치가 '균형성이 있다'라고 할 수 있는 기준이

28) 물론 1,200만 어절(형태분석 말뭉치)도 적은 양은 아니나 『연세』가 편찬될 시점에 사용된 말뭉치가 4,300만 어절(원시 말뭉치)임을 감안한다면, 사전 편찬용 말뭉치로는 상대적으로 적은 양이라 할 수 있다. 문제는 앞서 약 1,200만 형태분석 말뭉치의 형태 빈도를 구해 본 것과 같이 대사전을 편찬할 경우 1,200만 정도의 말뭉치에서는 만족할 만한 양의 표제어 후보를 추출해 내기가 어렵다는 사실이다.

29) 구어 말뭉치를 포함하지 않은 것에 대한 문제 제기가 있었다. 타당한 지적이지만 사전에 '구어 표제어'라 할 만한 항목을 등재하지 않는 이상 문어만으로 논의를 진행하는 데에 무리가 없다고 판단하였다. '뒷수쇄', '두태'와 같은 어휘가 구어 말뭉치에서 나타날 가능성은 극도로 낮기 때문이다. 그리고 가용할 수 있는 문어 말뭉치와 구어 말뭉치의 비율이 10:1에도 미치지 못하기 때문에 함께 놓고 연구를 진행하기가 어려워 문어만을 대상으로 두고 논의를 진행하였다.

모호하다. 그리고 사용역과 장르간의 균형성을 맞추려면 전수조사를 실시해서 전수조사 자료 내에서의 장르를 세분화하고 그 비율에 맞게 표본을 구성해야 할 것인데, 전수조사의 목록 확인부터가 현실적으로 거의 불가능한 일이다. 즉, 어떠한 말뭉치의 장르 비율도 그것이 '균형적이다, 그렇지 않다'라고 말하기 힘든 것이 사실이다. 그렇다면 균형성에 대한 부분은 어느 정도 말뭉치의 구성 비율이 갖추어졌다면 크게 문제 삼지 않아도 될 것이라 사료된다. 여하한 방식으로 균형성을 갖추었다 하더라도 '균형성이 있다'라고 자신하기는 힘들기 때문이다. 대신 '대표성'에 대해서는 신중을 기해야 한다. 사전마다 다르겠지만 해당 사전이 어떠한 성격을 가지느냐에 따라 구성되는 말뭉치가 달라지기 때문이다. 따라서 표본 선택과 말뭉치의 시기에 대한 부분에는 좀 더 주의해야 한다. 그러한 측면에서 세종 말뭉치는 어떠한 성격을 가지고 있는지를 살펴본다.

앞서 언급했듯이 세종의 문어 원시 말뭉치는 2,109개 파일 61,092,570 어절이다. 세종의 일부 자료 중에 신문과 잡지는 기사별로 표본을 만들지 않고 일정 기간(예를 들어 '달(月)' 간격) 동안의 자료를 하나의 표본으로 만들어 놓았기 때문에 이들을 분리한다면 표본이 상당수로 늘어날 것으로 사료된다. 실제 카이스트 말뭉치도 표본의 수는 11,629이지만 이는 세종의 자료와는 달리 신문과 잡지를 기사별로 표본으로 만들었기 때문에 세종보다는 표본의 양이 많은 것이다. 실제 신문과 잡지 표본의 수가 9,000여 개인 것을 감안하면 카이스트의 표본이 세종의 표본보다 약 30% 정도 많다. 그리고 BNC 말뭉치의 표본수가 약 45,000개임과 직접 비교는 어렵지만 Brown말뭉치와 LOB말뭉치가 100만 어절에 500개 정도의 표본으로 구성된 것과 김한샘(2005)에서 현대국어 빈도 산출을 위해 만든 말뭉치가 300만 어절 규모에 약 670개의 표본임을 감안한다면, 표본이 적은 편이라고 할 수 있다.30) 아래는 이러한 각 말뭉치의 표본에 대한 차이를 제시한 것이다.

(11) 양을 기준으로 한 말뭉치별 순위

순위	말뭉치	말뭉치 양(어절수)	표본수	표본당 어절수
1	BNC 말뭉치	100,000,000	45,000	2,222
2	카이스트 말뭉치	70,000,000	11,629	6,019
3	세종 말뭉치	60,537,264	1,792	33,782
4	김한샘(2005)	3,000,000	670	4,478
5	Brown, LOB 말뭉치	1,000,000	500	2,000

(12) 표본당 어절수를 기준으로 한 말뭉치별 순위

순위		말뭉치 양(어절수)	표본수	표본당 어절수
1	세종 말뭉치	60,537,264	1,792	33,782
2	카이스트 말뭉치	70,000,000	11,629	6,019
3	김한샘(2005)	3,000,000	670	4,478
4	BNC 말뭉치	100,000,000	45,000	2,222
5	Brown, LOB 말뭉치	1,000,000	500	2,000

30) 이는 전체 말뭉치의 규모와 관련한 부분도 없지는 않지만, 세종 말뭉치의 표본에 단행본이 권 단위로 포함되고 각기 다른 작품이 실린 문학전집류가 포함되면서 생긴 문제로 파악된다. 예를 들어 한 권에 5만~10만 어절 정도가 되는 자료가 포함되면서 생긴 문제이다.

(13) 표본수를 기준으로 한 말뭉치별 순위

순위		말뭉치 양(어절수)	표본수	표본당 어절수
1	BNC 말뭉치	100,000,000	45,000	2,222
2	카이스트 말뭉치	70,000,000	11,629	6,019
3	세종 말뭉치	60,537,264	1,792	33,782
4	김한샘(2005)	3,000,000	670	4,478
5	Brown, LOB 말뭉치	1,000,000	500	2,000

어절수에서는 BNC와 세종 말뭉치가 약 2배 정도 차이를 보이는 데 비해, 표본수는 25배 정도의 차이를 보인다. '표본당 어절수를 기준으로 한 순위'에서도 세종 말뭉치는 한 표본당 평균 약 3만 어절 정도로서 다른 말뭉치에 비해 5배에서 16배 정도 많다. 그만큼 표본이 다양하지 못하여 말뭉치가 '대표성'을 지니기에 무리가 따른다고 할 수 있다. 표본이 다양하지 못하다는 것은 어휘의 다양성에 직접적인 영향을 끼치게 된다. 그리고 특정 텍스트에 의존적인 어휘[31]의 빈도가 높아지는 경향도 아울러 보이게 된다.

다음으로 세종 말뭉치가 어떠한 시기의 자료로 구축되어 있는지 그 분포에 대해서 살펴본다. 아래에서는 구축된 세종 문어 원시말뭉치의 시기별 분포를 분석한 것이다.

31) 특정 텍스트에서만 많이 출현하여 결과적으로 빈도가 높아지는 어휘를 이른다.

(14) 세종 문어 원시말뭉치의 시기별 분포1

연대별	어절수	비율	비고
1900	58,577	0.10%	
1910	56,154	0.09%	
1920	0	0.00%	
1930	0	0.00%	
1940	47,530	0.08%	
1950	129,003	0.21%	
1960	228,389	0.38%	
1970	1,085,247	1.79%	
1980	3,516,966	5.81%	94.32%
1990	36,422,249	60.17%	
2000	17,156,254	28.34%	
미상32)	1,836,895	3.03%	
합계	60,537,264	100.00%	

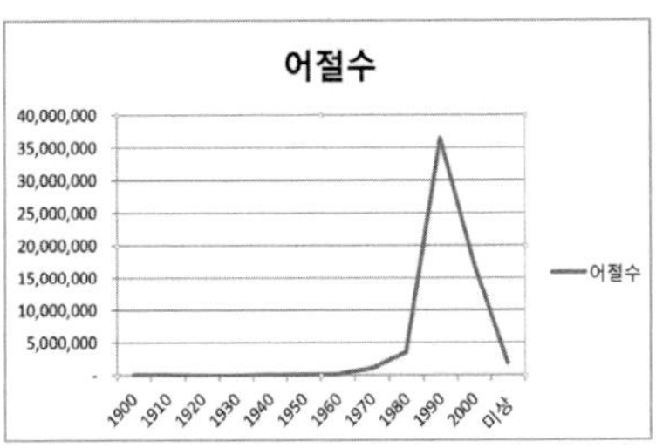

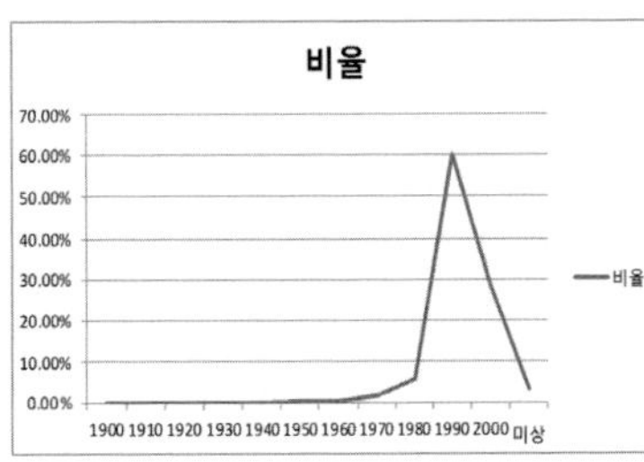

(14)에서 확인할 수 있듯이 세종 말뭉치는 현재 1980~2000년대 자료가 모두 94.32%를 차지한다. 아래 그래프를 보면 1990년도를 전후로 자료가 집중되어 있는 것을 확인할 수 있다. 예를 들어 현대(1980~2000년대)

32) 배포된 세종말뭉치의 목록에 의한 것으로서 현재 필자도 파악하지 못한 부분임을 밝힌다.

국어의 언어 현상을 연구한다든지 현대 국어 사전을 편찬한다면 크게 문제될 것이 없어 보인다. 그런데 현대를 어디까지 규정하느냐에 대한 문제가 발생한다.[33] 현대를 최근 30년 정도로 파악한다면 세종 말뭉치는 그러한 현대 한국어의 언어 현상을 살피기에 시기적으로 아주 적절한 자료라고 할 수 있을 것이다. 그러나 현대를 100년 정도로 규정해서 1900년대까지 넓게 적용할 경우에는 자료에 문제가 발생한다.[34] 결국 세종 말뭉치는 결과적으로 시기별 배분이 배려되어 있지 않은 말뭉치라 할 수 있다. 그리고 다만 1980년 이전 자료만 문제가 되는 것은 아니다.

(15) 세종 문어 원시말뭉치의 시기별 분포2

연도별	어절수	비율	비고
2000	3,127,058	18.23%	97.97%
2001	5,053,080	29.45%	
2002	4,067,767	23.71%	
2003	4,560,611	26.58%	
2004	347,738	2.03%	
합계	17,156,254	100.00%	

33) '현대'라는 시기의 기점에 대해서는 한영균(2007:362)에서 "'현대'의 기준에 대해서는 언급된 적이 별로 없는 것으로 생각된다. 그러나 '현대'의 기점을 어디에 두느냐 하는 문제는 비단 『표준』의 정체성을 확보하는 일뿐만 아니라, 한국어의 정체성을 확보하는 데에도 중요하다."라고 언급한 바 있다.

34) 필자가 판단하기에 중사전 이상의 사전에는 국어를 전공하는 사람들도 잘 모르는 어휘가 상당히 포함되어 있을 가능성이 높은데, 이들은 원래 현대에서 잘 사용되지 않는 어휘이든지 아니면 '현대'라는 개념의 폭을 넓혔기(예를 들어 50년에서 100년 정도) 때문에 우리가 잘 알지 못하는 것이 아닌가 생각된다. '현대'의 폭이 그러하다면 현재 우리가 사용하고 있는 세종 말뭉치는 시기적인 문제점을 지니고 있다고 할 수 있다.(세종 말뭉치의 기획·구축을 잘못했다는 것이 아니라, 앞으로 보완해야 한다는 측면에서의 문제점이다.)

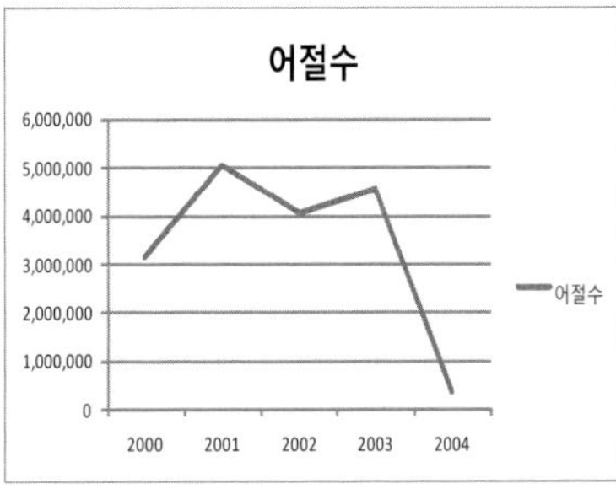

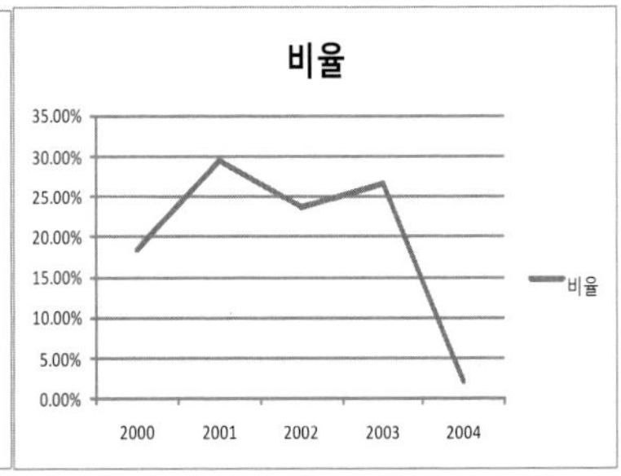

(15)는 2000년대 이후 자료의 시기별 분포인데, 지금이 2011년임을 감안한다면 말뭉치 구축이 5~6년 정도 중단되어,[35] 가장 최근의 현실 언어를 반영할 수 없다. 가장 최근에 출간되었거나 곧 출간될 예정인 사전들은 이미 수년 전에 표제어의 대부분이 작성되었을 것이므로 그 사이의 빈틈(2004~2009)은 어쩔 수 없는 부분이기도 하고 '현대'라는 기점이 사전마다 다르기는 하지만 우리의 사전이 '현실 언어'를 잘 반영하고 있는지에 대해서는 반성하고 보완해야 할 필요가 있는 부분이라 할 수 있다.[36] 앞으로의 사전 편찬을 대비하더라도 말뭉치가 시기별로 계속적으로 구축될 필요성이 제기되는 부분이다.

---

35) 분명히 국가 사업으로서의 말뭉치 구축 과제('21 세종 계획')는 종료되었다. 하지만 사전을 편찬하거나 제 언어 현상을 연구하기 위한 기초 자료로서의 (일반) 말뭉치가 계속해서 구축되어야 함에도 불구하고, 특수 말뭉치 구축을 제외하고는 현재 말뭉치 구축은 답보 상태에 있다고 할 수 있다.

36) 이 부분은 신어의 추출·선정과 밀접한 관련이 있다. 물론 표제어로 선정될 가치가 있는 신어를 추출하게 되면 표제어로 선정하기 어려운 임시어 등도 함께 추출될 가능성이 높아서 이들에 대한 판별의 문제가 표출된다. 하지만 임시어를 걸러내는 것은 신어 추출 이후의 일로서 언제든지 사전의 성격에 따라 사전 편찬자가 결정할 수 있는 것이다. 관건은 먼저 그러한 후보를 추출해낼 수 있느냐 없느냐이다.

3.2. 저빈도어의 문제

여기서는 말뭉치를 이용한 사전 편찬에서 나타나는 저빈도어의 문제를 다루겠다. 앞서 언급했듯이 사전 표제어의 목록이 적으면 저빈도어의 문제는 크게 문제시될 것이 없지만, 목록이 늘어나면 늘어날수록 저빈도어의 문제가 발생한다. 즉 사람들이 잘 알고 있거나 모르는 어휘, 다른 사전에 표제어로 등재되어 있는 목록이 저빈도나 빈도 0으로 출현하는 경우의 문제가 바로 그것이다. 이러한 현상이 발생하는 이유는 도원영(2000, 2003)에서 지적하고 있듯이 '기존 표제어의 문제, 말뭉치의 문제(말뭉치의 규모, 텍스트의 균형성 문제), 어휘 추출 프로그램의 문제, 신어의 등장'을 들 수 있다. 이 중에서 '기존 표제어의 문제'와 '말뭉치의 문제'에 주목하는데, '기존 표제어의 문제'는 기존 사전에는 등재되어 있지만 실제 현실언어에서는 잘 쓰이지 않는 것들이 말뭉치에서 나타나지 않는 것이고, '말뭉치의 문제'는 말뭉치의 구성이 잘못되어 실제 쓰이는 것이 말뭉치에 나타나지 않는 사례이다. 실제로 다른 사전에 등재되어 있는 일부 표제어를 세종 말뭉치에서 검색해 보았을 때 용례가 저빈도이거나 빈도가 0인 경우가 있었다. 여기서는 그 표제어의 실제 말뭉치 검색 결과를 제시한다. 예를 제시함에 있어서 기존의 사전으로는 『금성국어대사전』, 『우리말큰사전』, 『표준』에 실린 것을 제시하였고, 가장 최근에 출간된 대사전 규모의 『고려대』에서의 등재 여부를 확인하여 비교하였다.[37] '『금성』, 『우리말』, 『표준』'을 순서대로 제시한 것은 대상 표제어를 어떻게 제시하고 있는지를 각 사전이 편찬된 시점을 중심으로 비교하기 위해서이고, 『고려대』를 비교 대상으로 삼은 것은 『연세』 이후 말뭉치를

37) '『금성국어대사전』, 『우리말큰사전』'도 역시 '『금성』, 『우리말』'로 줄여서 나타낸다.

기반으로 하여 편찬된 최초의 사전(대사전)이며, 말뭉치를 이용한 사전 편찬에서의 제 문제들을 어떻게 처리하였는지를 참고할 수 있기 때문이다.

여기서 비교·검증용으로 사용한 말뭉치는 세종의 원시 말뭉치인데, 원시 말뭉치를 대상으로 삼은 까닭은 검색 대상 말뭉치의 폭을 최대한으로 넓혀 용례를 확인하고자 함이다.

㉠ **벽거: 빈도 0(세종 말뭉치), 0(카이스트)**[38]

사전	표제어
『금성』	**벽거**僻居-꺼「명」 궁벽한 곳에서 사는 것. 벽거-하다#$「동」(자)「여불」
『우리말』	**벽거**僻居(이) 외지고 으슥한 곳에서 삶.
『표준』	**벽거**僻居-꺼「명」외지고 궁벽한 곳에서 삶.벽거-하다#$[-꺼--]「동」=〉벽거.
『고려대』	**벽거**[僻居][-꺼]명 외지고 궁벽한 곳에서 삶. **벽거하다**[+僻居-하_대[-꺼--](여불)〈벽거하여/벽거해, 벽거하니〉동자 〖명이 명에〗(사람이 외지고 궁벽한 장소에) 자리잡아 머무르거나 지내다. ¶우리 남매는 인적 드문 남해에 벽거하고 있었기 때문에 사람들을 만나기 어려웠다.

㉡ **뒷수쇄: 빈도 0(세종 말뭉치), 1(카이스트)**

(용례) 내가 그런 뒷수쇄나 하려고 의술을 배운 줄 아냐? (카이스트)

38) 카이스트 말뭉치를 참고로 사용한 것은 다른 자료(말뭉치)를 사용하게 된다면 저빈도어의 용례 확인 문제를 해결할 수 있겠는가를 시험하기 위함이다.

사전	표제어
『금성』	**뒷:-수쇄**-收刷뒤쑤-/뒫쑤「명」【∨뒤1+-ㅅ-+∨수쇄】 일이 끝난 뒤에 그 남은 일을 정돈하는 일. 뒤치다꺼리. 뒷:수쇄-하다#$「동」(자)「여불」
『우리말』	**뒷:-수쇄**:--收刷(이) 일의 뒤끝을 정리 정돈함. &~를 잘 하다. 〈한〉뒤치다꺼리〈2〉.
『표준』	**뒷-수쇄**-收刷뒤: 쑤-/뒫: 쑤-「명」일이 끝난 뒤에 뒤끝을 정리하는 일. ≒뒤치다꺼리 〔2〕. #비뒷수습.뒷수쇄-하다#$[뒤: 쑤--/뒫: 쑤--]「동」【…을】 =〉뒷수쇄. ¶일을 하는 것도 중요하지만 끝난 후에 {뒷수쇄하는} 것도 중요하다. § #비뒷수습하다.
『고려대』	**뒷수쇄**[+뒤ㅅ+收刷][뒤: 쑤-/뒫: 쑤-]명 일이 끝난 뒤에 뒤끝을 정리하는 일. ¶어머님은 집안의 뒷수쇄를 혼자서 다 하신다. (유의) 뒤치다꺼리②. **뒷수쇄하다**[+뒤ㅅ+收刷-하_대][뒤: 쑤--/뒫: 쑤--](여불)〈뒷수쇄하여/뒷수쇄해, 뒷수쇄하니〉 동타〖명이 명을〗(사람이 일을) 끝나고 난 뒤끝을 정리하다. ¶가게문을 닫을 때 주인집 아들이 가게 정리를 뒷수쇄하러 왔다. (유의)뒷치다꺼리하다②.

위의 '벽거'와 '뒷수쇄'는 모두 세종 말뭉치에서 용례를 확인할 수 없거나 저빈도인 경우이다. 카이스트 말뭉치에서도 역시 그 용례를 확인하기 힘든 것을 확인할 수 있는 데에도 불구하고, 둘 다 '-하다' 파생어까지 표제어로 선정하여 활용형을 제시하였고, 거기에 문형 정보(격틀)와 예문까지 제시하고 있다. 이를 통해 추측해 볼 수 있는 것은 '벽거'와 '뒷수쇄'의 경우 표제어 선정은 기존의 사전을 참조했을 것으로 짐작해 볼 수 있다. 대사전 편찬할 때 말뭉치에서 검색되지 않아서 누락된 표제어의 경우 앞서 언급되었던 것처럼 다른 사전의 표제어 목록을 참조하여 선정할 수는 있다. 그러나 용례 확인이 되지 않은 상태에서 파생어를 제시하고, 파생된 용언의 격틀까지 제시하는 것은 문제로 보인다. 이는 용례를 확인한 이후 기술되었다기보다 나름의 직관[39]을 이용하고 다른 사전을 참고하여

39) 집필자가 이 단어를 모른다고 가정하면, 이 직관은 사전 집필자가 다른 사전을 참조하면서 그 즉시 생기게 되는 직관이다. 즉, 직관이라기보다는 유추가 적용된 것이라 할 수 있다.

기술된 것으로서 지난 사전 편찬의 과정을 답습한 결과로 파악된다.

㉢ 두부콩: 빈도 0(세종 말뭉치), 2(카이스트)

(용례) 콩도 종류가 여럿이나 그 중에서 흰콩—메주콩 또는 두부콩이라고도 부른다. (카이스트)

(용례) 긁어모아설랑 뜨신물에 두부콩 불그듯기 냅다 불궈선, (카이스트)

사전	표제어
『금성』	**두부-콩**豆腐-「명」 두부를 만들 때 쓰이는 콩.
『우리말』	**두부-콩**豆腐--(이) 두부를 만드는 데 쓰는 콩. &~을 간다. ~을 담근다. 〈한〉 포태01.
『표준』	**두부-콩**荳腐-「명」두부의 재료가 되는 노란 콩. ≒포태01(泡太). ¶{두부콩을} 갈다/{두부콩을} 물에 불리다. §
『고려대』	**두부콩**[+豆腐+콩]명 두부를 만드는 데 쓰는 콩. 유의 포태2(泡太).

㉣ 두태: 빈도 0(세종 말뭉치), 2(카이스트)

(용례) 본곳 사람들의 과동하려던 양식이 고스란히 남아 있으나 서속과 귀일 이외에는 두태가 얼마 있을 뿐이요 입쌀은 전혀 없었다. (카이스트, 『임꺽정』)

(용례) 양서는 첫가뭄이 들고 늦물이 가고 게다가 풍재(風災)에 박재(雹災)까지 겸친 데가 있어서 두태(豆太)도 많이 줄었지만, 주장 세우는 서속이 소출이 가량없이 줄었었다. (카이스트, 『임꺽정』)

사전	표제어
『금성』	**두태**豆太「명」 ①콩과 팥. ②『생』 '콩팥'의 군두목.
『우리말』	**두태**군두목.豆太. (이) =태두01.
『표준』	**두태**荳太「명」「1」콩과 팥을 아울러 이르는 말. ¶쌀과 좁쌀을 서너 말 사고 {두태랑} 밥밑까지 구했으니 한동안 양식은 넉넉하다.≪이기영, 신개지≫§ 「2」『의』 콩팥02 을 한자의 뜻을 빌려 쓴 말.
『고려대』	**두태**[국豆太] 명❶콩과 팥을 아울러 이르는 말. ¶흔히 시골에서는 논둑에 두태를 심어 놓고 벼를 벨 즈음에 수확한다. ②「생물」한자의 뜻과 무관하게 음과 훈을 취하여 물건의 이름을 적는 방식으로 콩팥1을 이르는 말.

위의 '두부콩'과 '두태'는 세종 말뭉치에 나타나지 않았다. 카이스트 말뭉치에서 일부의 용례를 확인할 수 있었는데, 용례를 확인할 수 없는 이러한 표제어의 경우 기존의 사전에서 어떻게 집필되었는지를 가늠케 하는 사례라 할 수 있다. 이들의 경우 역시 그 사용 양상을 실제로 확인하기 어려우므로 기존의 사전을 참고하여 기술하는 수밖에 없었을 것으로 사료된다. 그리고 '두태'의 경우는 대부분 '두태'라는 이름의 고유명사로 검색이 되었는데, 이는 우리가 사전 편찬에서 사용하는 말뭉치가 원시 말뭉치라는 한계로 말미암은 결과이다. 이에 대한 문제는 뒤에서 다시 지적하기로 한다.

㉤ 범강장달이: 빈도 0(세종 말뭉치), 2(카이스트)

(용례) 처자가 바깥의 어둠에 눈을 익히느라고 모가지를 길게 빼내고 밖을 내다보다가 <u>범강장달이</u> 같은 사내가 버티고 선 것을 발견하고는 아이구머니나 하고 바라지를 쾅 소리나게 닫았다. (카이스트)

(용례) <u>범강장달이</u> 같은 아들들이 지키는데------ (카이스트)

사전	표제어
『금성』	**범:강-장달이**范彊張達-「명」 키가 크고 흉악하게 생긴 사람을 가리키는 말.
『우리말』	**범:강-장달이**范彊張達--(이) 몸집이 크고 우락부락하게 생긴 사람. '범강'과 '장달'은 중국의 삼국지에 나오는, 장비를 죽인 인물들이다. &~같은 사내.
『표준』	**범강-장달이**範彊張達-범: ----「명」키가 크고 우락부락하게 생긴 사람을 이르는 말. 범강(範彊)과 장달(張達)은 중국의 〈삼국지연의〉에 나오는 인물로서, 그들의 대장인 장비를 죽인 사람들이다.
『고려대』	**범강장달이**[+范彊+張達-이][범:----]명 몸집이 크고 흉악하게 생긴 사람을 이르는 말. 범강(範彊)과 장달(張達)은 중국의 ≪삼국지연의≫에 나오는 인물로 그들의 대장인 장비를 죽인 사람이다.

위의 '범강장달이'도 세종 말뭉치에서 그 용례를 찾아볼 수 없다.40) 위의 사전 내항을 확인해 보면 모두 그 용례를 제시하지 못하고 있음을 알 수 있는데, 이들 사전이 편찬될 당시 자료를 통해서 용법 확인을 하지 못한 상태에서 원고가 집필되었을 것을 미루어 짐작할 수 있다. 그리고 그 뜻풀이들을 살펴보면 기존의 사전을 참고하여 집필되었음도 확인할 수 있다.

여기에서 제시한 예들은 모두 저빈도로 나타나거나 용례를 확인할 수 없는 기존 사전의 표제어들이다. 사전 표제어의 목록이 늘어나면 이들의 처리에 고심을 하지 않을 수 없는 것이 사실이다. 위와 같이 보인 이유는 특정 사전을 비교하면서 비판하려는 것이 아니라, 실제 우리가 세종 말뭉치 같은 자료를 사용하면서 맞닥뜨리게 되는 현실이기 때문에 함께 고민하면서 합리적인 방안을 모색해 보자는 것이다. 위에서 제시한 저빈도어들은 『고려대』의 일러두기와 홍종선(2000), 도원영

40) 실제 말뭉치에서는 '범강장달이'보다는 '범강장달'(또는 '범강장달#같다')의 용례가 더 많이 나타난다. 하지만 각 사전에서는 '범강장달이'가 표제어로 등재되어 있고, '범강장달'은 표제어로 등재되어 있지 않다.

(2000, 2003)에서 제시했듯이 말뭉치에서는 용례가 잘 발견되지 않지만, 실제 언중들의 머릿속에 인식되어 있는 혹은 언중들이 그 뜻과 용법을 잘 모르는 표제어도 등재될 필요가 있다는 판단하에 등재가 되었을 것이다. 『고려대』가 사용자의 입장을 충분히 고려한 처리방안을 모색한 것으로 파악된다. 본고도 기본적으로 사전은 잘 모르는 어휘를 찾아보려는 사전(이해용)이 되어야 한다는 점에는 이견이 없다. 그러나 지금 우리의 사전이 '말뭉치를 이용한', '말뭉치를 기반으로 한' 사전이이서 기존의 사전과 차별성을 가진다면 이러한 현실을 조금 반성할 필요가 있다. 말뭉치를 이용한 사전 편찬이라면 해당 언어 현상(언어 형태)을 빈도를 통해서 표제어 선정 여부를 가늠할 것이고, 해당 언어 현상을 용례를 통해서 검토하고 거기서 추출된 정보를 이용하여 표제어 내항의 여러 정보(뜻풀이, 문법 정보, 예문 제시 등)를 채워야 할 것이다. 그렇지 않다면 기존이 사전 편찬을 다시 답습하는 상황이 재현되기 때문이다. 그러하기에 이러한 저빈도 표제어가 실제 언어 속에서 어떠한 용법을 지니는지를 가시적으로 확인하여 기술할 수 있는 방안을 마련할 수 있도록 노력해야 할 것이다. 그러한 취지에서 카이스트 말뭉치에서 해당 사례를 함께 검색해 보았는데, 이것을 제시한 이유는 주로 사용하는 말뭉치 이외에 다른 말뭉치(표본)에서는 적으나마 용례를 확인할 수 있다는 것을 보여주기 위함이다. 이러한 가능성이 보인다면 어떠한 방법으로든 말뭉치를 구축하여 용례를 확인해야 할 필요가 있다. 이러한 과정이 지난하고 힘든 일이라 할지라도 말뭉치를 이용한 사전 편찬의 입장에서는 자료를 구축하여 용례를 확인하려고 끊임없이 노력해야 할 것이다.

3.3. 원시 말뭉치와 형태분석 말뭉치

도원영(2010:109)에 따르면 『고려대』는 "1994년부터 2005년까지는 기본적으로 천만 어절 규모인 한국어 말모둠 1(Korea Corpus 1)에서 표제어의 용례를 추출하여 수작업을 통해 용례 속에 나타난 의미를 확인, 분류하고 정리하여 사전에 기술하였다. 2006년부터는 천사백만 어절 규모의 형태분석 말뭉치를, 2008년부터는 천오백만 어절 규모의 형태 의미 분석 말뭉치를 사용하였다."라고 명시되어 있다. 즉 표제어 선정에서부터 형태분석 말뭉치를 사용하였고, 용례를 확인하고 분류하는 작업에도 형태분석 말뭉치와 나아가 형태의미분석 말뭉치를 사용하였다는 것이다. 이 말은 결국 표제어 선정에서부터 용례 확인까지 모두 1,000만에서 1,500만 말뭉치만을 사용하였다는 것이다. 그렇다면 말뭉치에 나타나는 정보로는 『고려대』의 표제어 수인 39만을 채우지 못했다는 결과가 된다.[41] 그 외에는 다른 방법을 사용했다는 것인데, 기존 사전의 표제어 목록을 참조하여 표제어를 선정하는 데에는 이의가 없으나 3.2.에서 지적했던 것처럼 용례 확인이 없이 표제항을 기술하게 된다. 이러한 문제로 인해 본고의 3.2.에서는 검색의 대상을 원시 말뭉치로 삼았던 것이다. 검색되는 영역의 폭을 넓혀서 하나의 용례라도 확인하기 위한 노력의 일환이었다.

앞서 언급했듯이 국내의 사전 편찬에서 우리가 가용할 수 있는 형태분석 말뭉치는 약 1,200만 어절인데,[42] 대사전을 편찬하기에 부족한 감이 없지 않다. 특히 사전 표제어의 목록이 늘어날수록 말뭉치의 규모도

41) 앞선 2장 참조.

42) 물론 사전 편찬에서는 동형어의 구분을 위해서라도 형태의미분석 말뭉치를 사용하는 것이 더욱 도움이 될 것이다.

비례하여 커져야 한다. 그런데 현재 국내에서 그만한 양으로 가용할 수 있는 자료는 원시 말뭉치뿐이다. 아래에서는 원시 말뭉치로 검색했을 경우 나타나는 사례를 제시한다. 검색어는 '벽거'와 '두태'이다.

(16) '벽거'의 용례검색 결과

1	장생씬 스스로 **벽거울**을 들이받아 이마에 다섯 바늘이나 꿰매는 상처를 …
2	맞은편 **벽거울** 속에 싱긋이 미소를 머금고 있는 거울 속의 나를 훑어본다.
3	뿌연 증기를 머금은 **벽거울**이 지선의 행동을 지켜보고
4	흐린 **벽거울이** 눈물 두어 방울을 굴러내렸다.
5	**벽거울**이었다. 거울은 뿌우연 얼굴로 눈물을 질질
6	어딘가 서늘하다 했는데, 벌거벗은 사내가 **벽거울**
7	전신을 비추어도 천장이 보이는 **벽거울**. 회백색으로
8	수화기를 집어드는 손이 덜덜 떨렸다. **벽거울** 속에선
9	상도는 하숙을 나오려다가 **벽거울** 보았다.
10	**새벽거리**로 꼬불꼬불 차를 몰다가 미행이 없는 것을 확인하자
11	그들은어두운새벽거리에서헤어졌다.뜨겁고
12	아무도 없는 **새벽거리**에 서 쓰러져 있는 그를 보고 있네 그는 바로 나였지
13	괴괴한 새벽거리....
14	나는 작업을 중단하고 방을 나와 **새벽거리**를 활보했다.
15	텅빈 **새벽거리**엔 안개만이 자욱하다

(17) '두태'의 용례검색 결과

1	"마지막으로 인쇄공장, 5100 **박두태**!"
2	출역 연출 담당은 영배와 **두태**에게 한 마디 던지고
3	**두태**와 영배를 꼬나보았다. 두태는 본무의 얼굴을
4	**두태**는 너무나 태연하게 말한 자신이 멋적어
5	**두태**는 공장수들이 작업 도중 왁자지껄 떠들며
6	2. 폭력 비리의 주범 본무와 **박두태**(일명 짝귀)를

7	이때 정권은 화제의 어머니 **두태후**와 그 오라비 두헌과 같은 외척 세력이 잡게 되었다.[88].
8	**두태후**의 총애를 받았다. 양의 효왕이 입조했을 때 황제는
9	"제깐 게 무어길래 그런 일에 참견하누!" 그 일로 해서 **두태후**는 두영을 몹시
10	현명한 인물이 없다고 판단했다. 그래서 두영을 불렀다. 그 무렵에는 **두태후**도
11	때마침 도후(桃侯) 유사(劉舍)가재상직을 사임했다. **두태후**가 이번에도
12	만들었고 그런 소리는 매일같이 **두태후**의
13	귀로 들어갔다. 더욱 사태가 악화된 것은 **두태후**가
14	**두태후**는 두영 등을 더욱 좋아하지 않게 되었다.
15	건원 2년이었다. 어사대부 조관이 황제에게 동궁(東宮:**두태후**가 있는
16	~을 통하지 않고 정무를 처리하고 싶다고 주청했다. 그것은 **두태후**의 세력을
17	만만하게 본 결과였다. **두태후**는 몹시 노했다. 조관과 왕장은
18	건원 6년이었다. **두태후**가 드디어 붕어했다.
19	어사대부 장청적은 오히려 **두태후**의 장례 일을 소홀히 했다는 책임을
20	등의 애완물들이 방마다 가득했다. 한편 위기후 두영은 **두태후**가 죽은
21	두보는 **두태후**의 동생이므로 황제는 태후가 관부를 죽이지나 않을까 걱정되어
22	아우다. **두태후**(竇太后)는 아들 효왕을 사랑해 효왕 자신이 양의 재상이나 봉록
23	공손궤(公孫詭)를 내사로 삼을 것을 주청하려 했었다. 그때 **두태후**가 그 소식을
24	본곳 사람들의 과동하려던 양식이 고스란히 남아 있으나 서속과 귀일 이외에는 **두태**가 얼마 있을 뿐이요 입쌀은 전혀 없었다.
25	양서는 첫가뭄이 들고 늦물이 가고 게다가 풍재(風災)에 박재(雹災)까지 겹친 데가 있어서 **두태(豆太)**도 많이 줄었지만,

‘벽거’의 경우는 용례가 단 하나도 검색되지 않았으며 그 문자열 검색 결과로는 ‘벽거울, 새벽거리, 새벽거지’ 등의 전체 15개의 용례를 채우고 있다. ‘두태’의 경우도 전체 25개의 검색 결과 중에 실제 ‘두태’의 용례는 둘만 검색되었고, 나머지는 ‘박두태, 두태(고유명사), 두태후(고유명사)‘ 등으로 검색되었다. 원시 말뭉치로 검색했을 때의 단점을 그대로 보여주는 것이다.

원시 말뭉치로는 포함되어 있는 문자열(string)만 검색이 가능하기 때문에 음절수가 많거나 독특한 음절(예, '윙, 캉, 넓, 있' 등)이 포함된 검색어가 아닌 이상 원하지 않은 결과가 나타나는 문제가 발생하여 후처리에 상당한 노력이 든다. 그러나 실상 위의 사례는 전체 용례가 그리 많은 편(각각 15, 25개)이 아니기 때문에 후처리가 그리 어렵지는 않다. 하지만 검색되는 문자열의 음절수가 적다든가, 문자열이 일상에서 많이 사용되는 음절일 경우에는 문제가 복잡해진다. 아래는 원시 말뭉치에서 부사와 감탄사로 사용되는 '우'43)를 찾기 위하여 '우'라는 형태로 검색한 결과를 보여준다.

(18) '우'의 용례검색 결과

일련번호	출처	줄번호	앞문맥	키워드	뒷문맥
623240	CM000200_utf8.txt	64	덕적인 명상이라든지 우리가 잘 아는 얘기지요.	우리의	책에는 말이죠. 선집에 나오지
623241	CM000200_utf8.txt	64	덕적인 명상이라든지 우리가 잘 아는 얘기지요.	우리가	공부 안 했는데 여긴 나와 있(
623242	CM000200_utf8.txt	64	덕적인 명상이라든지 우리가 잘 아는 얘기지요.	우리가	읽어서 괜찮다 하는 사람은 이
623243	CM000200_utf8.txt	64	덕적인 명상이라든지 우리가 잘 아는 얘기지요.	하우스만	정돌 꺼예요. 하우스만 좀 지난
623244	CM000200_utf8.txt	64	덕적인 명상이라든지 우리가 잘 아는 얘기지요.	하우스만	좀 지난번에 봤죠? 러블리 ( )
623245	CM000200_utf8.txt	64	덕적인 명상이라든지 우리가 잘 아는 얘기지요.	하우스만이고	그 다음에 다른 시인들은 우리
623246	CM000200_utf8.txt	64	덕적인 명상이라든지 우리가 잘 아는 얘기지요.	우리가	잘 기억하지 않는데, 내가 읽은
623247	CM000200_utf8.txt	64	덕적인 명상이라든지 우리가 잘 아는 얘기지요.	우리가	컨퍼런스가 있어서 갔었는데
623248	CM000200_utf8.txt	64	덕적인 명상이라든지 우리가 잘 아는 얘기지요.	우선	한참 걸어가다 보니까 사람들
623249	CM000200_utf8.txt	64	덕적인 명상이라든지 우리가 잘 아는 얘기지요.	우리	지금 지나왔지만은 여기 흑인
623250	CM000200_utf8.txt	64	덕적인 명상이라든지 우리가 잘 아는 얘기지요.	우리	지나가 버렸어요. 그런데 내가
623251	CM000200_utf8.txt	64	덕적인 명상이라든지 우리가 잘 아는 얘기지요.	우선	경험을 얘기하겠지요. 이것은
623252	CM000200_utf8.txt	64	덕적인 명상이라든지 우리가 잘 아는 얘기지요.	우리가	여자 시인으로 덴들린 브룩스
623253	CM000200_utf8.txt	66	거. 그게 그 때 보니까 가이즈 앤 걸즈야. 그래서	우리	뭐 건달과 아가씨라 그런가? (
623254	CM000200_utf8.txt	70	페라. 예 팬텀 오브 오페라 하는데 가 딱 있는데,	우리	( ) 선생하고 거기 줄 섰다가
623255	CM000200_utf8.txt	70	것 같으면, 영국 어 미국 시인 중에 엘렌 케이트	우리가	여기서 읽지 않았어. 상당히 끼
623256	CM000200_utf8.txt	70	것 같으면, 영국 어 미국 시인 중에 엘렌 케이트	배우고,	( )가 대단히 중요하다 그래 기
623257	CM000200_utf8.txt	70	것 같으면, 영국 어 미국 시인 중에 엘렌 케이트	우리	나라에서도 여성주의 소설 나
623258	CM000200_utf8.txt	70	것 같으면, 영국 어 미국 시인 중에 엘렌 케이트	우선	영국 시에 무브먼트파가 있다

43) 『표준』에 제시되어 있는 부사와 감탄사 '우'의 사례는 아래와 같다(품사와 뜻풀이만 제시하였다.).
우02「부」「1」여럿이 한꺼번에 한곳으로 몰려드는 모양. 「2」바람이 세차게 한 방향으로 몰아치는 소리.
우03「감」「1」시시하거나 잘못된 것을 야유할 때 지르는 소리. 「2」상대편을 위협할 때 지르는 소리.

음절 '우'로 검색한 결과 부사 '우02'와 감탄사 '우03'을 모두 합쳐 82의 빈도를 보이는데, 이 82개의 용례를 찾기 위해서 전체 검색 결과인 용례 623,258개의 용례를 모두 일일이 확인하는 단계를 거쳐야 한다. 사전 표제항을 기술하는 일보다 자료의 검색과 후처리에 시간과 노력이 많이 드는 사례라 할 수 있다.

이러한 일은 우리가 사전 편찬에서 접하게 되는 현상이며, 말뭉치를 이용하여 사전을 편찬할 때 표제항을 기술하는 것보다 훨씬 품이 많이 들고 고된 일이다.44) 이러한 사정으로 인하여 적어도 형태분석 말뭉치를 구축하여(검색과 후처리를 위하여) 그 규모를 원시 말뭉치의 수준(용례 확인을 위하여)까지 점진적으로 늘이는 것이 현재는 물론 앞으로의 사전 편찬을 위해서라도 반드시 선결되어야 할 중요한 과제라 할 것이다.

4. 문제점 해소를 위한 대안 제시

본고에서는 단순히 세종 말뭉치가 사전을 편찬하기에 문제가 있다는 것을 지적하는 것이 아니다. 현재 우리의 현실이 이러하다는 것을 다시금 되새김질하고 이를 극복할 수 있는 방안을 마련하지 않는다면 말뭉치를 이용하여 사전을 편찬한다는 철학을 지닌다손 치더라도 기존 사전 편찬의 문제점을 그대로 답습하는 과오를 반복할 수밖에 없다. 따라서 이러한 말뭉치를 보완하기 위한 대책 마련이 절실한 상황이다.

44) 이는 형태분석 말뭉치를 이용한다 하더라도 완전히 해결되는 문제가 아니다. 동형어 구분과 의미(갈래뜻) 구분의 문제가 남아 있기 때문이다. 따라서 효율적인 사전 편찬을 위해서라면 적어도 동형어가 구분되는 정보가 포함된 말뭉치(형태의미분석 말뭉치)가 점진적으로 구축되어야 할 것이다.

먼저 지속적인 말뭉치의 구축이 필요하다.[45] 말뭉치를 원시 말뭉치(표제어 선정과 용례 확인의 기초 자료)와 형태분석 말뭉치(검색과 후처리의 편의를 위한 자료)로 나누어서 살펴보면, 원시 말뭉치로는 3.1.에서 분석했을 때 제기되었던 시기별로 부족한 부분의 말뭉치를 구축해야 할 것이다. 그리고 일정량을 목표로 지향하면서 다양한 어휘가 추출될 수 있도록 표본을 다양하게 구축할 필요가 있다.(BNC의 사례 참조) 형태분석 말뭉치의 경우는 이미 구축되어 있는 원시 말뭉치를 토대로 해서 구축이 되어야 할 것이다. '지능형 형태소 분석기'와 같은 도구가 배포되어 있는 상황에서 분석 자체는 자동이기 때문에 어려운 일이 아니지만, 오류율이 높기 때문에 후처리에 만만치 않은 시간과 노력이 든다. 그러하기에 점진적인 형태분석 말뭉치의 구축이 필요하다. 물론 형태의미분석 말뭉치 구축에까지 나아가면 더할 나위 없겠으나 현실적으로는 요원한 일이고, 형태분석 말뭉치만으로도 사전 편찬에 유용하게 사용될 수 있다.[46]

둘째, 인터넷이 발달한 현대에 와서는 Web 자료를 적극적으로 활용할 필요가 있다. 아래 그림은 포털 Naver의 책검색에서 앞서 다루었던 '뒷수쇄'를 검색어로 하여 검색한 결과를 보여주는 것이다.

45) 사전 편찬을 목적으로 하는 새로운 말뭉치의 구축이 아니라, '세종 말뭉치'를 예로 들면 기존 말뭉치를 사전 편찬에 적합한 말뭉치로 보완하는 노력이 필요하다는 의미이다.

46) 심사자 한 분께서 공시적·통시적으로 균형을 갖춘 말뭉치를 지속적으로 대규모로 구축한다는 것은 누구나 바라는 일이고 개론서에 잘 나오는 내용이며 현실적으로는 매우 어려운 일이라고 지적해 주셨는데, 필자도 공감하는 바이며 본고가 비판하는 것이 원론적이라는 것을 인정한다. 하지만 그렇게 개론서에도 잘 나오는 기본적인 사항이 여러 모로 사전 편찬 환경이 나아진 지금에도 개선되지 않고 답보 상태에 있으며, 좋은 사전을 편찬하기 위한 기초 자료인 말뭉치를 구축하려는 노력은 등한시하면서 표제어 늘이기와 자기 사전이 기존 사전보다 낫다는 점만 부각시키고 있는 현실을 극복하자고 주장하는 것이다.

위의 결과가 많은 용례를 보여주고 있지는 않지만 원고를 작성하기에 충분한 양의 용례 확보가 가능하다. 그리고 출처를 분야별로 보여주기 때문에 어떠한 사용역(또는 장르)에서 쓰이는지를 확인이 가능하다. 즉 사용역이 치우칠 경우에는 표제어의 지위에 대한 판단 가능하다.47) 여기서 Web의 경우 비문법적인 표현이 검색될 가능성이 많다는 지적이 나올 수 있는데, 이는 검색자(집필자)의 언어 능력으로 충분히 걸러낼 수 있다고 생각한다.

마지막으로 말뭉치를 이용한 사전 편찬에서 편찬자가 용례를 확인하기

---

47) 사전 편찬 초기에 한정된 대상 말뭉치 외에 이러한 자료를 사용할 경우에는 빈도와 관련한 '대상 한정'의 문제가 발생한다. 이것은 범위가 한정된 '정적 말뭉치'의 한계라고 할 수 있는데, 여기서는 이러한 문제점이 발생할 수 있는 가능성에 대해서만 지적하고 앞으로 대상이 한정되지 않고 그 폭이 열려 있는 '동적 말뭉치'에 대한 논의가 사전 편찬과 관련하여 활발히 진행되어야 할 것으로 보인다. 이는 후고를 기약한다.

위해 무던히 애를 썼음에도 불구하고 용례를 찾지 못했다면, 어떻게 해야 할지를 고민해야 한다. 실제 잘 사용하고 접할 기회가 많지 않는 어휘는 아무리 말뭉치의 양을 늘린다 하더라도, 앞서 지적한 말뭉치의 문제를 아무리 잘 보완한다 하더라도 검색되지 않을 가능성이 높다. 말뭉치를 이용하지 않은 사전이라면 중사전·대사전 정도 규모의 사전에 필요한 표제어를 선정하기 위하여 다른 사전을 참조할 수밖에 없을 것이다. 기본적으로 사전 이용자는 모르는 단어를 찾아보기 위해서 사전을 찾아보기 때문에 사전은 많은 단어를 수록하려 노력하는 것이 바람직할 것이다. 그러나 말뭉치를 기반으로 한 사전 편찬이라면, 그러한 사전이라면 이전의 방식[48]은 지양하고 극복해야 한다. 사용자의 입장에서 뜻풀이와 용법의 확인을 돕기 위하여 용례를 확인하지 못한 상황[49] 아래에서 부득이 표제어로 선정하여 사전에 기술하려 한다면 편찬자 스스로 그러한 현실을 인정하고 솔직해지는 것이 필요하다고 본다. 즉, 말뭉치에 나타나지 않아서 용례·용법을 확인하지 못했다면 그 사전의 취지와 지침을 어겨가며 무리수를 두기보다는 해당 어휘를 과감히 표제어로 선정하지 않아야 할 것이다.[50] 만약 사용자의 입장을 고려하여 꼭 표제어로 선정하고자 하거나 편찬

---

48) 다른 사전을 참조하여 뜻풀이만 조금 수정하고 용례를 바꾸는 방식을 이른다.

49) 필자의 판단하기에, 용례를 확인하지 못할 정도의 저빈도 어휘는 편찬자의 직관이 거의 작용하지 못하는 어휘일 가능성이 대단히 높다.

50) 이러한 주장에 대해 '과격하다'는 지적이 있었다. 수긍이 가는 지적이지만 계속 반복하여 주장하고 있듯이 다른 사전이 아닌 '말뭉치를 이용한' 사전이라면 용례 확인이 되지 않은 표제어를 다른 사전을 참고하여(직관이 거의 작용하지 않고 의미도 모르기 때문에 달리 이 방법밖에는 없다.) 등재하는 것은 편찬 철학과 의도에 어긋난다. 그리고 어떠한 부분에서는 말뭉치를 활용했으면서 어떠한 부분에서는 그러하지 못했다면 한 사전 안에서 편찬 방식의 이율배반이 일어난다. 이러한 사전의 내적 모순을 무리하게 안고 가기보다는 솔직하게 제시하고 시인하는 것이 그 사전의 신뢰를 높이는 일이라 생각한다. 왜냐하면 아직도 사전을 편찬하는 환경이 완벽하지 않다는 것은 다른 사전 편찬자들도 충분히 공감하고 이해해 줄 수 있는 사실이기 때문이다.

회의와 같은 과정을 통해 등재하자는 쪽으로 논의가 된 항목들은 우선 다른 사전을 참고하여 수록하되 대신 아래의 방법과 같이 그러한 사실을 사전에 어떠한 방식으로든 표시하거나 남기는 것이 바람직하다고 본다.[51)]

(19) 용례를 확인하지 못한 표제어의 표시 방법 제안[52)]

벽거	√벽거[僻居][-꺼]명 외지고 궁벽한 곳에서 삶.
벽거하다	√벽거하다[+僻居-하_다][-꺼--](여불)〈벽거하여/벽거해, 벽거하니〉동자 『명이 명에』(사람이 외지고 궁벽한 장소에) 자리잡아 머무르거나 지내다. ¶우리 남매는 인적 드문 남해에 벽거하고 있었기 때문에 사람들을 만나기 어려웠다.

우리의 사전이 어떠한 사전을 참고했다는 것이 부끄러운 것이 아니라 나름의 사전적인 철학(말뭉치를 기반으로 하는 사전과 같은)이 있음에도 불구하고 사소한 부분을 숨기는 것이 결과적으로는 사전의 신뢰를 떨어뜨리는 일이 될 우려가 있다. 지금 현재에도 기존의 사전을 참고하고 있는 우리의 사전들이 솔직해질 필요가 있다는 것이 본고의 주장이다.

5. 결론

이 연구에서는 말뭉치를 이용하여 사전을 편찬할 때 발생하는 몇 가지

51) 예를 들어 (13)의 방법이 사용자에게 혼란을 야기하는 측면이 있다면 사전의 부록 같은 곳에서 그 목록을 제시하는 것이 하나의 방법이 될 것이다. 혹자는 종이 사전의 경우 분량의 한계 상 그것을 모두 수록하기 힘들다고 할지 모르나, 목록만 제시하는 것이라면 현재의 『표준』과 『고려대』의 분량이라면 무리한 일이 아니라고 본다. 인터넷 사전이라면 웹 페이지의 어느 곳에서 표시해 주는 것만으로도 능히 가능한 일이다.
52) 표제어 앞의 '√' 표시는 용례를 확인하지 못했다는 표시이다. 사전의 내용은 『고려대』를 참고하였다.

문제점에 대해서 살펴보았다. 말뭉치를 이용한 사전 편찬에서 나타나는 문제점을 현재 우리가 사전을 편찬하면서 주로 사용하고 있는 세종 말뭉치의 분석을 통해 비판적으로 살피고, 이러한 말뭉치의 한계로 인해 발생하는 문제를 보완할 수 있는 방안에 대해서 논의하였다.

실제 대사전과 같은 규모의 사전을 편찬할 때에는 저빈도어의 처리가 문제가 되는데 사용자의 입장을 고려하거나 혹은 사전의 성격에 따라서는 극저빈도여서 용법을 제대로 확인할 수 없다거나 용례 자체를 확인하지 못한다 하더라도 등재하는 것이 바람직할 수 있다. 그러나 말뭉치를 기반으로 하는 사전이라면 말뭉치에서 추출할 수 있는 언어 정보를 충분히 사전에 반영해야 할 것이다. 그렇지만 말뭉치에서 원하는 언어 정보를 추출할 수 없을 경우에는 또 다시 문제가 되는데, 이렇게 용례를 확인하지 못할 경우에는 이전의 방식처럼 다른 사전을 참조하여 집필할 것이 아니라, 과감히 표제어로 선정하지 않든지 다른 사전을 참조하여 기술하되 솔직하게 '용례를 확인하지 못하여 다른 사전을 참고했다'는 정보를 남기는 방법을 제안하였다. 이러한 방식이 '말뭉치를 이용한' 사전 편찬의 방식에 어긋나지 않고 사전의 신뢰를 높이는 대안이 될 수 있을 것이다. 왜냐하면 말뭉치를 이용한 사전 편찬이 완벽한 사전 편찬의 방법이 아니라는 것도 사전 편찬의 환경이 아직 완벽하지 않다는 것도 사전을 바라보는 이들이 모두 공감하고 이해해 줄 수 있는 사실이기 때문이다. 그리고 근본적으로 이러한 문제를 해결하기 위해서 우리가 현재 보유하고 있는 말뭉치를 재분석하여 부족한 부분들을 보완하려는 노력이 지속되어야 할 것이다.

다만 아쉽게도 (10)에서 제시한 목록의 말뭉치를 일부 확보하지 못하면서 각 말뭉치에서 겹치는 목록을 세밀하게 검토하지 못하여 객관성이 떨어진 측면이 있는데, 앞으로의 사전 편찬이나 언어 연구를 위해서라도 국내 말뭉치의 정확한 현황이 파악되어야 할 것이다. 이는 향후 과제로 남겨 둔다.

참고문헌

강범모(2003), 『언어, 컴퓨터, 코퍼스 언어학』, 고려대학교 출판부.

국립국어연구원(2000), 『《표준국어대사전》 편찬 지침 Ⅰ』, 국립국어연구원.

국립국어연구원(2002), 『기본 어휘 선정 및 사용 실태 조사를 위한 기초 연구』, 국립국어연구원.

국립국어원(2004), 『21세기 세종계획 국어 기초자료 구축』, 문화관광부 국립국어원.

국립국어원(2007), 『21세기 세종계획 백서』, 국립국어원.

김광해(1993), 『국어 어휘론 개설』, 집문당.

김소연(2011), "韓国語の笑いを表す擬態語の造語法-'방글','방실','상글'を中心に-", 동경외국어대학교 대학원 석사학위 논문.

김한샘(2005), 『현대 국어 사용 빈도 조사 2』, 국립국어원.

김흥규 · 강범모(1996), "고려대학교 한국어 말모둠 1 (KOREA-1 CORPUS): 설계 및 구성", 『한국어학』 3, 한국어학회, 233-258.

도원영(2000), "「민연 국어 사전」(가칭)의 표제어 선정과 그 실제에 대하여", 『한국어학』 12, 한국어학회, 35-65.

도원영(2003), "「민연국어사전」(가칭)의 특징", 『한국사전학』 2, 한국사전학회, 85-109.

도원영(2007), "국어사전의 신어 처리", 『한국어학』 34, 한국어학회, 21-45.

도원영(2010), "『고려대 한국어대사전』의 뜻풀이 정보", 『한국사전학』 16, 한국사전학회, 106-136.

문화관광부(1998), 『21세기 세종계획 국어 기초자료 구축』, 문화관광부.

문화관광부(1999), 『21세기 세종계획 국어 기초자료 구축』, 문화관광부.

박동근(2005), “중사전 표제어 선정의 문제점”, 『한말연구』 17, 한말연구학회, 59-83.

박동근(2011), “국어사전의 표제어 늘리기와 ‘유령어(ghost word)’ 처리의 문제”, 『한국 사전학회 학술대회 발표논문집』 2011-2, 한국사전학회, 119-140.

서상규 편(1999), 『언어 정보의 탐구 Ⅰ』, 월인.

서상규 · 한영균(1999), 『국어정보학 입문 : 인문학과 컴퓨터』, 태학사.

언어정보개발연구원(1999), 『“기초학습 연세 한국어사전” 편찬 -1차년도 사업보고서-』, 연세대학교 언어정보개발연구원.

안의정 · 황은하(2010), “『연세 현대한국어사전』의 표제어 목록 구성의 이론과 실제”, 『한국사전학』 15, 한국사전학회, 165-193.

유현경 · 남길임(2008), 『한국어 사전 편찬학 개론 : 사전 편찬의 이론과 실제』, 역락.

유현경(2010), “한국어대사전 편찬에 대한 새로운 제안”, 『한국사전학』 15, 한국사전학회, 220-246.

이상섭(1990), “낱말 빈도를 추정하기 위한 말뭉치 자료 수집의 실제”, 『사전 편찬학 연구』 3-1, 연세대학교 언어정보개발원, 70-76.

이익환 · 안의정(2007), “『연세 현대한국어사전』 편찬 프로젝트”, 『한국사전학』 9, 한국사전학회, 7-22.

이희자(2005), “말뭉치 기반 초등국어사전 알기 : 『연세초등국어사전』을 중심으로”, 『한국사전학』 6, 한국사전학회, 35-67.

임유종(2005), “다국어 연어 DB 구축과 말뭉치 활용”, 『한국사전학』 6, 한국사전학회, 119-143.

최정도(2010), “말뭉치를 이용한 사전 편찬에서의 몇 문제에 대하여”, 『한국 사전학회 학술대회 발표논문집』 2010-2, 한국사전학회, 66-81.

한영균(2006ㄱ), “ 《표준국어대사전》 의 用例에 대한 辭典學的 檢討 -用言의 경우-”, 『국어학』 48, 국어학회, 289-312.

한영균(2006ㄴ), “『표준국어대사전』의 用例에 대한 辭典學的 檢討 -名詞의 경우-”, 『어문연구』 34-4, 한국어문교육연구회, 7-33.

한영균(2007), “『표준국어대사전』의 사전적 성격에 대하여”, 『동방학지』 140, 연세대학교 국학연구원, 339-366.

한영균(2007), "국어 사전학 교육의 이상과 현실", 『한국사전학』 10, 한국사전학회, 7-42.

홍종선(2000), "국어 사전 편찬과 현실 언어의 수용 : 올림말 문제를 중심으로", 『사전 편찬학 연구』 10-1, 연세대학교 언어정보개발연구원, 7-34.

* 이 글은 아래의 논문을 이 책의 기획과 형식에 따라 수정한 것임을 밝힌다.
최정도(2011), 말뭉치를 이용한 사전 편찬에서의 몇 문제에 대하여, 『언어 사실과 관점』 27, 연세대학교 언어정보연구원, 237-276.

『연세 한국어사전』과 『고려대 한국어대사전』 비교 연구

- 언어사전으로서의 특성을 중심으로

유현경

1. 머리말

1990년대 말 이전에 발간된 대부분의 국어사전은 백과사전적인 성격을 지니고 있었다. 국내에서는 『연세 한국어사전』(1998)을 기점으로 언어사전의 성격을 지닌 국어사전들이 출간되기 시작하였는데 『표준 국어대사전』(1999)을 비롯하여 최근 『고려대 한국어대사전』(2008)이 발간되었다[1]. 국가 주도형 사전인 『표준』과 달리 『연세』와 『고려대』는 대학의 연구소에서 발간한 국어사전이라는 공통점 이외에도 말뭉치를 기반으로 편찬되었다는 점, 표제어에 대한 언어학적 정보가 풍부하게 제시된 점 등을 특징으로 하고 있다. 언어사전으로서의 국어사전은 표제어의 여러 정보 중 문법 정보나 화용 정보 등의 형태로 그간의 국어학적 논의의 결과가 상당 부분 반영되는 동시에 사전 편찬 과정에서 새로운 국어학적 논의거리가 발굴되기도 하여 사전학뿐 아니라 국어학 전반에 많은 영향을 줄

1) 본고에서는 『연세 한국어사전』은 『연세』로, 『표준 국어대사전』은 『표준』으로, 『고려대 한국어대사전』은 『고려대』로 줄여 부르기로 한다.

수 있다는 점에서 학문적인 가치가 매우 높다고 할 수 있다.

『연세』는 국내 최초의 말뭉치 기반 사전이며 말뭉치에 쓰인 빈도순으로 표제어 5만을 선정하고 말뭉치 용례 분석을 통하여 의미와 용법을 기술한 중사전이다. 이 사전은 표제어에서 고유명사와 전문용어를 배제하고 뜻풀이에서도 백과사전식이 아니라 언어학적인 의미를 중심으로 기술한 것이 특징이다. 『고려대』는 37만여 표제어를 수록한 대사전이며 기존의 국어사전에서 2분지 이상 형태 분석을 하지 않던 관행에서 벗어나 표제어의 세밀한 형태 분석을 시도한 바 있다. 이러한 두 사전의 편찬 과정에서 음운론, 형태론, 통사론, 의미론, 화용론 등의 국어학 전반에서 다양하고 깊이 있는 연구 업적이 생산되었다.

기존의 국어사전에서 볼 수 없었던 언어사전적 성격을 강하게 가지고 있으나 두 사전의 성격은 여러 가지 측면에서 대조적이다. 이 글은 사전의 내용적 측면에서 『연세』와 『고려대』의 언어사전적 특성을 구체적으로 비교해 봄으로써 언어사전으로서의 국어사전 편찬의 현황을 점검해 보고 앞으로 국어사전 편찬사에서 언어사전의 역할과 전망을 조망해 보는 것이 목적이다.

2. 언어사전과 백과사전

언어사전은 단어들에 대한 참고서(reference book)로서 언어에 대한 책인 반면 백과사전은 언어에 대한 것이 아니라 사물, 사람, 장소, 관념(ideas) 등 실제 세계에 대한 책이다(Jackson 2002 : 21). 언어사전은 단어 및 그 단어에 대한 정보를 설명하며 백과사전은 단어들이 가리키는 대상, 현상,

과정들을 설명한다. 단어 등 언어에 대한 정보를 알기 위해서는 언어사전을 사용하고 실제 세계에 대한 정보를 얻기 위해서는 백과사전을 찾게 된다.

언어사전과 백과사전의 가장 큰 차이점은 표제어의 구성에 있다. 언어사전에는 명사, 동사, 형용사, 부사 등 어휘적 요소뿐 아니라 조사, 어미 등 문법 형태까지 포함되며, 이외에 관용 표현이나 속담 등도 표제어의 지위를 갖기도 한다. 그러나 백과사전에는 주로 어휘적 요소 가운데 명사만이 표제어가 된다. 명사 중에서도 실제 세계와 관련이 있는 구체명사나 고유명사 등이 주요 표제어로 오른다.

미시적인 정보에 있어서도 백과사전에서는 뜻풀이 이외에 발음 정보나 문법 정보, 화용 정보 등은 제외하는 반면 언어사전에서는 표제어와 관련된 다양한 언어적 정보가 중시된다. 미시 정보 중에서 언어사전과 백과사전의 차이를 가장 잘 드러내는 것은 의미 정보이다. 언어사전과 백과사전의 의미 정보는 목적이나 활용 방안 등에 있어서 매우 큰 차이를 가지고 있다. 이에 대하여서는 3.7에서 구체적인 사전의 예를 중심으로 상세히 논의하게 될 것이다.

언어사전과 백과사전은 여러 가지 측면에서 차이를 갖고 있지만 언어사전적인 정보와 백과사전적인 정보는 엄격하게 구분되기 어렵다. 언어사전에서도 표제어의 특성을 이해하고 표현하기 위해서는 백과사전적 정보가 필요하다. 조남신(2007)에서는 현대 사전 작업에서 이처럼 언어적 정보와 언어외적인 백과사전적 정보를 동시에 기술하려는 경향이 보편사전의[2)]

2) 조남신(2007)에서는 언어사전과 백과사전의 성격을 동시에 가지는 사전을 '보편사전'이라 하였다. 이런 측면에서 볼 때 국내에서 출간된 대부분의 국어사전은 보편사전의 성격을 가지고 있다고 할 수 있다. 그러나 이 글에서는 국어사전의 언어사전적 특성을 살펴보는 데에 초점이 있으므로 보편사전의 개념을 도입하지 않고 언어사전과 백과사전을 구분하는 관점에서 논의를 전개하고자 한다.

형태로 나타나고 있다는 사실을 지적하고, 이는 하나의 사전에 단어와 이 단어에 의해 지칭된 현실에 대한 최대한 완벽한 정보를 주려는 사전 편찬자들 사이에 극히 널리 퍼진 노력을 반영한다고 하였다. 사전 편찬의 실제에서 언어사전적 정보와 백과사전적 정보를 구분하는 것보다는 편찬 과정에서 두 정보를 어떠한 형식으로 어디까지 포함할 것인가의 문제가 더 중요하다. 다음에서는 이러한 관점을 중심으로 하여 언어사전적인 요소가 『연세』와 『고려대』에 어떤 형태로 어느 범위까지 수록되어 있는지를 구체적으로 살펴보려 한다.

3. 『연세』와 『고려대』의 특성 비교

『연세』와 『고려대』는 앞에서 언급한 바와 같이 표제어의 규모, 구성 등 거시구조의 측면에서 많은 차이를 보인다. 두 사전 모두 문형 정보나 품사 정보, 그리고 용법, 용례 제시 등에서 기존의 다른 사전에 비하여 언어학적 정보를 풍부하게 제시하였다는 특성을 지니고 있으나 세세한 부분을 비교해 보면 차이점 또한 적지 않다. 3장에서는 두 사전의 전반적인 성격에 대한 고찰을 시작으로 하여 거시구조적인 측면에 대하여 기술하겠다. 그 다음으로는 미시구조의 정보를 항목별로 비교하여 두 사전의 언어사전으로서의 특성을 상세히 살펴보려 한다.

3.1. 사전의 체제 및 성격

『연세』의 일러두기에서는 이 사전의 성격을 언어사전이며 현대국어

학습을 위한 사전이라고 규정하고 있다. 『연세』는 5만 표제어의 중사전이며 표제항 이외에 '옆 참고란'과 '아래 참고란'을 두었다. 표제항은 기존의 국어사전과 마찬가지로 한자, 발음, 활용형, 품사, 뜻풀이, 용례의 순서로 배열하였으며 '옆 참고란'에서 외래어 어원 정보, 관련어 정보, 격틀(문형 정보)과 격틀의 참고 정보를 보여 주었다. '아래 참고란'에서는 어미나 조사의 이형태 설명을 비롯하여 표제어의 문법 사항에 관한 설명이나 유의어 간의 비교 등 긴 설명을 필요로 하는 사항을 기술하였다. 이 사전의 특이한 점 중 하나는 사전의 일러두기 다음에 사전을 이해하기 위하여 필요한 80여 개의 표제어로 구성된 '문법 용어 풀이'를 둔 것이다. 부록이 아니라 본문 앞에 문법 용어 풀이를 배치한 것은 이 사전의 언어사전적 성격을 잘 드러내 주고 있다. 다음의 〈그림 1〉에서 보듯이 옆 참고란을 둔 까닭에 『연세』의 본문은 마치 4단 구성처럼 보인다.

〈그림 1〉『연세』의 스캔 자료

『고려대』의 성격에 대하여 도원영·차준경(2009 : 3)은 규모면에서 대사전이며 성격의 측면에서는 포괄적, 공시적, 이용자 중심의 정규 사전이라고 하였다. 이러한 서술을 통하여 『고려대』는 언어사전임을 표방한 『연세』와 다른 성격을 가진 사전임을 알 수 있다. 그러나 실제 사전의 내용을 들여다보면 『고려대』의 경우에도 언어사전적인 성격이 다분한 것을 확인할 수 있다. 다음의 〈그림 2〉와 같이 『고려대』는 3단 구성이며 표제항의 정보 배열은 형태 정보, 발음 정보, 활용 정보, 품사 정보, 전문 분야 정보, 문형 정보, 제약 정보, 사용 영역 정보, 의미역 정보, 용례, 관련어 정보, 어원 정보의 순으로 되어 있다. 이러한 정보 배열만 보아도 다른 국어사전에 비하여 언어학적 정보가 풍부히 들어가 있음을 알 수 있다. 『연세』에서 '아래 참고란'을 둔 것과 비슷하게 『고려대』에서는 '부가 정보'라는 난을 두어 정서법이나 어원, 혼동되는 말에 대해 2,200여 개의 참고적인 설명을 달았다.

〈그림 2〉『고려대』의 스캔 자료

두 사전 모두 편찬 과정에서 말뭉치가 중요한 자료로 사용되었음을 밝히고 있지만 말뭉치의 규모나 구체적인 활용의 측면에서는 다소 차이를 보인다[3].

3.2. 표제어 구성

『연세』는 주표제어 49,561개, 부표제어 3,793개로, 이를 합하면 53,354개의 표제항으로 구성되어 있는 2,144쪽의 단권 사전이다. 『연세』에서 주표제어는 『표준』이나 『고려대』와 달리 구 단위 표제어가 없이 단어 이하의 언어 단위로 구성되어 있으며 구 단위 이상의 올림말은 부표제어의 지위를 갖는다. 『연세』는 고유명사와 전문용어를 표제어에서 제외하여 순수 언어사전을 표방하였다. 자립적인 단어가 아닌 것은 문법적 관계를 나타내는 어미나, 어근에 뜻을 더해 주는 접사, 형태적으로 분석할 수 없으나 두 단어의 결합체인 준꼴, 관형사는 아니지만 명사 앞에 쓰여 명사를 수식해 주는 형성소를 표제어로 올렸다[4]. 『연세』는 약 4,300만 어절의 연세 말뭉치에서 빈도 14 이상의 단어 및 문법 형태소를 표제어로 삼았다.

『연세』의 표제어 구성의 특징 중 하나는 기존의 국어사전에서 주표제어로 올리지 않은 '-하다', '-되다'가 붙어 동사나 형용사로 쓰이는 낱말들도 빈도에 근거하여 독립된 표제어로 등재한 것이다. 이외에 '-시키다', '-당하다', '-거리다', '-대다', '-이다' 등이 붙은 용언도 표제어로 올렸다. 일반적인 언어사전에서는 표제어의 문법 단위를 주로 단어를 중심으로

3) 구체적인 차이점에 대하여서는 본론에서 정보별 기술을 하면서 상술하게 될 것이다.
4) 『연세』의 문법 용어 풀이의 표제어의 내용 참조.

선정하는 원칙인 '한 단어 한 표제어 원칙'에 따르고 있는데[5], 『연세』에서도 이에 따라 '-하다, -되다' 파생어를 주표제어로 기술하고 있다. '한 단어 한 표제어 원칙'은 표제어의 단위를 문법적으로 한 단어로 제한하고 있다는 점에서 사전 편찬자의 입장에서는 분명한 기준이 될 수 있으나 사용자의 입장에서는 단일한 단어 못지않게 중요한 단위인 다중 어휘 표현들(multi lexical units)을 직접적으로 검색할 수 없고 이를 표제항의 미시구조 내에서 검색해야 한다는 부담이 있을 수 있다. 『연세』는 언어사전을 표방하고 있으므로 고유명사를 제외하는 것이 원칙이나 예외적으로 '서울, 동해, 서해, 북해' 등이 표제어로 올라 있다. 이들은 모두 일반명사로서의 용법이 있는 경우이다.

(1) 『연세』에 등재된 고유명사의 예[6]

서울 【명사】

1. 한 나라의 중앙 정부가 있는 곳.

[예문] 몽고군이 고려를 침범하자, 고려는 서울을 강화로 옮기고 격렬하게 항쟁하였다.

2. 대한민국의 수도.

[예문] 서울 가면 꼭 편지 해.

동해(東海) 【명사】 육지의 동쪽에 있는 바다. 특히 한국의 동쪽 바다.

[예문] 독도는 동해의 가운데에 있는 작은 바위섬이다./난류와 한류가 서로 만나는 동해에는 물고기의 종류가 많아 우리 나라의 중요한

5) 이는 띄어쓰기 같은 문자의 규약과 관련된 원칙이라는 점에서 Seven-sén(1993 : 208)에서 '문자적 원칙(graphical principle)'이라 언급된 바 있다.

6) 이하 『연세』의 예는 http://www.britannica.co.kr/에 있는 웹사전의 내용을 가져온 것이다.

어장을 이루고 있다.

서해(西海) 【명사】

1. 한국의 서쪽 바다인 황해.

[예문] 동해의 해 돋는 경치는 양양 낙산사에서 보고, 서해의 해 지는 경치는 변산 월명암에서 본다는 것이 예부터 일러 오는 말이다.

2. 서쪽에 있는 바다.

[예문] 엘니뇨의 영향으로 미국의 서해에서 홍수가 발생했다고 한다.

북해(北海) 【명사】

1. 북쪽의 바다.

[예문] 북해는 물결이 드높다.

2. 유럽 대륙과 영국 사이에 있는 바다.

[예문] 덴마크에는 북해의 차디찬 북서풍이 끊임없이 몰아친다.

『연세』에서 표제어로 등재된 고유명사는 (1)과 같이 일반명사적 용법이 있는 경우이므로 이러한 유형의 고유명사 등재가 문제될 것은 없다. 그러나 '서울', '북해'처럼 일반명사적 용법이 먼저 기술된 것이 있는가 하면 '서해'는 고유명사적 용법이 먼저 제시되어 있고 '동해'는 이 둘이 하나의 의미 항목 안에서 설명되어 있어 기술의 일관성이 없는 것으로 보인다. '동해', '서해', '북해'는 표제어로 올라 있는 반면 '남해'는 표제어로 등재되어 있지 않아 빈도순으로 표제어를 선정한다는 기준을 고려한다 해도 고유명사의 표제어 선정에 있어서 문제점을 드러내고 있다.

『고려대』는 386,889개 표제어 규모의 대사전이며 단어와 접사, 어미, 구 등이 표제어로 올라 있다. 『연세』에서 구를 표제어가 아니라 부표제어로 제시한 반면 『고려대』에서는 구를 표제어로 올렸으며 『연세』와 마찬가지로 준꼴과 '-하다', '-되다' 등도 표제어로 삼았다. 『연세』가 현대

한국어의 어휘 중 일반 어휘만을 표제어의 대상으로 삼고 방언을 제외한 것과 대조적으로 『고려대』는 표준어뿐 아니라 방언, 비표준어도 표제어로 수록하였으며 일반 어휘 이외에 고유명사, 전문어까지 표제어에 포함되어 있다. 도원영·차준경(2009 : 37∼)에 따르면 표준어는 357,238개로 전체 표제어의 약 92%를 차지하며 방언은 23,473개, 비표준어 6,178개가 실려 있다. 『연세』는 언어사전을 표방하기 때문에 전문어를 싣지 않은 데 비하여 『고려대』에는 137,746개의 전문어를 표제어로 삼았다[7]. 『고려대』에는 『표준』에서 전체 표제어의 14.1%에 달하는 북한어 표제어는 실려 있지 않다[8].

표제어의 구성만으로 볼 때 『연세』는 언어사전이며 중사전의 성격을 가지고 있으나 『고려대』는 전문어와 고유명사 등이 표제어로 실려 있어 엄밀한 의미의 언어사전으로 보기 어렵다. 그러나 『고려대』에 실려 있는 정보의 내용적 측면을 분석해 보면 언어학적 연구 결과가 상당 부분 반영되어 있어 기존의 국어사전과는 변별되는 점을 가지고 있다는 것을 알 수 있다. 다음에서는 사전의 정보별로 『연세』와 『고려대』의 언어사전적 성격을 살펴보기로 하겠다.

3.3. 발음 정보

『연세』의 발음 정보는 원칙적으로 '표준 발음법'을 따랐으며 한자 정보 다음에 [ ] 안에 제시하고 장음도 발음 괄호 안에 표시하였다. 『고려대』의

7) 이 숫자는 전문어만으로 쓰이는 표제어의 수이며 뜻풀이를 포함한 전문어는 152,506개에 달한다. 전문어의 분야별 통계와 이에 대한 상세한 설명은 도원영·차준경(2009)을 참조하라.
8) 『표준』에 실린 북한어 표제어의 개수는 72,063개이다. 이 글에서의 『표준』의 통계는 이운영(2002)에 의한 것이다.

발음 정보 제시 방식도 이와 크게 다름이 없으며 『연세』 이전에 발간된 사전들은 한글 자모를 이용한 것은 동일하나 장음 표시의 문제에 있어 차이를 보인다.

(2) 『연세』 계획(計劃)[계:획]

(3) 『고려대』 계획(計劃/計畫)[계:획/게:훽]

(4) 『표준』 계획1(計劃/計畫)[계:획/게:훽] [계획만[계:횡-/게:훵-]]

(5) 『우리말』 계:획01(計畫, 計劃)

표제어의 발음은 (2)의 『연세』처럼 발음의 원칙만 제시한 것이 있고 (3)과 (4)처럼 원칙과 허용 발음을 병기한 것이 있다. (5)는 장음을 표제어의 표기 안에서 수용한 경우이다. 『고려대』와 『표준』의 차이는 곡용형의 발음 표시 여부이다. 예를 들어 표제어 '회의'의 발음은 [회:의/회:이/훼:의/훼:이]의 네 가지가 가능하다. 『연세』에서는 원칙적인 발음만을 인정하여 한 가지 발음 정보만을 주었고 같은 이유로 『우리말』에서도 원칙만을 제시하였다. 『표준』에서는 가능한 네 가지 발음 중 원칙만을 택하거나 허용만을 택한 두 가지의 유형만을 제시하였다. 사전 사용자에게 가장 친절한 것은 네 가지 모두를 제시하는 방식이다. 하지만 대부분의 국어사전에서는 지면상의 제약과 더불어 지나치게 복잡한 정보 제시를 우려하여 복수 발음에 대한 정보를 제시한 것으로 보인다. 그러나 예컨대 'ㅢ'의 발음은 '의사'에서와 같이 단어의 첫음절에 올 때는 [ㅣ] 발음을 허용하지 않기 때문에 복수 발음에 대한 정보를 모두 보여 주는 것이 바람직하다.

발음 정보 표시에 한글 자모를 사용하는 대부분의 국어사전에서 연음화, 경음화 등 음운 환경으로 예측할 수 있는 규칙적인 음운 변동의 경우 발음 정보를 제시하지 않는다. 다만 경음화 중에서 예외가 있는 경우만을 발음 정보를 제시하였다. 국어사전이 국어 화자뿐 아니라 외국인 학습자까지를 고려한 것이라면 이러한 원칙은 불합리하다. 경음화 중에서도 불규칙한 경우는 다음의 (6)과 같이 발음 정보를 제시하고 있기 때문에 사전 사용자가 규칙적인 경음화의 경우 자칫 경음화가 아닌 것으로 오해할 여지가 있다.

(6) 『연세』

ㄱ. 안다 [안:따]

ㄴ. 갈등(葛藤)[갈뜽]

ㄷ. 문고리(門—)[문꼬리]

국어사전에서 발음 정보는 대부분 표준어 표제어의 발음에 국한되어 있어 방언이나 외래어의 발음은 제시되지 않는 경우가 많다. 『고려대』에서도 구 표제어, 외래어, 외래어가 포함된 복합어의 발음을 표시하지 않았다[9]. 『연세』에서는 다음의 (7)에서와 같이 외래어 표제어의 현실 발음을 참고 정보로 제시하였다.

(7) 가운2 【명사】 ㊟ 흔히 [까운]으로 발음됨.

1. 특별한 예식에서나 특별한 일을 할 때 입는 긴 겉옷.

2. 집 안에서 편하게 입는 긴 겉옷.

국어사전의 발음 정보에서 초분절(suprasegmental) 요소로 가장 중요

9) 도원영·차준경(2009 : 15)에서는 『고려대』의 전자 버전에서 외래어의 공용 발음을 제시하는 작업이 진행 중임을 밝히고 있다.

한 것은 음장(音長)의 문제이다. 국어는 영어나 중국어와 달리 악센트, 높낮이 등의 초분절 음운이 의미를 분화하는 경우가 많지 않다. 현대 한국어에서는 음장조차도 변별 요소로 작용하는지에 대한 의문이 제기되기도 한다[10]. 하지만 대부분의 국어사전에서 음장은 여전히 중요한 운소로 표기되고 있다.

(8) 『연세』

ㄱ. 고소하다1(告訴―)[고:소하다]

ㄴ. 고소하다2(苦笑―)

ㄷ. 고소하다3[고소(:)하다]

『연세』에서는 심리적 장음을 인정하여 (8)ㄷ과 같이 (:)로 표시하였다. 이는 장음이 화자의 주관적 판단에 따라 개입될 수 있음을 의미한다. 그러나 김선철(2006 : 121)에서 지적되었듯이 수의적 장음과 표현적 장음을 구분하지 않은 단점을 가지고 있다. 『한국어 표준발음사전』(1984)에서도 정의적(情意的) 표현의 발음 표시를 (:)로 나타내기도 하였다.

『연세』에서는 명사의 곡용형과 용언의 활용형 발음도 표시하였다.

(9) 『연세』

값[갑] [값이[갑씨], 값만[감만]]

밭[받] [밭이[바치], 밭을[바틀], 밭만[반만]]

(10) 『연세』

많다[만:타] [많은[마:는], 많아[마나], 많습니다[만:씀니다]]

---

10) 강희숙(1992 : 1)에서는 국어의 장모음이 단모음과 대립하여 의미나 기능을 판별하는 운소로 볼 수 있는지에 관하여 장단의 기능이 점차 약화되어 가고 있으며 특히 젊은 층에서는 그 기능이 희박해지고 있음을 지적하였다.

굵다1[국따] [굵는[궁는], 굵어[굴거], 굵습니다[국씀니다]]

(9)의 『연세』에서 겹받침을 가진 말이나 대표음으로 발음되는 말이 어떤 조사와 결합하여 쓰일 때 그 변이음을 보이기 위해, 조사 '이', '만'과의 결합꼴을 보이고 그 발음을 표시하였다. 단, 조사 '이'가 붙어서 구개음화가 될 경우에는 '을'과의 결합꼴도 보여 주었다. 『연세』에서는 용언 활용형의 발음 정보 제시의 원칙에 대하여 '활용꼴에 따라 장단음이 변하는 경우나 겹받침으로 끝나 그 발음이 어려운 것은 활용꼴 각각에 발음을 함께 보여 주었다. 『고려대』의 경우는 표제어의 발음 이외에 곡용형이나 활용형의 발음을 표시하지 않아 발음 정보 제시가 비교적 소략한 것을 알 수 있다.

3.4. 품사 정보

사전에서 품사 정보의 기능은 표제어의 문법적 특성을 명시함으로써 사용자에게 해당 표제어의 실제 사용 정보를 제시하는 것이다. 사전 품사 정보 체계가 국어 품사 체계와 다른 점은 학교문법의 9품사 체계 외에도 품사 하위 부류 표지와 준품사 표지를 명시하는 것이다. 품사 하위 부류 표지는 국어사전에서 9품사에 더하여 품사의 하위 유형 정보를 제시하는 경우를 가리키는 것으로 일반적으로 의존명사, 자동사/타동사/보조동사, 보조형용사 등의 정보가 제시된다. 준품사라 함은 어근, 접사, 어미 등의 단어 이하의 요소가 표제어로 등재되는 경우나 두 단어 이상이 축약되어 하나의 단어처럼 쓰이는 경우에 부가하는 표지를 가리킨다(유현경·남길임 2008/2009).

〈표 1〉『연세』와 『고려대』의 품사 정보 유형 비교

사전	9품사	품사 하위 부류	준품사	기타 표지	비고	총계
『연세』	명사, 대명사, 수사, 동사, 형용사, 부사, 관형사, 조사, 감탄사	의존명사, 보조동사, 보조형용사	접두사, 접미사, 어미, 준꼴, 형성소	자모, 조음소	어미의 하위 부류는 뜻풀이에서 제시됨	19개
『고려대』	명사, 대명사, 수사, 동사, 형용사, 부사, 관형사, 조사, 감탄사	일반명사, 고유명사, 자립명사, 의존명사, 인칭대명사, 지시대명사, 자동사, 타동사, 보조동사, 보조형용사	접두사, 접미사, 종결어미, 연결어미, 전성어미, 선어말어미			25개

『연세』에서는 '형성소'나 '준꼴' 등의 새로운 품사 유형을 추가한 것이 특징이며 『고려대』는 품사의 하위 부류를 상세하게 제시한 것을 특징으로 들 수 있다. 『연세』 이전의 국어사전에서는 문형 정보는 제시하지 않고 동사의 하위 부류인 자동사와 타동사를 주요 정보로 주었으나 『연세』에서는 자동사와 타동사 정보를 주지 않고 대신 문형 정보를 상세화하였다. 『고려대』에서는 자동사, 타동사에 대한 정보와 더불어 문형 정보를 함께 제시하였다.

다음의 (10), (11)에서 보듯이 『연세』는 '준꼴'을 품사 정보의 하나로 제시하지만 『고려대』는 준꼴을 표제어로 올리고 있지만 이에 대한 품사 정보를 제시하지 않는다.

(10) 『연세』

내6 준꼴 [대명사 '나'와 조사 '의'가 합하여 쓰이는 꼴로] 나의.

(11) 『고려대』

내6 인칭 대명사 '나'에 관형격 조사 '의'가 붙어서 준말.

국어사전의 품사 정보 중 가장 논란이 많이 되는 것 중 하나가 표제어가 둘 이상의 품사로 쓰이는 소위 '품사통용어' 문제이다. 품사통용어의 문제는 동형어이냐 다의어이냐의 표제어 설정 문제와 더불어 품사 정보 제시, 뜻풀이 방법에 이르기까지 다양한 논쟁점을 내포하고 있다. 『연세』의 품사통용어 처리를 살펴보면 표제어의 유형에 따라 동형어로 분리하기도 하고 하나의 표제어 안에 의미 기술을 하는 두 가지 방법을 택하고 있다.

(12) 『연세』

ㄱ. 동형어 처리 유형

객관적1(客觀的)명 객관에 의한 것. 객관의 태도를 지키는 것.

객관적2(客觀的)관 객관의 의한. 객관의 태도를 지키는.

ㄴ. 다의어 처리 유형

오늘 명 Ⅰ ① 지금 지나가고 있는 이 날.

Ⅱ[부사적으로 쓰이어] 지금 지나가고 있는 이 날에.

다섯[다섣]수Ⅰ. 넷에 하나를 더한 수.

Ⅱ [관형사적으로 쓰이어] 넷에 하나를 더한 수의.

위 예에서 '오늘, 다섯'의 품사 정보는 품사 정보와 뜻풀이에서 각기 기술되어 있다. 이들은 체언을 기본 품사로 하는 사용상의 기능 전성으로 기술되어 있어서, 동형어로 기술되어 있는 '객관적'류와는 다른 방식을 보이고 있다. 『고려대』의 경우는 품사통용어에 대한 기술이 이와 다르다.

(13) 『고려대』

객관적 I 명 개인의 주관을 떠나 제삼자의 입장에서 사건이나 사물을 보거나 생각하는 것.

II 관 개인의 주관을 떠나 제삼자의 입장에서 사건이나 사물을 보거나 생각하는.

오늘 명 ❶ 지금 시간이 흐르고 있는 이 날. 어제와 내일 사이에 해당하는 날이다. ② 지금 이 시대. ③ 지금 이 시점.

다섯 [-섣] 수 '넷2'에 하나를 더한 수.

(13)에서 『고려대』는 '객관적'과 같은 경우에만 품사 통용을 인정하고 있으며 '오늘'류와 '다섯'류의 품사 통용은 인정하지 않았다. 그러나 '오늘'이 부사적 용법으로 사용될 때는 조사 결합이 불가능한 등 일반적인 명사로 설명하기 어려우므로 사전에서 정보를 주어야 할 것으로 보인다.[11] 이러한 사전 기술의 차이는 『연세』가 『고려대』에 비하여 언어사전적 성격이 더 강하기 때문인 것으로 해석할 수 있다.

3.5. 형태 정보

국어사전의 형태 정보는 해당 표제어의 활용 및 곡용, 형태 분석 정보, 형태 결합 정보 등을 들 수 있다. 『연세』에서는 용언의 활용 형태로 '-는/ㄴ', '-어', '-습니다'의 세 가지를 보여 주었으며 『고려대』는 '-어', '-으니'의 두 가지만을 제시하였다. 두 사전 모두 활용이 온전하지 못한 불완전 용언의 활용 정보에 대한 정보를 제시하고 있다.

11) 품사 통용어의 사전적 처리에 관해서는 김슬옹(1992)을 참조할 것.

(14)『연세』

가로다 [가로되] 【동사】 ['가로되/가라사대'의 꼴로만 쓰이어] 말하다.

데리다 [데리고, 데리러, 데려] 【동사】 (아랫사람을) 자기와 함께 있게 하다. 자기를 따라오게 하다. ㉾ 서술형으로는 쓰이지 않음

하얗다[하야타] [하얀, 하얘, 하얗습니다] 【형용사】

[Ⅰ] 1. 갓 내린 눈이나 새 솜 같은 빛깔이다.

2. [주로 '하얗게'의 꼴로 쓰이어] 겁이 나서 얼굴에 핏기가 없다.

[Ⅱ] ['하얗게'의 꼴로 쓰이어] 뜬눈으로, 잠들지 않은 채로.

(15)『고려대』

가로다 《주로 '가로되', '가론'의 꼴로 쓰여》

데리다 《'데리고', '데리러', '데려'의 꼴로 쓰여》

하얗다 (하얘, 하야니) 형 ❶ (사물이나 그 빛이) 매우 짙게 희다.

② (얼굴이) 춥거나 겁에 질리거나 하여 핏기가 없이 희다.

③ 《주로 '하얗게'의 꼴로 쓰여》 (사람이) 잠을 자지 않고 뜬눈으로 보내다.

『연세』에서는 (14)에서 보였듯이 활용형에 제약이 있는 경우를 크게 세 가지 정도로 나누어 제시하였다. '가로다'와 같이 특정한 형태로만 쓰이는 경우와 '데리다'처럼 활용형이 몇 가지로 한정되면서 서술형으로 쓰이지 않는 경우, 그리고 '하얗다'와 같이 활용형이 완전하지만 의미 항목에 따라 활용형에 제약이 있는 경우를 달리 처리하였다. (15)의『고려대』에서는 활용이 온전하지 못한 불완전 용언은 활용형을 제시하지 않고

제한된 활용형을 제약 정보에서 따로 표시하였다. 이러한 제약적 활용형은 말뭉치 용례 분석을 기반으로 하는 사전에서 특징적으로 기술되어 있으며 명사의 곡용형의 경우도 말뭉치 용례에서 발견되는 사실을 사전 정보로 제시하고 있다. 예를 들어 '단김에'의 꼴로만 쓰이는 '단김'은 『연세』에서는 표제어로 올렸으나 『고려대』에서는 '단김에'가 부사로 등재되어 있다.

(16) 『연세』

단김 명 ('단김에'의 꼴로만 쓰이어) 좋은 기회를 놓치지 않고 바로 그 자리에서.

소기 명 ('소기의 성과/목적…'의 꼴로만 쓰이어) 처음에 바라던.

극비리 명 ('극비리에'의 꼴로 쓰이어) 매우 중요한 비밀로 하여 남이 절대로 알지 못하게.

(17) 『고려대』

단김에 부 ① 좋은 기회가 지나가기 전에. ❷ 뜨거운 기운이 아직 식지 않았을 때에.

소기1 명 《'소기의' 로 쓰여》 처음에 바라던 또는 마음 먹었던 바.

극비리 명 《주로 '극비리에'의 꼴로 쓰여》 남들에게는 전혀 알려지지 않은 가운데.

(16)을 보면 『연세』는 특정한 형태로 쓰이는 제약 정보를 주었을 뿐 아니라 뜻풀이도 제약 정보에 맞추어 기술하고 있는 반면, (17)의 『고려대』에서는 표제어의 품사 정보에 따라 뜻풀이를 제시하고 있다.

『연세』에서는 표제어의 형태 분석에 대한 정보를 전혀 제시하고 있지 않았으나 『고려대』에서는 복합어 표제어의 형태 분석을 매우 상세화한 것이 특징으로 볼 수 있다. 아마도 『고려대』가 기존의 국어사전과 가장 변별되는 점을 꼽자면 표제어의 형태 분석 정보일 것이다. 『고려대』 이전의 국어사전이 형태 분석 정보를 제시하지 않거나 제시한 사전도 2분지 분석만을 거시구조에서 제시한 것과 달리 『고려대』에서는 형태 정보를 별도의 칸을 두어 표시했을 뿐 아니라 분석된 형태소의 범주까지도 기호로 표시한 점이 특기할 만하다. 다음의 〈표 2〉는 『고려대』에서 사용한 형태 분석의 표지들이다.

〈표 2〉 『고려대』의 형태 분석 정보, 도원영 · 차준경(2009 : 15)

분석 표지	형태 정보
자립어(+)	밤낮 〔+밤+낮〕 예쁘다 〔+예쁘_다〕 책상 〔+冊+床〕 너도나도 〔+너+도+나+도〕
불완전 어근(±)	오솔길 〔±오솔+길〕 간단하다2 〔±簡單-하_다〕 괴발개발 〔±괴+발+개+발〕
접두사(=)	참깨 〔=참+깨〕 덧붙이다 〔=덧+붙-이_다〕 거머잡다 〔=거머+잡_다〕
접미사(-)	말씨 〔+말-씨〕 없애다 〔+없-애_다〕 과학적 〔+科學-的〕
어미(_)	뛰어나다 〔+뛰_어+나_다〕 돌아가시다 〔+돌_아+가_시_다〕

『고려대』의 형태 분석 정보는 언어사전으로서의 성격을 강하게 보여주는 부분이다. 이러한 형태 분석 정보는 형태론이나 어휘론 연구의 기초 자료로 매우 가치가 높으며, 특히 최근 사전에서의 정보는 전자 파일로

되어 있기 때문에 한국어 어휘의 형태 분석에 대한 계량적 연구가 가능하다. 김양진·이현희(2009)에서 이에 대한 상세한 기술을 한 바 있는데, 이에 의하면 『고려대』에서는 표제어로 선택된 전체 복합어(합성어, 파생어) 174,686개에 대해, 표제어의 구성 성분을 밝히고 각 구성 성분의 자격을 보이는 형태 표지를 부착한 형태 분석 정보를 제시하였다. 이에 따르면 접사를 포함한 파생어 표제어는 접두 파생어 8,518개, 접미 파생어 77,413개, 접사를 포함하지 않은 합성어 표제어(단순 합성어)는 86,197개이고, 그 외 어미를 포함한 표제어는 2,128개가 있다. 어종별로는 고유어 포함 복합어 111,446개, 한자어 포함 복합어 62,501개와 기타 736개의 표제어에 형태 분석 정보가 제시되어 있다고 한다. 실제 『고려대』의 편찬 과정에서 형태 분석 정보를 반영하여 표제어의 분리와 뜻풀이 기술에 활용하였다. 예를 들어 다음의 (18)의 경우를 보자.

(18) ㄱ. 『연세』

신짝 【명사】 '신, 신발'의 속된말.

[예문] 그 집 주인은 어두컴컴한 방에서 무릎 위에 떨어진 신짝을 놓고 꿰매고 앉아 있었다.

ㄴ. 『표준』

신-짝 [신짝만[-짱-]] 「명」「1」 신발의 한 짝. 「2」 신01을 속되게 이르는 말. ¶윤이 {신짝을} 들고 마을로 타박타박 걸어가는데 뒤에서 순임이의 목소리가 들려왔다.≪이동하, 우울한 귀향≫/{신짝을} 벗어 든 김 과부가 길례 아범의 뒤통수를 내려쳤다.≪한수산, 유민≫ §

ㄷ. 『고려대』

신짝1 [+신+짝] 명 신발의 낱짝. ¶수동이는 새 고무신이 닳을까

봐, ~을 벗어 들고 걸었다.

신짝2 [+신-짝] 명 '신2'을 낮잡아 이르는 말. ¶아무리 돈을 빌리러 왔다고 해도 사람을 무슨 헌 ~ 취급하듯 쫓아내는 건 잘한 일이 아니다.

(18)ㄱ과 (18)ㄴ에서 보듯이 '신짝'은 『연세』와 『표준』 모두 하나의 표제어만이 등재되어 있다. 그러나 (18)ㄷ과 같이 『고려대』에서는 형태소 분석을 근거로 하여 이를 두 개의 동형어로 분리하였다.

3.6. 통사 정보

『연세』는 일반 국어사전으로는 최초로 문형 정보(격틀)와 논항에 관한 정보를 제시하여 그 이후의 사전 편찬에 많은 영향을 끼쳤다. 『연세』는 이전의 사전에서 자동사와 타동사, 형용사 등의 표제어의 지위에 대한 정보 제시가 무의미하다고 보고 용언 표제어의 품사 정보를 동사, 형용사, 보조동사, 보조형용사의 네 가지로 줄여 제시하고 있다. 그 대신 격틀과 논항에 대한 상세한 정보를 주었다. 『연세』에서는 격틀과 논항에 대한 정보를 본문이 아닌 난외에 배치함으로써 사전 사용자들이 의미 항목에 따라 달라지는 격틀과 논항 정보를 보다 쉽게 참조할 수 있게 하였다[12]. 『연세』에서는 (19)와 같이 격틀이 달라지거나 문법적인 부류가 다를 때 로마 숫자를 사용하여 표시하였다.

12) 『연세』의 아래 참고란은 종이사전에서는 장점으로 작용할 수 있으나 전자사전으로 변환하는 데는 많은 문제점이 노출되어 그 이후의 사전에서는 이러한 형식이 기피되었다.

(19)『연세』

그치다 [그치는, 그치어(그쳐), 그칩니다] 【동사】

[Ⅰ] (계속되던 일, 움직임, 현상 따위가) 계속되지 않다. 멈추다. 끝나다. [예문] 그 사이에 다행히 비는 그쳐 있었다./이제는 불꽃놀이도 그쳤는지 하늘도 조용하고, 개 짖는 소리도 그쳤다.	1이 그치다
[Ⅱ] (움직임이나 일을) 계속하지 않다. [예문] 임 씨는 쫓겨난 아이처럼 울음을 그치지 않았다.	1이 2를 그치다 1 사람명사
[Ⅲ] (더 진전이 없이 어떤 정도나 한계에) 머무르다. [예문] 역사 연구가 과거 사실의 소개에 그쳐서는 안 될 것이다./현우는 최종 결정권자가 아니었기에 그의 계획은 구상에 그치고 말았다.	1이 2에 그치다

(19)에서와 같이『연세』는 문형 정보 즉 격틀이 달라질 때 이를 옆 참고란을 이용하여 보여주었으며 격틀에 따라 특정한 선택 제약이 있는 경우에 논항 정보도 제시하였다.

(20)『고려대』

그치다 1동자 ❶[명이] (계속되던 일이나 현상, 움직임 따위가) 더이상 계속되지 않다.

② [명이 명에/명으로] (일이나 현상이 어떤 상태에) 더이상 진전이 없이 머무르다.

2동타 [명이 명을] (사람이 계속하던 일이나 움직임을) 더이상 계속하지 않다.

(20)에서 보듯이『고려대』에서는 자동사와 타동사를 밝혔으며 하나의 용언에 뜻풀이가 여러 개 있는 경우에는 각각의 뜻마다 문형을 제시하였다.『연세』와 달리『고려대』에서는 문형 정보가 동일한 경우에도 의미 항목마다 반복해서 정보를 주었다. 도원영·차준경(2009)에 따르면『고

려대』에서는 용언이 제한된 활용형으로 쓰여 수식언처럼 사용되는 경우, 보조 용언, 방언과 비표준어 등은 문형 정보를 제시하지 않았다. 『연세』와 『고려대』 모두 용언형 관용구에는 문형 정보를 제시하였다. 『고려대』에서는 『연세』에서 논항 정보를 격틀의 바로 아래에서 제시한 것과 달리 필수 성분으로 쓰이는 어휘들의 의미 부류를 제시하였는데 이를 의미역 정보라 하였다. (20)에서 '(계속되던 일이나 현상, 움직임 따위가), (일이나 현상이 어떤 상태에), (사람이 계속하던 일이나 움직임을)' 등이 그것인데 일반언어학에서 의미역이라고 하는 것과는 거리가 있어 혼동을 불러일으킨다. 이러한 방법으로 통사 정보를 제시한 사전으로는 『연세 초등국어사전』(2002)이 있다. 『연세』, 『고려대』에서 문형 정보와 논항 정보 등 통사적인 정보가 상세하게 제시된 것은 이 두 사전의 언어사전적 성격을 보여준다.

3.7. 의미 정보

사전의 의미 정보는 사전의 유형에 따라 달라질 수 있으며 한 사전 안에서도 표제어가 어휘 항목이냐 문법 항목이냐에 따라 뜻풀이의 형식이 달라질 수 있다. 같은 어휘 항목일지라도 어휘의 종류에 따라 달라질 수 있는데, 즉 전문용어나 은어나 비속어, 방언 등의 특수어의 뜻풀이는 일반적인 어휘들과 다른 특징을 가지고 있다. 사전의 의미 정보는 표제어가 가지는 의미에 대한 정보만을 제공하는 것이 아니라 표제어의 문법적인 속성과도 깊은 연관이 있다. 뜻갈래를 나눌 때 의미적인 측면과 함께 문법적인 측면도 고려되어 비슷한 의미라 할지라도 문법적인 부류가 달라지면 뜻풀이의 갈래를 나누는 것이 일반적이다. 문법적인 문제뿐 아니라 화용적인 정보 또한 뜻풀이를 분할할 때 영향을 미친다. 그러므로 사전의 의미 정보는 순전히 의미론적인 영역이라기보다 표제어의 내용적 부분이 전반적으로 반영되어 있다고 볼 수 있다.

(21) 『두산 백과사전』의 '개'의 기술

식육목(食肉目) 개과의 포유류. 한자로 견(犬)·구(狗)·술(戌) 등으로 표기한다. 포유류 중 가장 오래된 가축으로 거의 전 세계에서 사육되며 200여 품종이 있다.

개는 이리·자칼(jackal) 등이 조상이라고 하는데, 이는 개와 교배하여 계대(繼代) 번식의 가능성이 있는 새끼를 낳을 수 있다는 것을 뜻한다. 즉 개에 이들의 혈액이 혼혈될 가능성이 있다는 것이다. 그러나 두개골이나 치아의 구조를 보면 개는 혼합된 것이 아니며, 또 그들 중의 어느 것에서 생긴 것이라고도 여겨지지 않는다. 아마도 개는 오스트레일리아에 야생하는 딩고(dingo)나 남아시아에 반야생 상태로 서식하는 개와 흡사한, 절멸된 야생종에서 생긴 것으로 추측된다.

이와 같은 야생종이 세계의 몇 개 지역에서 별개로 가축화되어 그들의 선택과 그들 사이의 복잡한 교배에 의해 현재와 같은 다수의 품종이 생겨난 것으로 여겨진다. 개가 인간에게 사육되었다는 가장 오래된 기록은 페르시아의 베르트 동굴의 것으로 BC 9500년경으로 추산되고 있다.

이에 이어 BC 9000년경의 것으로 추산되는 독일 서부의 센켄베르크 개가 있는데, 크기와 두개골의 형태가 오스트레일리아의 딩고와 놀라울 정도로 유사하다. 그 후 신석기시대에는 몇 품종이 사육되었는데, 최초의 가축화는 적어도 제4빙기로 거슬러 올라간다고 보고 있다.

(22) 『고려대』

개1 명 ❶ 「동물」 포유류 갯과에 속한 동물. 가축으로, 사람을 잘 따르고 영리하며 냄새를 잘 맡고 귀가 밝아 사냥이나 군용으로 쓰인다. 전 세계에 걸쳐 200여 종이 있다. 학명은 Canis familiaris이다. ② 성질이 나쁘고 행실이 좋지 않은 자를 욕하여 이르는 말. ③ 권력자나 부정한 사람의 앞잡이를 비유적으로 이르는 말.

(23) 『연세』

개 명 사람을 잘 따라서 귀염을 받고 냄새를 잘 맡고 귀가 매우 밝아 도둑을 쫓거나 사냥을 도우며, '멍멍' 하고 짖는 집짐승.

(21)은 백과사전에서의 '개'의 기술이다. 백과사전은 사물이나 사실에 관한 모든 지식을 전달하기 위한 도구이므로 뜻풀이가 다소 길고 전문적인 정보와 상식 등 여러 가지 정보가 함께 섞여 있다. (22)의 『고려대』의 '개'의 의미로 제시된 첫 번째 뜻풀이를 보면 전문어로 분류되어 백과사전식의 정보가 반영되어 있다. (22)의 뜻풀이가 백과사전과 변별되는 것은 기본 의미가 아닌 전이된 의미 즉 '개'가 문맥 속에서 비유적 의미로 쓰인 두 번째와 세 번째의 의미에서이다. (23)에서 제시된 『연세』의 '개'의 뜻풀이는 (21), (22)에서의 뜻풀이와는 차이가 있다. 『연세』는 언어사전을 표방한 사전으로 뜻풀이 기술에서 백과사전식의 의미 정보 제시를 지양하고 실제 언어 사용 속의 문맥적 의미를 중요시한다. (23)에서 '개'의 뜻풀이는 (21), (22)와 달리 백과사전적인 정보를 배제하였으며 비유적 의미를 제시하지 않고 단의어로 기술되어 있다.

『고려대』의 뜻풀이의 내용은 다분히 백과사전적이다. 그러나 뜻풀이의 배열에서는 말뭉치 분석 결과를 반영하여 사용 빈도가 높은 의미를 앞에 배열하였다. 기본 의미는 검은 원문자를 사용하여 표시하였다.

(24) 『고려대』

가벼이 [+가벼(가볍)-이] 뷔

① 중요성이나 가치가 별로 없거나 하찮게.

❷ 무게가 적게.

③ 움직임이 힘들임이 별로 없이.

④ 언행이 침착하지 못하고 경솔하게.

⑤ 옷차림이나 마음이 가뿐하고 경쾌하게.

(24)에서 '가벼이'의 기본 의미는 '무게가 적게'이지만 가장 많이 쓰이는 의미는 '중요성이나 가치가 별로 없거나 하찮게'라는 것을 보여준다. 『고려대』와 같이 의미 빈도에 따라 뜻풀이를 배열하는 것이 이론적으로는 이상적일 수 있으나 말뭉치의 크기나 종류에 따라 배열이 달라질 수 있다는 점을 문제점으로 지적할 수 있다.

3.8. 화용 정보

사전 표제어의 사용역(register) 정보나 해당 표제어의 실제 사용과 관련한 사회·문화적 제약 정보, 텍스트에 따른 사용 빈도 정보 등은 유용한 화용 정보로 기능한다. 아직까지 국어사전의 화용적 정보는 다른 유형의 정보에 비하여 초보적 수준에 머물러 있는데 『연세』는 뜻풀이를 통하여 이를 보여주는 경우가 많다.

(25) 『연세』

사모님(師母―) 【명사】

1. '스승의 부인'을 높여 이르는 말.

2. '윗사람이나 존경할 만한 사람의 부인'을 높여 이르는 말.

촌놈(村―)[촌ː놈] 【명사】

1. (얕잡아 이르는 말로) 시골에서 사는 사람.

2. (낮추어 이르는 말로) 촌스럽고 어릿어릿한 사람.

『고려대』도 화용 정보가 그리 상세하지 않아 기존의 국어사전의 수준에 그치고 있다. 몇 가지 예를 들어보면 다음과 같다.

(26) 『고려대』

대가다 동자 …… ② 〖명이〗 ⦅뱃사람들의 은어로⦆ (사람이) 배를 오른쪽으로 저어 가다.

뜨다2 동자 …… ⑤ 〖명이〗 ⦅속된 말로⦆ (두려운 사람이) 어떤 장소에 모습을 나타내다.

간땡이 명 '간4(肝)'을 비속하게 이르는 말.

사전의 화용 정보에 관하여서는 안의정·이종희(2008), 남길임(2007) 등에서 상세하게 다룬 바 있으나 이러한 논의의 결과가 사전에서 구체적으로 구현되려면 화용 정보를 추출할 수 있는 기초 자료의 보완이 우선되어야 한다. 화용 정보는 문장 단위를 벗어나 담화의 범위에서 논의되어야 하므로 적절한 구어 말뭉치의 구축이 필수적이라 할 수 있다. 이러한 사전의 화용 정보는 특히 표현을 위한 능동 사전에서 중요한 정보로 작용할 수 있을 것이며 앞으로 많은 연구가 필요한 분야이다.

3.9. 관련어 정보

사전에서의 관련 어휘는 표제어와 계열 관계에 있는 어휘군과 통합 관계에 있는 어휘군, 그리고 파생 관계에 있는 어휘군으로 나누어 볼 수 있다. 『연세』에서는 표제어와 관련된 어휘로 '준말, 유의어, 반의어, 큰말, 작은말, 센말, 여린말, 파생어, 관련어, 연어, ☞, 참고어' 등 12가지의 정보를 난외에 제시하고 있다.

『고려대』의 관련어에는 형태상 관련된 어휘인 본말-준말, 원어-약어, 큰말-작은말, 센말-거센말-여린말, 이형태를 제시하였고, 의미상 관련된 어휘인 유의어, 반의어, 주동사-사동사, 능동사-피동사, 높임말, 낮춤말을 제시하였으며, 그 밖에 참고어와 비표준어를 제시하였다. 관련어는 뜻풀이 뒤에 본말-준말, 원어-약어, 큰말-작은말, 센말-거센말-여린말, 높임말, 낮춤말, 유의어, 반의어, 주동사-사동사, 능동사-피동사, 참고어, 이형태, 비표준어 순으로 제시하였다. 관련어에는 표제어의 어깨번호와 뜻풀이 번호를 표시하여 대응하는 표제어와 그 의미를 정확히 알 수 있도록 하였다. 한 표제어에 뜻풀이가 여러 개 있는 경우에는 각각의 뜻마다 관련어를 제시하였다(도원영·차준경 2009 : 25~26). 『고려대』의 관련어 정보의 특징에 관해서는 박미영·정경재(2009)에서 상세하게 기술하고 있다.

관련어 정보는 사전 기술의 일관성을 가장 잘 보여주는 부분이기도 하다. 뿐만 아니라 사전의 관련어 정보는 표제어의 어휘 관계를 보여줌으로써 표제어가 되는 언어 요소들을 연결해 주는 역할을 하고 있다. 즉 관련어 정보를 잘 활용하면 어휘부의 의미망 체계를 구축할 수 있다. 그러므로 관련어 정보를 표제어의 뜻풀이 수준에서 상세하게 제시할 필요가 있다[13].

3.10. 용례

용례는 사전의 표제어가 쓰인 복합어, 구, 문장을 제시한 것이다. 용례의 유형을 언어 단위를 기준으로 보면 단어 단위, 구 단위, 문장 단위, 담화 단위의 네 가지를 들 수 있다.

『연세』의 용례 제시 원칙은 '① 용례는 말뭉치에서 골라 인용하되, 수정하였다. ② 접사는 예가 되는 단어만 보여 주었다. ③ 용례에는 영어나 기호를 쓰지 않았다.'는 세 가지를 들 수 있다. 일러두기에서 밝히고 있지는 않지만 『연세』에서는 비표준어를 비롯한 가표제어를 제외한 모든 표제어의 용례를 제시하는 것이 원칙으로 하고 있다. 『연세』는 표제어 선정부터 말뭉치의 빈도에 근거하였으며 뜻풀이, 형태, 통사, 화용 정보 등에 대한 기술이 말뭉치 용례 분석에서 출발하였기 때문에 말뭉치 용례가 사전의 모든 정보 기술의 원천적 자료가 된다. 그러므로 기존의 사전에 있는 의미라 하더라도 말뭉치에 출현하지 않으면 제외하는 것을 원칙으로 한다. 이러한 특성을 가지고 있으므로 모든 표제어의 모든 의미 항목에 용례가 제시되는 것이 당연한 귀결이기도 하다.

『고려대』에서는 모든 표제어에 용례를 제시하지는 않았다. 도원영·차준

---

13) 특히 전자사전에서는 표제어가 가지는 관련어 정보가 서로 링크되어 표제어 간의 관계를 보여줄 수 있기 때문에 관련어 정보의 중요성은 더 커지게 된다. 특히 인터넷을 통해 서비스되는 사전의 경우는 종이사전보다 훨씬 더 풍부한 관련 어휘 정보를 주고 있다. 전자사전과 인터넷 서비스 사전을 고려하게 되면 표제어와 관련된 모든 어휘에 대한 정보를 제시하고 사전 사용자가 이 중에서 선택하게 하면 되기 때문에 기존의 종이사전에서처럼 관련 어휘를 이론적으로 한정하거나 엄격히 정의할 필요가 없을 수도 있다.

경(2009)에 의하면 실제 쓰임이 있는 표제어는 용례를 밝혔으며, 원칙적으로 천만 어절 규모의 '고려대학교 한국어 말모둠 1(Korea-1 Corpus)'에서 용례를 찾아 편집하여 제시하였으며 필요에 따라 직접 작성하여 제시하였다. 관용구와 속담도 용례를 제시하였지만 방언이나 비표준어는 용례를 제시하지 않았다.

4. 맺음말

『연세』와 『고려대』는 사립대학의 부설 연구소에서 만든 사전이라는 공통점을 가지고 있다. 두 사전 모두 상업적 목적보다는 학문적인 목적에서 출발한 사전이기 때문에 국어학적인 연구 결과가 사전의 내용에 많이 반영되어 있다는 특징을 가지고 있다. 『연세』는 표면적으로도 언어사전임을 표방하고 있으나 『고려대』는 언어사전임을 전면에 내세우지는 않았다. 그러나 사전 정보를 비교 분석해 본 결과, 『고려대』의 경우 표제어의 구성 등 거시구조에 있어서는 언어사전이라기보다 백과사전적 성격이 강했으며, 미시구조는 발음 정보나 뜻풀이 부분을 제외하고는 언어사전의 성격을 강하게 지니고 있다는 것을 알 수 있었다.

국외의 대표적인 대사전을 분석한 유현경(2010)에 따르면 각국의 대사전들은 대부분 언어사전을 표방하고 있다는 것을 알 수 있다. 또한 유현경(2010)에서는 '기반사전(base dictionary)' 편찬을 제안한 바 있는데 기반사전이란 '다른 사전의 원천(source)으로 활용될 수 있도록 풍부한 내용과, 구조적으로 변형이 가능한 형태를 가진 사전'을 말한다. 『연세』는 언어사전이면서 기반사전적인 성격을 가지고 있어 『연세 초등국어사전』(2002),

『외국인을 위한 한국어 학습사전』(2004), 『한국어교육을 위한 연어사전』(2007) 등의 사전 편찬에 기초 자료로 활용된 바 있다. 『고려대』도 스마트폰의 애플리케이션 버전인 『고려대 한국어대사전 2011』이 출시되어 기반사전적인 성격을 가지고 있음을 알 수 있다.

그러나 『연세』, 『고려대』가 기반사전의 역할을 하기에는 여전히 정보의 양이 충분하지 않은 것으로 보인다. 대표적인 언어사전인 *Le Trésor de la langue française, Dictionnaire de la langue du XIXe et du XXe siècle(1989~1960)*(일명 TLF)는 1961년부터 1994년까지 23년의 편찬기간이 걸렸으며, 표제어가 91,534개에 지나지 않지만 16권, 23,000여 쪽에 달한다(유 현경 2010). 최근 편찬 중인 국어사전은 대부분 표제어의 정보를 질적으로 확장하기보다 표제어의 양적인 측면에 치중한 감이 있어, 보다 충실한 정보가 풍부하게 담긴 언어사전의 출간이 절실히 필요한 시점이라고 생각한다.

참고문헌

강희숙(1992), "음장(音長)에 관한 사회언어학적 연구", 『한국언어문학』 30, 한국언어문학회, 1-22.

고영근(1999), "<연세 한국어사전>에 대한 평가", 『사전 편찬학 연구』 9-1, 연세대학교 언어정보개발연구원, 7-12.

국립국어원(2009), 『새국어 생활』 19-4, 국립국어원.

김선철(2006), "국어 대사전의 새로운 발음 정보 처리 방법에 대하여", 『언어학』 46, 한국언어학회, 115-130.

김선철(2011), "국어 형용사와 부사의 표현적 장음화-<연세 한국어사전>을 중심으로-", 『언어학』 59, 한국언어학회, 51-69.

김슬옹(1992), "이른바 "품사통용어"의 사전 기술 연구 : 품사론의 재검토를 위하여", 『사전 편찬학 연구』 3-1, 연세대학교 언어정보개발연구원, 104-169.

김양진 · 이현희(2009), "<고려대 한국어대사전>의 형태 분석 정보", 『민족문화연구』 51, 고려대학교 민족문화연구원, 55-118.

남기심 · 고석주(2003), "국내 사전 편찬의 현황과 과제", 『한국사전학』 1, 한국사전학회, 9-29.

남기심 · 이희자(1997), "새로운 사전 편찬의 개념과 그 실제 : 『연세 한국어 사전』을 중심으로", 『사전 편찬학 연구』 8-1, 연세대학교 언어정보개발연구원, 33-66.

남길임(2005), "말뭉치 기반 사전 편찬의 동향과 지향 방향 -최근 30년간의 사전편찬 방법론을 중심으로-", 『한말연구』 16, 한말연구학회, 75-98.

남길임(2007), "사전텍스트의 화용정보 유형 연구", 『텍스트언어학』 23, 텍스트언어학회, 69-94.

도원영(2010ㄱ), "『고려대 한국어대사전』의 뜻풀이 정보", 『한국사전학』 16, 한국사전학회, 106-136.

도원영(2010ㄴ), "<고려대 한국어대사전>의 품사 정보와 다품사어 처리에 관하여", 『한국어학』 47, 한국어학회, 1-32.

도원영(2011), "국내 주요 국어사전에 관한 비교 검토", 『한국어문의 내면(윤우 천소영 교수 정년기념 논문집)』, 와우출판사, 491-516.

도원영 · 박주원 편(2011), 『<고려대 한국어대사전>과 사전학』, 지식과교양.

도원영 · 차준경(2009), "<고려대 한국어대사전>의 종합적 고찰", 『민족문화연구』 51, 고려대학교 민족문화연구원, 1-55.

박미영 · 정경재(2009), "<고려대 한국어대사전>의 관련어 정보", 『민족문화연구』 51, 고려대학교 민족문화연구원, 167-214.

박슬기(2008), "국어사전의 괄호 정보 분석: 연세한국어사전을 중심으로", 한남대학교 교육대학원 석사학위 논문.

박형익(2009), "한국어 사전 편찬 작업의 회고와 반성 : 연세대학교 한국어 사전 편찬 작업을 중심으로", 『한국사전학』 13, 한국사전학회, 7-29.

서정미 · 박형익(2008), "국어사전의 편찬 현황 : 초중고 학생을 위한 국어사전을 중심으로", 『한말연구』 22, 한말연구학회, 145-166.

서태길 · 김혜령(2009), “〈고려대 한국어대사전〉의 문법 및 뜻풀이 정보”, 『민족문화연구』 51, 고려대학교 민족문화연구원, 119-167.

안의정 · 이종희(2008), “국어 사전의 사용역 정보에 관한 연구 -중사전을 중심으로-”, 『어문논총』 48, 한국문학언어학회, 27-60.

우치야마 마사하루(1999), “일본인 연구자가 본 『연세 한국어사전』”, 『사전 편찬학 연구』 9-1, 연세대학교 언어정보개발연구원, 57-75.

유현경(2010), “한국어 대사전 편찬에 대한 새로운 제안 -『표준국어대사전』에 대한 평가를 기반으로-”, 『한국사전학』 15, 한국사전학회, 220-246.

유현경(2011), “한국어사전 편찬의 현황과 이론적 전개”, 『한국사전학』 17, 한국사전학회, 186-208.

유현경 · 남길임(2009), 『한국어 사전편찬학 개론』, 역락.

이운영(2002), “『표준국어대사전』 연구분석”, 국립국어원.

조남신(2007), “언어사전, 백과사전, 그리고 보편사전”, 『슬라브어연구』 12, 슬라브어학회, 189-201.

최운호(2005), “한국어 사전의 논리적 구조 분석과 변환-연세 한국어사전을 대상으로-”, 『언어 사실과 관점』 14, 연세대학교 언어정보연구원, 171-196.

홍재성(2010), “기존 한국어 사전 편찬의 성과와 한계-또 하나의 한국어 대사전 개발을 위하여-(보완 · 개정본)”, 『‘한국어 대사전 편찬: 그 평가와 전망’ 워크숍 자료집』, 서울대 인문학연구원 언어연구소.

홍종선 · 도원영(2011), “〈고려대 한국어대사전〉 편찬사업의 특징과 향후 발전 방향”, 『〈고려대 한국어대사전〉과 사전학』, 지식과 교양, 13-54.

홍종선 · 최호철 · 한정한 · 최경봉 · 김양진 · 도원영 · 이상혁(2009), 『국어 사전학 개론』, 제이앤씨.

Jackson, H.(2002), *Lexicography: An Introduction,* Routledge.

Svens n, B.(1993), *Practical lexicography: Principles and methods of dictionary-making,* Translated from the Swedish by John Sykes and Kerstin Schofield, Oxford University Press.

〈사전류〉

고려대학교 민족문화연구원(2008), 『고려대 한국어대사전』, 고려대학교 출판부.

국립국어연구원(1999), 『표준국어대사전』, 두산동아.
김민수 · 고영근 · 임홍빈 · 이승재(1996), 『금성판 국어대사전』, 금성출판사.
김하수 · 유현경 · 김해옥 · 정희정 · 강현화 · 고석주 · 한송화 · 조민정 · 김현강(2007), 『한국어교육을 위한 연어사전』, 커뮤니케이션북스.
남광우 · 이철수 · 유만근(1984), 『한국어 표준발음 사전』, 한국정신문화연구원.
서상규 · 백봉자 · 강현화 · 김홍범 · 남길임 · 유현경 · 정희정 · 한송화(2006), 『(외국인을 위한) 한국어 학습 사전』, 신원프라임.
연세대학교 언어정보연구원(1998), 『연세 한국어 사전』, 두산동아.
연세대학교 언어정보연구원(2002), 『연세 초등국어사전』, 두산동아.
한글학회(1992), 『우리말 큰사전 : 온면 천연색판』, 어문각.
http://www.doopedia.co.kr/
http://kordic.britannica.co.kr/

* 이 글은 아래의 논문을 이 책의 기획과 형식에 따라 수정한 것임을 밝힌다.
유현경(2012), 『연세 한국어사전』과 『고려대 한국어대사전』 비교 연구 -언어사전으로서의 특성을 중심으로-, 『한글』 295, 한글학회, 35-71.

3

〈연세 한국어 사전〉의 계승과 발전

말뭉치 기반 초등국어사전 알기

- 『연세초등국어사전』을 중심으로

이희자

1. 들어가는 말

독립신문 간행 이후로 한글로 말글살이를 해 온 지 올해로 근 백년이 넘는다. 이를 국어사전 편찬과 관련하여 짚어 보면, 그 중 전기 반백년 간은 국어의 사용조차 자유롭지 못했던 시기였던 만큼 국어사전 편찬이 매우 어려웠던 시기였고, 그 후로 50년간 현대 문명 및 인쇄술, 매체의 발달로 국어의 사용이 양적으로나 질적으로 괄목상대할 만한 발전을 보였으며, 이에 맞추어 국어 대사전 및 중사전류가 개인 및 민간 단체를 중심으로 상당수 편찬되었다. 그러나 이 기간 동안의 사전 편찬은 여러 가지 장점이 있음에도 불구하고 백과사전적이고, 순환적인 의미풀이, 일관성의 결여, 이른바 유령어 따위의 올림말 선정 문제, 비과학적인 편찬 체제 등 그동안 사전학적 측면에서 비판되곤 했던 제반 문제점들을 지닌 상태의 편찬이었다.[1)]

이제 해방 후 국어로만 교육을 받기 시작한 진정한 의미의 한글 1세대라

1) 이러한 사전 편찬의 문제점에 대하여 참고하라: 남기심 1988, 이희자 2000 등.

할 수 있는 이들의 현대 국어가 온전히 쓰이고 있는 이 시대에, 이들 한글 세대에 의한 국어 연구 성과와, 최근 들어서는 고도의 전산 기술의 발달과 더불어 1억 어절 이상의 대규모 '코퍼스'(국어 번역: '말뭉치', 이하 '말뭉치')의 구축 및 이의 가공이 가능하게 된데다가 국내외의 사전학 및 사전편찬학의 발달에 힘입어 국어사전 편찬은 바야흐로 새로운 국면으로 접어들게 되었다.

그리하여 1990년 이후로 말뭉치에 기반한 사전 편찬이 이루어져 1998년에 국내 최초로 연세대 한국어 사전 편찬실에서 편찬된 빈도 14이상의 5만 어휘의 단권사전인 『연세한국어사전』이 출판되었고, 뒤이어 용례 추출 면 정도에 그쳤으나 부분적으로는 말뭉치에 기반한 것으로 1999년에 국립국어원에서 펴낸 50만 어휘의 『표준국어대사전』이 편찬되기에 이르렀다.[2)]

이러한 일천한 국어사전 편찬사 내에서 초등학생을 위한 전문적인 국어사전 편찬 연구라는 것은 기대할 수도 없었던 형편이었거니와 2000년까지의 초등국어사전 편찬 현황은(자료 참고: 붙임 1) 이를 성인 사전의 축소판 정도로 생각하여 상업적인 목적에서 출판된 것이거나 민간 출판사 주도로 영세하게 제작되어 많은 문제점들을 지닌 것들이 대부분이었다.

1998년에 이르러 대학 기관(연세대학교 언어정보연구원)에서 〈기초학습용 말뭉치〉(약 150만 어절)를 구축하여 이에 근거하여 『연세초등국어사전』(2000년)이 편찬되었다.

이 글에서는 말뭉치를 기반으로 편찬된 초등국어사전을 대상으로 그

---

2) 현재 추진 중인 세종계획 산하의 전자사전 편찬, 고려대학교 주최의 중사전 편찬, 연세대학교 언어정보연구원의 연세현대한국어대사전 편찬이 모두 말뭉치에 기반한 사전 편찬 작업으로서 이제 사전 편찬에 있어서 말뭉치의 사용은 보편화되고 있는 추세이다.

특성에 대해 기술하고 나아가 이러한 연구를 바탕으로 한 이의 활용 방안에 대해 생각해 볼 수 있도록 할 것이다.

2. 말뭉치 기반 사전 편찬의 특성

사전이나 문법이 필요로 하는 언어 지식을 기술함에 있어서 언어 이론이나 언어학자 또는 개인들의 직관에 의해서가 아니라 언어 데이터를 이용하여 실제 언어 현상을 조사할 필요성이 있음이 널리 인식되고 있다. 그래서 언어 연구를 목적으로 대규모의 언어 데이터를 축적, 가공한 자료의 집합체 즉 '말뭉치'를 이용한 자료 기반 언어 연구가 주목을 받고 있다. 최근 유럽에서는 전산 기술의 혁신적인 발달로 대규모 말뭉치를 구축하여 자연 언어 사용의 실제를 통계적으로 다루는 방법인 'Corpus linguistics'에 기대어 새로운 사전 편찬의 방법론을 도입하여 사전을 편찬하고 있다. 말뭉치 기반 사전 편찬의 특징은 통계적 사실이 활용된다는 점과 어휘 문법 및 의미 정보 기수로가 용례 제시 차원에서 차별화된다는 점을 들 수 있다.[3)]

아래에서는 이러한 특성을 '연세초등국어사전'을 대상으로 첫째, 기초 학습용 말뭉치와 통계적 사실이 활용된 올림말 선정 등에 대해 살펴보고(2.1장, 2.2장 참고), 둘째, 그 내용적 특성으로 의미 기술, 문법과 어휘 기술의 통합, 용례 제시 측면에서 살펴보고(2.3장, 2.4장 참고), 셋째, 초등사전이기에 요구되는 사용자 중심의 사전편찬 철학의 반영 사례에

3) 자세한 것은 이희자 2000: 82-88.

대해 살펴보겠다(3장 참고).

사전을 바로 알아야 이를 활용하는 방안을 모색할 수 있는 것이므로 말뭉치 기반 사전의 특성에 대해 기술한 후, 이러한 기술이 지니는 의미에 대해서 살펴볼 것이다(5장 참고).

2.1. 기초학습용 말뭉치

초등학생을 대상으로 사전을 편찬할 때 가장 중요한 것 중의 하나는 그들이 어떠한 단어를 찾았을 때 그 단어가 해당 사전에 실려 있어야 한다는 점이다. 이를 해결하는 방법은 초등학생들이 접할 가능성이 있는 텍스트들을 대상으로 올림말을 선정하는 것이다. 그러자면 해당 텍스트들을 모아 자료를 구축해야 한다. 이러한 목적에서 구축된 것이 '기초학습용 말뭉치'이다.

'기초학습용 말뭉치'란 초등학생들의 언어 사용 양상 연구를 목적으로 초등학생들이 접할 가능성이 있는 언어 데이터를 축적, 가공한 자료의 집합체를 말한다.

'기초학습용 말뭉치'의 텍스트 구성은 • 초등 학교 교과서 전부(5차, 6차, 7차 일부(2000년 기준), • 어린이들이 많이 읽는 동화집 및 만화, 전기, • 어린이신문 및 어린이잡지, • 참고서 및 백과사전, • 어린이 창작 작품, • 어린이용 방송 시나리오 따위이다. 이를 표로 보이면 아래와 같다.

그런데 이러한 기초학습용 말뭉치 구성에 있어서 주의할 점은 텍스트 선별 구성에 있어서 균형성과 대표성을 지녀야 한다는 점이다. 전적으로 구성된 말뭉치에 근거하여 여타의 통계적 사실이 산출되므로 해당 말뭉치의 구성에 있어서 오류가 생기면 그 영향이 전체 결과물에 미치게 되므로 이의 구성이 매우 중요하다.

〈표 1〉『연세초등국어사전』편찬을 위해 구축된 〈기초학습용 말뭉치〉의 텍스트 구성 비율

기초학습용 말뭉치				
	장르	비율(%)	어절수(만 단위)	구축어절수
글말	교육 부문	5%	50	-
	아동 신문	10%	100	-
	아동 잡지	10%	100	-
	백과사전	15%	150	-
	아동창작작품	5%	50	-
	만화	5%	50	-
	동화	35%	350	-
	소설			-
	전기			-
준입말	아동용방송시나리오 및 희곡	10%	100	-
보충용	총류	5%	50	-
합계		100%	1000	1770621

2.2. 통계적 사실의 활용

2.2.1. 말뭉치 기반 올림말 선정

기초학습용 말뭉치를 분석하여 나온 서로 다른 올림말의 수는 3만5천여 개다. 이는 명사, 동사 등 일반 어휘를 비롯하여 고유명사, 교과용 전문용어 등을 포함한 숫자이다. 이는 초등학생들이 학교 공부나 책 읽기에서 접할 가능성이 있는 낱말들의 대부분을 추출해 낸 것이라 할 수 있다.

말뭉치를 대상으로 올림말을 선정하는 것과 그렇지 않은 것의 차이를 아래의 사례를 통하여 살펴보자. 아래의 예들은 초등학교 5학년 실과 책에 나오는 단어들이다. 이들이 기존의 초등학생용 사전에 등재되어 있지 않은 것은 물론이고(2000년 현재), 이들 중 일부는 50만 어휘를 자랑하는 국내 최대의 국어대사전에도 실려 있지 않다(예를 들어 '구리박' '여유분' 등). 그 이유는 분명하다. 초등학생들이 접할 가능성이 있는 텍스트들을 대상으로 한 올림말 선정이 아니었기에 초등 교과과정 내에서 흔히 접할 수 있는 단어들조차도 올림말로 선정되지 못한 것이다.

〈표 2〉 '5학년 실과책'에 나오는 단어들(기존 초등사전에 없는 단어들)
(뒤의 숫자는 교과서의 페이지)

계량 스푼 53	본체101
계량 컵 53	부화기 133
구리박 8	스냅 91
극성 18 (예 극성이 바뀌지 않도록 주의한다)	스캐너 101
기판 6, 8, 10 (예 기판에 납땜 연습하기)	실기둥 93
납땜 8	실습복 64
다이오드 5, 26	여유분 88
단자 14 (예 건전지 연결 단자)	옆트임 87
대자 77	윈도 116
덧거름 39, 41, 45	자판 98
뒤트임 80, 81	전해질 16
땜납 8	전해 콘덴서 16
명령어 121	쪽가위 77
모니터 101(다른 뜻)	초크 77
바늘땀 96	콕 58 (예 콕을 누르면서 돌려 점화시킨다)
박음질 76ff. (빈도 매우 높음)	콘덴서 5, 15, 16
반짇고리 80ff.	트랜지스터 5
받침대 47	폐건전지 26
발광 5	플로피 디스크 106

표에 있는 단어들을 보면 언뜻 보기에도 교과 전문적인 단어에서부터 일상적으로는 잘 쓰이지 않는 것들이 많다. 일반국어사전을 가지고 초등학생용 사전의 올림말을 선택할 경우에 위 단어들 중 상당수가 실리지 않을 법한 것들이다. 그러나 이 책을 말뭉치에 포함시켜 이를 가지고 올림말을 추출하게 되면 올림말 선정이 좀더 합리적으로 이루어질 수 있다. 실제로 위의 단어들은 기초학습용 말뭉치를 기반으로 편찬한 『연세초등국어사전』에는 모두 실려 있다.[4)]

다음은 '표준국어대사전'에도 없는 초등 교과용 단어 '구리박'의 교과서 용례와 뜻풀이이다.

〈표 3〉 '구리박'의 『연세초등국어사전』 기술의 예

구리박(—薄) 구리를 종이처럼 얇고 넓게 만든 것.
예 구리박을 벗어나는 부분을 니퍼로 잘라내라.

2.2.2. 기본 어휘 제시

말뭉치를 기반으로 한 사전 편찬의 가장 큰 특징 중의 하나가 통계적 사실에 기초한 자료를 제시할 수 있다는 점일 것이다. 기초학습용 말뭉치를 비롯하여 기존 말뭉치를 이용하여 초등 교육을 위한 기본 어휘를 추출해 낼 수 있다. 즉, 초등 교육에서 가장 중요한 낱말이라 할 수 있는 것들을 선정하여 이를 사전에 표시하면 이를 어휘 교육에도 활용할 수 있다. {아래의 그림 1 및 그림 14의 중요낱말표시(올림말 '값'의 경우)를

4) 그러나 지면상의 이유로 이 사전에도 같은 책(5학년 실과책)에 나오는 단어들, 예를 들어 '리드 선, 마일러, 뉴햄프셔, 독미나리, 레그혼' 등이 빠져 있다. 철저히 검토하여 편찬 원칙에 따라 개정할 필요가 있다.

참고할 것}

이의 선정은 '연세말뭉치'(4천3백만 어절)의 최고 빈도 낱말 목록과 6차 초등 교과서의 가장 중요한 낱말과 7차 초등 교과서의 가장 중요한 낱말들을 각각 대조하여, 이들 세 가지 목록 중 두 군데 이상에 나타난 2천5백여 개를 초등학교 교육을 위한 기본 어휘로 삼아 이를 표시한 것이다.

*김【기체】[김:] ①액체나 고체에서 증발하는 기체. 예 주전자에서는 김이 모락모락 피어오른다. ②수증기가 차가운 물체에 닿아 작은 물방울로 엉긴 것. 예 목욕탕 안에는 김이 서려 있었다. 비 수증기·증기. ③숨 쉴 때 입에서 나오는 더운 공기. 예 군고구마를 파는 아저씨 입에서도 하얀 김이 나옵니다. 참 수증기.

김【김밥】[김:] 따뜻하고 깨끗한 해안에서 나는 한해살이 바다풀, 또는 그것을 네모나게 얇게 펴서 말린 먹을거리.

김【[illegible]】[김:] 밭에 저절로 나서 농작물에 해를 주므로 뽑아 버려야 하는 풀. 예 싹이 튼 뒤 2~3주 간격으로 두 차례 김을 매어 준다.

김【김에】 이미 어떤 일이 생겼으므로 그것을 기회로 삼아서. 예 말이 나온 김에 지금 청소를 끝내자.

〈그림 1〉 연세초등사전의 '김'의 예

위 사전 그림에서 '김'은 모두 네 개가 올라 있는데 이들 중 【기체】를 뜻하는 맨 위의 '김'에만 왼쪽 위에 별표가 표시되어 있는데 이것이 중요어휘표시이다.

2.2.3. 의미 빈도의 활용

일정한 크기의 말뭉치에서 한 단어가 각각의 의미로 쓰인 횟수를 의미빈도라 한다. 예를 들어 교과서 말뭉치(약 70만 어절)에서 '문방구'가 모두 34번 나타나는데 그 중 장소의 의미로 쓰인 빈도가 30번이고 (사실상 교과서말뭉치에는 이를 모두 '문방구점'으로 바꾸어 표기하고 있다) 물건의 의미로 쓰인 빈도가 4번이다. 비율로는 88.24 대 11.76이다.

아래 말뭉치의 경우에, 1로 소트된 것이 장소의 뜻을 나타내는 것들이고 2로 소트된 것이 물건의 뜻을 나타내는 것들인데, 이와 같이 해당 말뭉치에서 각 단어가 쓰인 의미를 소트해 가면 그 의미의 빈도를 밝힐 수 있다.

1# " __문방구에__ 다녀온다고 나서서 지수는
1# __문방구에서__ 늙수그레한 사내가 고개
1# 아침에 볼펜 사느라고 __문방구에__ 들렀는데, 그때 나와서도
2# , 먹, 종이, 잣, 부채 등을 수출하고, 비단, 책, 약재, 향로, __문방구__ 등을 수입했다.
2# 비단, 약재, 책, 향로 __문방구__ 등이 들어오고, 금, 은, 모시, 인
2# 주전자 항아리 병 자라병 편호 세수기 필통 향로 담뱃갑 화분 __문방구__ 같은 것이 많은데 그 중에도
1# 생각으로는 현재의 40평 아파트를 팔고 상가에 점포를 빌려서 __문방구나__ 선물 센터를 시작할까
2# 그 목재는 장롱, 상자, __문방구__, 악기, 나막신 등 용도가 매우

따라서 고빈도 단어가 사전에 올라야 한다면 올림말 '문방구'의 경우, 장소의 뜻으로 쓰인 의미항목이 사전에 올라야 하는 것이다(참고 2.3.1의 ②). 이와 같이 의미 빈도 개념을 의미항목의 배열 순서나 수를 조절하는 데에 활용할 수 있다.

일반사전에는 말뭉치에서 발견되는 의미를 모두 싣게 될 경우 그 의미가 대단히 많을 수 있다. 올림말의 선택이 말뭉치 의존적이라면 선택된 올림말의 의미항목 역시 말뭉치에 따라 조절할 수 있다. 아래의 예는 『연세초등국어사전』의 '가슴'의 의미항목에 대한 의미빈도 표를 보인 것이다. 이 사전의 경우에 의미항목이 6개인데, 아래의 초등국어사전에는 의미항목이 3개만 있는 것이 대조적이다 {표 4(서상규 외 2000 자료 참고)와 표 5 참고}. 사전편찬 목적에 따라 의미항목을 조절하여 싣게 될 때 그 기준으로 의미빈도를 활용할 수 있는 것이다. 이 경우에는 이 중 의미빈도가 가장 높은 ③번과 다음으로 높은 ①㉠, 의미빈도는 낮으나 그 쓰임이 나타난 ①㉡이 초등사전에 들어가 있음을 확인할 수 있다.

이와 같이 말뭉치에 기초하여 의미를 기술하게 되면 그 의미 빈도와 해당 말뭉치에 나타나는 의미를 선별하여 실을 수 있는 장점이 있다.

〈표 4〉『연세초등국어사전』의 '가슴'의 의미항목에 대한 의미빈도 표

올림말	의미 항목	의미빈도	비율(%)
가슴	①㉠: 목과 배 사이에 있는, 몸의 앞 부분	59	14.32
	㉡: 가슴을 덮고 있는 옷의 부분	7	1.70
	㉢: 여자의 가슴	9	2.18
	②㉠: 폐 등이 들어 있는 몸의 부분	25	6.07
	㉡: 심장	43	10.44
	③: 마음	247	59.95

〈표 5〉『연세초등국어사전』의 '가슴'의 의미항목 기술

올림말	의미 항목	비고
가슴	① 목과 배 사이에 있는, 몸의 앞 부분	(위 사전의 의미항목 ①㉠)
	② 가슴을 덮은 옷의 부분	(위 사전의 의미항목 ①㉡)
	③ 마음, 느낌	(위 사전의 의미항목 ③)

2.3. 말뭉치 기반 어휘 의미 기술의 특징

2.3.1. 의미 기술의 특징[5)]

① 말뭉치에 기반한 의미 분석의 특징은 해당 말뭉치에서 사용된 의미를 우선적으로 기술해 줄 수 있다는 점이다.

아래의 예에서 올림말 '모니터'의 경우에 이 단어는 초등용으로는 '모니터를 켜 보자'라는 쓰임이 전부이다. 즉 '화면이 나타나는 장치'의 의미로 쓰인다(초등사전 1 참고). 그런데 이를 기존의 일반사전을 참고로 하여 뜻풀이를 할 경우에는 의미항목의 배열순서대로 참고하다 보면 아래의 '일반사전'의 의미 1과 2에 해당하는 것만을 써 주게 되어 있다(초등사전 2참고).

그러나 실제의 말뭉치를 분석한 어휘 의미의 기술은 각 단어의 그곳에서의 실제의 사용 의미를 기술할 수 있게 해 준다.

5) 이에 대한 일반사전의 경우는 이희자 2000을 참고할 것.

〈표 6〉 '모니터'의 사전 기술의 예

모니터(영 monitor) (텔레비전이나 컴퓨터 따위의) 화면이 나타나는 장치. 예 컴퓨터 본체의 모니터를 켜 보자. (초등사전1)

모니터(monitor) 신문사나 방송국의 의뢰로 독자나 시청자 중에서 신문 기사나 방송에 관한 의견, 비판을 제출하는 사람. (초등사전2)

모니터(monitor) 명 1. 라디오 텔레비전의 방송이나 송신 상태를 감시하는 사람. 또는 그런 장치. 2. '디스플레이 장치' 를 일상적으로 이르는 말. 3. 컴퓨터 내부의 메모리를 감시하는 프로그램. 운영 체제의 일종으로, 레지스터나 특정 메모리의 내용을 디스플레이나 프린터 따위의 출력기에 표시할 수도 있다. (기존일반사전1)

② 실제 용례를 기반으로 하여 의미를 풀이하기 때문에 답보적인 기존 사전의 의미풀이를 탈피하여 그 단어의 고유 의미를 발견적으로 기술할 수 있다(이희자 2000: 100ff.의 '그릇, 알거지, 밥'의 예 참고).

예를 들어 기존 사전에서 '문방구'에 대한 의미 풀이를 보면 하나 같이 '물건'으로서의 이의 뜻을 풀이하고 있다(자료 2의 기존의 대사전들의 '문방구'의 의미풀이 참고). 그러나 실제로 이 단어가 쓰인 예를 살펴보면(자료 1 참고) 이것이 '상점'을 가리키는 말로 쓰이는 빈도가 훨씬 더 높다는 것을 알 수 있다(2.2.3의 의미빈도 비율 참고). 실제로 말뭉치를 기반으로 한 연세한국어사전이나 '연세초등국어사전'의 경우에 올림말 '문방구'에 '상점'을 가리키는 말로서의 의미가 기술되어 있다(자료 2 참고).

〈자료 1〉 1천만 말뭉치에서 출현빈도 59번의 용례: '문방구'

1# " __문방구에__ 다녀온다고 나서서 지수는
1# __문방구에서__ 늙수그레한 사내가 고개
1# 아침에 볼펜 사느라고 __문방구에__ 들렀는데, 그때 나와서도
2# , 먹, 종이, 갓, 부채 등을 수출하고, 비단, 책, 약재, 향로, __문방구__ 등을 수입했다.
2# 비단, 약재, 책, 향로 __문방구__ 등이 들어오고, 금, 은, 모시, 인
2# 주전자 항아리 병 자라병 편호 세수기 필통 향로 담뱃갑 화분 __문방구__ 같은 것이 많은데 그 중에도
1# 생각으로는 현재의 40평 아파트를 팔고 상가에 점포를 빌려서 __문방구나__ 선물 센터를 시작할까

2# 그 목재는 장롱, 상자, __문방구__, 악기, 나막신 등 용도가 매우

……

〈자료 2〉 올림말 '문방구'의 사전의 뜻풀이 비교[6)]

문방구 명

『연세초등』: ①(종이, 연필, 지우개 따위의) 공부를 하거나 사무를 보는 데에 필요한 도구. ②(종이, 연필, 지우개 따위의) 공부를 하거나 사무를 보는 데에 필요한 도구들을 파는 가게.

『표준』 붓 · 종이 · 먹 · 벼루 · 펜 · 잉크 · 연필 등 문방에 필요한 기구. 문구. 문방 제구.

『우리』 학용품과 사무 용품을 통틀어 이르는 말. 문방 제구.

『금성』 글을 쓰거나 사무를 보는 데 필요한 기구. 문방 제구.

『한글』 학용품과 사무용품 따위를 통틀어 일컫는 말. 문방제구.

③ 단어에 대한 총체적인 이해는 어휘의미적인 특성만을 이해하는 것으로 이루어질 수 없다. 단어는 어휘의미적 특성과 함께 문법적 특성을 가지고 있다. 단어의 문법적 특성을 알아야 그 단어의 어휘의미적 의미를 정확히 이해할 수 있으며 그 단어를 실제로 제대로 활용할 수 있다. 따라서 올바른 언어 생활의 제시를 위해서는 이러한 언어 사용의 현실이 사전에 반영되어 문법과 어휘가 동시에 다루어진 사전 편찬이 이루어져야 할 것이다. 말뭉치 기반 어휘 정보 기술은 의미적, 통사적, 문체적, 연어적, 화용적 층위에 있어서의 정보를 다각도로 제공할 수 있다.

우선 언어 학습은 절대적인 문법 규칙보다는 가장 빈번하게 사용되는 연어 및 문체적 패턴 등을 아는 것이 중요하다. 사전 편찬을 목적으로 텍스트를 이용 가능케 하는 용어 색인 절차(concordancing)는 연어 패턴을 예시하는 것을 가능케 한다. 한 단어의 전형적인 연어 패턴이나 상투적

6) '연세초등'은 '연세초등국어사전', '표준'은 '표준국어대사전', '우리'는 '새우리말큰사전', '금성'은 금성출판사의 『국어대사전』, '한글'은 '우리말큰사전'을 각각 의미한다. (참고문헌 참고)

인 비유 표현, 관용 표현 따위를 찾아 내어 기술할 수 있게 해 준다. 이러한 특성은 나아가 해당 단어가 구성 요소가 되어 쓰이는 구나 합성어 따위를 파악하게 하는 데에도 결정적인 역할을 한다.

예를 들어 '댕기'를 몸에 지니는 행위를 나타내는 동사는 '(매)달다', '드리다', '하다'이다. 이중 '(매)달다'와 '하다'는 다른 물건을 몸에 지닐 때도 쓰이나('목걸이를 매달다, 목걸이를 하다') '드리다'는 '댕기'와만 쓰이는 것을 확인할 수 있다.(자료 3 참고. 그림 2는 부사 '동동'의 연어적 특성을 보이는 용례 검색기 '말씀'[7]의 예임)

〈자료 3〉 '댕기'의 연어적 특성을 나타내는 연세 일반 말뭉치 자료

창창한 인생에다 빨간 ____	댕기____	달고 빌빌대 보라고 하세요!
꼭지에 ____	댕기____	달고 남치마를 입혔지.
곱고 고운 ____	댕기도____	내가 드리고
머리에 빨간 ____	댕기를____	두른 작은 쥐새였다.
새로 사 준 모본단 ____	댕기를____	드렸다.
그런 부인들이 흰 ____	댕기를____	드렸다고 한다.
머리에 붉은 ____	댕기를____	매단 남학생 한 명이
자줏빛 ____	댕기가____	매달려 있는 긴 머릿결
머리 꼬리에 붉은 ____	댕기가____	매어져 있다.

7) 용례검색기 '말씀'에 이희자 2000: 89ff. 참고.

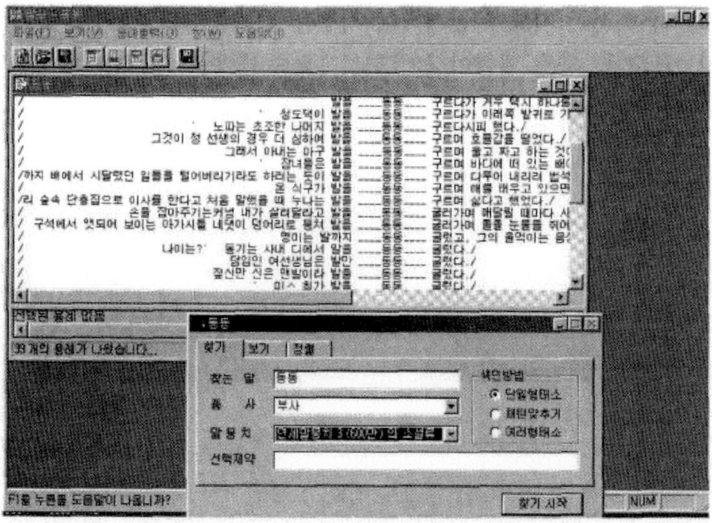

〈그림 2〉 용례 검색기 '말씀'에서의 연어 정보

그 외에도 품사별 특성을 기술할 수 있다(자세한 품사별 기술 정보에 이희자 2000 참고). 명사의 경우에는 기존의 의미 기술에서 놓쳤던 일반 명사의 의존적 쓰임이나, 범주를 달리하는 문법 사실, 특별히 결합되어 쓰이는 조사 결합의 사실 등을 자료를 기반으로 정확히 기술할 수 있다. 부사의 경우에도 공기 관계 현상과 같은 실질적인 어휘, 문법 정보를 정확히 줄 수 있다.

④ 준말, 본딧말이나 큰말, 작은말과 같은 관련어의 쌍이 있을 때 실제로 어느 것이 더 많이 쓰이는지 빈도를 알 수 있고 의미상의 차이나 용법상의 차이를 기술해 낼 수 있다. 기존 사전에서는 쓰이지도 않는 본딧말이나 큰말 쪽에서 획일적으로 모든 풀이를 하고 준말, 작은말에서는

그 곳으로 가 보게 하고 있는데(예 : '갖가지, 가지가지'의 경우 (이희자 2000: 92ff. 참고)), 이를 말뭉치를 사용하여 검증하게 되면 이러한 단점을 해결할 수 있다.

예를 들어 '요즘'과 '요즈음'의 경우 글말에서는 73 대 30의 비율로 쓰이고 입말에서는 469대 6의 비율로 쓰였는데 (그림 출처: 남길임 2004) 이러한 자료에 근거하여 사전을 편찬한다면 이 경우에 준말인 '요즘'을 찾을 확률이 높으므로 '요즘'에 여타의 정보를 주는 것이 합리적이라 할 수 있다.

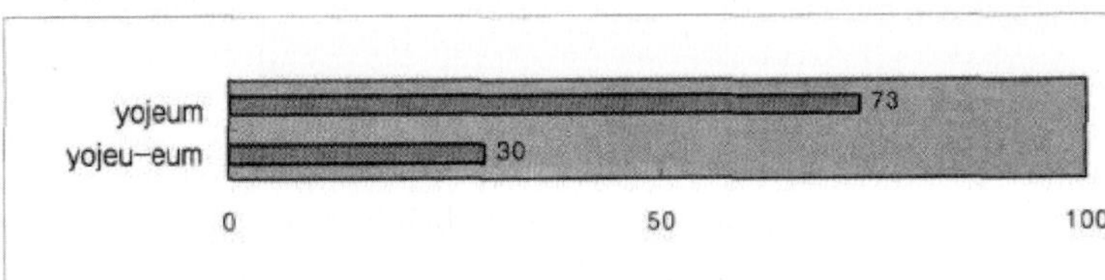

〈그림 3〉 '요즘'과 '요즈음'의 빈도: 글말말뭉치 4300만 어절

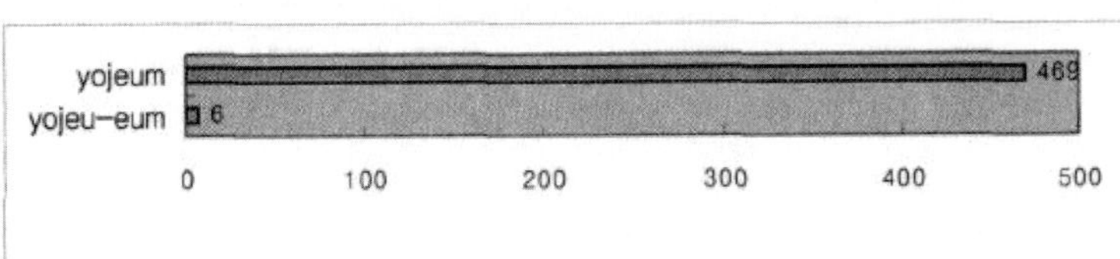

〈그림 4〉 '요즘'과 '요즈음'의 빈도: 입말말뭉치 100만 어절

⑤ 유의어의 용법의 차이를 용례를 검토함으로써 기술해 낼 수 있다(예: '꼬리, 꽁지'의 경우(이희자 2000 참고)).

2.3.2. 문형 제시

말뭉치를 분석하여 의미를 기술할 경우에 사전편찬을 목적으로 텍스트를 이용 가능케 하는 용어색인절차(자료 4 참고)의 특성상 자연스럽게 동사를 기술할 때 이의 뜻과 함께 그 문형을 밝혀 주게 된다. 아래 예에서 '글썽거리다'의 경우에 조사 '을'과 결합하여 쓰일 때와 조사 '이'와 결합하여 쓰일 때를 일목요연하게 볼 수 있다. 이를 근거로 이 동사의 뜻과 문형을 기술하는 것을 말한다. 이렇듯 용언의 문형을 기술해 줄 수 있는 점은 말뭉치를 기반으로 하는 사전 편찬의 커다란 특징 중의 하나이다.

〈자료 4〉 앞어절 중심으로 연세말뭉치에서 뽑은 '글썽거리다'의 용례

2#	"바위꽃은 눈물을	____글썽거렸습니다____.	
2#	"할아버지는 뜬금없이 눈물을	____글썽거렸다____.	
2#	그래서 나는 눈물을	____글썽거리며____	영희에게 다그치듯 물었다
2#	그런 이야기를 듣고 어머니는 눈물을	____글썽거리며____	말했다.
1#	"이야기를 하는 용신딸의 눈에 눈물이	____글썽거린다____.	
1#	철민이의 눈에 놀라움과 함께 눈물이	____글썽거렸다____.	
1#	어머니의 눈에 눈물이	____글썽거렸다____.	
1#	옥단의 눈에서는 눈물이	____글썽거렸다____.	

문형을 이론적으로 추측하여 설정하는 것에는 한계가 있다. 동사가 실제로 쓰이는 용례를 분석하여 이를 토대로 동사의 필수 논항, 잠재 논항, 수의 논항, 부가어 등의 실현 양상을 분석하여 정확한 의미 구조를 기술할 수도 있고 정확한 논항 정보도 제시할 수 있다. 각각의 논항의 자리에 쓰이는 명사나 어미의 종류를 미루어 짐작하는 것과 실제로 어떠한 것들이 쓰이는지를 대규모의 자료에서 검토하여 기술하는 현격한 차이가 난다.

아래의 그림 5의 자료는 '연세초등국어사전'의 동사 '뜨다'의 사전 기술을 보인 것인데 이를 일목요연하게 표로 정리하여 보이면 아래의 표 8과 같다. 문형을 겹괄호(( ))에 보인 것과 대표적인 문형을 보이는 명사항을 길잡이말로 사용하여 동사 동형어를 구분한 것을 볼 수 있다.

이렇듯 어떠한 동사가 해당 뜻으로 쓰일 때 어떠한 문형을 갖는지를 보여 주는 것은 해당 동사를 사용하여 글짓기를 한다든가 바른 문장 사용을 공부한다든가 할 때에 매우 유용한 정보가 되므로 문형 정보가 학습사전에는 반드시 필요한 정보라고 할 수 있겠다.

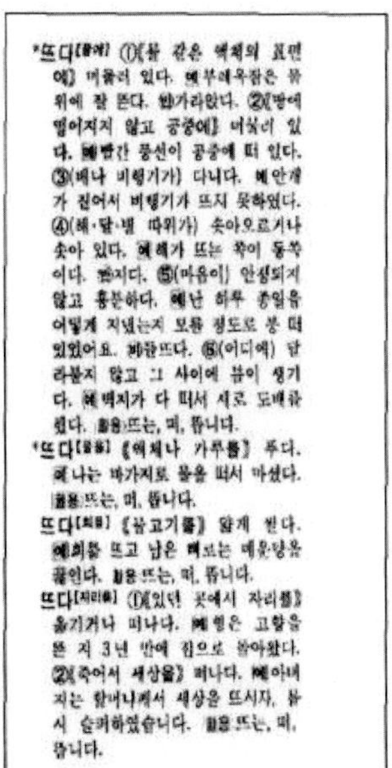
*뜨다[물에] ①(물 같은 액체의 표면에) 떠올라 있다. 예부레옥잠은 물 위에 잘 뜬다. 반가라앉다. ②(땅에 떨어지지 않고 공중에) 떠올라 있다. 예빨간 풍선이 공중에 떠 있다. ③(배나 비행기가) 다니다. 예안개가 짙어서 비행기가 뜨지 못하였다. ④(해·달·별 따위가) 솟아오르거나 솟아 있다. 예해가 뜨는 쪽이 동쪽이다. 반지다. ⑤(마음이) 안정되지 않고 흥분하다. 예난 하루 종일을 어떻게 지냈는지 모를 정도로 붕 떠 있었어요. 비들뜨다. ⑥(어디에) 달라붙지 않고 그 사이에 틈이 생기다. 예벽지가 다 떠서 새로 도배를 했다. 활용뜨는, 떠, 뜹니다.
*뜨다[물을] 《액체나 가루를》 푸다. 예나는 바가지로 물을 떠서 마셨다. 활용뜨는, 떠, 뜹니다.
뜨다[회를] 《살코기를》 얇게 썰다. 예회를 뜨고 남은 뼈로는 매운탕을 끓인다. 활용뜨는, 떠, 뜹니다.
뜨다[자리를] ①(있던 곳에서 자리를) 옮기거나 떠나다. 예형은 고향을 뜬 지 3년 만에 집으로 돌아왔다. ②(죽어서 세상을) 떠나다. 예아버지는 할머니께서 세상을 뜨시자, 몹시 슬퍼하였습니다. 활용뜨는, 떠, 뜹니다.

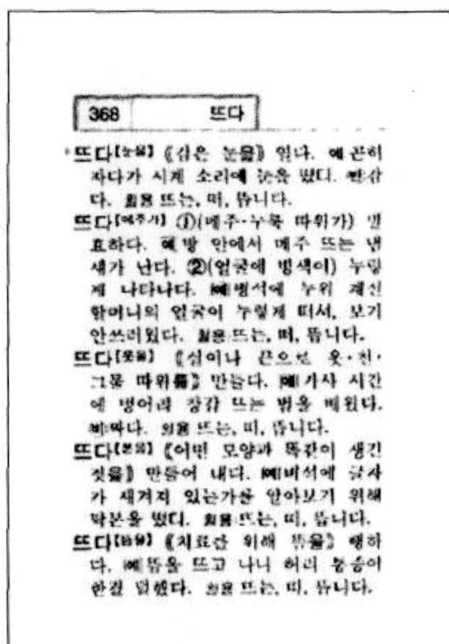
368 뜨다
*뜨다[눈을] 《감은 눈을》 열다. 예곤히 자다가 시계 소리에 눈을 떴다. 반감다. 활용뜨는, 떠, 뜹니다.
뜨다[메주가] ①(메주·누룩 따위가) 발효하다. 예방 안에서 메주 뜨는 냄새가 난다. ②(얼굴에 병색이) 누렇게 나타나다. 예병석에 누워 계신 할머니의 얼굴이 누렇게 떠서, 보기 안쓰러웠다. 활용뜨는, 떠, 뜹니다.
뜨다[옷을] 《실이나 끈으로 옷·천·그물 따위를》 만들다. 예가사 시간에 벙어리 장갑 뜨는 법을 배웠다. 비짜다. 활용뜨는, 떠, 뜹니다.
뜨다[본을] 《어떤 모양과 똑같이 생긴 것을》 만들어 내다. 예비석에 글자가 새겨져 있는가를 알아보기 위해 탁본을 떴다. 활용뜨는, 떠, 뜹니다.
뜨다[뜸을] 《치료를 위해 뜸을》 행하다. 예뜸을 뜨고 나니 허리 통증이 한결 덜했다. 활용뜨는, 떠, 뜹니다.

〈그림 5〉 '뜨다'의 사전 기술

〈표 7〉 그림5 자료의 '뜨다'의 문형 정리

올림말	길잡이말	문형 (( ))
뜨다	【물에】	((물 같은 액체의 표면에))
뜨다	【물을】	((액체나 가루를))
뜨다	【회를】	((물고기를))
뜨다	【자리를】	((있던 곳에서 자리를))
뜨다	【눈을】	((감은 눈을))
뜨다	【메주가】	((메주, 누룩 따위가))
뜨다	【옷을】	((실이나 끈으로 옷, 천, 그물 따위를))
뜨다	【본을】	((어떤 모양과 똑같이 생긴 것을))
뜨다	【뜸을】	((치료를 위해 뜸을))

(※ 겹괄호 '(( ))'는 문형표시)

다음은 동사 '먹다'의 일반사전에서의 기술과 말뭉치기반사전에서의 문형 정보가 들어간 사전의 경우를 대조하여 보인 자료이다(그림 6과 7참고).

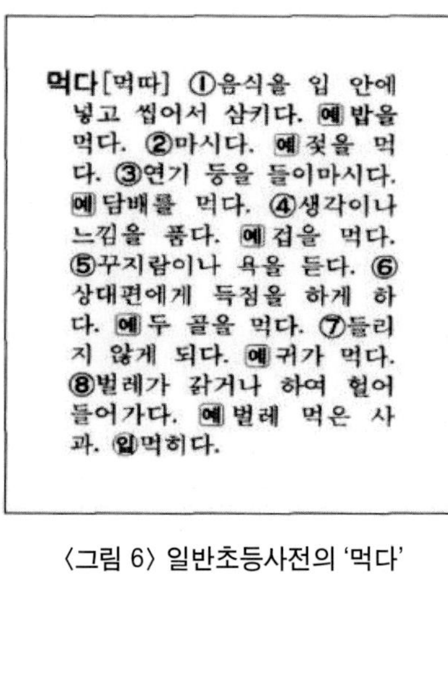
먹다[먹따] ①음식을 입 안에 넣고 씹어서 삼키다. 예 밥을 먹다. ②마시다. 예 젖을 먹다. ③연기 등을 들이마시다. 예 담배를 먹다. ④생각이나 느낌을 품다. 예 겁을 먹다. ⑤꾸지람이나 욕을 듣다. ⑥상대편에게 득점을 하게 하다. 예 두 골을 먹다. ⑦들리지 않게 되다. 예 귀가 먹다. ⑧벌레가 갉거나 하여 헐어 들어가다. 예 벌레 먹은 사과. 입 먹히다.

〈그림 6〉 일반초등사전의 '먹다'

먹다[먹따] ①(먹을 것을) 입에 넣어 씹거나 그대로 삼키다. 예 나무꾼이 숲에서 밥을 먹고 있습니다. 높 잡수시다. ②(나이를) 더 많이 가지게 되다. (나이가) 들다. 예 철수가 한 살을 더 먹더니 아주 의젓해졌네. ③(벌레 때문에 과일이나 잎에) 구멍이 생기다. 예 벌레 먹은 사과도 있을 수 있으니까 잘 골라라. ④(편을) 가르다. 예 우리는 편을 먹고 씨구 시합을 했다. ⑤(축구나 농구 같은 경기에서 점수를) 잃다. 예 우리는 전반전에만 세 골을 먹었지만 포기하지 않았다. ⑥(어떤 짓을) 재미 삼아서 마구 하다. 예 넌 남 골려 먹는 게 그렇게 재미있니? 활용 먹는, 먹어, 먹습니다. ⊙ eat.
먹는 개도 안 때린다 속담 음식을 먹고 있을 때는 꾸짖거나 때리지 말라는 말.
먹다[귀가][먹따] (귀가) 들리지 않게 되다. 예 할머니는 귀가 먹어서 말을 잘 알아듣지 못하신다. 활용 먹는, 먹어, 먹습니다.

〈그림 7〉 연세초등의 '먹다'

이 두 자료에서 '먹다'의 기술이 그림 6의 사전에서는 '먹다'를 다의어로 처리하고 그림 7의 사전에서는 그림 6의 의미항목 ⑦을 다른 올림말로 잡아 동형어로 처리한 것이 눈에 띈다.

다음은 문형 설명이 들어간 사전 기술의 예로 일반사전인 『연세한국어사전』의 '**좋다**'의 경우이다. 음영을 두어 표시한 부분은 형식적인 문형이 다른 것을 보인 것이다(자료 3 참고). 이러한 문형 표시 없이 의미를 나열하게 되면 (위의 그림 6의 '먹다'의 의미항목 배열을 참고할 것) 각각의 뜻을 가질 때 어떠한 조사와 결합하여 몇 개의 명사항을 필요로 하는지 알 수가 없으므로 이를 활용하여 바른 문장 짓기를 한다든지 하는 데에 전혀 도움이 되지 않는다.

그런데 문제는 초등학생용 사전에 아래와 같이 의미항목이 많거나 전문적인 문형 표현은 문제가 있으므로 눈높이를 맞추어, 위에서 살펴본 의미빈도와 용례출현 원칙에 의거하여 문형 표현을 간략화하였으며 의미항목을 줄여서 표현한다(표 8 참고: 의미항목이 4개 있음) (초등사전에서의 격틀 표시 문제와 관련하여 이병규 2000 참고).

〈자료 3〉『연세한국어사전』의 '좋다'의 문형 설명의 예

Ⅰ NP-이 좋다

① 훌륭하거나 뛰어나다.

#대관령은 언제 넘어도 주면 경치가 **좋았다**.

② 훌륭한 조건을 모두 갖추어 가지고 있다.

#**좋은** 대학 나오고도 취직이 안 된다.

…

⑮ 알맞다. 적당하다. 적절하다.

#**좋은** 생각이 하나도 떠오르지 않았다.

Ⅱ NP1-이 NP2-이 좋다

① 즐겁거나 기쁘다.

#그녀는 뭐가 **좋은지** 깔깔 웃어댔다.

② 마음에 들거나 마땅하다.

#나는 민수가 **좋기도** 하고 싫기도 해.

③ 적당하거나 알맞다.

#만나는 시간은 8시가 **좋겠죠**?

Ⅲ NP1-이 (NP2-에) 좋다

① (어떤 일에) 알맞거나 적당하다.

#어느 정도의 자극은 건강에도 **좋다**.

② 마음에 들 만큼 알맞다.

#형이라고 부르면 듣기에도 **좋잖아**.

③ 쉽고 알맞다.

#그는 활동하기 **좋게** 운동복으로 갈아입었다.

Ⅳ [절] 좋다

상관없다. 괜찮다.

#자, 이제 나가도 **좋습니다**.

Ⅴ

① [감탄사처럼 쓰이어] 마음이 흐뭇하여 즐거움을 나타냄.

#그들로서는 얼씨구나 **좋다고** 춤을 추며 좋아할 만큼의 일이 생긴

② [문장 앞에 쓰이어] 결심을 나타냄.

#**좋아**, 그럼 어디 한 번 확인을 해 봐야겠어.

③ [대답에 쓰이어] 물음이나 요구에 긍정하거나 동의를 나타냄.

#**좋다**, 갔다 오너라.

Ⅵ

① ['좋게'의 꼴로 쓰이어] (상대편이나 자기에게) 유리하게.

#**좋게** 말해서 선의의 경쟁자지 서로 남을 못 잡아먹어서 싸우는 것과 뭐가 다르랴.

② ['좋을, 좋도록'의 꼴로 쓰이어] 원하는 바대로. 마음이 내키는 대로.

#**좋도록** 하십시오.

〈표 8〉『연세초등국어사전』의 '좋다'의 의미 항목 기술

올림말	의미 항목
좋다	① (무엇이) 마음에 들게 훌륭하다. (어떤 일에) 알맞다.
	② (누가) 마음에 쏙 들어 친하고 싶다.
	③ (기분이) 즐겁고 기쁘다.
	④ 괜찮다. 허락할 수 있다.

2.4. 용례 제시

말뭉치-기반 사전 기술의 가장 큰 장점 중의 하나가 실제로 쓰이는 적절한 예문을 제시할 수 있다는 점이다. 어린이들이 책을 읽으면서 접할 수 있는 예문들 위주로 제시하게 되면 그 예들이 친근하여 가깝게 느낄 수 있을 것이며 이를 통하여 단어의 뜻과 쓰임도 쉽게 알 수 있게 될 것이다.[8] 아래의 예에서 '모니터'의 예는 연어 용법을 보이고자 선택된 예이고, '구리박'의 경우는 이 단어와 같이 어려운 단어의 경우에 그 용례를 통하여 이의 사용법을 익히도록 해 주는 효과를 보인 예이다.

〈표 9〉 '모니터'의『연세초등국어사전』의 용례 제시 예

모니터(영 monitor) (텔레비전이나 컴퓨터 따위의) 화면이 나타나는 장치. 예 컴퓨터 본체의 모니터를 켜 보자. (초등사전1)

8) 기타 용례 선별 기준에 대해서는 이희자 2000: 86-87 참고.

〈표 10〉 '구리박'과 같이 어려운 단어의 용례 제시 예

구리박(—薄) 구리를 종이처럼 얇고 넓게 만든 것.
예 구리박을 벗어나는 부분을 니퍼로 잘라내라.

3. 사용자 중심의 편찬 철학 반영[9)]

요즘의 사전 편찬 경향은 사용자 중심이라 할 수 있다. 아래에서 『연세초등국어사전』을 중심으로 이러한 사전 편찬 경향이 반영된 사례를 몇 가지 살펴보자.

3.1. 메타언어를 통제한 의미 풀이

국어사전으로서는 처음으로 이 사전에 올라 있는 낱말만을 사용하여 뜻풀이를 하였다.[10)] 이 사전은 어린이들이 직접 낱말의 뜻을 읽고 배울 수 있도록 만든 사전이므로 쉬운 말로 오늘의 쓰임에 맞는 뜻풀이를

9) 그 외에도 사용자 중심의 편찬 원칙이 반영된 것에 ○ 발음 정보를 제시할 때 표제어의 발음 정보만 주는 것이 아니라 '밝다'와 같은 겹받침 동사의 경우 그 활용형에 대한 발음 정보라든지 '흙'과 같이 겹받침으로 끝나는 명사의 경우에 이의 조사결합형의 발음을 표시해 주는 것도 이와 같은 맥락에서의 사전편찬원칙이다. ○ 초등학교 영어 교육용 단어의 제시(초등교육용 500여 개) ○ 초등 교과서에 나오는 세계 여러 나라와 도시의 면적과 인구 제시 따위가 있다.

10) 외국에서는 뜻풀이의 어휘를 통제한 사전에 『Longman Dictionary』가 있다. 이 사전에서는 2천 단어로 한정하여 뜻을 풀이하고 있다. 2천 단어 외의 단어가 뜻풀이에 쓰일 때에는 해당 단어를 대문자로 표시하고 간단한 설명을 덧붙인다. 예1)올림말: "**White**", 뜻풀이: "the part of an egg surrounding th YORK(=***yellow part***), white is colourness, but white after cooking"〈Longman Dictionary의 'white(흰자위)'의 뜻풀이〉

하였다.

아래의 예 '다이오드', '플로피 디스크', '기판'의 경우에 각각에서 위쪽에 있는 설명이 일반사전의 경우이고 아래의 예가 『연세초등국어사전』의 설명인데, 뜻풀이에 사용된 어휘가 확연히 차이가 남을 알 수 있다. 후자의 경우에는 메타언어를 통제한 경우이다. 엄격하게 이 사전에 들어있는 어휘로만 풀이하였고, 되도록 5천 단어 이내의 어휘로 뜻풀이를 한 경우이다.

〈표 11〉 '다이오드'의 사전 기술의 예

다이오드(diode) 이극 진공관 및 반도체 다이오드를 통틀어 이르는 말. 정류(整流) 기능을 이용하여 정류기, 검파기 따위에 쓰는 일반용 다이오드나 터널 다이오드, 광(光) 다이오드, 발광 다이오드 따위의 특수 목적용 다이오드가 있다. (일반사전)

다이오드(영 diode) 전류를 한 쪽 방향으로 흘러가게 하는 반도체 부품. 주로 교류 전류를 직류 전류로 바꾸는 일을 한다. 『연세초등국어사전』

〈표 12〉 '플로피 디스크'의 사전 기술의 예

플로피 디스크(floppy disk) 원판 모양의 자성(磁性) 매체 위에 데이터를 기록하는 컴퓨터 외부 기억 장치의 하나. 규격에 따라 8인치, 5.25인치, 3.5인치 따위로 구분한다. 연질 플라스틱제로 종이 재킷(jacket)에 들어있다. (일반사전)

플로피 디스크(영 floppy disk) (컴퓨터에서) 데이터를 기록하는 원판 모양의 외부 기억 장치. 네모난 플라스틱 집에 들어 있다. 『연세초등국어사전』

〈표 13〉 '기판'의 사전 기술의 예

기판3(基板) 배선(配線)을 변경할 수 있는 전기 회로가 편성되어 있는 판. (일반사전)

기판(基板) 여러 가지 전기 장치들을 달 수 있도록 전기 회로가 조직되어 있는 판. 『연세초등국어사전』

3.2. 길잡이말 제시

사용자 중심의 사전편찬 철학이 반영된 사례로 특징적인 것은 동형어를 제시할 때 기존 사전에서처럼 어깨번호를 사용하여 구분한 것이 아니라 '길잡이말'을 제시하여 찾고자 하는 단어를 쉽고 빠르게 찾아갈 수 있게 한 점이다.

'길잡이말'이란 형태가 같은 말이 여럿 있을 때 그 중에서 찾고자 하는 단어가 어떤 것인지 쉽게 구분할 수 있도록 도움을 주는 말을 말하는 것으로, 이는 기존 사전들에서 동형어를 구분할 목적으로 붙였던 어깨번호에 해당한다. 길잡이말은 일반적으로 해당 표제어나 의미 항목을 가장 잘 떠올릴 수 있는 것으로 정한다. 예를 들어 낱말 '감'이 세 개의 서로 다른 쓰임을 보일 때, 이를 기존의 사전에서 찾으면 '감1, 감2, 감3'과 같은 형식으로 구분하여 보이는데(그림 8 참고) 이때 어깨번호가 주는 정보는 상호 공지시에나 필요한 정도이지 실질적으로 사전 이용자가 찾고자 하는 단어를 구분해 주는 데에는 하등의 정보가 되지 않는다.

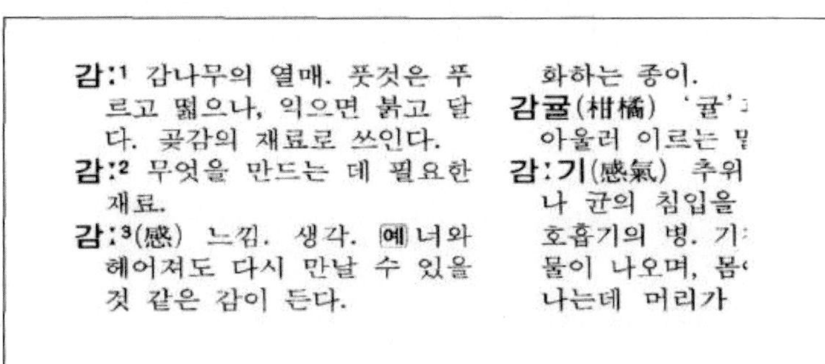
감:1 감나무의 열매. 풋것은 푸르고 떫으나, 익으면 붉고 달다. 곶감의 재료로 쓰인다.
감:2 무엇을 만드는 데 필요한 재료.
감:3(感) 느낌. 생각. 예 너와 헤어져도 다시 만날 수 있을 것 같은 감이 든다.
화하는 종이.
감귤(柑橘) '귤'
아울러 이르는 말
감:기(感氣) 추위
나 균의 침입을
호흡기의 병. 기
물이 나오며, 몸
나는데 머리가

〈그림 8〉 일반사전의 동형어 표시의 예

이러한 불편을 덜고자 각각의 단어를 가장 잘 떠올릴 수 있는 말을 옆에 붙여 해당 단어를 쉽게 찾아가게 하는 메타언어적 정보를 붙여 주는 것이다. 예를 들어 동형어 '배'의 경우에 각각 '【몸】, 【탈것】, 【과일】, 【세는 말】'을 붙여 구분하여 준다. 용언의 경우에는 잘 어울려 쓰이는 주어나 목적어, 부사어 따위를 길잡이말로 정하여 이를 가지고 동형어를 구분해 줄 뿐만 아니라 동시에 자연스럽게 문형을 익히게 하는 효과도 꾀할 수 있다. 예를 들어 동형어 '감다'의 경우에 각각의 경우에 '【눈을】, 【머리를】, 【붕대를】'을 제시하여 구분해 줄 수 있다(아래의 그림 9와 그림 10 참고).

*감다【눈을】[감:따] 아래와 위의 눈시울을 마주 붙이다. 눈꺼풀로 눈알을 덮다. 예 아버지께서는 눈을 지그시 감으셨다. 반 뜨다. 활용 감는[감:는], 감아[가마], 감습니다[감:씀니다]

*감다【머리를】[감:따] 《머리나 몸을》 물에 담가 씻다. 예 언니는 머리를 자주 감았다. 활용 감는[감:는], 감아[가마], 감습니다[감:씀니다]

*감다【붕대를】[감:따] ①《실이나 끈처럼 길고 가는 것을 무엇에》 말거나 빙 두르다. 예 은수는 팔에 붕대를 감고 학교에 왔습니다. ②《팔이나 다리를 다른 사람의 몸의 일부분에》 두르다. 예 아이는 엄마의 목에 팔을 감고 떨어지질 않았다. ③《태엽이나 테이프 따위를》 돌리다. 예 동생은 태엽을 감았다 놓으면 혼자서 굴러가는 장난감이 신기한가 보다. 반 풀다. 활용 감는[감:는], 감아[가마], 감습니다[감:씀니다]

〈그림 9〉 동사의 경우

*배【몸】 ①몸에서 가슴과 다리 사이에 있는, 몸의 앞부분. ②위·창자 같은 내장이 들어 있는 부분. 예수남이가 갑자기 배가 아프다고 데굴데굴 굴렀다.
*배【탈것】 물 위에 떠서 사람이나 짐을 실어 나르는 교통 수단. 참고세는 말은 '척'. 비선박. ◯ship.
*배【과일】 껍질이 누렇고 속은 희며 크고 둥글고 즙이 많고 시원한 단맛이 나는, 가을에 나는 과일. ◯pear.
*배【세는 말】(倍)[배:] 〔수를 나타내는 말 뒤에 써서〕 같은 수량을 여러 번 합한 만큼의 분량. 곱절. 예슬픔은 나누면 반으로 줄고, 기쁨은 나누면 두 배로 는다.

〈그림 10〉 명사의 경우

그림 11은 명사끼리 동형어를 이루고 있는 '말'의 길잡이말을 보인 것이고, 그림 12는 다른 품사가 섞여 있는 '못'의 길잡이말을 보인 것이다.

*말【언어】[말:] ①무슨 뜻을 표현하고 전달하는 사람의 목소리, 또는 그것을 적은 글자. 예철이는 아무 말 없이 서 있다. ②이야기나 대화. 예이 근처에는 호랑이가 나온다는 말도 있어. 높말씀. 관글. 말하다.
말을 놓다관용 (누구에게) 반말로 이야기하다. 예우리는 친구처럼 서로 말을 놓기로 했다.
말 한마디에 천 냥 빚을 갚는다속담 말만 잘하면 어려운 일도 해결할 수 있다는 말.
*말【동물】 목과 다리가 길고 목에는 갈기가 달렸으며 꼬리에 긴 털이 나 있고, 사람이 타거나 짐을 운반하는 데 쓰이는 큰 짐승. ◯horse.
말【그릇】 ①곡식이나 액체의 분량을 재는 데 쓰는, 둥근 기둥 모양의 큰 나무로 만든 그릇. ②〔수를 나타내는 말 뒤에 써서〕 곡식이나 액체 등의 분량을 재는 말. 되의 열 배.
말【놀이】 ①'마(馬)'자가 새겨진 장기짝. ②윷을 놀 때, 판에서 일정한 규칙에 따라 옮기는 작은 물건. 대개 네 개가 있다. 예윷만 나오면 상대편 말 하나를 잡을 수 있어.
*말【끝】(末) '어떤 기간의 끝, 끝 무렵'의 뜻을 나타낸다. 예이달 말. 반초.

〈그림 11〉 길잡이말 표시의 예 '말'

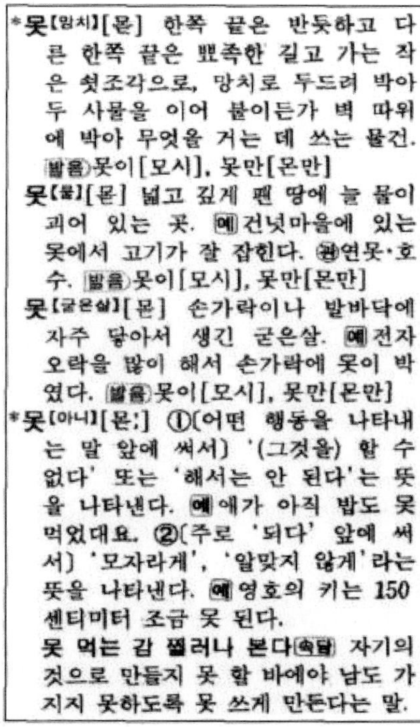
*못[망치][몯] 한쪽 끝은 반듯하고 다른 한쪽 끝은 뾰족한 길고 가는 작은 쇳조각으로, 망치로 두드려 박아 두 사물을 이어 붙이든가 벽 따위에 박아 무엇을 거는 데 쓰는 물건. 발음 못이[모시], 못만[몬만]
못[물][몯] 넓고 깊게 팬 땅에 늘 물이 괴어 있는 곳. 예 건넛마을에 있는 못에서 고기가 잘 잡힌다. 관 연못·호수. 발음 못이[모시], 못만[몬만]
못[굳은살][몯] 손가락이나 발바닥에 자주 닿아서 생긴 굳은살. 예 전자오락을 많이 해서 손가락에 못이 박였다. 발음 못이[모시], 못만[몬만]
*못[아니][몯ː] ①(어떤 행동을 나타내는 말 앞에 써서) '(그것을) 할 수 없다' 또는 '해서는 안 된다'는 뜻을 나타낸다. 예 애가 아직 밥도 못 먹었대요. ②(주로 '되다' 앞에 써서) '모자라게', '알맞지 않게'라는 뜻을 나타낸다. 예 영호의 키는 150 센티미터 조금 못 된다.
못 먹는 감 찔러나 본다 속담 자기의 것으로 만들지 못 할 바에야 남도 가지지 못하도록 못 쓰게 만든다는 말.

〈그림 12〉 길잡이말 표시의 예 '못'

아래의 예들은 가나다순으로 『연세초등국어사전』의 올림말 3만5천여 개 가운데 길잡이말이 표시된 경우를 보인 것이다(총 3175개의 올림말에 길잡이말이 붙어 있음).11)

품사	올림말	길잡이말
[명]	가마	【가마니】
[명]	가마	【머리】
[명]	가마	【솥】
[명]	가마	【탈것】

품사	올림말	길잡이말
[명]	갓	【모자】
[부]	갓	【방금】
[명]	갓	【채소】
[명]	개	【동물】

11) 길잡이말 연구에 참고: 이희자 2001a, b, c. 박수연 2002.

[명]	가마	【장치】
[명]	가사	【노래】
[명]	가사	【집안일】
[명]	가설	【설치】
[명]	가설	【이론】
[명]	가설	【임시】
[명]	가장	【꾸밈】
[명]	가장	【어른】
[명]	가장	【제일】
[관]	각	【따로】
[명]	각	【모서리】
[명]	간	【맛】
[명]	간	【몸】
[접미]	간	【사이】
[동]	갈다	【기저귀를】
[동]	갈다	【칼을】
[동]	갈다	【밭을】
[동]	갈리다	【길이】
[동]	갈리다	【칼이】
[동]	감기다	【눈을】
[동]	감기다	【눈이】
[동]	감기다	【머리를】
[동]	감기다	【붕대가】
[동]	감다	【눈을】
[동]	감다	【머리를】
[동]	감다	【붕대를】

[의명]	개	【세는 말】
[명]	개	【윷놀이】
[동]	걷다	【길을】
[동]	걷다	【소매를】
[대]	게	【거기】
[준꼴]	게	【것이】
[명]	게	【동물】
[어미]	-게	【말이음】
[명]	경	【불경】
[수]	경	【숫자】
[명]	경	【신하】
[명]	계	【합계】
[명]	계	【모임】
[명]	계	【생물】
[명]	고사	【시험】
[명]	고사	【제사】
[명]	골	【골짜기】
[명]	골	【득점】
[명]	골	【머리】
[명]	골	【화】
[명]	공	【공놀이】
[명]	공	【공로】
[대]	공	【사람】
[명]	공	【사회】
[명]	공	【영】

3.3. 다양한 참고 정보 제시

준말, 본딧말, 비슷한말, 반대말, 큰말 · 작은말, 센말 · 여린말, 파생어, 관련어, 참고어, 연어 정보 따위와 같이 초등 어휘 교육에 필요한 참고 정보들을 각각의 의미항목에 따라 분류하여 다양하게 싣고 있다.(그림 13와 그림 14의 다양한 참고항목 참고)

특히 올림말의 정보 기술이 끝난 후에 하단에 네모 상자를 사용하여 아이들이 잘못 쓰기 쉬운 단어들에 대한 구별법(표 14 참고)이나 기타 교과 과정상 필요한 정보들('비의 종류', '음력의 날과 달의 일컬음' 등)을 알 수 있도록 한 것 등은 모두 사용자 중심의 사전 편찬 철학이 반영된 사례라 할 수 있다.

〈표 14〉 올림말 '가르치다'의 네모 상자 참고 예

'가르치다'와 '가리키다'의 차이
'가르치다'는 무엇을 알게 하는 것을 말하고, '가리키다'는 방향을 지시하는 것을 말한다. † 수학 좀 가르쳐 줘.(O) † 손가락으로 북쪽을 가리킨다.(O) † 이름 좀 가리켜 줄래?(X)

(아래의 그림 13, 14의 '이 사전을 보는 법'에서 '네모상자' 참고 정보를 참고할 것)

4. 사전의 구조

텍스트로서의 사전은 다른 텍스트와 구별되는 두드러진 형식적 특성을 지니고 있는데 이는 이중적 구조로 파악된다. 올림말들의 총체로 파악되는 거시 구조(Makrostuktur)와 올림말에 뒤따르는 하위 텍스트, 즉 사전을 이루는 각 항목들로 이루어진 미시 구조(Mikrostruktur)가 결합되어 이중적으로 구조화된 텍스트이다(홍재성 1986). 거시 구조는 사전에 수록된 올림말들로 구성되고, 미시 구조는 하나의 올림말에 관한 정보들로 구성된다(이희자 2001 참고).

아래의 그림은 『연세초등국어사전』의 〈이 사전을 보는 법〉으로 이러한 사전의 구조를 잘 보여 주고 있다. 왼쪽과 오른쪽에 박스가 21개 있는데 위에서부터 차례로 아래의 순서대로 설명하고 있다.

올림말-예문-뜻풀이-네모상자(참고정보)-도움말 참고-활용-문형 정보-관련어-중요 낱말 표시-발음-한자-파생어-길잡이말-관용 표현-참고 사항-영어 대역어-외래어-생몰 연도-면적과 인구

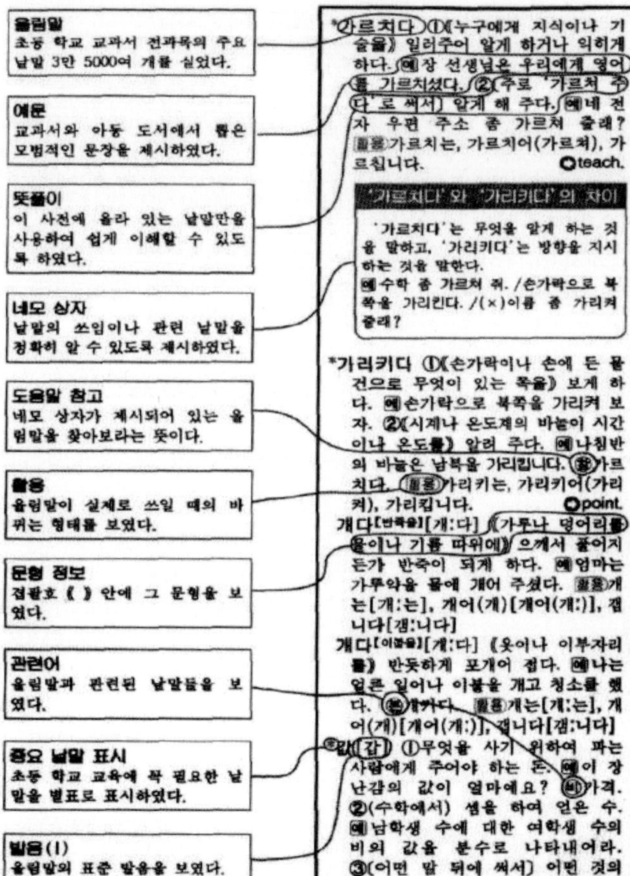

〈그림 13〉『연세초등』이 사전을 보는 법1

이렇듯 많은 정보가 사전의 미시구조 속에 들어있다. 이들 정보에

대해 하나하나 숙지하면 이를 활용한 사전 및 어휘 지도 방안이 자연스럽게 나오리라 생각한다.

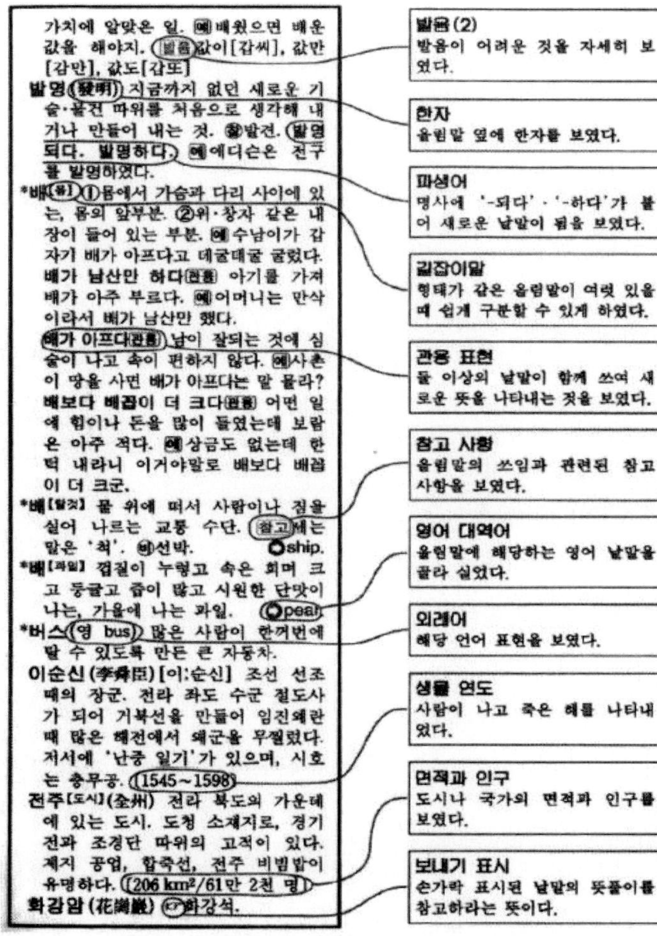

〈그림 14〉『연세초등』이 사전을 보는 법2

5. 사전 활용 방법: 팁 하나

국어 교육에서 어휘 교육의 중요성이 강조되면서 이의 한 방안으로 사전을 활용한 어휘 교육의 필요성 및 중요성이 강조되고 있다. 사전 관련 지도 내용이 교과 과정에도 들어있다. 그럼에도 불구하고 그 실제적인 내용을 들여다보면 구체적인 방안에 대한 연구가 적고 그 방법론 또한 몇 가지 사례를 언급한 정도이다.

그 이유는 국내에서 사전의 중요성에 대한 인식이 낮은 데에 기인하기도 하고, 직접적으로는 사전 사용자나 이를 지도하는 사람조차도 사전에 대해 잘 모르고 있기 때문이라고 할 수 있다. 사전을 활용한 어휘 교육이 실효를 거두려면 우선 현재 사용되고 있는 사전의 특성을 제대로 파악해야 한다. 즉 어떠한 사전이 어떠한 내용을 담고 있는지를 정확하게 알고 있어야 이를 제대로 활용하는 방법을 모색할 것이고 이를 통하여 넓게는 국어 능력 신장, 좁게는 어휘력 향상을 꾀할 수 있기 때문이다.

효과적인 〈국어 교육에서의 사전 활용〉을 위해서는 무엇보다도 사전을 이용해 가르치는 사람이나 이를 찾아보는 학생들 모두가 우선 사전을 잘 알아야 한다는 의미에서 말뭉치기반 〈초등국어사전〉 편찬의 이론과 실제에 대해 알아보았다.

이제 이를 바탕으로 구체적인 〈사전 이해를 통한 사전 활용 방안〉을 말한다면 무엇보다도 '의미풀이를 통한 단어 및 개념 설명해보기'를 들고 싶다. 이는 예를 들어 '배(몸)'를 상대방에게 말로 설명하는 것으로서, 기존의 사전에서 '배'를 '흉강과 복강 사이의 내장 기관'이라고 했을 때는 어려웠겠지만, 이제 뜻풀이가 통제된 사전들이 속속 편찬되고 있으므로 이들을 활용하게 되면, '몸에서 가슴과 다리 사이에 있는, 몸의 앞부분'이라고 쉽게 설명되어 있으니 이러한 개념 설명을 참조하고 연습하다 보면, 국어 교육에서 가장 중요하다고 할 수 있는 사물을 설명하는 기본적인 국어 능력이 향상될 것이고, 부수적으로 어휘력도 향상될 수 있으리라고 믿는다.

물론 그 외에도 용언의 문형 지도, 길잡이말을 이용한 동형어 및 상의 · 하의어 지도, 반대말, 유의어와 같은 단어들의 의미관계나 다의어 지도 등을 들 수 있다.(사전활용법은 따로 준비 중)

6. 남은 과제

초등국어사전 편찬과 관련하여 남은 과제로는 첫째, 외형 · 내용면에서 종이사전으로는 구현할 수 없는 여러 가지 기능을 담은 전자 초등국어사전의 개발과 웹 상에서의 기능을 향상시킨 초등국어사전의 개발이 있고, 둘째, 내용 면에서 위에서 밝힌 말뭉치 기반 의미 분석의 방법론을 철저히 적용하여 사전을 일관되게 기술하는 것, 초등학교 현장의 목소리를 적극적으로 반영하는 것, 기초 어휘 교육 방법론 제시와 사전 활용법 개발 등이 있고, 셋째, 세부 검토 사항으로는 교육과정 개편에 따른 변경 사항을 신속히 반영하는 것, 길잡이말 따위를 검토하여 초등학생의 눈높이에 맞추는 것 등이 있다.

참고문헌

남기심(1988), "국어 사전의 현황과 그 편찬 방식에 대하여", 『사전 편찬학 연구』 1-1, 연세대학교 언어정보개발연구원, 7-34.

남기심 · 이희자(1997), "새로운 사전 편찬의 개념과 그 실제 : 『연세 한국어 사전』을 중심으로", 『사전 편찬학 연구』 8-1, 연세대학교 언어정보개발연구원, 33-66.

남길임(2004), "사전편찬학 (1)", 『제5회 국어정보화 아카데미 강의 자료집』, 연세대학교 언어정보연구원.

박수연(2002), "한국어 학습사전에서 동음이의어 구별을 위한 '길잡이말(Guide Words)' 연구", 연세대학교 교육대학원 석사학위 논문.

서상규 · 강현화 · 유현경 · 김한샘(2000), 『"한국어 교육 기초어휘 의미 빈도 사전의 개발" 사업 보고서』, 문화관광부.

이병규(2000), "초등학생용 국어 사전에서의 문형 정보 제시 방안", 『사전 편찬학 연구』 10-1, 연세대학교 언어정보개발연구원, 187-211.

이희자(2000), "말뭉치(corpus)를 이용한 국어 어휘 의미 기술에 대하여 : '말뭉치를 이용한' 『국어 사전 편찬론』을 위한 서설", 『사전 편찬학 연구』 10-1, 연세대학교 언어정보개발연구원, 81-132.

이희자(2001ㄱ), "동형어 구별을 위한 길잡이말(Guide Words) 연구", 『제2차 아시아 사전학회 국제 학술대회』, 연세대학교 언어정보연구원, 338-346.

이희자(2001ㄴ), "'길잡이말(Guide Words)'을 이용한 어미 · 조사의 한국어 교육 방법론 연구", 『외국어로서의 한국어교육』 26, 연세대학교 언어연구교육원 한국어학당, 247-269.

이희자(2001ㄷ), "동음이의어의 구별을 위한 "길잡이말"(Guide Words) 연구", 『언어 사실과 관점』 11-2, 연세대학교 언어정보연구원, 167-201.

이희자(2003), "한국 초등국어사전 편찬 현황과 과제", 『일본 나루또 교대 국제학술 세미나집』.

이희자(2004), "사전편찬학 (2)", 『제5회 국어정보화 아카데미 강의 자료집』, 연세대학교 언어정보연구원.

홍재성(1986), "한국어 사전 편찬과 문법 문제", 『국어생활』 7, 국어연구소, 58-81.

〈사전류 및 자료〉

김민수 · 고영근 · 임홍빈 · 이승재(1991), 『국어대사전 : 금성판』, 금성출판사.
신기철 · 신용철(1989), 『새 우리말 큰사전』, 삼성출판사.
두산동아 사서편집국(2002), 『(동아) 새국어사전』, 두산동아.
연변교육출판사(1987), 『(소학생) 조선말사전』, 연변교육출판사.
연세대 언어정보연구원(2000), 『연세 초등국어사전』, 두산동아.
연세대 언어정보연구원(1998), 『연세 한국어 사전』, 두산동아.
한글학회(1991), 『우리말 큰사전 : 온면 천연색판』, 어문각.
사회과학출판사(1992), 『조선말대사전』, 사회과학출판사.
국립국어원(1999), 『표준국어대사전』, 두산동아.
『Longman Dictionary』
『5학년 실과책』

붙임1 : 〈국내 『초등국어사전』의 출판 현황〉

아래는 국내 초등국어사전의 출판 현황을 분석한 표이다.

〈표 15〉 국내 초등국어사전 출판 현황

사전명	출판사	사양	면수(올림말수)	정가	비고
연세초등국어사전	두산동아	126×188	1360쪽(3만4천)	-	2002
초등새국어사전	두산동아	100×170	1224쪽	-	소형판(4도)
으뜸국어사전	민중서림	112×172	1072쪽	-	소형판(단도) 이원화
초등학생 학습 국어사전	교학사	126×188	1236쪽(3만4천이상)	-	소형판(단도) 이원화
푸르넷국어사전	금성출판	148×210	1324쪽(3만2천)	-	
모범초등국어사전	동화사	100×170	584쪽	-	1998

(※이 외에 연변에서 출판된 것에 『소학생조선말사전』이 있는데 이는 해설이 필요하다고 인정되는 말 12,840개에 한해서 올림말로 올렸기에 '어머니, 아버지, 아들, 딸, 가다'와 같은 일반 기초어휘들은 다루지 않고 있다.)

* 이 글은 아래의 논문을 이 책의 기획과 형식에 따라 수정한 것임을 밝힌다.
이희자(2005), 말뭉치 기반 초등국어사전 알기 -『연세초등국어사전』을 중심으로-, 『한국사전학』 6, 한국사전학회, 35-67.

초등학생용 국어사전 개정의 방향과 실제

- 『연세초등국어사전』을 중심으로

봉미경

1. 머리말

교육 과정 개정에 따른 교과서 개정, 신어의 생성과 정착, 표준어 사정과 어문규범 개정 등으로 인하여 새로운 교육용 어휘들이 등장함에 따라 정밀하고 총체적인 언어 정보를 담은 학습자용 국어사전의 개정도 요구된다. 특히, 국어과 교육과정에서는 (1)과 같이 국어사전 사용 교육을 성취 기준으로 명시하고 있으므로 초등학생용 국어사전은 사전 사용 교육을 포함한 어휘 교육의 측면에서 초등 국어교육과 연계되어야 한다.

(1) 2012년 국어과 교육과정 3~4학년 문법 영역의 내용 성취 기준: 낱말들을 분류해 보고 국어사전에서 낱말을 찾아본다.[1)]

이 글의 목적은 새로운 교육용 어휘에 대한 요구를 반영하기 위하여 초등국어사전의 수록 내용을 양적, 질적으로 보완하고 강화하는 방안을

---

1) 내용 성취 기준의 세부 내용에는 국어사전 찾는 법뿐만 아니라, 용언의 기본형과 활용 이해, 품사에 따른 낱말의 구별이 포함되어 있다.

모색하는 데 있다. 이 글에서는 연세대학교 언어정보연구원에서 준비 중인『연세초등국어사전』의 개정을 중심으로 초등국어사전 개정의 방향과 내용을 살펴본다.[2)]

이 글이 대상으로 하는『연세초등국어사전』의 초판은 2002년에 기초 학습용 말뭉치를 기반으로 편찬되었다. 이 사전은 초등학교 교과서와 어린이용 도서를 수집하여 구축한 기초 학습용 말뭉치를 토대로 35,000여 개의 표제어를 선정하고 말뭉치 용례 분석을 통해 뜻풀이와 예문을 기술한 사전이다. 이 사전의 주요 특징은 말뭉치를 기반으로 편찬하였다는 점, 동형어를 구분하기 위한 표지로 어깨번호 대신에 길잡이말을 제시하였다는 점, 어휘 빈도에 따른 중요 어휘 표시를 했다는 점 등이다.[3)] 이후 2011년에는 2007년 개정 교육과정의 교과서 텍스트를 추가로 분석하여 새 표제어를 선정하고 37,000여 개의 표제어를 등재하여 개정한 제2판이 출판되었다. 제2판에는 표제어의 품사 정보가 추가되었으며, 어휘와 학습 용어에 대한 다양한 참고 박스가 추가되었다.『연세초등국어사전』의 미시 구조는 아래와 같다.

(2)『연세초등국어사전』의 미시 구조

표제어 【길잡이말】 (원어)[발음]품사 《형태 제약》 ［문형 정보］뜻풀이-예문- 관련 어휘-참고 정보-활용-파생어-참고 상자-시각 자료

이 글은 초판 사전의 편찬이 아니라 제3판 개정에 초점을 맞추고 있으므

2) 편의상 필요에 따라 '초등국어사전'을 '초등사전'으로,『연세초등국어사전』을『연세초등』으로 줄여 표기하겠다.
3)『연세초등국어사전』 초판(2002)의 특징에 대해서는 이희자(2005)에서 상세히 기술하고 있다.

로 『연세초등국어사전』의 미시, 거시 구조에 대하여 기술하기보다는 새로 추가할 어휘 정보의 선정 방법을 중심으로 논의하고자 한다.4) 사전 개정에 포함되는 내용으로는 '기존 정보의 보완', '새로운 정보의 추가', '기존 정보의 수정'을 들 수 있다. '새로운 정보의 추가'의 측면에서는 새 표제어 선정과 참고 정보의 선정으로 나누어 실제 선정 방법과 기술 방안을 살펴본다. '기존 정보의 보완'의 측면에서는 어문 규정 개정에 따라 기존 정보를 갱신하거나 기등재 표제어에 새로운 정보를 추가하는 등 사전 기술 내용의 질적인 보완의 경우에 대하여 검토하겠다. '기존 정보의 오류 수정'은 사전 개정에서 기본적인 사항이지만 단순 오류를 바로잡는 등의 개별적인 내용에 해당되므로 이 글의 논의에서는 제외한다.5)

4) 초등국어사전과 관련된 선행 연구는 사전 편찬 방안에 대하여 논의한 연구와 국어 교육에서의 사전 활용에 대한 연구로 나눌 수 있다. 우선 초등국어사전 편찬에 대한 연구는 주세형(2000), 이병규(2000), 김화영(2001), 이희자(2005), 장현희(2009), 김한샘(2014)이 대표적이다. 이희자(2005)에서는 말뭉치 기반 초등사전 편찬의 전반에 대하여, 이병규(2000)에서는 초등사전에서 문법 정보 제시 방안에 대하여 상세히 소개하였고, 김화영(2001), 홍성순(2006), 장현희(2009)는 초등국어사전 편찬에서 고려할 점에 대해서 사전 항목별로 논하였다. 주세형(2000)은 1990년대의 초등사전 3권을 비판적으로 검토하고 사용자 요구 분석의 중요성에 대하여 강조하였고, 김한샘(2014)은 국내 초등국어사전 4권을 비교 분석한 후 개선 방안을 제시하였다. 둘째로, 사전 활용에 대한 연구로는 이동석(2005), 안찬원(2012)이 있는데 이동석(2005)에서는 초등사전에 국한하지 않고 사전 활용 교육의 중요한 쟁점을 제시하였으며, 최근의 연구인 안찬원(2012)에서는 실제 사전 활용 수업을 실시하고 이를 관찰, 분석하여 문법 교육의 방향성을 제시하였다.

5) 이운영(2010)에서는 국어사전 개정 작업을 기존 정보의 오류 수정, 기존 정보의 내용 갱신, 새로운 정보 추가로 나누었다. 이운영(2010)에서는 언어외적인 요인에 의해 내용을 고치는 작업을 '기존 정보의 내용 갱신'으로 정의하였으나, 이 글에서는 내용 갱신과 기존 정보의 내용 수정을 함께 '기존 정보의 보완'으로 분류한다.

2. 새 표제어 선정과 기술

새 표제어는 개정판 사전에 추가되는 대표적인 언어 정보이다. 새 표제어 선정 과정에서는 다음 사항을 고려한다. 첫째, 사전을 초등학교 교육과정과 연계하여 활용할 수 있도록 교육과정에 명시된 교육 내용과 국어 교육의 요소를 표제어 선정에 반영한다. 둘째, 말뭉치를 포함한 객관적 언어 자료를 표제어 선별을 위한 기본 자료로 삼는다. 그 결과 (3)과 같은 유형의 표제어를 추가로 선정하였다.[6)]

(3) ㄱ. 교과서 어휘 / 초등학생 작문 사용 어휘
ㄴ. 신어
ㄷ. 방언 / 북한어
ㄹ. 구어형 / 비속어
ㅁ. 접사, 조사, 어미
ㅂ. 새 표준어
ㅅ. 기타 어휘

(3ㄱ)은 표제어 선정의 출처가 된 언어 자료에 따른 유형, (3ㄴ)~(3ㄹ)은 생성 시기, 사용 지역, 사용역과 화용적 특성에 따른 어휘 유형이다. (3ㄱ)의 어휘에도 북한어, 방언, 신어 등이 포함되어 있고 (3ㄴ)의 신어에도 구어형 등이 포함되어 있었으므로 위 유형은 표제어 선정 과정을 구분하기 위하여 편의상 나눈 것이다. (3ㄴ)~(3ㄹ)의 어휘 선정을 위해서

6) 새롭게 추가할 유형의 표제어가 기존의 초등국어사전에서 어떻게 다루어졌는지에 대한 현황 분석은 개별 항목의 논의에서 언급하겠다. 기존 초등국어사전의 현황에 대하여 자세히 분석하고 개선 방안을 제시한 연구로는 김한샘(2014)이 있다.

는 각각에 해당되는 언어 자료를 참고하였다. (3ㅂ)은 표준어 사정 및 어문 규범 개정의 결과를 반영하여 선정한 표제어 유형이다. (ㅅ)은 표제어 선정과 원고 기술 과정에서 관련 어휘들을 표제어로 추가한 것이다. 위의 구분에 따라 각 표제어의 선정 기준과 기술 방안에 대해서 살펴본다.

2.1. 교과서 사용 어휘

초등 교육과정과의 연계성을 고려할 때 새 교과서의 수록 어휘를 사전에 반영하는 것은 반드시 필요하다. 『연세초등』은 초판과 제2판에서 이미 6차~7차 교육과정, 2007년 개정 교육과정의 교과서 어휘를 반영한 바 있으며, 다음 개정에서는 2012년 개정 교육과정의 교과서 70권에 수록된 어휘를 검토하여 싣고자 한다.

교과서 어휘 선정은 두 단계로 나누어 진행하려고 한다. 첫째, 1~6학년 전 교과서 어휘를 교과서 말뭉치 구축과 분석을 통하여 선정한다. 말뭉치 구축은 현재 진행 중이다. 둘째, 일부 교과서 어휘에 한하여 직접 교과서를 읽고 검토한다. 이는 교과서 어휘의 특징을 파악함으로써 이를 교과서 말뭉치 분석 과정에서 고려하기 위해서이다.

1~2학년 교과서 32권(교사용 지도서 제외)을 읽고 제2판 사전에 실려 있지 않은 어휘나 구를 1차 후보(730개)로 선정한 후, 다음과 같은 기준으로 최종 표제어 300여 개를 선정하였다. 학년별로는 1학년 어휘가 100여 개, 2학년 어휘가 200여 개이다.

교과서에 등재된 단어는 새 표제어로 선정하는 것을 원칙으로 하였다. 구 단위 어휘의 경우는 구성 성분으로부터 의미를 쉽게 유추할 수 있는가, 학습 용어나 전문어로의 가치를 가지는가, 유사한 구성을 가진 구 표제어가 기존에 있었는가 하는 점을 기준으로 하여 표제어 등재 여부를 결정하였다. 예를 들어, '마인드맵'의 순화어인 '생각 그물'은 '생각'과 '그물'만으로 직관적으로 의미를 알기 어려우며 학습 용어로의 특징을 가진다. 또한 '그림 카드'의 경우는 이미 '낱말 카드'와 같은 표제어가 있음을 감안하여 추가 표제어로 선정하였다. 구와 합성어의 구분은 『표준국어대사전』과 교과서의 띄어쓰기를 기준으로 삼았다.

표제어로 선정된 교과서 어휘는 다음과 같은 특징을 보였다.

첫째, 학습 용어, 전문어로 판단되는 표제어의 빈도가 높다. 그 예로는 '북면', '색점토', '서양수수꽃다리', '셀로판종이', '자음자' 등이 있다.

둘째, 교과서에는 자주 등장하나 기존의 다른 사전에서는 찾기 어려운 '바탕색', '차시', '나눔', '체험장', '학굣길', '학급책' 등의 단어들이 새 표제어에 포함되었다. 특히 1~2학년 교과서의 경우는 놀이 관련 어휘의 빈도가 특히 높았는데 이는 교과서 어휘를 적극 반영한 결과로, 초판 사전의 특징이기도 하다. 의미를 쉽게 유추하기 어려운 '꼬리 잇기', '말 잇기 놀이', '덕석몰이', '얼음 땡 놀이' 등은 표제어로 선정하되, 의미를 파악하기 쉬운 '딱지 따먹기', '인터뷰 놀이', '인사 놀이' 등은 표제어에서 제외하였다.

셋째, 구 단위 표제어가 상당수를 차지한다. 그 예로는 '그림 카드', '리듬 합주', '생각 그물', '성장 일기', '흐름 표' 등이 있다. 이 중 '생각 그물'은 2007년 개정 교과서에도 이미 출현하였으나 말뭉치 분석 과정에서 누락된 어휘로 보인다.7) 따라서 교과서 말뭉치 분석에서는 이 점을

7) 익명의 심사위원께서 "'생각 그물'은 일상 언어생활에서의 사용 빈도가 거의 없고 학생들을 위해 순화한 말이며, 다음 교과서에 계속 실릴지 의문스럽다."고 지적하였다. 그러나 2007년 개정 교과서에 등장한 이 용어는 2012년 개정 교과서에서도 다시 사용되고 있으므로 임시적 어휘로 보기는 어려우며, 초등국어사전이 교육과정 및

고려하여 구 단위 표제어가 누락되지 않도록 정밀하게 검토해야 한다.

넷째, 교과서에 실린 신어, 방언, 구어형, 북한어도 표제어로 선정하였는데, 이 어휘 유형들은 모두 교육과정의 국어 교육 요소에 포함된다. 따라서 이 유형의 표제어를 다른 언어 자료를 토대로 하여 추가로 선정하였다. 교과서에 출현한 신어는 '주민센터', '알람 시계', 방언은 '돌팍', '씨러지다', 구어형은 '젤', 북한어는 '나물다(나무라다)', '그림 영화(만화 영화)' 등이다.

다섯째, 교과서 출현 어휘 중 의성어, 의태어의 빈도가 높았는데 '냠냠냠', '꽥꽥꽥'과 같은 되풀이형의 경우, 동일한 어근을 가진 흉내말('냠냠', '꽥꽥')이 이미 등재되어 있고 '되풀이'를 제외한 지시적 의미가 동일하면 표제어로 선정하지 않았다. 또한 '쑤욱쑥', '치익폭'과 같이 음절을 늘인 형태도 제외하였다.

여섯째, 교과서에 출현한 접사, 조사, 어미들을 추가로 선정하였다. 2012년 국어과 교육과정의 3~4학년군 문법 영역에서도 "국어의 낱말 확장 방법을 알고 다양한 어휘를 익히도록" 지도하라는 내용을 명시함으로써 접사 교육의 필요성을 언급하고 있다.[8] 따라서 교과서에 실린 '왕고무신', '너구리네', '모둠별', '괭이질', '뿌리째', '직업놀이터' 등으로부터 각각 접사 '왕-', '-네', '-별', '-질', '-째', '-터' 등을 표제어로 선정하였다. 문법 범주에 해당되는 표제어는 별도의 선정 절차를 통해 추가 선정하였다.

교과 교육 내용과 연계되어야 한다는 점에서 학습 용어로 사전에 등재할 필요가 있다. 일반 어휘로는 사용되지 않으나 교과서에서 지속적으로 높은 빈도로 사용되는 다른 어휘로는 '붙임 딱지' 등이 있다.

8) 김한샘(2014)에서는 초등 교과서 고빈도 접사의 초등국어사전 4권의 수록 현황을 비교하면서 모든 사전에서 접사 등재율이 낮으며 이에 대한 보완이 필요함을 지적하였다.

교과서에서 선정한 표제어의 사전 기술 예시를 제시하면 아래와 같다. 교과서 어휘의 예문은 해당 어휘가 출현한 교과서 텍스트와 『연세초등』 제2판 개정을 위하여 구축된 기초 학습 말뭉치를 활용하였다.[9)]

(4) **생각 그물** 그물을 이루듯이 생각을 연관성 있게 정리하는 방법. 예떠올린 말을 이용하여 **생각 그물**을 그려 봅시다. ㉥마인드맵.

교과서 말뭉치 분석이 완료되면 3~4학년 교과서 어휘를 추가로 선정할 것이다.

2.2. 초등학생 작문 사용 어휘

초등학생의 작문은 초등학생에게 친숙한 어휘와 학습자 오류를 담고 있으므로 작문 사용 어휘 분석을 통하여 표제어를 선정함으로써 초등학생이 자주 쓰는 어휘의 용법과 오류 사용을 바로잡을 수 있는 참조 정보를 사전에서 제공할 수 있다.[10)] 이 글에서는 서울·경기 지역 초등학생 작문을 수집한 말뭉치 50만 어절을 대상으로 어휘 빈도 조사 결과를 제시한 분석한 국립국어원의 『초등학생 글쓰기 어휘 조사』를 토대로 사용 어휘 표제어를 선정한 결과를 살펴본다. 작문 말뭉치 어휘와 초등사전 등재 표제어를 대조한 결과, 작문 말뭉치에서 고빈도로 나타난 단어 중 제2판에

---

9) 이후 표제어 기술에서 제시하는 용례도 대부분 동일한 기초 학습 말뭉치를 분석하여 작성한 것이다. 다만, 신어의 경우에는 말뭉치 용례를 검색하기 어려워 인터넷 도서, 뉴스 검색을 활용하였다.

10) 초등학생 사용 어휘를 반영한 초등국어사전으로는 『보리국어사전』이 있는데, 구체적인 내용과 방법은 언급하고 있지 않지만 초등학생 문집으로부터 표제어를 선정하였다고 밝히고 있다.

누락된 단어는 빈도 100 이상이 4개, 빈도 50~99가 6개로 소수에 불과했으며 각각에 해당되는 단어는 (5ㄱ), (5ㄴ)과 같다. 그러나 (5ㄷ)에서 보듯이 더 낮은 빈도까지 범위를 넓히면 초등학생에게 친숙한 어휘들이 다양하게 파악된다. 따라서 빈도 5 이상인 작문 어휘들 중에서 '바이(bye)', '터치(touch)' 등과 같은 외국어를 제외한 단어 150여 개를 표제어로 선정하였다.[11)]

(5) ㄱ. 빈도 100 이상: 그다음, 물어보다, 재밌다, 피시방.
ㄴ. 빈도 50~99: 레벨, 블레이드, 선서식, 시험공부, 아주아주, 알뜰.
ㄷ. 빈도 10 이상: 개교기념일, 경시대회, 모의고사, 벼락치기, 승급, 예술제, 전학생, 구연동화, 포스트컬러, 태권 등

작문 사용 어휘 중 선정한 표제어는 다음과 같은 특징을 가지고 있었다.

첫째, '개교기념일', '경시대회', '예술제', '전학생' 등과 같이 초등학생의 실제 학교생활과 밀접한 관련을 갖는 어휘들이 다양하게 나타났다. 이 어휘들은 교과서에는 실려 있지 않지만 학교에서 제공하는 가정통신문이나 소식지에 자주 등장하는 단어들이라는 점에서 표제어로 등재될 만하다.[12)]

둘째, 작문 어휘 중에는 단어 사용 오류로 보이는 '삼춘', '오뚜기' 등이 포함되어 있었는데, 이러한 단어는 가표제어로 기술하고 규정에

---

11) 빈도 5 이상의 작문 어휘 중 27개는 다른 유형의 표제어 선정 과정에서 선정된 중복 어휘들이었다. 교과서 어휘에서 선정된 '땜', '여탕', '재밌다' 등과 신어 표제어로 선정한 '디브이디', '쫄바지', '피시방' 등이 작문에서도 출현하였다.

12) 이 단어들이 가정통신문이나 소식지에 자주 등장한다는 점은 사전학회 토론자인 송현주 선생님의 의견이다. 토론문에서 지적한 것처럼 학교에서 제공하는 각종 문서들을 수집하여 표제어 선정에 참고하는 것 또한 의미가 있을 것이다.

맞는 꼴의 단어를 찾을 수 있도록 하였다.

셋째, '쪽팔리다', '조폭' 등의 비속어와 '암튼', '쪼금' 등의 구어형이 나타났는데, 이 단어들을 표제어로 등재하는 경우에는 비속어라는 화용 정보, 구어라는 사용역 정보를 사전에 함께 기술함으로써 단어 사용에 주의할 수 있도록 해야 한다.

넷째, '아쿠아리움', '닭도리탕'과 같은 단어들은 순화어를 함께 제시할 필요가 있다.

다섯째, '서버', '디데이', '오엠아르', '패널티' 등과 같은 신어들이 다수 나타났는데 이들은 일시적으로 유행하는 단어로 볼 수 없으므로 표제어로 등재해야 한다.[13)]

(6) ㄱ. **삼춘** 명 '삼촌'의 잘못.

ㄴ. **쪽팔리다** 동 (속된 말로) 부끄러운 일을 저질렀거나 그런 일로 인해 체면이 깎이다. 예공부를 못하는 게 **쪽팔릴** 일은 아니다.

ㄷ. **닭도리탕** 명 '닭볶음탕'의 잘못. 참고 '도리'는 '새', '닭'을 뜻하는 일본어 'tori[鳥]'에서 온 말.

ㄹ. **디데이** (영 D-day) 명 어떤 일을 시행하려고 계획한 날. 예우리는 다음 달 15일을 공연 **디데이**로 잡았다.

2.3. 신어

새롭게 정착된 신어는 사전의 개정판에 반영해야 하는 대표적인 정보

13) 익명의 심사위원이 지적했듯이 '오엠아르'가 초등학교에서 일반화된 표현으로 보기 어려우나, 초등학생이 실제로 쓴 작문에 나타난 사용 어휘이며 초등학교 이후 교육과정과도 밀접한 연관이 있는 어휘라는 점에서 표제어 등재를 고려해 볼 만하다.

중의 하나이다. 널리 쓰이고 있는 신어 중 초등학생이 교과서 안팎에서 쉽게 접할 수 있는 단어는 표제어로 선정하여 초등학생이 이해하기 쉽도록 명확한 의미와 용법을 제공해야 한다. 앞서 살펴본 교과서 어휘, 작문 사용 어휘에서도 이미 신어 표제어들이 다수 선정되었으나, 다른 언어 자료를 참고하여 이를 보완하는 것이 필요하다. 신어 선정을 위해서는 다음 자료를 기초 자료로 삼았다. (7ㄴ)의 목록은 현재 편찬 중인 사전의 신어 목록으로, 표제어 선정 과정에 대규모 말뭉치 분석 결과가 반영되어 있다.

(7) ㄱ. 국립국어원의 신어 자료집
ㄴ. 『연세현대한국어사전』의 신어 목록

위 자료를 통합한 단어 목록 약 1900개에 대하여 단어가 쓰인 말뭉치 용례를 토대로 사전 편찬자가 초등사전에 필요한 단어인지 판단하여 최종적으로 150개를 선정하였다.[14] (8ㄱ)은 국립국어원 신어 자료집에서, (8ㄴ)은 『연세현대한국어사전』의 신어 목록에서 선정한 신어 표제어의 예이다.[15]

(8) ㄱ. 개그우먼, 거짓말 탐지기, 디브이디, 리메이크, 리필, 마마보이, 몰래카메라, 선불 카드, 셀프 카메라, 원룸, 웰빙, 이모티콘, 찜질방, 테마파크 등

14) 신어의 용례 확인은 언어정보연구원 내부의 대규모 말뭉치를 활용했으나, 말뭉치 용례가 검색되지 않는 단어는 인터넷 도서 본문 검색 서비스를 이용하였다.
15) 선정한 신어 표제어 중 '고사리손, 반려견, 슈퍼우먼, 웹툰, 탈부착, 포장 이사, 홈스쿨링' 등은 『표준국어대사전』에 등재되지 않은 단어들인데, '반려견' 대신에 '반려동물'이 2014년 3분기 개정에서 새 표제어로 추가되었다.

ㄴ. 노인 대학, 독립 영화, 방과 후 교실, 발레리노, 방화벽, 슈퍼우먼, 스마트폰, 업데이트, 웹툰, 파파라치, 편부모, 포장 이사, 피시방, 홈스쿨링 등

신어들 중 순화가 필요한 외래어에는 순화어 정보를 추가하여 기술하였다. 순화어는 『표준국어대사전』에 실린 순화어 정보, 국립국어원의 『순화어 자료집 합본』(2003), 우리말 다듬기 홈페이지의 목록을 참고하여 선정하였으며, 실제 사용 사례가 있는지를 확인하여 용인 가능성을 판단하였다.16) 신어의 사전 기술 예는 (9)와 같다.

(9) **웰빙** (영 well-being) 명 정신적, 육체적으로 건강하고 조화로운 삶을 추구하는 생활. 예우리 가족은 **웰빙**을 위해 유기농 음식을 주로 먹는다. 참고 '참살이'로 순화.

2.4. 방언과 북한어

2012년 국어과 교육과정의 문법 영역 내용 성취 기준에서는 "지역별로 다른 언어의 가치를 교육하고 상황에 따라 효과적으로 사용하도록 하는 것이 중요함"을 명시하고 있으며, 중 1~3학년군의 듣기·말하기 영역에서도 "지역 방언을 포함한 화법의 다양성에 대한 이해와 서로 다른 집단 간의 소통의 중요성"을 강조하고 있다. 따라서 방언 역시 초등사전에 반영해야 하는 국어 교육 요소의 하나로 보아야 한다.

---

16) 예를 들어, '패밀리레스토랑'의 순화어 '가족 식당'은 순화어가 지시하는 의미가 동일하지 않고, '웹툰'의 순화어 '누리터쪽그림' 등은 사용 사례가 전무하여 사전에 제시하지 않았다.

『연세초등』의 초판에도 교과서에 실린 방언이 등재되어 있었으므로 『연세초등』이 방언 표제어를 배제한 것은 아니었다. 방대한 규모의 방언을 지면이 제한적인 초등사전에 모두 등재하는 것은 어려우므로 개정판에서도 교과서에 실린 방언을 우선적으로 등재하되, 말뭉치에 고빈도로 나타난 방언 어휘를 추가 표제어로 선정하였다. 고빈도 방언 어휘 표제어는 『현대 국어사용빈도조사 2』(국립국어원)의 어휘 빈도 목록에 나타난 방언 어휘를 대상으로 선정하였다. (10ㄱ)은 이전에 등재된 방언 표제어, (10ㄴ)은 새로 선정한 방언 표제어, (10ㄷ)은 1~2학년 개정 교과서에 실린 방언 표제어의 예이다.[17] 이 중 '미리내, 잎새, 풀섶' 등은 시나 소설에 자주 쓰이며 문학적 효과를 가지는 단어로 단순한 방언으로 보기 어렵다.[18]

(10) ㄱ. 느그, 뒷목, 등어리, 마실, 무등, 미리내, 올갱이, 잎새, 풀섶, 하르방, 할망 등
ㄴ. 겁나다, 땜시, 묵다, 실갱이, 아그, 아부지, 아이다, 엄니, 여시, 인자, 접동새 등
ㄷ. 돌팍, 씨러지다

방언 표제어의 기술은 대응 표준어를 제시하여 '~의 방언'이라는 형식으로 뜻풀이하는 것을 원칙으로 하되, 일대일로 대응되는 표준어가 분명하지 않은 경우에는 뜻풀이를 구체적으로 기술하였다. 또한 사용 지역이 명확한 경우는 방언의 사용 지역을 함께 제시하였다. 방언의 경우에는

17) '고랑내, 건덕지, 일루'는 특정 지역의 방언이라기보다는 구어형으로 두루 쓰이기 때문에 구어형 표제어로 선정하였다.
18) 문학 작품에서 자주 쓰이는 방언인지 확인하기 위하여 소설에 쓰이는 어휘 목록을 조사한 『현대 소설의 어휘 조사』(국립국어원)를 검토하였다.

예문을 제시하지 않는 것을 원칙으로 하였으나, 소설에 자주 등장하거나 빈도가 높은 일부 방언에 대해서는 예문을 제시하였다. 이를 반영한 사전 기술의 예를 아래에 보인다.

(11) ㄱ. **하르방** 명 '할아버지'의 제주도 방언.

ㄴ. **접동새** 명 '두견새'의 방언. 예 우리 누나는 죽어서 접동새가 되었습니다.

ㄷ. **겁나다** 【방언】 형 《주로 '겁나게'의 꼴로 써서》 '매우 많다'라는 뜻의 전라도 방언. 예 영철아, **겁나게** 오래간만이다.

일종의 지역 방언인 북한어도 남북한 언어 동질성 회복 방안 탐구라는 국어과 교육 내용을 반영하여 사전에 등재할 필요가 있다. 2012년 국어과 교육과정 중학교 1-3학년군의 문법 영역에서는 "어문 규범의 기본 원리와 내용을 이해한다"라는 내용 성취 기준의 세부 내용 중 하나로 남북의 한글 맞춤법의 차이점에 대한 이해와 남북한 언어 동질성 회복 방안의 탐구를 명시하고 있으며, 이는 고등학교 교육과정에서도 반복하여 제시되어 있다. 교육과정의 내용 성취 기준으로 명시된 것은 중학교 교육과정이지만 초중등 교육의 연계성을 고려할 때 일정 수의 북한어 어휘를 초등사전에 등재하는 것이 필요할 것이다. 또한 실제로 초등 2학년 교과서의 남북한의 생활 습관과 언어생활을 비교하는 학습 활동에서 〈그림 1〉과 같이 '업간체조', '들모임', '그림 영화', '떼레비' 등과 같은 북한어 단어들을 노출하고 있다.

〈그림 1〉 북한 학생들의 생활 모습(통합 교과 2-2 우리나라)

다른 초등사전의 북한어 등재 현황을 살펴보면, 사전 사용자를 초등학생부터 중학생까지 설정한 『보리국어사전』이 북한어 800여 개를 표제어로 수록하고 있어서 가장 비율이 높다. 『동아초등새국어사전』은 표제어 '문화어' 아래에 남북한 대응어 목록 83개를, 『푸르넷초등국어사전』은 표지 안쪽에 남북한 대응어 목록 100개를 제시하였다. 『연세초등』제2판에는 26개의 북한어가 표제어로 등재되어 있어 그 수가 적은 편이다. 따라서 다음의 절차에 따라 개정판에 추가할 북한어 목록을 선정하고자 한다.

우선 『연세현대한국어사전』의 북한어 목록을 1차 자료로 삼았는데, 이 목록은 『조선말대사전』의 표제어 중 북한어 말뭉치에 출현하는 어휘를 선별한 5000여 개를 포함하고 있다. 이 목록에서 다음을 사전에 수록할 북한어로 선정하되, 남북한에서 큰 의미 차이 없이 공통으로 쓰는 단어와 초등학생에게 어려운 전문 어휘 및 정치 관련 어휘는 제외한다.

(12) ㄱ. 대응되는 남한어가 초등사전의 표제어로 등재된 단어
ㄴ. 최근의 북한어 어휘집에 수록된 단어[19)]

우선 대응되는 남한어를 초등사전의 표제어로 한정함으로써 '멧마당(탈곡장)' 등처럼 남북한 언어 차이 이해를 위해 필요하다고 보기 어려운 북한어는 제외하였다.[20)] 최근의 북한어 어휘집에 실려 있더라도 남북한 용법 차이가 없는 단어도 제외하였고, '먹이단위' 등과 같은 초등학생에게 어려운 전문 어휘, '구호대', '군사로선(군사노선)' 등과 같은 체제 및 정치 관련 어휘 역시 표제어로 선정하지 않았다. 이렇게 선정한 북한어 어휘는 약 800개이다.

선정한 북한어 어휘 중에서 이 중 '목책(수첩)'과 같이 형태와 의미가 모두 다른 단어는 표제어로 싣고, '녀성(여성)'과 같이 원어나 어근은 같으나 발음이나 표기가 다른 단어는 남북한 대응어 목록의 형식으로 부록에 수록하려고 한다. (13ㄱ)은 표제어로 등재할 북한어, (13ㄴ)은 부록에 실을 북한어, (13ㄷ)은 기존 표제어에 북한어 용법을 추가할 단어, (13ㄹ)은 교과서에서 선정한 북한어의 예이다.

(13) ㄱ. 녀성고음(소프라노), 목책(수첩), 무른고약(연고), 애기차(유모차), 양산풍(파라솔), 에스키모(아이스크림), 열주머니(쓸개), 오림책(스크랩북), 푸른차(녹차) 등
ㄴ. 녀성(여성), 륙교(육교), 어제날(어젯날), 혼자말(혼잣말), 강뚝(강

---

19) 참고한 북한어 어휘집은 『어휘사용편람』(2009), 『우리말 어휘의 뜻과 유래』(2010)이다.
20) '멧마당'은 『보리국어사전』에 실려 있는 북한어 표제어인데, '밭 가운데에 있는 탈곡장'이라는 뜻을 가진 이 단어가 초등학생이 남북한 언어 차이를 이해하기 위하여 알아야 할 단어로 보기는 어렵다.

둑), 속눈섭(속눈썹), 옳바로(올바로), 태여나다(태어나다), 브라우스(블라우스), 빠스(버스) 등

ㄷ. 거죽(옷, 이불의 겉을 이루는 천), 검찰(검진), 조명등(조명탄) 등

ㄹ. 그림 영화(만화 영화), 나물다(나무라다), 떼레비(텔레비전), 음달(응달), 저마끔(저마다) 등

북한어 표제어의 미시 구조는 대응어를 제시하여 '~의 북한말'이라는 형식으로 간단히 기술하는 것으로 원칙으로 하고 예문은 제시하지 않았다. 그러나 적절한 대응어가 없는 경우는 북한말이라는 정보와 함께 뜻풀이를 기술하고, 남북한에서 다른 의미로 쓰이는 단어는 다의어로 기술하였다. 북한어 표제어의 기술 예시는 다음의 (14ㄱ)~(14ㄷ)과 같다. (14ㄹ)은 남한어 표제어에 대응되는 북한어를 참고로 제시한 예이다.

(14) ㄱ. **계단승강기** (階段昇降機) 명 '에스컬레이터'의 <u>북한말</u>.

ㄴ. **무리등** (-燈) 명 <u>(북한말로)</u> (주로 극장, 백화점 등의 큰 건물에 걸어 놓는) 여러 개의 전구나 형광등으로 이루어진 큰 조명등.

ㄷ. **검찰** (檢察) [검:찰] 명 1. 범죄를 수사하여 증거를 모으고, 죄를 지은 것으로 의심이 가는 사람을 고발하는 일을 하는 정부의 기관. 예이번 사건의 범인이 **검찰**에 기소되어 형무소로 옮겨졌다. 2. '검진'의 <u>북한말</u>.[21]

ㄹ. **구미호** (九尾狐) 명 꼬리가 아홉 개 달리고 사람을 잘 홀린다는

21) 북한어에서는 '검찰'이 '수사 기관'의 의미와 '건강 진단'의 의미로 모두 쓰이고 있는데, 두 의미의 차이가 크므로 동형어로 등재하는 방안도 검토해 볼 만하다. 남북한에서 다른 의미로 쓰이는 예로는 '동무'가 있다.

옛이야기 속의 여우. [북한]구미여우.

2.5. 구어형과 비속어

추가로 선정한 또 다른 표제어 유형은 구어형과 비속어이다.

구어에서 실제 표기 형태와 다르게 발음하거나 문어와 다른 별개의 형태를 사용하기도 하는데, 이를 정확하게 이해하지 못하여 발음과 표기를 혼동한 오류를 보이거나 사용역에 어울리지 않는 표현을 사용하는 경우가 있다. 따라서 구어 말뭉치에서 분석된 형태들 중 빈도가 높은 형태를 사전에 반영함으로써 사용역에 따른 바른 언어 사용에 참고할 수 있도록 하는 것은 중요하다. 구어형 선정의 근거가 된 자료는 연세 구어 말뭉치를 분석한 빈도 자료로,22) 이 중에서 '젤', '첨'과 같이 구어에서 쓰이는 축약형, '쇼파', '잠구다'와 같이 잘못된 표기로 자주 쓰이는 형태, '건덕지'와 같이 구어형으로 쓸 때 의미가 달라지는 형태를 표제어로 선정하였다. 단, '꺼꾸로(거꾸로)'와 같이 어두 경음화가 일어난 형태, '겜(게임)'과 같이 임시적으로 축약된 형태는 제외하였다. 이러한 기준으로 가려낸 단어의 상당수가 이미 사전에 등재되어 있었기 때문에 추가로 선정한 단어는 약 60개이다.

(15) ㄱ. 낼(내일), 젤(제일), 첨(처음) 등
ㄴ. 건덕지/건데기(건더기), 궁뎅이(궁둥이), 모자르다(모자라다), 뿌시다(부수다), 센치미터(센티미터), 쇼파(소파), 시렵다(시리다), 알러지(알레르기), 알바(아르바이트), 잠구다(잠그다), 쫄다(졸

22) 연세 구어 말뭉치에 대해서는 서상규 외(2013) 참조.

다) 등

구어형 중 (15ㄱ)은 표준어로 인정되고 있으나, (15ㄴ)은 그렇지 않으므로 두 가지 유형을 각각 (16ㄱ), (16ㄴ)과 같이 다른 방식으로 기술하였다.

(16) ㄱ. **낼** 명 부 '내일'의 준말. 예 **낼**은 할머니를 뵈러 가자. 참고 주로 입말에서 쓴다.

ㄴ. **건데기** 명 '건더기'의 잘못. 참고 잘못된 쓰임이지만 입말에서는 많이 쓴다.

한편, 비속어에 대해서는 국어과 교육과정 5~6학년군의 듣기·말하기 영역에서는 "비속어 사용의 문제점을 인식하고 품위 있는 언어생활을 하도록" 지도할 것을 명시하고 있다. 초등학생용 사전에 비속어를 수록하는 것은 신중하게 결정해야 하나, 청소년이 자주 사용하는 비속어 일부를 사전에 반영하는 것은 비속어의 정확한 의미와 사용 상황을 이해하고 바른 언어생활을 하는 데 참고할 수 있도록 한다는 점에서 의의를 가질 것이다. 비속어의 추가 선정의 근거가 된 자료는 국립국어원의 『청소년의 언어 실태, 언어 의식 전국 조사』이다. 이 보고서에는 전국 청소년을 대상으로 다양하게 수집, 조사한 비속어, 유행어, 은어 목록이 실려 있는데, 이 목록을 사전 편찬자 6인이 검토한 후 그 중 1인 이상이 선택한 어휘에 대하여 재논의하고 최종적으로 약 20개를 선정하였다. 약 80개의 비속어가 이미 사전에 등재되어 있어 중복 어휘가 많았기 때문에 최종 선정 어휘의 수는 많지 않은 편이다.

(17) ㄱ. 개뿔, 나대다, 낚이다, 대빵, 땡땡이, 맞짱, 열받다 등
ㄴ. 낚시, 도배, 뜨다, 새끼 등
ㄷ. 쌈박하다, 씨불이다, 얍삽하다, 짬밥 등

(17ㄱ)이 새로 선정한 비속어의 예이고, (17ㄴ)은 기존 표제어에 비속어 용법을 추가할 단어이다. (17ㄷ)은 앞서 설명한 구어 자료에서 비속어로 선정한 단어이다. 비속어 표제어의 사전 기술은 '～의 속된 말'이라는 형식으로 하되, 대응어가 명확하지 않거나 뜻풀이가 긴 경우는 '속된 말로'라는 화용 정보를 뜻풀이 앞에 제시하였다. 비어의 경우에는 '욕하는 말이므로 쓰지 않는 것이 좋다'라는 참고 정보를 미시 구조 안에 함께 기술하였다.

(18) ㄱ. **땡땡이치다** 동 (속된 말로) 주로 학교 수업처럼 의무적으로 해야 하는 일에 남의 눈을 피해 빠지다. 예나는 수업을 **땡땡이치고** 친구들과 피시방에 갔다.
ㄴ. **새끼** 【동물】 명 1. 태어난 지 얼마 안 되는 어린 짐승. 예토끼는 **새끼**를 밴 지 한 달 만에 낳는다. 2. '자식'의 속된 말. 예아이를 싫어하는 사람도 자기 **새끼**는 귀여워한다. 3. '사람'을 욕하며 부르는 말. 예그 **새끼** 선배도 몰라보네. 참고욕하는 말이므로 쓰지 않는 것이 좋다.

2.6. 접사, 조사, 어미

2.1에서 이미 언급했듯이 2012년 국어과 교육과정의 3～4학년군 문법

영역에서는 국어의 낱말 확장 방법을 지도할 것을 명시하여 접사 교육의 필요성을 강조하고 있다. 또한 조사와 어미의 개념에 대한 학습 내용이 4학년 교과 과정 중 '국어사전 이용 교육'에 대한 교과 내용에 포함되어 있다. 그러나 기존의 초등국어사전에는 극히 일부의 접사, 조사, 어미가 실려 있으므로 앞서 언급한 교과서와 작문에 나타난 형태뿐 아니라 어휘 빈도 자료를 참고하여 선정한 약 200개의 표제어를 대폭 선정하였다.[23) 추가로 선정한 표제어에는 고빈도 조사, 어미, 접사뿐 아니라, 기존 표제어 중 계열 관계에서 누락된 단어가 포함된다. 아래에 접사의 원고 기술 예시를 대표로 보인다.

(19) ㄱ. **가-** 【가건물】(假) 접 《일부 낱말의 앞에 붙어》 '가짜, 거짓, 임시'의 뜻을 나타낸다. 예 **가**건물/**가**제목/**가**계약.

ㄴ. **-가** 【소설가】(家) 접 《일부 낱말의 뒤에 붙어》 '어떤 일을 전문적으로 하는 사람'의 뜻을 나타낸다. 예 건축**가**/소설**가**/작곡**가**.

2.7. 새 표준어

최근 일부 단어가 새롭게 표준어로 인정되고 문장 부호의 명칭과 용법이 개정되었는데 이 역시 초등사전의 개정에 반영되어야 한다. 이에 해당되는 단어는 (20)과 같다.

(20) ㄱ. 2014년 표준어 추가 사정안에서 표준어로 선정된 단어: 삐지다,

23) 여기에는 7차 교육과정의 초등학교 교과서 어휘 전체를 분석한 국립국어원의 『초등학교 교과서 어휘 조사 연구』(2009)의 빈도 자료도 포함된다.

딴지, 꼬시다 등

ㄴ. 2014년 표준국어대사전 하반기 개정에서 추가된 단어: 반려동물, 새집 증후군 등

ㄷ. 2014년 문장 부호 개정에 수록된 단어: 쌍점, 겹낫표, 홑화살괄호, 소괄호 등

이미 표제어로 등재된 '삐치다', '굽신거리다', '마침표' 등에 대해서는 위의 내용을 반영하여 이전의 기술 내용을 갱신하였다. 예를 들어 표제어 '삐치다'에 잘못된 쓰임의 예로 '삐지다'가 제시되어 있는 정보는 삭제하고, '굽실거리다'의 잘못으로 기술되어 있던 표제어 '굽신거리다'에는 뜻풀이를 추가하여 내용을 수정하였다.

2.8. 기타 어휘

이 외에도 표제어 선정 및 원고 기술 과정에서 관련 어휘들을 검토하고 (21)과 같은 종류의 추가로 정하였다.

(21) ㄱ. 체계에서 누락된 어휘

ㄴ. 뜻풀이나 예문에 쓰인 어휘

ㄷ. 유의어나 반의어

(21ㄱ)은 어휘 체계에서 누락된 빈 칸을 메우기 위한 어휘로 '대승'과 짝을 이루는 '소승'이 해당된다. (21ㄴ)의 예로는 '청출어람'의 뜻풀이에 쓰인 '쪽'을 표제어로 추가한 경우를 들 수 있고, '연뿌리'의 유의어

'연근', '분실'의 반대말 '습득'을 표제어로 선정한 경우가 (21ㄷ)의 예에 해당된다.

3. 참고 정보의 선정과 기술

개정판에 추가할 또 다른 언어 정보로는 표제어 아래에 제공되는 참고 정보와 부록, 상하위어 정보가 있다. 상하위어 정보는 표제어 기술 내용에 포함되지만 새롭게 추가하는 정보 항목이기 때문에 3장에서 함께 살펴본다.

3.1. 참고 박스와 부록

『연세초등』에는 표제어 아래의 네모 상자에 유의어 변별 정보, 학습 용어 설명 등 초등학생의 언어 학습에 유용한 정보를 제시하고 있다. 개정판에서도 유의어와 학습 용어를 담은 참고 정보로 추가로 선정하였을 뿐 아니라, 여기에 어원 정보도 추가하고자 한다. 초판과 제2판에서도 (22)와 같이 뜻풀이에 단어의 유래에 대한 간단한 설명이 붙어 있는 경우가 있으나 이에 해당되는 표제어가 많지 않다.

(22) **비단길** (緋緞-) 명 (옛날에) 아시아 대륙을 건너질러 중국에서 중동 지역과 지중해 지방까지 뻗어 있던 무역 상인들이 오가던 길. <u>당시에 대표적인 상품이 비단이어서 이 이름이 붙었다</u>.

개정판에서는 표제어 아래의 별도의 상자에 더 상세한 어원 정보를 제시하여 단어의 의미 이해를 돕는 동시에 흥미로운 읽을거리를 제공하고자 하였다.[24] 어원 정보는 문헌 자료에 기반한 어원 자료(언어정보연구원 내부 자료)를 토대로 선정하고 기술하였다. 초등학생이 이해하기 어려운 음운 변화나 형태소 분석 등에 대한 정보는 지양하고, 초등학생이 이해할 만한 수준의 내용이면서 단어의 유래, 의미의 변화 과정 등 단어의 의미 이해에 도움이 되는 어원 정보를 선정하였다. 선정한 어원 정보를 그 특징에 따라 유래, 낱말의 합성, 한자어의 발음 변화, 차용으로 분류할 수 있다.

(23) ㄱ. 유래: 거머리, 거문고, 건달, 고명딸, 난장판, 동냥, 사파리, 술래잡기, 쓰레기, 법석

ㄴ. 낱말의 합성: 가래떡, 곶감, 끼니, 단무지, 된장, 망나니, 메아리, 수저, 주근깨, 코끼리

ㄷ. 한자어의 발음 변화: 강낭콩, 사냥, 설렁탕, 장난

ㄹ. 차용: 담배, 사탕

(24)는 어원 기술의 예이다.

(24) ㄱ. **'난장판'의 어원**

'난장(亂場)'은 옛날에 과거 시험을 보려고 전국에서 몰려든 수많은 선비들이 무질서하고 소란스럽게 떠들던 과거 시험장을 뜻한다. 이 '난장'에 '판'이 붙어서 시끄럽고 어지러운 곳이라는 뜻이 되었다.

ㄴ. **'단무지'의 어원**

'단무지'는 '단'과 '무지'가 결합하여 만들어진 말이다. '단'은 '달다'의

24) 다른 초등국어사전 중에서 상세한 어원을 제시한 사전으로는『동아초등새국어사전』이 있다.

뜻을 나타내고, '무지'는 '무김치'의 뜻을 나타낸다. 따라서 '단무지'는 단맛이 나며 김치와 같은 발효 음식이라는 뜻으로 붙여진 이름이라 볼 수 있다.

유의어 변별 정보는 기존의 유의어 사전을 참고하여 추가로 선정하되, 외국인 학습자에게는 어려우나 모어 화자에게는 비교적 구별해 쓰기 간단한 기초 어휘의 유의어 쌍('잡다'와 '쥐다')은 제외하였다.[25] 그 외에도 북한어 용법에 대한 정보와 혼동하기 쉬운 표현에 대한 정보, 학습 용어 사전과 교과서 내용을 참고로 선정한 학습 용어 및 학습 정보를 추가하고자 한다. 기술 방식은 제2판과 다르지 않으므로 예시를 생략하고 추가 목록을 〈표 1〉에 제시한다.

〈표 1〉 새 참고 정보의 구성과 목록

유형	참고 정보 목록
어원	가래떡/강낭콩/거머리/거문고/건달/고명딸/곶감/끼니/난장판/단무지/담배/동냥/된장/망나니/메아리/법석/야단법석/사냥/사탕/사파리/설렁탕/수저/술래잡기/쓰레기/장난/주근깨/코끼리
유의어	'겉'과 '거죽'의 구별/'결재'와 '결제'의 구별/'경신'와 '갱신'의 구별/'관습', '관행', '관례'의 구별/'기부'와 '기증'의 구별/'길', '거리', '도로'의 구별/'껍데기'와 '껍질'의 구별/'높이다'와 '돋우다'의 구별/'돈', '화폐', '금전'의 구별/'두메'와 '벽지'의 구별/'먹이', '사료', '모이'의 구별/'무덤', '묘', '묘지'의 구별/'버릇'과 '습관'의 구별/'병'에 관한 다양한 어휘/'어른', '성인', '대인'의 구별/'어른', '웃어른', '어르신'의 구별/'얼굴'과 '낯'의 구별/'주최'와 '주관'의 구별/'죽음'을 뜻하는 여러 가지 말/'풍경', '경치', '정경'의 구별
국어 학습	날짜를 세는 말/낱말의 종류(품사)/낱말의 짜임(단일어, 합성어, 파생어)/자음과 모음/대사의 종류/문장의 종류/문학 작품의 종류/흉내말의 종류
국어 외 학습 정보	국악기의 종류/한국의 명절/대표적인 세시 음식/제사의 종류/세계의 축제/여러 가지 탈춤/태극기에 담긴 의미/'판소리'에 대하여/한국의 대표적인 민요
북한어	북한 낙지는 다리가 10개!/북한에서는 동물만 살찔 수 있다/수표와 사인/얼음보숭이와 에스키모

25) 유의어 변별 정보에 대해서는 봉미경(2011), 『학습자를 위한 한국어 유의어 사전』(2013) 참조.

참고 정보 외에도 사전 활용과 언어 학습에 도움이 될 만한 내용을 부록으로 선정하여 기술하였다.

(25) ㄱ. 국어사전에서 낱말 찾기: 4학년 교과서 내용을 반영하여 표제어의 배열 순서와 국어사전 이용법을 해설한다.

ㄴ. 여러 가지 문장 부호: 2014년 개정 내용을 반영하여 문장 부호의 명칭과 용법을 제시한다.

ㄷ. 원고지 사용법: 기본적인 원고지 사용법을 예시와 함께 설명한다.

ㄹ. 북한의 맞춤법: 남북한 어문 규범의 차이(자모의 이름, 사이시옷, 두음법칙, 띄어쓰기)를 간략하게 설명하고 표기법이 다른 북한어 약 440개를 대응어와 함께 목록으로 제시한다.

ㅁ. 여러 가지 세는 말: 고유어, 한자어, 외래어 등의 다양한 단위 명사를 셈의 대상이 되는 명사와 함께 정리하여 수록한다.

3.2. 상하위어 정보

국어과 교육과정의 1~2학년군의 문법 영역에서는 비슷한 말, 반대말, 상위어와 하위어에 초점을 두어 낱말 간의 의미 관계에 대해 지도할 것을 권장하고 있다. 수평적 계열 관계인 비슷한 말, 반대말 정보는 모든 초등국어사전에서 적극적으로 제공하고 있으나, 수직적 계열 관계인 상위어, 하위어 정보를 제공하고 있는 사전은 전무하다. 따라서 어휘를 의미별로 분류한 사전인 신현숙(2000), 주제별로 그림 자료를 수록한 사전인 강현화(2006), 국립국어원(2008)의 의미 체계 기반 기본어휘 사전 데이터에 포함된 상위어 목록을 참고하여 상위어를 선정하고 이에 대한 하위어 정보를 구성하여 이를 개정판에 수록하는 방안을 검토 중이다.

상하위어는 여러 계층으로 얽혀 있으며 상위어의 분류 기준에 따라 다양한 유형의 하위어 목록이 존재한다. 그러나 다양한 기준에 따른 하위어, 여러 계층의 상하위어 관계를 일반 어휘 사전에서 모두 제공하는 것은 불가능하기 때문에 상위어와 그에 속하는 하위어라는 두 단계의 정보만을 제공한다.[26] 예를 들어, (26)의 상위어 '산업'의 경우는 '일차 산업', '이차 산업' 등의 하위어 계층을, '종교인'의 경우는 '불교인', '기독교인' 등의 하위어 계층을 선정할 수 있으나 이러한 중간 계층의 하위어 정보는 생략한다.[27]

(26) ㄱ. 탈것: 가마, 기차, 배, 버스, 보트, 비행기, 오토바이, 요트, 자동차, 자전거, 전철, 지하철, 헬리콥터

ㄴ. 모임: 녹색 어머니회, 방송반, 부녀회, 산악회, 야구부, 어린이회, 연극반, 축구회, 팬클럽

ㄷ. 산업: 공업, 광업, 낙농업, 농업, 목축업, 상업, 서비스업, 어업, 제조업, 축산업, 정보 산업

ㄹ. 종교인: 교황, 대사, 목사, 선교사, 수녀, 스님, 승려, 신부, 장로,

---

26) 다양한 분류 기준에 따른 하위어 정보는 상위어, 하위어로 기술하지 않고, 참고 상자에 제시한다. 제2판에 참고 상자 형식으로 실린 '비의 종류'가 그 예인데, 여기에는 빗줄기의 굵기, 비가 내리는 때, 비가 내리는 양과 기간이라는 다양한 기준에 따라 비의 여러 가지 하위어를 보이고 있다. 제3판에서도 '국악기의 종류'라는 제목으로 다양한 기준에 따른 하위어를 제공하고자 한다.

27) 단어마다 상하 관계의 계층 수와 하위어 수도 모두 다르기 때문에 모든 단어에 대하여 동일한 기준을 적용하는 것은 쉽지 않다. 중요한 것은 각각의 상위어와 하위어 정보가 초등학생의 어휘 확장에 도움이 되는 것이어야 한다는 점이며, 이 점에 대해서는 교사와 국어 교육 전문가 등의 자문을 통해 더 깊이 논의할 필요가 있다.

전도사, 중, 추기경

(26)은 상하위어 목록 중 일부이다. 상하위어 정보는 유의어, 반의어와 마찬가지로 표제어 미시 구조 내의 관련 어휘 정보로 제공하는 형식을 취한다(27).

(27) ㄱ. 탈것 [탈껃] 명 자전거, 자동차, 배, 비행기 등처럼 사람들이 타고 다니는 수단. 하위 가마, 기차, 배, 버스, 보트, 비행기, 오토바이, 요트, 자동차, 자전거, 전철, 지하철, 헬리콥터.[28]

ㄴ. 요트 (영 yacht) 명 주로 스포츠나 놀이에 쓰이는, 작은 서양식 돛단배. 상위 탈것.

4. 기존 정보의 수정과 보완

사전에 실린 기존 정보의 수정과 보완은 사전의 질적 보완을 위한 개정 과정에서 반드시 필요하다. 사전의 오류를 바로잡고 뜻풀이와 예문을 다듬는 과정은 매우 중요하지만 이는 각 표제어별로 나타나는 개별적인 내용이므로 논의에서 제외하고, 그 외의 보완 항목들을 아래에 간단히 제시한다.

첫째, 동형어에 어깨번호 대신에 부여한 길잡이말을 정비하였다. 특히, 새 표제어 추가로 인하여 동형어의 지위를 갖게 된 표제어의 경우에

---

28) 하위어는 개수가 많아서 상위어 표제어 아래에 네모 상자 형식으로 제시하는 것이 정보를 구분하기에 편리하나, 종이 사전의 지면 제약 때문에 쉽지 않다.

기존 길잡이말을 참고하여 적절한 길잡이말을 부여하였다. 예를 들어, 기존 표제어인 접두사 '개-'에는 길잡이말 【붙는 말】이 부착되어 있었으나, 접미사 '-개'를 새 표제어로 추가하면서 두 접사를 구분하기 위하여 (28ㄱ), (28ㄴ)과 같이 예시가 되는 단어를 길잡이말로 수정하였다.

(28) ㄱ. **개** 【동물】 명 사람을 잘 따라서 귀염을 받고 냄새를 잘 맡고 귀가 매우 밝아 도둑을 쫓거나 사냥을 돕고 '멍멍' 하고 짖는 집짐승. ㉿강아지. ㉾dog.

ㄴ. **개** 【세는 말】 (個) 의존 하나씩 떨어져 있는 물건의 수를 세는 말. 예떡 한 개.

ㄷ. **개-** 【개살구】 접《일부 낱말의 앞에 붙어》'참 것이 아닌, 좋은 종류가 아닌, 가치가 없는'의 뜻을 나타낸다. 예개살구/개꿈/개떡. ㉯참-

ㄹ. **-개** 【덮개】 접《일부 낱말의 뒤에 붙어》'작고 간단한 도구나 물건'의 뜻을 나타낸다. 예가리개/깔개/덮개/지우개.

둘째, 유의어, 반의어 등 관련 어휘들의 상호 참조 관계를 정비하였다. 표제어로 등재된 단어를 관련 어휘로 제시하는 것을 원칙으로 하되, 어휘 확장에 도움이 될 만하고 의미 파악이 쉬운 단어는 표제어가 아니어도 관련 어휘로 제시하였다. 예를 들어, '기성복'의 반의어 '맞춤옷'은 표제어가 아니지만 반의어 정보로 제시하되, 빈도가 낮아 표제어로 싣지 않았다. 반면, '곰방대'의 반의어 '장죽'은 새 표제어로 추가하였다. 이처럼 기존 정보를 수정, 보완하는 과정에서는 새 표제어가 선정되기도 한다.

셋째, 앞서 언급한 표준어 추가 사정안, 문장 부호 개정 결과를 반영하여 기존 표제어의 정보를 갱신하였다. 여기에는 『표준국어대사전』의 개정 결과를 반영하여 『연세초등』에 구 표제어로 등재되어 있던 '신 나다'를 '신나다'로, '빌려 주다'를 '빌려주다'로 수정한 경우도 포함된다.

넷째, 기등재 표제어에 대한 새로운 의미와 용법이 발견되면 새 번호를 붙여 기술하고 다의어로 수정하였다. 교과서 어휘가 사전에 실리지 않은 의미로 사용된 경우, 기등재 표제어에 북한어 용법이나 비속어 용법을 추가해야 하는 경우가 이에 해당된다. (29)에서 밑줄로 표시한 뜻풀이가 새롭게 추가한 부분이다.

(29) ㄱ. **블록** (영 block) 명 1. 벽을 쌓거나 길에 까는 일정하게 네모로 만든 콘크리트 덩이. 2. 시가지의 한 구획의 거리를 나타내는 말. 예여기서 저쪽으로 세 블록만 더 가면 백화점이 나옵니다. 3. 쌓아 올리도록 만든 장난감. 예블록을 쌓아 멋진 성을 만들었다. 잘못블럭.

ㄴ. **왕** (王) 명 1. 군주 국가에서 가장 높은 지위와 가장 큰 권력을 가진 사람. 비군왕·군주·임금. 2. '어떤 분야에서 으뜸이 되는 사람, 동물, 사물'을 빗대어 이르는 말. 예동물의 왕/아껴 쓰기 왕. 영king.

다섯째, 『연세초등』에는 특정한 단위 명사가 쓰이는 명사의 경우 '세는 말'에 대한 참고 정보를 제시하고 있다. 개정판에서는 더 많은 해당 명사에 '세는 말' 정보를 추가하여 보완하고자 한다. (30)에서 밑줄로 표시한 부분이 새로 추가할 정보이다.

(30) ㄱ. **전동차** (電動車) 명 전기의 힘으로 철도 위로 달리게 만든 차.

참고 전동차의 칸을 세는 말은 '량'.

ㄴ. **한약** (韓藥) 명 한국의 전통적인 의술에 쓰이는 약. 반 양약. 참고 세는 말은 '첩', '제'.

5. 맺음말

이 글에서는 교육과정 및 교과서의 개정과 새롭게 요구되는 교육용 어휘의 반영을 위하여 초등국어사전에 추가할 새 언어 정보의 선정 방법과 기존의 정보를 보완하기 위한 과정을 실제 사례를 중심으로 살펴보았다. 개정판에 반영하게 될 주요 내용은 다음과 같다.

첫째, 초등국어사전은 교육과정과 연계하여 활용할 수 있어야 하므로 2012년 개정 교육과정에 따른 새 교과서의 전 과목 어휘를 반영한다.

둘째, 교육과정의 국어 교육 요소를 반영한 어휘 항목을 추가한다. 이에 해당되는 어휘 항목은 접사, 북한어, 방언, 상하위어 정보 등이다. 낱말의 확장 방법을 지도한다는 교육 내용을 반영하여 접사를, 남북한 언어의 동질성 회복을 위해 남북한 언어 차이를 이해할 수 있도록 지도한다는 교육 내용을 반영하여 북한어 표제어를, 지역별 언어의 차이를 알고 상황에 맞는 언어를 사용할 수 있도록 지도한다는 교육 내용을 반영하여 방언 표제어를, 낱말과 낱말의 의미 관계를 알고 이를 활용할 수 있도록 지도해야 한다는 교육 내용을 반영하여 상위어, 하위어 정보를 추가한다.

셋째, 초등학생이 자주 사용하는 어휘와 잘못 사용하는 어휘에 대한 정보를 사전에 제공한다. 이를 위하여 초등학생 작문에 쓰인 어휘를 사전에 수록하고, 그 외에도 다양한 신어, 비속어, 구어형 등을 표제어로 선정한다. 잘못된 쓰임이거나 비속한 단어인 경우에는 바른 언어생활을 도울 수 있도록 화용 정보, 표준어 정보, 순화어 정보 등을 제공한다.

넷째, 어휘 학습에 도움이 되는 다양한 참고 정보를 사전에 수록한다. 특히, 이전에 싣지 않았던 어원 정보를 네모 상자 안에 기술하여 제시한다. 뿐만 아니라, 사전 이용과 바른 언어생활에 도움이 될 만한 다양한 부록을 추가한다.

다섯째, 기존 정보의 질적 보완을 위하여 기존 표제어에 새 의미 정보나 참고 정보를 추가하거나 길잡이말, 관련 어휘들의 관계 등을 정비한다.

개정을 위한 새 표제어 목록은 교과서 말뭉치 구축과 분석이 완료된 후에 양적, 질적으로 보완될 수 있을 것이다. 1~2학년 교과서를 직접 검토한 결과 구 단위의 학습 용어가 적지 않음을 확인하였으므로 말뭉치 어휘 분석과 추가 어휘 선정에서도 이러한 점이 고려되어야 한다. 후속 연구에서는 전체 교과서 어휘 분석 결과를 토대로 표제어를 선정하고 새 교과서 어휘의 전반적 특징을 밝힐 수 있기를 기대한다.

참고문헌

교육과학기술부(2012), 『국어과 교육과정(교육과학기술부 고시 제2012-14호)』, 교육과학기술부.

국립국어원(2003), 『국어 순화어 자료집 합본』, 국립국어원.

김한샘(2003), 『한국 현대 소설의 어휘 조사 연구』, 국립국어연구원.

김한샘(2005), 『현대 국어 사용 빈도 조사 2』, 국립국어원.

김한샘(2009), 『초등학교 교과서 어휘 조사 연구』, 국립국어원.

김한샘(2010), 『초등학생 글쓰기 어휘 조사 연구』, 국립국어원.

김한샘(2014), "초등국어사전 분석 및 개선 방안 연구", 『한말연구』 35, 한말연구학회, 47-76.
김화영(2001), “초등학생용 국어사전에 관한 비판적 연구”, 『초등국어교육』 11, 서울교육대학교 국어교육과 초등국어교육 연구소, 131-158.
봉미경(2011), “학습용 유의어 사전 기술을 위한 기초 연구”, 『한국사전학』 18, 한국사전학회, 99-125.
서상규(2009), 『교육용 기본 어휘 선정을 위한 기초 연구』, 국립국어원
서상규 · 안의정 · 봉미경 · 최정도 · 박종후 · 백해파 · 송재영 · 김선혜 · 연세대학교 언어정보연구원(2013), 『한국어 구어 말뭉치 연구』, 한국문화사.
안찬원(2012), “국어사전 활용 수업 분석 연구 -초등학교 문법 교육 현황을 중심으로-”, 『문법교육』 17, 한국문법교육학회, 165-196.
옥철영 · 울산대학교 산학협력단(2008), 『한국어 어휘의미 체계 기반 입체적 기본어휘 사전 구축 연구』, 국립국어원.
유현경 · 남길임(2009), 『한국어사전편찬학 개론』, 역락.
이병규(2000), “초등 학생용 국어 사전에서의 문형 정보 제시 방안”, 『사전 편찬학 연구』 10-1, 연세대학교 언어정보개발연구원, 187-211.
이운영(2010), “국어사전 개정의 대상과 현안 : 『표준국어대사전』 개정 작업을 중심으로”, 『한국사전학회 학술대회 발표논문집』 2010-8, 한국사전학회, 226-245.
이희자(2005), “말뭉치 기반 초등국어사전 알기 : 『연세초등국어사전』을 중심으로”, 『한국사전학』 6, 한국사전학회, 35-67.
장경희(2011), 『청소년의 언어 실태, 언어 의식 전국 조사』, 국립국어원.
장현희(2009), “어휘 교육을 위한 초등국어사전의 편찬 및 활용에 관한 연구”, 연세대학교 교육대학원 석사학위 논문.
주세형(2000), “사용자 중심의 국어사전”, 『한국어의미학』 7, 한국어의미학회, 175-214.
홍성순(2006), “초등학교 국어사전 편찬에 관한 기초 연구”, 경기대학교 대학원 박사학위 논문.

〈사전〉

강현화(2006), 『한국어 그림 사전』, 다락원.

국립국어원(2000), 『표준국어대사전』, 두산동아/국립국어원 홈페이지.
김낙준(2001, 2014), 『(푸르넷)초등국어사전』, 금성출판사.
두산동아(2014), 『동아초등새국어사전』, 두산동아.
신현숙(2000), 『의미로 분류한 한국어 학습 사전』, 한국문화사.
연세대학교 언어정보연구원(2002, 2014), 『연세초등국어사전』, 두산동아
조민정 · 봉미경 · 손혜옥 · 전후민(2013), 『(학습자를 위한) 한국어 유의어 사전』, 박이정.
토박이사전편찬실(2008, 2014), 『보리국어사전』, 도서출판 보리.

〈어휘집〉
김범주 · 이정용 · 박길만(2009), 『어휘사용편람』, 과학백과사전출판사.
금성청년출판사(2010), 『우리말 어휘의 뜻과 유래』, 금성청년출판사.

* 이 글은 아래의 논문을 이 책의 기획과 형식에 따라 수정한 것임을 밝힌다.
봉미경(2015), 초등학생용 국어사전 개정의 방향과 실제 -『연세초등국어사전』을 중심으로-, 『한국사전학』 25, 한국사전학회, 131-161.

의미 빈도 사전 편찬의 방법론과 실제

서상규

1. 머리말

이 글[1]은, 이 책과 짝을 이루어 함께 출간되는 『한국어 기본어휘 의미 빈도 사전』(2014)의 편찬 방법론과 실제 그 과정에서 이루어진 여러 절차, 즉 한국어교육을 위한 기본어휘의 선정 과정으로부터, 이들 각 낱말들의 의미 항목별 사용 빈도를 실제적 자료(말뭉치)를 통하여 조사한 과정과 그 성과를 밝힘으로써, 향후 말뭉치언어학이나 사전학, 국어정보학 등 관련 응용 분야에서 활용할 수 있는 기초적인 계량 분석의 방법론을 제시하는 데에 목적을 둔다.[2]

우리가 언어 생활 속에서 쓰는 낱말이 오직 한 가지 뜻(의미)으로만 쓰이는 경우도 있지만, 대개의 경우에는 다의적이다. 특히, 일상적으로 자주 사용되는(즉, 사용 빈도가 아주 높은) 낱말들의 경우에는 이러한

---

1) 이 장의 2절과 3절은 "말뭉치의 주석과 한국어 기본 어휘 의미 빈도 사전"(『계량언어학』 1집, 도서출판 박이정, 2001, pp.57-104)을 바탕으로 하여, 이제까지 이루어진 『한국어 기본어휘 의미 빈도 사전』의 편찬과 관련한 후속 연구의 성과를 반영하여 고쳐 쓴 것이다.
2) 이러한 방법론은 이미 서상규·남윤진·진기호(1998a, 1998b), 서상규·최호철·강현화(1999), 서상규·강현화·유현경(2000) 등의 보고서들을 통해 발표된 바 있다.

다의성이 더욱 두드러진다.[3] 다음의 〈그림 1〉에서 볼 수 있듯이, 한 낱말이 가지는 뜻은 모두 사전 속에 기술되는데, 사전을 통해서 우리는 어떤 낱말의 여러 뜻을 파악할 수는 있겠지만, 이 여러 뜻 가운데서 과연 어느 뜻이 더 중요하거나 더 일상적인 것인가는 알 도리가 없다. 그러므로 이럴 때 우리는 그저 경험적인 판단이나 직관에 의존할 수밖에 없다.

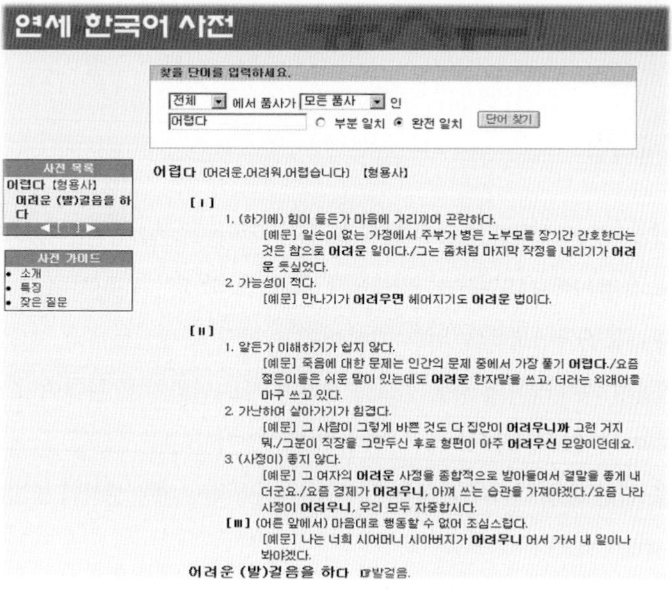

〈그림 1〉『연세한국어사전』웹사전의 검색 결과 '어렵다'
http://kordic.britannica.co.kr

---

3) 낱말의 동형성과 다의성의 실제 양상을 살펴보기 위해, 연세 말뭉치(약 4천만 마디)에서 조사된 서상규(1998ㄱ)의 『현대 한국어의 어휘 빈도』(상·하)에 나타난 최상위 빈도의 낱말 300개에 대해 이것들이 『연세한국어사전』(1998)에 실제로 몇 개의 동형어와 의미 항목으로 등재되었는지 그 수를 조사해 보았다. 그 결과, 한 개의 낱말이 평균 약 1.7개의 동일 품사의 동형어(품사가 다른 동형어까지 포함하면 약 3.5개), 평균 7.2개의 의미 항목을 가진 것으로 나타난다. 『한국어 기본어휘 의미 빈도 사전』(2014)의 표제어를 대상으로 분석해 보았을 때에도, 전체 5,167개의 대표올림말에 7,107개의 동형어가 포함되어 평균 1.4개의 동형어로 나타난다.

일반적으로, 사전의 의미 기술에 있어서는, 이른바 낱말의 핵심적(또는 어원적) 뜻을 먼저 기술하고, 주변적(확장적) 뜻으로 그 기술의 폭을 넓혀 가는 방식을 취한다.

(1) 시치미

명 ① 매의 주인을 밝히기 위하여 주소를 적어 매의 꽁지털 속에다 매어 둔 네모꼴의 뿔. ≒단장판.

② 자기가 하고도 아니한 체, 알고도 모르는 체하는 태도. (『표준국어대사전』, 1999)

일반적인 사전 기술 방식에 따르게 되면 현대 국어에서의 쓰임에서는 (1)의 ①보다는 오히려 ②의 뜻이 더욱 일상적일 뿐 아니라, 어원적인 뜻인 ①은 매우 특수한 맥락에서만 쓰이는 것으로 판단됨에도 불구하고 실제 사전에서는 ①의 뜻이 먼저 나타나게 된다. 언어의 현실과 사전의 기술이 맞지 않게 되는 셈이다.

실제로, '한국어교육 표준말뭉치'(100만 마디)에는 '시치미'가 11개의 텍스트에 14회 쓰이고 있는데, 그 모두가 '시치미를 (뚝) 떼다'의 구성으로서 (1)의 ②의 뜻으로만 나타난다.

(2) a. 나무꾼은 자기가 옷을 가지고 있는데도 불구하고 시치미를 뚝 떼고 신령님 얘기가 생각났으니까 시치미를 뚝 떼고 그 선녀에게 다가가서.

b. 시민들 역시 (중략) 내가 언제 구호를 외쳤냐는 듯한 표정으로 시치미를 떼고 입을 다물었다.

c. 그리고 시치미를 뚝 떼면서 몸을 홱 돌리더니 그 자리를 빠져나갔다.

d. 벌써 모든 것을 다 알고도 <u>시치미를 떼는</u> 것인지 알 수가 없다.
e. 이 녀석이 내 잣을 집어먹고는 <u>시치미를 떼고</u> 그냥 가려고 하지 않소?
f. 좋으면서도 싫은 척 <u>시치미를 떼거나</u> 싫으면서도 상대방의 감정을 다치지 않게 하기 위해 적당히 얼버무리는 타입은 절대 못 된다.
g. 자기가 하지 않았다고 <u>시치미를 떼니</u> 난감하기 짝이 없었다.
h. 원조는 원록이 들어와도 못 본 척하며 <u>시치미를 떼고</u> 책을 보고 있었다.
i. 그러나 나는 <u>시치미를 떼며</u> 퉁명스럽게 말했다.
j. 혜진이는 <u>시치미 뚝 뗀</u> 채 앞자리에 동그마니 올라탔다.
k. 퍽이나 뱃심좋고 강심장이기에 <u>시치미 뚝 뗀</u> 채 잘먹고 잘살 거라고 여기리라.
l. 장난스러운 표정을 짓고 <u>시치미를 떼고</u> 있는 막동이.
m. <u>시치미를 뚝 떼고</u> 섯다를 하는 솜씨라던가.

그런데 언어 교육, 즉 외국어로서의 한국어교육이나 국어교육의 현장에서 학습자들이 낱말의 의미를 학습하려는 경우, 한 낱말의 다양한 의미를 한꺼번에 다 이해하고 외우기란 불가능하다. 이럴 때, 우리는 도대체 어떤 의미가 더 중요한가, 또는 먼저 학습해야 하는가 하는 점을 고려하지 않을 수 없다.

언어 교육의 목적으로 어휘 교육 단계를 설정하는 경우, 특히 교육용 기본어휘 등을 정하는 데에는 대체로 낱말의 빈도수를 매우 중요한 요소로 고려하게 되는데, 이럴 때도 적어도 두 가지의 문제점이 드러난다.

첫째는, 어휘 빈도를 알아내려는 경우 대개 대규모의 언어 자료를 대상으로 하여 거기에 쓰인 각 낱말들의 빈도수와 사용 비율을 산출하게 마련인데, 이를 위해서는 한국어의 특성상 조사 대상 자료의 어절 구조를 먼저 분석하지 않으면 안 된다. 그런데 현재의 국어 정보 처리의 기술 수준으로는 국어의 어절 구조를 컴퓨터 프로그램으로는 완벽하게 분석해 낼 수 없으므로, 빈도 조사 결과표에는 적지 않은 분석의 오류가 포함되게 될 뿐 아니라[4], 일상적 사용도(또는 중요도)가 다른 여러 의미의 빈도가 모두 한 낱말의 빈도 수치로 통합되어 버리게 된다.[5]

둘째로는, 아래 (3)에 보인 바와 같이, 일반적으로 국어에서는 하나의 형태가 여러 품사와 의미에 걸쳐서 사용되는 일이 매우 잦음에도 불구하고, 빈도수 조사에 사용되는 분석 프로그램들이 이를 완전히 구분해 내지 못하기 때문에 생기는 빈도표 상의 오류가 적지 않다.[6]

(3) a. 네가 어떤 결정을 내리면 우리는 너를 믿고 따라갈 거야. [대명사]
b. 네 이 놈, 여기 있었구나. [대명사]
c. 숨기지 말고 네 생각을 털어놔 보아라. [준꼴]
d. 세 살인가 네 살 때 아버지가 떠나갔다. [관형사]
e. 네, 알겠습니다. [감탄사]

---

4) 이에 대해서는, 서상규·한영균(1999:128-135)를 참조 바람.
5) 예컨대 앞서 〈그림 1〉에서 제시한 '어렵다'의 경우, 서상규(1998ㄱ:21)에 의하면, 연세 말뭉치 전체 약 4,200만 마디에서 10,434회(전체 빈도에 대한 비율은 0.02%에 해당) 사용된, 순위로는 466위의 최고 빈도어에 속하는 것으로 나타나지만, 〈그림 1〉에 나타난 『연세한국어사전』(1998)의 여섯 가지 항목에 기술된 뜻 각각이 어느 정도씩의 비중을 차지하는지는 빈도표만으로는 전혀 알아낼 수가 없다.
6) 실제로 서상규(1998a)의 빈도 자료 역시 수작업으로 오류를 일일이 고치기는 했으나 특히 품사가 같은 동음이의어의 구분이 불완전하여 이른바 '형태적 중의성'을 완전히 해결하지 못한 문제점을 안고 있다. 『조선어빈도수사전』(1993)의 경우도 일부 표제어에 대해서는 동음이의어 구분을 시도하고는 있으나 전체적으로 볼 때 이 역시 충분하다고 보기 어렵다.

이와 같은 형태적 중의성은, 특히 한국어를 모국어로 하지 않는 학습자에게, 동일한 형태를 어떻게 구별해서 그 구조를 이해하고 학습할 것인가 하는 어려움을 줄 수밖에 없으며, 기계 번역 등 각종 응용 기술의 개발에 있어서도 장애 요소로 작용하고 있다. 이제까지의 단순 형태 빈도 목록이나 빈도표들을 실용적인 목적에 곧바로 활용하기 어려운 까닭이 여기에 있는 것이다.

그러므로 언어 교육이나 평가시의 단계 설정을 위한 근거의 하나로 낱말의 수를 이용하거나, 각종 학습 교자재를 편찬할 때 낱말의 수와 종류를 통제하거나, 사전을 편찬할 때 표제어 목록의 확정이나, 뜻풀이에 사용하는 낱말들을 통제하는 일 따위가 올바로 이루어지기 위해서는 정확하고 신뢰할 수 있는 빈도 정보가 필수적이다. 이와 같은 문제를 해결하기 위한 길은, 바로 언어 자료에 나타난 낱말들의 의미 빈도를 실제로 조사하는 것이며, 이를 통해서 형태 빈도만이 아니라, 낱말이 지닌 여러 의미 각각의 분포적 특성을 세밀히 기술할 수 있는 길이 열리게 된다.

2. '의미 빈도 사전'을 위한 조사 방법론

의미 빈도 사전은, 한국어의 기본어휘를 가려내어 이들 개별 낱말의 의미별 실제 사용 빈도를 조사함으로써 낱말 의미의 실제적 분포 기술을 위한 방법론을 개척하는 동시에, 사전과 교과서, 교육 자료 개발을 위한 바탕으로 활용하려는 데 주된 목적이 있다.

의미 빈도 사전에는, 기왕에 이루어진 한국어 기본어휘 조사의 연구성과를 반영함과 아울러, 그 사전으로서의 활용도를 높이기 위해서는 말뭉치에 기반을 둔 의미와 용법의 빈도 분석 결과를 반영한 의미 기술이 아울러 뒷받침되어야 할 것이요, 풍부하고 쉬운 용례가 제공될 수 있어야 한다.

실제로 말뭉치의 분석 결과를 토대로 하여 한국어 기본어휘의 의미 빈도 사전을 개발하는 데에는 적어도 다음과 같은 과정과 절차가 필요하다.[7)]

(4) 의미 빈도 사전의 개발에 필요한 요소와 과정

a. 한국어 기본어휘 선정

b. 균형 말뭉치의 구축

c. 말뭉치의 형태 정보 주석

d. 말뭉치의 의미 정보 주석 (의미 구분 기준 사전의 선택)

e. 의미 빈도 추출

f. 의미 빈도 사전 모형의 고안과 적용

(4)의 각 과정은 순서대로 이루어지는데, (a)는 조사 대상의 범위와 목록을 확정하기 위한 것이며, (b)는 바로 전 단계에서 만들어진 기본어휘의 목록의 타당성을 검증함과 동시에, 이들 각 낱말들의 의미별 사용 분포를 조사하기 위한 조사 대상 자료를 만드는 일이다. (c)와 (d)는 실제의 조사 과정을 구체화시켜 나가는 일로서, (b)에서 구성된 말뭉치에 어절 분석 결과인 형태 정보 주석과 의미별 구분 정보를 부가하여 가공하는 것이다. 이때 의미 구분 기준은 기존 사전을 활용하는 것이 효과적이므로, 이 연구에서는 실제 말뭉치의 용례 분석에 기반을 둔 최초의 한국어

7) 이 절차와 방법론은 서상규·남윤진·진기호(1998ㄴ)를 통해서 수립되었다.

사전인 『연세 한국어 사전』(1998)을 의미 구분의 기준 사전으로 삼기로 하였다.

일단 (a)~(d)의 일이 다 이루어지면, 이를 토대로 (e)의 계량적 처리 과정을 거치게 됨으로써 기본어휘의 의미 빈도 정보 데이터베이스가 완성된다. (f)는 최종 결과의 가공을 뜻하는 동시에, 실질적으로는 의미 빈도 사전의 전단계에서 추출되어야 할 어휘 정보의 내용과 폭을 정하는 것이기도 하다.

3. 한국어교육 표준말뭉치의 구성과 주석

앞서 이 글의 (4b)에서 언급한 균형 말뭉치 구축의 과정은 기본어휘 목록의 타당성을 검증함과 동시에, 이들 각 낱말들의 의미별 사용 분포를 조사하기 위한 조사 대상이 될 자료를 만드는 일이다. '한국어교육 표준말뭉치'는 한국어 기본어휘들의 실제적인 용법을 분석하기위해서 구성된 100만 마디의 균형 말뭉치를 가리킨다.[8)]

이 말뭉치는 지난 1998년에 마련된 한국어교육 말뭉치 구성 시안을 더욱 보완하여, 현대 한국어의 언어 실상을 대표할 수 있도록 글말(문어)만 아니라 실제의 입말(구어)이 균형 있게 반영되도록 구성하는 동시에, 한국어교육의 교과 구성, 교재·사전 등의 개발 등에 널리 활용 가능하도록 구성한 것이다.

---

8) 이 한국어교육 표준말뭉치의 개념과 구축의 구체적인 방법론에 관해서는, 서상규·남윤진·진기호(1998ㄴ), 고석주·남윤진·서상규(1999), 남윤진(2000) 등에 상세히 기술되어 있다.

3.1. 한국어교육 표준말뭉치의 구성

100만 마디로 구성된 한국어교육 표준말뭉치의 각 텍스트의 표본 크기는 원칙적으로 한 텍스트 당 5,000 마디씩으로 제한되어 있다. 그러므로 약 200개의 텍스트가 포함되게 되는데, 실제로 사전 편찬의 전 과정이 끝난 최종적인 '한국어교육 표준말뭉치'의 구성은 다음과 같다.9)

〈표 1〉 한국어교육 표준말뭉치의 구성

매체	장르	주제/유형	텍스트 수	표본 마디수10)	비율	장르 마디수 합계 (비율)
문어 86.3%	교양 해설 산문	인문	7	36,730	3.7%	132,983 (13.5%)
		사회	7	37,030	3.7%	
		예술	9	48,721	4.9%	
		공학	2	10,502	1.1%	
	예술 산문	동화	5	23,114	2.3%	224,512 (22.7%)
		소설	28	141,843	14.4%	
		수필	12	59,555	6.0%	
	실용 산문	시사/정보	7	35,325	3.6%	35,325 (3.6%)
	사적저술 산문	수기/전기	15	76,024	7.7%	76,024 (7.7%)
	초등 학교 교과서	말하기/듣기	8	22,949	2.3%	287,089 (29.1%)
		말하기/듣기/쓰기	4	26,137	2.6%	
		읽기	12	74,680	7.6%	
		생활의 길잡이	10	38,503	3.9%	
		슬기로운 생활	4	6,461	0.7%	
		즐거운 생활	4	3,490	0.4%	

9) 이 말뭉치는 당초 100만 마디로 설계, 구성되었는데 실제 주석 과정에서 일부 부적합한 자료(예컨대 옛말이나 한시가 많은 글)를 빼거나 교체한 결과, 최종적으로 약 99만 마디로 확정되었다. 서상규·최호철·강현화(1999), 서상규·강현화·유현경(2000), 서상규(2006ㄱ)를 참조 바람.

매체	장르	주제/유형	텍스트 수	표본 마디수[10]	비율	장르 마디수 합계 (비율)
		도덕	6	34,062	3.4%	
		바른 생활	4	4,720	0.5%	
		사회	8	43,121	4.4%	
		사회과 탐구	6	32,966	3.3%	
	한국어 교과서	외국어로서의 한국어	30	96,506	9.8%	96,506 (9.8%)
구어 13.7%	녹음 전사 자료	일상 대화	8	11,991	1.2%	70,828 (7.2%)
		주제 대화	5	19,220	1.9%	
		상담 대화	1	10,109	1.0%	
		강의/강연	1	5,210	0.5%	
		방송 뉴스	1	4,163	0.4%	
		방송 대화	1	4,902	0.5%	
		방송 상담	1	3,578	0.4%	
		방송 토론	1	11,655	1.2%	
	준구어	드라마 대본	4	18,462	1.9%	64,978 (6.6%)
		연극 대본	4	27,128	2.7%	
		영화 시나리오	3	19,388	2.0%	
합계			218	988,245	100%	988,245 (100%)

이 말뭉치의 구성에는 다음과 같은 몇 가지의 특징이 있다.

첫째, 현대 한국어, 특히 한국어교육에 필요한 어휘들의 실제 쓰임의 모습이 '있는 그대로' 드러날 수 있는 균형 말뭉치로 구성되었다. 한편으로 입말(구어)의 비중을 늘리고 한국어 교과서, 한국의 언어와 사회, 생활 영역의 언어를 잘 드러낸 초등학교 교과서를 포함한 것이, 일반적인 균형 말뭉치와 다른 특징이다.

10) '마디수'의 '마디'란 실제 언어 자료에서 '띄어쓰기'로 되어 있는 낱말들의 단위를 일컫는다.

둘째, 입말(구어)의 특성이 충분히 반영될 수 있도록, 실제 언어 생활 중의 음성 자료를 수집해서 직접 전사한 녹음 전사 자료는 물론, 대본과 시나리오 등의 준구어를 포함함으로써, 입말의 비중이 전체의 약 14% 정도가 되게 하여 현대 한국어의 특성을 폭넓게 반영하고자 했다.(표 1 참조)

셋째, 균형 말뭉치를 구성함에 있어서 특정한 필자나 문체, 주제와 내용에 따라서 편중되게 하지 않도록 하기 위해서, 원칙적으로 모든 텍스트는 5천 마디(어절) 이내의 크기로 잘라서 수집하였다. 다만, 입말을 녹음하여 전사한 자료와 일부 짧은 텍스트의 경우에는 본문 전체가 포함된 경우도 있다. 이 말뭉치의 표본 중 가장 작은 것은 506마디이며, 가장 큰 크기의 표본은 18,437마디이다.

〈표 2〉 말뭉치 표본 크기의 분포

텍스트 크기(마디/어절)	표본수	비율
1000 미만	15	7%
1000~1999	17	8%
2000~2999	21	10%
3000~3999	13	6%
4000~4999	51	23%
5000~5999	73	33%
6000 이상	28	13%
합계	218	100%

3.2. 말뭉치에 나타난 형태 빈도의 분포

'한국어교육 표준말뭉치'의 전체 어휘 구성은 다음과 같다. 이것은 말뭉치의 어절 분석 결과를 토대로 이루어진 것으로, 일부 접사와 어근이 분석되어 있다. 표에서는 각 품사별로 낱말의 수, 낱말수의 비율, 빈도합, 빈도합의 비율이 제시되어 있다.

〈표 3〉 한국어교육 표준말뭉치의 빈도 분포(전체)

분류	품사	낱말수	낱말수 비율	빈도합	빈도합 비율	평균 빈도
체언	명사	27,374	54.9%	360,866	19.4%	13
	명사(고유)	5,978	12.0%	34,387	1.9%	6
	명사(의존)	291	0.6%	55,225	3.0%	190
	대명사	149	0.3%	41,925	2.3%	281
	수사	95	0.2%	18,129	1.0%	191
용언	동사	8,125	16.3%	222,155	12.0%	27
	형용사	2,564	5.1%	79,199	4.3%	32
	보조동사	57	0.1%	51,473	2.8%	903
	지정사[11]	1	0.0%	40,638	2.0%	36,685
수식언	관형사	567	1.1%	34,130	1.8%	60
	부사	2,568	5.2%	83,119	4.5%	32
독립언	감탄사	379	0.8%	11,324	0.6%	30
기타	접사	78	0.2%	24,069	1.3%	309
	어근	9	0.0%	10	0.0%	1
	자모	46	0.1%	242	0.0%	5
조사	주격	6	0.0%	56,488	3.0%	9,415
	목적격	3	0.0%	76,893	4.1%	25,631
	보격	2	0.0%	4,998	0.3%	2,499
	관형격	4	0.0%	34,655	1.9%	8,664
	부사격	69	0.1%	84,486	4.5%	1,224
	인용격	7	0.0%	912	0.0%	130
	호격	5	0.0%	886	0.0%	177
	보조	80	0.2%	81,773	4.4%	1,022
	접속	25	0.1%	12,841	0.7%	514

분류	품사	낱말수	낱말수 비율	빈도합	빈도합 비율	평균 빈도
어미	종결	735	1.5%	106,728	5.7%	145
	연결	520	1.0%	158,561	8.5%	305
	관형사형	58	0.1%	114,129	6.1%	1,968
	명사형	3	0.0%	10,961	0.6%	3,654
	선어말	30	0.1%	59,740	3.2%	1,991
합계		49,828	100%	1,856,989	100%	37

〈표 3〉의 아랫쪽에는 문법 형태인 조사와 어미, 접미사 등의 형태와 빈도수, 그리고 그 비율이 나타나 있다. 문법 형태까지를 포함한 표준말뭉치 전체 항목의 수는 4만 9천여 개로, 전체 빈도수 합은 약 185만으로 나타난다. 어미와 조사 등은 형태수가 적은 데 비해, 그들의 빈도수 합은 매우 많다(따라서 평균 빈도가 높다)는 점이 특징이다. 즉 조사와 어미 등의 형태수는 1,600여 개로 전체의 약 3%에 불과하지만, 그들의 빈도를 합하면 이 말뭉치 전체의 무려 43% 이상을 차지한다.

한편, 이 말뭉치에 나타난 실질어휘들(지정사와 접사 포함)만의 빈도와 그 분포를 뽑아서 보면 다음의 〈표 4〉와 같다. 이 연구에서 의미 빈도 조사의 대상으로 삼은 것은 바로 이 실질어휘들이다. 표에서의 낱말수와 빈도합의 비율은 실질어휘들 내에서의 비율을 뜻한다.

11) 이 표에서 '지정사'로 표시된 '이다'는 현행 학교 문법에서는 '서술격 조사'로 불리는 것이지만 정보학적 분석이나 한국어교육의 측면에서 보면 '지정사'로 다루는 것이 더 낫다.

〈표 4〉 한국어교육 표준말뭉치의 실질어휘들의 빈도 분포

분류	품사	낱말수	낱말수 비율	빈도합	빈도합 비율	평균 빈도
체언	명사	27,374	56.7%	360,866	34.3%	13
	명사(고유)	5,978	12.4%	34,387	3.3%	6
	명사(의존)	291	0.6%	55,225	5.2%	190
	대명사	149	0.3%	41,925	4.0%	281
	수사	95	0.2%	18,129	1.7%	191
용언	동사	8,125	16.8%	222,155	21.1%	27
	형용사	2,564	5.3%	79,199	7.5%	31
	지정사	1	0.0%	36,685	3.5%	36,685
	보조동사	57	0.1%	51,473	4.9%	903
수식언	관형사	567	1.2%	34,130	3.2%	60
	부사	2,568	5.3%	83,119	7.9%	32
독립언	감탄사	379	0.8%	11,324	1.1%	30
기타	접사	78	0.2%	24,069	2.3%	309
	어근	9	0.0%	10	0.0%	1
	자모	46	0.1%	242	0.0%	5
합계		48,281	100%	1,052,938	100%	22

당초 100만 마디를 목표로 구성된 주석 대상 말뭉치에 포함된 실질어휘(형태)는 모두 4만 8천여 개로 전체의 96% 이상이지만, 이들 실질어휘(형태)의 빈도를 모두 합하면 약 105만으로 전체의 약 55% 정도를 차지하는 것으로 나타난다.

3.3. 말뭉치의 형태 정보 주석[12)]

의미 주석의 대상이 되는 언어 단위 즉 낱말을 기준으로 텍스트의 각 어절을 분할하고, 분할된 단위에 대해 기본적인 품사 표지를 붙임으로써 의미 주석을 위한 기초 작업이 이루어진다. 형태 정보 주석의 과정은 다음과 같다.

(5) 형태 정보 주석의 과정

a. 자동 형태소 분석기 프로그램에 의한 품사 표지 부착

– 한국어교육 표준말뭉치 100만 마디 전체에 대해, 형태소 분석 프로그램을 사용하여 어절 분석(형태 정보) 표지를 자동으로 부착

b. 수작업에 의한 품사 표지의 수정

형태 정보 주석을 위해서는, 분석 대상의 어절을 가르기 위한 기준과, 갈라진 낱말들의 문법 범주에 대한 표지가 정해져야 한다. 의미 빈도 사전 개발에 착수한 1998년 당시에는 아직 표준적인 어절 분석 표지가 마련되기 이전이었으므로, 한국어교육 표준말뭉치의 주석 초기 단계에서는 독자적인 주석 체계를 사용하였지만, 최종적으로는 21세기 세종계획 말뭉치에서 채택된 어절 분석 표지와 호환되도록 고쳐졌으며 그 실제의 주석된 말뭉치는 다음과 같다.

12) 말뭉치의 주석은 언어 정보 데이터베이스 구축의 기본으로, 원시 말뭉치(raw corpus)의 구축의 다음 단계에서 다양한 언어 정보를 추출해 내기 위한 가공의 첫 단계로, 이와 같은 작업의 결과로써 각종의 주석 말뭉치(annotated corpus)를 얻을 수 있게 된다. 그러므로 실제 데이터베이스 구축에 필요한 각종 언어 정보는, 목적에 맞는 주석이 이루어진 후에야 체계적으로 뽑아낼 수 있다고 해도 과언이 아니다.

〈표 5〉 한국어교육 표준말뭉치의 형태 주석 결과: “편지”(시나리오)의 일부

1	
-	-/sp
병일	병일/nnp
목소리에	목소리/nng+에/jkb
돌아보며	돌아보/vv+며/ec
일어서는	일어서/vv+는/etm
정인	정인/nnp
.	./sp
@	
〈u who=병인E〉	
어이구	어이구/ic
이게	이거/np+이#/jks
누구십니까	누구/np+이#/vc+시/ep +ㅂ니까/ef
?	?/sp
@	
2	
-	-/sp
정인에게로	정인/nnp+에게로/jkb
다가오는	다가오/vv+는/etm
병일	병일/nnp
,	,/sp
영훈과	영훈/nnp+과/jc
여직원이	여직원/nng+이/jks
놀고	놀/vv+고/ec
있다	있/vx+다/ef
.	./sp
@	
〈u who=정인〉	
안녕하셨어요	안녕하/vj+시/ep+었#/ep +어요/ef
?	?/sp
@	
〈u who=병일〉	
언제	언제/np
왔어요	오/vv+았#/ep+어요/ef
?	?/sp
@	
〈u who=정인〉	
방금	방금/mag
왔어요	오/vv+았#/ep+어요/ef
.	./sp
@	
〈u who=병일〉	
어디	어디/ic
보자	보/vv+자/ef
.	./sp
@	
우리	우리/np
장군	장군/nng
얼마나	얼마나/mag
컸나	크/vv+었#/ep+나/ef
!	!/sp
@	
〈u who=정인〉	
영훈아	영훈/nnp+아/jkv
,	,/sp
아저씨한테	아저씨/nng+한테/jkb
인사	인사/nng
드려야지	드리/vv+어야지#/ef
@	
〈u who=아이〉	
안녕하세요	안녕하/vj+시/ep+어요#/ef
!	!/sp
@	
〈u who=병일〉	
많이	많이/mag
컸구나	크/vv+었#/ep+구나/ef
.	./sp
@	
〈u who=여직원〉	
우리	우리/np
나가서	나가/vv+아서#/ec
놀자	놀/vv+자/ef
.	./sp
@	
〈u who=병일〉	
녀석	녀석/nng
,	,/sp
갈수록	가/vv+ㄹ수록/ec
즈이	즈이/mm
아빠네	아빠/nng+이#/vc+네/ef
.	./sp
엉	엉/ic
?	?/sp
@	

자동 형태소 분석기에 의해 일차적으로 주석된 결과물에는 적지 않은 오류가 포함되어 초기의 주석 데이터의 정밀도에 영향을 끼쳤기 때문에, 말뭉치에 부가된 형태 정보는 의미 주석 작업이 완료되는 시점까지도 꾸준히 고쳐졌다.[13)]

3.4. 말뭉치의 의미 주석

앞 단계에서 형태 정보 주석 말뭉치가 완성되면 주석 대상 낱말들의 모든 용례에 대해 의미 주석을 수행하게 되는데, 이때에는 두 가지 방법이 가능하다. 하나는, 모든 검색된 용례의 의미를 주석자 자신이 스스로 분류하여 이를 주석하는 방법이며, 다른 하나는 신뢰할 수 있는 사전의 의미 분류 체계를 따라서 용례를 분류하는 방법이다. 전자는 일반적으로 사전의 편찬 과정에서 이루어지는 원고 작성자의 역할과 같은데, 이는 사전 작성과 주석을 동시에 수행해야 하므로 고도로 훈련된 인적 자원과 오랜 시간, 여러 주석자들 간의 통일성을 유지하기 위한 노력을 필요로 하는 일이어서 현실적으로 실행하기가 어렵다.

이러한 문제를 해소하는 방법으로서는 의미 주석을 위한 기반 사전을 선택하여 그 의미 기술을 기준으로 하여 의미 구분을 해 나가는 방안이 현실적이다. 이때 쓰일 사전은 몇 가지의 조건이 갖추어져야 한다. 첫째로는, 낱말의 의미 분류가 정밀하고 신뢰할 수 있어야 한다. 둘째로,주석 대상의 모든 낱말들이 사전에 기술되어 있어야 함은 물론이고 말뭉치에서 나타날 수 있는 모든 용법이 기술되어 있어야 한다. 그러므로 특수 사전보

13) 실제로는 1999년에 62만 마디의 품사 주석 수정 후처리(사람이 직접 확인하면서 고치는 일)가 이루어지고, 2000년에 이르러 38만 마디의 품사 주석 후처리를 완료함으로써 전체 말뭉치에 대한 꼼꼼한 형태 정보 주석의 완성에 꼬박 2년이 걸렸다.

다는 일반 사전이 더욱 적합하다. 셋째로, 실제의 언어 자료의 분석을 토대로 만들어진 사전이어야 한다. 넷째로, 실제 말뭉치를 주석하는 데에 필수적인 전자사전을 확보할 수 있는 사전이어야 한다는 점도 매우 중요하다. 이와 같은 면을 고려하여 의미 주석 기반 사전으로 『연세 한국어 사전』(1998)을 채택하였으며, 의미 주석을 위한 프로그램에서 사용할 전자사전을 확보할 수 있었다. 『연세 한국어 사전』(1998)은 앞서 들었던 의미 주석 기반 사전으로서의 조건을 거의 다 충족하는 유일한 사전이었으며, 이 사전은 2000년 9월에 사전 전체가 전자사전화되어 2001년 1월부터 이미 인터넷 무료 검색 서비스가 제공되고 있었다. (http://kordic.britannica.co.kr, 한국브리태니커 홈페이지)

이와 동시에, 효율적이고 정확한 의미 주석을 위해 사전을 검색하고 태그를 부착하는 반자동 프로그램을 개발하여 사용하였다.(3.4.2 참조)

3.4.1. 의미 주석 대상 어휘의 분포

의미 주석 대상은 원칙적으로 기본어휘를 중심으로 한 실질어휘이지만, 다음 표에서 볼 수 있듯이 일부 접미사도 포함된다. 『한국어 기본어휘 의미 빈도 사전』(2014)에는 총 7,203개의 낱말(58개의 접사 포함)이 수록되었는데, 이것은 한국어교육 표준말뭉치에 사용된 전체 낱말수의 14.9%에 불과한 양이지만, 그 용례를 합하면 모두 80만 3,820개로 이 말뭉치 전체의 무려 76.4%에 이른다. 바꾸어 말하자면 표준말뭉치 전체의 76.4%를 의미 구분하여 주석한 셈인 것이다.

〈표 6〉 한국어 기본어휘의 품사별 분포와 비율

항목 / 품사	표준말뭉치 전체	수록어휘		기본어휘			
	낱말수	낱말수	품사내 비율	낱말수	품사내 비율	빈도합	품사내 비율
명사	27,374	3,839	14.0%	1,548	5.7%	235,395	65.2%
고유명사	5,978	35	0.6%	30	0.5%	3,762	10.9%
의존명사	291	205	70.4%	76	26.1%	52,955	95.9%
대명사	149	86	57.7%	40	26.8%	39,696	94.7%
수사	95	57	60.0%	37	38.9%	15,179	83.7%
동사	8,125	1,618	19.9%	668	8.2%	176,666	79.5%
형용사	2,564	498	19.4%	239	9.3%	64,720	81.7%
보조동사	57	41	71.9%	31	54.4%	51,171	99.4%
지정사	1	1	100%	1	100%	36,685	100%
관형사	567	120	21.2%	36	6.3%	31,396	92.0%
부사	2,568	564	22.0%	218	8.5%	65,852	79.2%
감탄사	379	81	21.4%	24	6.3%	7,288	64.4%
접사	78	58	74.4%	18	23.1%	23,055	95.8%
합계	48,226	7,203	14.9%	2,966	6.2%	803,820	76.4%

〈표 6〉을 통해 볼 때 『한국어 기본어휘 의미 빈도 사전』(2014)에 수록된 낱말들의 비중은 전체 낱말의 약 15% 정도인 7천여 개로, 이 가운데서 품사별로 보아 해당 품사 전체의 70% 이상의 높은 비중으로 수록된 것은 "지정사 〉 접사 〉 보조동사 〉 의존명사"의 순으로 나타나며, 체언 중 수사와 대명사 역시 매우 높은 비중으로 수록되어 있음을 볼 수 있다.

기본어휘 약 3천 개는 낱말수로는 말뭉치 전체 낱말수의 약 6%에 불과하지만 그 빈도합은 전체 말뭉치의 76% 이상이 되어, 『한국어 기본어휘 의미 빈도 사전』(2014)은 한국어교육 표준말뭉치의 용례 대부분을 분석해 낸 것임을 알 수 있다.

당초 『외국인을 위한 한국어 학습 사전』(서상규 외, 2004, 2006)의 중요어휘(한국어 기본어휘)는 모두 2,975개였는데, 이 사전의 편찬 과정에서 바탕으로 삼은 각각의 목록이나 사전 작성에 사용된 올림말 설정 방법, 동형어와 품사 구분 방식의 차이 등을 조정하고 오류를 바로잡은 결과로서, 실제의 최종적인 기본어휘의 수는 2,966개로 줄었다. 또한, 사전에 기술된 의미 항목만이 아니라 관용구도 의미 분류의 대상으로 삼았으며, 의미 주석 기반 사전의 의미 풀이로는 설명할 수 없는 용례가 출현할 때에는 사전 내용을 수정하거나 보완하였다.

3.4.2. 의미 주석의 실제

말뭉치에 대한 의미 정보 주석은, 형태 정보(품사 표지) 부착 및 수정, 의미 표지 부착, 의미 빈도 계량 처리의 세 단계 과정을 거쳐 이루어졌으며, 각 과정에 필요한 소프트웨어를 직접 개발하였다.[14]

한국어교육 말뭉치의 각 기본어휘에 의미 주석을 붙이는 작업은 의미 주석 반자동 프로그램인 '참뜻'에 의해 이루어진다. 이 프로그램은 당시 연세대학교 대학원 국어정보학 협동과정의 박사 과정에 재학중이던 장석배 선생(현재 미국 웰슬리대 교수)에 의해 개발된 것이다. 개발 이후에도 의미 주석 과정에 여러 차례의 수정과 보완을 거쳤다.

14) 이에 대한 상세한 내용은 서상규(2001:86-90)를 참조 바람.

〈그림 2〉 의미 주석 프로그램 '참뜻'에 관한 정보

이 프로그램은 『연세 한국어 사전』(1998)의 전자사전을 참조하면서, 한국어교육 표준말뭉치와 같이 형태 주석이 된 주석 말뭉치에 의미 주석을 붙이는 일을 도와 주는 것을 주된 기능으로 삼는다. 주요한 기능을 보면, 한국어교육 표준말뭉치에서 용례를 추출하는 검색, 사용자가 원하는 방식으로 검색, 배열하는 고급 검색 및 배열 기능, 용례의 문맥 표시 기능, 전자사전 검색과 의미 검색과 표시 기능, 그리고 용례에 해당하는 사전의 의미 항목을 마우스로 클릭하면 말뭉치에 의미기호를 자동적으로 기입하여 주석하는 기능이다.

다음의 〈그림 3〉에서 볼 수 있듯이, 윈도용의 반자동 주석 시스템인 이 프로그램의 기본 창에서는 작업 대상의 형태 정보 주석 말뭉치에서 해당 낱말의 모든 용례를 정확히, 그리고 빠짐없이 추출할 수 있다. 이미 형태 주석이 잘 되어 있기 때문이다. 추출된 용례 하나하나에 의미 주석을 하려 할 경우에 그림의 가운뎃 부분에 보이는 '문맥 보기' 창에

해당 낱말의 앞뒤 문맥이 표시되게 된다.15)

〈그림 3〉 의미 주석 프로그램 '참뜻2.1'의 주석 화면(그리다)

의미 주석 프로그램의 주화면(그림 3)에는 어절의 위치를 나타내는 어절 번호, 해당 어절의 형태, 주석 대상의 낱말을 나타내는 형태소, 품사 정보가 표시되며, '의미'란에는 전자사전에서 의미를 선택하여 마우스로 클릭하면(그림 4 참조), 자동적으로 해당 의미 주석 표지가 말뭉치에

15) 본디 이 창은 기본 창과 분리되어 있어서 작업자의 환경에 따라서 적절한 위치에 갖다 놓고 작업을 수행할 수 있도록 되어 있으나, 여기서는 편의상 기본 창 안에 보이도록 설정하였다.

기입된다. 〈그림 3〉에서의 '1-①㉠' 따위가 바로 그것이다. 마지막의 '참고'란은, 주석자가 메모를 남길 경우에 사용한 항목이다.

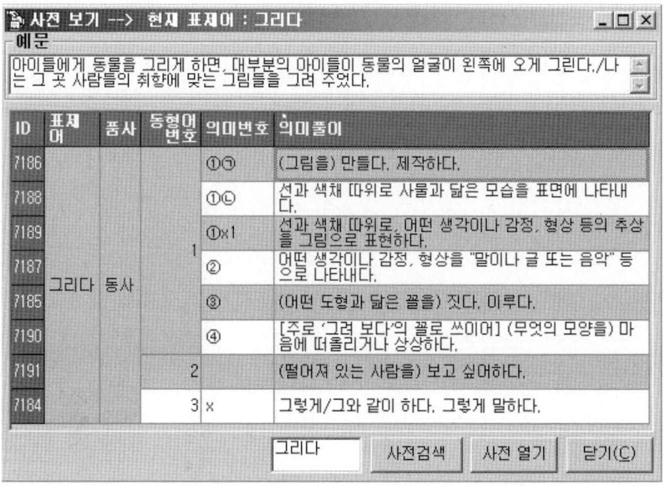

〈그림 4〉 의미 주석 프로그램 '참뜻2.1'의 사전 화면(그리다)

의미 주석자의 작업 환경에서 또 하나의 중요한 창은 〈그림 4〉에 보이는 바와 같은 전자사전 창이다. 여기에는 『연세 한국어 사전』(1998)의 의미 기술 내용이 모두 들어 있으며, 필요한 경우에는 언제든지 사전 데이터베이스의 내용을 수정, 보완하거나, 여러 개의 사전을 만들어 선택할 수 있도록 설계되어 있다. 〈그림 4〉에는 동사 '그리다'의 사전 정보가 표시되어 있는데, 어느 의미 항목을 마우스로 클릭하면, 윗부분의 작은 창에, 사전에 실린 해당 의미의 용례를 볼 수 있도록 되어 있다. 사전의 맨 아래에 'x'로 표시된 의미 항목은 의미 주석 단계에서 추가된 의미 항목임을 나타낸다. 그러므로 의미 주석을 통해서 해당 낱말의 의미별 빈도를 추출하는 데에 그치지 않고, 실제의 용례 분석의 결과를 반영해 사전 내용을 고치고 보완할 수 있다.

3.4.3. 주석 말뭉치의 구조

말뭉치의 모든 표본들은 형태소 분석을 거쳐 생성된 어절 분석 결과에 품사 기호가 부착된 후, 의미 주석을 거쳐 〈그림 5〉와 같은 구조의 말뭉치로 가공된다.16)

어절번호	원어절	어절내 순서	분석 결과	품사기호	의미기호
10005780	간호원을	1	간호원	nng	-
10005780	간호원을	2	을	jko	
10005781	불렀을	1	부르	vv	1-01-07
10005781	불렀을	2	었#	ep	
10005781	불렀을	3	을	etm	
10005782	때	1	때	nng	1-02-01-01
10005783	,	1	,	sp	
10005784	나는	1	나	np	3-00-01
10005784	나는	2	는	jx	
10005785	야단맞는다는	1	야단맞	vv	
10005785	야단맞는다는	2	는다는	etm	
10005786	말이	1	말	nng	1-00-04
10005786	말이	2	이	jks	
10005787	간호원을	1	간호원	nng	-
10005787	간호원을	2	을	jko	
10005788	두고	1	두	vv	1-04-01
10005788	두고	2	고	ec	
10005789	한	1	하	vv	1-01-01
10005789	한	2	ㄴ	etm	
10005790	말임을	1	말	nng	1-00-04
10005790	말임을	2	이	vc	3-00-01
10005790	말임을	3	ㅁ	etn	
10005790	말임을	4	을	jko	
10005791	알았다	1	알	vv	-01-01
10005791	알았다	2	았	ep	
10005791	알았다	3	다	ef	
10005792	.	1	.	sp	

〈그림 5〉 형태 및 의미 주석 말뭉치(일부)

16) 표의 '의미기호'는 『연세 한국어 사전』(1998)에서 기술된 의미항목을 기호화한 것이다.

예를 들어 〈그림 5〉의 '말임을'이라는 어절은 "말, 이, ㅁ, 을"의 모두 4개의 구성요소로 분석되어 말뭉치에 각각의 품사가 부여되어 있다. 이 가운데 기본어휘로서 의미 주석 대상이 된 것은 '말'과 '이(다)'이며, '말'에는 '1-00-04'(『연세 한국어 사전』의 '말1'의 ④의 의미 항목)라는 의미기호가 붙어 있다.

3.4.4. 의미 주석의 경과

앞에서 보인 바와 같이, 균형 말뭉치의 설계와 구축, 형태 주석, 그리고 주석 대상의 기본어휘 후보 목록의 작성을 바탕으로 비로소 의미 주석에 착수할 수 있었다.

실제로 『한국어 기본어휘 의미 빈도 사전』(2014)의 개발이 이루어진 실제의 경위를 간략히 보이면 다음과 같다.

1단계: 프로젝트로 말뭉치의 형태 및 의미 주석(1998~2000)

a. 말뭉치 구성 및 형태 주석(1998), 기본어휘 후보 5천 개 목록(1998)[17], 의미 주석용 전자사전 확보함(1999)[18]

b. 100만 마디의 말뭉치를 대상으로, 위 5천 개 목록 중 빈도 최상위 1천개의 의미 주석을 목표로 하여 주석, 실제 1,154개 낱말의 주석함

c. 의미 주석 과정에는 필자 외에, 당시 연세대학교 대학원 국어학 전공 석·박사 과정생 연 인원 14명이 참여함(1999년 8명, 2000년 6명, 이 가운데 4명은 2년간 참여)[19]

---

17) 이 일에는 당시 대학원생이던 김한샘 선생(현재 연세대 교수)가 크게 이바지하였다.

18) 『연세 한국어 사전』의 전자사전화는 당시 대학원 국어정보학 박사 과정의 장석배 선생(현재 웰슬리대 교수)의 노력으로 실현되었다.

2단계: 추가 주석 및 기존 주석에 대한 후처리(2001~2004)

a. 기존 의미 주석을 검토하여 수정하는 한편,

b. 약 3천 개의 낱말을 추가로 주석, 총 4,613개 낱말의 의미 주석을 완료함[20]

3단계: 재주석과 검증, 추가 주석(2005~2010)

a. 전체 주석 파일을 통합하여 상위 빈도어로부터 주석의 오류를 수정, 하위 빈도어로 내려가면서 추가로 의미 주석을 실행함

b. 총 7,203개 낱말의 주석을 마친 후, 더 이상의 저빈도의 낱말들에 대한 의미 주석은 불필요하다는 결론에 이름

c. 100만 마디(정확히는 105만 2,686)의 균형말뭉치에 쓰인 총 48,226개 낱말 중 7,203개 낱말(14.9%), 그 빈도수 합은 90만 2,245개 용례(85.7%)의 주석을 2010년 12월에 마침

4단계: 사전의 편집과 주석의 수정(2011~2013)

a. 의미 빈도 사전의 모형을 설계하고 원고의 편집을 시작함 (2010년 12월)

b. 사전의 편집 중에 발견되는 오류를 지속적으로 수정하며 말뭉치에도 반영해 나가며 빈도 통계를 여러 차례 고침

c. 2013년 3월 26일 사전의 편집과 교정을 끝냄. 최종적으로 사전에

---

19) 당시 의미 주석 과정에 힘을 보태 준 석·박사 과정의 김유미, 김진웅, 남가경, 봉미경, 손현선, 안의정, 이재모, 최은정, 황은하 씨(가나다순)에게 이 자리를 빌어 깊은 감사를 드린다.

20) 이 과정에서 필자는 당시 대학원 국어학 전공 박사과정의 민경모 선생(현재 계명대 교수)의 큰 도움을 받았다. 이 자리를 빌어 깊은 감사를 드린다.

수록된 낱말수는 5,162개로 확정됨

앞에 보인 단계 중 3단계와 4단계는 필자 홀로 수행하였다.

4. 의미 빈도 사전의 구조

의미 빈도 사전이 한국어를 교수, 학습하거나 한국어 어휘의 의미 특성을 사실적으로 이해하는 데에 실제적으로 도움이 되기 위해서는 다음의 몇 가지 요건을 갖추는 것이 바람직하다.

첫째, 아주 큰 규모의 표준말뭉치에 나온 모든 예문을 통계적으로 분석함으로써 기본어휘들의 실제 쓰임을 기술해 보여 주는 것이 바람직하다. 둘째, 기본어휘와 그 중요도, 여러 동음이의어들 사이에서 차지하는 비중을 쉽게 알아볼 수 있어야 한다. 셋째, 각 낱말의 의미 항목의 계량적 정보를 보여줌으로써 한국어 어휘 교육에 활용할 수 있어야 한다. 이를 위해서는 사전 구조와 구성 요소, 빈도 표시의 방법 등의 고려를 통하여 사용자 편의성을 높이도록 하는 것이 바람직하다.

이와 같은 조건들이 『한국어 기본어휘 의미 빈도 사전』(2014)의 구조에 어떻게 반영되어 있는지를 살펴보기로 하자.

4.1. 올림말

이 사전은 100만 마디의 한국어 균형 말뭉치(한국어교육 표준말뭉치, 글이나 대화로 된 모두 218개의 텍스트) 중 10개 이상의 텍스트에 나타나면서 아울러 그 빈도수가 15회 이상인 낱말들(5,162개)과 그들의 동형어(형태가 같지만 뜻이 다른 올림말. 즉 '동음이의어' 또는 한꼴말)를 올림말로 하고 있는데, 모두 합하면 총 7,203개의 낱말이다. 이 낱말들은 먼저 『외국인을 위한 한국어 학습 사전』(2004, 2006)과 "韓國語 學習 辭典 編纂과 基本 語彙의 選定을 위한 基礎研究"(서상규, 2006)에서 제안된 '한국어교육 중요 어휘' 목록을 바탕으로 해서[21], 의미 주석 말뭉치의 분석에 의해 얻어진 의미 빈도를 고려하여 최종적으로 선별된 것이다. 선정 방법과 실제 목록은 앞의 제4장에서 이에 관해 소상히 밝힌 바 있다.

≪감다≫ 전체빈도합=129(0.0069%)

감다[1] 동★★★ 【Text=48/Freq1=81(62.8%)】
　⓪(예) 눈을 살짝 감았다가 뜨다. [Text=46/Freq2=77(95.1%)]
　㉿ 〈눈을 감다〉
　　Ⅰ(예) 환자가 끝내 눈을 감다. [Text=1/Freq2=2(2.5%)]
　　Ⅱ(예) [비리에/현실에] 눈을 감다. [Text=2/Freq2=2(2.4%)]
감다[2] 동 【Text=17/Freq1=27(20.9%)】
　⓪(예) [멱을/미역을] 감다. [Text=3/Freq2=3(11.1%)]
　❶(예) 머리를 감다. [Text=14/Freq2=24(88.9%)]
감다[3] 동 【Text=19/Freq1=21(16.3%)】
　Ⅰ ①(예) 목에 목도리를 감다. [Text=9/Freq2=10(47.6%)]
　　②(예) 팔로 허리를 감다. [Text=2/Freq2=2(9.5%)]
　　③(예) 검정 드레스로 몸을 감다. [Text=3/Freq2=4(19%)]
　　④(예) 뱀이 먹잇감을 칭칭 감다. [Text=2/Freq2=2(9.5%)]
　Ⅱ ①(예) [끈을/실을] 감다. [Text=2/Freq2=2(9.5%)]
　　②(예) 뱀이 몸을 감아 똬리를 틀다. [×]
　　③(예) 시계의 태엽을 감다. [Text=1/Freq2=1(4.8%)]

〈그림 6〉『한국어 기본어휘 의미 빈도 사전』의 일부(감다)

21) 『외국인을 위한 한국어 학습 사전』(2004)의 부록에 제시된 중요 어휘는 2,975개의 기본어휘로 구성되어 있는데, 사전의 올림말과 품사 구분, 동형어 가름의 차이로 일부 낱말들이 제외되면서 낱말 수에 차이가 생겼다.

이 가운데 올림말의 품사 표지 옆에 세 자리의 검정과 흰 별의 조합으로 된 표시를 붙인 낱말들이 '한국어교육 기본어휘'인데, 여기에는 실질어휘만(일부 접사도 포함) 들어 있으며, 조사와 어미는 형태 빈도수와 비율만을 부록에서 따로 보이고 있다.

4.1.1. 대표 올림말과 개별 올림말

"≪≫"로 표시되는 '대표 올림말'은 『연세 한국어 사전』에 둘 이상의 동형어가 수록되어 있을 때, 이를 대표하여 그 형태 전체의 빈도수와 비율을 보여 주기 위해서 표시하는 대표형이다. 한편, 대표 올림말 아래에 작은 어깨번호를 달고 나열된 동형어들이 이 대표 올림말에 속한 개별 올림말들이다.

이 사전에는 모두 5,162개의 대표 올림말이 설정되어 있으며, 그 아래에 7,203개의 개별 낱말들이 수록되어 있다.

〈그림 7〉에서와 같이, 대표 올림말 아래에 표시된 개별 올림말의 어깨번호와 품사, 의미 항목 번호는 모두 『연세 한국어 사전』을 따른다.

≪바르다≫ 전체빈도합=584(0.0314%)

바르다[1] 동☆★★ 【Text=31/Freq1=50(8.6%)】
①(예) [가루를/기름을] 바르다. [Text=26/Freq2=39(78%)]
②(예) 벽에 [벽지를/한지를] 바르다. [Text=4/Freq2=6(12%)]
③(예) 벽을 바르다. [Text=4/Freq2=4(8%)]
ⓧ [Text=1/Freq2=1(2%)]
바르다[2] 동 【Text=0/Freq1=0】 ⓧ
⓪(예) 생선 가시를 바르다. [×]
바르다[3] 형★☆★ 【Text=74/Freq1=532(91.1%)】
Ⅰ ①(예) 바르게 [세우다/앉다]. [Text=17/Freq2=89(16.7%)]
②(예) 아이가 심성이 바르다. [Text=3/Freq2=3(0.6%)]

③(예) 바른 길로 인도하다./바른 말씀을 하다. [Text=41/Freq2=70(13.2%)]
④(예) 결과를 바르게 파악하다./바른 말 고운 말. [Text=31/Freq2=194(36.5%)]
⑤(예) 한복을 바르게 입는 법. [Text=30/Freq2=147(27.6%)]
⑥(예) 바른 대로 대답하다. [Text=4/Freq2=8(1.5%)]
⑦(예) 예의가 바르다. [Text=12/Freq2=16(3%)]
Ⅱ(예) [양지/햇볕] 바른 곳. [Text=1/Freq2=1(0.2%)]
ⓧ [Text=3/Freq2=4(0.8%)]

〈그림 7〉『한국어 기본어휘 의미 빈도 사전』의 일부(바르다)

『연세 한국어 사전』에 실리지 않은 올림말을 설정한 경우, 〈그림 8〉에서와 같이, 대표 올림말에는 어깨번호 자리에 ♣ 표시를 하고, 개별 올림말의 어깨번호 자리에는 윗첨자0(⁰)을 붙인다. 개별 올림말이 두 개 이상의 동형어로 수록되는 경우에는 '그날[01]'과 '그날[02]'처럼 구분하여 표시하고 있다.

≪그날♣≫ 전체빈도합=109(0.0059%)
그날[01] 명 【Text=31/Freq1=63(57.8%)】
❶(예) 처음 만난 그날을 기억하다. [Text=29/Freq2=54(85.7%)]
❷(예) 성공할 그날까지 참다. [Text=5/Freq2=5(7.9%)]
㉪〈그날 그날〉 그날 그날의 생계. [Text=3/Freq2=4(6.3%)]
그날[02] 부 【Text=26/Freq1=46(42.2%)】
❶(예) 그날 나는 진실을 알았다. [Text=25/Freq2=44(95.7%)]
❷(예) 언젠가 그날 우리는 만날 것이다. [×]
㉪〈그날 그날〉 그날 그날 살아가다. [Text=1/Freq2=2(4.3%)]

〈그림 8〉 사전에 실리지 않은 올림말 표시의 보기(그날)

4.1.2. 전체빈도합과 백분율

'전체빈도합'은 대표 올림말에 포함된 모든 동형어의 빈도를 합한 빈도

수를 나타낸다. 괄호 속의 백분율은, 조사 대상의 말뭉치 전체(약 100만 마디)의 형태 빈도 총합(185만 6,581)[22]에 대한 전체 빈도합의 상대 비율을 나타낸다. 즉 말뭉치 전체에서 대표 올림말 형태가 차지하는 비중(비율)을 보여 준다.

≪감사하다≫ **전체빈도합=129(0.0069%)**

감사하다[1] 동★★☆ 【Text=25/Freq1=40(31%)】

⓪(예) 이웃들의 도움에 감사(感謝)하는 마음.

감사하다[2] 형☆★☆ 【Text=47/Freq1=89(69%)】

⓪(예) 참 감사(感謝)한 일입니다./도와 주셔서 감사합니다.

〈그림 9〉 전체빈도합과 백분율의 예(감사하다)

4.1.3. 동형어 구분 : 어깨번호

(1) 동형어 표시

개별 올림말의 오른편 위에 붙은 어깨번호(즉 윗첨자로 된 숫자)는, 서로 다른 낱말을 구분하는 동형어 구분 표시이다. 동형어의 구분은 『연세 한국어 사전』의 기술을 따르는데, 더러 이 사전에 실려 있지 않은 올림말을 표시할 때는 윗첨자0(^{0})(예: 그림 10의 가^0)으로 나타낸다.

≪가≫ 전체빈도합=73(0.0039%)

가[1] 명★★★ 【Text=14/Freq1=23(31.9%)】

⓪(예) 큰길의 오른쪽 가에 있다.

22) 말뭉치에 형태 분석(주석)을 한 결과를 바탕으로 모든 형태의 출현 회수를 합한 것으로, 일반적으로 말뭉치의 규모를 마디수로 표시하는 것보다 더 정밀한 것이다.

가[2] 명 【Text=2/Freq1=2(2.9%)】
　①(예) 방영 불가와 가(可). [Text=1/Freq2=1(50%)]
　②(예) 수학 성적이 가로 나오다. [Text=1/Freq2=1(50%)]
-가[5] 접 【Text=1/Freq1=1(1.4%)】
　⓪(예) 카라마조프가(家)의 형제.
-가[7] 접 【Text=1/Freq1=1(1.4%)】
　⓪(예) 성은 김 가(哥)이다.
-가[8] 접☆★☆ 【Text=9/Freq1=14(19.2%)】
　①(예) 종로3가(街). [Text=9/Freq2=13(92.9%)]
　②(예) 오피스가. [Text=1/Freq2=1(7.1%)]
가[0] 명 【Text=11/Freq1=32(43.8%)】
　❶(예) 가와 나, 다.

〈그림 10〉 올림말의 동형어 표시

(2) 용례가 나타나지 않은 개별 올림말

하나의 대표 올림말에 속한 여러 올림말 중에는 『연세 한국어 사전』의 여러 동형어 올림말에는 수록되어 있음에도 불구하고 실제로는 조사 대상의 말뭉치에서 한 번도 쓰이지 않은 것들도 있다. 동형어들 사이에서의 상대적인 분포의 크고 작음을 비교할 수 있도록 하기 위해 이들의 용법도 함께 보이기로 한다.

≪농담≫ 전체빈도합=43(0.0023%)
　농담[1] 명☆★★ 【Text=26/Freq1=43(100%)】
　　⓪(예) 농담(弄談)을 하다.
　농담[2] 명 **【Text=0/Freq1=0】ⓧ**
　　⓪(예) 색깔의 농담(濃淡)을 조절하다. [×]

〈그림 11〉 용례가 나타나지 않은 올림말 표시

(3) 문맥이 주어지지 않은 용례의 처리

문맥이 주어지지 않아서 여러 동형어 중의 어느 것인지 판단할 수 없을 때에는, 가상적인 올림말(어깨번호를 윗첨자 'x'로 표시함. 예:그림 12의 천[x])을 설정해서 그 빈도수를 표시하기로 한다.

≪천≫ 전체빈도합=1,222(0.0658%)

천[1] 명 【Text=11/Freq1=27(2.2%)】
⓪(예) 얇은 천으로 된 옷.
천[2] 수★★★ 【Text=154/Freq1=1,191(97.5%)】
Ⅰ(예) 일부터 천(千)까지 세다. [Text=20/Freq2=35(2.9%)]
Ⅱ(예) 돈 천 원./백 번, 천 번. [Text=153/Freq2=1,156(97.1%)]
천[x] ? 【Text=3/Freq1=4(0.3%)】

〈그림 12〉 문맥이 주어지지 않은 용례의 처리

4.1.4. 품사의 표시와 분포

(1) 품사의 구분

『한국어 기본어휘 의미 빈도 사전』에 사용된 씨갈래(품사 구분)의 약호는 다음과 같다.

명 : 명사23)	명의 : 의존명사	명고 : 고유명사
대 : 대명사	수 : 수사	
동 : 동사	형 : 형용사	동보 : 보조동사
관 : 관형사	부 : 부사	감 : 감탄사
접 : 접사		
조 : 조사	끝 : 어미	준 : 준꼴

23) 『연세한국어사전』의 '형성'은 '명사'에 포함하기로 한다. (예: 국제)

≪가≫ 전체빈도합=70(0.0038%)
가[1] 명★★★ 【Text=14/Freq1=23(32.9%)】
⓪(예) 큰길의 오른쪽 가에 있다.

〈그림 13〉 품사의 표시

(2) 수록 올림말들의 품사별 구성

〈표 7〉 사전에 수록된 올림말의 품사별 구성

품사	전체 낱말수	수록 낱말수	품사내 수록 비율	품사 전체 빈도합	수록 낱말 빈도합	품사내 수록 비율
명사	27,374	3,839	14.0%	360,866	279,733	77.5%
고유명사	5,978	35	0.6%	34,387	3,980	11.6%
의존명사	291	205	70.4%	55,225	54,478	98.6%
대명사	149	86	57.7%	41,925	41,671	99.4%
수사	95	57	60.0%	18,129	18,003	99.3%
동사	8,125	1,618	19.9%	222,155	200,556	90.3%
형용사	2,564	498	19.4%	79,199	71,081	89.7%
보조동사	57	41	71.9%	51,473	51,408	99.9%
지정사	1	1	100%	36,685	36,685	100%
관형사	567	120	21.2%	34,130	32,768	96.0%
부사	2,568	564	22.0%	83,119	76,699	92.3%
감탄사	379	81	21.4%	11,324	10,287	90.8%
접사	78	58	74.4%	24,069	23,980	99.6%
어근	9	0	0.0%	10	0	0.0%
자모	46	0	0.0%	242	0	0.0%
합계	48,281	7,203	14.9%	1,052,938	901,329	85.6%

4.2. 사용 빈도 및 중요도

4.2.1. 한국어 기본어휘의 표시

≪가지≫ 전체빈도합=1,146(0.0617%)

가지[1] 명★☆★ 【Text=25/Freq1=58(5.1%)】

①(예) 나무의 가지를 꺾다./앙상한 가지./가지를 드리우다. [Text=22/Freq2=50(86.2%)]

②(예) 과거, 현재는 시간의 서로 다른 가지들이다. [Text=4/Freq2=8(13.8%)]

관 〈가지(를) 치다〉

①(예) [궁금증이/상상이] 가지를 치다. [×]

②(예) 길이 가지를 치며 갈라지다. [×]

가지[2] 명 【Text=3/Freq1=4(0.3%)】

⓪(예) 밭에 가지를 심다./가지를 볶아 먹다.

가지[3] 명의★★★ 【Text=169/Freq1=1,083(94.5%)】

⓪(예) [다섯/여러] 가지 [방법/색]. [Text=157/Freq2=928(85.7%)]

❶(예) 한두 가지 [묻다/이야기하다]. [Text=57/Freq2=111(10.2%)]

관 〈여러 가지로〉 여러 가지로 고맙다. [Text=28/Freq2=44(4.1%)]

〈그림 14〉 한국어 기본어휘의 표시(별표)

검은 별(★)과 흰 별(☆)의 세 자리 조합으로 표시된 한국어 기본어휘는, 서상규(2003)에서 발표된 '한국어 학습 사전의 중요 어휘 목록'을 바탕으로 한다. 이 어휘 목록은 『외국인을 위한 한국어 학습 사전』(2004, 2006)의 중요어휘(한국어 기본어휘) 2,975개로 반영되었다. 이후 본 연구를 통한 의미 주석 말뭉치의 분석과, 이 의미 빈도 사전의 편찬 과정에서 이루어진 의미와 용법의 빈도 조사 결과를 반영함으로써 최종적으로 한국어교육 기본어휘 2,962개를 선별할 수 있었다.

두 목록 간에 낱말수가 달라진 것은, 이 사전의 편찬 과정에서 바탕으로 삼은 각각의 목록이나 사전 작성에 사용된 올림말 설정 방법이 다르거나,

동형어와 품사 구분 방식에 차이가 있거나 하는 것이 주원인이며 이를 바로잡고 조정한 결과이다.

이들 기본어휘의 구성을 품사별로 분석하면 다음과 같다.

〈표 8〉 한국어 기본어휘의 품사별 분포와 비율

분류	품사	전체 낱말수	수록 낱말수	품사내 비율	기본어휘수	품사내 비율
체언	명사	27,374	3,839	14.0%	1,548	5.7%
	고유명사	5,978	35	0.6%	30	0.5%
	의존명사	291	205	70.4%	76	26.1%
	대명사	149	85	57.7%	40	26.8%
	수사	95	57	60.0%	37	38.9%
용언	동사	8,125	1,618	19.9%	668	8.2%
	형용사	2,564	498	19.4%	239	9.3%
	보조동사	57	41	71.9%	31	54.4%
	지정사	1	1	100.0%	1	100%
수식언	관형사	567	120	21.2%	36	6.3%
	부사	2,568	564	22.0%	218	8.5%
독립언	감탄사	379	81	21.4%	24	6.3%
기타	접사	78	58	74.4%	18	23.1%
	어근	9	0	0.0%	0	0.0%
	자모	46	0	0.0%	0	0.0%
합계		48,281	7,203	14.9%	2,966	6.2%

기본어휘에 대한 중요도의 표시(세 자리의 검정별과 흰별의 조합)와 낱말의 수는 다음의 표와 같다.

〈표 9〉 한국어 기본어휘의 중요도 표시와 분포

	중요도 표시		낱말수	비율
3목록 일치	★★★	①	1,128	38.0%
2목록 일치	★★☆	②	377	12.7%
	★☆★	③	242	8.2%
	☆★★	④	184	6.2%
1목록만 일치	★☆☆	⑤	287	9.7%
	☆★☆	⑥	312	10.5%
	☆☆★	⑦	436	14.7%
합계			2,966	100%

첫째 자리에 검정별이 붙은 낱말[24]은, 여러 가지 대규모의 말뭉치에 공통적으로 높은 빈도로 나타난, 고빈도 중요어휘 2천여 개에 포함된 낱말임을 나타낸다. 즉 일반적으로 현대 한국어에서 널리 자주 쓰이는 낱말임을 나타낸다. 이 목록의 목적은 다수의 대규모 말뭉치의 빈도 조사 목록을 바탕으로, '높은 빈도로 쓰이는 동시에, 다양한 언어 자료에 널리 나타나는 낱말'을 객관적인 근거를 바탕으로 해서 찾아내기 위한 것이다.

둘째 자리에 검정별이 붙은 낱말[25]은, 널리 알려진 주요 한국어 교육 기관의 교과서를 비롯한 약30종의 외국어로서의 한국어 교과서들에서 공통적으로 나타나는 중요어휘, 즉 한국어교육 중요어휘 2천여 개에 포함된 낱말임을 나타낸다. 이 목록의 목적은, 이 목록과 사전의 궁극적인 목표가 외국어로서의 한국어교육에 이바지하도록 하기 위해서는, 현실적으로 한국어교육 현장에서 과연 어떠한 낱말들이 중요하게 다루어지고

24) 위 표의 '중요도 표시'의 ①②③⑤가 여기에 해당하는 유형의 낱말들이다.
25) 위 표의 '중요도 표시'의 ①②④⑥이 여기에 해당하는 유형의 낱말들이다.

있는가를 객관적인 근거를 바탕으로 해서 찾아내기 위한 것이다.

셋째 자리에 검정별이 붙은 낱말[26]은, 한국어교육 전문가들에 의해 발표된 여러 기본어휘 목록, 주요 학습 사전의 중요어휘 목록 등의 14종의 목록에서 공통적으로 나타난 낱말 2천여 개에 포함된 낱말임을 나타낸다. 이 목록의 목적은, 대체로 한국어교육 전문가 또는 학습 사전 편찬자들의 '주관적 평정'의 결과물들인 여러 목록들을 바탕으로 해서, 되도록 공통적으로 중요하다고 인식된(평정된) 낱말들을 찾아내기 위한 것이다.

그러므로 〈표 9〉에서 보듯이 세 자리 모두 검정별로 표시된 1,128개의 낱말은, 일상적으로 고빈도로 널리 쓰이는 동시에, 한국어 교과서에서도 매우 중요하게 공통적으로 다루어지고 있으며, 전문가들과 학습 사전 편찬자들에 의해서도 공통적으로 중요어휘로 추천된 낱말들인 것이다.

별의 위치와 조합, 그에 따른 뜻에 대해서는 서상규(2006: 223-287)에 상세히 설명되어 있다.

4.2.2. 출현 텍스트 수

'Text'는 조사 대상 말뭉치를 구성하는 모두 218개의 텍스트(표본) 가운데에서, 해당 올림말이 몇 개의 텍스트에 출현하는가(쓰였는가)를 나타내며, 말뭉치를 구성한 텍스트에 모두 나타날 경우의 최대수는 218이다.

26) 위 표의 '중요도 표시'의 ①③④⑦이 여기에 해당하는 유형의 낱말들이다.

≪가다≫ 전체빈도합=5,718(0.3079%)

가다[1] 동★★★ **【Text=214**/Freq1=4,819(84.3%)】

Ⅰ ①(예) [어디에/저쪽으로] 가다. [Text=207/Freq2=3,152(65.4%)]

②(예) [학교에/산으로] 가다. [Text=135/Freq2=499(10.4%)]

③(예) [대학에/군대] 가다. [Text=40/Freq2=135(2.8%)]

④(예) 미국 지사로 가다. [Text=10/Freq2=13(0.3%)]

〈그림 15〉 출현 텍스트 수의 표시(Text=)

이 'Text'의 수는 해당 올림말이 얼마나 다양하고 폭넓은 글이나 말에서 실현되는가를 보이기 위한 것이므로, 같은 사용 빈도수의 올림말이라 하더라도 Text의 수가 클수록 더 다양하고 폭넓게 쓰이고 있음을 나타내며, 반대로 그 수가 적으면 적을수록 쓰임의 폭이 좁고 특정 텍스트에 집중되어 나타남을 뜻한다.

이 사전에는 원칙적으로 10개 이상의 텍스트에서 15번 이상 쓰인 낱말을 수록한다. 다만, 한국어교육 기본어휘 목록에 포함된 낱말이거나(그림 16의 '갈아타다'와 '감[1]'), 다른 올림말의 동형어로서 수록된 경우(그림 16의 '감[2]')에는, 출현 텍스트 수가 10미만인 경우도 있다.

≪갈아타다≫ 전체빈도합=7(0.0004%)

갈아타다 동☆★☆ **【Text=7**/Freq1=7】 (예) [배를/차를] 갈아타다.

≪감≫ 전체빈도합=48(0.0026%)

감[1] 명★☆★ **【Text=9**/Freq1=36(75%)】

⓪(예) 잘 익은 감을 따다.

감[2] 명 【Text=4/Freq1=5(10.4%)】

①(예) 좀 [늦은/이상한] 감(感)이 있다. [Text=4/Freq2=5(100%)]

②(예) 양쪽 모두 오해한 감이 있다. [×]

③(예) 전화 목소리의 감이 멀다. [×]

〈그림 16〉 출현 텍스트 수가 기준에 미치지 않는 올림말의 예

말뭉치를 구성하는 하나의 텍스트는 원칙적으로 최대 5천 마디로 구성되어 있는데 일부 자료는 그보다 적은 마디수로 되어 있다.

4.2.3. 올림말의 빈도수와 비율

'Freq1'은 조사 대상 말뭉치에 나타난 해당 올림말의 출현(사용) 빈도수(즉, 절대 빈도)이다. 괄호 속의 백분율은 말뭉치에 나타난 대표 올림말 형태의 빈도를 합한 전체 빈도수에서의 비율(즉, 상대 빈도)을 나타낸다. 그러므로 〈그림 17〉의 '걷다[1]'의 "Freq1=374(93.7%)"은, 이 올림말이 전체 말뭉치에 모두 374번 쓰여서, 대표 올림말 '걷다' 전체의 93.7%의 비율를 차지한다는 것을 나타낸다.

≪걷다≫ **전체빈도합**=399(0.0215%)

걷다[1] 동★★★ 【Text=115/**Freq1=374(93.7%)**】
①(예) [산길을/오솔길을] 걷다. [Text=105/Freq2=346(92.5%)]
②(예) [고행의 길을/정도를] 걷다. [Text=20/Freq2=28(7.5%)]

걷다[2] 동 【Text=21/**Freq1=23(5.8%)**】
①(예) 소매를 걷다. [Text=9/Freq2=9(39.1%)]
②(예) 돗자리를 걷다. [Text=6/Freq2=6(26.1%)]
③(예) [빨래를/좌판을] 걷다. [Text=5/Freq2=6(26.1%)]
④(예) [돈을/위문품을] 걷다. [Text=2/Freq2=2(8.7%)]
⑤(예) 벌여 놓은 사업들을 걷어 버리다. [×]

걷다[x] ? 【Text=2/**Freq1=2(0.5%)**】

〈그림 17〉 올림말의 빈도수(Freq1=)와 비율

다시 말해서, 해당 올림말의 빈도가 동형어 전체(대표 올림말)의 빈도수에 대해 어느 정도 비율을 차지하는가를 나타낸다. 이 비율을 보면 어느 동형어가 가장 많이 (또는 적게) 쓰이는지를 알 수 있다.

4.2.4. 의미 항목의 빈도수와 비율

(1) 의미 항목의 빈도수

'Freq2'는 해당 용법(의미 항목)의 빈도수이며, 괄호 속의 백분율은 해당 올림말의 전체 빈도수(Freq1)에 대한 비율을 나타낸다. 이 비율은, 한 올림말의 다의적인 용법들 중에서 어느 것이 더 자주 쓰이는지를 보여 준다.

≪가꾸다≫ 전체빈도합=111(0.0060%)

가꾸다 동★☆★ 【Text=53/Freq1=111】

①(예) 꽃을 예쁘게 가꾸다. [Text=31/Freq2=66(59.5%)]
②(예) 정원을 아름답게 가꾸다. [Text=14/Freq2=19(17.1%)]
③(예) 외모를 가꾸다. [Text=3/Freq2=3(2.7%)]
④ ㉠(예) 아이들은 가꾸기 나름이다. [×]
㉡(예) 희망찬 미래를 가꾸다. [Text=7/Freq2=7(6.3%)]
❺(예) 우리말을 곱게 가꾸어 나가다. [Text=12/Freq2=15(13.5%)]
ⓧ [Text=1/Freq2=1(0.9%)]

〈그림 18〉 의미 항목의 빈도수(Freq2=)와 비율

위의 〈그림 18〉에서 보듯이, 한 올림말에 대해서 『연세 한국어 사전』에서 기술되어 있는 의미 항목뿐만 아니라, 새롭게 발견된 용법(❺)을 포함한 모든 의미 항목에 대한 빈도수와 그 비율이 밝혀져 있다.

(2) Freq2의 비율 표시

의미 항목의 빈도수의 비율은, 개별 올림말의 전체 빈도합에 대한 해당 의미 항목의 비율을 가리킨다. 그러므로 〈그림 18〉의 '가꾸다' ①의 의미 항목은 말뭉치에서 66번 쓰였는데, 이것은 '가꾸다' 전체의 용례수

111번의 59.5%에 해당한다는 것을 나타낸다.

Freq2에서는 편의상 백분율의 소수점 아래 한 자리만을 표시하기 때문에 Freq2의 '0%'는 실제로는 그 백분율이 '0.05%' 미만임을 나타낸다. 〈그림 19〉에서 보인 '보다'(사전 기술의 일부)의 예를 보면 ①❹❺, 그리고 ④의 의미 항목의 빈도수가 해당 올림말의 전체 빈도수인 5,869의 0.05% 미만으로 나타나 사전에는 0%로 표시되어 있다.

≪보다≫ 전체빈도합=14,069(0.7576%)

보다[1] 동★★★ 【Text=217/Freq1=5,869(41.7%)】

Ⅰ ① ㉠(예) 아이가 엄마를 보며 웃다. [Text=202/Freq2=2,310(39.4%)]

㉡(예) [신문을/책을] 보다. [Text=131/Freq2=490(8.3%)]

㉢(예) [영화를/인형극을] 보다. [Text=106/Freq2=367(6.3%)]

㉣(예) 현실을 바로 보다. [Text=110/Freq2=472(8%)]

㉤(예) 사람들 얼굴 보기가 무섭다. [Text=37/Freq2=59(1%)]

㉥(예) [내려(다)/바라(다)/올려(다)] 보다. [Text=19/Freq2=29(0.5 %)]

㉦(예) 가게가 마주 보다. [Text=1/Freq2=1**(0%)**]

㉧(예) 시계를 볼 줄 알다. [Text=1/Freq2=1**(0%)**]

②(예) 친구가 보고 싶다./서로 보기가 힘들어지다. [Text=85/Freq2=173(2.9%)]

③(예) [땅을/원단을] 보러 다니다. [Text=8/Freq2=13(0.2%)]

④(예) 손을 짚어 맥상을 보다. [Text=2/Freq2=2**(0%)**]

〈그림 19〉 Freq2의 비율이 0%인 경우

또한, 한 올림말의 여러 의미 항목 중에서 하나에만 용례가 나타난 경우에는 Freq2의 비율을 '100%'로 표시한다.

≪급히≫ 전체빈도합=73(0.0039%)

급히 뷔★★☆ 【Text=45/Freq1=73】

①(예) 급(急)히 집으로 돌아가다. [Text=45/Freq2=73(100%)]

②(예) 물이 급히 불어 나다. [×]

③(예) 길이 왼쪽으로 급히 꺾이다. [×]

〈그림 20〉 Freq2의 비율이 100%로 표시된 경우

(3) Freq2의 생략

의미 항목이 하나뿐일 때는 Freq1과 Freq2가 같으므로 Freq2 표시를 생략한다.

≪가게≫ 전체빈도합=228(0.0123%)

가게 명★★★ 【Text=54/Freq1=228】 (예) [생선/화장품] 가게.

〈그림 21〉 의미 항목이 하나뿐인 경우

한편, '×'는 그 의미 항목의 용법을 드러내는 용례가 조사 대상 말뭉치에서 하나도 출현하지 않았음을 뜻한다.

≪값≫ 전체빈도합=145(0.0078%)

값 명★★★ 【Text=55/Freq1=145】

Ⅰ ①(예) 물건 값이 [비싸다/싸다]. [Text=51/Freq2=139(95.9%)]

②(예) 혈중 콜레스테롤 값. [Text=1/Freq2=1(0.7%)]

③(예) 계산식의 값을 표시하다. [Text=1/Freq2=1(0.7%)]

Ⅱ ①(예) 삶의 교훈을 얻은 값. [×]

②(예) 나이 값을 하다. [Text=2/Freq2=3(2.1%)]

관〈값을 부르다〉[×]

관〈~ 값을 하다〉[×]

관〈값(이) 나가다〉[×]

〈그림 22〉 용례가 나타나지 않은 의미 항목의 표시(〔×〕)

4.3. 뜻풀이 구분 체계와 표시

4.3.1. 뜻풀이 구분의 기준

이 의미 빈도 사전의 뜻풀이(의미 항목 구분) 체계(Ⅰ①㉠)는 『연세 한국어 사전』의 구분 체계를 그대로 따라서 쓴다.

≪가다≫ 전체빈도합=5,718(0.3079%)

가다[1] 동★★★ 【Text=214/Freq1=4,819(84.3%)】

Ⅰ ①(예) [어디에/저쪽으로] 가다. [Text=207/Freq2=3,152(65.4%)]
②(예) [학교에/산으로] 가다. [Text=135/Freq2=499(10.4%)]
③(예) [대학에/군대] 가다. [Text=40/Freq2=135(2.8%)]
(중략)
⑧ ㉠(예) 손잡이가 위로 가다. [Text=7/Freq2=12(0.2%)]
㉡(예) 그쪽으로 눈길이 가다. [Text=2/Freq2=2(0%)]
⑨(예) 불쌍한 사람들에게 가야 할 돈. [Text=3/Freq2=3(0.1%)]
⑩(예) 지갑이 어디로 가다. [Text=17/Freq2=18(0.4%)]
⑪(예) 후반부로 가면서 더 재미있다. [Text=7/Freq2=40(0.8%)]
⑫(예) 말년에 가서 성공을 거두다. [Text=25/Freq2=44(0.9%)]
⓭(예) [모임에/회의에] 가다. [Text=5/Freq2=7(0.1%)]
Ⅱ ①(예) 길을 가다가 친구를 만나다. [Text=63/Freq2=119(2.5%)]
②(예) [여행을/이사를] 가다. [Text=109/Freq2=291(6%)]
③(예) [시집을/장가를] 가다. [Text=25/Freq2=54(1.1%)]
④ ㉠(예) 나라에서 첫째 가는 부자. [Text=15/Freq2=23(0.5%)]
㉡(예) 값이 얼마나 갈까? [×]
⑤(예) 꽃이 오래 가다./세 살 버릇 여든 가다. [Text=11/Freq2= 14(0.3%)]
Ⅲ ①(예) 시간이 빨리 가다. [Text=61/Freq2=93(1.9%)]
(중략)
⑦(예) 이대로 가면 점점 어려워지다. [Text=8/Freq2=14(0.3%)]
Ⅳ ①(예) [소식이/연락이] 가다. [Text=3/Freq2=3(0.1%)]
(중략)
㊎ 〈[가끔/간혹] 가다〉 [Text=1/Freq2=2(0%)]
㊎ 〈가는 말이 고와야 오는 말이 곱다〉 [Text=4/Freq2=2(0%)]
(하략)

〈그림 23〉 뜻풀이 구분 체계의 표시

4.3.2. 단일한 뜻풀이 표시

⓪은 이 올림말이 『연세 한국어 사전』에 한 가지의 뜻풀이(단일 의미)로 기술되어 있음을 나타낸다. 아래 그림의 "가^{1}, –가^{5}, –가^{7}"의 경우, 뜻풀이가 하나로 되어 있으므로 의미 항목 번호를 0으로 하고, 의미 항목의 빈도수와 비율은 생략한다.

≪가≫ 전체빈도합=73(0.0039%)

가^{1} 명★★★ 【Text=14/Freq1=23(31.9%)】
⓪(예) 큰길의 오른쪽 가에 있다.
가^{2} 명 【Text=2/Freq1=2(2.9%)】
①(예) 방영 불가와 가(可). [Text=1/Freq2=1(50%)]
②(예) 수학 성적이 가로 나오다. [Text=1/Freq2=1(50%)]
-가^{5} 접 【Text=1/Freq1=1(1.4%)】
⓪(예) 카라마조프가(家)의 형제.
-가^{7} 접 【Text=1/Freq1=1(1.4%)】
⓪(예) 성은 김 가(哥)이다.

〈그림 24〉 단일한 뜻풀이 표시(⓪)

다만, 대표 올림말 아래 다른 동형어가 없는 올림말이 단일 의미인 경우에는 ⓪을 표시하지 않는다.

≪가게≫ 전체빈도합=228(0.0123%)

가게 명★★★ 【Text=54/Freq1=228】 (예) [생선/화장품] 가게.

〈그림 25〉 다른 동형어가 없는 올림말의 의미 항목 표시 생략

4.3.3. 새로운 의미 항목의 표시

『연세 한국어 사전』에 기술된 의미 항목으로는 설명되지 않는 용법이 나타났을 때에는 새로운 의미 항목을 설정하고, 검정 동그라미(❶❷❸…)로 의미 항목 번호를 기존의 번호의 뒤에 이어서 붙여 나간다. 또, 새로운 의미 항목들이 여럿일 경우에는 빈도수가 높은 것을 먼저 제시하도록 하였다.

≪그냥≫ 전체빈도합=485(0.0261%)

그냥 ㉮★★★ 【Text=141/Freq1=485】

①(예) 그냥 팔아도 잘 팔리겠다. [Text=55/Freq2=72(14.8%)]
②(예) 애가 넘어져도 그냥 지켜보다. [Text=73/Freq2=129(26.6%)]
③(예) 잔소리는 그냥 흘려버리다. [Text=52/Freq2=102(21%)]
④(예) 우산이 없어서 그냥 비를 맞다. [Text=18/Freq2=25(5.2%)]
❺(예) 저는 그냥 주부인데요./그냥 커피로 주세요. [Text=28/Freq2=36(7.4%)]
❻(예) 그냥, 좀 힘들어서 그래요. [Text=19/Freq2=40(8.2%)]
❼(예) 애를 그냥 오냐오냐 키우다. [Text=8/Freq2=10(2.1%)]
❽(예) 기분이 그냥 그렇다./그냥 싫다. [Text=32/Freq2=68(14%)]
❾(예) 아이들에게 책을 그냥 주다. [Text=3/Freq2=3(0.6%)]

〈그림 26〉 새로운 의미 항목의 설정과 표시(검정 동그라미 번호)

한편, "강남, 걸어오다, 그곳, 그날, 그놈, 그쪽, 모여들다, 병들다, 사이좋다, 언젠가, 없이, 올려놓다, 이곳, 흐름" 등과 같이, 『연세 한국어 사전』에 실리지 않은 올림말을 수록할 때에도 마찬가지로 용법을 분석하여 의미 항목을 분류한 뒤, 빈도수가 높은 순으로 배열하고 검정 동그라미 번호를 붙여 나간다.

≪그날♣≫ 전체빈도합=109(0.0059%)

그날[01] 명 【Text=31/Freq1=63(57.8%)】

❶(예) 처음 만난 그날을 기억하다. [Text=29/Freq2=54(85.7%)]

❷(예) 성공할 그날까지 참다. [Text=5/Freq2=5(7.9%)]

㉾〈그날 그날〉 그날 그날의 생계. [Text=3/Freq2=4(6.3%)]

그날[02] 부 【Text=26/Freq1=46(42.2%)】

❶(예) 그날 나는 진실을 알았다. [Text=25/Freq2=44(95.7%)]

❷(예) 언젠가 그날 우리는 만날 것이다. [×]

㉾〈그날 그날〉 그날 그날 살아가다. [Text=1/Freq2=2(4.3%)]

〈그림 27〉『연세 한국어 사전』 미수록 올림말의 의미 항목 표시

"바라다, 잊어버리다"와 같이,『연세 한국어 사전』에서는 단일 의미로 기술되어 있지만 그 용법을 세밀하게 구분하여 기술할 필요가 있을 때에는 새로운 용법을 세워 기술하는 것을 원칙으로 한다.

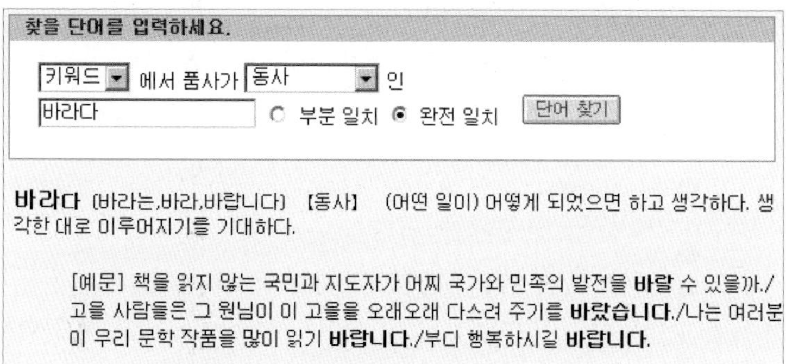

〈그림 28〉『연세 한국어 사전』의 '바라다'

≪바라다≫ 전체빈도합=229(0.0123%)

바라다 [동]★★★ 【Text=113/Freq1=229】

❶(예) [도움을/성공을/요행을] 바라다./합격하기를 바라다. [Text=108/Freq2=217(94.8%)]

❷(예) [돈을/한몫을] 바라고 돕다./딸을 바라다. [Text=8/Freq2=8 (3.5%)]

❸(예) 앞산을 바라고 뛰다. [Text=4/Freq2=4(1.7%)]

〈그림 29〉 단일한 뜻풀이 낱말을 뜻을 세분하여 기술한 경우: '바라다'

〈그림 28〉은 『연세 한국어 사전』에서의 기술인데 실제 의미 주석 단계에서는 '바라다'의 의미를 〈그림 29〉와 같이 셋으로 구분하였다. 한편, 본래의 뜻풀이 이외의 새로운 용법이 여럿 발견되어 기술되는 일도 있는데, 아래의 〈그림 30〉이 그런 경우이다.

≪그런≫ 전체빈도합=1,321(0.0711%)

그런 [관]★★☆ 【Text=140/Freq1=1,321】

⓪(예) 정말 그가 그런 일을 했을까? [Text=139/Freq2=1,146(87%)]

❶(예) 그 말이 이해되지 않기 때문이란, 그런 말이지요. [Text=35/Freq2=70(5.3%)]

❷(예) 전화한다든가, 편지를 쓴다든가, 그런 노력이 필요하다. [Text=19/Freq2=34(2.6%)]

❸(예) 참 이상하다, 그런 생각을 하다. [Text=11/Freq2=29(2.2%)]

❹(예) 음, 그런, 그냥 일상적으로, 그냥 대화하는 것보다…. [Text=8/Freq2=31(2.3%)]

㉿〈그런 대로〉 ☞그런대로. [Text=6/Freq2=7(0.5%)]

㉿〈그런 저런〉 [Text=1/Freq2=1(0.1%)]

ⓧ [Text=3/Freq2=3(0.2%)]

〈그림 30〉 단일한 뜻풀이 낱말에 새로운 의미 항목을 추가한 경우(그런)

4.3.4. 관용 표현

'㉶'은 '관용표현'을 가리키는 것인데, 『연세 한국어 사전』에서 올림말의 부표제어로 기술된 관용표현(구)과 속담을 비롯하여, 용법 분석 과정에서 새로이 발견하여 추가한 관용표현을 포함한다. 관용표현은 가나다순으로 배열한다.

≪가족≫ 전체빈도합=692(0.0373%)

가족 명★★★ 【Text=126/Freq1=692】

⓪(예) 가족(家族)을 돌보다. [Text=125/Freq2=678(98%)]

❶(예) [경찰/동물/연세] 가족. [Text=8/Freq2=9(1.3%)]

㉶ 〈가족 계획〉 [Text=1/Freq2=1(0.1%)]

㉶ 〈가족 관계〉 [Text=3/Freq2=4(0.6%)]

㉶ 〈가족 구조〉 [×]

〈그림 31〉 관용표현의 표시(명사구)

≪겁≫ 전체빈도합=77(0.0041%)

겁[1] 명★★★ 【Text=46/Freq1=77(100%)】

⓪(예) 겁(怯)이 [많다/없다]. [Text=6/Freq2=7(9.1%)]

㉶ 〈겁에 [떨다/질리다]〉 [Text=13/Freq2=16(20.8%)]

㉶ 〈겁을 내다〉 [Text=3/Freq2=4(5.2%)]

㉶ 〈겁을 주다〉 [Text=3/Freq2=3(3.9%)]

㉶ 〈겁을 (집어)먹다〉 [Text=7/Freq2=7(9.1%)]

㉶ 〈겁이 나다〉 [Text=28/Freq2=40(51.9%)]

〈그림 32〉 관용표현의 표시(동사구)

≪가다≫ 전체빈도합=5,718(0.3079%)

가다[1] 동★★★ 【Text=214/Freq1=4,819(84.3%)】

Ⅰ ①(예) [어디에/저쪽으로] 가다. [Text=207/Freq2=3,152(65.4%)]

(중략)
㉿ 〈[가끔/간혹] 가다〉 [Text=1/Freq2=2(0%)]
㉿ **〈가는 말이 고와야 오는 말이 곱다〉** [Text=4/Freq2=2(0%)]
㉿ 〈간 곳(이)[데(가)] 없다〉 [Text=2/Freq2=2(0%)]
㉿ 〈간에 기별도 안 가다〉 [×]

〈그림 33〉 관용표현의 표시(속담)

관용표현의 용법을 이해하는 데 꼭 필요한 경우에만 용례를 보인다.

≪거≫ 전체빈도합=5,156(0.2777%)
거¹ 명의★★★ 【Text=188/Freq1=5,094(98.8%)】 27)
(중략)
㉿ 〈-ㄹ 거(도) 없다〉 두 말 할 거 없다. [Text=4/Freq2=4(0.1%)]
㉿ 〈-ㄹ 게 뭐(다)〉 내가 알 게 뭐야. [Text=3/Freq2=3(0.1%)]
㉿ 〈아닌 게 아니라〉 [Text=7/Freq2=7(0.1%)]
㉿ 〈여간 -ㄴ/-은 게 아니다〉 키가 여간 작은 게 아니다. [Text=1/ Freq2=2(0%)]
㉿〈~ 할 거 없이〉 어른 아이 할 거 없이…. [×]

〈그림 34〉 관용표현과 용례 제시

4.3.5. 문맥이 없는 용법일 경우

말뭉치에 용례가 나타나기는 했지만 앞뒤의 문맥이 없어서, 그 올림말이 어느 뜻으로 쓰인 것인지 구분할 수 없는 경우에는, ⓧ로 표시하여 그 빈도수를 제시한다.

27) 『연세 한국어 사전』에서는 '거¹'를 "'것'의 준말"이라고만 기술하고 있는데, 여기서는 '것'의 동형어 구분과 의미 구분을 따라 상세히 기술한다.

≪가리키다≫ 전체빈도합=181(0.0097%)

가리키다 동★★★ 【Text=69/Freq1=181】

①(예) 손으로 문을 가리키다. [Text=37/Freq2=62(34.3%)]

②(예) 시계가 10시를 가리키다./S극은 남쪽을 가리킨다. [Text=7/Freq2=9(5%)]

③(예) 몸의 각 부분을 가리키는 낱말. [Text=22/Freq2=84(46.4%)]

④(예) 현대 사회를 가리켜 스트레스 사회라고 한다. [Text=9/Freq2 =15(8.3%)]

ⓧ(Text=2/Freq2=11(6.1%))

〈그림 35〉 문맥이 없는 용례의 표시

4.4. 용례의 표시

4.4.1. 용례의 표시

모든 의미 항목에는 '(예)'의 뒤에 용례를 제시한다.

≪가다≫ 전체빈도합=5,718(0.3079%)

가다[1] 동★★★ 【Text=214/Freq1=4,819(84.3%)】

I ①**(예)** [어디에/저쪽으로] 가다. 【Text=207/Freq2=3,152(65.4%)]

②**(예)** [학교에/산으로] 가다. [Text=135/Freq2=499(10.4%)]

③**(예)** [대학에/군대] 가다. [Text=40/Freq2=135(2.8%)]

④**(예)** 미국 지사로 가다. [Text=10/Freq2=13(0.3%)]

⑤**(예)** 민족이 가야 할 길./통일로 가는 길./올바른 길을 가다. [Text=15/Freq2=22(0.5%)]

⑥**(예)** 결과가 어떻게 될지 끝까지 가 보다. [Text=28/Freq2=31 (0.6%)]

⑦**(예)** 광화문으로 가는 길. [Text=31/Freq2=59(1.2%)]

⑧ ㉠**(예)** 손잡이가 위로 가다. [Text=7/Freq2=12(0.2%)]

㉡**(예)** 그쪽으로 눈길이 가다. [Text=2/Freq2=2(0%)]

⑨**(예)** 불쌍한 사람들에게 가야 할 돈. [Text=3/Freq2=3(0.1%)]

⑩**(예)** 지갑이 어디로 가다. [Text=17/Freq2=18(0.4%)]

⑪**(예)** 후반부로 가면서 더 재미있다. [Text=7/Freq2=40(0.8%)]

⑫**(예)** 말년에 가서 성공을 거두다. [Text=25/Freq2=44(0.9%)]

⓭**(예)** [모임에/회의에] 가다. [Text=5/Freq2=7(0.1%)]

〈그림 36〉 용례의 표시

4.4.2. 결합 어휘의 나열

용법이 비슷하거나 자주 함께 쓰이는 말을 큰괄호([ ]) 속에 빗금(/)으로 나란히 보임으로써, 낱말들 간의 결합 관계의 특성과 용법을 쉽게 알 수 있도록 한다.

≪바르다≫ 전체빈도합=584(0.0314%)

바르다[1] 동☆★★ 【Text=31/Freq1=50(8.6%)】
- ①(예) [가루를/기름을] 바르다. [Text=26/Freq2=39(78%)]
- ②(예) 벽에 [벽지를/한지를] 바르다. [Text=4/Freq2=6(12%)]
- ③(예) 벽을 바르다. [Text=4/Freq2=4(8%)]
- ⓧ [Text=1/Freq2=1(2%)]

바르다[2] 동 【Text=0/Freq1=0】 ⓧ
- ⓪(예) 생선 가시를 바르다. [×]

바르다[3] 형★☆★ 【Text=74/Freq1=532(91.1%)】
- Ⅰ ①(예) 바르게 [세우다/앉다]. [Text=17/Freq2=89(16.7%)]
- ②(예) 아이가 심성이 바르다. [Text=3/Freq2=3(0.6%)]
- ③(예) 바른 길로 인도하다./바른 말씀을 하다. [Text=41/Freq2= 70(13.2%)]
- ④(예) 결과를 바르게 파악하다./바른 말 고운 말. [Text=31/Freq2=194(36.5%)]
- ⑤(예) 한복을 바르게 입는 법. [Text=30/Freq2=147(27.6%)]
- ⑥(예) 바른 대로 대답하다. [Text=4/Freq2=8(1.5%)]

〈그림 37〉 용례의 표시:결합 어휘의 나열

4.4.3. 용례의 형식

의미 빈도 사전의 용례는 『연세 한국어 사전』의 용례를 바탕으로, 불필요한 부분을 생략하여 되도록 간결하게 하는 동시에, 뜻과 용법을 쉽사리 구별하고 이해할 수 있는 구의 형태로 제시하는 것을 원칙으로 하되, 필요한 경우에는 온전한 문장으로 제시한다.

또한, 용례에는 되도록 실제 말뭉치에서 발견된 예 중에서 쓰임을 뚜렷하게 드러내면서도 자주 쓰이는 것을 찾아서 적극적으로 제시한다.

더러 용법을 이해하는 데에 꼭 필요한 경우에는 대화 형식이나 자연스러운 완전한 형식의 문장, 또는 대화의 형식(A:, B:로 표시)으로 용례를 제시한다.

≪그래≫ 전체빈도합=527(0.0284%)

그래[1] 뮈 【Text=14/Freq1=28(5.3%)】

⓪(예) 몸이 아팠어요. 그래 결근을 했죠.

그래[2] 감★★★ 【Text=129/Freq1=499(94.7%)】

①(예) A:회의에 늦지 마. B:그래./A:같이 안 갈래? B:그래, 안 가. [Text=117/Freq2=393(78.8%)]

②(예) 너 잘났다, 그래!/그래, 너 계속 거짓말할래? [Text=33/Freq2 =50(10%)]

❸(예) A:일본어 배우거든요. B:그래? [Text=31/Freq2=48(9.6%)]

❹(예) 그래…, 다 내가 잘못한 거겠지. [Text=2/Freq2=4(0.8%)]

〈그림 38〉 용례의 표시:완전한 문장과 대화 형식의 용례 제시

4.4.4. 한자말 표시

올림말이 한자말인 경우에는 첫 의미 항목의 용례에서 한자 표기를 괄호 속에 넣어서 보이기로 한다. 이는 동형어를 구분하는 데만 아니라 사전 사용자들의 학습에도 도움을 주기 위한 것이다.

≪가능성≫ 전체빈도합=98(0.0053%)

가능성 명★★☆ 【Text=52/Freq1=98】 (예) 가능성(可能性)이 낮다.

≪가능하다≫전체빈도합=169(0.0091%)

가능하다 형★★☆ 【Text=78/Freq1=169】 (예) 예약 취소가 가능(可能)하다.

〈그림 39〉 한자말의 표시

5. 맺음말

이 글을 통해서 우리는 지난 1998년 이래 이제까지 이루어진『한국어 기본어휘 의미 빈도 사전』개발의 전 과정과 사전 구성의 특징을 살펴보고, 향후 더욱 활발해질 말뭉치의 주석과 가공에서 필연적으로 고려해야 할 요소들에 대해 알 수 있었다. 이 사전도 단순히 말뭉치를 이용하기 위한 하나의 구체적 방안을 제시하는 데에 그치지 않고, 이제까지 우리가 상대적으로 소홀히 해 왔던 실제의 언어 사용의 특성, 분포적 정보를 깊이 있게 파악하고, 이의 양적·질적 분석에 대한 관심을 기울여야 함을 보여 주는 것이기도 하다. 이제 기본어휘의 의미 사용의 실제에 대한 분석의 결과를 토대로 하여, 어휘와 문법 연구를 더욱 심화시켜 나갈 수 있는 연구 방법론의 모색이 가능해진 것이다.

또한 이제까지 이루어진 사전 편찬과 말뭉치의 활용에 관한 제반 방법론은 향후 언어 교육 분야에서뿐만 아니라, 국어 정보 처리, 문법 및 어휘 연구 등의 제 관련 분야에 크게 기여할 수 있는 기초적인 성과로 활용될 것으로 믿는다.

참고문헌

고석주 · 김미옥 · 김제열 · 서상규 · 정희정 · 한송화(2004),『한국어 학습자 말뭉치와 오류 분석』, 한국문화사.

고석주 · 남윤진 · 서상규(1999), "한국어 교육을 위한 기초 어휘 의미 빈도 사전의 개발",『언어정보의 탐구』1, 연세대학교 언어정보개발연구원.

국립국어연구원(2005),『외국인을 위한 한국어문법 1』, 커뮤니케이션북스.

국제한국어교육학회 편(2005),『한국어교육론1,2,3』, 한국문화사.

권종성(1994), 『조선어 정보처리』, 과학백과사전출판사.

김광해(2001), 『한국어의 등급별 총어휘 – 낱말 V.2001』, 서울대 국어교육연구소.

김광해(2003ㄱ), 『등급별 국어교육용 어휘』, 박이정.

김광해(2003ㄴ), "기초어휘의 개념과 중요성", 『새국어생활』 13-3, 국립국어연구원.

김광해(2003ㄷ), "메타 계량 방법에 의한 교육용 어휘 선정과 평정", 『계량언어학』 2, 박이정.

김영채(1986), "한국어 어휘빈도 조사", 『한국심리학회지』 5-3, 한국심리학회.

김일성종합대학 언어정보학 연구집단(2001), 『정보시대와 언어학』 1, 김일성종합대학.

김종학(1995), "한국어의 기초어휘 연구", 중앙대학교 대학원 석사학위 논문.

김한샘 · 서상규(1999), "연세말뭉치 Ⅰ의 구상과 실제", 『언어정보의 탐구』 1, 연세대학교 언어정보개발연구원, 79-113.

김흥규(1998, 1999, 2000, 2001), 『21세기 세종계획 국어기초자료구축(최종보고서)』, 문화관광부.

김흥규 · 강범모(1996), "고려대학교 한국어 말모둠 1 (KOREA-1 CORPUS): 설계와 구성", 『한국어학』 3, 한국어학회, 233-258.

김흥규 · 강범모(1997), 『한글 사용빈도의 분석』, 고려대 민족문화연구소.

김희진(1990), "중학교 교육용 어휘에 관한 연구", 『국어교육』 71, 한국국어교육연구회, 349-409.

남윤진(1999), "균형말뭉치 구축을 위한 실험적 연구(1)", 『언어정보의 탐구』 1, 연세대학교 언어정보개발연구원, 41-78.

문교부(1955), 『우리말에 쓰인 글자의 잦기 조사 : 文子 頻度 調査』, 문교부.

문교부(1956), 『우리말 말수 사용의 잦기 조사』, 문교부.

문영호 · 권종성 · 리정용 · 최병수 · 박애순 · 김길연 · 서춘희 · 리근용 · 주향숙(1993), 『조선어빈도수사전』, 과학백과사전종합출판사. (1994년 한국문화사 영인 발간)

박민규(1989), "어휘 조사의 전산 처리", 『국어생활』 16, 국어연구소, 134-147.

박붕배(1975), "초등교육에 있어서 우리말 기본 학습 어휘에 관한 조사 연구", 『서울교대논문집』 8, 서울교육대학교, 25-166.

박영순 편(2002ㄱ), 『21세기 국어학의 현황과 과제』, 한국문화사.

박영순 편(2002ㄴ), 『21세기 국어교육의 현황과 과제』, 한국문화사.
박영순 편(2002ㄷ), 『21세기 한국어교육학의 현황과 과제』, 한국문화사.
배주채 · 문화관광부(2000) 『외국인 학습자를 위한 초급 한국어 사전 개발』, 문화관광부.
서상규(1998ㄱ), 『현대 한국어의 어휘 빈도』 (상·하), 『연세대학교 언어정보개발연구원 내부보고서』, 연세대학교 언어정보개발연구원.
서상규(1998ㄴ), "말뭉치 분석에 기반을 둔 낱말 빈도 조사와 그 응용 –'연세 말뭉치'를 중심으로", 『한글』 242, 한글학회, 225–270.
서상규(1998ㄷ), "말뭉치 구축 방법론에 대한 연구", 『21세기 세종계획 국어기초자료 구축』 (최종보고서), 문화관광부.
서상규(2000), "한국어교육 말뭉치와 학습사전의 개발", 『제1차 한국어교육 국제학술 대회(한국어세계화추진위원회/이중언어학회 공동 주최) 발표 논문』.
서상규(2000~2007), 『21세기 세종계획 국어 특수자료 구축』 (최종보고서), 문화관광부.
서상규(2001), "말뭉치의 주석과 한국어 기본 어휘 의미 빈도 사전", 『계량언어학』 1, 박이정.
서상규(2002ㄱ), "한국어 말뭉치의 구축과 과제", 『한국어와 정보화(홍윤표 교수 화갑 기념 논총)』, 태학사, 255–292.
서상규(2002ㄴ) "한국어 기본어휘와 말뭉치 분석", 『21세기 한국어교육학의 현황과 과제』, 한국문화사, 361–396.
서상규(2003ㄱ), "한국어 교재의 어휘 사용량 조사", 『계량언어학』 2, 박이정.
서상규(2003ㄴ), "한국어 기본 어휘와 학습 사전", 『朝鮮語究第200回記念 際術大表資料集』, 동경.
서상규(2005), "Informatization and Use of Korean Language Data", 『The Review of Korean Studies』 8–4, 한국학중앙연구원, 71–103.
서상규(2006ㄱ), "의미 빈도 사전과 어휘 연구", 『朝鮮学報』 198, 天理: 朝鮮学会.
서상규(2006ㄴ) "한국어 학습 사전 편찬과 기본 어휘의 선정을 위한 기초연구", 『朝鮮語研究』 3, 朝鮮語研究会 편, 동경: くろしお出版.
서상규(2007), "基礎学習語彙論: 日本語話者のために", 『韓國語学習論』, 『韓国語教育論講座 第1巻』, 東京: くろしお出版.

서상규(2008), “한국어 특수 말뭉치의 구축 현황과 그 특징 -21세기 세종 계획의 성과를 중심으로-”, 『한국사전학』 12, 한국사전학회, 41-60.

서상규(2013), 『한국어 기본어휘 연구』, 한국문화사.

서상규(2014), 『한국어 기본어휘 의미빈도 사전』, 한국문화사.

서상규 편(1999), 『언어 정보의 탐구 Ⅰ』, 월인.

서상규 편(2003), 『한국어 교육과 학습 사전』, 한국문화사.

서상규 · 강현화 · 유현경(2000), 『“한국어 교육 기초 어휘 의미 빈도 사전의 개발” 사업 보고서』, 문화관광부.

서상규 · 강현화 · 유현경 · 김홍범(2001), 『외국인을 위한 “한국어 학습 사전” 개발 (1차년도) 최종 보고서』 (한국어 세계화 기반 구축을 위한 2001년도 한국어 해외 보급 사업 기초 교육 자료 분과③), 문화관광부.

서상규 · 강현화 · 유현경 · 정희정 · 한송화 · 남길임 · 김홍범 · 전영옥(2002), 『외국인을 위한 “한국어 학습 사전” 개발 최종 보고서』 (한국어 세계화 기반 구축을 위한 2002년도 한국어 해외 보급 사업 기초 교육 자료 분과 ③), 문화관광부.

서상규 · 구현정(2002), 『한국어 구어 연구(1)-구어 전사 말뭉치와 그 활용』, 한국문화사.

서상규 · 김진웅 · 김한샘(2001), “Yonsei Sense Frequency Dictionary based on sense-tagged corpus”, 『사전 편찬학 연구』 11-2, 연세대학교 언어정보개발연구원, 19-38.

서상규 · 김한샘(2001), “의미주석말뭉치와 전자사전의 의미기술정보”, 『한국정보과학회 언어공학연구회 학술발표 논문집』 2010-10, 한국정보과학회 언어공학연구회, 252-259.

서상규 · 남윤진 · 진기호(1998ㄱ), 『한국어 교육을 위한 기초 어휘 선정 ❶ 기초 어휘 빈도 조사 결과』 (한국어 세계화 추진을 위한 기반 구축 사업 1차년도 결과 보고서), 문화관광부.

서상규 · 남윤진 · 진기호(1998ㄴ), 『한국어 교육을 위한 기초 어휘 선정 ❷ 교재 8종의 어휘 사용 실태 조사』 (한국어 세계화 추진을 위한 기반 구축 사업 1차년도 결과 보고서), 문화관광부.

서상규 · 백봉자 · 강현화 · 김홍범 · 남길임 · 유현경 · 정희정 · 한송화(2004), 『(외국인을 위한) 한국어 학습 사전』, 문화관광부.

서상규 · 유현경 · 남윤진(2002), “한국어 학습자 말뭉치와 한국어 교육”, 『한국어교육』 13-1, 국제한국어교육학회, 127-156.

서상규 · 최호철 · 강현화(1999), 『한국어 교육 기초 어휘 의미 빈도 사전의 개발 : 사업보고서』, 문화관광부.

서상규 · 한영균(1999), 『국어 정보학 입문 : 인문학과 컴퓨터』, 태학사.

서정국(1969ㄱ), “국어 기본어휘의 연구”, 고려대학교 대학원 석사학위 논문.

서정국(1969ㄴ), “국민학교 ‘국어1’ 어휘의 통계분석적 연구”, 『홍익공전 논문집』 1.

서정국(1975~1978), “중학교 국어 교과에 쓰인 어휘의 조사 연구(1-4)”, 『강릉교대 논문집』 7,8,9,10.

시스템공학연구소(1985), 『어휘 조사 전산처리에 관한 연구』, 한국과학기술원.

신인성(1972), “국어의 어휘연구를 위한 통계언어학의 원리와 방법”, 『어학연구』 8-1, 서울대학교 언어교육원, 123-146.

안승덕 · 김재윤(1975), “국민학교 국어 교과서의 어휘 조사 연구”, 『청주교대 논문집』 11, 청주교육대학교, 125-181.

이상섭(1989), “뭉치 언어학적으로 본 사전 편찬의 실제 문제”, 『사전 편찬학 연구』 2-1, 연세대학교 언어정보개발연구원, 162-193.

이상섭(1989), “낱말 빈도를 추정하기 위한 말뭉치 자료 수집의 실제”, 『사전 편찬학 연구』 3-1, 연세대학교 언어정보개발연구원, 70-76.

이상섭(1996), “뭉치 언어학의 기본 전제”, 『사전편찬학 연구』 5-1, 연세대학교 언어정보개발연구원, 29-60.

이상섭 · 이기동 · 남기심 · 정찬섭 · 이익환 · 최윤철(1991), 『현대 한국어 사전 편찬을 위한 한국어 자료의 선정과 그 전산적 처리에 관한 연구』, 1989년도 연세대학교 학술연구비 보고서.

이상억(1995), 『외국인을 위한 기초 한국어 사전』, HOLLYM.

이응백(1969), 『국민학교 국어교과서 편찬을 위한 학습 기본어휘 설정에 관한 연구』, 문교부 학술연구보고서(어문학계).

이응백(1972), “국민학교 학습용 기본어휘연구”, 『국어교육』 18, 한국교육연구회, 551-563.

이충우(1994), 『한국어 교육용어휘 연구』, 국학자료원.

이한섭(2003), "일본어의 기초어휘 연구", 『새국어생활』 13-3, 국립국어연구원, 45-72.

이희자(2003), "국어의 기초어휘 및 기본어휘 연구사", 『새국어생활』 13-3, 국립국어연구원, 119-153.

인성득 외(1997), 『수리언어학』, 평양: 김일성종합대학.

임광규(1981), 『국민학교 국어 교과서 낱말 잦기 조사』, 한글학회.

임지룡(1989), "국어의 기초어휘에 대한 연구", 『국어교육연구』 23, 경북대 국어교육연구회, 87-132.

임칠성(2002), "초급 한국어 교육용 어휘 선정 연구", 『국어교육학연구』 14, 국어교육학회, 355-385.

임칠성 · 水野俊平 · 北山一雄(1997), 『한국어 계량 연구』, 전남대 출판부.

정영미(1993), "국어 어휘의 통계적 특성과 이의 응용", 『인문과학』 69-70, 연세대 인문과학연구소, 437-465.

정우상(1987), "국민학교 교과서 어휘 연구", 『국립국어연구소 연구보고서』 1.

정인상(1991), "국어자료의 전산처리 방안에 대한 연구", 서울대 박사 학위 논문.

정찬섭 · 이상섭 · 남기심 · 한종철 · 최영주(1990), "우리말 낱말 빈도 조사 표본의 선정 기준", 『사전 편찬학 연구』 3-1, 연세대학교 언어정보개발연구원, 7-69.

조남호(2002), 『현대 국어 사용 빈도 조사 -한국어 학습용 어휘 선정을 위한 기초 조사-』, 국립국어연구원.

조남호(2003ㄱ), 『한국어 학습용 어휘 선정 결과 보고서』, 국립국어연구원.

조남호(2003ㄴ), "국어 기본어휘 선정의 현황과 과제", 『새국어생활』 13-3, 국립국어연구원.

조현용(2000), 『한국어 어휘 교육 연구』, 박이정.

최길시(1998), 『외국인을 위한 한국어 교육의 실제』, 태학사.

한국어능력평가위원회(1997), 『한국어 능력 평가용 기초 어휘 자료』, 한국학술진흥재단.

한영균(1998), " 《韓國語基本語彙頻度用例辭典》 의 編纂을 위한 基礎的研究", 『제6회 양영 학술연구논문집』.

West, M.(1967), *A General Service List of English Words,* Longmans.

菅野裕臣 · 早川嘉春 · 志部昭平 · 濱田耕策 · 松原孝俊 · 野間秀樹 · 鹽田今日子 · 伊藤英人(1988), 『コスモス朝和辭典』, 東京:白水社.

水野俊平(1993), "현대 한국어 어휘 구성의 계량적 고찰", 전남대학교 대학원 석사학위 논문.

野間秀樹(1998), 『朝鮮語分類基礎語彙集』, 일본 東京外國語大學朝鮮語學硏究室.

野間秀樹(1996), "바람직한 한국어 교재란? -일본인 화자의 경우", 『語学研究所論集』 第1号, 東京外国語大学 語学研究所.

野間秀樹(1998), 『朝鮮語分類基礎語彙集』, 東京: 東京外国語大学.

野間秀樹(2001), "일본어 모어화자 학습자를 위한 한국어 기초 학습어휘 선정과 제시방법에 대하여", 『제2회 한국어 교육 국제 워크숍한국어 교육과 학습사전 발표 자료집』, 연세대학교 언어정보개발연구원.

野間秀樹(2003) "한국어 기초 학습어휘 선정과 제시 방법", 『한국어교육과 학습사전』, 한국문화사.

野間秀樹 編(2007), 『韓国語教育論講座 第1巻』, 東京:くろしお出版.

長谷川由起子 · 李秀炅(2006), 『韓國語初級教材の語彙調査』, 東京:白帝社.

ハングル能力檢定試驗出題基準檢討委員會(2002), 『ハングル學習の手引き』, 東京:ハングル能力檢定協會.

油谷幸利 · 門脇誠一 · 松尾勇 · 高島淑郎(1989,1993), 『朝鮮語辭典』, 東京:小學館.

* 이 글은 아래의 논문을 이 책의 기획과 형식에 따라 수정한 것임을 밝힌다.
서상규(2013), 의미 빈도 사전 편찬의 방법론과 실제, 『한국어기본어휘연구』, 한국문화사, 221-271.

한국어 표현 사전 편찬의 현황과 전망

- 정보 항목별 검토를 중심으로

안의정

1. 서론

표현 사전의 역사에서 보았을 때 비교적 최근에 개발되었고 본격적인 표현 사전이라 할 수 있는 Longman Language Activator(이하 LLA)에서 listen을 찾아보면 다음과 같은 그림이 실려 있다.

이 그림이 나타내는 상황은 단어 'listen'이 아니라 이의 유의어인 'eavesdrop'이다. 이 사전에서는 두 단어의 차이를 그림에 이어서 설명해 주고 있다. 이런 방식으로 이 사전은 기본적인 의미 기술뿐 아니라 그 단어의 유의어가 무엇인지, 그리고 이들 간의 차이를 뉘앙스까지 보여주고 있으며, 풍부한 예문을 통해 이를

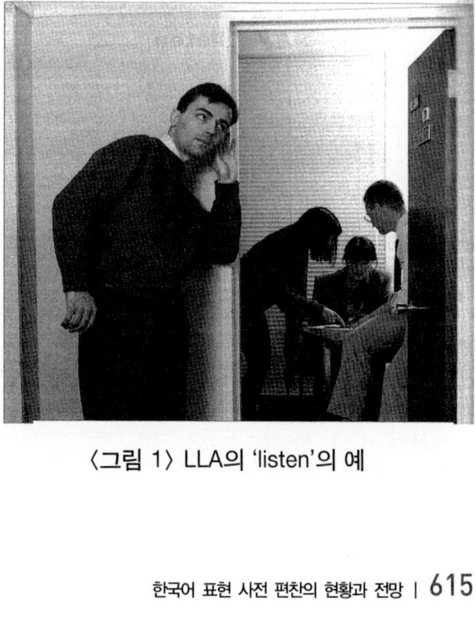

〈그림 1〉 LLA의 'listen'의 예

자세히 설명, 제시해 주고 있다. 예를 들어 'control'의 경우 약 5.5쪽에 걸쳐 21개의 의미그룹과 각각의 유의어를 기술하고 있다.

그렇다면 흔히 일컫는 표현 사전이란 어떤 사전인가? 그리고 일반 사전 사용자들이 이해하고 필요로 하는 표현 사전이란 어떤 것인가? 이 글은 LLA와 같은 한국어 표현 사전이 없는 상황에서 과연 한국어 사전에서 표현적 요소는 어떻게 기술되고 있는지, 나아가 표현 사전의 개발을 위한 향후 전망을 모색하는 것을 목표로 한다.

한영 사전의 경우 표현 사전에 대한 기존 논의는 배연경(2008), 정영국(2009), 이소윤(2014) 등에서 진행된 바가 있다. 한국어 사전의 경우는 〈연세 현대한국어사전〉(편찬중, 이하 〈연세 현대〉)의 기획 의도를 밝히는 논문에서 이해 사전보다는 표현 사전을 목표로 개발을 시작하였다고 전한다.[1)]

국외의 경우에도 LLA와 같이 본격적으로 표현 활동을 지향하는 사전은 드물지만, 여러 사전에서 표현적 요소는 늘고 있다고 보고 있다(Bejoint, 2010).

이 연구는 사전의 이용과 관련된 언어의 이해 활동과 표현 활동에 대해 정의하고, 표현 활동에 관여되는 정보 항목에 대해 그 현황과 전망을 연구하는 것을 목표로 한다. 즉, 표현 활동 과정에서 이용될 수 있는 사전은 어떤 것인가에 대해 고찰해 보고자 한다. 아울러 앞서 서술한 바와 같이 LLA와 같은 본격적인 한국어 표현 사전이 전무한 상황에서

1) Lee, I.-H., 외(2004)와 이익환·안의정(2007: 8)에 따르면 〈연세 현대〉는 단지 어휘의 이해를 위한 사전이 아니라 사용자의 측면에서 어휘에 대한 '이해'와 '표현' 두 측면을 모두 제시해 줄 수 있는 사전이라고 한다. 이를 위해서 〈연세 현대〉는 어휘의 뜻풀이뿐만 아니라, 용법, 미세한 표현의 차이, 화용적 정보 등을 세밀하게 제시할 예정이며, 기타 사용자 중심의 정보들을 풍부하게 수록할 것이라고 하였다.

표현적 요소의 기술 현황을 사전의 정보 항목에 맞추어 살펴보고자 한다. 관련된 정보 항목에는 뜻풀이와 용례, 문법 정보, 연어 정보, 사회언어학적(화용) 정보, 어휘 관계 정보, 오류(오용) 정보 등이 있다.

본 연구의 범위는 모국어 화자의 일개어사전을 중심으로 진행되지만, 각 정보 항목에 있어서 외국인 학습자의 사전 사용 상황에 대한 언급도 포함하여 진행할 필요가 있다. 그 이유는 외국인 학습자용 소사전이 있기는 하나, 고급 학습자의 경우 인터넷 사전을 이용하여 학습자용 사전이 아닌 일반 대사전류를 사용하고 있기 때문이다.[2)]

본고의 구성은 다음과 같다. 먼저 2장에서는 기본 개념에 관한 논의로 표현의 정의와 표현 사전의 정의, 그리고 학습자가 표현 활동 시 느끼는 사전 참조 욕구에 대해 정리하고자 한다. 3장에서는 주로 〈연세 현대〉를 중심으로 뜻풀이와 용례, 문법 정보, 연어 정보, 사회언어학적 정보, 어휘 관계, 오류 정보 등을 살펴보고자 한다. 마지막으로 4장에서는 한국어 표현 사전의 전망에 대해 말뭉치의 활용과 빈도 정보의 활용을 중심으로 살펴보고자 한다.

---

2) 외국인 학습자가 표현 활동과 관련하여 어휘 선택과 사용을 잘못하는 예는 한국어 교육 현장에서 쉽게 발견할 수 있다. 예를 들어 "타자수가 되고 싶다"라는 표현에서 '타자수'를 '타자가'로 말한다든지, "말과 행동이 부동하다"라는 문장을 사전에서 '부동하다'를 찾아서 말하는 경우를 필자는 경험한 바가 있다. 이는 사전에 결합 정보가 누락되었거나, 사용역 정보가 미비함으로 인한 오류로 볼 수 있다.

2. 기본 개념

2.1. 표현의 정의

표현은 'production', 또는 'expression'을 옮긴 말이다. 이 단어는 '생산'이라는 말로도 번역되기도 하며, "표현 과정, 표현 활동, 표현 어휘, 표현 사전" 등의 연어를 만든다. 그리고 언어의 '표현과 이해'를 함께 아우를 때는 'encoding and decoding'이라는 단어 쌍을 쓰기도 한다. Hartmann & James(1998: 3)에 따르면 사전에서 기술하는 표제어를 표현 어휘와 이해 어휘로 나눌 때 이해 어휘의 수가 훨씬 더 많다고 한다.

한영 사전 연구에서는 표현 활동에서 가장 중요하고 가장 빈번하게 요구되는 활동으로 번역 시 두개어 사이에서–즉, L1과 L2 사이에서–대응형을 찾는 것이라고 한다(이소윤, 2014: 229). 그러나 성공적인 표현 활동을 위해서는 어휘의 고급 정보가 필요한데, 이에는 표현의 자연스러움(idiomaticity), 어법의 정확성(accuracy), 사용상의 적절성(appropriateness) 등이 있다고 한다.

표현과 표현 사전에 대해 국어 교육이나 한국어 교육 등의 응용 언어학 분야에서는 어떻게 일컫고 있는지 살펴보자. 국어 교육에서의 '표현' 용어 사용은 이필영·김정선(2008) 등을 대표적으로 보았을 때, 언어 교육의 4영역 중 하나인 말하기의 다른 말에 지나지 않는다. 즉, 이필영·김정선(2008)에서는 초등학생을 대상으로 한 표현 어휘 능력 연구를 위해 구어 발화 자료를 이용하였다. 최은지(2014)에서도 어휘 교육의 목표 중 하나인 표현 어휘 교육에 대해 논하고 있는데, 궁극적으로 표현은 어휘들의 조합으로 이루어지며, 언어 상황에 비추어 얼마나 적절하면서도 참신하게 어휘를 선택했는가를 창의적 표현의 기본으로 보았다.

한국어 교육에서도 '표현'이라는 용어는 특별하게 정의되어 쓰이기보다는 말하기, 쓰기를 합쳐 표현 영역으로, "추측/감정/요청 표현" 등으로 사용되어 작은 문형 학습의 단위로 쓰이고 있다.

이는 국어 교육이나 한국어 교육에서 일반 사전이나 표현 사전이 활발히 이용되고 있지 못함을 보여주는 현상이라고 하겠다.

2.2. 표현 사전의 정의

표현 사전은 'active dictionary' 또는 'productive dictionary'의 번역인데, Hartmann & James(1998: 3)에 의하면 "(모국어 또는 외국어) 텍스트의 생산과 같은 표현 과업을 돕기 위해 개발된 사전으로, 일개어 사전 편찬에서는 주된 기능이 어휘 선택 제공인 시소러스가 대표적 예"라고 한다. 그리고 이개어 사전 편찬에서의 표현 사전의 주요 기능은 외국어로 번역을 하는 것이라고 한다.

그렇다면 언어 사용에서 표현 활동과 이해 활동은 이분법적 구분이 가능한 것인가? Svensén(2007: 170-1)에 따르면 이개어 사전이 아닌 단일어 사전의 경우 원칙적으로 이해와 표현 활동을 동시에 목표로 한다고 보고 있다. 즉, 사전의 어떤 정보가 표현 활동을 위한 것인지, 이해 활동을 위한 것인지와 같은 이분법적 구분보다는 여러 요소가 이해와 표현 활동 사이에서 퍼지한 상태로 놓여 있다고 보는 것이 맞다는 것이다.

본격적인 표현 사전인 LLA는 유의어들을 쓰기나 말하기에서 직접 사용할 때 비모국어 화자가 겪는 어려움으로, 뉘앙스의 차이를 구분할 수 있는 방법이 없다는 것으로 보았다. 따라서 서론에서 보인 바와 같이 장면 사진과 함께 뉘앙스를 포함한 의미 설명을 함께 보인 것이다. 이는 사전 기획 단계에서 실시한 학습자 분석 연구를 실시하여 반영한 내용이다(Rundell, 1999: 38). 이 연구는 200명의 모국어 학습자와 200명의 영어 학습자를 대상으로 진행되었으며, 어떤 상황이나 대상을 묘사한 그림을 보여주고 그것을 가장 잘 나타내는 단어를 표현하도록 한 실험이었다. 실험에 이용된 단어는 "doodle, frisk, drenched, shoplift, eavesdrop, tiptoe, sparrow" 등과 같이 외국인 학습자에게는 다소 어려운 단어였다. 실험 결과 아래의 (1)과 같이 외국인 학습자들의 경우 각 상황에서 왼쪽의 정답을 표현하지 못하고 오른쪽과 같이 답하였는데, 이는 전형적인 의사소통 전략을 보여주는 결과라고 한다.

(1) drenched => very wet(일반화)
eavesdrop => listen outside the door(둘러말하기)
sparrow => bird(상위어 사용)

(1)에서 각각의 단어를 잘못 선택하는 과정에서 일반화, 둘러말하기, 상위어 사용과 같은 의사소통 전략이 드러났다. 즉, 정확한 단어 표현 대신 자신이 알고 있는 쉬운 어휘를 선택하여 표현하고자 하는 과정에서 의미적 오류를 일으킨 것이라고 한다.

2.3. 학습자가 표현 활동 시 느끼는 사전 참조 욕구

사전 사용자들은 언어 표현을 하는 중 어떤 경우에 사전을 찾고 싶어할까? 학습자가 표현 활동 시 느끼는 사전 참조 욕구(Nation, 2001: 281-2)[3]에는 다음과 같은 것들이 있다고 한다.

(2) a. 말하기, 쓰기 번역 시 모르는 단어 찾기
b. 말하기, 쓰기 번역 시 철자, 발음, 의미, 문법 특성, 사용상의 제약, 연어, 굴절 및 파생형 등을 확인하기
c. 알고 있는 단어의 철자, 발음, 의미를 재확인하기
d. 학습자가 생각해 낸 단어가 존재하는지 확인하기
e. 동의어 및 대체 표현 찾기
f. 오류 수정 시

각각의 참조 욕구와 사전 항목을 연결시키면 다음과 같다. 즉, (2a)와 (2d)의 경우 필요한 정보는 표제어와 이의 대응어라고 볼 수 있다. 그리고 (2b)의 경우는 대응어, 발음, 용례, 문법, 화용 정보, 연어 등이 관여된다. (2c)에서는 대응어, 발음, 용례 등이, (2e)에서는 대응어와 용례 등이 필요하다. 마지막으로 (2f)에서는 문법 정보와 용례가 필요하다.

3. 표현 관련 정보의 현황

Rundell(1999: 37)에서는 숙련자 단계가 되기 전까지의 성공적인 표현 활동은 어휘를 선택하여 이를 전체 문맥에 적용하는 것에 달려 있다고 보았다. 다음의 정보는 비록 모든 표현 활동을 나타내지는 못하지만,

3) 이소윤(2014: 236)에서 재인용.

대부분의 학생들이 표현 활동 과업을 수행할 때 필요한 언어학적 정보들이다. 이러한 정보들에는 문법 정보와 연어적 선호와 선택 제약, 사회언어학적 자질(사용역과 지역적 변이 포함), 의미적 자질, 문맥적 효과 등이 있다고 한다. 3장에서는 이러한 정보를 사전의 항목에 맞추어 현 사전의 기술을 살펴보고자 한다.[4)]

3.1. 뜻풀이와 용례

뜻풀이의 경우 최근의 사전들은 말뭉치에서 추출한 용례를 분석하여 이를 기반으로 하였기 때문에 상세하게 의미 풀이가 되어 있다고 볼 수 있다. 그런데 표현 활동을 위해서는 학습자가 표현할 수 있는 상황을 모두, 그리고 정확히 묘사해 주어야 한다. 다음의 예를 보자.

(3) a. 서캐 명 이의 알.
=> (옷솔기나 머리카락에 끼는) 이의 알.
b. 선보이다 동 (사람, 물건, 작품 등이) 처음 모습을 드러내다

위의 (3)의 예는 〈연세 현대〉의 편찬지침에서 가져온 것이다. 이 사전은 뜻풀이 시작에 사전 이용자들의 이해를 돕기 위한 보충 설명을 원괄호에 넣는데, 이때 "명사항에 오는 것들을 주의깊게 관찰하여 전형적인 요소들을 추출하여 뜻풀이에 넣"는 것을 원칙으로 하고 있다. 따라서 (3a)의 경우 "이의 알"이라고 풀이한다거나, (3b)에서 괄호 속의 정보를 주지 않는다면 매우 불충분한 뜻풀이로 보고 있다.

4) 3장에서 살펴본 사전은 필자가 편찬 작업에 참여한 〈연세 현대〉의 예가 대부분이다.

그리고 보통 뜻풀이는 이해하기 쉬운 용어로 쓰여져야 하며, 한 단어의 유의어로 제시하지 않는 것이 원칙이다.

용례의 경우 이해 활동에서는 표제어의 의미에 관심을 가지나, 표현 활동에서는 단어의 통사적 자질과 연어에 관심을 가진다고 한다(Frankenberg-Garcia, 2012: 274). 따라서 용례에서는 다양한 형태를 보여줄 필요가 있다. 명사의 경우 여러 조사와 결합한 예들을 다양하게 보이고, 명사와 자주 함께 쓰이는 용언도 보인다. 그리고 동사의 경우, 다양한 활용형이 사용된 용례와 전형적인 논항이 나타나고 격틀이 잘 반영된 용례를 골라서 보여준다. 그리고 용례 속에서 해당 표제어가 가급적 잘 결합하는 연어를 포함해야 한다.

3.2. 문법 정보

사전에서의 문법 정보는 형태 정보와 통사 정보로 나눌 수 있는데, 말하기, 쓰기 등의 표현을 위한 사전이라면 어휘의 통사 정보는 더 중요한 요소가 된다고 한다(유현경·남길임, 2008: 165).

통사 정보는 영어 사전의 경우 초기의 사전에서 크게 달라진 점이 없다고 보고 있다. 국어 사전에서의 문법 정보의 범위는 용언의 격틀과 논항뿐 아니라, 다음의 예와 같이 다양한 유형의 형태, 통사적 정보를 포함한다. (4d)에서는 부정의 표현으로 주로 쓰인다는 정보까지 주고 있다.

(4) a. 동시 명 ['동시에'의 꼴로 써서] …

b. 더불다 동 ['~와 더불어'의 꼴로만 써서]

c. 마땅하다 형 [주로 '마땅하지, 마땅치'의 꼴로 써서]

d. 남부럽다 형 [주로 '남부럽지 않다'와 같이 부정을 나타내는 말과 함께 써서]

3.3. 연어 정보

연어 정보란 표제어의 연어적 선호와 선택 제약을 내용으로 한다. 연어 정보는 이해와 표현 두 측면에서 매우 중요한 요소이다. 여기서는 기존의 연어 정보에서 확장된 〈연세 현대〉의 '표현' 항목에 대한 정리해 보기로 한다.[5)]

〈연세 현대〉의 '표현'은 말뭉치에서 자주 나타나는 비유적, 문학적 표현이나 함께 빈번하게 쓰이는, 연어를 포함하는 구 결합 형태로 정의할 수 있다. 이는 좋은 문장을 쓰고 일상적인 언어 생활에 있어 적절한 어휘를 선정하는 데 도움을 주고자 개발되었다.[6)]

안의정(2014)에서는 말뭉치를 이용하여 〈연세 현대〉의 표현 항목을 보완하는 방안을 소개하였는데, 여기서 정리한 기존의 연어 유형과 표현 항목에서 새롭게 추가한 유형을 정리하면 다음과 같다.

(5) 기존의 연어 유형

N_V　　　　　　예) 결론을 내리다

5) 연어 사전에 대한 일반적인 정보는 안의정(2014: 157-161)을 참고하기 바란다. 여기서는 유일한 한국어 연어 사전인 〈한국어 교육을 위한 한국어 연어 사전〉과 국외의 대표적인 연어 사전에 대해 개괄적으로 살펴보았다.

6) 〈연세 현대〉의 '표현'에 관한 자세한 설명은 안의정(2014), 박주영·황은하(2008), 배진영(2011) 등을 참고할 것.

N_AJ 예) 키가 훤칠하다

AJ_N 예) 굳은 결의

V_N 예) 말못할 사연

N_V[N_V] 예) 협상이 난항을 겪다

N[N의_N]_V 예) 혼신의 힘을 다하다

N(의)_N 예) 각고의 노력

N_N 예) 엽기적 살인

AV[N_V]_V 예) 상다리가 휘어지게 차리다

AV_V 예) 빙글빙글 돌다

AV_V[N_V] 예) 불끈 주먹을 쥐다

(6) 표현에 추가되는 유형1

N과_N 예) 꿈과 희망, 꿈과 이상, 꿈과 낭만 / 현실과 꿈

N와의_N 예) 범죄와의 전쟁

V-고_V 예) 가르치고 배우다, 가르치고 선도하다, 가르치고 길들이다, 가르치고 지도하다

AJ-고_AJ 예) 낯설고 물설다, 낯설고 거북하다, 낯설고 생소하다

기타 예) 짜장면 한 그릇, 꿈 많은, 상처 받은 영혼, 왜 하필, …

(7) 표현에 추가되는 유형2

N처럼/같이_V 예) 깃발처럼 나부끼다, 혜성처럼 나타나다, 나비처럼 날다, 눈처럼 날리다, 새처럼/화살처럼 날아가다, 헌신짝처럼 내던지다, 쏜살같이 달리다, …

N처럼/같이_AJ 예) 깃털처럼 가볍다, (말이) 속사포처럼 빠르

다, 그림같이 아름답다, 칠흑같이 어둡다,

…

기타 비교 어구가 들어가는 표현　　예) 살을 애는 듯한 추위

위의 예에서 보인 바와 같이 〈연세 현대〉에서는 표제어의 연어적 용법을 잘 드러내거나 자주 같이 쓰이는 구를 다양하게 찾아내어 용례와는 별도의 구획에서 제시하고자 하였으며, 이를 통해 사전 사용자들이 글쓰기와 같은 표현 활동에서 사전을 적극적으로 활용할 수 있도록 하였다(이익환·안의정, 2007: 11).[7]

3.4. 사회언어학적 정보

사회언어학적 정보는 사용역과 지역적 변이를 포함하며, 사전의 정보 항목에 견주어 보면 화용 정보에 해당한다. 그리고 화용적 맥락 정보는 개별 표제어가 단어 이상의 구, 절, 문장 단위로 확장되는 데 활용될 수 있는 실제적 정보를 제공한다(유현경·남길임, 2008: 267).

사전에서 주로 표시되는 사용역 정보는 다음과 같이 정리될 수 있다.[8]

(8) 사용 범위에 따라　　(일상어)/전문용어
규범성 여부에 따라　　(표준어)/비표준어
지역적인 차이에 따라　　(표준어)/방언,

7) 이 외에도 "'죽다'의 여러 가지 관용 표현"이나 "'죽다'와 '사망하다/운명하다/별세하다/돌아가시다'의 비교" 등과 같이 많은 수의 비슷한 표현이 존재하는 경우 별도의 용법 박스를 활용하여 미세한 의미 차이나 사용역의 차이를 설명하기도 하였다. 이에 대해서는 이익환·안의정(2007)을 참고할 것.

8) 안의정·이종희(2008: 5-6)에서 재인용.

	(남한말)/북한말
시간에 따라	새말/(현대말)/이전말/옛말
사용자 집단에 따라	은어
	어린아이의 말/노인들의 말/
	장년층의 말/부녀자들의 말....
개별적이고 구체적인 발화 상황에 따라	
	글말/입말, 속어/비어
<u>발화자의 태도에 따라</u>	<u>모욕어/금기어/완곡어</u>
말하는 사람과 듣는 사람의 관계에 따라	(평어)/높임말/낮춤말

이 중에서 밑줄 친 발화자의 태도에 따라서 나타나는 어휘적 변이는 표제어가 가지는 화용적인 기능을 나타내는데, 다음과 같이 매우 다양하게 기술되어 표현 활동에 이용될 수 있다.

(9) 표제어가 가지는 화용적인 기능을 나타낼 때

- 가난뱅이 명 (<u>얕잡아 하는 말로</u>) 가난한 사람.
- 너무나 부 ('너무'<u>를 강조하는 말로</u>) 아주 심하게. 대단히.
- 제까짓 관 (<u>경멸하는 말로</u>) 겨우 저 따위 정도의.
- 막내둥이 명 (<u>귀엽게 이르는 말로</u>) 막내.
- 빨갱이 명 (<u>나쁜 감정을 가지고 하는 말로</u>) 공산주의자.
- 까까중 명 (<u>놀리는 말로</u>) 까까머리를 한 사람.
- 밥통 명 (<u>놀리거나 무시하는 말로</u>) 자기 구실을 제대로 하지 못하는 답답하고 어리석은 사람.
- 글줄 명 (<u>비꼬는 말로</u>) 그리 깊지 않은 학문.
- 꽁생원 명 (<u>조롱하는 말로</u>) 마음이 너그럽지 못하고 소극적인 사람.

- 질녀 명 (점잖은 말로) 조카딸.
- 게걸게걸 부 (점잖지 못한 말로) 불평하듯 떠들며.
- 그대 대 (사랑하는 대상을 정답게 이르는 말로) '당신, 너'의 뜻.
- 녀석 명 (동물이나 물건을 친근하게 이르는 말로) 것.

위와 같이 해당 표제어로 표현할 때의 문맥적 기능이나 뉘앙스를 알게 되면, 표현 활동 시 어휘 선택과 의미 전달에 많은 도움을 줄 수 있다.

3.5. 어휘 관계 정보

어휘 관계란 사전에 실려 있는 관련 어휘 정보로서, 일개어사전에서도 학습자가 표현 과정에서 어휘 선택을 용이하게 하는 다양한 어휘 관계 정보가 점점 풍부하게 제공되고 있다(Rundell, 1999: 46).

일반적으로 국어 사전에서 제공하는 어휘 관계는 계열 관계에 있는 관련 어휘로 다음과 같은 것들이 있다.

(10) 유의어/반의어/관련어
큰말/작은말, 센말/여린말
파생어/가봐라

최근에는 다양한 목적의 어휘 관계 사전이 개발되었는데, 한국어 교육에서 활용될 목적으로 개발된 『학습자를 위한 한국어 유의어 사전』과 낱말사의 낱말망, 유의어 사전, 반의어 사전, Smart Thesaurus 등이 그것이다. 낱말사의 사전들은 모두 인터넷에서 제공되는데, 특히 Smart

Thesaurus는 1차, 2차 유의어와 반의어, 뜻풀이 등을 화면상에서 동시에 볼 수 있어, 관련 어휘의 검색이 용이하다. 즉, 데이터의 시각화 기법을 이용하여 사전 사용자의 어휘 의미 파악을 쉽게 하고 있는 것이다.

어휘 관계의 표현에서 주의깊게 봐야 할 사전으로 북한에서 출판된 『우리말 글쓰기 연관어 대사전』이 있다. 다음은 이 사전에서 찾아본 단어의 예 중 일부를 가져온 것이다.

(11) 아름답다

[동의어] 곱다, 이쁘다, 예쁘다, 어여쁘다, …

[파생] 아름다움

[정도] 아릿답다=맵자하다, (센) 절묘하다, 요염하다, …

[종류] 간결미, 고전미, 균형미, 남성미, …

[사람] (한문투) 가인숙녀((아름답고 정숙한 여자)), 절대가인, …

…(중략)…

[결합] 산수가 아름답다 …, 아름다운 광경 …, 절개가 굳은 조선녀성의 아름다움 …, 아름답게 꾸민 거리 …

이 사전은 2만여 개의 표제어를 대상으로 위의 (11)의 밑줄 친 부분과 같이 85개소의 유형에 연관어 75만여 개를 부류별로 풍부히 보여주고, 표제어의 다양한 결합 양상을 용례로 보이는 것을 목적으로 한다. 물론 모든 표제어에 85개의 유형이 모두 기술되는 것은 아니다.

사전의 일러두기에 기술된 바와 같이, 이 사전은 늘 쓰는 말이지만 좀더 박력있고 생신한 말을 골라쓰거나 사용자가 원하는 뜻을 표현하는 말을 찾고자 할 때 유용하게 쓰일 수 있다. 아울러 모국어 화자라 하더라도 정작 무엇인가 표현하고자 하면 어떻게 단어 결합이 이루어지는지를 모를 때가 있는데, 이 경우 '[결합]' 표지에서 쉽게 찾을 수가 있다고 한다.

3.6. 오류(오용) 정보

사전에서는 사용자가 자주 틀리는 정보를 유형별로 정리하여 제시해 주고 있는데, 주로 '참고'란에서 이 정보를 주고 있다.

외국인 학습자의 경우 의미적으로 유사한 단어쌍을 혼동하는 경우가 많기 때문에 〈학습자를 위한 한국어 유의어 사전〉에서는 의미 환경과 문맥 환경에 따라 쓸 수 있는 단어와 그렇지 않은 단어쌍을 함께 제시하여 설명을 주고 있다. 사전 전체에서 보았을 때 거의 모든 단어쌍에서 '차이'라는 약물을 사용하여 설명하고 있음을 알 수 있다.

모국어 화자의 경우는 아래 (12a)와 같이 비표준어나 규범에 어긋나는 표현을 제시하거나, (12b)와 (12c)와 같이 통속적으로 잘못 쓰이는 발음의 경우 현실 발음의 정보를 제시하는 경우가 있다.

(12) a. 어리바리 ㉮부 .... 〈참고〉 비표준형인 '어리버리'를 더 많이 쓴다.
b. 효과 ㉮명 ... 〈참고〉 [효꽈]로 잘못 발음하기도 한다.
c. 팥 ㉮명 ... 〈참고〉 '팥을[파틀]'을 [파슬]이나 [파츨]로 잘못 발음하기도 한다.

4. 표현 사전의 전망

4장에서는 한국어 표현 사전의 전망에 대해 말뭉치의 활용과 빈도 정보의 활용을 중심으로 살펴보고자 한다. 이는 향후 한국어 표현 사전 편찬에 이용할 수 있는 하나의 방법이 될 수 있을 것으로 기대한다.

4.1. 말뭉치의 활용

앞서 현대의 국어 사전이 말뭉치의 용례를 검토하여 이를 기반으로 사전을 만들고 있음을 언급한 바가 있다. 그러나 〈연세 현대〉의 편찬과 관련하여 '표현' 정보를 추출하여 제시하고자 할 때 말뭉치의 용례만으로는 부족하다는 것을 경험한 바 있다. 이 경우 말뭉치에서 추출한 연어 정보를 활용하여 표현 정보의 후보를 찾아내는 방법을 찾고자 하였다. 아래의 그림은 안의정(2014)에서 제시한 연어 후보 목록이다. 이는 객관적

	A	B	C	D	E	F	G	H	I	J	K
1	중심어	중심어 빈도	방향	왼쪽	오른쪽	빈도순위	빈도	우도비순위	우도비	DICE순위	DICE
45	가게	2114	R	가게	앞/NNG	1	56	1	736.3	18	0.007467662
46	가게	2114	R	가게	주인/NNG	3	38	2	714.08	4	0.025367156
47	가게	2114	R	가게	안/NNG	2	44	3	624.55	14	0.00953103
48	가게	2114	R	가게에	가/VV	4	30	4	463.98	47	0.002100032
49	가게	2114	R	가게에	들르/VV	7	13	5	336.36	3	0.02739726
50	가게	2114	R	가게를	찾/VV	6	14	6	212.15	33	0.002962963
51	가게	2114	R	가게문을	닫/VV	11	7	7	210.21	6	0.016706444
52	가게	2114	R	가게문을	열/VV	9	9	8	209.54	32	0.003012048
53	가게	2114	R	가게를	차리/VV	10	8	9	162.72	13	0.010171647
54	가게	2114	R	가게로	가/VV	8	10	10	136.09	75	0.000701361
55	가게	2114	R	가게를	운영하/VV	12	6	11	123.85	11	0.010572687
56	가게	2114	R	가게집	주인/NNG	14	4	12	121.08	27	0.003424658
57	가게	2114	R	가게를	열/VV	10	8	13	116.98	37	0.002619944
58	가게	2114	R	가게에서	사/VV	11	7	14	115.44	40	0.002481829
59	가게	2114	R	가게의	주인/NNG	13	5	15	114.32	24	0.004231909
60	가게	2114	R	가게를	내/VV	10	8	16	105.15	50	0.001817356
61	가게	2114	R	가게가	있/VV	7	13	17	97.708	94	0.000177003
62	가게	2114	R	가게로	달려가/VV	14	4	18	92.556	17	0.007699711
63	가게	2114	R	가게	문/NNG	10	8	19	88.132	25	0.003940887
64	가게	2114	R	가게를	찾아오/VV	13	5	20	85.98	23	0.004800768

〈그림 2〉 표현 항목 작성을 위한 연어 후보 목록

인 자료와 편찬자의 직관에 의한 판단으로 일정 수의 연어 정보를 제공하기 위해 제작한 것이다.[9)]

이러한 목록을 참고로 할 경우 특히 고빈도 어휘의 매우 많은 용례에서 찾기 힘든 연어나, 직관으로 예측하기 힘든 연어의 후보를 손쉽게 찾을 수 있다는 장점이 있다.

아울러 전자사전의 경우 지면의 제약이 없기 때문에 기존 사전에서 제시하는 특별히 연어값이 높은 결합만을 제시하는 것이 아니라, 다양한 수와 유형의 결합 정보를 제시함으로써 사용자의 표현 활동을 도울 수 있을 것으로 기대된다.

4.2. 빈도 정보의 활용

4.2에서는 표현 사전에서 말뭉치의 빈도 정보를 활용하여 형태소 결합 정보나 파생어 목록을 사전에 제시하는 한 방안에 대해 살펴보고자 한다. 영어 사전에서는 특정 접미사가 붙는 파생어의 경우 그 파생어들을 모두 사전에 표제어로 등재할 수 없기 때문에 해당 접사의 위치에서 결합이 가능한 어휘의 목록을 제시하고 있다. 아래의 그림은 Merriam-Webster's Collegiate Dictionary에서 접사 'anti-'가 실린 페이지와 같은 페이지에서 'anti-'의 파생어를 함께 보여주고 있음을 보인 것이다.

9) 여기서 이용한 여러 가지 통계치에 대한 자세한 설명은 안의정(2014)을 참고할 것.

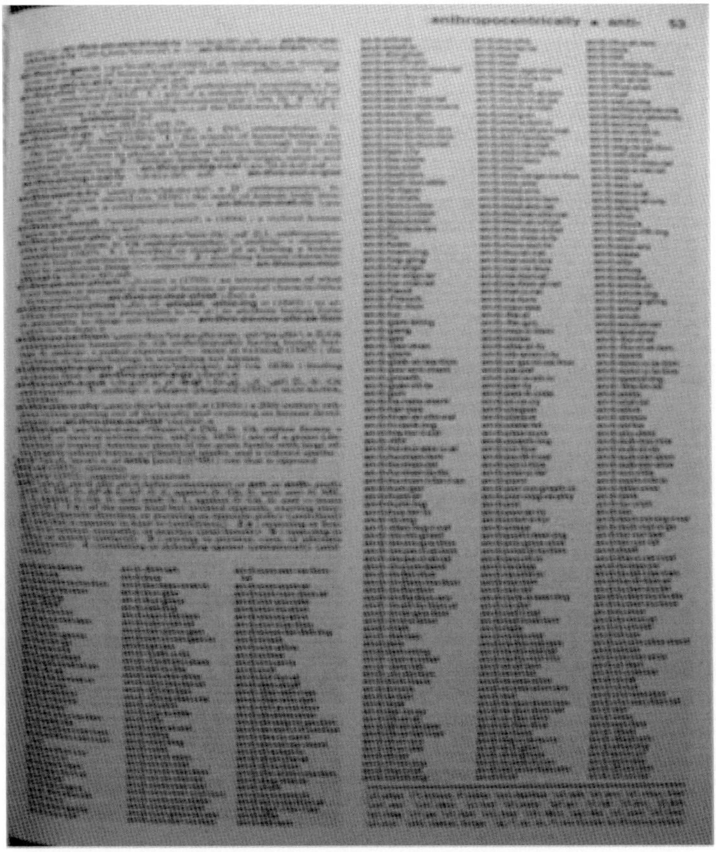

〈그림 3〉 Merriam-Webster's Collegiate Dictionary의 예(접사 'anti-')

이 사전의 'inter-, re-' 등의 접사에서도 마찬가지의 방식을 취하고 있으며, 이는 다른 유수의 영어 사전에서도 주요 접사의 파생어 목록을 이와 같이 제시하고 있다.

국어 사전 중에도 〈우리말 형태소 사전〉에서 이러한 정보를 주고 있다. 즉, 형태소별로 결합 가능한 모든 파생어를 나열해 보이고 있는데, 이러한 정보를 말뭉치에서의 빈도와 함께 제시해 주면 모국어 화자나 학습자들의 어휘 사용에 있어서 큰 도움을 줄 수 있을 것이다. 예를 들어 현재의 사전에서는 다음과 같이 접사가 기술되어 있다.

(13) -가6 접미사 (家)

① [일이나 분야를 나타내는 명사 뒤에 붙어] 그 일에 전문적으로 종사하는 사람. 예 예술가, 비평가, 소설가, 건축가, 정치가.

② [일부 명사 뒤에 붙어] 특별한 성질, 능력, 기능을 가진 사람. 예 재력가, 노력가, 장서가.

그리고 사전별로 표제어 등재 원칙에 따라 접사 '-가'가 붙는 표제어 "감식가, 개혁가, 건축가, 검약가, 경험가, 계몽가, 공상가, 공예가, 관상가, 광산가, 광업가, 교육가, 군략가, ……" 등을 표제어로 등재하고 있다. 이 경우 관련 접사와 개별 표제어간의 관련성이 사전에 기술되지 못한다는 단점과, 파생어의 등재 범위를 어디까지로 볼 것인가와 관련된 표제어 선정의 균형성에 관한 문제가 해결되지 않고 있음을 알 수 있다. 따라서 영어 사전의 그것처럼 파생어의 목록을 적극적으로 보임에 있어 이를 빈도순으로 제시한다면 사전 편찬자의 작업을 쉽게 할 수 있으며, 사전 사용자에게도 유용한 정보가 될 수 있을 것이다.

5. 결론

지금까지 한국어 표현 사전 편찬의 현황과 전망에 대해 사전의 정보 항목별 검토를 중심으로 살펴보았다. 이를 위해 먼저 2장에서는 기본 개념에 관한 논의로 표현의 정의와 표현 사전의 정의, 그리고 학습자가 표현 활동 시 느끼는 사전 참조 욕구에 대해 정리하였다. 3장에서는 주로 〈연세 현대〉를 중심으로 뜻풀이와 용례, 문법 정보, 연어 정보, 사회언어학적 정보, 어휘 관계, 오류 정보 등을 살펴보았다. 마지막으로 4장에서는 한국어 표현 사전의 전망에 대해 말뭉치의 활용과 빈도 정보의 활용을 중심으로 표현 사전 편찬에 도움을 줄 수 있는 한 가지 방안에 대해 제시하였다.

서론에서 소개한 LLA와 같은 본격적인 표현 사전이 한국에서 편찬되기 전까지는 일개어 사전이 이해 사전과 표현 사전의 기능을 겸해야 하는 상황에서 앞으로 사전의 표현적 요소에 대한 연구와 개발이 다양한 각도에서 이루어져야 할 것이다. 이를 위해 본고에서 제시한 몇 가지 제안이 좀더 비판적으로 검토되어 사전에 반영되어야 하고, 향후 표현 활동에 도움을 줄 수 있는 다양한 사전이 활발히 출판되어야 할 필요성이 있다.

참고문헌

박주영 · 황은하(2008), “『연세현대한국어사전』에서의 '표현' 항목의 처리”, 『언어 정보와 사전 편찬』 22, 연세대 언어정보연구원, 45-75.

배연경(2008), “표현 활동을 위한 영어 사전의 이해와 활용”, 『외국어 교육』 15-1, 한국외국어교육학회, 281-307.

배진영(2011), “『연세현대한국어사전』에서의 표현 항목 기술의 실제”, 『한국사전학회 제18차 전국학술대회 자료집』, 한국사전학회, 85-101.

안의정(2014), “말뭉치를 이용한 『연세 현대한국어사전』의 표현 항목 보완 방안-연어 정보를 중심으로”, 『한국사전학』 23, 한국사전학회, 153-179.

안의정 · 이종희(2008), "국어 사전의 사용역 정보에 관한 연구-중사전을 중심으로-", 『어문론총』, 48, 한국문학언어학회.

유현경 · 남길임(2008), 『한국어 사전 편찬학 개론』, 역락.

이소윤(2014), "표현활동 시 참조 욕구에 기반한 한영-일영사전 비교 연구", 『한국사전학』 24, 한국사전학회, 226-264.

이익환 · 안의정(2007), "『연세 현대한국어사전』 편찬 프로젝트", 『한국사전학』 9, 한국사전학회, 7-22.

이필영 · 김정선(2008), "초등학생의 표현 어휘 능력 연구", 『청람어문교육』 38, 청람어문교육학회, 219-237.

정영국(2009), "표현용 한영사전의 개선 방안 연구 : 뜻갈래와 대응어를 중심으로", 『외국어 교육』 16-1, 한국외국어교육학회, 315-340.

최은지(2014), "이해 어휘를 표현 어휘로 활성화시키기 위한 교육 방안", 부산대학교 대학원 석사학위논문.

Béjoint, H.(2010), *The Lexicography of English,* Oxford University Press.

Frankenberg-Garcia, A.(2012), "Learners' Use of Corpus Examples", *International Journal of Lexicography* 25-3, Oxford University Press, 273-296.

Hartmann, R.R.K. and James, G.(1998), *Dictionary of Lexicography,* Routledge.

Laufer, B.(2011), "The Contribution of Dictionary Use to the Production and Retention of Collocations in a Second Language", *International Journal of Lexicography* 24-1, Oxford University Press, 29-49.

Laufer, B. and Levitzky-Aviad, T.(2006), "Examining the Effectiveness of 'Bilingual Dictionary Plus'- A Dictionary for Production in a Foreign Language", *International Journal of Lexicography* 19-2, Oxford University Press, 135-155.

Lee, I.-H., 외(2004), "Compiling a Monolingual Dictionary as an Active Dictionary- Focusing on the Procedure of Yonsei Contemporary Korean Dictionary Compiling Project -", *Proccedings of 11th EULALEX International Congress.*

Rundell, M.(1999), "Dictionary Use in Production", *International Journal of Lexicography* 12–1, CrossRef, 35–53.

Svensén, B.(2007), *A Handbook of Lexicography: The Theory and Practice of Dictionary–Making*, Cambridge University Press.

〈사전류〉

고려대 민족문화연구원(2009), 『고려대 한국어사전』, 고려대학교 민족문화연구원.

(주)낱말, 『낱말망』, http://www.natmal.com/

연세대학교 언어정보개발연구원(1998), 『연세 한국어사전』, 두산동아.

연세대학교 언어정보연구원(1998), 『연세 현대한국어사전』, 두산동아.

김일성종합대학 교수진(2006), 『우리말 글쓰기 연관어 대사전』, 황토출판사.

백문식(2012), 『우리말 형태소 사전』, 박이정.

국립국어연구원(1999), 『표준국어대사전』, 두산동아.

조민정 외(2012), 『학습자를 위한 한국어 유의어 사전』, 박이정.

Longman(1993), Longman Langauge Activator, Longman Dictionary.

Merriam–Webster(2005), Merriam–Webster's Collegiate Dictionary, Oxford.

* 이 글은 아래의 논문을 이 책의 기획과 형식에 따라 수정한 것임을 밝힌다.
안의정(2015), 한국어 표현 사전 편찬의 현황과 전망 : 정보 항목별 검토를 중심으로, 『한국사전학』 25, 한국사전학회, 162-182.

새로운 한국어 유의어 사전 개발에 대하여

봉미경

1. 서론

유의어의 의미와 용법을 변별하는 것은 어휘를 보다 정확하고 섬세하게 사용하는 데 큰 도움이 된다. 따라서 유의어 변별은 언어 학습자와 교수자에게 중요한 관심 영역 중의 하나이다. 그러나 학습자가 일반 언어 사전에 제공된 뜻풀이를 참고하여 가장 적합한 단어를 선택하는 것이 쉽지 않다.

일반적으로 언어 사전에서는 유의어를 사용하여 단어를 정의한다. 유의어에 의한 뜻풀이는 가장 대표적인 사전 뜻풀이 방법이면서 동시에 유용한 방법이나, 순환적 뜻풀이가 반복될 경우에는 유의어 각각의 어휘적 의미 파악을 위한 유용한 정보가 되기는 어렵다. 이는 다음과 같이 국어 사전과 영어 사전에 제시된 뜻풀이 예를 통하여 알 수 있다.

(1) ㄱ. <u>중요하다</u>: <u>귀중하고</u> 요긴하다.
ㄴ. <u>귀중하다</u>: 귀하고 <u>중요하다</u>. (「표준국어대사전」)

(2) ㄱ. important: something that is important is very significant, is highly valued, or is necessary

ㄴ. significant: important or affecting a situation to a noticeable degree (「Collins Cobuild Advanced Learner's Dictionary」)

'중요하다'의 뜻풀이에는'귀중하다'가 사용되고 '귀중하다'의 뜻풀이에는 다시 '중요하다'가 사용되고 있어 일반 언어 사전에서의 뜻풀이만으로는 두 단어를 변별할 수 없다. 따라서 유의어에 대하여 더 자세한 정보를 제공하는 특별한 유의어 사전이 학습자에게 필요하다. 많은 양의 유의어 목록을 포함하고 있는 '시소러스'도 이러한 요구에 부응하는 한 가지 대안이다. 그러나 전통적인 시소러스가 다양한 유의어 목록을 제공하여 학습자의 어휘 확장에 기여할 수는 있으나, 목록으로 제시된 어휘들의 의미와 용법에 대한 충분한 정보는 제공하지 않는 경우가 대부분이다. 다음 예를 살펴보자.

(3) custom n. 1 practice, habit, usage, fashion, way, wont, tradition, routine, convention, form: According to custom, the warriors of the tribe paint their bodies. 2 customs. toll, duty, impost, tax, excise, levy, dues, tariff: He was assigned to collect customs and port duties. 3 patronage, support, business, trade: The new butcher needs as much custom as possible. (「New Oxford Thesaurus of English」)

위 시소러스는 학습자가 맥락에 적합한 어휘를 선택하는 데 참조할 수 있는 충분한 의미 및 맥락 정보를 유의어 변별 정보로서 제공하지 않는다. 따라서 각 유의어를 구체적으로 정의하고 학습자가 참조할 만한 변별적 정보를 제공하는 새로운 유의어 사전이 필요하다.

어휘 교육 및 사전 편찬의 관점에서 유의어를 다루는 연구들은 목록 중심의 유의어 사전이 아닌 유의어의 차이를 기술한 사전 편찬이 필요함을 강조해 왔다. 김광해(1992)에서는 진짜 유의어 사전의 본령은 비슷비슷한 단어들의 의미를 명확하고 깔끔하게 변별해 내고 차이를 기술하는 일이라고 지적하였으며, 그 외에 많은 연구들이 그 필요성을 언급한 바 있다. 그러나 한국어 유의어 사전은 주로 유의어 목록을 제시한 시소러스형 사전이 주를 이르며 유의어의 차이에 주목한 본격적인 유의어 변별 사전은 많지 않다.

유의어 목록과 변별 정보를 제시한 사전으로는 조민정 외(2013)의 「학습자를 위한 한국어 유의어 사전」이 있다.(〈그림 1〉)

개발(開發)(하다), 계발(啓發)(하다)

공통 이 단어들은 모두 "무엇을 더 나아지게 하다"라는 의미가 있다.

예 나는 자기 **개발/계발**을 위해 계속 공부를 하고 있다.
나는 직장을 얻기 위해 직업 능력 **개발/계발** 센터에 다니고 있다.

차이 '개발'은 기본적으로 "더 나은 상태로 발전시키다"라는 의미이고 '계발'은 "잠재적인 것을 일깨우다"라는 의미이다. 따라서 '개발'은 물질적인 것에도 쓸 수 있지만 '계발'은 정신적인 것에만 쓴다.

예 우리 회사에서는 오랜 연구 끝에 신제품 **개발/*계발**에 성공했다.
새 정부가 들어선 후 본격적인 산업 **개발/*계발**이 시작되었다.
우리 대학에서 **개발한/*계발한** 외국어 능력 시험을 잘 보기 위해 나는 외국어 능력 **개발/계발** 수업을 들었다.

〈그림 1〉「학습자를 위한 한국어 유의어 사전」

이 사전은 121개의 유의어군을 대상으로 유의어들의 의미와 용법의 차이를 예문과 함께 상세히 기술하고 있는데, 변별 정보에 대한 기술이 풍부한 반면에 표제어 수가 적다는 것이 단점이다. 이 사전의 유의어군은 각각 2~3개의 유의어들만 포함하고 있는데 여기에 더 많은 유의어들이 추가될 수 있다. 따라서 기존의 유의어 변별 사전보다 더 풍부한 유의어군을 포함하되, 유의어 목록 제시에 그치지 않고 유의어에 대한 어휘 정보를 제시한 사전의 개발이 필요하다.

따라서 이 글은 연세대학교 언어정보연구원에서 진행 중인 유의어 사전 개발 사례를 중심으로 유의어 학습 사전의 새 모형을 제시하고 유의어 판정 및 변별(synonym identification and synonym differentiation)을 위하여 제공할 정보에 대하여 논의하고자 한다.

2. 유의관계의 개념과 표제어 선정

의미가 완전히 일치하면서 모든 맥락에서 교체 가능한 어휘가 있는가 하는 문제는 유의어 연구에서의 주요 쟁점 중 하나이다. Bloomfield 등의 언어학자들은 각 언어 형식은 특정한 의미를 가지며 사실상의 완전한 동의어는 존재하지 않는다고 주장하였다. 또한 Lyons(1977)는 동의어를 절대적 동의어(absolute synonym)와 부분동의어(partial synonym)로 나누어 설명하면서 방언의 차이에 따른 동의어가 절대적 동의어이며 그런 경우를 제외한 절대적 동의어는 자연언어에 거의 존재하지 않으므로 대부분의 동의어는 사실상 의미가 비슷한 부분동의어라고 설명하였다. Lyons가 절대적 동의어의 예로 든 유의어로는 서로 다른 방언에 속하는 'luggage, baggage'와 'post, mail' 등이 있다.

한편 Murphy(2015)는 유의관계(synonymy)를 다음과 같이 나누어 설명하였다.

(4) S1: 모든 의의(sense)에서 의미가 동일한 것: 절대적 동의관계(absolute synonymy)
S2: 일부 의의에서 의미와 용법이 동일하고 그 의의에 해당하는 맥락에서 교체 가능한 것: 완전 동의관계(perfect synonymy)
S3: 외연 의미는 동일하나, 내포적, 정서적, 사회적 의미가 다른 것: 인지적 동의관계(cognitive synonymy)
S4: 의미가 유사하며, 맥락 의존적으로 교체 가능한 것: 유사 유의관계 (near-synonymy)

위의 S1-S4 중에서 가장 보편적인 유의관계는 S3과 S4의 인지적 동의관계와 유사 유의관계이다. 다시 말해, 학습자에게 필요한 유의어 정보는 이상적인 절대적 유의관계에 대한 정보가 아니라, 용법, 연어관계, 사용역, 뉘앙스 등에서 유사성과 차이성을 보이는 부분적 유의관계라 할 수 있다. 따라서 유의어 학습 사전의 새 모형에서는 주로 부분적 유의어를 표제어로 선정할 것이다.

S1-S4 외에도 다음의 경우에 속하는 단어도 유의어군에 포함하고자 한다.

(5) S5: 교체 불가능하나 의미의 일부 유사성 때문에 혼동의 여지가 있는 단어들의 관계

위의 예에 속하는 단어들로는 '두껍다'와 '굵다'를 들 수 있다. 학습자들이 이 단어들을 혼동하여 교체하여 쓰는 경우가 있기 때문에 학습사전이라는 점을 고려하여 이러한 단어도 함께 다룬다.

유의어군을 구성할 표제어 선정에서는 다음 사항을 고려할 필요가 있다.

첫째, 유의어는 동일한 문법 범주, 즉 동일 품사에 속하는 어휘를 기본으로 한다. 예를 들어, '기쁘다'와 '희열'은 유사한 의미를 가졌으나 유의어로 볼 수 없으며, 이들은 서로 다른 유의어군에 속한다.

(6) ㄱ. 기쁘다, 즐겁다, 좋다, 행복하다, 유쾌하다, 신나다, 흥겹다, 반갑다
ㄴ. 환희, 즐거움, 기쁨, 희열, 쾌감, 쾌락

둘째, 동일한 품사 범주에 속하지 않지만 해당 위치에서 의미의 유사성을 유지하면서 교체 가능한 어휘에 대해서는 유의관계를 설정할 수 있다. 예를 들어, '지치다', '날씬하다', '위생적이다'는 해당 유의어군에 속하는 다른 어휘들과 품사가 다르지만 맥락에 따라 유사한 의미로 쓰일 수 있다. 유의어 사전에서에서의 동일 문법 범주란 전통적인 품사 범주보다 더 확장하여 고려하는 것이 필요하다.

(7) ㄱ. 피곤하다, 피로하다, 지치다, 고되다, 고단하다, 고달프다
ㄴ. 날씬하다, 야위다, 마르다
ㄷ. 깨끗하다, 깔끔하다, 말끔하다, 청결하다, 위생적이다

셋째, 제3의 어휘적 의미를 가지는 관용구도 해당 위치에서 유사한

의미를 나타내며 교체 가능하면 유의관계로 볼 수 있다. 예를 들어, 다음의 '분통이 터지다', '세상을 떠나다' 등의 관용구는 각각 '화나다', '죽다'와 유의관계를 이루므로 유의어군에 포함할 수 있다.

(8) ㄱ. 화나다, 분하다, 성나다, 골나다, 뿔나다, 분노하다, 분개하다, 격분하다, 격노하다, <u>분통이 터지다, 부아가 치밀다, 울화가 치밀다, 울화통이 터지다, 피가 거꾸로 솟다</u>

ㄴ. 죽다, 사망하다, 돌아가시다, 숨지다, 운명하다, 서거하다, 작고하다, 별세하다, 타계하다, 뒈지다, <u>숨을 거두다, 눈을 감다, 세상을 떠나다</u>

넷째, 앞서 언급했듯이 일부 의의에서만 유의관계를 이루는 어휘도 유의어로 설정한다. 유의어 중에 다의어가 포함되어 있는 경우가 이에 해당하며 동시에 여러 유의어군에 속할 수 있다. 다음 유의어군에서 '넓다'가 그 예이다.

(9) ㄱ. <u>넓다</u>, 널따랗다, 너르다, 널찍하다, 드넓다, 광활하다, 광대하다

ㄴ. 너그럽다, 관대하다, <u>넓다</u>, 넉넉하다, 관용적이다

다섯째, 외연 의미가 동일하지 않고, 외연 의미의 일부를 공통적으로 가지면서 제한된 맥락에서 교체 가능한 경우도 유의어군으로 선정한다. 다음 유의어 목록은 각각 '지식이나 기술을 전문적으로 가르치는 사람', '성별이 여성인 사람', '온도가 낮아 차가운 느낌이 있거나, 성격, 분위기 등이 차갑다'라는 의미를 가지는데 각 어휘마다 외연적 의미는 크게 다른 편이다. 그러나 본 연구는 유의어 변별 사전 편찬을 고려한 것이므로

어휘 학습에 유용한 광의의 유의어군도 포함하고자 한다.

(10) ㄱ. 교사, 교수, 교원, 교직자, 강사, 선생, 스승, 사부, 은사
ㄴ. 여자, 여성, 여인, 소녀, 숙녀, 아가씨, 처녀, 부인, 부녀자, 아낙네, 아주머니, 아줌마, 계집
ㄷ. 춥다, 쌀쌀하다, 서늘하다, 선선하다, 시원하다, 싸늘하다, 냉랭하다, 차다, 차갑다

여섯째, 앞에서 S5로 제시한 것으로 서로 교체되는 맥락은 거의 없지만 의미의 일정 부분이 유사하여 혼동의 여지가 있는 경우도 유의어군으로 선정한다. 다음의 '두껍다'와 '굵다'가 이에 해당된다.

(11) 두껍다, 두툼하다, 두둑하다, 도톰하다, 굵다, 굵다랗다

이상의 조건들을 고려하여 넓은 범위의 유의어군을 설정하면 유의어군의 규모가 상당히 방대해지고 유의어 간 유사성의 정도도 다양해진다. 따라서 모든 유의어군을 포괄할 수 있는, 유의어들의 의미적 유사성 중 가장 핵심적인 성분을 가진 어휘를 대표어휘(core vocabulary)로 설정하는 것이 필요하다. 유의어사전에서는 이 단어가 유의어군의 대표어휘이므로 대표유의어(core synonym)로 부를 수 있을 것이다. 대표유의어를 각 유의어의 정의에서 공통적으로 메타술어로 사용하면 순환적 뜻풀이를 줄일 수 있다.

대표유의어 및 동일 유의어군에서의 유의어 배열은 어휘 빈도와 유의어군의 공통적 의미에 얼마나 가까운가를 기준으로 정할 수 있다. 대표유의어

는 유의어군을 대표하는 가장 기본적인 어휘로, 대체로 유의어군에서 가장 빈도가 높고 의미 영역이 넓으면서 정도성은 중립적이고 문법 및 연어 제약은 가장 적다는 특성을 가진다. 그러나 이러한 특성을 가진 어휘가 다의어로 여러 유의어군에 속하는 경우, 다음과 같이 빈도는 낮으나 공통 의미에 더 가까운 다른 유의어가 대표유의어가 될 수도 있다.

(12) 가난하다, 빈곤하다, 궁핍하다, 궁하다, 곤궁하다, 쪼들리다, 어렵다, 없다

위 유의어군에서 해당 의의에서의 유의관계를 고려하면 '없다'보다 '가난하다'가 대표유의어로 더 적합하다. 즉, 고빈도 어휘가 반드시 대표유의어가 되는 것은 아니며, 정확하게는 의미빈도를 고려할 필요가 있다. 의미 주석 말뭉치에 기반하여 의미 빈도를 제시하고 있는 서상규(2014)에 따르면 '없다'의 의미 빈도 중 '가난하다'의 의미는 0.1%(6059개 용례 중 8개)에 불과하므로 유의관계가 성립되는 해당 의의를 고려하여 대표유의어를 결정해야 한다.

3. 유의어 학습 사전의 새 모형

유의어들은 공통 요소와 변별 요소를 함께 가진다. 유의어 판정과 유의어군 선정에서는 공통 요소가 중요한 기준이 된다. 한편, 유의어 각각의 어휘 정보 기술에서는 공통 요소와 변별 요소가 모두 중요하다. 유의어의 변별 정보(synonym differentiation)는 의미와 용법의 섬세한 차이를 이해함으로써 정확하고 섬세한 어휘 선택과 표현을 가능하게

하고, 공통 정보(synonym identification)는 유사한 어휘를 사용하여 다양하고 풍부한 표현을 할 수 있게 하기 때문이다. 울만(Ullmann, 1962)은 '유의어가 시인에게 유용하다'고 한 아리스토텔레스의 말을 인용하면서 유의어는 어떤 작가에게도 실로 값진 문체적 수단이라 하였다. 다시 말해, 유의어 중 하나를 선택하거나 유의어를 적절하게 결합하여 사용함으로써 문체적 효과를 얻는 것이다. 따라서 유의어 학습 사전의 새 모형은 유의어들이 공유하는 '공통 요소' 영역과 유의어간 차이점을 보이는 '변별 요소' 영역으로 나누어 구성한다. 그 구성은 〈그림 2〉와 같다.

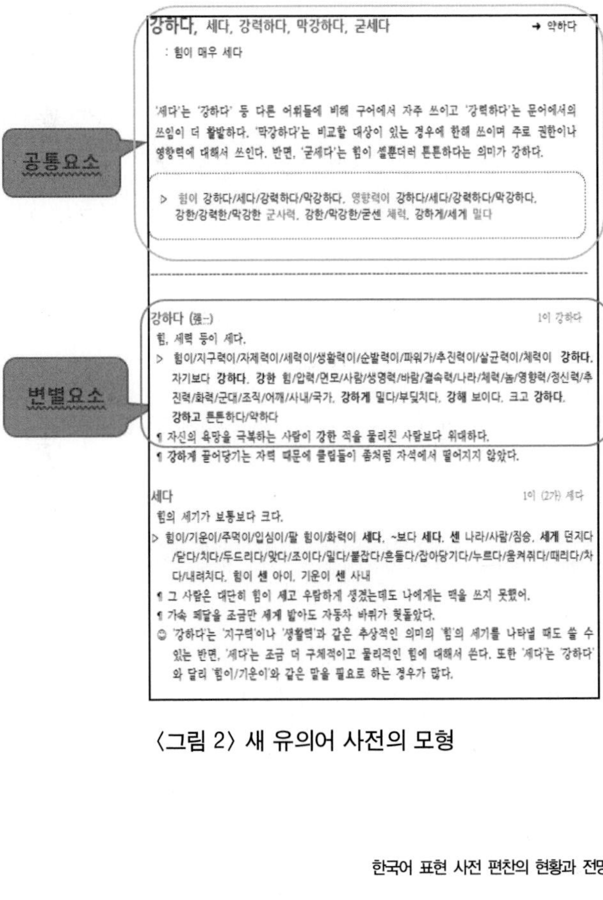

강하다, 세다, 강력하다, 막강하다, 굳세다 → 약하다

: 힘이 매우 세다

'세다'는 '강하다' 등 다른 어휘들에 비해 구어에서 자주 쓰이고 '강력하다'는 문어에서의 쓰임이 더 활발하다. '막강하다'는 비교할 대상이 있는 경우에 한해 쓰이며 주로 권한이나 영향력에 대해서 쓰인다. 반면, '굳세다'는 힘이 셀뿐더러 튼튼하다는 의미가 강하다.

> 힘이 강하다/세다/강력하다/막강하다. 영향력이 강하다/세다/강력하다/막강하다. 강한/강력한/막강한 군사력. 강한/막강한/굳센 체력. 강하게/세게 밀다

강하다 (强--) 1이 강하다

힘, 세력 등이 세다.

> 힘이/지구력이/자제력이/세력이/생활력이/순발력이/파워가/추진력이/살균력이/체력이 **강하다**. 자기보다 **강하다**. **강한** 힘/압력/면모/사람/생명력/바람/결속력/나라/체력/놈/영향력/정신력/추진력/화력/군대/조직/어깨/사내/국가. **강하게** 밀다/부딪치다. **강해** 보이다. 크고 **강하다**. **강하고** 튼튼하다/약하다

¶ 자신의 욕망을 극복하는 사람이 강한 적을 물리친 사람보다 위대하다.

¶ 강하게 끌어당기는 자력 때문에 클립들이 좀처럼 자석에서 떨어지지 않았다.

세다 1이 (2가) 세다

힘의 세기가 보통보다 크다.

> 힘이/기운이/주먹이/입심이/팔 힘이/화력이 **세다**. ~보다 **세다**. **센** 나라/사람/짐승. **세게** 던지다/닫다/치다/두드리다/맞다/조이다/밀다/붙잡다/흔들다/잡아당기다/누르다/움켜쥐다/때리다/차다/내려치다. 힘이 **센** 아이. 기운이 **센** 사내

¶ 그 사람은 대단히 힘이 세고 우람하게 생겼는데도 나에게는 맥을 쓰지 못했어.

¶ 가속 페달을 조금만 세게 밟아도 자동차 바퀴가 헛돌았다.

◎ '강하다'는 '지구력'이나 '생활력'과 같은 추상적인 의미의 '힘'의 세기를 나타낼 때도 쓸 수 있는 반면, '세다'는 조금 더 구체적이고 물리적인 힘에 대해서 쓴다. 또한 '세다'는 '강하다'와 달리 '힘이/기운이'와 같은 말을 필요로 하는 경우가 많다.

〈그림 2〉 새 유의어 사전의 모형

3.1. 유의어 공통 정보(Information for synonym identification)

공통 정보로는 유의어군에 속하는 유의어 목록, 대표유의어, 유의어들 간의 공통 의미, 일부 유의어들이 공유하는 연어 정보, 전체 요약 및 해설을 제시할 수 있다.

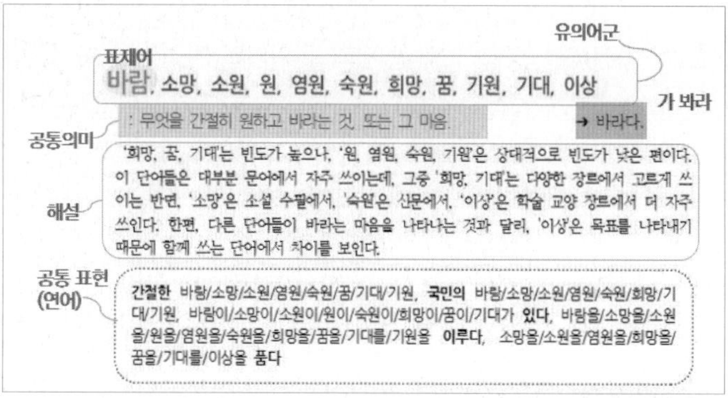

〈그림 3〉 유의어 공통 정보 예시: '바람' 유의어군

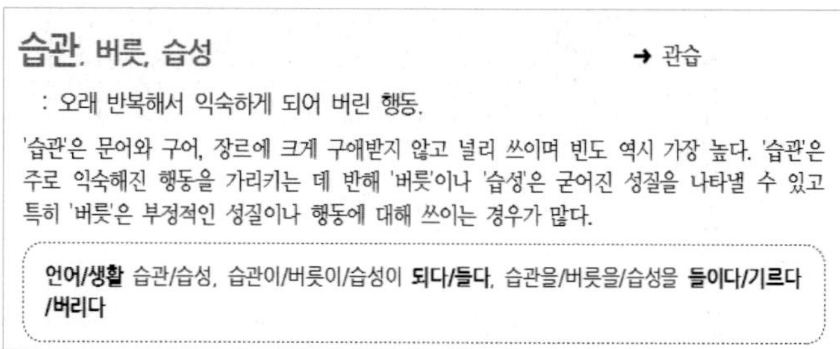

〈그림 4〉 유의어 공통 정보 예시: '습관' 유의어군

위 예시 중 〈그림 4〉의 '습관'은 유의어군 '습관, 버릇, 습성' 중에서 빈도가 높으면서도 다른 유의어들과 공유하는 공통의미에도 가까워 대표

유의어로 선정한다. 반면 〈그림 3〉의 '바람'은 빈도가 가장 높지는 않지만 공통의미와 가장 일치하므로 대표유의어로 선정한다.

공통 의미는 각 단어들을 하나의 유의어군으로 판정하기 위한 기준으로, 유의어군 목록과 함께 제시한다.

공통 연어 정보는 말뭉치에서 추출한 연어 데이터에 기반하여 작성하였다. 본 연구에서의 연어의 개념은 특정 어휘가 다른 어휘를 요구하는 제한된 공기 관계('눈을 감다')에 한정하지 않으며, 말뭉치에서 함께 자주 나타나는 경향을 가진 긴밀한 공기 관계('착하고 훌륭하다')라는 포괄적 개념으로 사용한다. 〈표 1〉은 참조한 연어 자료의 일부 예이다. 참조한 기초 자료는 '20세기 연세 한국어 말뭉치'에서 중심어와 함께 중심어 왼편과 오른편에 오는 거리(span) 1의 연어를 추출한 것이다.

〈표 1〉 말뭉치 추출 연어 자료

중심어	중심어 빈도	중심어 형태	연어/품사	연어 빈도 순위	연어 빈도
습관	5893	습관이	되/VV	1	323
습관	5893	습관을	기르/VV	2	292
습관	5893	습관이	있/VA	3	290
습관	5893	습관을	들이/VV	4	134
습관	5893	습관을	가지/VV	5	131
습관	5893	습관이	생기/VV	6	77
습관	5893	습관을	갖/VV	7	74
습관	5893	습관	때문/NNB	8	73
습관	5893	습관	등/NNB	9	62
습관	5893	습관처럼	되/VV	10	50
습관	5893	습관이	몸/NNG	11	48
습관	5893	습관에	따르/VV	12	40
습관	5893	습관을	버리/VV	13	37
습관	5893	습관을	고치/VV	14	36

〈표 1〉의 데이터는 동형어 구분을 하고 있지 않으므로 연어 정보 작성자의 판단이 필요하다. 또한 거리 1의 연어만 확인 가능하므로 3어절 이상의 연어 구성은 작성자가 직접 복원하여 작성해야 한다. 예를 들어, '습관이 몸'은 작성자의 판단 및 말뭉치 맥락 확인을 통하여 '습관이 몸에 배다'로 복원할 수 있다.

공통 의미와 마찬가지로, 공통의 연어 정보 역시 해당 유의어군의 용법을 파악하는 유용한 정보가 될 것이다. 공통 연어는 말뭉치 분석 데이터에 기반하여 작성하였으므로 직관적으로 교체 가능한 단어가 포함되지 않을 수 있다. 여기에서 제시하지 않은 구성은 사용 불가능을 뜻하는 것이 아니라, 말뭉치에서 앞뒤에 동시에 출현하지 않거나 그 빈도가 낮은 것이다. 따라서 공통의 연어 정보를 공유하는 연어 구성만을 제시하여 교체 가능함을 보이되, 나타나지 않거나 빈도가 낮은 구성을 교체 불가능한 구성으로 표시하여 제시하지 않는다. 즉, 〈그림 4〉에서 보듯이 '생활 습관/습성'은 제시하되 '생활 버릇'이 불가능한 표현임을 따로 표시하여 제시하지는 않는 것이다.

공통 정보로 제시할 또 다른 정보로는 유의어군 전반에 대한 '요약 및 해설' 항목이다. 〈그림 3〉, 〈그림 4〉에서 '문어, 구어, 빈도'에 대하여 서술한 부분이 그에 해당한다. 여기에서는 해당 유의어군의 의미적 특성, 텍스트 장르와 사용역, 어휘 빈도 정보 중 특징적인 점만 간추려 제공한다. 특히, 텍스트 장르와 사용역 차이가 유의미한 경우는 이를 말뭉치 용례의 장르별 빈도에 근거하여 막대그래프로 제공한다.(이에 대한 예는 3.3에서 제시한다)

3.2. 유의어 변별 정보(Information for synonym differentiation)

변별 정보로는 개별 유의어의 의미 기술, 개별 연어 정보, 예문, 그 외 용법 등을 제공하며, 〈그림 5〉와 같은 형식으로 제시한다.

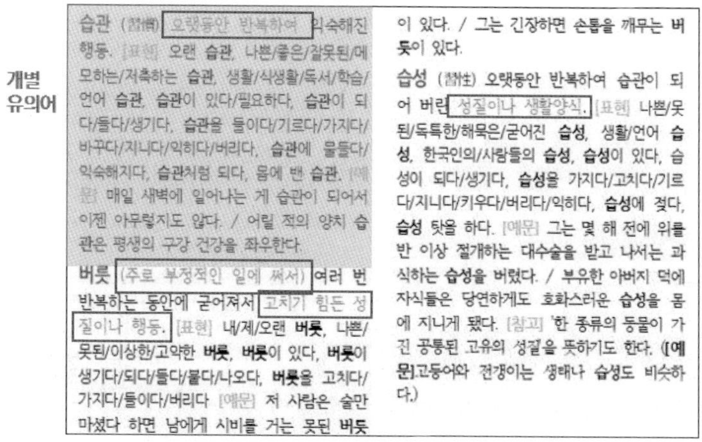

〈그림 5〉 유의어 변별 정보 예시: '습관' 유의어군

개별 뜻풀이의 경우에는 공통 의미와 다른 변별 의미를 다른 글자체로 강조하여 유의어 간 의미를 구분하는 데 참조하게 하였다. 또한 '버릇'은 '습관', '습성'과 달리, 부정적인 의미로 주로 쓰이며 '나쁜, 못된, 이상한, 고약한' 등과 같은 단어에 대한 의미적 선호(semantic preference)[1]를 보인다. 이를 '부정적인 일에 써서'로 기술하여 뜻풀이 참고 정보로 제공함과 동시에 '나쁜/못된/이상한/고약한 버릇'이라는 연어 정보로도 제공하여 참조할 수 있게 하였다.

1) 의미적 선호(semantic preference)는 연어 관계를 이루는 어휘가 특정한 의미 부류를 선호하는 것을 뜻한다.

개별 연어 정보는 위 예에서 '표현' 항목으로 제시한 것으로, 유의어를 중심어로 하는 다양한 연어 구성을 제공하는 것이다. 공통 연어 정보와 마찬가지로, 개별 연어 정보도 3.1에서 설명한 말뭉치 추출 연어 데이터에 기반하여 작성하였다. 개별 연어 정보는 빈도 높은 다양한 연어 구성을 최대한 풍부하게 보여 학습자가 해당 유의어의 사용법과 의미적 선호를 파악하는 데 도움을 주고자 하였다.

3.3. 유의어 변별을 위한 시각 정보(Visual information for synonym differentiation)

앞서 언급했듯이 장르별 빈도 및 사용역 차이에 대한 정보는 요약 및 해설 항목에서 제시한다. 이는 구어와 문어로 구성된 새연세말뭉치에 기반하여 제공하며 유의미한 특성이 있는 경우에는 〈그림 6〉와 같은 막대 그래프를 함께 보인다. 학술 교양 장르, 문학 장르, 신문, 일상 대화 등과 같이 텍스트 장르에 따른 빈도 정보는 학습자가 상황 맥락과 격식성에 적합한 단어를 선택하는 데 유용한 변별 정보가 될 수 있다.

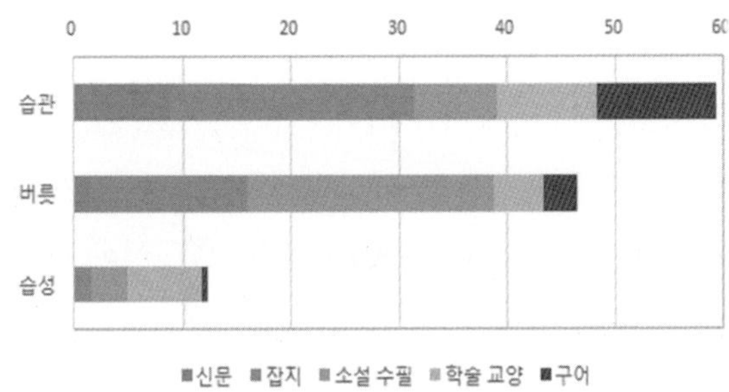

〈그림 6〉 텍스트 장르별 빈도

〈그림 6〉의 그래프는 '습관'의 전체 빈도가 가장 높고 '습성'의 빈도가 상대적으로 낮을 뿐 아니라, '습관'은 모든 장르에 걸쳐 자주 쓰임을 보여준다.

마지막 유의어 정보는 공통 의미와 변별 의미를 표시하여 유의 관계를 표상하는 의미 지도(semantic map)이다. 의미 지도는 많은 수의 유의어를 가지거나 복잡한 유의관계를 지닌 유의어군의 의미 관계와 의미 차이를 이해하는 데 유용한 참고 자료가 될 수 있다.

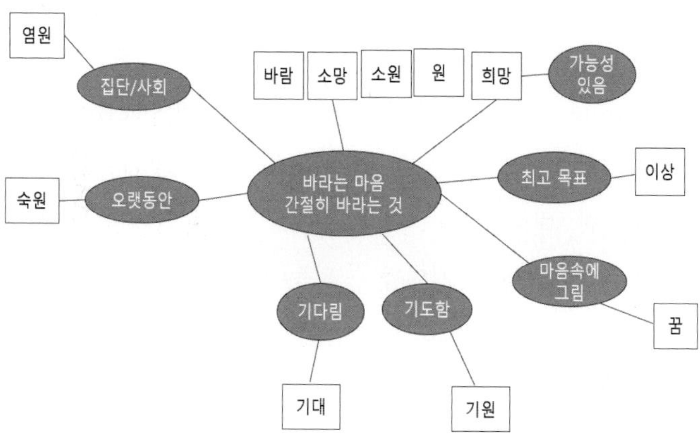

〈그림 7〉 의미 지도: '바람' 유의어군

〈그림 7〉은 '바람'이 대표유의어인 유의어군의 의미 지도를 그린 것으로, '바라는 마음', '간절히 바라는 것'은 공통 의미이며 개별 유의어인 '숙원', '기대' 등에 표시된 '오랫동안', '기다림' 등은 해당 유의어만의 변별 의미 혹은 해당 유의어에서 강조되는 의미를 나타낸 것이다.

4. 결론

지금까지 유의어 학습 사전의 실제 개발 사례를 중심으로 유의어 학습 사전에서 말뭉치를 활용하여 유의어의 어휘 정보를 기술하는 방안과 이와 관련된 제반 문제들을 논의하고 유의어 사전의 새 모형을 제안하였다.

유의어의 변별 정보를 분석할 때에는 사전 뜻풀이 기술 및 말뭉치 용례 분석을 바탕으로 객관적인 어휘 정보를 구축해야 한다. 그러나 객관적 어휘 자료에 근거한다 하여도 어휘 결합 관계에 근거하여 개념적, 표현적 의미 차이를 규명하거나 의미적 선호 현상을 파악하기 위해서는 미세한 뉘앙스 차이를 포착할 수 있는, 훈련된 연구자의 직관과 통찰력이 큰 힘을 발휘한다. 따라서 유의어 변별 사전을 기술할 때에는 말뭉치 기반 의미 및 용법 분석에 대하여 충분히 경험하고 훈련 받은 사전 집필자의 참여가 필요하며, 변별 정보에 대한 집필자 간 토론과 합의를 통하여 정확한 어휘 정보의 기술에 기여할 수 있는 여건이 뒷받침되어야 한다.

참고문헌

강현화(2005), “중고급 학습자를 위한 감정 기초형용사의 유의관계 변별 기제 연구 –기쁨, 슬픔을 나타내는 형용사의 통합관계를 중심으로–”, 『한국어의미학』 17, 한국어의미학회, 43–64.

김광해(1987), “국어 유의어 사전 편찬을 위한 기초적 연구”, 『국어교육』 61, 한국국어교육연구회, 183–199.

김광해(1992), “국어 사전의 뜻풀이와 유의어”, 『새국어생활』 2–1, 국립국어연구원, 121–137.

봉미경(2011), “학습용 유의어 사전 기술을 위한 기초 연구”, 『한국사전학』 18호,

한국사전학회, 99-125.
서상규(2006), "의미 빈도 사전과 어휘 연구", 『朝鮮學報』 198, 朝鮮學會.
안의정(2014), "말뭉치를 이용한 「연세현대한국어사전」의 표현 항목 보완 방안-연어 정보를 중심으로-", 『한국사전학』 23, 한국사전학회, 153-179.
유현경·강현화(2002), "유사관계 어휘정보를 활용한 어휘교육 방안", 『외국어로서의 한국어 교육』 27, 연세대 한국어학당, 243-269.
이두행(2010), "통계에 기반한 한국어 연어 결합 측정의 평가", 연세대 언어정보학협동과정 석사 논문.
Carter, R.(1998), *Vocabulary : Applied Linguistic Perspectives,* Routledge.
Cruse, D. A.(1986), *Lexical Semantics,* Cambridge University Press.
Dimarco, C.(1994), "The Nature of Near-synonymic Relations", *Proceedings of the 15th conference on Computational linguistics,* 691-695.
Edmonds, P.(1999), *Semantic Representation of Near-Synonyms for Automatic Lexical Choice,* PhD Thesis. University of Toronto.
Edmonds, P., Hirst, G.(2002), "Near-Synonymy and Lexical Choice", *Computational Linguistics* 28-2, The MIT Press Cambridge, 105-144.
Goddard, C.(1998), *Semantic Analysis,* Oxford University Press.
Lea, D. (2008), "Making a Thesaurus for Learners of English", Euralex.
Leech, G.(1974), *Semantics,* Penguin Books.
Lyons, J.(1977), *Semantics 1,* Cambridge University Press.
Murphy, M. L.(2003), *Semantic Relations and the Lexicon,* Cambridge University Press.
Murphy, M. L.(2015), "Meaning Relations in Dictionaries", Philip Durkin, P.(ed), *The Oxford Handbook of Lexicography,* Oxford University Press.
Nida, E. A.(1975), *Componential Analysis of Meaning,* The Hague : Mouton.
Palmer, F. R.(1981), *Semantics,* Cambridge University Press.
Partington, A.(1998), *Patterns and Meaning,* John Benjamins Publishing Company.
Schimitt, N. (2010), *Researching Vocabulary,* Palgrave Macmillan.

Ullmann, S.(1962), *The Principles of Semantics*, B. Blackwell.

〈사전〉

국립국어원(2000), 『표준국어대사전』, 두산동아.
김광해(1987/2000), 『비슷한말 반대말 사전』, 낱말.
낱말 어휘정보처리연구소(2009), 『넓은풀이 우리말 유의어 대사전』, 낱말.
서상규(2014), 『한국어 기본어휘 의미 빈도 사전』, 한국문화사.
연세대 언어정보연구원(1999), 『연세한국어사전』, 두산동아.
연세대 언어정보연구원(2017예정), 『연세초등국어사전 제3판』, 두산동아.
임홍빈(1999), 『서울대 임홍빈 교수의 한국어사전』, 시사에듀케이션.
조민정·봉미경·손혜옥·전후민(2013), 『학습자를 위한 한국어 유의어 사전』, 박이정.
한영균(2016), 『학습용기본명사 연어 빈도 사전』, 한국문화사.
徳川宗賢·宮島達夫(1972), 『類義語辞典』, 東京堂出版
田忠魁·金相順·泉原省二(2007), 『類義語使い分け辞典』, 研究社
Choose the Right Word (1994), Hayakawa, S. I.& Ehrlich, E., HarperCollins.
Collins Cobuild Advanced Learner's Dictionary. 5th ed.(2006), Glasgow: HarperCollins.
Longman Thesaurus of American English (2013), Pearson.
New Oxford Thesaurus of English (2000), Oxford: Oxford University Press.
Oxford Learner's Thesaurus – a dictionary of synonyms (2008), Oxford: Oxford University Press.
Roget's Thesaurus of English Words and Phrases. 150th anniversary ed. (2002), London: Penguin Books.
Webster's New Dictionary of Synonyms (1984), Merriam Webster.

* 이 글은 아래의 논문을 이 책의 기획과 형식에 따라 수정한 것임을 밝힌다.
봉미경(2017), The Developing a New Korean Synonyms Dictionary for Learners, 『Language Facts and Perspectives』 40, 31-47.

부록

언어정보연구원 발간 사전 및 총서 편람

1. 사전

'한국어 사전 편찬실'은 1989년 설립된 이래로 1998년 언어정보연구원이 현재처럼 확대, 개편된 이후로도 언어정보연구원의 한 조직으로서 꾸준히 사전을 편찬하고 출판해 오고 있다. 언어정보연구원에서 편찬된 대표적인 사전을 소개하면 아래와 같다.

(1)『연세 한국어 사전』(1998)

연세대 언어정보연구원 한국어 사전 편찬실을 대표하는 사전은『연세 한국어 사전』이라고 할 수 있다. 이 사전에는 13년여라는 긴 기간과 수많은 인력이 투입되었을 뿐만 아니라 말뭉치라는 현대 사전편찬학의 첨단 개념이 응용되었다. 1960년 이후에 사용된 우리말과 글을 4,300만 어절의 말뭉치(18만 쪽에 해당)로 구축하고 여기에 나타나는 어휘의 사용빈도에 근거하여 5만여 개의 표제어를 뽑았고, 예문도 이를 바탕으로 하여 생생한 우리말의 모습을 그대로 보여주었다. 백과사전식 지식의 전달을 목적으로 하는 기존 국어사전들과 달리,『연세 한국어 사전』은 언어 사전으로서의 기능을 충분히 살리고자 한 것이 특징이다.

◦『연세 한국어 사전』편찬 방침

1. 언어 사전으로서의 어휘 사전 편찬을 목표로 현대 국어 학습을 위한 사전이 되도록 국어 어휘의 발음, 형태, 통사적 현상과 같은 문법적 사실을 동시에 기술하고자 하였다.
2. 종래의 백과사전적 기술 태도를 지양하고 순수 언어 사전으로 기능할 수 있도록 편찬하였다. (고유명사와 전문용어를 배제)
3. 표제어의 뜻풀이는 그것이 실제로 사용된 문장에서 일일이 조사하여 그 의미 갈래를 세우고 사전의 사용자가 읽어서 쉽게 이해할 수 있는 말로 풀이하였다.
4. 어휘의 사용 빈도수에 의거하여 표제어를 선정하였다. 연세 말뭉치에서 원칙적으로 출현 빈도 14 이상의 단어 및 문법 형태소 5만여 개를 가려내어 기술하였다.

5. 모든 용례는 연세 말뭉치에서 직접 쓰인 용례를 선별하여 수록하였고 실생활에 직접 쓰이는 용례를 실었다.

○ 『연세 한국어 사전』은 어떤 낱말을 실었나?

- 『연세 한국어 사전』은 주표제어 49,561개, 부표제어 3,793개를 합하여 53,354개의 표제항으로 구성되어 있는 2,144쪽의 단권 사전이다. 구 단위 표제어가 없이 단어 이하의 언어 단위로 구성되어 있으며 구 단위 이상의 올림말은 부표제어의 지위를 갖는다.
- 철저히 말뭉치에 근거한 사전 편찬을 목적으로 1960년 이후의 우리말의 실제 모습을 알아보기 위하여 4,300만 어절 규모의 연세말뭉치를 구축하여 말뭉치에서 14회 이상 출현한 낱말을 원칙적으로 표제어로 선정하였다.
- 관형사는 아니지만 명사 앞에 쓰여 명사를 수식해 주는 형성소를 표제어로 올렸다.
- 기존 사전에서 주표제어로서의 지위가 없었던 파생접미사 '-하다', '-되다'가 붙어 파생된 용언들도 빈도에 근거하여 독립된 표제어로 등재하였다. 이외에도 '-시키다', '-당하다', '-거리다', '-대다', '-이다' 등의 파생접미사가 붙은 용언도 표제어로 올렸다.

○ 『연세 한국어 사전』에는 어떤 정보가 있는가?

- 『연세 한국어 사전』은 일반 국어사전으로는 최초로 문형 정보(격틀)와 논항에 관한 정보를 제시하여 그 이후의 사전 편찬에 많은 영향을 끼쳤다. 연세는 이전의 사전에서 자동사와 타동사, 형용사 등의 표제어의 지위에 대한 정보 제시가 무의미하다고 보고 용언 표제어의 품사 정보를 동사, 형용사, 보조동사, 보조형용사의 네 가지로 줄여 제시하고 있다. 그 대신 격틀과 논항에 대한 상세한 정보를 주었다.
- 『연세 한국어 사전』에서는 비표준어를 비롯한 가표제어를 제외한 모든 표제어의 용례를 제시하는 것을 원칙으로 하고 있다. 이는 『연세 한국어 사전』 이후에 편찬된 사전들에서도 보기 힘든 특색이라고 할 수 있다.

(2) 『연세 초등 국어사전』 (초판, 제2판, 제3판)

『연세 초등 국어사전』은 초등학생들이 국어 학습을 하는데 도움이 되도록 만든 사전이다. 초등 과정 교과서 전 과목에 나타나는 주요 낱말들을 중심으로 표제어를 선정하였고, 이 사전에 올라있는 낱말만을 사용하여 말뜻을 쉽게 풀이하였다. 또, 초등학생의 눈높이에 맞추어 여러 점의 컬러 사진과 삽화를 실었으며, 꼴이 같은 말이 여러 개 있을 때 쉽게 찾을 수 있도록 올림말 뒤에 길잡이말을 제시한 것이 특징이다.

2000년 1학기부터 사용된 제7차 개정 교과서를 반영한 초판이 2002년도에 출판된 이후, 개정된 교과 과정에 맞춰 표제어를 보완한 개정판(제2판)을 2012년 1월에 출판하였다. 2007년 개정 교육과정의 교과서 텍스트를 추가로 분석하여 추가 표제어를 선정하고 최종적으로 37,000여 개의 표제어를 등재하여 제2판을 출판한 것이다. 새 국어과 교육과정에서 품사의 개념의 교육 내용에 포함됨에 따라 제2판에는 미시 구조에 표제어의 품사 정보가 추가되었으며, 어휘와 학습 용어에 대한 다양한 참고 정보도 추가되었다. 2017년에는 제7차 교육과정의 '2009년 개정 교육 과정'에 따라 2013년부터 2015년까지 개정된 교과서 텍스트를 추가로 분석하여 개정판(제3판)을 출판하였다.

○ 『연세 초등 국어사전』은 어떤 낱말을 실었나?

- 초등학교 전 학년 전 과목 교과서와 주요 초등학생용 도서에서 엄선한 주요 낱말을 수록하였다.
- 초등학생이 자주 쓰는 낱말에 대한 정확한 이해를 돕기 위하여 초등학생 작문에서 자주 쓰이는 낱말을 뽑아 올림말로 수록하였다.
- 널리 사용되는 신어, 틀리기 쉬운 낱말, 구어에서 쓰이는 낱말, 남북한 언어의 차이를 돕기 위한 북한어, 소설에 자주 쓰이는 방언 등도 다양하게 수록하였다.

○ 『연세 초등 국어사전』에는 어떤 정보가 있는가?

- 초등학생에게 가장 중요하다고 생각되는 초등학생용 기초 어휘 2,500여 개를 빈도에 따라 선정하여 해당 표제어 앞에 별표로 표시하였다.
- 초등학생 눈높이에 맞추어 낱말의 뜻풀이를 쉽고 명확하게 기술하고 낱말에 딱 들어맞는 예문을 제시하였다.
- 형태가 같은 낱말이 여럿 있을 때 쉽게 찾을 수 있도록 올림말 뒤에 길잡이말을 국내 최초로 붙였다.
- 다양한 학습 효과를 높일 수 있도록 유의어의 용법 구별, 낱말의 어원, 학습 용어 설명 등의 다양한 정보를 네모 상자 안에 기술하였다.
- 어휘 확장에 도움이 될 수 있도록 비슷한말, 반대말, 관련어를 다양하게 제시하였다.
- 낱말의 뜻을 정확히 이해할 수 있도록 700여 점의 컬러 사진과 삽화를 수록하였다.
- 국어사전에서 낱말 찾는 법, 원고지 쓰는 법, 기초 한자 1,000자, 남북한 맞춤법의 차이, 여러 가지 단위 등의 유용한 정보를 부록으로 수록하였다.

○ 『연세 초등 국어사전』 각 판의 특색

(1) 『연세 초등 국어사전』의 초판(2002)

『연세 초등 국어사전』의 초판은 2002년에 언어정보연구원 한국어 사전 편찬실에서 초등학교 교과서와 어린이용 도서를 수집하여 구축한 '기초 학습용 말뭉치'를 기반으로 35,000여 개의 표제어를 선정하고 말뭉치 용례 분석을 통해 뜻풀이, 예문, 문형 정보

등의 어휘 정보를 기술하여 편찬한 사전이다. 이 사전의 주요 특징으로는 초등국어사전 최초로 말뭉치를 기반으로 편찬하였다는 점, 동형어를 구분하기 위한 표지로 어깨번호 대신에 길잡이말을 최초로 제시하였다는 점, 어휘 빈도에 따른 중요 어휘 표시를 했다는 점 등을 들 수 있다.

- 개정된 초등 교과서 전 과목의 주요 낱말을 엄선하여 수록한 국어사전이다.
- 이 사전에 올라 있는 낱말만을 사용하여 말뜻을 명확하게 풀이하고, 낱말에 딱 들어맞는 다양한 예문을 수록한 초등 국어 학습의 지침서이다.
- 낱말의 뜻을 정확히 이해할 수 있도록 560여 점의 정밀한 컬러 사진과 삽화를 제시하였다.
- 국어 학습 효과를 높이기 위하여 쓰임이 비슷한 말들의 차이점이나 참고 정보 등을 네모 상자에 별도로 제시하였다.
- 형태가 같은 말이 여럿 있을 때, 쉽게 찾을 수 있도록 국내 최초로 올림말 뒤에 길잡이말을 제시하였다.
- 세계 여러 나라와 큰 도시의 면적과 인구 정보를 제시하였다.

○ **참여 연구원**

집필·편찬 책임: 이상섭
관리·기술 책임: 서상규
집필 및 편집: 이희자, 유현경, 고석주, 이병규
편집 보조: 남길임, 이대성, 김희영, 안찬원, 안대현, 김수진, 이은경, 황은하, 봉미경
전산 기술: 장석배, 송길룡, 김한샘

(2) 『연세 초등 국어사전』 제2판 개정판(2012)

2007년에 교과서가 새로 개정되면서 2002년에 출판한 초판의 개정에 대한 요구가 대두되었다. 변화해 가는 학교 교육의 내용을 되도록 잘 반영하여 어린이들의 국어 능력 향상에 도움이 되고자 2012년 1월 약 3만 7천 개의 표제어를 가진 개정판이 세상에 나오

게 되었다. 제2판 개정판의 가장 큰 특징 중 하나는 초판이 가지고 있던 장점들은 그대로 계승하되, 어린이들의 국어 교육 현장에 한 걸음 더 다가가고자 초등 교육 전문가들과 실제 현장에서 일하고 있는 현장 교사들과 공동으로 작업하여 실제적 정보를 담고자 했다는 점이다. 또한 초판에서는 배제되었던 품사 정보를 문법 교육의 차원에서 제공하기로 하였다.

- 개정된 초등 교육 과정 전 과목의 주요 낱말을 엄선하여 수록한 최신판 국어사전이다.
- 초등학생 눈높이에 맞추어 낱말의 뜻풀이를 명확하게 기술하고, 낱말에 딱 들어맞는 다양한 예문을 제시하였다.
- 낱말의 뜻을 정확히 이해할 수 있도록 700여 점의 정밀한 컬러 사진과 삽화를 수록하였다.
- 국어 학습 효과를 높이기 위하여 유의어 구별이나 참고 정보 등을 네모 상자에 별도로 제시하였다.
- 현직 초등학교 교사가 집필에 참여하였다.
- 초등학교 교사와 교육대학 교수가 자문 위원으로 참여하였다.

○ **참여 연구원**

집필·편찬 책임: 김하수

관리·기술 책임: 유현경

집필·편집 진행: 안의정, 김병문

집필 및 편집: 김선혜, 김정, 김지영, 김현주, 남신혜, 봉미경, 선혜선, 신유리, 심유나, 안찬원, 어지혜, 이지용, 조승희, 강계림

전산 기술: 김은영, 이태우

(3) 『연세 초등 국어사전』 제3판 개정판(2017)

제7차 교육과정의 '2009년 개정 교육 과정'에 따라 2013년부터 2015년까지 3년에 걸쳐 초등학교 교과서가 다시 한 번 개정되었다. 이에 따라 '한국어 사전 편찬실'에서는 개정된 교과서 텍스트를 추가로 분석하여 개정판(제3판)을 출판하였다. 『연세 초등 국어사전』 제3판에서는 신

어의 등장에 따라 새롭게 요구되는 교육용 어휘와 실용적인 어휘 학습 정보를 다양하게 반영하여 초등국어 사전의 내용을 질적, 양적으로 강화, 보완하였다.

- 교육과정의 개정에 따른 교과서 개정, 신어 등장과 정착 등에 따라 새롭게 요구되는 교육용 어휘인 새 교과서 어휘, 신어 등을 표제어로 선정, 기술하여 초등사전의 양적 확대를 이루었다.
- 초등학생이 자주 사용하는 어휘와 잘못 사용하는 어휘에 대한 정보를 사전에서 다양하게 제공한다. 이를 위하여 초등학생 작문을 분석하여 사용된 어휘를 사전에 수록하였으며 다양한 비속어, 구어형 등을 표준어나 순화어 정보 등과 함께 제공하였다.
- 어휘 학습에 도움이 되는 다양한 참고 정보를 수록한다. 특히 이전에 싣지 않았던 어원 정보를 추가하여 제시한다. 또한 사전 이용과 바른 언어생활에 도움이 될 만한 다양한 부록을 추가하였다.
- 남북한 낱말의 차이를 알 수 있도록 북한어 낱말을 다수 수록하였다.

○ **참여 연구원**

연구 총괄: 한송화
실무 총괄: 봉미경
집필 및 편집: 김선혜, 홍혜란, 강계림, 이찬영, 남기심

(3) 『(외국인을 위한) 한국어 학습 사전』 (2004)

〈(외국인을 위한) 한국어 학습 사전〉은 한국어를 외국어 또는 제2언어로 배우는 사람들을 위해 만들어졌다. 특히 초중급 단계에서 한국어를 배우는 데에 꼭 필요한 어휘들을 누구나 쉽게 이해하고 실제로 말을 하거나 글을 지을 때 사용할 수 있도록 뜻을 풀이하고 적절한 용례와 용법을 보이고자 하였다. 이 사전을 사용함으로써 한국어를 배우는 학습자, 한국어를 가르치는 교사들이 쉽게 활용할 수 있도록 책을 구성하였다. 또한 이 사전은 한국어로 쓰여진 일상적인 글의 약 80% 이상을 이해하는 데 필수적인 5천여 개의 기본 어휘 외에, 한국어 학습에 필요한 문화어휘, 고유명사, 조사와 어미 등의 문법 요소와 불규칙하게 활용하는 동사와 형용사의 어간 부분까지도 다양하게 표제어로 올려놓았

다.

- 이 사전은 '말뭉치'에 기반하여 한국어 어휘의 빈도를 조사해 만들었다. '널리 쓰이는 단어들'을 찾아내려고 노력한 결과 한국어를 이해하고 사용할 때 먼저 배우고 익히는 것이 바람직할 단어들을 중심으로 편찬하였다.
- 표제어 중 중요한 단어들에는 별표 표시를 통해 강조하였다.
- 한 단어가 가진 여러 가지 뜻과 실제의 용법을 정확하고 적절하게 구별하기 위해 실제 언어 자료에 나타난 단어의 의미와 빈도를 조사하고, 이를 사전의 뜻 구분과 풀이에 활용하였다.
- 실제 사용된 적이 있는 잘된 용례를 찾아내어 이를 표제어의 예문으로 싣고 난이도에 따라 배열하였다.
- 각 단어들이 쓰이는 문장 구조, 함께 자주 쓰이는 단어나 표현, 뜻이 비슷하거나 반대되는 말들과 같은 정보를 함께 실었다.

○ 참여 연구원

편저자 : 서상규, 백봉자, 강형화, 김홍범, 남길임, 유현경, 정희정, 한송화

(4) 『(한국어교육을 위한) 한국어 연어사전』 (2007)

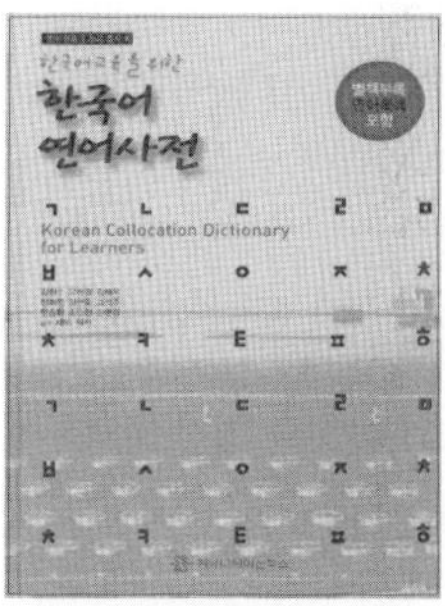

〈(한국어교육을 위한) 한국어 연어사전〉은 한국학술진흥재단의 지원을 받아 4년간 진행한 프로젝트의 성과물을 책으로 엮은 것으로 국내에서 최초 출간한 한국어 연어 사전이다. 한국어 학습자와 교수자에게 코퍼스에 나타난 어휘의 선·후행 연어 관계와 의미 관계를 세밀히 보여줌으로써 어휘교육에 도움을 주고자 했다. 특히 이 사전은 한국어 학습자의 편의를 우선에 두어 품사 분류나 언어 단위 등 언어학의 이론적인 부분에 얽

매이지 않고 문장 안에서 단어의 기능과 활용 등 실용적인 측면에서 상세히 기술하였다. 중급 이상의 한국어 학습자의 어휘 교육 교재로 활용하기 적합하다.

- 이 사전은 한국어 교사의 어휘 교육과 한국어를 배우는 중 · 고급 학습자들의 어휘 학습에 도움이 되도록 만들어졌다.
- 이 사전은 한국어 학습자들이 어휘를 효과적으로 사용할 수 있도록 실제 쓰인 말뭉치 용례를 중심으로 연어 관계를 추출하여 이를 상세히 기술하였다.
- 이 사전은 한국어 학습자들의 어휘 의미 학습과 어휘 관계 파악에 도움을 주고자 관계된 어휘를 제시하였다.
- 이 사전은 품사 분류나 언어 단위 등 언어학의 이론적인 부분에 얽매이지 않고 학습자의 편의를 고려하여 문장에서의 기능과 용법 등 실용적인 측면에 주안점을 두었다.

○ **참여 연구원**

집필 · 편찬 및 감수 책임 : 이익환

관리책임 및 감수 : 이민행

집필 및 편찬 관리 : 이은경

집필 및 편찬 : 이성현, 백소현, 조혜림, 봉미경

(5) 『연세 초등 영어사전』(2007)

〈연세 초등 영어사전(Yonsei Primary English-Korean Dictionary)〉은 초등영어사전 최초로 말뭉치를 활용한 실제 사용 용례를 수록한 사전이다. 이 사전은 7차 교육과정의 교육부지정 기본어휘 2,067개(초등 기본어휘 763개)를 포함한 총 2,800여 표제어를 수록했다. 단순한 뜻풀이와 예문 위주의 기존 사전의 단점을 보완하여 단어와 단어와의 관계, 문맥 내에서의 올바른 단어 사용법 등을 제시하여 언어 사용의 실용적인 측면을 고려한 다양한 정보를 제공하는 것을 원칙으로 하였다. 또한 표제어가 가지고 있는 언어적 정보뿐만 아니라 문화적 정보까지 제공하고, 영작문 활동을 돕기 위한 유의어 정보와 용례를 제공함으로써 영어 학습서와 유의어 사전(Thesaurus)의 역할까지 포함하는 사전으로 기존 사전과의 차별화를 시도했다.

- 교과서 및 각종 읽기 교재, 신문 등에서 실제 사용 빈도에 따라 골라낸 2,800여 단어를 수록하였다.
- 영어 말뭉치를 활용하여 실제 사용된 용례를 수록함으로써 단어에 대한 이해도를 높였다.
- 어휘력을 높일 수 있도록 용례에 연어(collocation)를 표시하였다.
- 문화적인 내용이나 문법, 발음에 대한 학습 사항들을 자세히 설명한 부가 정보를 수록하였다.

○ **참여 연구원**

집필·편찬 및 감수 책임 : 이익환

관리책임 및 감수 : 이민행

집필 및 편찬 관리 : 이은경

집필 및 편찬 : 이성현, 백소현, 조혜림, 봉미경

(6) 『연세 초등 한자사전』 (2008)

〈연세 초등 한자사전〉은 교육부 지정 상용한자 1,800자에, 상용한자에는 포함되지 않지만 한자검정시험 8급에서 3급까지에 포함되어 있는 17개의 한자를 추가하여 모두 1,817자의 표제자를 수록했다. 표제자 아래에는 표제자가 들어간 어휘를 수록하여 학생들이 많이 사용되는 한자어를 쉽게 이해하고 활용할 수 있게 했다. 또 한자에 관한 여러 가지 상식이나 지식을 알려 주는 삽화, 만화 등의 원고를 별도로 작성하여 본문 중간 중간에 넣음으로써, 학생들의 흥미를 유발할 수 있도록 하였다.

- 표제자는 교육용 한자를 포함한 1,817자를 가나다순으로 수록하여 찾기 쉽게 하였다.
- 초등학교 교과서와 한자능력검정시험에 나온 어휘를 풍부하게 실어 충분한 생활 어휘 학습이 가능하도록 하였다.
- 어휘는 각 한자의 뜻을 밝혀 주어 말뜻을 정확히 이해하도록 하였다.
- 자원은 그 유래가 확실한 것을 선정하여 문자 형태의 삽화로 보여 주어 글자 이해에

도움이 되도록 하였다.
- 한자 상식, 고사성어, 생활 어휘 등의 유익한 참고 정보를 수록하여 학습에 도움이 되게 하였다.
- 한자능력검정시험 2급까지의 배정 한자를 별책 부록으로 만들어 활용도를 높였다.

○ **참여 연구원**

집필 · 편찬 및 감수 책임 : 이규갑
관리책임 및 감수 : 남기심, 김장환
집필 및 편찬 관리 : 김태경
집필 및 편찬 : 김혁, 문유미, 윤지영, 이승희, 조성진

(7) 『(학습자를 위한) 한국어 유의어 사전』 (2013)

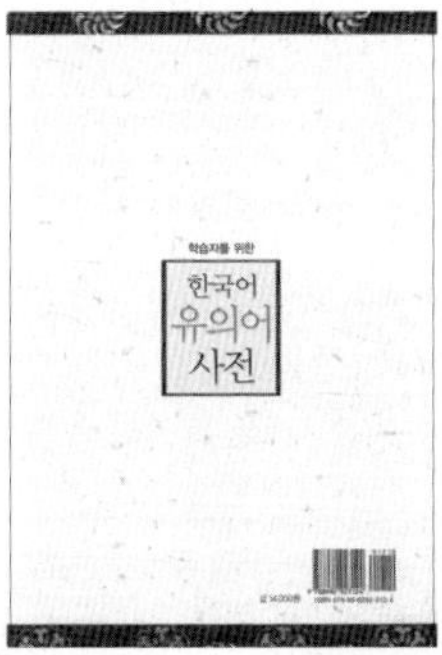

〈한국어 유의어 사전〉은 연세대학교 언어정보연구원에서 구축한 연세말뭉치에서 추출한 예문을 모아 엮은 책이다. 더불어 최근의 용법을 보이기 위하여 인터넷 자료도 참고하였다. 말뭉치 용례를 기반으로 하여 유의어들의 의미를 최대한 쉽고 상세히 보이려 노력하였다. 따라서 뜻풀이와 함께 각 어휘의 쓰임새를 예문을 통해 밝혀 학습자들이 유의어들을 상황에 맞게 쓸 수 있도록 구성하였다. 복잡하고 까다로운 유의어의 의미를 풀이해 기존의 평면적이고 나열하는 의미 풀이를 지양하고, 유의어들이 공유하는 공통 의미와 차이 의미를 구분하여 학습자들이 유의어들의 관련성과 차이점을 스스로 파악하도록 도와준다.

- 유의어 사전의 올림말은 기존의 한국어 학습 사전, 유의어 사전, 한국어 교육 관련 논문에 수록된 유의어를 중심으로 하고 여기에 현장으로부터의 요구를 반영하여 선정하였다.
- 선정한 유의어 쌍은 모두 121개로 유의어군마다 의미와 용법 차이 등의 유의어 변별 정보를 제공하였으며, 총 제시된 단어의 수는 341개이다. 이 중 서로 다른 유의어군에 중복된 단어들을 제외하면 올림말에서 다룬 단어는 모두 329개이다.
- 이 사전은 유의어들의 차이를 되도록 쉬운 말로 풀이를 하여 한국어 학습자들이 스스로 단어의 뜻을 이해하여 사용할 수 있도록 하였다.

- 유의어의 의미를 설명할 때 같은 유의어군의 단어를 사용하여 설명하는 순환적 풀이를 최대한 피하였다.
- 사전에서 제시된 예문은 주로 말뭉치에서 추출한 것을 사용하였고 최근의 용법을 확인하기 위해 인터넷 자료를 참고하였다.

○ **참여 연구원**

편저자 : 조민정, 봉미경, 손혜옥, 전후민

(8) 『한국어 기본어휘 의미빈도 사전』 (2014)

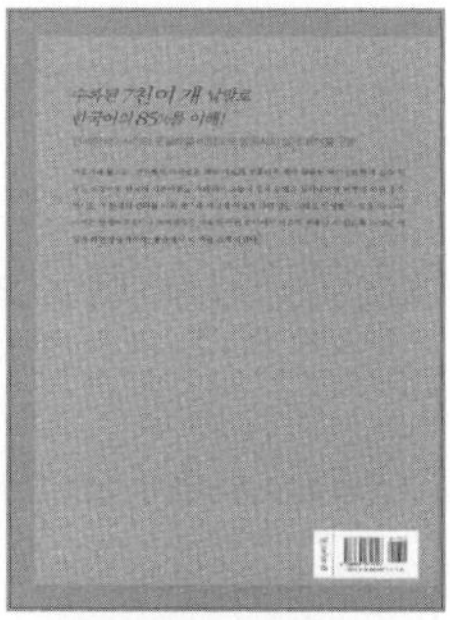

말뭉치 기반 국어 연구 총서 | 서상규 지음
한국문화사 | 2014년 03월 02일 출간

〈한국어 기본어휘 의미빈도 사전〉은 다른 국어사전과 달리 사람들이 자주 쓰는 의미 순으로 어휘의 뜻을 배열하였다. 말뭉치라 불리는, 전산화된 다채로운 국어 자료와 컴퓨터를 적극 활용한 국어정보학적 실증 연구를 바탕으로 한국어 기본어휘를 가려내어 그들의 실제 용법을 알아내려면 어떻게 하면 좋을까? 또, 그 분석의 결과를 어휘 연구와 사전에 어떻게 하면 있는 그대로 반영할 수 있을까? 나아가서는 한국어교육이나 국어교육을 비롯한 여러 분야에서 마음껏 활용할 수 있도록 하려면 어떻게 하면 좋을까?라는 물음에서 이 사전을 집필하게 되었다. 이 사전은 100만 마디(어절) 이상의 대규모 말뭉치를 분석하여 한국어 기본어휘 7,203개 추린 후, 하나의 낱말에 대해 낱낱의 의미들이 실제로 얼마나 쓰이는지를 조사하여 의미빈도 제시하였다.

(9) 『한국어 구어 빈도 사전(1) – 잦기순』 (2015)

말뭉치 기반 국어 연구 총서 | 서상규 지음
한국문화사 | 2015년 10월 15일 출간

〈한국어 구어 빈도 사전〉의 제1권. 어떠한 낱말들이 말할 때에 자주 쓰이는가를 쉽게

찾아볼 수 있도록, 한국어 구어 빈도표를 그 쓰임이 잦은 순으로 배열한 《잦기순》 사전이다. 국어정보학과 말뭉치언어학의 연구 성과를 바탕으로, 구어 균형 말뭉치를 구성하여 조사하였기 때문에 한국어 구어의 실제 모습이 있는 그대로 반영되었으며 단순히 빈도수 합만을 밝힌 것이 아니라, 구어를 네 가지의 종류 즉 사적 대화와 공적 대화, 사적 독백과 공적 독백의 넷으로 나누어 낱말마다의 쓰임을 비교해 볼 수 있도록 하였다. 또한 낱말뿐만 아니라 조사와 어미의 빈도를 모두 함께 보였기 때문에 한국어의 전체 모습을 파악할 수 있으며, 같은 말의 변이형태나 구어형 또한 함께 모아서 배열하였기 때문에 다양한 모습의 언어 사용을 같이 살펴볼 수 있다. 마지막으로 빈도 1까지의 모든 목록을 수록하였기 때문에 언어 전체의 모습을 한 눈에 알 수 있다.

(10)『한국어 구어 빈도 사전(2) - 가나다순』(2015)

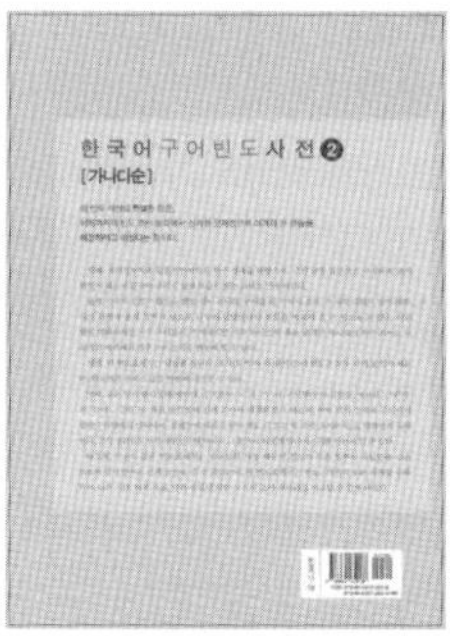

말뭉치 기반 국어 연구 총서 | 서상규 지음
한국문화사 | 2015년 11월 20일 출간

〈한국어 구어 빈도 사전〉의 제2권은 어떤 말의 잦기가 얼마나 되는지 독자들이 찾아보기 쉽게 배열한 가나다순 사전이다. 국어정보학과 말뭉치언어학의 연구 성과를 바탕으로, 구어 균형 말뭉치를 구성하여 조사하였기 때문에 한국어 구어의 실제 모습이 있는 그대로 반영되었다. 단순히 빈도수 합만을 밝힌 것이 아니라, 구어를 네 가지의 종류 즉 사적 대화와 공적 대화, 사적 독백과 공적 독백의 넷으로 나누어 낱말마다의 쓰임을 비교해 볼 수 있도록 하였다. 또한 낱말뿐만 아니라 조사와 어미의 빈도를 모두 함께 보였기 때문에 한국어의 전체 모습을 파악할 수 있으며, 같은 말의 변이형태나 구어형 또한 함께 모아서 배열하였기 때문에 다양한 모습의 언어 사용을 같이 살펴볼 수 있다. 마지막으로 빈도 1까지의 모든 목록을 수록하였기 때문에 언어 전체의 모습을 한 눈에 알 수 있다.

(11)『학습용 기본 명사 연어 빈도 사전』(2016)

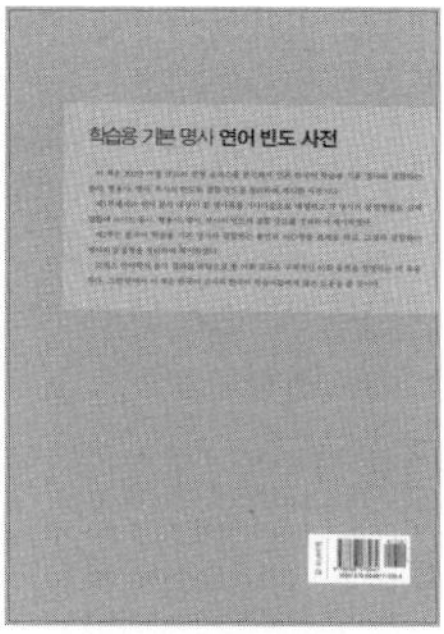

말뭉치 기반 국어 연구 총서 | 한영균 지음
한국문화사 | 2016년 02월 20일 출간

〈학습용 기본 명사 연어 빈도 사전〉은 300만 어절 규모의 균형 코퍼스를 분석해서 얻은 한국어 학습용 기본 명사와 결합하는 동사, 형용사, 명사, 부사의 빈도와 결합 강도를 정리하여 제시한 사전이다. 제1부에서는 연어 분석 대상이 된 명사류를 가나다순으로 배열하고 각 명사의 굴절형별로 실제 결합해 쓰이는 동사, 형용사, 명사, 부사의 빈도와 결합 강도를 정리하여 제시하였다. 제2부는 한국어 학습용 기본 명사와 결합하는 용언의 어간형을 표제로 하고, 그것과 결합하는 명사의 굴절형을 정리하여 제시하였다. 코퍼스 언어학적 분석 결과를 바탕으로 한 어휘 교육은 구체적인 어휘 용법을 설명하는 데 유용하다. 그런 면에서 이 책은 많은 한국어 교사와 한국어 학습자들에게 큰 도움을 줄 것이다.

(12)『(한일대역) 한국어 기본어휘 의미빈도 사전』(2017)

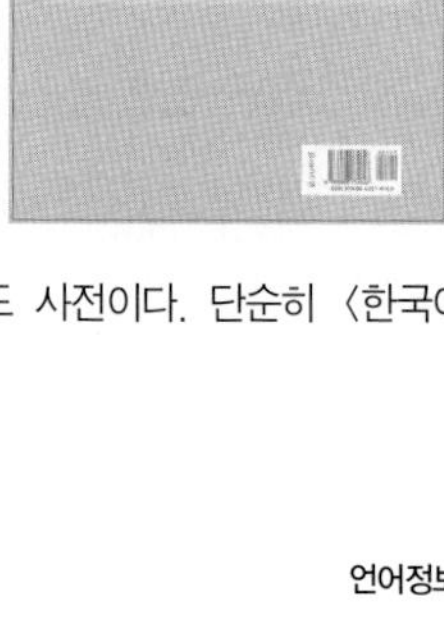

말뭉치 기반 국어 연구 총서 | 서상규 지음
한국문화사 | 2017년 02월 20일 출간

〈(한일대역) 한국어 기본어휘 의미빈도 사전〉은 2014년도에 출판된 〈한국어 기본어휘 의미빈도 사전〉을 일본어로 번역한 책으로 일본어권 한국어 학습자를 위한 의미빈도 사전이다. 단순히 〈한국어 기본어휘 의미빈도 사전〉을 일본어로 번역한 사전이 아니라 두 언어의 화자의 사고방식과 표현 방식 하나하나에 맞추어 대응되는 어휘로 기술한 것이다. 이 사전을 통해서 한국어 기본 어휘의 제일 중요한 핵심적인 의미와 용법을 간단하게 익힐 수 있다.

(13)『핸드백 용어 사전』(2017)

연세대학교 언어정보연구원은 주식회사 시몬느와 함께 특별한 사전을 만들었다. 시몬느는 우리나라의 가장 대표적인 핸드백 제조회사로 핸드백 제조 시장에서 글로벌 선도 기업으로 성장했다. 하지만 핸드백 제조공장에서는 아직도 도제식 일본어가 사용되고 있으며 중국, 베트남 등 우리 해외 공장 외국 근로자들에게도 일본어 명칭들을 현지어로 교육하고 있었다. 이에 우리 연세대학교 언어정보연구원와 함께 우리말의 아름다움을 밝히고자 사전 제작에 착수하여 3년 동안 작업해 이 사전을 만들었다. 실제 쓰이는 용어 1,006개를 추려 순화한 우리말로 표제어로 싣고 영어 · 중국어 · 베트남어 · 인도네시아어도 함께 정리했다. 종류, 부위, 기술, 자재, 기계로 구분하고 주요 용어 150개를 선별, 해당 어휘가 영어 · 베트남어 · 인도네시아어 · 중국어로 어떻게 번역되고 발음되는지도 알 수 있게 했다. 50개의 네모 상자는 어휘의 유래와 어휘별 비교 등 추가 정보나 배경 지식을 담았다.

○ **만든이**

기획 : 박은관, 이민수, 이지연
저자 : 서상규, 김한샘, 김수경
역자 : 박제이, 도 티 꾸인 화, 수와르시, 유천연
출판 : 박영률, 엄진섭, 김정희, 이정란, 임은영, 김유진, 송성재, 이율희
자문 : 남기심, 김종덕, 윤영민, 김아영
기술 자문 : 고학재, 이선용, 김봉우, 장육근, 황두하, 이준범, 이명기, 최정희, 김회원, 주선태, 최연수, 김동현, 유현기, 황규일, 이상규, 이혁제, 노용식
번역 자문 : 이용오, 강성암, 이진선, 나혜경, 박해민, 김원형, 김한진, 조훈, 김희석, 신해진, 정재영, 문용원

2. 총서

2.1. 인문언어학 총서

1. 인문언어학의 전망과 과제

연세대학교 언어정보연구원 엮음

박이정 | 2011년 05월 30일 출간

인문언어학은 현대사회의 첨단 지식과 일상생활의 다면성을 반영한 자료를 연구 기반으로 삼음으로써, 사회 변화의 흐름에 부응하며 대안을 모색해야 한다. 이 책은 연세대학교 언어정보연구원의 그동안의 연구를 담은 것이다. 수록된 10편의 논문들은 아직 한국의 언어학 연구에서는 다소 낯선 주제와 대상, 문제의식으로 이루어져 있다. 각 장의 필자들은 인간과 언어, 그리고 언어학에 대한 자기 성찰을 바탕으로 인문언어학의 토대와 그 비전을 묻는다.

2. 내러티브 연구의 현황과 전망

연세대학교 언어정보연구원 엮음

박이정 | 2014년 06월 13일 출간

이 책에서는 국내외 내러티브 연구의 동향, 언어학에서의 내러티브 연구를 전반적으로 다루고 있다. 흔히 '이야기', '서사' 등으로 번역되는 내러티브는 인간이 자신의 행동, 사고, 기억, 욕구, 심성 등을 언어로 구조화하고 표상하여 지식과 가치, 사회와 문화를 구성하는 원리다. 롤랑 바르트의 말처럼, 내러티브는 인간의 삶의 모든 영역에 현재하면서 언어와 매체를 통해 생산되고 소통되며 인간의 삶과 정체성을 구성하는 방법을 제공한다. 또 내러티브는 개인이나 집단마다의 서로 다른 기억, 경험, 욕망, 심성을 반영하고 그것에 기반한 소통 과정에서 공감과 갈등을 수반한다. 특히 후기 자본주의 사회, 지식기반사회, 다문화 · 다언어사회에서 인간은 전례 없이 다양한 내러티브를 생산하고 소비하고 있으며, 그 양상 또한 다면적이고 복잡하게 이루어지고 있다. 연세대학교 인문한국사업단은 이 책에서 '내러티브'와 '소통'을 키워드로 삼아 이야기를 통해 지식과 가치, 사회와 문화를 재현하고 구성하는 인간의 능력과 인지 구조에 대해 분석한다.

3. 내러티브 연구의 실제

연세대학교 언어정보연구원 엮음

박이정 | 2014년 06월 30일 출간

〈내러티브 연구의 실제〉는 연세대학교 언어정보연구원 인문한국(HK)사업단이 '인간의 삶과 사회'를 조망한 내러티브 연구 성과를 엮은 책이다. 이 책은 현대 한국 사회에서 논쟁이 되고 있는 사회적 이슈들을 대상으로 인간의 삶과 경험이 소통되는 방식을 보여주는 질적 탐구 방식과, 실제 인간이 생산한 다량의 언어 자료를 분석하는 양적 분석 두 가지 방식으로 각각 연구한 논문들을 묶었다.

4. 언어학에서 인문언어학으로

연세대학교 언어정보연구원 엮음

박이정 | 2015년 05월 07일 출간

〈언어학에서 인문언어학으로〉는 '복합지식의 창출과 소통을 위한 인문언어학'을 표방하며 출발한 연세대학교 언어정보연구원 인문한국(HK)사업단이 수행한 연구의 결실이다. 이 책은 우리 인문한국사업단의 성찰과 확장의 도정을 "언어학의 성찰, 쟁점과 과제", "언어와 인간, 지평의 확대", "이야기와 공동체, 문화와 역사"라는 세 갈래로 묶어낸 것이다. 제1부는 문어, 규범 문법, 일국적 시야의 언어 교육 중심의 연구방법론을 넘어서고자 하는 언어학의 자기 성찰과 새로운 연구 분야에 대한 제안들이다. 제2부는 언어학에 기반한, 혹은 언어학과 제휴한 인접 학문 영역의 도전적인 발화들로서, 인문학의 분과학문으로서 언어학이 인간학의 차원으로 확산하는 가능성을 제시한다.

5. 언어정보와 인문언어학

연세대학교 언어정보연구원 엮음
박이정 | 2015년 05월 14일 출간

〈언어 정보와 인문언어학〉은 '복합지식의 창출과 소통을 위한 인문언어학'이라는 아젠다로 연구 과제를 수행하는 연세대학교 언어정보연구원 인문한국(HK)사업단의 정체성을 드러내는 총서이다. 이번 인문언어학총서 5는 아젠다의 기반이 되는 언어 정보를 구축하고 이를 분석하는 실증적인 연구와 언어정보학과 인문학의 소통에 대한 방법론적 모색을 담았다. 이 책의 1부는 언어 정보 구축의 단위와 방법론, 이를 통한 인문언어학 연구에 대한 논의를 중심으로 구성하였으며, 2부는 이를 활용한 구체적인 연구 성과들을 볼 수 있도록 구성하였다.

6. 인문정신의 탐색과 인문언어학

연세대학교 언어정보연구원 엮음
박이정 | 2015년 04월 30일 출간

이 책에 실린 글들은 인문언어학을 이론적으로 정초하고 실제로 적용하고자 한 도전의 소산이다. 내용적으로는 크게 두 부분으로 나뉘어 있다. 제1부는 1장에서 4장까지로 각자의 영역에서 인문언어학에 대한 다소 이론적 접근을 시도하고 있고, 제2부는 5장에서 8장까지로 인문언어학이 각자의 연구에서 어떻게 적용될 수 있는지를 모색하고 있다.

2.2 인문지식 기반 총서

1. 학습자를 위한 한국어 유의어 사전

조민정, 봉미경, 손혜옥, 전후민 지음
박이정 | 2013년 07월 10일 출간

〈한국어 유의어 사전〉은 연세대학교 언어정보연구원에서 구축한 연세말뭉치에서 추출한 예문을 모아 엮은 책이다. 더불어 최근의 용법을 보이기 위하여 인터넷 자료도 참고하였다. 말뭉치 용례를 기반으로 하여 유의어들의 의미를 최대한 쉽고 상세히 보이려 노력하였다. 따라서 뜻풀이와 함께 각 어휘의 쓰임새를 예문을 통해 밝혀 학습자들이 유의어들을 상황에 맞게 쓸 수 있도록 구성하였다. 복잡하고 까다로운 유의어의 의미를 풀이해 기존의 평면적이고 나열하는 의미 풀이를 지양하고, 유의어들이 공유하는 공통 의미와 차이 의미를 구분하여 학습자들이 유의어들의 관련성과 차이점을 스스로 파악하도록 도와준다.

2. 구어 말뭉치 실용 안내서

올리비에 보드 외 지음, 손현정, 손희연 옮김
박이정 | 2012년 05월 15일 출간

언어 자료의 원천을 보존하면서도 그러한 원천에서 생산된 구두적 자료에 다양한 방식으로 접근하려는 여러 언어학자들의 문제의식에 바탕을 두고 있기 때문에 무엇보다도 언어학자들에 의해, 그리고 그들을 위해 만들어지고 활용되는 '구어 말뭉치'를 다룬다. 〈구어 말뭉치 실용 안내서〉는 구어 말뭉치 구축에서 제기되는 절차적 지식이나 문제 해결의 측면에서 실용적인 정보를 제공하기 위해 만들어졌다. 특히 전문 법학자, 말뭉치 언어학 분야 전문 연구자, 자료 보존과 전수의 책임을 지고 있는 여러 제도 기관들의 실무자까지 참여한 연구 그룹의 공동 창작물이라는 점에서 제공되는 정보의 폭이 넓다. 확인되지 않았고 가늠하기 어려운 구어 말뭉치를 마주하여 그 미래를 설계하려는 연구자들에게 유용한 길잡이가 되어줄 것이다.

3. (말뭉치 기반) 구어 문어 통합 문법 기술의 탐색

배진영, 최정도, 김민국 지음
박이정 | 2013년 06월 28일 출간

이 책은 '(말뭉치 기반) 구어 문어 통합 문법 기술'을 위한 이론적 토대를 다지기 위해 기존의 구어 문법 연구 현황을 비판적으로 살펴보는 책이다. '구어', '문어', '구어 문법', '문어 문법', '구어의 기본 단위' 등 구어 문어 통합 문법 기술을 위해 반드시 살펴보아야 할 기본 개념을 다각도로 고찰하며 구어 문어 통합 문법 기술의 방향을 제시한다.

4. (말뭉치 기반) 구어 문어 통합 문법 기술1: 어휘 부류

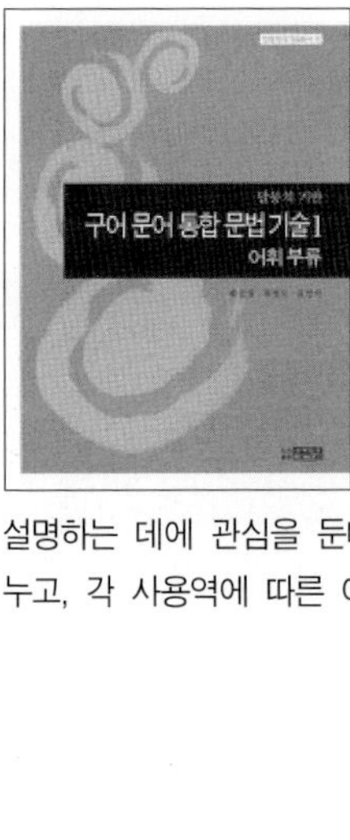

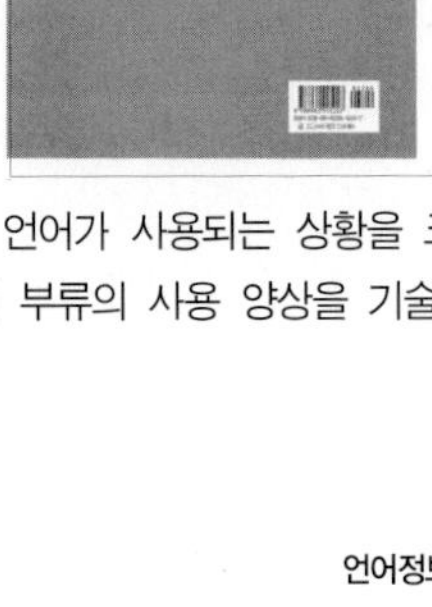

배진영, 최정도, 김민국 지음
박이정 | 2013년 12월 02일 출간

〈구어 문어 통합 문법기술〉의 제1권 《어휘부류(말뭉치 기반)》은 구어, 문어 자료에 나타나는 실제 언어 사용 양상을 기술하고 이를 분석하여 체계적이고도 합리적으로 설명하는 데에 관심을 둔다. 언어가 사용되는 상황을 크게 네 가지 주요 사용역으로 나누고, 각 사용역에 따른 어휘 부류의 사용 양상을 기술한다. 그리고 이러한 결과가 보여

주는 양상을 분석하고 기능적 관점에서 해석하여 언어 사용 양상의 패턴들을 설명한다.

5. (말뭉치 기반) 담화의 언어정보학적 탐구

손현정, 이재윤 지음
박이정 | 2014년 06월 20일 출간

〈담화의 언어정보학적 탐구〉는 양적인 접근 방법에 의해 질적인 연구를 보완하는 언어정보학적 연구 방법을 이용해 트위터, 신문기사, 2인의 면대면 대화 등 다양한 형태의 담화에 대해 분석한 책이다. 1장에서는 트위터, 디지털 담화의 이야기 방식을 소개하고, 2장에서는 주관성을 교묘하게 숨기고 객관성을 가장한 담화에 대해서, 3장에서는 반의 관계를 활용한 신문기사의 주관성 분석을, 4장에서는 화자의 이야기 방식에 비해 상대적으로 언어학자들에게 외면 받았던 '청자의 이야기 방식'을 살핀다.

6. (말뭉치 기반) 구어 문어 통합 문법 기술2: 명사와 명사구 I , II

배진영, 최정도, 손혜옥, 김민국 지음
박이정 | 2014년 12월 30일 출간

이 책에서 제시되는 말뭉치 계량 결과와 이에 대한 분석과 설명은 사용의 문법이라는 측면에서 언어 형식의 구조와 이에 대한 기술만을 중요시했던 전통적인 문법 기술을 보완할 수 있을 것이다. 또한 말뭉치 분석을 통한 문법 기술은 실증적인 문법 기술이라는 측면에서 기존 연구에서 미처 다루지 못했던 언어 현상을 제시해 주거나 기존 연구 결과에 대한 문제를 제기해 준다는 점에서 그 의미를 찾을 수 있다.

2.3 다면자료 총서

1. 풀어쓰는 국문론집성

연세대학교 언어정보연구원 HK사업단 지음
박이정 | 2012년 05년 21일 출간

〈풀어쓰는 국문론집성〉은 '언어적 근대'에 대한 관심을 가지고 있는 여러 인문학 전공자들에게 당시의 문헌을 쉽게 접근할 수 있도록 하는 차원에서 기획되었다. 당시의 문헌들은 전통적인 문장 형태에서 크게 벗어나지 않은 글들이 많아 아예 글 전체가 한문 문장이거나, 국한문 혼용이라 하더라도 현토체 정도에 불과한 경우가 적지 않기 때문에 한문학적 지식이 없이는 읽어내기가 어렵다. 따라서 이 책에서는 『국문론집성』의 현대어 번역문을 제시한 다음 이의 원문을 실었다. 또한 근대적 개념어들을 정리하였으며, 권 말에는 이 글들이 실렸던 매체와 그 필자에 대해 개략적으로 해제하였다. 근대계몽기에 쏟아져 나온 각종 문헌들을 연구함으로써 당시의 담론이 어떤 지형을 이루고 있었는지 가늠해 볼 수 있을 것이다.

2. 다면자료와 비언어적 소통

연세대학교 언어정보연구원 HK사업단 지음
박이정 | 2015년 05월 22일 출간

연세대학교 언어정보연구원은 2009년부터 소위 4세대 말뭉치라고 일컬어지는 다면자료(multimodal corpus)를 구축하기 위해 노력을 기울여 왔다. 다면자료는 음성언어를 비롯하여 시선, 손동작, 표정, 자세 등 인간의 다양한 의사소통 행위를 녹화하여 디지털 방식으로 전사하고 저장한 자료이다. 다면자료를 바탕으로 한 연구는 인간의 의사소통 행위를 온전히 연구 대상으로 삼을 수 있다는 측면에서 언어학이 질적으로 한 단계 도약

할 수 있는 계기가 될 뿐 아니라 다면자료 분석을 통하여 철학, 정치학, 사회학, 의학 등 다양한 분야와 연구대상과 주제를 공유할 가능성을 열어 줄 것이다.

2.4 말뭉치 기반 국어연구 총서

1. 사전식 텍스트 분석적 국어 조사의 연구

이희자 지음
한국문화사 | 1998년 03월 28일 출간
229개의 조사 및 조사형태류를 정리한 연구서이다. '가, 같이'를 시작으로 '마냥, 마는, 이나마, 이시여, 조차, 처럼, 커녕, 한테, 한테서'에 이르기까지 우리말의 조사의 쓰임을 정리하고 가나다순으로 엮었다.

2. 국어의 동사연결 구성에 대한 연구

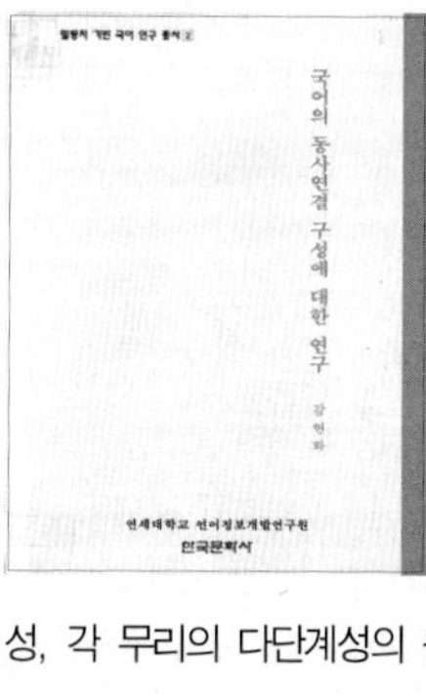

강현화 지음
한국문화사 | 1998년 10월 31일 출간
국어의 다양한 동사결합 구성의 문법적 특성을 고찰한 연구서이다. 동사연결 구성에 관련된 문제들, 동사연결 구성의 분석-V2가 의존적인 구성/V1이 의존적인 구성/접속적인 구성, 각 무리의 다단계성의 원인 등 5개의 장으로 설명했다.

3. 국어 형용사 연구

유현경 지음
한국문화사 | 1998년 10월 31일 출간

국어 형용사 전체를 귀납적으로 분석하여 유형을 분류하고 형용사의 형태와 통사적 특징을 설명한 국어 형용사 연구 개론서이다. 현대 국어의 개별 조사에 대한 전반적 연구서로 229개의 조사 및 조사 형태류를 그 조사 대상으로 삼고 있다.

4. 우리말 양태용언 구문 연구

김지은 지음

한국문화사 | 1998년 10월 31일 출간

〈우리말 양태용언 구문 연구〉는 양태의 개념과 하위분류, 양태의 실현형태를 비롯해 양태용언의 개념과 하위분류, 각 부류의 연계성, 양태용언 구문의 통사적 특성, 일반용언과의 유연성, 양태용언의 자리매김까지 우리말 양태용언 구문에 대해 심층 분석한 연구서이다.

5. 사전식 텍스트 분석적 국어 어미의 연구

이희자 지음

한국문화사 | 1999년 06월 15일 출간

현대 국어의 어미 및 어미형태류에 대한 전반적인 연구서로서 1,763개의 어미 및 어미형태류(이형태 포함)를 대상으로 했다. '-거나'부터 '-토록'까지 1,763개의 어미를 가나다순으로 실어 다단계적 의미로 해설한 연구서이다. 〈사전식 텍스트 분석적 국어 어미의 연구〉에서는 〈어미 및 어미형태류의 하위범주 문제〉, 〈어미형태류의 동음이의 및 다의성 처리 문제〉 논문 2편을 함께 수록하였다.

6. 한국어 명사 연구

정희정 지음
한국문화사 | 2010년 10월 15일 출간
말뭉치 기반 국어연구 총서 6. 명사가 가지고 있는 체언으로서의 기능 밖의 통사적 기능을 천착하여 연구한 책으로 명사가 관형어와 결합할 수 있는지, 그리고 조사가 있어야만 문장의 한 성분이 될 수 있는지 등의 현상을 통해 명사의 의미가 문장에 어떻게 반영되는지를 고찰했다.

7. 현대 국어 자동사 연구

한송화 지음
한국문화사 | 2000년 10월 15일 출간
현대 국어의 약 1,200여 개의 자동사를 말뭉치의 용례 분석을 통해, 격틀이라는 통사적인 특성에 따라 유형별로 분류하고 각 유형별 자동사의 통사와 의미적 특성을 밝혔다.

8. 한국어 교육과 학습 사전

서상규 지음
한국문화사 | 2003년 02월 03일 출간
〈한국어 교육과 학습 사전〉은 21세기 정보화 시대에 접어든 오늘의 시점에서 외국어로서의 한국어 학습 사전이 갖는 의미와 이의 다양한 활용 방안을 모색해 보고자 연구한 책이다. 언어 교육에서 학습 사전이 갖는 중요성과 가치를 바탕으로 실제 한국어 교육에

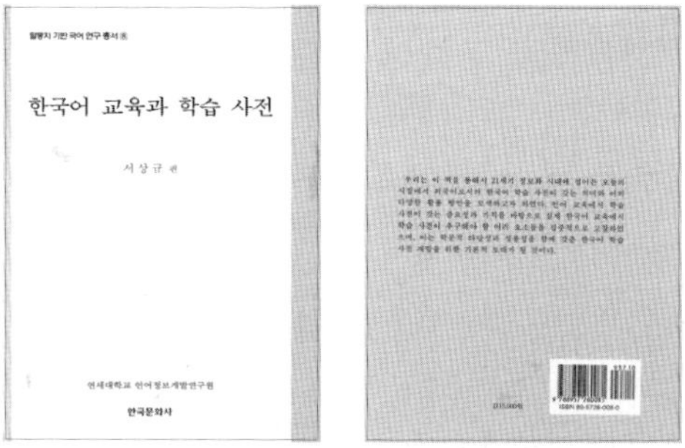

서 학습 사전이 추구해야 할 여러 요소들을 집중적으로 고찰하였으며, 학문적 타당성과 실용성을 함께 갖춘 한국어 학습 사전 개발을 위한 기본적 토대가 되기 위해 내용을 충실히 구성하였다.

9. 한국어 구어 연구(1) -구어 전사 말뭉치와 그 활용-

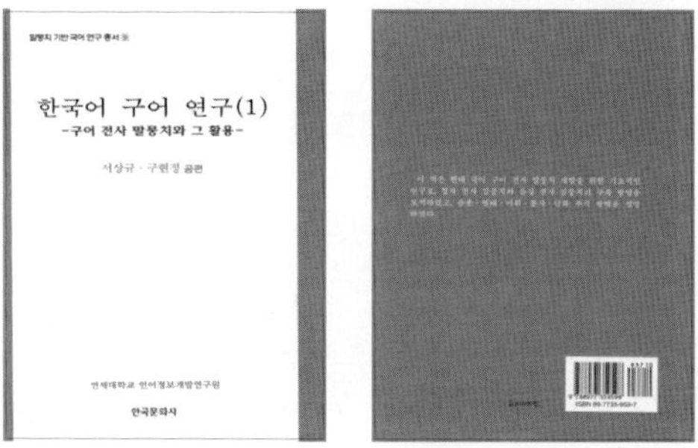

서상규, 구현정 지음
한국문화사 | 2002년 08월 31일 출간
말뭉치 기반 국어를 연구한 〈한국어 구어연구〉 제1권. 이 책은 현대 국어 구어 전사 말뭉치 개발을 위한 기초적인 연구로, 철자 전사 말뭉치와 음성전사 말뭉치의 구축방법을 모색하였고, 음운, 형태, 어휘, 통사, 담화 주석방법을 설명하였다.

10. 한국어 구어 연구(2) -대학생 대화 말뭉치를 중심으로-

서상규, 구현정 지음
한국문화사 | 2005년 02월 25일 출간
말뭉치 기반 국어를 연구한 〈한국어 구어연구〉 제2권. 구어 말뭉치 중에서 대학생 대화 말뭉치를 중심으로 하여 음운, 어휘, 형태, 통사, 담화의 각 차원에서 구어 말뭉치에 나타난 실제적인 언어 현상들을 살펴본다. 이를 바탕으로 구어 문법의 특성을 연구하고 있다.

11. 국어의 조사와 의미역 -조사 {-를}과 논항 실현을 중심으로-

이선희 지음

한국문화사 | 2004 03월 30일 출간

서술어와 문장 성분의 의미 분석에 중점을 두는 어휘 의미론적 시각에서 조사 '-를'의 기능과 의미를 다룬다. 이러한 논의는 단순한 조사의 어휘 의미를 벗어나 격, 논항 구조, 논항과 부가어, 타동문, 사동문, 조사 교체 현상, 비대격 술어, 의미역, 함의 관계 등의 다양한 통사의미 현상에 대한 기존의 이론들과 해결 방안, 다양한 문제점 등을 담고 있다.

12. 현대 국어 '이다' 구문 연구

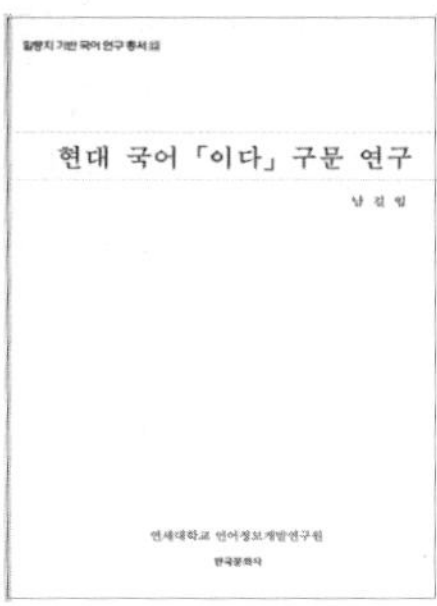

남길임 지음

한국문화사 | 2004년 09월 15일 출간

이 책은 실제 코퍼스에 나타난 '이다' 구문 전반을 살펴보고, 약 860만 어절 규모의 코퍼스에 나타난 '이다' 구문의 유형을 분류한 연구서이다. 언어생활에서 나타나는 '이다' 구문의 형태와 통사적 특성, 의미적 특성들을 유형 분류 기준으로 제시하고, 분류 결과 각 구문에서의 '이다'의 의미와 기능, 구문간의 관련성을 서술하였다.

13. 현대 한국어 조사의 연구 1 -'격 개념'과 조사 '-가'와 '-를'을 중심으로-

고석주 지음

한국문화사 | 2004년 05월 30일 출간

이 책은 한국어의 일부 조사가 인구어의 격 표지와 대응한다는 전제에 대한 의문을 제기하고, 그러한 전제가 문제가 있음을 체계적으로 밝혀나가면서 한국어 조사에 대한 새로운 이론의 필요성을 주지시키고 있다. 저자는 인구어를 기반으로 한 이론이 아니라 한국어의 언어 사실에 기반하고 그 사실을 설명해 줄 수 있는 이론이 필요함을 강조한다.

14. 한국어에서 상의 두 양상에 대한 고찰

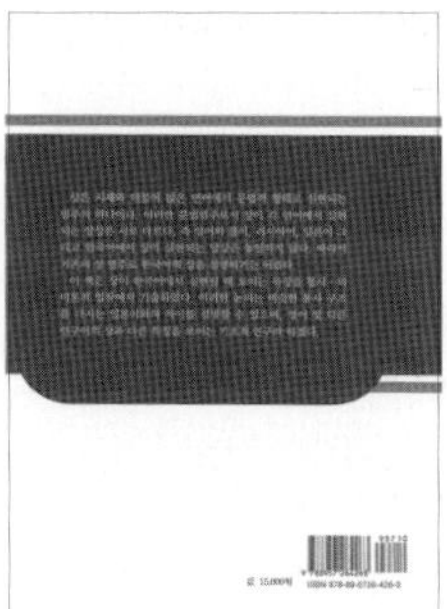

조민정 지음

한국문화사 | 2007년 01월 20일 출간

한국어에서의 상의 두 양상을 고찰하는 책이다. 어휘 의미론적 입장에서 서술어의 어휘 의미 중 시간적 양상에 관련된 상적 특성을 바탕으로 한국어 동사구의 어휘상을 분류한다. 이러한 동사구는 문장 층위에서 다른 문장 성분과 결합하면서 상이 변하는데, 이 책에서는 상 변화에 영향을 미치는 요인이 무엇이고 그러한 요인이 모든 동사구에서 동일한지에 대해 살펴보고 있다.

15. 한국어 술어명사문 문법

이병규 지음

한국문화사 | 2009년 02월 20일 출간

인간을 둘러싸고 있는 대부분의 현상이 그러하듯이 언어 현상도 이분법적으로 명확하게 나누어지지 않는 것이 많다. 말뭉치 언어학이 도입된 이래, 문법 범주들마다 여러 단계의 중간적인 성격의 언어 자료들이 무수히 확인되고 있다. 이 연구에서 다루고 있는 술어명

사문도, 명사와 동사의 특징 일부를 가지고 있는 '술어명사'와 동사이지만 어휘적 의미가 없는 '기능동사'의 연합으로 성립되는 특이한 한국어 문장 유형 가운데 하나이다.

16. 매체인터뷰의 담화전략

김현강 지음

한국문화사 | 2009년 08월 30일 출간

〈매체인터뷰의 담화전략〉은 매체 인터뷰가 인터뷰어의 전략에 기반하여 의견을 전달하고 형성하는 방송 담화의 한 영역이자 논쟁적이고 정치적인, 그러나 나름의 중립성을 지향하는 담화임을 말하고자 한 책이다. 또한 담화 전략의 차원에서 인터뷰 담화를 분석함으로써 이 담화가 눈앞에 보이는 상호행위만으로 이루어지는 대화가 아니라 보이지 않는 여러 층위에서, 각기 다른 과제를 수행하는 담화 전략이 작용하는 중층적 구조이며 그것이 담화에 대해 사회적으로 상충하는 요구를 실현하기 위한 것임을 보이고자 하였다.

17. 국어사전에서의 구어 어휘 선정과 기술 방안 연구

안의정 지음

한국문화사 | 2009년 05월 30일 출간

국내 사전 편찬에 말뭉치를 도입하게 된 것은 최근의 일이며, 주로 문어 말뭉치에 국한되어 어휘 기술이 이루어져 왔다. 그러나 사전이 어떤 한 언어에 있어서 어휘의 집대성이고 그 언어의 변화되는 모습을 반영하기 위해 편찬되는 것이라면, 문어와 함께 현재 쓰이고 있는 구어의 모습도 기술되어야 한다. 구어는 변화하는 언어의 모습이 문어보다 더 잘 반

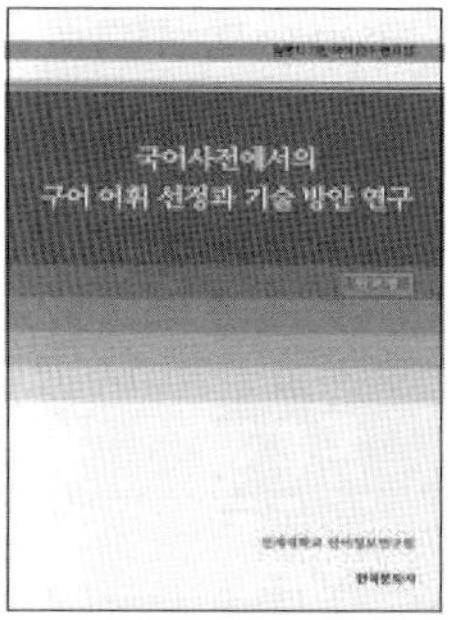

영되는 언어 영역이며, 일반인들의 언어 생활에 있어서 문어보다 더 큰 비중을 차지하기 때문이다. 〈국어사전에서의 구어 어휘 선정과 기술 방안 연구〉는 인간의 음성을 녹음하고 전사한 말뭉치를 기반으로 하여 사전에서의 구어 표제어 선정과 사전적 처리에 대해 다루었으며, 사전 편찬에 활용될 수 있는 실제적인 연구로 볼 수 있다.

18. 일한 분류어휘 비교

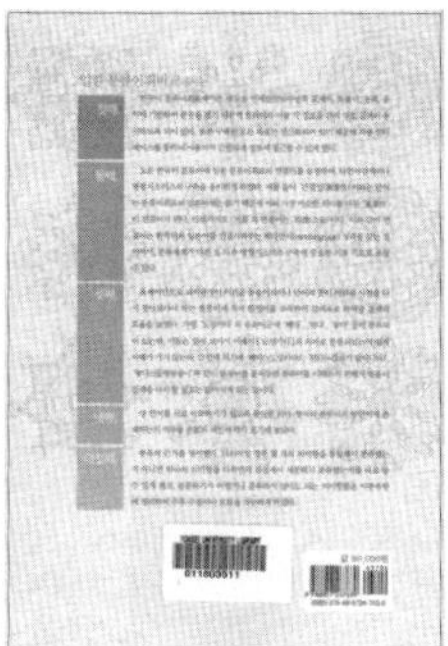

한유석 지음

한국문화사 | 2010년 06월 10일 출간

〈일한 분류어휘 비교〉는 일본 국립국어연구소의 分類語彙表(2004년, 大日本圖書)의 분류체계에 입각하여 한국어를 분류한 뒤, 양 언어를 서로 비교하기 쉽도록 병렬적으로 배치해 제작하였으며, 일본어 95,811어와 한국어 66,855어를 비교하고 있다. 회화나 작문시 표현의 단조로운 반복을 피하기 위해 이용되는 실용적인 유의어사전으로 기능할 수 있고, 각종 사전 편집에 있어서의 해설, 어휘선정, 배열 작업에 기여하도록 구성되어 있다. 한국어 시소러스(thesaurus) 구축을 위한 기반 데이터로서의 역할을 하고, 양 언어 어휘 비교는 물론, 언어학의 제 분야(음운, 형태, 표기, 문법, 문체 등)의 비교연구, 다언어 정보검색, 자동통번역 등의 정보처리 분야에 응용, 대역사전의 대응어 선정 및 국어사전의 의미 기술의 정교화, 일본어 교육, 한국어 교육에 응용 등에 도움을 주는 기초적인 자료가 될 것이다.

19. 한국어 숙어 연구

김한샘 지음

한국문화사 | 2011년 08월 25일 출간

〈한국어 숙어 연구〉는 총 7개의 장으로 구성되어 있으며, 숙어의 연구 목적과 대상부터 언어학적 특징, 계량적 특징, 번역, 사전적 기술, 언어 공학적 처리 등을 주제로 구체적인 내용을 살펴본다.

20. 한국어 구어 말뭉치 연구

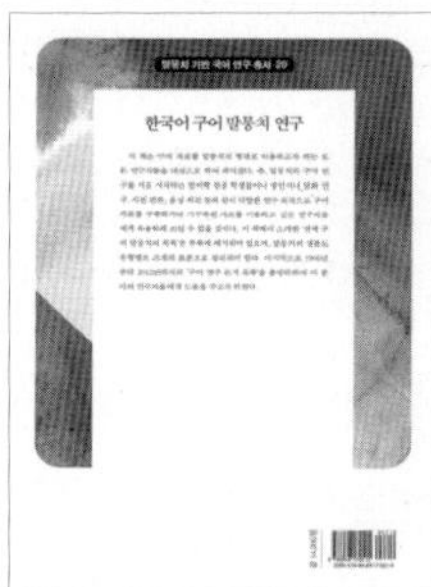

서상규, 안의정, 봉미경, 최정도, 박종후, 백해파, 송재영, 김선혜 지음
한국문화사 | 2013년 06월 10일 출간

〈한국어 구어 말뭉치 연구〉는 구어 자료를 말뭉치 형태로 이용하고자 하는 연구자를 대상으로 쓰여졌다. 총 4장으로 구성되어 있으며 세종 말뭉치의 변화를 포함, 한국어 구어 말뭉치 구축의 흐름과 말뭉치 구축 방법과 마크업, 형태 주석 등을 논의한다. 그리고 연세 구어 말뭉치의 구성과 주석의 특징 등을 통해 세종 구어 전사 말뭉치와 비교하여 설명한다.

21. 한국어 기본어휘 연구

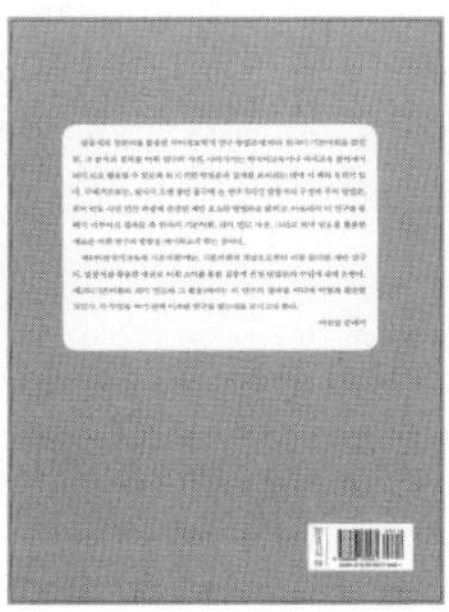

서상규 지음
한국문화사 | 2013년 09월 30일 출간

〈한국어 기본어휘 연구〉는 저자가 오랫동안 몰두해 온 연구거리인 말뭉치의 구성과 주석 방법론, 의미 빈도 사전 편찬 과정에서 관련된 제반

요소와 방법론을 밝히고, 아울러 연구를 통해서 이루어진 결과들 즉 한국어 기본어휘, 의미 빈도 사전, 그리고 의미 빈도를 활용한 새로운 어휘 연구의 방향을 제시한다.

22. 한국어 기본어휘 의미 빈도 사전

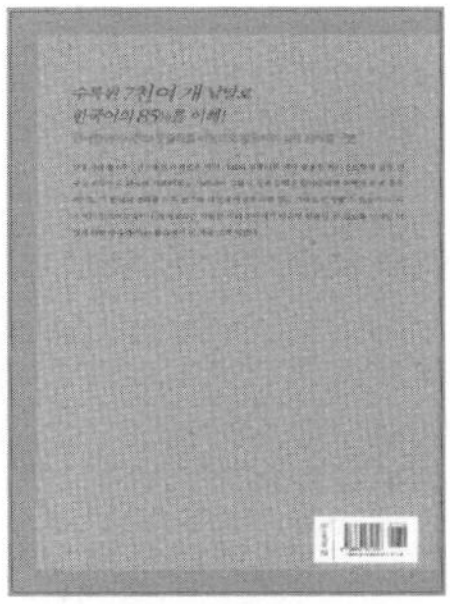

서상규 지음

한국문화사 | 2014년 03월 02일 출간

말뭉치라 불리는, 전산화된 다채로운 국어 자료와 컴퓨터를 적극 활용한 국어정보학적 실증 연구를 바탕으로 한국어 기본어휘를 가려내어 그들의 실제 용법을 알아내려면 어떻게 하면 좋을까? 또, 그 분석의 결과를 어휘 연구와 사전에 어떻게 하면 있는 그대로 반영할 수 있을까? 나아가서는 한국어교육이나 국어교육을 비롯한 여러 분야에서 마음껏 활용할 수 있도록 하려면 어떻게 하면 좋을까?라는 물음에서 이 책을 쓰게 되었다.

25. 한국어 구어 빈도 사전(1)-잦기순

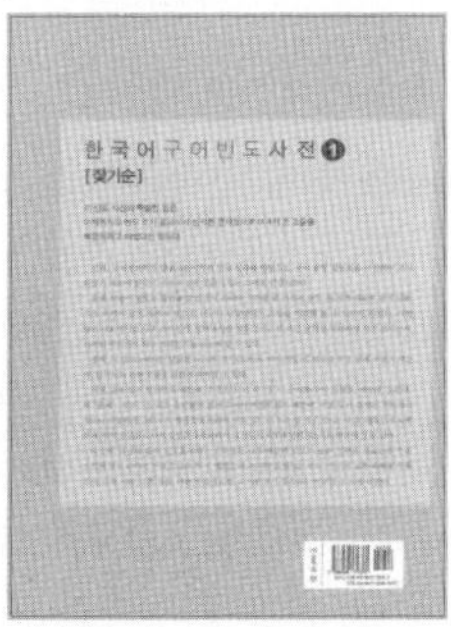

서상규 지음

한국문화사 | 2015년 10월 15일 출간

〈한국어 구어 빈도 사전〉의 제1권. 어떠한 낱말들이 말할 때에 자주 쓰이는가를 쉽게 찾아볼 수 있도록, 한국어 구어 빈도표를 그 쓰임이 잦은 순으로 배열한《잦기순》 사전이다. 국어정보학과 말뭉치언어학의 연구 성과를 바탕으로, 구어 균형 말뭉치를 구성하여 조사하였기 때문에 한국어 구어의 실제 모습이 있는 그대로 반영되었으며 단순히 빈도수 합만을 밝힌 것이 아니라, 구어를 네 가지의 종류 즉 사적 대화와 공적 대화, 사적 독백과 공적 독백의 넷으로 나누어 낱말마다의 쓰임을 비교해 볼 수 있도록 하였다.

26. 한국어 구어 빈도 사전(2)-가나다순

서상규 지음
한국문화사 | 2015년 11월 20일 출간

〈한국어 구어 빈도 사전〉의 제2권은 어떤 말의 잦기가 얼마나 되는지 독자들이 찾아보기 쉽게 배열한 가나다순 사전이다. 국어정보학과 말뭉치언어학의 연구 성과를 바탕으로, 구어 균형 말뭉치를 구성하여 조사하였기 때문에 한국어 구어의 실제 모습이 있는 그대로 반영되었다. 단순히 빈도수 합만을 밝힌 것이 아니라, 구어를 네 가지의 종류 즉 사적 대화와 공적 대화, 사적 독백과 공적 독백의 넷으로 나누어 낱말마다의 쓰임을 비교해 볼 수 있도록 하였다.

27. 학습용 기본명사 연어 빈도 사전

한영균 지음
한국문화사 | 2016년 02월 20일 출간

〈학습용 기본명사 연어 빈도 사전〉은 300만 어절 규모의 균형 코퍼스를 분석해서 얻은 한국어 학습용 기본 명사와 결합하는 동사, 형용사, 명사, 부사의 빈도와 결합 강도를 정리하여 제시한 사전이다. 제1부에서는 연어 분석 대상이 된 명사류를 가나다순으로 배열하고 각 명사의 굴절형별로 실제 결합해 쓰이는 동사, 형용사, 명사, 부사의 빈도와 결합 강도를 정리하여 제시하였다. 제2부는 한국어 학습용 기본 명사와 결합하는 용언의 어간형을 표제로 하고, 그것과 결합하는 명사의 굴절형을 정리하여 제시하였다. 코퍼스 언어학적 분석 결과를 바탕으로 한 어휘 교육은 구체적인 어휘 용법을 설명하는 데 유용하다. 그런 면에서 이 책은 많은 한국어 교사와 한국어 학습자들에게 많은 도움을 줄 것이다.

28. (한일대역) 한국어 기본어휘 의미빈도 사전

서상규 지음
한국문화사 | 2017년 02월 20일 출간

〈(한일대역) 한국어 기본어휘 의미빈도 사전〉은 2014년도에 출판된 〈한국어 기본어휘 의미빈도 사전〉을 일본어로 번역한 책으로 일본어권 한국어 학습자를 위한 의미빈도 사전이다. 단순히 〈한국어 기본어휘 의미빈도 사전〉을 일본어로 번역한 사전이 아니라 두 언어의 화자의 사고방식과 표현 방식 하나 하나에 맞추어 대응되는 어휘로 기술한 것이다. 이 사전을 통해서 한국어 기본 어휘의 제일 중요한 핵심적인 의미와 용법을 간단하게 익힐 수 있다.

2.5 언어문화번역 총서

1. 제스처

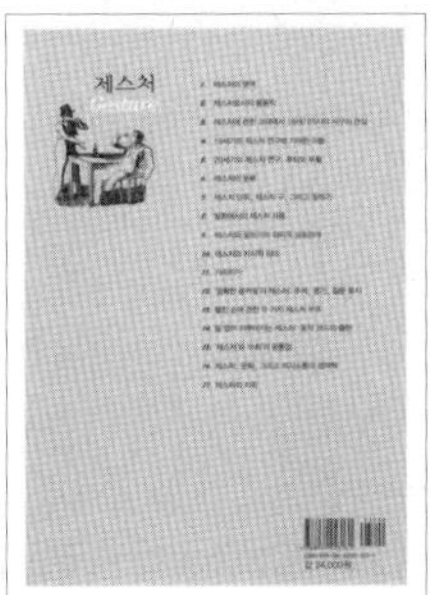

김현강, 신유리, 송재영, 김하수 번역
박이정 | 2013년 05월 24일 출간

이 책은 몸의 언어인 제스처(gesture)를 인간의 의사소통 행위라는 측면에서부터 예술적 표현 양식이라는 측면에 이르기까지 다양한 각도에서 다룬 책이다. 언어가 인간이 의식하고 통제하는 직접적인 의사소통의 도구라면 제스처는 인간의 삶을 구성하는 다양한 의사소통의 모습을 아우르며 여러 영역에 걸쳐져 있다. 이 책은 제스처에 대한 우리의 관심이나 인식이 변화해 온 역사를 고대에서 현대까지 시간의 흐름을 따라가며 서술하고 있다.

2. 언어, 의미 그리고 철학

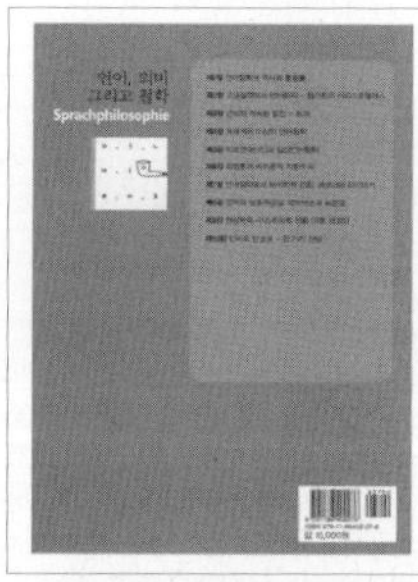

정대성 번역
박이정 | 2015년 04월 30일 출간
〈언어, 의미 그리고 철학〉은 고대의 플라톤에서 현대의 해석적 분석철학에 이르기까지 철학자들의 언어관을 나열하고, 재현주의에서 탈재현주의로의 이행의 관점에서 언어철학의 흐름을 짚어준다.

3. 정치담화분석

김현강, 신유리 번역
박이정 | 2015년 05월 28일 출간
〈정치담화분석〉은 언어에 대한 날카롭고 예리한 시선으로 삶과 사회의 문제를 다루어 온 페어클러프가 언어의 본질과 정치성을 가장 첨예하게 드러내는 정치담화에 주목하여 한 차원 더 발전된 정교한 이론과 분석법을 보여 주는 글이다. 책의 전반부는 정치의 본질(1장)과 분석틀이 된 논증 특히 실천이성에 근거한 추론 또는 논증 개념(2장)과 담론의 타당성을 분석하기 위한 비판적 담화분석 방법(3장)으로 이루어졌다. 후반부는 2012년 영국 사회를 관통할 뿐 아니라 세계를 들끓게 한 주요 사안 들을 선정해 다양한 장르와 매체, 영역의 공적 담론을 분석하였다(4장-6장). 신자유주의가 세계를 휩쓸면서 나타난 세계적 금융 위기와 재정 위기에 대한 해법, 은행권의 보너스 지급 문제, 대학 등록금 인상안 등을 중심으로 한 국회 예산 연설과 보고서, 게시판 논평, 국회 토론 등이다.

2.6 인문언어학과 복합지식 총서

1. 언어의 현장성과 복합지식

연세대학교 언어정보연구원 엮음
한국문화사 | 2016년 05월 30일 출간

연세대학교 언어정보연구원 인문한국(HK)사업단은 '복합지식의 창출과 소통을 위한 인문언어학'이라는 아젠다로 입체적 언어 자료인 다면 자료를 기반으로 하여 인간이 산출하는 '삶의 언어'를 고찰하고 이를 통해 인간의 삶과 사회, 문화 속에서의 인간을 탐구하며, 이를 입체적이고 복합적인 인문학적 실천으로 전환시키려는 다층적인 연구 성과를 지속적으로 제상에 내어 놓고 있다. 이번에 내어 놓은 〈인문언어학과 복합지식 총서1 "언어의 현장성과 복합지식"〉은 그러한 결실의 하나로, '인문언어학의 정립: 복합지식의 인문학적 확산'이라는 목표를 위한 학술활동과 기획 연구의 결과물이 실려 있다. 이를 통해 언어의 현장 속에서 복합 지식을 창출하고 이러한 복합지식이 인문언어학으로 정립되어 가는 모습을 볼 수 있을 것이다.

2. 근대기 동아시아의 언어 교섭

연세대학교 언어정보연구원 엮음
한국문화사 | 2016년 05월 30일 출간

'근대'는 한 · 중 · 일 세 나라가 단지 폭력적으로 강요된 서구화와 문명화를 공유하고 있을 뿐만 아니라, 그 적응의 과정에서 문물과 언어, 신개념을 활발하게 주고받았다는 점에서 역사의 격랑을 거친 시기이다. 〈근대기 동아시아의 언어교섭〉은 동아시아의 근대를 '어휘, 문법, 문화 교류'의 측면에서 접근하여, 복합지식으로서 인문언어학의 지평을 확장하기 위해 기획되었다. 이 책의 연구 성과들은 근대기 동아시아의 언어 교섭이라고 하는 큰 틀에서 언어를 통해 한 · 중 · 일 삼국의 근대화 양상을 살펴보는 계기를 마련한 것이다. 동시에 언어가 국내외적인 시대성과 역사성을 아우르며 사회, 문화 전반에 걸친 탐구와 구명의 주체적인 대상임을 다시 한번 확인한다.

3. 최현배의 〈우리말본〉 연구 1 -소리갈과 씨가름 체계의 성립-

연세대학교 언어정보연구원 엮음
한국문화사 | 2017년 02월 15일 출간

외솔이 연희전문학교에서 말본을 가르치기 시작한 1926년에는 어떠한 내용의 말본을 가르쳤을까? 그리고 〈우리말본〉이 정식으로 출판되기 전에 쓰인 것으로 보이는 여러 유인본은 어떠한 말본의 체계로 되어 있었던 것일까? 그리고 〈우리말본〉에 나타난 외솔의 말본 체계와 용어는 언제부터 어떤 모습으로 변해 온 것일까? 이 책은 이러 문음에 답하기 위해 쓰여졌다. 이 책 〈최현배의 〈우리말본〉 연구 1 -소리가로가 씨가름 체계의 성립-〉은 외솔 최현배의 가장 뛰어난 업적인 『우리말본 첫재매』(1929)와 『우리말본』(1937)이 이루어지기까지, 최현배의 말본이 어떠한 과정을 거쳐서 성립되었는가를, 전해지는 유인본과 활판본 등 모든 〈우리말본〉의 판본의 분석을 통해서 구체적으로 밝히고자 한 것이다. 〈우리말본〉이 언제 형성되었는지 밝히고 외솔 최현배의 씨가름 체계가 형성되어 가는 모습을 생생하게 밝혀가는 모습을 볼 수 있다.

4. 불교와 한글 한국어

연세대학교 언어정보연구원 엮음
한국문화사 | 2017년 05월 30일 출간

〈불교와 한글 한국어〉는 연세대학교 언어정보연구원 인문한국(HK)사업단의 인문언어학과 복합지식 총서 5권으로 불교와 한글 그리고 한국어를 둘러싼 역사와 문화를 언어학, 불교학, 인문정보학의 차원에서 다면적으로 조망한 성과이다. 우리 인문한국사업단은 3단계 아젠다 연구활동 기간 중 근현대 자료에 나타난 언어의 변천과 인간의 다면적 양상을 탐구하는 한편 근현대 한국인의 삶의 언어 속에서 의사소통과 담화 양상을 규명하는 것을 목적으로 한다. 그리고 이 가운데에서 특히 사회의 공론장과 의사소통의 문제, 번역 텍스트의 주해와 전자정보화를 통한 근현대 일상어의 형성 과정을 공시적으로, 또 통시적으로 탐색하는 데에 주안점을 두고 있다. 바로 이러한 차원에서 한국어의 언어문화에서 중요한 위상을 차지한 종교, 종교 언어의 번역과 일상 언어로서의 정착 과정을 다면적으로 조망하고, 그 결과 얻어진 복합적인 지식을 인문언어학의 차원에서 정립하고자 한 노력이 이 책 〈불교와 한글 한국어〉로 결실을 맺게 되었다.

5. 의사소통의 다면성과 복합지식

연세대학교 언어정보연구원 엮음

한국문화사 | 2017년 06월 10일 출간

연세대학교 언어정보연구원 인문한국(HK)사업단은 인문언어학적 통찰을 통해 복합지식을 창출하고 현대 사회의 실제와 인간의 삶에 대한 통섭적 성찰의 비전을 제시하고자 한다. 〈의사소통의 다면성과 복합지식〉은 지난 2015년부터 미국의 남가주 대학교(University of Southern California)의 한국언어문화 프로젝트와 공동으로 진행해 온 연구 결과로서, 이를 통해 언어의 현장 속에서 복합지식을 창출하고 이러한 복합지식이 인문언어학으로 정립되어 가는 모습을 볼 수 있다. 이 책에 담긴 연구의 성과들은 한결같게 언어의 소통적 기능과 교류에 초점을 맞춰 언어를 탐구하고 그로부터 생성되는 복합지식의 소중한 주춧돌들이다. 이를 통해 본 인문한국사업단이 추구하고자 하는 인문언어학의 실제가 독자들에게 더욱 선명하게 제시되기를 기대하며, 앞으로 지속적으로 인문언어학의 확산을 위해 다층적 연구 활동을 추진해 나아갈 것을 기약한다.

6. 언어 현장의 다면성과 구어의 복합지식

연세대학교 언어정보연구원 엮음

한국문화사 | 2017년 06월 10일 출간

저자 이상섭(연세대학교 명예교수)
남기심(전 연세대학교 교수)
이희자(전 경인교육대학교 교수)
서상규(연세대학교 교수)
최준호(겨레말큰사전 책임연구원)
남길임(경북대학교 교수)
박형익(경기대학교 교수)
고영근(서울대학교 명예교수)
우치야마 마사하루(호세이대학교 교수)
최정도(국립국어원 학예연구사)
유현경(연세대학교 교수)
봉미경(연세대학교 언어정보연구원 전문연구원)
안의정(연세대학교 연구교수)

연세대학교 한국어 사전 편찬실 30주년 기념 총서 1

한국어 사전의 꿈과 실현

편저자 연세대학교 언어정보연구원
펴낸곳 연세대학교 대학출판문화원
주 소 서울특별시 서대문구 연세로 50
http://press.yonsei.ac.kr
e-mail: ysup@yonsei.ac.kr
전 화 02)2123-3380~2
팩 스 02)2123-8673
등 록 1955년 10월 13일 제9-60호
인 쇄 네오프린텍(주)

2017년 11월 8일 1판 1쇄
ISBN 978-89-6850-196-8 (94710)
978-89-6850-195-1 (세트)

값 35,000원